LA CONEXIÓN HORMONAL

DESCUBRIMIENTOS REVOLUCIONARIOS QUE VINCULAN A LAS HORMONAS CON LOS PROBLEMAS DE SALUD DE LA MUJER

Por **Gale Maleskey, Mary Kittel**

y las editoras de *PREVENTION* EN ESPAÑOL

RODALE

Título original de la obra: *The Hormone Connection*
Publicado originalmente en inglés en 2001

Fotografía por Hilmar

Ilustraciones por Karen Kuchar

Impreso en los Estados Unidos de América

Rodale Inc. hace el máximo esfuerzo posible por usar papel reciclado ♲ y libre de ácidos ∞.

El ejercicio de relajación que aparece en la página 329 fue tomado de las páginas xviii a la xxiii de *The Relaxation Response* por Herbert Benson, M.D., con Miriam Z. Klipper. © por William Morrow and Company. Reimpreso con el permiso de HarperCollins Publishers, Inc./William Morrow.

Library of Congress Cataloging-in-Publication Data

Maleskey, Gale.
    [Hormone connection Spanish]
    La conexión hormonal : descubrimientos revolucionarios que vinculan a las hormonas con los problemas de salud de la mujer / por Gale Maleskey, Mary Kittel y las editoras de Prevention en Español.
        p.   cm.
    Includes index.
    ISBN 1–57954–930–6 hardcover
    ISBN 1–57954–931–4 paperback
    1. Women—Health and hygiene.   2. Hormones.   I. Kittel, Mary S.
II. Prevention (Emmaus, Pa.). Spanish.   III. Title.
RA778.M28318   2004
613'.04244—dc22   2003066804

Distribuido en las librerías por St. Martin's Press

    6 8 10 9 7 5   tapa dura
2 4 6 8 10 9 7 5 3 1   rústica

PARA PRODUCTOS E INFORMACIÓN
www.RODALESTORE.com
www.PREVENTION.com
(800) 848-4735

Aviso

Este libro sólo debe utilizarse como referencia y no como manual de medicina. La información que se ofrece en el mismo tiene el objetivo de ayudarle a tomar decisiones con conocimiento de causa acerca de su salud. No pretende sustituir tratamiento alguno que su médico le haya indicado. Si sospecha que padece algún problema de salud, le exhortamos a que busque la ayuda de un médico competente.

A partir de la página 542, encontrará pautas para el uso seguro de los suplementos, las hierbas y los aceites esenciales recomendados en este libro, las cuales le ayudarán a emplear estos remedios con seguridad y prudencia.

La mención que se hace en este libro de compañías, organizaciones o autoridades específicas no implica que cuenten con el respaldo de la casa editorial, al igual que la mención que se hace en este libro de compañías, organizaciones o autoridades específicas no implica que ellas respalden este libro.

Las direcciones de páginas en Internet y los números telefónicos que se proporcionan en este libro eran precisos al momento en que se envió a la imprenta.

AGRADECIMIENTOS

La casa editorial agradece a los muchos profesionales en el cuidado de la salud, investigadores y clínicos que aportaron su experiencia al desarrollo y creación de este libro. Aunque las opiniones aquí presentadas no necesariamente reflejan un consenso entre todos los expertos que citamos, apreciamos y respetamos las aportaciones de todas aquellas personas a quienes consultamos.

En particular, quisiéramos expresar nuestro agradecimiento a las siguientes personas por la ayuda especial que les brindaron a nuestros escritores e investigadores acerca de información relativa a sus respectivas especialidades.

Dra. Connie Catellani
Directora del Miro Center for Integrative Medicine
Evanston, Illinois

Dra. Larrian Gillespie
Autora de *The Menopause Diet* (La dieta para la menopausia), *The Goddess Diet* (La dieta de la diosa) y *The Gladiator Diet* (La dieta del gladiador)
Beverly Hills, California

Dr. Geoffrey P. Redmond
Director del Hormone Center of New York
Presidente del Center for Health Research
Ciudad de Nueva York

Índice

calentones), las enfermedades cardíacas, el cáncer, la osteoporosis y la enfermedad de Alzheimer.

TERCERA PARTE

El programa para el equilibrio hormonal

Un plan de tres fases para restaurar y mantener sus niveles hormonales y para adaptar el programa según sus propias necesidades personales

CUARTA PARTE

Auxiliares hormonales

Aquí le damos las pautas para el uso seguro de hierbas y suplementos nutricionales, y le indicamos los efectos secundarios a los que deberá estar atenta cuando los incorpore a su programa para el equilibrio hormonal.

Este es un directorio de grupos de apoyo, sitios de salud en Internet y otros recursos adicionales para ayudarle a resolver o lidiar con problemas difíciles o incomprensibles.

Más allá del estrógeno

Si usted es como la mayoría de las mujeres, sin duda no vacila en asociar las "hormonas" con la menstruación y con los cambios repentinos de humor de los adolescentes. Lo más probable es que también sepa que la diabetes, el bajo funcionamiento de la tiroides y el estrés tienen que ver con las hormonas. Y si está pasando por la menopausia —o si está por llegar a ella— los niveles decrecientes de estrógeno y otras hormonas pueden provocar cambios notorios, como sofocos (bochornos, calentones) o huesos frágiles.

Esas conexiones son reales y profundas. Pero son sólo unas cuantas de las múltiples maneras en que esas hormonas y muchas otras —200, la última vez que contaron— pueden afectar y afectan su salud. Y sus efectos no siempre son obvios.

Por ejemplo, si usted está en la cuarentena y está teniendo sofocos, es posible que lo que la esté afectando sea un desequilibrio tiroideo y no la menopausia. Un desequilibrio en la hormona femenina clave llamada estrógeno puede mermar el desempeño de las hormonas tiroideas. Eso puede dejarla cansada, sin que haya un motivo aparente por el cual usted siempre se sienta como si anduviera arrastrando el alma.

Si tiene antecedentes familiares de diabetes, probablemente ya sepa bastante acerca de los efectos del mal control de la insulina, que es la hormona responsable del buen control del azúcar en sangre. Pero algunas mujeres, e incluso algunos doctores, no saben el papel que desempeñan el estrógeno y otras hormonas reproductoras en el control de la diabetes. La progesterona, que es la hormona que acompaña al estrógeno, guarda una relación crucial con los altos niveles de glucosa en sangre, especialmente durante la semana anterior a la menstruación.

Cuando una mujer atraviesa por una crisis importante en su vida, por ejemplo, un divorcio, se pueden ver afectadas las glándulas suprarrenales, causando desequilibrios en los niveles de diversas hormonas clave y provocando fatiga, problemas de la memoria y una menor inmunidad.

Las hormonas también afectan su peso, su figura y su metabolismo. Las mujeres se han sentido vulnerables a los antojos hormonales y los metabolismos lentos durante años, con muy poco apoyo por parte de la ciencia. Ahora, los científicos están descubriendo diversos vínculos genuinos entre las hormonas, el hambre y el metabolismo de la grasa. Y de hecho, aprovechar las hormonas mediante mecanismos que ya forman parte de su biología molecular puede ayudarle a manejar su peso, su figura y su apetito.

Los medicamentos también pueden trastornar su equilibrio hormonal y afectar su salud de maneras insospechadas. Por ejemplo, tomar una cantidad excesiva de un fármaco esteroídico que comúnmente se receta para el asma puede conducir a la osteoporosis, la cual normalmente se piensa que es causada por la hormona femenina estrógeno. Asimismo, tomar ciertos antidepresivos, pastillas anticonceptivas o alguna terapia de reposición hormonal podría cambiar su necesidad de tomar medicamentos para la tiroides.

Un caleidoscopio de hormonas

En conjunto, las hormonas que conforman su sistema endocrino son un caleidoscopio de sustancias potentes, en configuraciones que difieren de una mujer a otra, tan únicas como las huellas digitales.

En el caso de muchas mujeres, estas influencias hormonales parecen convergir unos años antes de entrar a la menopausia a medida que van declinando los niveles de hormonas femeninas, van fallando las hormonas que regulan la insulina y van decreciendo otras hormonas con la edad.

Al editar este libro, se hizo aparente el hecho de que cualquier mujer que está sinceramente interesada en cuidar de su salud necesita considerar los efectos de las hormonas, ya sean buenos, malos o regulares. Pero su doctor no puede darle una pastilla para el bajo funcionamiento tiroideo, una pastilla para la diabetes, otra pastilla para la menopausia y mandarla a su casa. No es así de sencillo. Usted necesita un plan para ayudarle a descifrar las influencias hormonales que están en juego y tomar medidas para equilibrar sus hormonas, usando las mejores estrategias que nos ofrecen los expertos.

Este libro le enseña cómo lograrlo. Los beneficios son asombrosos. La información que contiene este libro puede ayudar a las mujeres a:

- Encontrar el tipo y la dosis de terapia de reposición hormonal correctos para ellas, de modo que obtengan el máximo beneficio con el mínimo de efectos secundarios
- Perder esos kilitos que ya parecen haberse encariñado con sus caderas al comprender todas las influencias hormonales que conducen al aumento de peso en las mujeres, desde las hormonas tiroideas y la insulina hasta las hormonas digestivas y cerebrales.

- ❧ Deshacerse de la grasa abdominal y aplanar la barriga
- ❧ Equilibrar sus hormonas mientras duermen
- ❧ Alisar las arrugas y fortalecer sus huesos al mismo tiempo (los receptores de estrógeno alimentan a los vasos sanguíneos de la piel, influyendo en las estructuras de la piel)
- ❧ Resolver problemas de acné en la edad adulta (el acné en adultos a menudo es un síntoma de algún desequilibrio hormonal)
- ❧ Aliviar los achaques y dolores debilitantes de la fibromialgia, la cual se ve influenciada por hormonas que se liberan durante el sueño, así como por hormonas del estrés
- ❧ Detener la "sobrecarga de cortisol" inducida por el estrés, la cual suprime al sistema inmunitario, aumentando la vulnerabilidad a resfriados (catarros) e infecciones, elevando el riesgo de contraer enfermedades cardíacas y presión arterial alta e incrementando el riesgo de contraer diabetes
- ❧ Reparar la pérdida de la memoria inducida por el estrés
- ❧ Mejorar los niveles de hormonas del estrés durante la recuperación del cáncer de mama

. . . y mucho, mucho más.

A lo largo de este libro, usted encontrará planes para eliminar paso a paso los alimentos e ingredientes alimenticios (como el azúcar y las hormonas de crecimiento para animales) que pueden alterar el equilibrio hormonal de una mujer. También aprenderá cómo ir agregando alimentos, hierbas y suplementos que restauran un equilibrio saludable.

Usted encontrará docenas de reportes fascinantes sobre los últimos avances de la ciencia respecto de las conexiones que existen entre la investigación de las hormonas y la salud de las mujeres. Por ejemplo, ¿sabía que. . .

- ❧ La hormona femenina progesterona está vinculada con los ronquidos en las mujeres?
- ❧ El masaje disminuye los niveles de hormonas del estrés en las mujeres que se están recuperando del cáncer de mama, ayudando así a acelerar la curación?
- ❧ Las "neurohormonas" que se liberan durante el sexo pueden prevenir las arrugas?
- ❧ Asistir a oficios religiosos con regularidad ayuda a equilibrar sus hormonas?

↳ El pescado, los frutos secos y las verduras de hojas color verde oscuro mitigan la producción de sustancias parecidas a las hormonas llamadas prostaglandinas, las cuales regulan la respuesta del cuerpo a la inflamación?

La lista es casi interminable. Usted no encontrará este tipo de información reveladora y profunda en un simple libro de salud ni incluso en los textos médicos. Hemos entrevistado a cientos de los expertos más destacados en hormonas, incluyendo investigadores y clínicos (como "tiroidólogos" y educadores en diabetes), quienes se especializan en tratar desequilibrios hormonales. Además, presentamos no sólo las opciones que ofrece la medicina convencional, sino también tratamientos alternativos.

Estoy orgullosa de la investigación sin paralelo que se llevó a cabo para la realización de este libro y estoy segura que después de leerlo, usted podrá alcanzar un nivel más elevado de salud.

Sharon Faelten

Sharon Faelten, Editora Sénior

Su

sistema
de salud
"invisible"

CAPÍTULO 1

GUÍA HORMONAL ESENCIAL:

qué son y qué hacen

Una hormona es

___*a. una sustancia química que circula en el torrente sanguíneo que hace que los adolescentes estén malhumorados.*

___*b. un compuesto hecho de proteínas que permite que las mujeres tengan bebés que un día se van a convertir en adolescentes malhumorados.*

___*c. una enzima que eleva su presión arterial cuando su hijo adolescente malhumorado llega tarde a casa.*

___*d. todas las anteriores.*

La respuesta correcta es "todas las anteriores". Podemos amarlas, odiarlas o sentir que están fuera de control, pero una cosa sí es cierta: no podemos vivir sin las hormonas. Es cierto que en parte merecen que las culpemos por algunos malestares físicos y algunas conductas poco deseables, como el mal humor de los adolescentes. (Más adelante hablaremos de esto con mayor detalle). Pero las hormonas hacen muchas cosas buenas en nuestro cuerpo y hacen mucho más de lo que la mayoría de nosotras imaginamos.

La palabra "hormona" significa "excitar". Y eso es exactamente lo que hacen las hormonas. Las hormonas son mensajeros químicos que secretan en cantidades diminutas las glándulas endocrinas que se encuentran a lo largo de todo el cuerpo. Quizá haya oído hablar de algunas de estas glándulas, como los ovarios, la tiroides o las glándulas suprarrenales. En total, usted tiene nueve glándulas endocrinas principales, incluyendo la "glándula maestra", o sea, el hipotálamo, en el cerebro, y su principal secuaz, la glándula pituitaria. (Ambas glándulas secretan hormonas que regulan la producción hormonal en otras glándulas). Además, tenemos parches de tejido glandular en órganos como el corazón y los intestinos. Incluso algunas células individuales, como las del sistema inmunitario, producen unas sustancias parecidas a las hormonas llamadas parahormonas. Y algunos neurotransmisores —o sea, sustancias químicas liberadas por los nervios o las células del cerebro— también actúan como hormonas.

En su conjunto, las glándulas endocrinas y los tejidos producen más de 200 tipos diferentes de hormonas.

Aunque no son tan sólidas como las partes estructurales de nuestro cuerpo, por ejemplo, los huesos o los músculos, las hormonas no son menos potentes o esenciales. Operando "bajo radar", este sistema aparentemente invisible es uno de los tres sistemas principales que permiten que su cuerpo y todas sus diversas partes se comuniquen entre sí y funcionen como un todo. (Los otros dos sistemas son el sistema nervioso y el sistema inmunitario). Las hormonas regulan y controlan, al menos en parte, prácticamente todas las actividades que tienen lugar en su cuerpo, y también muchos eventos extraordinarios de vida.

Cuando las cosas marchan bien —como normalmente ocurre— usted hace lo que generalmente hace durante el día sin darse cuenta de que sus hormonas están cumpliendo con su trabajo. Y cuando las cosas marchan mal, significa que cualquiera de esas 200 hormonas podría estar en desequilibrio.

Un día en la vida de sus hormonas

Echarle un vistazo a un día en la vida de sus hormonas sólo le da una idea somera del complejo funcionamiento de su sistema endocrino. Sólo para ver lo indispensables que son las hormonas, veamos un período bastante típico de 24 horas en la vida de María, una mujer hipotética de 47 años de edad, muy parecida a usted.

Hormonas para "despertar"

Horas antes de que empiece a moverse en la cama, las hormonas de María la preparan para el día que tendrá por delante. En algún momento entre las 4:00 y las 6:00 A.M. —más o menos cuando María está entrando a ese último episodio delicioso de sueño profundo— sus glándulas suprarrenales entran en acción. Estos órganos pequeños con forma de pirámide que se encuentran sobre los riñones empiezan a acelerar su secreción de cortisol, que es la principal hormona del estrés del cuerpo. El cortisol se secreta en pequeñas

(continúa en la página 6)

Un recorrido breve por su sistema hormonal

A medida que usted realiza sus actividades cotidianas, casi 200 hormonas y otras sustancias similares a las hormonas recorren silenciosamente su cuerpo, actuando como mensajeros químicos. Las hormonas, que son secretadas por nueve glándulas endocrinas principales (mencionadas a continuación) y otros órganos, afectan a cada célula de su cuerpo, ayudándole a determinar si tiene frío o calor, si se siente con hambre o satisfecha, calmada o estresada, despierta o soñolienta, bien o mal. Independientemente de que esté dormida o despierta, las hormonas hacen crecer sus huesos, regulan sus ciclos menstruales y dirigen un sinfín de diversas funciones esenciales. Por lo tanto, mantener sus hormonas en equilibrio es vital para la buena salud, día tras día.

Hipotálamo. Esta glándula, ubicada en el cerebro, es la central de control de la homeostasis. Les da órdenes a otras glándulas, especialmente a la glándula pituitaria, con respecto a la regulación del equilibrio del agua, la temperatura corporal, los ritmos biológicos y las emociones.

Glándula pineal. La melatonina, que es la hormona principal que secreta esta glándula, le ayuda a ajustar su "reloj biológico" según los ciclos de vigilia/sueño.

Glándula pituitaria. Esta importante glándula endocrina secreta al menos nueve hormonas principales, incluyendo las hormonas que estimulan a la tiroides, a las glándulas suprarrenales y a los ovarios.

Tiroides. Considerada la "central metabólica", esta glándula con forma de mariposa afecta a la regulación de energía en cada una de las células del cuerpo.

Paratiroides. Esta glándula, ubicada cerca de su tiroides, desempeña un papel protagónico en el equilibrio de calcio en el cuerpo.

Timo. Esta glándula, que actúa como criadero de las células "combateinfecciones" llamadas linfocitos T, participa activamente en establecer la inmunidad cuando somos pequeñas.

Glándula suprarrenal. Bajo estrés, esta glándula secreta hormonas especializadas que nos ayudan a luchar o huir, o bien, a permanecer agachadas hasta que pase el peligro.

Páncreas. Las células de esta glándula producen insulina y glucagón, que son hormonas que trabajan de manera conjunta para regular el nivel de azúcar en sangre.

Ovarios. Sus hormonas principales —el estrógeno, la progesterona y la testosterona— son las que nos permiten tener caderas generosas, senos para alimentar a nuestros hijos, impulso sexual y, a veces, el síndrome premenstrual.

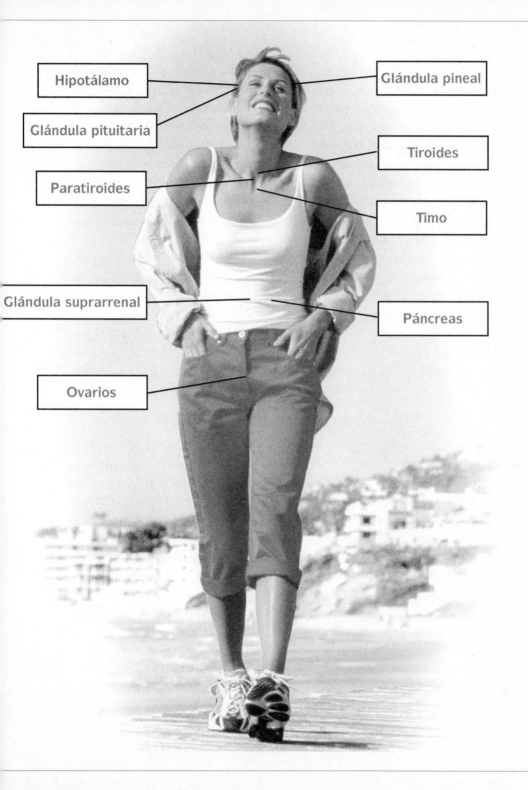

Hipotálamo

Glándula pineal

Glándula pituitaria

Tiroides

Paratiroides

Timo

Glándula suprarrenal

Páncreas

Ovarios

cantidades en todo momento, aunque a lo largo del día se secretan naturalmente mayores o menores cantidades de la misma. Y verdaderamente entra
en acción y se mantiene a un nivel elevado cuando una persona está bajo un
estrés crónico, como el que puede causar una enfermedad.

El cortisol que se secreta antes de que despierte María hace que su cuerpo
se prepare suavemente para la actividad, elevando ligeramente su metabolismo. Ella quema más calorías. Su temperatura corporal se eleva un poco. Es
casi como si sus glándulas suprarrenales se despertaran más temprano para
avivar la hoguera de modo que para cuando despierte María, ya esté calientita
y lista para empezar el día.

Sin embargo, el día de hoy, la alarma del reloj despertador saca a María de
su sueño profundo y a pesar de que este sonido le es muy familiar, hace que su
cuerpo envíe una oleada de otra hormona del estrés llamada epinefrina por
todo su cuerpo. La epinefrina, que también es secretada por las glándulas
suprarrenales, acelera su frecuencia cardíaca y su respiración y estrecha los
vasos sanguíneos en su cuerpo, elevando su presión arterial. De hecho, sin esta
asistencia que le brinda la epinefrina, la presión arterial de María estaría tan
baja que se desmayaría y se caería al tratar de salirse de la cama.

Hormonas para "comer y correr"

Debido a que no ha comido durante casi 10 horas y ha descendido su nivel
de azúcar (glucosa) en sangre, el páncreas de María está secretando glucógeno,
que es una hormona que descompone la glucosa almacenada en el hígado y
los músculos. Sin embargo, una vez que María desayuna y que los carbohidratos que contiene su pan se descomponen en glucosa y esta pasa a su torrente sanguíneo, su páncreas cambiará su modo de funcionar y empezará a
secretar insulina. Esta hormona se encarga de transportar la glucosa desde el
torrente sanguíneo hacia el interior de las células, donde se puede emplear
para producir energía.

Las hormonas que intervienen en la digestión también desempeñan un
papel en esto. Unas células que están diseminadas a lo largo de los órganos del
tracto gastrointestinal secretan hormonas que aumentan los movimientos y
las secreciones intestinales, provocando que la vesícula biliar libere la bilis
almacenada y regule el flujo sanguíneo local. Por lo tanto, el estómago y el intestino delgado ya se están revolcando y gorgoteando a todo vapor para
cuando María sale de su casa.

La ida al trabajo —un viaje de 45 minutos por una carretera de cuatro ca-
rriles muy transitada— no es de lo más placentera. Entonces María lleva consigo cintas de música que la tranquiliza. La música le ayuda a mantener la

calma, permitiéndole suprimir conscientemente las oleadas de hormonas del estrés que de otro modo invadirían su cuerpo cada vez que se molestara por estar atorada en tráfico o cada vez que un auto se le atraviesa. Debido a que estas hormonas del estrés también interfieren con la buena digestión, la distracción musical también ayuda a que el tracto digestivo de María cumpla de mejor manera con su trabajo.

Justo antes del almuerzo, María va al gimnasio de la empresa; ella y una de sus compañeras de trabajo están tratando de bajar de peso. Ella se monta en la estera mecánica (caminadora, *treadmill*) y corre durante media hora, recorriendo una distancia de aproximadamente 4 millas (7 km). Sus niveles de cortisol y epinefrina llegan al máximo en respuesta al esfuerzo, haciendo que se eleven su frecuencia cardiaca y su respiración y permitiendo que sude para enfriarse.

María se siente de maravilla. Ya casi cuando está por terminar de correr, su cuerpo habrá comenzado a producir las hormonas del bienestar llamadas endorfinas, las cuales le levantarán el ánimo durante el resto de la tarde y calmarán los pequeños achaques y dolores que su sesión de ejercicio le haya producido.

Mientras estaba corriendo, el corazón de María también producía una hormona. En respuesta a la elevación de su presión arterial, lo cual hace que se estiren sus aurículas, que son las dos cámaras superiores del corazón, hay células cardíacas especializadas que secretan el péptido natriurético auricular. Esta hormona envía una señal a los riñones para que aumenten la producción de orina salada. También inhibe a las glándulas suprarrenales, las cuales secretan una hormona llamada aldosterona. La aldosterona ayuda a mantener la presión arterial al "supervisar" el flujo de líquido en los riñones. El resultado final: María tiene que orinar cuando termina de correr.

Hormonas que fortalecen los huesos

Después de correr, el azúcar en sangre y la insulina de María se encuentran nuevamente a un nivel bajo (aunque todavía dentro del rango normal). Le da hambre y se come un sándwich (emparedado) de pavo (chompipe) con pan de trigo integral y una manzana. Al cabo de 20 minutos, empiezan a subir lentamente sus niveles de azúcar en sangre y de insulina. Ella come al aire libre, bajo la luz del Sol, todavía en su atuendo deportivo que consta de *shorts* y una playera. Es un día despejado y fresco y su piel, que está expuesta al sol, comienza a producir una hormona llamada colecalciferol, la cual es una forma inactiva de la vitamina D que se convierte en vitamina D en el cuerpo. La vitamina D ayuda al cuerpo a utilizar el calcio.

Durante la tarde, el nivel de calcio en sangre de María empieza a descender un poco. Eso provoca que unos parches de tejido que se encuentran en su glándula tiroides, que se conocen como paratiroides, secreten la hormona paratiroidea. Esta hormona descompone el hueso para liberar el calcio que contiene hacia el torrente sanguíneo. Por suerte, María decide merendar un yogur alrededor de las 3:00 P.M., y poco después de eso, el calcio que ha digerido llega a su torrente sanguíneo y compensa el calcio que perdió de sus huesos. Ahora su paratiroides empieza a liberar calcitonina, la cual es una hormona que facilita el depósito de calcio en los huesos.

Hormonas femeninas

Justo cuando llega la hora de terminar con el día, María tiene un sofoco (bochorno, calentón). La sangre se le va a la superficie de la piel que cubre su pecho, su cuello y su cabeza, su frecuencia cardíaca y su respiración se aceleran ligeramente y ella empieza a sudar.

Nadie sabe con exactitud qué es lo que provoca los sofocos, pero están relacionados con los cambios hormonales que ocurren antes y durante la menopausia. Estos cambios de algún modo estimulan una parte del cerebro que controla la temperatura corporal, desajustando su control, que normalmente es perfecto. Los sofocos están sincronizados con la temperatura central o aquella que se registra en la parte más interna del cuerpo. Por lo tanto, si el nivel máximo de actividad tiene lugar durante el día —como en el caso de María, que trabaja de 9:00 A.M. a 5:00 P.M.— los sofocos se presentarán con mayor frecuencia al final de la tarde y a horas tempranas de la noche.

Por suerte, el sofoco pasa en cuestión de unos cuantos minutos. No fue nada del otro mundo. María trabaja con otras mujeres de su misma edad, o sea, de 45 a 55 años de edad aproximadamente, y todas bromean amistosamente sobre sus "subidas de voltaje". A sus 47 años de edad, María siente que es demasiado joven para la terapia de reposición hormonal, la cual se receta a menudo para aliviar los síntomas de la menopausia. Aun así, hace una nota mental para acordarse de preguntarle al ginecólogo en su siguiente consulta cuáles son los tipos de tratamientos que están disponibles. También decide quitarle el toldo a su carro convertible para el regreso a casa. Eso la refrescará. . . y también la hará sentirse más joven.

Hormonas que regulan la energía y el metabolismo

El regreso a casa sí refresca a María, pero quizá un poco más de lo debido. Su glándula tiroides ha permanecido bastante estable durante el día, secretando las hormonas que regulan el metabolismo —o sea, la producción de energía— en cada célula de su cuerpo. Aunque María enciende la calefacción, empieza a hacer mucho frío en esta noche de finales de marzo y ella comienza a titiritar. Su glándula tiroides detecta la caída en su temperatura corporal y se pone a trabajar, secretando más de sus hormonas, las cuales aceleran su tasa metabólica y generan calor interno.

Hormonas del amor y la intimidad

Cuando llega a casa, María entra todavía en más calor. Su esposo le recuerda que hoy, hace exactamente 25 años, fue el día en que se conocieron. Ella lo había olvidado y él la sorprende con un enorme ramo de narcisos y dos boletos de avión para viajar a París, donde se conocieron como estudiantes de intercambio. Ellos hacen el amor y para cuando han terminado, el cuerpo de María ha producido una mezcla de hormonas: cortisol y epinefrina, en respuesta al esfuerzo físico realizado durante la relación sexual, las mismas hormonas del bienestar llamadas endorfinas que liberó mientras hacía ejercicio, y una hormona llamada oxitocina, liberada durante el orgasmo.

La oxitocina es mejor conocida por su función de inducir las contracciones uterinas durante el trabajo de parto. Pero este péptido potente también desempeña un papel en la excitación sexual y el orgasmo y es el responsable de la sensación de satisfacción que todas sentimos después de hacer el amor. Y en las relaciones no sexuales, se piensa que promueve conductas de cariño y afecto. Por eso, a veces se le conoce como la "hormona del amor".

Hormonas para dormir

Alrededor de las 9:00 P.M., más o menos 14 horas después de despertar, la diminuta glándula pineal en forma de piña de pino de María, la cual es un órgano que cuelga desde una cámara en su cerebro, comienza a secretar melatonina. Esta hormona sensible a la luz ayuda a regular el reloj interno del cuerpo, que es la parte del cerebro que ha sido programada durante siglos enteros para ayudar a los "mamíferos diurnos" como nosotros a funcionar de acuerdo con el ciclo de día y noche de 24 horas de la Tierra.

Una elevación en el nivel de melatonina indica que ya es de noche y en los seres humanos puede poner la pauta para que ocurran otros cambios bioquímicos que eventualmente hacen que nos quedemos dormidos. Pero la melatonina no es una pastilla para dormir. Los animales que son más activos durante la noche, como los hámsters, presentan el mismo incremento pronunciado en el nivel de melatonina al atardecer. Por lo tanto, en todos los animales, incluyendo a los seres humanos, los cambios en los niveles de melatonina podrían ser una manera en que los ciclos de noche y día imponen su propio ritmo sobre muchas funciones corporales, como la temperatura, el sueño, el apetito y las hormonas.

Las hormonas multiusos

¿Cómo es que las hormonas "saben" adónde ir y qué hacer?

Por lo general, las hormonas viajan por el torrente sanguíneo hasta que llegan a su blanco, es decir, a células que pueden interactuar con ellas. Si usted se imagina una hormona como una llave que viaja por el cuerpo hasta que encuentra una cerradura en la que cabe perfectamente, entonces la cerradura es el sitio receptor en una célula. Cuando la "llave" hormonal entra a su "cerradura" receptora, se da inicio a un proceso que activa el material genético de la célula para que lleve a cabo una acción específica. La célula ha recibido una orden de trabajo que no puede ignorar: sintetiza esta proteína, secreta esta enzima, crece y multiplícate.

Cada tipo de hormona es una llave diferente y cada tipo de célula tiene cerraduras diferentes, de modo que es posible que una hormona produzca efectos diferentes en células diferentes. El estrógeno, por ejemplo, promueve el crecimiento celular en los senos, el útero y la vagina de las mujeres. Por lo tanto, una mujer que ya pasó por la menopausia podría tomar estrógeno de reemplazo o usar una crema de estrógeno para evitar que su tejido vaginal se adelgace y seque al punto en que le cause dolor. Pero el estrógeno actúa de manera diferente en otras células del cuerpo. Por ejemplo, en el sistema cardiovascular, funciona como antioxidante y abre los canales eléctricos que permiten que se relajen los vasos sanguíneos. Esa función podría explicar algunos de los efectos que causa en los vasos sanguíneos y el cerebro y su potencial para reducir el riesgo de contraer la enfermedad de Alzheimer y las enfermedades cardíacas.

El estrógeno también disminuye el ritmo al cual se descompone el calcio del hueso. Es por este motivo por el que la terapia de reposición de estrógeno puede proteger a las mujeres contra la osteoporosis. Y también es por esta razón por la que los investigadores están tratando de crear derivados del estrógeno que sean útiles para los huesos pero que no estimulen a las células de los senos o del útero, dice la Dra. Rhoda Cobin, profesora adjunta de Medicina del Centro Médico Mount Sinai de la Universidad de Nueva York en la ciudad de Nueva York. "Algunos de los estudios de investigación más intensos que se están realizando en el campo de la endocrinología están tratando de desarrollar fármacos similares a las hormonas que brinden los beneficios de la hormona sin provocar sus efectos secundarios potencialmente nocivos", dice.

Además de sus funciones vitales diarias, las hormonas ayudan a concertar cambios físicos importantes en nuestro cuerpo, por ejemplo, la pubertad, la menstruación, el embarazo y el parto, así como la menopausia.

La pubertad resumida

Consideremos la pubertad o aquel período de nuestra vida en el que pasamos de ser niñas a ser mujeres. Los cambios hormonales que culminan en la madurez sexual comienzan varios años antes de que los cambios físicos se tornen aparentes, a veces a una edad tan temprana como los siete u ocho años, lo cual se considera como temprano, pero todavía dentro de lo normal. Estos cambios son provocados por el hipotálamo, la glándula maestra.

"Nadie sabe con exactitud qué es lo que hace que el hipotálamo decida cuándo es la hora de crecer, pero es posible que la genética, la nutrición, la grasa corporal y los cambios en las rutas neuronales del cerebro tengan algo que ver", dice el Dr. Alan Jay Cohen, profesor clínico adjunto de Medicina de la Universidad de Tennessee y director médico de la Endocrine Clinic en Memphis.

Primero, las glándulas suprarrenales empiezan a producir una versión "diluida" de las hormonas sexuales, las cuales causan algunos cambios como la aparición de vello púbico escaso, granos (barros) y olor corporal. Al mismo tiempo, las niñas empiezan a "dar el estirón", que es un proceso dirigido por la hormona del crecimiento, la cual es secretada por la glándula pituitaria.

Un poco después, la glándula pituitaria comienza a liberar gonadotropinas, que son hormonas que estimulan la producción de hormonas sexuales en los ovarios o los testículos. Al principio, estas hormonas tienden a secretarse a chorros, generalmente durante la noche, y pueden tardar algo de tiempo en establecer el patrón que se presenta en adultos. Para cuando se han estabilizado estas hormonas, una niña ya habrá tenido su primer período menstrual. (En los Estados Unidos, la edad promedio en que las niñas menstrúan por primera vez es a los 12 años con 8 meses de edad).

Además de mantener el ciclo menstrual mensual, las hormonas femeninas, como el estrógeno, ensanchan la pelvis, hacen que empiecen a formarse los senos, depositan grasa en las caderas y los muslos y moldean el cerebro para que adquiera una identidad femenina.

En los varones, la elevación drástica en los niveles de testosterona hace que los músculos y los huesos crezcan de manera impresionante, que se engrose la voz y que aparezca vello en el pecho. Estos trastornos hormonales pueden contribuir al acné, el cual es más común en varones pero también puede aparecer en las niñas. En cuanto a la ansiedad típica de los adolescentes, "las hormonas intervienen en ese subibaja emocional y también en lo bien o mal que los adolescentes puedan manejar esas emociones", dice el Dr. Cohen. El mal humor, los estallidos de enojo y los lloriqueos son de esperarse, pero los trastornos mentales serios también pueden volverse aparentes durante este período y merecen atención, dice el Dr. Cohen. "La tasa de suicidio se eleva tanto en varones como en hembras". Busque ayuda profesional si su hijo o hija está mostrando señales de farmacodependencia, cambios en sus hábitos de sueño y/o alimentación, problemas con la autoridad (incluyendo haraganería, robo y/o vandalismo), estallidos de enojo frecuentes o mal humor prolongado que pueda estar acompañado por mal apetito o pensamientos sobre la muerte.

Preparativos para la llegada (o no) de un bebé

Una mezcla de hormonas es la que orquesta el ciclo menstrual mensual de una mujer, dándoles a las mujeres un período de cuatro a cinco días cada mes para quedar embarazadas. Los niveles bajos de estrógeno al inicio de un ciclo mensual le indican al hipotálamo que es hora de incitar a la glándula pituitaria para que secrete hormonas que estimulen a los ovarios. Estas hormonas incluyen la hormona estimulante del folículo, la cual hace que el folículo de un ovario, el cual contiene un óvulo, "madure" durante las primeras dos semanas del ciclo menstrual. La glándula pituitaria también secreta la hormona luteinizante, la cual hace que el óvulo maduro sea liberado más o menos a la mitad del ciclo. Después de que se libera el óvulo, empiezan a descender los niveles de estas dos hormonas.

El folículo que está madurando secreta estrógeno en cantidades cada vez mayores y el estrógeno hace que el revestimiento del útero crezca y se engrose. Después de que se libera el óvulo, cambia tanto la estructura como la función del folículo. A partir de este momento, se le conoce como cuerpo lúteo y empieza a secretar cada vez menos estrógeno y más progesterona. Pero al cabo de unas semanas, el cuerpo lúteo comienza a degenerarse y los niveles hormonales descendientes conducen a la menstruación, que es el desprendimiento del revestimiento uterino. Cuando los niveles hormonales llegan a ser lo suficientemente bajos, el hipotálamo entra en acción y el ciclo comienza de nuevo.

Si hay un embarazo, las hormonas que secreta el embrión en desarrollo y, más adelante, la placenta, ayudan a que el embarazo siga su curso normal.

Hacia finales del embarazo, la placenta también produce una hormona llamada relaxina, que hace que los ligamentos pélvicos se relajen y que la pelvis se ensanche y se vuelva más flexible. Esta mayor movilidad facilita el paso del bebé, pero esta hormona es la que también hace que las mujeres embarazadas caminen como patos antes de dar a luz.

Cuando el bebé ya está listo para nacer, una mezcla de hormonas y eventos inician el trabajo de parto. El estrógeno se eleva a un nivel muy alto en la sangre y esto parece sensibilizar los músculos del útero a otra hormona, la úterooxitocina, la cual provoca las contracciones uterinas del trabajo de parto (aunque inicialmente puede causar contracciones débiles e irregulares, que a veces se conocen como trabajo de parto falso). A medida que se va acercando el momento del nacimiento, las células del feto liberan oxitocina, que a su vez actúa sobre la placenta, haciendo que libere prostaglandinas, las cuales

LA CONEXIÓN HORMONAL

¿Náuseas matinales en el embarazo? ¡Va a ser niña!

A lo largo de la historia, las personas han tratado de predecir el sexo de sus bebés. Incluso Hipócrates trató de hacerlo, pues él noto que una mujer embarazada de una niña tiene más probabilidades de tener el rostro pálido, mientras que una mujer embarazada de un niño tiene un cutis de tono más saludable.

Resulta que Hipócrates podría tener razón, si es que su cara pálida tiene algo que ver con el hecho de que todo lo que come, va para afuera. Unos investigadores suecos han encontrado una proporción ligeramente mayor de lo normal de nacimientos de niñas en comparación con niños en mujeres que han tenido que ser internadas en un hospital a causa de náuseas matinales graves.

La náusea y el vómito son provocados por hormonas que se generan durante las primeras etapas del embarazo. Una en particular —la gonadotropina coriónica humana, que es producida por la placenta— bien podría ser la principal culpable. Los fetos femeninos estimulan una mayor producción de esta hormona que los fetos masculinos.

¿Los mejores remedios para las náuseas matinales del embarazo? Los expertos sugieren que beba una infusión de jengibre, que emplee limones —tanto su olor como su sabor pueden aliviar la náusea— y que beba no más de ¼ de taza de líquido a la vez (pero sí que tome líquidos con frecuencia). Y además, que coma "líquidos sólidos", como sandía o uvas, ya que es más probable que se le queden en el estómago.

también son estimulantes potentes del músculo uterino. Conforme las contracciones del trabajo de parto se van haciendo más frecuentes y vigorosas, empieza a intervenir el hipotálamo. Esta glándula envía una señal a la glándula pituitaria para que libere más oxitocina, la cual provoca una mayor fuerza de contracción en el útero y conduce a la liberación de todavía más oxitocina. A medida que se eleva el nivel de oxitocina en la sangre, las contracciones de expulsión del trabajo de parto van cobrando fuerza y finalmente terminan en el nacimiento. ¡Ufff!

El plan de retiro de sus ovarios

A medida que envejecemos, la producción de hormonas va disminuyendo. En las mujeres, la caída más drástica ocurre en los niveles de hormonas sexuales conforme el funcionamiento de sus ovarios va decreciendo gradualmente. A los 30 años de edad, todavía tenemos alrededor de 100,000 óvulos potenciales en los ovarios; para cuando llegamos a los 50 años de edad, puede que ya nos queden tan sólo tres óvulos potenciales. La glándula pituitaria detecta la disminución simultánea en el nivel de estrógeno y entonces envía señales para incrementar la acción de los ovarios mediante niveles crecientes de hormona estimulante del folículo y de hormona luteinizante.

Los ovarios siguen produciendo un poco de estrógeno después de la menopausia en cantidades y durante períodos que varían de una mujer a otra, pero eventualmente dejan de funcionar. Sin embargo, las glándulas suprarrenales siguen secretando pequeñas cantidades de hormonas sexuales a lo largo de la vida de una mujer. No obstante, los niveles decrecientes de estrógeno afectan muchos aspectos de la salud de una mujer, causando, por ejemplo, atrofia de los órganos reproductores, el adelgazamiento gradual de la piel, la pérdida de masa ósea y la elevación lenta del nivel de colesterol, dice el Dr. P. J. Palumbo, presidente del departamento de medicina interna de la Mayo Clinic en Scottsdale, Arizona.

No hay un equivalente a la menopausia en hombres. Si bien los hombres sí presentan una caída constante en la secreción de testosterona a medida que envejecen y tardan más en recuperar la potencia después del orgasmo, parece que la capacidad de un hombre de producir espermas viables no tiene fin. Los hombres saludables son capaces de procrear hijos incluso cuando ya han rebasado los 80 años de edad. Sin embargo, con la edad sí se presenta una diferencia evidente en la velocidad de los espermas. Los espermas de un hombre joven generalmente pueden recorrer los conductos uterinos en 20 a 50 minutos. Aquellos de un hombre de 75 años de edad pueden tardar dos días y medio en hacer el mismo viaje.

Cómo se compensan los faltantes

Si su páncreas secreta muy poca insulina, usted puede obtener la cantidad que necesita con pastillas o inyecciones, es decir, con suplementos de insulina. Lo mismo sucede si su glándula tiroides produce muy poca tiroxina. Así pues, no es de sorprenderse que haya surgido la terapia de reposición hormonal —una combinación de estrógeno, progesterona y testosterona— como la terapia estándar para los niveles bajos de hormonas reproductoras durante la menopausia.

El problema es que la reposición —o incluso la mejora— hormonal puede elevar ciertos riesgos, especialmente el riesgo de contraer cáncer, dice el Dr. Palumbo. "La terapia de reposición de estrógeno, por ejemplo, puede hacer que los huesos se mantengan fuertes y puede ayudar a reducir la incidencia de otros problemas de salud comunes relacionadas con la edad". Pero el estrógeno también puede elevar ligeramente el riesgo que presenta una mujer de contraer cáncer de mama. A medida que ha aumentado la disponibilidad de un número cada vez mayor de terapias de reposición hormonal (algunas hasta sin receta médica), es importante que conozca tanto sus beneficios como sus riesgos y que los sopese cuidadosamente.

A lo largo de este libro, usted aprenderá más sobre lo que ocurre cuando su cuerpo produce cantidades excesivas (o insuficientes) de las diversas hormonas. Y aprenderá por qué es importante mantener el equilibrio hormonal a partir del siguiente capítulo.

CAPÍTULO 2

LA IMPORTANCIA DEL EQUILIBRIO

A veces las mujeres piensan que las hormonas sólo sirven para sacarlas de quicio. Pero cada hormona tiene un propósito y en gran medida, nuestras hormonas hacen exactamente lo que están diseñadas para hacer: mantenernos saludables y en buenas condiciones de operación. Cuando nuestras glándulas endocrinas están produciendo las mezclas correctas de hormonas, en las cantidades precisas y en el momento indicado, nos sentimos de maravilla. Si no, empezamos a tener problemas.

Por ejemplo, consideremos la epinefrina y la norepinefrina, que son dos de las principales hormonas del estrés. Y aunque algunas de esas hormonas del estrés pueden ser decididamente desquiciantes, es mejor tenerlas de nuestra parte cuando empiecen los problemas. Ciertamente, pueden elevar nuestra presión arterial al constreñir los vasos sanguíneos. Pero también evitan que entremos en estado de choque si estamos perdiendo sangre con rapidez. Otra hormona del estrés de acción más prolongada, el cortisol, ayuda a bajar la inflamación en el cuerpo. De hecho, a veces se emplean versiones sintéticas de esta hormona (por ejemplo, la hidrocortisona) para tratar afecciones inflamatorias como la artritis reumatoide. Pero en grandes cantidades, el cortisol suprime la inmunidad. Quizá esa sea una de las razones por las cuales es más probable que se enfermen las personas que están bajo estrés constante que aquellas que llevan una vida más tranquila.

Los "puntos negativos" de estas hormonas no son efectos adversos; las hormonas están haciendo exactamente lo que se supone que deben hacer. No obstante, por una razón u otra, esa no es una situación saludable. La clave está en el equilibrio.

Su cerebro: el supervisor hormonal

Por fortuna, una serie de revisiones y equilibrios ayuda a mantener el sistema hormonal operando sin problemas, de modo que siempre esté regresando a un estado interno estable llamado homeostasis.

En un sistema tal, "la secreción hormonal es provocada por algún estímulo interno o externo —dice el Dr. Geoffrey Redmond, director del Hormone Center of New York en la ciudad de Nueva York—. El estímulo puede ser prácticamente cualquier cosa, por ejemplo, algún alimento, el frío, el estrés o la actividad física". A medida que se elevan los niveles hormonales, estas hormonas afectan diversos órganos e inhiben la liberación posterior de otras hormonas. Como resultado, los niveles en sangre de muchas hormonas fluctúan sólo dentro de un rango estrecho "deseable".

El sistema nervioso puede modificar, según sea necesario, los factores que "encienden" o "apagan" las hormonas, dice el Dr. Redmond. Sin este dispositivo de seguridad, la actividad endocrina sería estrictamente mecánica, muy parecida a la del termostato de una casa. Un termostato puede mantener la temperatura del aire que hay en su casa en o alrededor del nivel que usted establezca. Pero no puede detectar que su abuela friolenta siente frío a esa temperatura ni puede reajustarse para que ella esté más cómoda. Usted tiene que hacer ese ajuste. Pero el sistema nervioso en sí puede ignorar los controles endocrinos normales según sea necesario para mantener la homeostasis.

La regulación del nivel de azúcar en la sangre (glucosa) es un ejemplo perfecto de la manera en que funciona este equilibrio delicado. La insulina y otras hormonas diversas normalmente mantienen los niveles de azúcar en sangre dentro de un rango de 60 a 100 miligramos de glucosa por cada 100 mililitros de sangre. Sin embargo, si usted repentinamente se encuentra bajo un estrés grave —digamos, si un maleante la tumba y le arranca la cartera (bolsa)— su hipotálamo y los centros de su sistema nervioso simpático (los que se encargan de la respuesta luchar o huir) se activan con mucha fuerza, lo cual a su vez provoca una elevación en su nivel de azúcar en sangre. Esto asegura que las células de su cuerpo tengan suficiente combustible para realizar alguna actividad más vigorosa que pudiera llegar a requerir (¡como echarse a correr!).

El hipotálamo, la glándula "maestra" del cuerpo, interviene en la homeostasis de muchas maneras distintas. Es una parte del cerebro que recibe e integra las señales provenientes de muchas partes del cuerpo. También recibe señales físicas que le permiten vigilar y ayudar a regular funciones vitales como el equilibrio de agua y la sed, la temperatura corporal y la frecuencia cardíaca.

Parte del hipotálamo actúa como el reloj interno del cuerpo, regulando los ritmos biológicos como los ciclos de vigilia/sueño y el impulso sexual. Y además recibe mensajes desde nuestro cerebro emocional o límbico. El resultado final: tarde o temprano, el hipotálamo "recibe informes" sobre prácticamente todo lo que ocurre en su cuerpo, incluyendo sus pensamientos y sentimientos. Entonces el hipotálamo puede tomar medidas según los mensajes que recibe, convocando la ayuda de la glándula pituitaria, su principal secuaz, para que esta haga lo necesario.

La glándula pituitaria, que cuelga de un tallo del cerebro como si fuera un chícharo (guisante, arveja), secreta nueve hormonas que intervienen en la regulación de la producción hormonal por parte de otras glándulas ubicadas en diferentes partes del cuerpo, incluyendo algunas de las principales glándulas endocrinas como la tiroides y las glándulas suprarrenales. Algunas de estas hormonas provocan la liberación de otras hormonas, mientras que otras inhiben dicha liberación.

Su termostato interno

Una glándula tiroides que funciona bien sirve también de ejemplo claro de esta ruta de regulación delicadamente equilibrada. Para estimular la tiroides (una glándula con forma de mariposa que envuelve a la tráquea), el hipotálamo secreta la hormona liberadora de tirotropina. Esta hormona, a su vez, estimula a la glándula pituitaria para que secrete la hormona estimulante de la tiroides. Luego, esta hormona es la que estimula a la glándula tiroides para que libere las hormonas tiroideas.

A su vez, los niveles crecientes de hormonas tiroideas en la sangre inhiben la ruta que va del hipotálamo a la glándula pituitaria, disminuyendo así la secreción de la hormona estimulante de la tiroides. La tiroides secreta menos hormona tiroidea y su nivel en sangre desciende. A medida que esto ocurre, el hipotálamo y la glándula pituitaria despiertan nuevamente para enviar un mensaje hormonal a la tiroides para que esta aumente la producción. "La ruta permite que llegue información de todas las partes del cuerpo —dice el Dr. Redmond—. Por ejemplo, esto significa que cuando baja la temperatura central del cuerpo, el hipotálamo recibe una señal y puede a su vez enviar un mensaje a la glándula tiroides para que aumente la producción, lo cual hace que se acelere el metabolismo y se eleve la temperatura corporal".

Si todo funciona bien, usted ni siquiera se percata de la interacción compleja que tiene lugar entre estas hormonas. Sin embargo, si no existieran estas interacciones hormonales, su temperatura corporal fluctuaría sin control. En vez de eso, sus hormonas hacen que su cuerpo se mantenga a una temperatura estable de aproximadamente 98.6°F (37°C), independientemente de que salga a jugar en la nieve o que el clima esté a 115°F (46°C) a la sombra.

¿Qué ocurre cuando las hormonas se salen de control?

La mayoría de los niveles hormonales varían normalmente a lo largo de un día, un mes o toda una vida, dependiendo de estímulos internos y externos, los cuales, como mencionamos anteriormente, pueden ser prácticamente cualquier cosa, por ejemplo, alimentos, agua, frío, calor o el reloj interno del cuerpo.

Pero a veces, por varias razones, se puede perder el equilibrio hormonal. "Los cambios simples en nuestra rutina, como el desfase horario o saltarnos una comida, pueden desequilibrarnos temporalmente", dice el Dr. Redmond. Otros cambios continuos —como el estrés crónico, las enfermedades, las toxinas ambientales e incluso algunos fármacos que se venden con receta— también pueden alterar el equilibrio hormonal. Los síntomas dependen de las glándulas endocrinas que estén funcionando mal.

En ocasiones, los síntomas de un desequilibrio hormonal aparecen con relativa rapidez, dice el Dr. Redmond. Sin embargo, lo que ocurre con mayor frecuencia es que se vayan presentando de manera bastante gradual. "Ya para cuando se diagnostica a alguien, esa persona a menudo puede hacer memoria de uno o dos años atrás y recordar que algo no ha estado bien del todo durante algún tiempo", dice.

Por ejemplo, esto ocurre con mucha frecuencia en el caso de mujeres con problemas de la glándula tiroides. Tanto la actividad excesiva como la actividad insuficiente de esta glándula pueden causar trastornos metabólicos que van empeorando con el tiempo. La baja actividad tiroidea puede ser el resultado de una enfermedad autoinmune, en la que el cuerpo ataca a sus propios tejidos. También puede ser la consecuencia de una alimentación demasiado baja en yodo, el cual es un nutriente que se necesita para transformar las principales hormonas tiroideas en su forma activa. Los síntomas de una desaceleración metabólica —como cansancio, frío, lentitud mental, estreñimiento— lentamente van aumentando de intensidad hasta que no cabe la menor duda de que algo anda mal.

Por otra parte, si la glándula tiroides está demasiado activa, usted se sentirá acalorada y sudará mucho; el corazón le latirá rápidamente y a veces de manera irregular; estará excitable, nerviosa y perderá peso. Si se acumula líquido detrás del globo ocular, como a veces ocurre, los ojos se le verán saltones.

Tal fue el caso de Barbara Bush, la antigua Primera Dama de los Estados Unidos, a quien le diagnosticaron problemas tiroideos durante los años 90. Sus ojos saltones fueron los que delataron su problema.

¿Qué puede hacer por usted la investigación sobre los hormonas?

Debido al montón de nuevos descubrimientos en los campos de la química y la biología, el estudio de los desequilibrios hormonales —la endocrinología— ha crecido de manera acelerada a lo largo de los últimos 50 años. Para los investigadores, estas son épocas emocionantes y fructíferas. Para las mujeres, esto significa acceso a nuevos descubrimientos que podrían mejorar su calidad (y a veces cantidad) de vida. También podría significar que las mujeres, si así lo desean, pueden participar en ensayos clínicos de tratamientos prometedores que aún están siendo probados.

Sin embargo, en la búsqueda por lograr el ajuste perfecto de nuestros niveles hormonales, las mujeres necesitan tener presente que los fármacos recién lanzados al mercado pueden producir efectos secundarios imprevistos. De nuevo, la clave es lograr un equilibrio entre adoptar los nuevos descubrimientos y discutir lo que significan para usted como individuo, sopesando los riesgos contra los beneficios. El programa para el equilibrio hormonal que se describe en la Tercera Parte de este libro le ayudará a restaurar el equilibrio según sus propias necesidades individuales.

Pero antes, la Segunda Parte del libro le explicará los problemas que pueden presentarse y su porqué.

La manera más obvia de determinar si sus hormonas están fuera de equilibrio es midiendo sus niveles para luego reponer lo que falta o hacer otros cambios para restaurar el equilibrio. Considere la diabetes: es probable que usted vigile su propio nivel de glucosa en sangre o que su doctor lo mida por usted y luego le recomiende maneras de mantener su azúcar en sangre a un nivel estable, ya sea bajando de peso, cambiando su alimentación o posiblemente reponiendo la insulina que le falte con pastillas o inyecciones, en caso necesario.

Los avances tecnológicos, incluyendo las mejoras que se han hecho a las pruebas hormonales, permiten que los investigadores midan con gran precisión cantidades diminutas de hormonas y que rastreen estas sustancias mediante métodos no invasivos en su recorrido por el cuerpo, incluso el cerebro.

Esto permite que los investigadores detecten cantidades muy pequeñas de las hormonas que normalmente se secretan y que vean cómo actúa una hormona en el cuerpo, cuál es el órgano donde produce su mayor efecto y dónde activa células en el cerebro. La nueva tecnología permite que los investigadores construyan imágenes tridimensionales de los sitios receptores en las membranas celulares y que luego sinteticen una "llave" molecular que encaje en la imagen como si se tratara de una cerradura.

"El conocimiento básico de las hormonas y su funcionamiento ha crecido a pasos agigantados, y al mismo tiempo, los investigadores están encontrando maneras de aplicar estos conocimientos con fines prácticos", dice el Dr. Steven Petak, miembro del Instituto de Medicina de la Reproducción y Endocrinología de Texas en Houston y presidente del Comité de Medicina de la Reproducción de la Asociación de Endocrinólogos Clínicos de los Estados Unidos.

Dado que ya se ha definido la estructura química de la mayoría de las hormonas, estas pueden ser sintetizadas en el laboratorio y usadas para la terapia de reposición hormonal. Los ejemplos más comunes son la insulina, las hormonas tiroideas y las hormonas femeninas estrógeno y progesterona. Otras terapias de reposición hormonal no tan conocidas incluyen la hormona estimulante del folículo, la hormona luteinizante, la testosterona, la hormona paratiroidea y la hormona del crecimiento.

La reposición hormonal no necesariamente es la única solución. Se pueden emplear ciertos fármacos para mitigar la actividad excesiva de una glándula y neutralizar o suprimir cantidades excesivas de alguna hormona. En casos raros, puede que sea necesario extirpar las secciones demasiado activas de las glándulas (aunque la terapia farmacológica hace que esto sea menos común). Y ya no tarda en llegar el día en que pueda recibir un transplante de células o incluso de órganos endocrinos enteros, dice el Dr. Petak. Unos investigadores de la Universidad de California en San Diego han desarrollado una línea "inmortal" de células del islote del páncreas humano que producen insulina y las están cultivando con éxito en el laboratorio, con la esperanza de que estas células algún día pueden ser transplantadas. Y ya se han transplantado células del islote del páncreas de donadores, aparentemente con éxito, a varias personas que padecen diabetes.

Entre lo que la investigación en hormonas tiene para ofrecerles a las mujeres, destaca lo siguiente:

Sensibilizadores a la insulina. Algunas personas que padecen diabetes son resistentes a la insulina, es decir, las células de su cuerpo se resisten a permitir que la insulina transporte glucosa al interior de la célula. Unos fármacos nuevos llamados sensibilizadores a la insulina, como la metformina (*Glucophage*), disminuyen la resistencia a la insulina. "Amplifican los efectos de la insulina", dice el Dr. Richard Dickey, anterior presidente de la Asociación de Endocrinólogos Clínicos de los Estados Unidos, quien ahora tiene su consulta privada en Hickory, Carolina del Norte. Esto permite que los individuos con diabetes resistente a la insulina puedan hacer un mejor uso de la insulina que se produce en su cuerpo, o bien, que puedan tomar una dosis más baja de insulina.

"Cualquiera de ambas alternativas es buena, porque los niveles altos de insulina crean todo tipo de problemas diversos", dice el Dr. Dickey. (Incluso con estos fármacos, bajar de peso es la manera más segura de disminuir la resistencia a la insulina, agrega).

Moduladores selectivos de los receptores de estrógeno (o *SERM* por sus siglas en inglés). Estas sustancias, que informalmente se conocen como "estrógenos de diseñador", son moléculas sintetizadas en el laboratorio que pueden ligarse a los mismos sitios receptores de las membranas celulares a los que se une la hormona femenina estrógeno. "Los investigadores tienen la esperanza de que los SERM producirán algunos de los efectos beneficiosos del estrógeno y menos de sus efectos indeseables", dice el Dr. Petak. Por ejemplo, el raloxifeno (*Evista*), que es uno de los tres SERM que actualmente cuenta con la aprobación de la Dirección de Alimentación y Fármacos, funciona casi tan bien como el estrógeno para mantener la densidad ósea después de la menopausia. Pero a diferencia del estrógeno, no parece promover el crecimiento de células en los tejidos mamarios o uterinos. De hecho, se están realizando estudios de investigación para determinar si el raloxifeno ayuda a *disminuir* el riesgo de cáncer de mama. Otro SERM, el tamoxifeno (*Nolvadex*), ya se está usando con ese propósito.

"El raloxifeno es una alternativa potencial para las mujeres con baja densidad ósea que no quieren o no pueden tomar estrógeno y que no padecen cáncer de mama o trombosis venosa profunda", dice el Dr. Petak.

Es probable que esta nueva tecnología de "moduladores de receptores" también se emplee para diseñar fármacos que produzcan efectos parecidos a los del estrógeno en los vasos sanguíneos y el sistema nervioso central.

Suplementos de testosterona para mujeres. Los investigadores han sabido durante mucho tiempo que la testosterona, la principal hormona sexual masculina, es la que ayuda a los hombres a mantener sus músculos, impulso sexual y vitalidad en general. Ahora están descubriendo que esta hormona desempeña un papel similar e importante en las mujeres. "Los pocos estudios a pequeña escala que se han realizado hasta ahora han considerado principalmente el impulso sexual, el humor en general y la composición del cuerpo —es decir, aspectos que tienen que ver con la calidad de vida— y en su mayor parte los resultados han sido positivos", dice la Dra. Adrian Dobs, profesora adjunta de Endocrinología y Metabolismo de la Facultad de Medicina de la Universidad Johns Hopkins en Baltimore.

En su propio estudio de investigación, la Dra. Dobs encontró que las mujeres posmenopáusicas que tomaron estrógeno y que también tomaron testosterona presentaron cambios significativos en la composición de su cuerpo. Mostraron una reducción del 2 al 4 por ciento en promedio en la grasa corporal y un aumento del 4 al 6 por ciento en la masa muscular. De tal modo, no tenían tanta grasa corporal aunque permanecieron en su mismo peso.

En contraste, el estrógeno por sí solo produjo ligeros aumentos tanto en la grasa corporal como en la masa muscular.

"El problema está en determinar cuáles son las mujeres que se beneficiarían de tomar suplementos de testosterona y determinar una dosis segura", dice la Dra. Dobs.

Aunque todavía queda mucho por investigar, lo más probable es que la testosterona se agregue a los tratamientos que ya incluyen estrógeno. Tal vez se use la testosterona por sí sola para reducir la fragilidad en algunas mujeres que están en riesgo de contraer osteoporosis pero que sencillamente no pueden tomar estrógeno debido a su mayor riesgo de contraer cáncer.

Estrógeno para mejorar la memoria. Las mujeres que están pasando por la menopausia a menudo comentan —al menos entre ellas— que su cerebro parece más una coladera que una esponja. Las cosas que antes recordaban con facilidad ahora parecen entrar por un oído y salir por el otro. La culpa la tiene la falta de estrógeno. Los investigadores están hallando que el estrógeno afecta la estructura y el funcionamiento de las rutas del sistema nervioso en el cerebro. También parece desempeñar un papel importante en la memoria, especialmente en la memoria "operacional" verbal —que es la fluidez y la rapidez con las que se articulan las palabras o la capacidad para recuperar palabras rápidamente mientras uno habla— lo que en términos coloquiales se conoce como una persona "de respuesta rápida". "El estrógeno influye en los sistemas neurales de la memoria operacional en mujeres posmenopáusicas", dice la Dra. Sally Shaywitz, una investigadora de la Universidad de Yale quien, junto con su colega, el Dr. Bennett Shaywitz, está participando en estudios de investigación acerca de las hormonas del cerebro.

Los estudios de investigación también sugieren que tanto el estrógeno como la testosterona podrían ayudar a proteger a las personas contra la enfermedad de Alzheimer.

Lo que ofrece la medicina alternativa

En la medicina alternativa también se han hecho descubrimientos importantes —aunque menos espectaculares— con respecto a los tratamientos hormonales. Los estudios de investigación están confirmando lo que los doctores alternativos han sospechado durante mucho tiempo: las formas bioquímicamente idénticas de las hormonas, especialmente de la progesterona, producen menos efectos secundarios que otras formas que no son bioquímicamente idénticas. Nuevas pruebas más recientes también indican que los fitoestrógenos —que son las formas vegetales del estrógeno que se encuentran en la

» La zona hormonal

Alimentos que disminuyen o aumentan la inflamacion

Cuando su cuerpo es atacado por una lesión, el estrés, las toxinas o la luz solar, sus células producen sustancias parecidas a las hormonas que, en su conjunto, se conocen como eicosanoides. Estas sustancias bioquímicas sintetizadas a partir de las grasas —por ejemplo, las prostaglandinas, los leucotrienos y los tromboxanos— organizan una batalla contra el atacante. En el proceso, generan una inflamación, o sea, enrojecimiento, calor, dolor e hinchazón.

Cuando una persona se lastima, es útil que haya un cierto grado de inflamación, ya que ayuda a aislar el área inflamada y en última instancia, promueve la curación en el cuerpo. Pero los eicosanoides definitivamente no son bienvenidos en algunas situaciones, como cuando padece artritis reumatoide, la enfermedad inflamatoria del intestino, asma o dolores (cólicos) menstruales fuertes, que son casos en los que la inflamación ya está presente. La inflamación también se vincula con las enfermedades cardíacas, algunos tipos de cáncer e incluso la enfermedad de Alzheimer.

Los tipos de grasas que consume determinan la cantidad de inflamación que se genera en su cuerpo. Los ácidos grasos omega-6 conducen a aumentos en los niveles de prostaglandinas inflamatorias, mientras que los ácidos grasos omega-3 conducen a disminuciones en los niveles de estas sustancias.

Si usted come alimentos ricos en ácidos grasos omega-6, "su cuerpo produce eicosanoides muy potentes que amplifican la inflamación", dice el Dr. Artemis Simopoulos, director del Centro de Genética, Nutrición y Salud en Washington, D. C.

soya, la semilla de lino (linaza, *flaxseed*) y el trébol rojo (*red clover*)— pueden aliviar tanto el exceso como la deficiencia de hormonas.

Debido a que son estrógenos débiles, los fitoestrógenos pueden bloquear los sitios receptores del estrógeno en las células, negándoles así un lugar para acoplarse a las versiones más potentes de esta hormona. No obstante, sí cuentan con *cierta* actividad estrogénica, de modo que pueden ayudar a aliviar los síntomas que produce la deficiencia hormonal. Los investigadores están investigando a los fitoestrógenos como versiones "naturales" de los SERM. Algunos de estos ya han sido lanzados al mercado para aliviar los sofocos (bochornos, calentones). Se cree que otros, como la ipriflavona, disminuyen el riesgo de contraer osteoporosis.

Por otra parte, si toma ácidos grasos omega-3, su cuerpo produce una menor cantidad de prostaglandinas potentes, lo que da por resultado síntomas inflamatorios más leves, menos dolor y menos hinchazón.

Si usted tiene cualquier tipo de inflamación, puede ser útil que procure seguir una dieta que enfatice los alimentos ricos en ácidos grasos omega-3 y minimice aquellos que sean ricos en ácidos grasos omega-6, para ayudar a mantener sus hormonas dentro de los rangos normales y controlar una inflamación desbocada.

Alimentos que debe agregar	Alimentos que debe evitar
Aceite de semilla de lino (linaza, *flaxseed oil*), *canola* y nuez	Aceites vegetales poliinsaturados como los aceites de maíz (elote, choclo) y frijol (habichuela) de soya, y los productos elaborados con estos aceites, como la margarina, las galletas saladas y los productos horneados
Pescados grasosos, como sardinas, caballa (macarela, escombro), salmón, pomátomo, atún y arenque.	
Cápsulas de aceite de pescado o alga dorada (un suplemento nutricional)	Carne de res, ave y puerco que hayan sido alimentados principalmente con maíz o frijol de soya (la mayoria lo son)
Verduras de hojas de color verde oscuro	

Los
problemas
y su
porqué

CAPÍTULO 3

NO DEJE QUE SU HUMOR CONTROLE SU VIDA

Quizá las tarjetas de felicitación, los poetas y las canciones románticas sigan representando el corazón como el centro de los sentimientos del cuerpo, pero lo cierto es que nuestro verdadero centro emocional se encuentra en el cerebro.

Los científicos ahora pueden emplear técnicas de imaginería computarizada para observar cómo se encienden como árboles de Navidad diferentes partes del cerebro cuando se estimula cualquiera de los cinco órganos de los sentidos, ya que estas sensaciones se registran en áreas distintas del cerebro. Dos estructuras en forma de almendra que se encuentran a cada lado del cerebro llamadas las amígdalas centellean cuando se registra miedo o enojo, mientras que otra área, el núcleo accumbens, resplandece al sentir placer, felicidad y comodidad. Estos órganos conforman lo que se conoce como el sistema límbico, que es el centro emocional que está adentro de su cabeza.

La información emocional también viaja por el cerebro a las áreas encargadas de la memoria y la cognición, agregando el elemento del razonamiento y otros matices a los humores. Entonces, en un esfuerzo conjunto, los sistemas endocrino (hormonal) y nervioso envían el mensaje a sus órganos, los cuales producen las reacciones fisiológicas que relacionamos con los sentimientos, por ejemplo, "mariposas" en el estómago, "palpitaciones" del corazón, un rostro sonrojado o manos sudorosas.

Somos criaturas del equilibrio. Aunque pasan mensajes negativos, la mayoría de sus hormonas y otras sustancias bioquímicas parecidas a las hormonas están diseñadas para restaurar un estado de complacencia y calma. Este capítulo explora los últimos hallazgos en los campos de la neurociencia, la endocrinología y la siquiatría para mostrarle cómo usted puede influir en la bioquímica de su cuerpo para mantener un estado de ánimo positivo y corregir los desequilibrios químicos que conducen al mal humor negativo.

El lado femenino de los humores

Al igual que nuestras capacidades reproductoras traen consigo el orgullo de "convertirnos en mujeres", la experiencia asombrosa de dar a luz y la satisfacción de llegar a ser abuelas, este poder de dar vida que tienen nuestros ovarios sí cobra un precio.

Cuando el Dr. C. Neill Epperson, profesor asistente de Siquiatría y ginecólogo/obstetra de la Universidad de Yale, y otros investigadores revisaron una gran cantidad de investigaciones médicas, encontraron que el mayor riesgo de sufrir trastornos del humor en la vida de una mujer estaba correlacionado con eventos reproductores importantes, o sea, cuando las hormonas están fluctuando después de dar a luz, entrar a la menopausia o antes de la menstruación.

De hecho, de los 19 millones de adultos estadounidenses que cada año batallan con la tristeza, la desesperanza y la angustia que provoca la depresión grave, dos terceras partes son mujeres. Las mujeres también conforman más de la mitad de los 16 millones de estadounidenses que sufren la irritabilidad, el nerviosismo y el miedo que se relacionan con los principales trastornos de ansiedad.

Esto no quiere decir que las mujeres sean biológicamente defectuosas. Las dificultades económicas y sociales que son únicas a las mujeres contribuyen a estas tristes estadísticas. En comparación con los hombres, existe un número significativamente mayor de mujeres que viven en condiciones de pobreza y que han sido víctimas de abuso físico, abuso y acosamiento sexuales. Incluso el estrés menor de cuidar a las personas puede irrumpir con las hormonas que controlan el sistema y regulan el estado de ánimo.

No obstante, la primera pregunta que debe hacerse si empieza a presentar un trastorno del humor es si están involucradas sus hormonas femeninas. "La depresión grave y otros trastornos del humor son dos veces más comunes en mujeres que en hombres y es más probable que la angustia emocional se presente durante cambios relacionados con la función de la reproducción", dice Carol Shively, Ph.D., profesora de Patología y Sicología de la Facultad de Medicina de la Universidad de Wake Forest en Winston-Salem, Carolina del Norte.

Sin embargo, la manera exacta en que las hormonas reproductoras intervienen en nuestro estado de ánimo nunca ha quedado clara. En gran medida,

(continúa en la página 32)

¿Qué está pasando?

Si su estado de ánimo se está volviendo demasiado negativo o impredecible, conteste este cuestionario para ayudarse a determinar qué es lo que le está impidiendo bajarse de ese subibaja emocional.

1. **¿Es usted una mamá primeriza que se siente desesperanzada, inusualmente ansiosa o incapaz de cuidar a su bebé?**

   Si bien es cierto que cuatro de cada cinco mamás primerizas experimentan un cierto grado de depresión ligera después de dar a luz, los síntomas generalmente se desvanecen durante las primeras 2 semanas después del nacimiento. Pero si su estado de ánimo no sólo persiste, sino que empeora cada vez más, podría estar padeciendo de lo que se conoce como depresión posparto. (Para mayor información, vea el capítulo 9).

2. **¿Siente que funciona a segunda o tercera velocidad o se siente particularmente aletargada y triste durante los meses de invierno?**

   Los desequilibrios hormonales causados por la exposición inadecuada a la luz solar pueden conducir al trastorno afectivo estacional. Si no puede salir a la luz del Sol durante una hora al día, utilice una caja luminosa comercial que imite los efectos de la luz solar.

3. **¿Sufre de períodos en los que alterna entre la felicidad absoluta y las conductas imprudentes, para luego sumergirse en un estado de tristeza?**

   Debe ser evaluada por su médico de cabecera o un siquiatra para que determinen si usted sufre el trastorno bipolar (también conocido como trastorno maníaco depresivo).

4. **¿Tiene antecedentes familiares de enfermedades de la tiroides o alguna otra afección autoinmune (como artritis reumatoide o lupus)? ¿Sufre de ansiedad o depresión acompañadas por una fatiga extrema o hiperactividad, sensibilidad a las temperaturas o pérdida o aumento de peso inexplicable?**

   La raíz de sus problemas podría ser una glándula tiroides que no está funcionando bien. (Para mayores detalles, vea "Tiroides: la conexión oculta entre el peso y el humor" en la página 108).

5. **¿Está siguiendo una dieta alta en proteínas para bajar de peso?**

   Las dietas altas en proteínas —es decir, las dietas que obtienen el 60 por ciento o más de su total de calorías a partir de las proteínas— pueden privarla de la cantidad de carbohidratos que necesita su

sistema nervioso para crear una sustancia química que regula el
humor llamada serotonina. Si se empieza a sentir ansiosa o deprimida
mientras esté haciendo una dieta alta en proteínas, trate de incluir
más carbohidratos en su dieta y vea si se siente mejor. O trabaje con
un nutriólogo calificado para que juntos revisen su plan alimenticio.

**6. ¿Toma píldoras anticonceptivas, esteroides, antihipertensivos o medica-
mentos para el corazón, anticonvulsivos o sedantes?**

Se sospecha que un sinnúmero de fármacos que se venden con y sin
receta causan cambios en el humor. Debido a que las pastillas anticon-
ceptivas contienen una combinación de cantidades diferentes de estró-
geno y progestina, pueden causar depresión en mujeres que son
susceptibles a cambios en sus niveles hormonales. Trabaje con su
doctor para resolver cualesquiera efectos secundarios mediante cam-
bios en la dosis o de medicamento. Si no le sirve cambiar de pastilla
anticonceptiva, considere otra forma no hormonal de control natal.

**7. ¿Está expuesta a metales pesados (como plomo en pinturas o cobre en
las tuberías de agua corroídas) o a sustancias químicas industriales como
agentes para la limpieza o solventes? ¿Sus síntomas de depresión van
acompañados de debilidad, pérdida de la memoria o dolores musculares?**

Pídale a su médico que le haga un análisis de sangre. Si los resul-
tados del análisis indican alguna contaminación tóxica, haga los cam-
bios necesarios para evitar la sustancia contaminante. Por ejemplo,
empiece a usar limpiadores biodegradables y ventile adecuadamente
su casa mientras esté haciendo la limpieza. Además, será necesario
que inicie de inmediato un programa de desintoxicación con su doctor.

8. ¿Fuma o está tratando de dejar de fumar?

En algunas mujeres, la nicotina de los cigarros o de los productos de
reposición de nicotina, como los chicles o parches de nicotina, pro-
vocan sentimientos de depresión o ansiedad. Por desgracia, dejar de
fumar también puede provocar un episodio depresivo en algunas mu-
jeres. Si tiene antecedentes clínicos de enfermedades siquiátricas y
está tratando de dejar de fumar, vaya regularmente con su doctor
hasta que se haya adaptado a la abstención y considere la posibilidad
de tomar medicamentos antidepresivos u otras formas de terapia para
que le sea más fácil la transición.

el mayor énfasis se ha puesto en el hecho de que el estrógeno es una sustancia química que excita mientras que la progesterona es una sustancia química que deprime, explica el Dr. Peter Schmidt, investigador sénior de la Rama de Endocrinología Conductual del Instituto Nacional de Salud Mental (o *NIMH* por sus siglas en inglés) en Bethesda, Maryland. Pero luego, el Dr. Schmidt y sus colegas en el NIMH llevaron a cabo una investigación que hizo historia en la que se mostró que el verdadero problema parece ser que un cierto porcentaje de la población femenina tiene un sistema nervioso que se ve más afectado de lo normal por los altibajos pronunciados en los niveles de estrógeno y progesterona.

"De manera muy similar a la que algunas personas tienen una predisposición a otras afecciones sicológicas, algunas mujeres parecen nacer con esta mayor vulnerabilidad biológica a las fluctuaciones en sus hormonas femeninas —dice la Dra. Louann Brizendine, directora de la Women's Mood and Hormone Clinic del Instituto Siquiátrico Langley Porter de la Universidad de California en San Francisco—. De hecho, es común ver a una mujer desarrollar trastornos del humor iguales a los que padeció su hermana, su madre o su abuela varios años después del inicio de la pubertad o después del parto".

Si bien la genética juega un papel importante en todos los principales trastornos del humor, los expertos hacen énfasis en que se puede evitar la aparición de la ansiedad y la depresión al cuidar de la salud emocional y física.

"Considere el síndrome premenstrual (o *PMS* por sus siglas en inglés) y otros trastornos del humor como si fueran lo mismo que las alergias o las migrañas. Necesita aprender cuáles son las situaciones que disparan sus emociones y hacer todo lo posible por evitarlas. A veces es cuestión de hacer cambios en su estilo de vida, su alimentación o su actitud, y cuando con estos cambios aún no logra manejarlo, entonces es cuestión de aceptar el hecho de que tendrá que tomar medicamentos para corregir la bioquímica de su cuerpo", dice Jean Endicott, Ph.D., jefa del departamento de investigación, evaluación y entrenamiento del Instituto Siquiátrico Estatal de Nueva York, así como directora de la unidad de evaluación premenstrual del Centro Médico Columbia-Presbiteriano, ambos en la ciudad de Nueva York.

Cómo navegar durante períodos de turbulencia

La mayoría de las mujeres han aprendido a vivir con episodios leves de irritabilidad, enojo y cambios repentinos de humor, pero en el caso de unas cuantas, su conducta errática tiene consecuencias brutales. "Algunas mujeres me dicen que han perdido su empleo o que no pueden mantener una relación duradera con un hombre debido a su conducta", dice la Dra. Endicott.

Por fortuna, hemos avanzado mucho y nos hemos liberado de aquellos días en que hablábamos en voz baja sobre la "maldición de Eva" o en que nos decían que el síndrome premenstrual era sólo producto de nuestra imaginación. La mayoría de los centros médicos universitarios que hay en los Estados Unidos cuentan ya con clínicas en donde los siquiatras y los expertos en la salud de las mujeres pueden ayudar a resolver este problema, dice la Dra. Brizendine.

La Asociación Siquiátrica de los Estados Unidos ahora reconoce que el factor "estado de ánimo" del síndrome premenstrual puede ser tan grave que incluso puede llegar a ameritar un diagnóstico de trastorno disfórico premenstrual (o *PMDD* por sus siglas en inglés). Al igual que con el PMS, las mujeres con PMDD generalmente presentan síntomas físicos, como retención de líquidos, dolores de cabeza o fatiga. Pero con la intensidad de una depresión grave también presentan aflicción, ansiedad, un menor interés en sus actividades y cambios muy notorios en su conducta. Estos síntomas desaparecen poco después de que inicia el período menstrual y no regresan sino hasta después de la ovulación.

Para saber si tiene PMDD y qué tan grave es su problema, necesita llevar un diario de síntomas cada día durante dos meses, anotando cualquier cambio en su estado de ánimo, así como otros síntomas del PMDD y, por supuesto, las fechas en que inicie y termine su período, dice la Dra. Endicott.

El principal tratamiento para el PMDD inmanejable son los antidepresivos inhibidores de la recaptación selectiva de serotonina (o *SSRI* por sus siglas en inglés), como la fluoxetina (*Prozac*). La fluoxetina, que se comercializa bajo la marca *Sarafem*, fue aprobada para el tratamiento del PMDD por la Dirección de Alimentación y Fármacos en julio del año 2000. Le pueden recetar este medicamento para que lo tome sólo durante la fase lútea de 10 a 14 días de su ciclo menstrual, en vez de tomarlo a diario, y la dosis a menudo es más baja de la que tomaría para una depresión grave. Si los antidepresivos no funcionan, la PMDD puede ser controlada con medicamentos que impiden los cambios hormonales que provocan los problemas premenstruales severos.

Sin embargo, el primer curso de acción es hacer cambios en su estilo de vida. Estos cambios pueden ser tan poderosos que en ocasiones son suficientes para detener incluso el PMS grave o el PMDD, dice la Dra. Endicott. He aquí lo que les ha funcionado a algunas de las mujeres que van a su clínica.

Apréndase su patrón. Revise su diario de síntomas. Si sus síntomas siempre empiezan 8 días antes de su período, marque esos días en rojo en su calendario.

"El simple hecho de ver que se están acercando los días en los que es propensa a sentirse mal permite que se prepare mentalmente", dice la Dra. Endicott. Tener una explicación de su comportamiento atípico le permite tener paciencia consigo misma cuando comete una equivocación en vez de agudizar la tensión con autocríticas.

La conexión hormonal

El síndrome premenstrual: ¿Una excusa para matar?

Los antecedentes penales de una cantinera británica apodada Craddock eran más largos que la lista del supermercado de una familia con diez hijos. Además de cumplir 30 sentencias por robo, incendio premeditado y asalto, la cantinera había sido acusada por acechar a un policía y, en otra ocasión, por lanzar ladrillos a través de una ventana. En 1980, asesinó a un compañero de trabajo. Durante su enjuiciamiento por homicidio sin premeditación, salió a la luz el común denominador de su perfidia: Craddock siempre atacaba poco antes de su menstruación.

Según el alegato oficial de Craddock, el síndrome premenstrual (o *PMS* por sus siglas en inglés) "la convertía en un animal salvaje cada mes y la forzaba a actuar como si fuera otra persona". Su sentencia fue reducida a libertad condicional siempre y cuando tomara su dosis recetada de medicamentos hormonales.

Otras mujeres con PMS han sido absueltas de acusaciones penales por diversos agravios, desde robo a tiendas hasta conducir con imprudencia. Una mujer —una doctora— no pasó la prueba de aliento y se resistió violentamente a ser arrestada, pero luego fue dejada en libertad.

En más de un juicio, la Dra. Katharina Dalton, quien ayudó a convertir el PMS en una palabra más de nuestro vocabulario cotidiano, atestiguó que los casos graves de PMS pueden causar demencia temporal. Pero lo que se ve con más frecuencia es que se usen las dificultades menstruales para (1) el "alegato de responsabilidad disminuida" (lo que en términos legales significa que una persona no fue capaz de ejercer control o usar su juicio moral debido a una anormalidad en la mente) o (2) la "defensa de automatismo" (generalmente usada en los casos de convulsiones, reflejos y otras instancias en que la mente y el cuerpo actúan sin concordancia).

Independientemente de que hayan sido absueltas o no, estas mujeres —y todas las personas a su alrededor— se hubieran ahorrado muchos problemas si se reconociera el PMS grave y se tomaran medidas para controlarlo.

Estése tranquila en el trabajo. Las empresas en algunos países asiáticos, incluido Japón, les dan a las mujeres dos días económicos al mes por si tienen dificultades menstruales. No es probable que en los Estados Unidos lleguemos tan lejos. Pero aun así, puede tratar de hacer que sus planes giren alrededor de los cambios predecibles en su temperamento. "Muchas mujeres reportan que pueden hacer el trabajo relativo a un proyecto sin problemas durante la premenstruación; es la interacción con otros lo que les causa problemas —dice la Dra. Endicott—. Si usted puede controlar su flujo de trabajo, trate de guardar los días premenstruales para el papeleo o la lectura. Si tiene que asistir a una reunión (junta) durante este lapso, recuérdese que es mejor escuchar que hablar dado que puede llegar a lamentar algo que haya dicho mientras no era 'usted misma'".

Comunicación con discreción. No tiene que gritar a los cuatro vientos que tiene problemas premenstruales. Simplemente hágales saber a los demás que "nada más no se siente muy bien el día de hoy", para que los demás —incluso niños de segundo grado, si usted es una maestra en una escuela primaria— puedan ser un poco más tolerantes. Si usted es gerente de una empresa y tiene un asistente que le programa las citas, y además le tiene la suficiente confianza como para hablar con él o ella, hágale saber que no es una buena semana para usted como para tener que lidiar con confrontaciones estresantes.

Involvucre a su familia. Usted puede ser mucho más abierta con sus familiares que con sus compañeros de trabajo. Dígales de manera directa que no se lo tomen a pecho si usted se encuentra irritable durante los próximos días. Si sufre PMS grave, invite a sus familiares a asistir a las reuniones de su grupo de apoyo o a sesiones educativas organizadas por su médico, en caso de que estén disponibles en su área (vea "En la Internet y otros recursos" en la página 50). Muchas mujeres comunican que sus familiares sienten un gran alivio cuando descubren que los cambios de humor de mamá tienen una causa biológica y que, al igual que cualquier otra enfermedad, es tratable.

Sea audaz durante su mejor época del mes. Si tiene que tomar decisiones importantes —digamos, un cambio de empleo, terminar una relación o hacer una inversión— y tiene control del momento en que puede tomarlas, tome estas decisiones del sexto al décimo día de su ciclo. Idealmente, este período también es el mejor momento para programar una fiesta o asistir a una reunión u otro evento social importante donde quiera destacar. Por otra parte, cuando sepa que está en su período premenstrual, procure posponer las decisiones trascendentales en su vida. Por ejemplo, si se enoja tanto con su jefe o su marido que está convencida de que renunciar o divorciarse es la única solución, espérese una semana. Es probable que se le pase el impulso.

Aléjese del alcohol y el café. "Los estados de ánimo premenstruales se relacionan con una falta de control de impulsos, de tal modo que las mujeres que normalmente toman una bebida alcohólica cada noche en otros momentos de su ciclo son propensas a duplicar o triplicar esta cantidad cuando están en su período premenstrual", dice la Dra. Endicott. También podría caer en la tentación de tratar de anestesiar la tensión interna con alcohol y luego dejar que las cosas se salgan de control.

Tampoco llene su taza con más café del que normalmente toma, agrega. La cafeína podría parecerle el remedio perfecto para la mayor fatiga premenstrual, pero nunca valdrá la pena el rebote de ansiedad que provoca más de una taza al día.

La menopausia no *siempre* es infernal

En un Estudio sobre la Salud de las Mujeres que se realizó en Massachusetts, se encuestaron a más de 2,500 mujeres entre los 45 y 55 años de edad durante 5 años y no se encontró aumento alguno en la depresión que estuviera relacionado con la menopausia. Este estudio es sólo uno de los muchos estudios publicados que muestran que la mayoría de las mujeres menopáusicas deben esperar no más que alteraciones menores en su calidad de vida a causa de los síntomas emocionales y físicos leves.

Por supuesto, no todo el mundo pasa por la menopausia sin sufrir problemas en su estado de ánimo. Las mujeres que forman parte de la minoría que sí se deprimen tienden a ser mujeres con antecedentes de enfermedades mentales previas o mujeres que están teniendo un período excepcionalmente largo de síntomas perimenopáusicos evidentes (más de 27 meses en lugar de un período más común de 12 meses). La buena noticia es que cuando estas mujeres terminan de pasar por la menopausia, usualmente se abaten sus síntomas depresivos.

Si usted es una mujer perimenopáusica, no tiene por qué vivir con los problemas que causan los estados de ánimo fuera de control.

Considere la terapia de reposición hormonal desde el principio. No tiene que esperar hasta que entre oficialmente a la menopausia para verse beneficiada por la reposición hormonal. Muchos ginecólogos recetan la terapia de reposición hormonal durante la perimenopausia. Si usted está teniendo una perimenopausia larga y difícil o si está deprimida durante la perimenopausia, quizá sea una candidata para empezar con la terapia de reposición hormonal en la etapa perimenopáusica, dice el Dr. Schmidt.

Cuando el Dr. Schmidt y sus colegas investigadores del NIMH administraron una terapia de reposición de estrógeno a mujeres perimenopáusicas deprimidas de 44 a 55 años de edad, el 80 por ciento de las mujeres se recuperaron al cabo de tan sólo 3 semanas, incluso seis de las siete mujeres del grupo que presentaban depresión grave. (Para mayor información sobre la terapia de reposición hormonal, vea el Capítulo 11).

Pruebe diferentes versiones de hormonas. En algunos casos, el tipo de reposición hormonal que una mujer toma para aliviar sus síntomas físicos acaba por causarle síntomas emocionales, como hostilidad y tristeza. "Existe una diferencia real entre las hormonas que su cuerpo produce y las formas y formulaciones que se emplean en la terapia de reposición hormonal y para la contracepción", dice la Dra. Shively. Lo que es más, la química de cada mujer es diferente. Algunas mujeres reaccionan a las hormonas sintéticas pero no a las llamadas hormonas naturales, mientras que lo opuesto es cierto para otras. De modo que si tiene problemas, hable con su médico y pídale que la cambie a otro tipo de terapia. No es inusual que se tenga que cambiar la receta al menos una vez antes de atinarle a la forma correcta.

Vigile su sueño. La perimenopausia es famosa por su capacidad de acabar con su descanso y cuando una persona no duerme bien, difícilmente puede estar de buen humor. Para ayudar a aliviar la sudoración nocturna que quizá la esté despertando, vea "Sudoración nocturna" en la página 361. Para dormir más profundamente, el Dr. Jonathan Zuess, un siquiatra de Scottsdale, Arizona, recomienda tomar 500 miligramos de calcio con 200 a 350 miligramos de magnesio antes de irse a la cama. Ambos son relajantes neuromusculares.

Cuando el estrés le echa más leña al fuego

No todos los cambios de humor son causados por los efectos de las hormonas reproductoras. Usted no necesita leer un libro para saber que el estrés juega un papel en su estado de ánimo en cualquier momento dado. A continuación explicamos por qué.

En términos biológicos, la mayoría de las sustancias bioquímicas del cuerpo que regulan el humor parecen tener una cosa en común: el eje límbico-hipotalámico-pituitario-adrenal (o *LHPA* por sus siglas en inglés), que podría describirse como un sistema de viajes espaciales para sus hormonas. Su sistema límbico (el centro emocional del cerebro), el hipotálamo, la glándula pituitaria y las glándulas suprarrenales son los aeropuertos principales. Los neurotransmisores, como la serotonina y la dopamina, son los controladores

(continúa en la página 40)

Ella desearía no ser tan sensible

Pregunta: *Toda mi vida, la gente me ha dicho que soy hipersensible, voluble, excéntrica, demasiado intensa e incluso neurótica. Me dicen que no es normal sentirme asustada durante varios días después de ver una película de terror o escuchar un suceso mundial muy inquietante o soñar una pesadilla. Y aunque ya soy una mujer adulta y tengo ya mis propios hijos, sigo llorando a la menor provocación, ya sea porque mis hermanas hieren mis sentimientos cuando no me incluyen para ir de compras con ellas, o porque me siento profundamente conmovida por la belleza de un amanecer que me toca ver mientras voy en camino al trabajo. Como si mis sentimientos más profundos no me alteraran lo suficiente, también me distrae que otras personas estén de mal humor o que algo realmente maravilloso le pase a alguien.*

Es verdaderamente agotador ser una persona a quien le afectan las emociones de todos los demás. Mis supervisores generalmente elogian mis ideas creativas, pero yo siento que no me dan tantos ascensos como a otras personas porque tengo la reputación de ser una mujer "demasiado sensible". ¿Cómo puedo dejar de ser tan vulnerable a mis estados de ánimo o al menos aprender a ocultar lo que siento?

Elaine N. Aron, Ph.D., una sicóloga de San Francisco, responde: Es claro que tú formas parte del 15 al 20 por ciento de la población que tiene una biología única que les hace notar hasta los detalles más sutiles y procesar la información a un nivel más profundo. Créeme cuando te digo que no hay nada de malo en ser una persona altamente sensible. En vez de eso, míralo desde una perspectiva diferente para que tú misma y las demás personas que te rodean lo puedan apreciar como la *ventaja* y el *don* que realmente es.

Lo cierto es que tú estás en una posición de liderazgo emocional. Hay muchísimas personas que no se dan permiso de llorar y están totalmente reprimidas por una cultura en la que no está bien visto expresar amor. Tú cuentas con una liberación que otros no tienen. Cuando las personas hacen comentarios negativos sobre tu sensibilidad, respóndeles con un humor suave y trata de que lo miren desde otro punto de vista. Una contestación maravillosa es, "A muchas personas les agrada que yo sea sensible. ¿Por qué te parece que sea un problema?".

Además de ser muy creativa, probablemente tienes una capacidad sobresaliente para fijarte en los detalles, muestras una consideración excepcional hacia otras personas y abordas los proyectos de manera bien planeada y compleja, en lugar de tirarte sin pensar. En situaciones profesionales, recalca estas virtudes.

Nunca te sientas culpable o defectuosa por ser como eres. Tus compañeros de trabajo y familiares son muy afortunados de tener a una persona que esté conectada con las dimensiones más profundas de la vida.

Dicho lo anterior, puedes lograr sentirte más en control de sus emociones si tienes cuidado de no exponerte a demasiados estímulos. Esto significa evitar la sobreestimulación pero sin exagerar al punto de protegerte tanto que te pongas inquieta o te aburras por la falta de estimulación.

Para lograr lo anterior, date suficiente tiempo para descansar. Idealmente, esto significa que debes pasar de 8 a 10 horas al día en la cama. Si puedes, date permiso de ocupar 2 horas de tu día en la realización de actividades tranquilas, como la meditación, o simplemente no haciendo nada. Y trata de hacer ejercicio al aire libre durante una hora al día. Tómate un día a la semana sólo para descansar y procura tener un mes en total de vacaciones al año durante el cual puedas viajar.

Luego, prográmate para lo que yo llamo "salir a caminar con paraguas".

Imagina que eres un paraguas cerrado que acumula mucha agua en cada pliegue, pero que cuando está abierto, le es más fácil repeler todo lo que le está llegando. Antes de salir de casa, acuérdate de "llevar tu paraguas", ya que esto te servirá para recordar que no tienes que estar *recibiendo* todo el tiempo. Este ejercicio de visualización es especialmente importante en los días en que no te estés sintiendo tan bien. Con el paraguas abierto, puedes ir a la tienda con una actitud de que no todo lo que hay ahí ni todo lo que les sucede a las demás personas te interesa. En vez de eso, te mantienes centrada en tu misión. Esto también significa que tendrás que decidir de antemano cuáles serán tus políticas para responder a los vendedores o a los desamparados, de modo que no tengas que tomar una decisión en cada caso que se te presente.

También te recomiendo que siempre lleves contigo una merienda (refrigerio, tentempié) rica en proteínas, por ejemplo, una barra alimenticia (*energy bar*), dado que la sobreestimulación puede hacer que se agote el azúcar que hay en tu sangre. Es posible que tú respondas de manera más dramática a la cafeína y los medicamentos; por lo tanto, siempre úsalos lo menos posible.

del tráfico aéreo que manejan las transacciones del LPHA desde las torres de control del cerebro.

Su sistema reproductor es un aeropuerto de enlace que realiza viajes a las bases principales, como el hipotálamo y el sistema límbico, para ir a recoger las hormonas que necesita para la ovulación. Su glándula tiroides también depende de que se hagan las conexiones sin problemas entre el hipotálamo y la glándula pituitaria para transportar el combustible que necesita para regular su metabolismo y mantener un estado de ánimo estable.

Las hormonas del estrés son las que acumulan el mayor número de millas de viajero frecuente en el "Exprés del LHPA" porque siempre hacen viajes redondos por todo el sistema LHPA.

El sistema límbico es una red ingeniosa de intercambios. La carga emocional del enojo o el miedo que se produce cuando está estresada penetra el sistema límbico y luego se envía al hipotálamo, el cual, a su vez, envía hormona liberadora de corticotropina (o *CRH* por sus siglas en inglés) a la glándula pituitaria. Cuando la glándula pituitaria recibe su cargamento hormonal, envía otro cargamento de hormonas a las glándulas suprarrenales, las cuales secretan cortisol y otras hormonas que responden al estrés. La última conexión es quizá la más importante porque cuando el cortisol es transportado de regreso al cerebro, le dice al hipotálamo que disminuya la producción de CRH.

Sin embargo, cada sistema tiene su punto de quiebre. El estrés no manejado en su vida está sobrevendiendo más vuelos de los que incluso el ingenioso "Exprés del LHPA" puede procesar eficientemente. En este caso, desde sus ovarios y tiroides hasta su cerebro mismo, es decir, a lo largo de todo el organismo, se perderán las conexiones bioquímicas que regulan el humor, particularmente las que hacen que disminuya la producción de cortisol y CRH.

Entre más sea el tiempo que permanezcan elevados sus niveles de cortisol o CRH, más probable será que usted esté en camino a que su humor sufra un choque importante. ¿Y recuerda a los neurotransmisores encargados de controlar el tráfico aéreo? Pueden llegar a agobiarse tanto que simplemente decidirán renunciar cuando las condiciones ya sean insoportables. Los neurotransmisores son demasiado importantes para su sistema de regulación del humor como para ponerlos en peligro, advierte el Dr. Owen Wolkowitz, un investigador del cortisol y profesor de Siquiatría de la Universidad de California en San Francisco.

De hecho, el marcador clínico mejor establecido para la depresión grave y las afecciones de ansiedad serias como el trastorno obsesivo compulsivo y los trastornos alimenticios es una deficiencia de algunos neurotransmisores como la serotonina.

Evite un choque

La manera más obvia de evitar una "sobrecarga del sistema" es salirse de las situaciones que la pusieron irritable u hostil para empezar. Ahí es donde entra la segunda fase del programa para el equilibrio hormonal. Vea la página 324 para descubrir maneras de manejar el estrés causado por su trabajo y sus responsabilidades en casa y aprenda acerca de las técnicas de relajación que mejoran sus mecanismos naturales para equilibrar el estrés.

También es esencial que maneje las tensiones *internas*. Aunque a otras personas pueda parecerles que su vida marcha viento en popa, los miedos y desilusiones menores pueden llegar a crecer tanto en su mente con el tiempo que pueden llegar a causar una tensión constante en su psique, dice Carol Boulware, Ph.D., una sicoterapeuta de Santa Mónica, California. En el caso de la ansiedad grave o del trastorno de estrés postraumático, quizá también se vea perturbada por el recuerdo de un solo evento catastrófico.

"Algo que ocurre con demasiada frecuencia es que las personas borran de su mente consciente el recuerdo de eventos inquietantes, pero la experiencia aún puede producir la respuesta bioquímica al miedo, ya que permanece en el subconsciente", dice la Dra. Boulware. Tratar de olvidar la perturbación puede haber sido la mejor manera de lidiar con la situación en su momento, pero años más tarde, se puede volver a manifestar en la forma de ataques de pánico y niveles elevados de hormonas del estrés, dado que el recuerdo sigue vivo en su subconsciente, dice. Si usted siente pánico, sufre de fobias u otros estados ansiosos, haga una cita para que un doctor o terapeuta la evalúe. Los problemas muy arraigados pueden llevar mucho tiempo de terapia para resolverse, entonces entre más pronto empiece a andar por el camino hacia el progreso, mejor, dice la Dra. Boulware. Quizá le indiquen algunos medicamentos ansiolíticos para ayudarle a manejar sus reacciones mientras esté trabajando con sus emociones.

Las tensiones crónicas internas o externas no sólo pueden conducir a trastornos de ansiedad, sino que, según las pruebas preliminares que han encontrado los investigadores como el Dr. Wolkowitz, es posible que den lugar a los cimientos hormonales para la depresión grave, dado que parece ser que la mitad de todas las personas que sufren de depresión grave presentan niveles elevados de cortisol.

El estrés no sólo afecta su humor; también afecta sus huesos, su corazón, e incluso su memoria. Las mujeres con niveles crónicamente elevados de cortisol tienen una menor densidad mineral ósea que las mujeres con niveles normales de cortisol y también pueden presentar un mayor riesgo de contraer enfermedades cardíacas. Aún más grave es lo que se encontró en un estudio de investigación realizado en la Facultad de Medicina de la Universidad de Washington en San Luis, ya que los hallazgos de este estudio indican que los niveles crónicamente elevados de cortisol parecen hacer que una parte del cerebro, el hipocampo, se encoja en mujeres deprimidas. Las mujeres que participaron en este estudio que habían pasado por episodios depresivos importantes tenían un volumen un 10 por ciento menor en esta estructura cerebral encargada del aprendizaje y la memoria que las mujeres emocionalmente saludables.

La cuestión es que es esencial darles cabida a sus emociones y resolver las tensiones externas e internas antes de que empiecen a estimular demasiado a su sistema de regulación del humor, dice el Dr. Wolkowitz. Por suerte, hay muchas cosas que puede hacer para mejorar sus mecanismos integrados que equilibran las sustancias bioquímicas que hay en su cuerpo.

Contrólese para estar contenta

Respetar el hecho de que hay cosas insignificantes que pueden ponerla de malas y alterar su equilibrio hormonal puede marcar la diferencia entre pasar por la vida como una persona ligeramente agitada y ser una persona contenta.

Si usted ha tenido una "crisis nerviosa" en el pasado o tiene antecedentes familiares de enfermedades siquiátricas, prestar atención a incluso las cosas aparentemente insignificantes puede marcar la diferencia entre activar una propensión genética a sufrir un evento siquiátrico importante o poner las probabilidades a su favor.

Hágale caso a su humor. Para cuidar su bienestar emocional, tranquilícese y preste atención a los mensajes sutiles que llegan a través de sus cinco sentidos, dice el Dr. Zuess. Por ejemplo, ¿sabía usted que la secreción de muchas hormonas sigue un ciclo rítmico diario que parece estar regido por la glándula pineal del cerebro?

Cuando la glándula pineal secreta melatonina, no sólo regula el sueño sino que también estimula la producción en el cerebro de un neurotransmisor importante para la regulación del humor llamado serotonina. La secreción de una cierta cantidad básica de cortisol también sigue un ciclo rítmico diario. Si se produce menos de esa cantidad, usted se sentirá aletargada; si se produce más, sentirá tensión nerviosa. La mejor manera de lograr que estos ciclos hormonales se mantengan estables es cumpliendo con un horario fijo; en otras palabras, apegarse a un horario fijo para dormir, comer y hacer ejercicio hace que su mente y la química de su cuerpo permanezcan en armonía, dice el Dr. Zuess.

Siga los patrones de la luz natural. La liberación de hormonas por parte de la glándula pineal es regulada por los impulsos nerviosos que envían las retinas en respuesta a la luz, dice el Dr. Zuess. Dicho de otro modo, vivir según el ciclo natural de luz y oscuridad de la Tierra permite que la serotonina y el cortisol se mantengan en niveles adecuados.

Quizá no esté dispuesta a irse a la cama después del atardecer, pero puede dejar prendidas el mínimo de luces que necesita en la noche y usar graduadores de la intensidad de la luz (en inglés, *dimmer switches*) para crear un ambiente más acorde con la noche. Al mismo tiempo, aproveche cualquier oportunidad para tomar el sol durante al menos una hora al día, por ejemplo, saliendo a caminar temprano en la mañana o realizando más de sus pasatiempos favoritos al aire libre, como la jardinería. Si no puede salir, el Dr. Zuess recomienda pasar una hora al día junto a una caja luminosa comercial que tiene focos de espectro completo que imitan las señales que envía la luz natural a su glándula pineal.

Evite los campos electromagnéticos siempre que le sea posible. Según el Dr. Zuess, la exposición frecuente y prolongada a los campos magnéticos altera la regulación de melatonina y serotonina en la glándula pineal. Esto significa que lo ideal es evitar vivir o trabajar cerca de instalaciones eléctricas o líneas de alto voltaje. Y debido a que los campos electromagnéticos se hacen exponencialmente más fuertes a medida que se va a acercando a ellos, el Dr. Zuess dice que también es mejor quedarse a una distancia de al menos 10 pies (3 metros) de los aparatos eléctricos. Usar una secadora de cabello o licuadora (batidora) durante unos cuantos minutos no representa mucho problema. Pero como pasamos casi la mitad de nuestra vida en la cama, él recomienda que se asegure que el despertador eléctrico y el televisor estén del otro lado de su cama en su dormitorio (recámara). O use un despertador que funcione con pilas. También deshágase de las cobijas eléctricas, aconseja.

Medite para calmar su química cerebral. La meditación le permite sentir su ser interior, lo que naturalmente le hará desarrollar una mayor consciencia sensorial. Desde el punto de vista bioquímico, puede ayudar a bajar el nivel de cortisol y potencialmente a elevar las hormonas del buen humor llamadas deshidroepiandrosterona y testosterona. Tendrá que averiguar cuál forma de meditación es la que más le gusta y no se intimide pensando que su manera de meditar tiene que ser tan sofisticada como los cantos budistas o el misticismo cristiano.

El Dr. Zuess ofrece una meditación para principiantes que puede empezar a practicar de inmediato: siéntese cómodamente y enfoque su atención en los sonidos más distantes que pueda escuchar, como el paso de los vehículos por la calle. Luego, de manera muy gradual, enfóquese en sonidos ligeramente más cercanos, como el ruido que hace su gato al caminar por la habitación contigua. Luego, concéntrese en los sonidos que se escuchan dentro de su habitación, como el zumbido del aire acondicionado o el calefactor. Luego, enfóquese en los sonidos de su propio cuerpo. Primero escuche su respiración y, por último, trate de escuchar los latidos de su corazón. Esta es una de las muchas meditaciones sencillas que la pueden introducir a la sensación calmante de centrarse en su propio cuerpo.

Ayúdese a ajustarse a los cambios. Es un hecho científicamente comprobado que en todas las especies, incluyendo los seres humanos, los entornos desconocidos provocan la liberación de hormonas que se relacionan con la ansiedad. Si se va a cambiar de trabajo o se va a mudar de casa, el sistema límbico del cerebro puede agobiarse con tantos estímulos nuevos, dice Elaine N. Aron, Ph.D., una sicóloga de San Francisco.

¿Cómo puede hacer que la transición sea más llevadera? Piense en las cosas que haría por su gato si tuviera que mudarse de casa. ¿Le hablaría con ternura y le pondría algunos objetos familiares en su nuevo ambiente? Del mismo modo, sea tierna y paciente consigo misma, dice la Dra. Aron. Dígase a sí misma que no *tiene* que gustarle el cambio al principio. Para acomodarse con más rapidez en su nuevo entorno, podría ser útil colgar sus viejos cuadros de inmediato y prender su vela de aromatoterapia favorita, dice.

Organícese. A algunas personas les molesta el desorden de manera más evidente que a otras, pero a un nivel subconsciente muy sutil, es probable que incluso su hijo adolescente se sienta agitado por las pilas interminables de "cosas sin hacer", las medias (calcetines) sucias tiradas en el piso y una cocina atestada de platos sucios. Si una mujer es vulnerable a los cambios en los niveles de sus hormonas reproductoras, un entorno caótico realmente puede hacer que se le dispare su nivel de agitación. Haga lo que sea necesario para organizarse. Esto podría significar que tendrá que programar un tiempo en la semana para los quehaceres del hogar, delegar tareas o aceptar el hecho de que tendrá que contratar a alguien para que la ayude.

El contacto con personas promueve un humor sano

Su posición con relación a otras personas también influye en la biología de su humor. La Dra. Shively estudió los efectos hormonales del nivel social en primates, cuyo sistema endocrino es asombrosamente similar al de las mujeres, hasta en los ciclos menstruales de aproximadamente 28 días. Las monas (changas) identificadas como de bajo nivel social eran agredidas por los demás primates y eran excluidas de las conductas afectuosas usuales en los monos, como sentarse juntos o acicalarse. A diferencia de otras hembras, las hembras de bajo nivel social mostraban señales de ansiedad, mirando nerviosamente a su alrededor y sentándose en la posición encorvada típica de la depresión.

Las pruebas en sangre confirmaron que las hembras de bajo nivel social presentaban alteraciones tanto en el eje hipotalámico-pituitario-adrenal como en el eje hipotalámico-pituitario-ovárico. En otras palabras, se habían descarrilado los sistemas que gobiernan tanto a las hormonas reguladoras del humor como a las hormonas reproductoras.

La investigación de la Dra. Shively confirma la importancia de fomentar relaciones sanas para poder mantener nuestra bioquímica en equilibrio. Al mismo tiempo, la Dra. Boulware señala que también es necesario cuidar la relación *con una misma*. "Una autoimagen negativa puede sabotear la sensación de bienestar de una mujer", enfatiza. De hecho, la Dra. Boulware considera que una autoimagen negativa es una de las principales características que se relacionan con el trastorno de ansiedad generalizado para el que desean recibir tratamiento tantas de las mujeres que acuden a su consulta.

Para mejorar su posición ante otros y ante usted misma y mejorar así su humor, nuestros expertos ofrecen los siguientes consejos.

Prográmese para el "contacto personal". Los humanos somos seres gregarios y sociales que no estamos contentos a menos que tengamos intimidad con otros seres humanos. Cuando quedamos atrapados en el ritmo acelerado de nuestra vida, nos aislamos de nuestras fuentes de apoyo social, dice la Dra. Shively. Puede parecerle un poco ridículo ser tan deliberada respecto a sus compromisos sociales, pero hoy en día, a menos que programe una reunión con sus amistades de la misma manera que haría una cita para ir al dentista o al doctor, sencillamente no tendrán lugar. Lo más probable es que la agenda de sus amistades esté tan llena como la suya, entonces programar un tiempo para reunirse, aunque sea con meses de anticipación, es la única manera en que van a lograr verse.

Póngale límites a la tecnología. Para poder estar saludable, tenemos que dejar de sacrificar el apoyo social por nuestra sociedad altamente tecnológica, dice la Dra. Shively. "Apague la televisión, apague la computadora y llámele a alguien para que salgan a dar un paseo. En vez de llevarse el trabajo a casa en la noche, trate de ir a tomar un café con alguien. Estas parecen ser ideas sumamente sencillas, pero en la época actual, representan un enorme reto".

Reevalúe sus pasatiempos. Deshágase de cualesquiera "actividades extracurriculares" que le exijan tiempo y energía pero que no conduzcan a relaciones cercanas, cálidas e íntimas, dice la Dra. Shively. "Si ser una mamá voluntaria para los *boy scouts* significa que tendrá oportunidad de estar con otras mamás voluntarias para reírse juntas y apoyarse, entonces es una excelente actividad. Pero si ser una mamá voluntaria sólo es otra obligación que la hará salir corriendo de casa en la tarde, mejor renuncie".

Enamórese y mejore su química. "Las personas que están en una relación amorosa segura generalmente son personas más calmadas y emocionalmente más resistentes", dice el Dr. Zuess. De hecho, las etapas de conocer y establecerse con alguien especial van seguidas de una cascada de hormonas del buen humor.

El enamoramiento inicial inunda su sistema de dopamina, norepinefrina y feniletilamina, que es una mezcla de sustancias bioquímicas que son químicamente similares a las anfetaminas. A medida que pasa el tiempo, los opiáceos naturales van perdiendo su efecto, pero los sentimientos de un amor más maduro y equilibrado se ven apoyados por las endorfinas que están actuando en el cerebro para inducir una sensación de complacencia. Además, la "hormona del vínculo", la oxitocina, también entra en juego, brindándole la carga emocional que la hace resplandecer cuando su compañero le da la mano después de 50 años de matrimonio.

Averigüe qué es lo que le está impidiendo lograr la intimidad. ¿Se preocupa demasiado de que su pareja no se quedará a su lado o de que realmente no la ama? Por otra parte, ¿se siente incómoda en una relación cercana con otra persona o prefiere no depender de otros? Cualquiera de ambas tendencias podría ser una señal de lo que los sicólogos llaman el estilo de apego inseguro. El apego inseguro pudo haber elevado sus niveles de cortisol y adrenalina incluso desde su infancia y es posible que siga estresando su química corporal y su psique.

"Algunos casos de mujeres con el estilo de apego inseguro pueden llevar años de terapia cuidadosa para resolverse —dice la Dra. Aron—. Pero reflexionar sobre sus miedos de la manera más realista posible le permitirá empezar a avanzar". Por ejemplo, si usted tiene miedo de conocer personas nuevas, entonces puede estar más consciente de que no debe suponer que la rechazarán. Si le preocupa el miedo de dejar ir a una persona, su tarea será confiar en que las personas regresarán a usted.

Nutrientes para mantener el buen humor

Probablemente ya esté tomando vitaminas y minerales para protegerse contra la gripe u otros problemas físicos de salud. Pero también la pueden proteger contra las enfermedades sicológicas. Una alimentación que se centra en verduras y cereales integrales también le ofrece protección. Las personas que tienen una alimentación estilo vegetariano tienden a ser más saludables en general, tanto física *como* emocionalmente, dice el Dr. Zuess.

"Por otra parte, cualquier tipo de deficiencia nutricional puede producir trastornos en el humor —dice—. Por ejemplo, los niveles extremadamente bajos de vitaminas B —especialmente folato— han provocado que algunas personas tengan que ser internadas en un hospital siquiátrico. Si usted sufre de ansiedad y tristeza sin explicación alguna, es razonable que le pida a su doctor que le haga una prueba para revisar sus niveles de nutrientes en la sangre".

Tome suplementos básicos en la mañana y en la noche. Un suplemento multivitamínico y de minerales estándar puede ayudarle a evitar incluso las deficiencias menores de nutrientes que pueden contribuir a un trastorno del humor. "Los suplementos formulados para tomarse en dosis divididas son los que mantienen sus niveles de nutrientes más estables", aconseja el Dr. Zuess.

Debido a que la vitamina B_{12} naturalmente se encuentra sólo en los alimentos de origen animal, si usted es vegetariana quizá tenga que tomar un suplemento adicional de 500 a 1,000 microgramos. Asegúrese de que su suplemento también contenga al menos 5 miligramos de la importantísima vitamina B_6. Estas dos vitaminas del complejo B intervienen en la producción de neurotransmisores cerebrales y son esenciales para todos los sistemas de órganos.

Sin embargo, no tome mucho más de la Cantidad Diaria Recomendada indicada en la etiqueta. "Las megadosis de vitaminas A y D y calcio en realidad pueden *causar* una depresión", agrega el Dr. Zuess.

Aumente sus aminoácidos. Debido a que los neurotransmisores de su cerebro están hechos de aminoácidos, la mezcla correcta de estas unidades proteínicas alentará a su cerebro a mantener niveles estables de serotonina y dopamina, dice el Dr. Zuess. Existen bastantes aminoácidos que están disponibles en forma de suplemento, pero los dos que son más famosos por su capacidad de disminuir los trastornos del humor son la DL-fenilalanina y la L-tirosina, dice. Hable con su médico sobre la posibilidad de tomar 375 miligramos (o la dosis más baja que encuentre) de cada uno para empezar. Si al cabo de 2 semanas no observa efecto antidepresivo alguno, entonces pregúntele a su doctor si puede graduarse a la siguiente dosis disponible. Puede tomar hasta 1,500 miligramos de cada uno. Sin embargo, no tome estos aminoácidos si ya está tomando medicamentos antidepresivos, si tiene presión arterial alta o si ha sufrido ataques de pánico en el pasado.

Coma pescado. Si sus hormonas están desequilibradas, es sumamente importante que mantenga sus prostaglandinas en equilibrio. Los ácidos grasos esenciales que se encuentran en ciertos pescados —como el atún, el salmón, la trucha, el arenque o el corégono (esturión blanco)— son empleados por el cuerpo para fabricar prostaglandinas, las cuales son sustancias importantes que sirven para regular un gran número de sistemas en el cuerpo y que normalmente se encuentran desequilibradas en las personas que padecen depresión grave. Agregar una o más raciones de pescado a su alimentación diaria puede ayudarle a restaurar este equilibrio. Si usted es una vegetariana estricta, la segunda mejor fuente de ácidos grasos esenciales es 2 cucharadas o de 5 a 10 gramos de aceite de semilla de lino (linaza, *flaxseed oil*) cada día, dice el Dr. Zuess.

El lado hormonal de la depresión

Todas las personas se sienten tristes de vez en cuando, pero cuando su humor permanece a un nivel tan bajo que le impide realizar sus actividades cotidianas, entonces es momento de buscar ayuda médica. También vale la pena pedirle a un médico que la evalúe si sospecha que padece distimia, que es una depresión de baja intensidad en la que todavía se puede arrastrar a la escuela o al trabajo pero que la hace estar tan carente de su energía, entusiasmo o disfrute normales que su calidad de vida se ve seriamente afectada. Por supuesto, si está pensando en suicidarse, acuda a la sala de urgencias del hospital más cercano o comuníquese con su doctor de inmediato.

A continuación están las señales que indican que un trastorno menor del humor ya se ha convertido en una depresión clínica.

- Pérdida de interés en los pasatiempos, las relaciones sexuales y otras actividades placenteras
- Ansiedad, tristeza o sensación de "vacío" persistentes
- Sentimientos de desesperanza, impotencia, culpa o inutilidad
- Fatiga inexplicable
- Cambios en el apetito y el peso
- Síntomas físicos inexplicables e intratables como dolor crónico, dolores de cabeza y trastornos digestivos
- Incapacidad para dormir bien o dormir demasiado
- Dificultad para concentrarse, recordar o tomar decisiones
- Preocupación con la muerte
- Aislamiento de amistades y familiares

Si usted tiene estos síntomas depresivos durante más de 2 semanas, coja el teléfono y haga una cita con su médico de cabecera o con un siquiatra. Su doctor le hará un chequeo médico completo y también le indicará pruebas en sangre para ver si existen causas subyacentes.

Si le diagnostican una depresión, trabaje muy estrechamente con su médico de cabecera o siquiatra para personalizar su plan de tratamiento, dice el Dr. Zuess. En caso de que tenga una depresión grave, es posible que su doctor le recete fármacos antidepresivos de inmediato con el fin de incrementar sus niveles en sangre de los neurotransmisores similares a las hormonas que regulan el humor.

Las tres categorías principales de antidepresivos son los inhibidores de la recaptación selectiva de serotonina (o *SSRI* por sus siglas en inglés), los inhibidores de la monoaminooxidasa (o *MAOI* por sus siglas en inglés) y los antidepresivos tricíclicos. Debido a que los SSRI producen los menores efectos secundarios, lo más probable es que empiece con la fluoxetina (*Prozac*), la sertralina (*Zoloft*) u otro fármaco de esta categoría. Cada SSRI tiene características ligeramente diferentes, de modo que quizá tenga que probar unos cuantos antes de que encuentre el que mejor funciona con su propia química cerebral. No sabrá durante un período de 4 a 8 semanas si realmente están funcionando, dado que los SSRI tardan este tiempo en producir su efecto completo en el cerebro.

La depresión tiende a ser hereditaria, por lo que es importante que informe a su médico si otro miembro de su familia ha tenido éxito con algún fármaco en particular, dado que es probable que le funcione a usted para resolver sus propios desequilibrios químicos, dice la Dra. Endicott.

Todos los antidepresivos tienen una tasa de éxito de alrededor del 65 por ciento. "Pero nunca acepte los medicamentos como el único tratamiento que le puedan ofrecer —enfatiza el Dr. Zuess—. Piense en los medicamentos como un cierto tipo de apoyo para esos momentos en que literalmente esté demasiado deprimida como para que funcionen los diversos tipos de terapia a los que puede recurrir".

Medidas que ayudan a normalizar las hormonas

Según la Asociación de Sicología de los Estados Unidos, la terapia que cuenta con un "plan de acción" para la depresión puede aumentar significativamente las probabilidades de recuperación.

"Cualquier intervención que aumente la sensación de control que tiene una persona sobre su vida ayudará a normalizar la liberación de hormonas del estrés", dice el Dr. Wolkowitz.

Su programa de curación deberá estar diseñado para corregir cualquier vulnerabilidad que usted tenga, por lo que tendrá que hacer una introspección para encontrar qué fue lo que, para empezar, la llevó a una depresión grave, dice el Dr. Zuess. "Entre más profundo llegue a la raíz del problema, mayor será su probabilidad de lograr una remisión total y evitar la recurrencia", dice.

Por más doloroso que sea, pregúntese qué es lo que falta en su vida, dice. ¿Es perdón, autoaceptación, satisfacción profesional o iluminación espiritual? "Si usted escucha, su cuerpo está pidiendo a gritos una transformación de algún tipo".

El primer paso es pedirles a familiares, amistades y médicos que le recomienden un terapeuta para que le ayude a revisar sus conflictos sicológicos internos. Quizá tenga que probar unos cuantos estilos diferentes de terapia antes de

En la Internet — *y otros recursos*

Si tiene problemas con su humor, los siguientes recursos pueden ayudarle a controlar su humor antes de que su humor controle su vida.

- El Instituto Nacional de Salud Mental da empleo y otorga recursos financieros a equipos de investigadoras que están trabajando para comprender y curar los trastornos del humor. Puede mandar una carta al instituto a la dirección siguiente:

  National Institute of Mental Health*
  (NIMH)
  Public Inquiries
  6001 Executive Boulevard
  Room 8184, MSC9663
  Bethesda, MD 20892-9663

- Si desea que le manden hojas de datos donde se interpretan los últimos hallazgos o si desea información específica sobre la depresión, comuníquese por teléfono con el instituto al:
  (800) 421-4211

- Si desea información sobre trastornos de ansiedad, comuníquese con:
  (888) ANXIETY (269-4389)

- Si desea información actualizada sobre trastornos de pánico, comuníquese con:
  (800) 64-PANIC (647-2642)

- También puede solicitar la misma información por correo electrónico a la dirección:
  Nimhinfo@nih.gov

  O puede visitar la página de Internet del instituto en la dirección:
  www.nimh.nih.gov

- La Alianza Nacional para Enfermos Mentales es una organización de apoyo y promoción de origen popular que fue fundada hace más de 20 años y que cuenta con filiales en cada uno de los estados. Lo más probable es que patrocine algún grupo de apoyo a familiares y/o consumidores en su área o que su oficina estatal le pueda ayudar a iniciar uno de estos grupos. Póngase en contacto con esta organización llamando al:
  National Alliance for the Mentally Ill* (NAMI)
  (800) 950-NAMI (950-6264)
  www.nami.org

que encuentre uno que responda a sus necesidades y a veces esto también hace necesario que se tenga que entrevistar con diversos terapeutas potenciales, dice el Dr. Zuess. Un buen terapeuta deberá darle esperanza, discernimiento, información y apoyo afectuoso.

A continuación le damos algunos otros pasos que la encaminarán hacia una curación emocional más profunda y permanente.

Fortalezca su fe. "Acepte que la oración o los rituales espirituales no la

---

✎ Si está buscando un sicólogo en su área, póngase en contacto con la Asociación de Sicología de los Estados Unidos. Una operadora del Centro de Ayuda le pedirá su código postal y la comunicará con la asociación sicológica de su estado o con un servicio donde la pueden referir con alguien en su área. Llame a la:

American Psychology Association*
   (800) 964-2000

✎ Para mayor información sobre trastornos de ansiedad, póngase en contacto con la Asociación de Trastornos de Ansiedad de los Estados Unidos, que es una organización no lucrativa creada por los líderes en este campo. Comuníquese con la organización, llamando al:

Anxiety Disorders Association
   (301) 231-9350
   www.adaa.org

✎ Para aprender más sobre la alta sensibilidad y cómo afecta a los estados de ánimo, puede solicitar información por correo o encontrarla en Internet.

Para recibir una muestra gratuita del boletín *Highly Sensitive Person* (Persona altamente sensible), escriba a:

The Comfort Zone
   PO Box 460564
   San Francisco, CA 94146-0564

✎ Para tomar una prueba y averiguar si usted es una persona altamente sensible, visite la página de Internet:
   www.hsperson.com

---

*Ofrece información en español.

harán sentir tan bien como cuando usted estaba mejor, pero que sí le serán más beneficiosos que nunca antes, aunque sólo los haga de manera mecánica —dice la Dra. Aron—. En otras palabras, tal vez tenga que rezar aunque no crea en Dios, pero quizá sea el momento en que más necesite hacerlo".

Incluso si no practica algún tipo de religión formal, no ignore las experiencias que enriquecen el alma que ya tiene en su vida, como leer novelas, practicar yoga, mirar las estrellas, prender velas durante la cena o trabajar como voluntaria. Trate de centrar su vida en estas actividades ahora más que nunca.

Deje ir los recuerdos dolorosos. La desensibilización y reprocesamiento del movimiento ocular (o *EMDR* por sus siglas en inglés) es una nueva técnica sicoterapéutica que emplean los profesionales para resolver la ansiedad y la depresión de todo tipo, incluyendo los recuerdos perturbadores de experiencias serias de abuso y el trastorno de estrés postraumático. La terapia de EMDR utiliza los movimientos oculares o la estimulación táctil para aliviar la angustia emocional al estimular ciertas partes del cerebro para que este envíe señales que permitan liberar las experiencias emocionales "atrapadas", y luego para que las procese de modo que los recuerdos permanezcan pero dejen de generar la misma ansiedad y emociones fuertes que generaban antes, explica la Dra. Boulware, quien es una profesional certificada en EMDR.

"La EMDR permite que incluso los recuerdos más dolorosos se procesen en una fracción del tiempo que tardarían en procesarse mediante una terapia tradicional", dice. Sólo los sicoterapeutas y otros profesionales en salud mental pueden recibir entrenamiento para realizar esta técnica altamente especializada. Para mayor información sobre cómo localizar a un profesional en EMDR con licencia, escriba a The EMDR Institute a la dirección PO Box 51010, Pacific Grove, CA 93950-6010, o consulte la página de Internet de esta organización en www.emdr.com.

Trabaje con sus sueños. Los sueños son un recurso especial del cerebro que han sido diseñados para la resolución intensa de problemas, dice el Dr. Zuess. De hecho, las personas deprimidas tienden a pasar más tiempo soñando, ya que es un instinto de autocuración. Para hacer buen uso de sus sueños, él sugiere que reflexione sobre un problema específico antes de irse a dormir.

"No existe tal cosa como un símbolo universal en un sueño. El trabajo que le toca hacer es descubrir lo que las metáforas e imágenes únicas significan para usted —dice la Dra. Aron—. Cuando despierte de un sueño, vuelva a contarse la historia que vio en su sueño", agrega. Anote en un lado de una hoja de papel una palabra por cada detalle y en la otra, lo que asocie con esa palabra. Trate de escribir una oración que incorpore todos los detalles. Si eso no le ayuda a encontrar el significado, continúe la historia en su imaginación basándose en los detalles y el entorno que había en su sueño, sugiere la Dra. Aron. Si se siente agobiada por las imágenes o los sentimientos, especialmente los de tristeza o ansiedad, deberá buscar la ayuda de un sicoterapeuta calificado.

Participe activamente en su curación emocional. Se sabe con certeza que hacer algún tipo de ejercicio aeróbico con regularidad es tan eficaz como los fármacos antidepresivos para ayudarle a recuperarse de una depresión. Todavía mejor, los investigadores del departamento de siquiatría y ciencias conductuales del Centro Médico de la Universidad Duke en Durham, Carolina del Norte, encontraron que las personas que hacen ejercicio con regularidad presentan una probabilidad significativamente menor de recaer que aquellas que toman antidepresivos.

Para elevar al máximo los beneficios de estabilización del humor que brinda el ejercicio, sea juguetona al hacer ejercicio. Si, por ejemplo, usted se divierte mucho al lanzar un disco de plástico por el aire con sus amistades, programe un tiempo en su itinerario para jugar al *Frisbee*. Reírse mientras suda le da incluso probabilidades más altas de disminuir sus niveles de cortisol y de aumentar sus niveles de sustancias químicas analgésicas, dice el Dr. Zuess. También es una buena idea bailar con sus hijos todas las mañanas. Si usar sus calcetines (medias) de flamingos la hace sentirse como una persona más desenvuelta en el gimnasio, asegúrese de ponérselos antes de salir de casa.

CAPÍTULO 4

No tiene por qué siempre sentirse cansada

*L*a fatiga es la principal razón por la cual las mujeres consultan a su médico. La mayoría no necesitan pruebas complicadas para averiguar por qué están cansadas. Muchas de ellas sencillamente tienen muchas cosas que hacer y muy poco tiempo para hacerlas. Otras no duermen lo suficiente. Algunas tienen sobrepeso y hacen muy poco ejercicio. Otras pocas no pesan lo suficiente o hacen demasiado ejercicio.

Todas esas causas tienen solución.

Otras mujeres están cansadas debido a un estrés crónico en casa o en su trabajo (o en ambos lugares). Otras más toman medicamentos que las mantienen funcionando a baja velocidad. O comer siempre aprisa les produce deficiencias de vitaminas o minerales que son esenciales para vivir la vida con un alto nivel de energía. O quizá acaban de tener un bebé.

Sin embargo, si ya ha descartado todas estas causas y sigue sintiendo que sufre de un caso permanente de desfase horario, el problema podría ser hormonal, especialmente si tiene otros achaques aparentemente no relacionados con esto, como caída del cabello, mala memoria, estreñimiento y uñas quebradizas. En particular, es posible que su glándula tiroides presente un exceso o una falta de actividad.

El estrés crónico, las deficiencias nutricionales, los medicamentos y el embarazo pueden alterar los niveles hormonales y conducir a la fatiga.

"Las afecciones de la tiroides pueden ser difíciles de detectar porque muchas otras enfermedades causan los mismos síntomas. Pero cuando se juntan suficientes síntomas cognitivos, emocionales y físicos, pueden implicar que hay un problema de la tiroides", dice el Dr. Paul Ladenson, profesor de Medicina, Patología y Oncología y director de la división de endocrinología de la Universidad Johns Hopkins en Baltimore y miembro del consejo de la Fundación de la Tiroides de América.

Si a menudo se siente agotada y tiene otros achaques de salud misteriosos, se lo debe a sí misma consultar al médico para que la revise con el fin de averiguar si existe un desequilibrio tiroideo subyacente u otras causas médicas. Después de la alimentación y la genética, la enfermedad de la tiroides es la causa más común que contribuye a los niveles altos de colesterol. Si no se le da tratamiento, puede aumentar su riesgo de sufrir un ataque al corazón, un derrame cerebral, osteoporosis, cáncer y depresión. No obstante, más de la mitad de las personas que padecen una enfermedad de la tiroides —la mayoría mujeres— nunca han sido diagnosticadas.

La prevención de un derrame cerebral y de enfermedades cardíacas es una de las principales razones por las cuales deben hacerse pruebas e indicar tratamientos incluso para las formas más leves de hipotiroidismo, dice el Dr. Raphael Kellman, fundador y director del Kellman Center for Progressive Medicine en la ciudad de Nueva York.

Este curso intensivo sobre su glándula tiroides y cómo funciona le ayudará a colaborar con su médico para arreglar las cosas, restaurar su nivel de energía y proteger su salud.

Su motor metabólico

Su tiroides es una glándula con forma de mariposa que está en su cuello y que afecta a cada célula de su cuerpo al producir hormonas que se emplean para el metabolismo, el crecimiento, los nervios, los músculos y la circulación. En esencia, la tiroides le dice al cuerpo la velocidad con la que tiene que trabajar y usar energía.

Ciertas enfermedades autoinmunes pueden atacar a este "motor metabólico", causando una diversidad de problemas, incluida la fatiga. Cuando su sistema inmunitario identifica como extraño a un tejido de su propio cuerpo, envía anticuerpos —que son las proteínas guerreras que generalmente se reservan para matar virus y eliminar otras amenazas— a sabotear tejidos sanos.

En la enfermedad de Hashimoto, que es la principal causa de hipotiroidismo (una glándula tiroides que presenta un nivel bajo de actividad o hipofuncionante), un anticuerpo "antitiroideo" actúa como un depredador de su glándula tiroides. En su estado debilitado, la tiroides no puede producir hormonas tiroideas en cantidades suficientes. En la enfermedad de Graves, la

(continúa en la página 58)

¿Qué está pasando?

Una tiroides hipofuncionante o hiperfuncionante no es la única explicación hormonal posible de la fatiga. Este cuestionario le puede ayudar, tanto a usted como a su doctor, a descartar (o tratar) otros cambios endocrinos que quizá estén en juego.

1. **¿Su fatiga comenzó de manera misteriosa y repentina, después de padecer una enfermedad grave parecida a la gripe?**

   Puede ser que padezca el síndrome de fatiga crónica. (Para mayores detalles, vea la página 460).

2. **¿Recientemente a pasado por un evento muy estresante en su vida, como un divorcio, la muerte de un ser querido, un cambio de empleo o dificultades financieras?**

   Una crisis en su vida puede traducirse en una crisis en sus glándulas suprarrenales que hace que sus niveles de cortisol, adrenalina y deshidroepiandrosterona (o DHEA por sus siglas en inglés) se salgan de control. Con el tiempo, su tiroides puede empezar a presentar un funcionamiento errático como reacción en cadena. Siga la Primera y Segunda Fases del programa para el equilibrio hormonal. (Vea las páginas 300 y 324).

3. **¿Tiene dificultades para dormir bien por las noches?**

   Puede que su glándula pineal esté olvidando indicarle a su cerebro que necesita descansar. Baje la intensidad de las luces y cierre las cortinas para ayudar a que su glándula pineal secrete melatonina en la noche mientras esté preparándose para irse a dormir. Pero si ronca, es posible que padezca apnea del sueño, que es un trastorno que se relaciona con una tiroides hipofuncionante. (Vea "Ronquidos" en la página 538). Por otra parte, el insomnio común y corriente podría ser indicativo de una tiroides hiperfuncionante.

4. **¿Se siente cansada, ansiosa y con la mente nublada, especialmente entre comidas? ¿Mejora esto significativamente después de comer?**

El desequilibrio tiroideo puede causar síntomas similares a los de la hipoglucemia o nivel bajo de azúcar en la sangre, principalmente debilidad, temblores y confusión mental. Sólo las pruebas en sangre pueden determinar si el problema es causado por niveles de glucosa mal controlados o por alteraciones en las hormonas tiroideas. Si usted padece desequilibrios en la glucosa o diabetes, presenta un mayor riesgo de contraer enfermedades de la tiroides, de modo que aún tendrá que hacerse el perfil tiroideo cada año. (Para mayor información, vea el Capítulo 13).

5. ¿Su humor empezó a empeorar justo cuando comenzó a sentirse más aletargada? ¿Se ha sentido triste durante más de 2 semanas o ha perdido el interés en las cosas que normalmente disfruta?

La depresión clínica puede hacer que se sienta verdaderamente agotada y produce otros síntomas similares a los que causan las enfermedades de la tiroides. Y si actualmente está recibiendo tratamiento para resolver una depresión clínica, es posible que sus medicamentos estén suprimiendo a su tiroides.

6. ¿Sufre de dolores (cólicos) menstruales insoportables y flujo menstrual excesivo junto con cansancio?

La pérdida de hierro a través del flujo menstrual puede dejarla sintiéndose exhausta. (Vea el Capítulo 7). Pero su ginecólogo tendrá que revisarla para descartar endometriosis, quistes uterinos y enfermedades de la tiroides.

7. ¿Se cansa fácilmente y también presenta menstruaciones irregulares, irritabilidad, aumento de peso, y resequedad de la nariz? ¿A menudo se siente sudorosa y pegajosa?

Si está en la última parte de la cuarentena, podría estar entrando a la menopausia. Pero esa sensación de sudoración similar a la que producen los sofocos (bochornos, calentones) también podría ser una señal engañosa de disfunción tiroidea. Un perfil tiroideo puede ayudarle a resolver el enigma.

(continúa en la página 58)

8. ¿Se siente sin energía o simplemente no está de humor para tener rela-ciones sexuales?

Puede que estén bajando sus niveles de estrógeno, progesterona y otras hormonas sexuales, aunque sea una mujer premenopáusica. Las terapias de reposición de estrógeno pueden ser de utilidad. (Vea el Capítulo 11). Pero si sufre algún padecimiento tiroideo oculto, carac-terizado por un bajo deseo sexual, tomar hormonas reproductoras puede hacer que empeore su enfermedad de la tiroides.

9. ¿Se siente agotada y parece contraer más resfriados (catarros) e infec-ciones que todas las personas que la rodean?

Si tiene una glándula tiroides hipofuncionante, su sistema inmunitario no está funcionando de manera óptima y usted es más vulnerable a las infecciones virales. Hágase un chequeo médico completo y pida que le hagan un perfil tiroideo.

10. ¿Está siendo tratada por hipotiroidismo o hipertiroidismo pero todavía siempre se siente cansada?

Pídale a su médico que le vuelva a hacer pruebas para medir sus niveles. Durante el primer año de tratamiento, deben repetirle las pruebas cada uno a dos meses hasta que sus niveles se estabilicen. Después del primer año, deberán repetirle las pruebas al menos una vez por año. Si sus niveles están dentro del rango normal pero sigue sintiendo como que todo el tiempo funciona a baja velocidad, pídale a su doctor que pruebe una terapia combinada de T_3/T_4.

principal causa del hipertiroidismo (una glándula tiroides que presenta un nivel excesivo de actividad o hiperfuncionante), otros anticuerpos obligan a su glándula tiroides a que trabaje a marchas forzadas.

La ciencia cuenta con algunas explicaciones definitivas sobre la razón por la cual ocurren los ataques autoinmunes, pero parecen ser genéticos.

Incluso si su glándula tiroides está sana, si hay dificultades con uno de los muchos procesos biológicos necesarios para mantener estables sus niveles hormonales, puede llegar a tener problemas.

La principal hormona que secreta la glándula tiroides es la tiroxina (conocida como T_4). La tiroxina es esencialmente una prehormona, ligada a proteínas y permanece almacenada hasta que actúan sobre ella ciertas enzimas que la convierten en una hormona activa, la triyodotironina (conocida como T_3). Para funcionar de manera óptima, cada órgano necesita precisamente la cantidad justa de T_3 a una tasa perfectamente controlada.

Aun si su glándula produce suficiente T_4, ciertos medicamentos, las deficiencias nutricionales, el estrés, el tabaquismo, otras enfermedades e incluso los desequilibrios en otras hormonas (como el estrógeno) pueden impedir la conversión de T_4 en T_3 y privar a sus órganos de esta hormona tiroidea tan necesaria.

"Cuando esto ocurre, usted se siente como si estuviera funcionando a baja velocidad todo el tiempo", dice el Dr. Kellman. Además, todos sus órganos, desde su sistema gastrointestinal hasta su sistema reproductor, trabajarán de manera deficiente, lo cual desgastará aún más su nivel de energía, su concentración y su estado de ánimo. "Incluso el hipotiroidismo leve generará deficiencias sutiles que conducen a la fatiga autoperpetuante", dice el Dr. Kellman.

También puede sentirse increíblemente cansada por tener *demasiada* hormona tiroidea, lo que se conoce como hipertiroidismo. Pero es una clase de fatiga diferente. En vez de sentirse poco estimulada y soñolienta, su metabolismo está tan acelerado que termina con síntomas como insomnio y ansiedad y se siente acalorada y sudorosa, todo lo cual a menudo la deja sintiéndose drenada de toda energía, dice el Dr. Ladenson.

¿Debe pedir que le hagan una prueba de la tiroides?

Usted no puede determinar con certeza si tiene un problema tiroideo sin la ayuda de un doctor. Pero estas preguntas le pueden ayudar a determinar si es necesario que se revise la tiroides.

¿Usted o alguno de sus familiares han sido diagnosticados con la enfermedad de Hashimoto o la enfermedad de Graves u otras enfermedades autoinmunes, como anemia perniciosa, vitíligo, diabetes mellitus, lupus sistémico, artritis reumatoide, la enfermedad de Addison o menopausia prematura? En caso afirmativo, los expertos dicen que deberá revisarse los niveles de hormonas tiroideas cada año.

(continúa en la página 62)

¿Tiene una tiroides hipofuncionante o hiperfuncionante?

Muchas personas van y vienen del *hipoti*roidismo al *hiper*tiroidismo menos común durante las primeras 6 semanas de tratamiento. Si esto le ocurre, su doctor tendrá que ajustar sus medicamentos. (Algunos síntomas, como cambios repentinos de humor, ocurren en ambas afecciones). Esta lista le ayudará a prestar atención a los cambios en su cuerpo que hagan necesario un ajuste en sus medicamentos.

"Informe a su médico de cualquier síntoma persistente o nuevo para que le pueda ajustar la dosis o descartar algún otro padecimiento médico", dice el Dr. Sheldon Rubenfeld, profesor clínico de Endocrinología de la Universidad de Medicina Baylor en Houston y presidente fundador de la Sociedad para la Educación e Investigación de la Tiroides.

Hipotiroidismo	Hipertiroidismo
Dificultad para levantarse por la mañana, necesita dormir más tiempo	Ojos saltones
Soñolencia generalizada	Insomnio
Sensibilidad al frío	Agotamiento después de la hiperactividad
Reflejos lentos	Sensibilidad al calor; sudoración
Depresión	Nerviosismo; temblor de manos
Apatía; pérdida de entusiasmo	Ansiedad; manía
Cambios repentinos de humor	Apatía; pérdida de entusiasmo
Dificultad para concentrarse	Cambios repentinos de humor
Alteraciones en la memoria	Dificultad para concentrarse
Pensamiento lento ("neblina mental")	Alteraciones en la memoria
Dolores de cabeza	Pensamientos, a veces irracionales, que pasan volando por la mente
Pérdida de interés en las relaciones sexuales	Aumento o disminución en el impulso sexual
Cabello reseco; ojos resecos	

Hipotiroidismo	Hipertiroidismo
Cabello y uñas quebradizos	Rostro abultado, especialmente debajo de los ojos
Canas o caída del cabello prematuras	
Pérdida de la audición	Alteraciones visuales o alucinaciones
Alteraciones visuales o alucinaciones	Menor número de períodos menstruales o con flujo más escaso
Dolores (cólicos) menstruales fuertes; flujo menstrual muy abundante	Diarrea; mayor número de evacuaciones
Secreción lechosa de los senos	Pulso acelerado; palpitaciones cardíacas
Estreñimiento	Presión arterial elevada
Frecuencia cardíaca lenta	Osteoporosis
Presión arterial anormalmente baja o alta	Falta de aliento
Nivel alto de colesterol en sangre	Bocio (hinchazón) o nódulos en la garganta
Falta de aliento	Hambre insaciable
Bocio (hinchazón) o nódulos en la garganta	Pérdida inexplicable de peso
Voz ronca; dolor de garganta	Dolor muscular y en las articulaciones
Menor apetito	
Aumento inexplicable de peso	
Sensibilidad al azúcar	
Dolor muscular y en las articulaciones	
Mayor número de infecciones	
Fenómeno de Raynaud, síndrome del túnel carpiano y otras afecciones de los nervios	

¿Está embarazada o está planeando embarazarse o ha dado a luz recientemente? "La fertilidad se ve profundamente afectada por los niveles de hormonas tiroideas", dice el Dr. Ken Blanchard, Ph.D., un endocrinólogo de Newton Lower Falls, Massachusetts. Y después del embarazo, las mujeres pueden ser diagnosticadas con tiroiditis posparto, que es una inflamación de la glándula tiroides que se presenta después de dar a luz. Estas mujeres tienden a alternar entre el hipotiroidismo y el hipertiroidismo, dice el Dr. Blanchard. Por lo tanto, necesita ser cuidadosamente vigilada antes de la concepción y durante el embarazo, así como durante el posparto.

¿Tiene 50 años de edad o más y es una mujer posmenopáusica? Una de cada cinco mujeres posmenopáusicas padece una enfermedad de la tiroides. Por lo tanto, los expertos recomiendan que todas las mujeres se hagan pruebas una vez al año a partir de los 50 años de edad.

¿Tiene niveles altos de colesterol conformado por lipoproteínas de baja densidad (o LDL por sus siglas en inglés) en la sangre, niveles altos de triglicéridos o ambos? "Si una tiroides hipofuncionante es la causa de sus niveles elevados de LDL y triglicéridos, tomar una terapia de reposición de hormonas tiroideas podría revertir o aminorar el problema", dice el Dr. Ladenson.

¿Está tomando amiodarona (Cordarone), carbamazepina (Carbatrol), colestiramina, colestipol (Colestid), litio (Eskalith), fenitoína (Dilantin), rifampina (Rifadin), esteroides, algún inhibidor selectivo de la recaptación de serotonina (o SSRI por sus siglas en inglés), un antidepresivo como Prozac o sucralfato (Carafate)? Cualquiera de estos medicamentos puede inducir niveles anormales de hormonas tiroideas. Por ejemplo, la mitad de las personas que toman litio (*Eskalith*), un fármaco para el trastorno bipolar, presentan hipotiroidismo. Quizá tenga que aumentar la dosis de su terapia de reposición de hormonas tiroideas o hacer que le receten otro medicamento alternativo.

¿Fuma? Los cigarros contienen compuestos químicos que pueden dañar las hormonas tiroideas y el tabaquismo también puede contribuir a los ataques autoinmunes sobre su tiroides. Los estudios de investigación muestran que las personas que fuman presentan una incidencia mayor de la enfermedad de Graves que aquellas que no fuman.

¿Cuál prueba necesita hacerse?

Su doctor tiene no una, sino cinco pruebas disponibles para determinar si tiene un problema tiroideo, y en su caso, de qué tipo.

Hormona estimulante de la tiroides (*TSH test*). Esta prueba ingeniosa aprovecha la sabiduría del propio cuerpo para enviar hormona estimulante de la tiroides (o *TSH* por sus siglas en inglés) o mensajes químicos desde la glándula pituitaria para decirle a la glándula tiroides que produzca una cantidad mayor o menor de la hormona, dependiendo de sus necesidades. Por lo tanto, si sus niveles de hormona tiroidea son inferiores a lo normal, su TSH será mayor de lo normal en un intento de estimular a su glándula tiroides. Si la glándula pituitaria detecta una sobrecarga de hormonas tiroideas, envía menos TSH a la glándula tiroides en un intento por bajarle a la lumbre, por así decirlo.

Los criterios varían, pero en general, los niveles de TSH por arriba de 5 mUI/ml (miliunidades internacionales por mililitro) usualmente indican hipotiroidismo, mientras que los niveles de TSH por debajo de 0.1 indican hipertiroidismo.

T_4 y T_3 libres (*Free T_4 and T_3*). Para precisar su diagnóstico y tratamiento, es posible que su doctor tenga que medir la cantidad de hormona tiroidea en su sangre de que disponen sus tejidos y células. Como es de esperarse, un nivel inferior a lo normal de estas hormonas tiroideas confirma una tiroides hipofuncionante y un nivel más alto de lo normal indica hipertiroidismo. Su doctor diseñará una terapia de reposición de hormonas tiroideas dependiendo de cuánto varíen sus niveles hormonales con respecto al rango óptimo. Al comparar esta prueba con la TSH, su doctor también podrá saber si tiene un tipo raro de disfunción tiroidea causado por su glándula pituitaria.

"Asegúrese de que le midan los niveles de T_4 y T_3 *libres* —o sea, lo que sus tejidos y células en realidad están usando— en vez de que le hagan las pruebas obsoletas de T_4 en suero, recaptación de T_3, T_4 total o T_3 total, ya que estas pruebas sólo muestran el nivel de hormonas ligadas a proteínas en la sangre para su almacenamiento", dice el Dr. John Vlok Dommisse, un médico de Tucson que se especializa en medicina nutricional y metabólica.

Hormona liberadora de tirotropina (*TRH test*). Las pruebas para detectar los niveles de hormona liberadora de tirotropina (o *TRH* por sus siglas en inglés) no se realizan como medida estándar, pero si la TSH y los niveles de T_3 y T_4 libres resultan normales, quizá sea bueno que pida que le hagan esta prueba más sensible. Si su nivel de TSH es cercano al límite superior del rango normal —digamos, de 1.5 a 5— indicando un hipotiroidismo leve, esta prueba puede respaldar la decisión de tratar el problema.

A diferencia de otras pruebas en sangre que tardan cinco minutos o menos, la prueba de TRH tarda hasta media hora y puede costar más de $150. "Bien vale la pena —dice el Dr. Kellman—. Yo he visto cómo ha cambiado la vida de cientos de personas sólo porque esta prueba finalmente les permitió recibir el tratamiento que necesitaban después de años de sufrir de fatiga y otros achaques misteriosos que no habían podido resolver".

Prueba de anticuerpos (*antibody screening*). Esta es una prueba opcional que confirmará si su disfunción tiroidea es causada por la enfermedad de Hashimoto o la enfermedad de Graves.

Su doctor también revisará si hay bolitas en su cuello. En la enfermedad de Graves o en la enfermedad de Hashimoto, su tiroides a veces se hincha en respuesta a los ataques autoinmunes; parece como si le estuviera creciendo una masa en el cuello y se conoce como bocio. En algunos casos, puede aparecer una masa pequeña llamada nódulo en la glándula tiroides. El bocio

---

∽ Escape del infierno hormonal ∽

Ella tiene la razón, aunque la prueba diga lo contrario

Pregunta: *Cuando leí un artículo en una revista de mujeres en el que decían cómo el hipotiroidismo te hace sentir extremadamente cansada, los síntomas me describían a la perfección. Siempre me sentía agotada y de mal humor cuando iba a tener la menstruación. Pero ahora parece que hay un "fantasma" que me acosa los 7 días de la semana, todos los días del mes. No sólo me siento físicamente exhausta, sino que mi cerebro también está más lento. No puedo recordar nombres ni mantener centrada mi atención durante las reuniones (juntas) de trabajo. Tengo frío todo el tiempo y mi esposo está cansado de verme meterme a la cama en pijama de franela y medias (calcetines). Y con las 10 libras (5 kg) que he aumentado de peso a lo largo del invierno, lo último que me interesa es hacer el amor.*

A pesar de que mi alimentación es baja en grasa, mi colesterol total se ha elevado a más de 200 a lo largo del último año. Cuando finalmente convencí a mi médico de cabecera de que me hiciera la prueba de la hormona estimulante de la tiroides (o TSH por sus siglas en inglés) para evaluar mi tiroides, él me dijo que mis niveles estaban dentro de lo normal. ¡Sólo me dijo que usara más suéteres y que durmiera más!

Si no encuentro una solución pronto, no sólo voy a perder mi empleo y a mi marido, sino también mi cordura. ¡Necesito ayuda!

El Dr. Raphael Kellman, fundador y director del Kellman Center for Progressive Medicine en la ciudad de Nueva York, responde: Estás atrapada en lo que algunos doctores alternativos llaman "la tiranía de la prueba de la TSH". Los resultados pueden ser normales en comy los nódulos generalmente desaparecen durante el tratamiento de la tiroides hipofuncionante o hiperfuncionante. Si no desaparecen, pueden deberse a otra causa y tendrán que ser quirúrgicamente extirpados.

Si tiene una tiroides hiperfuncionante

El hipertiroidismo temporal o leve puede controlarse con medicamentos antitiroideos para suprimir el exceso de actividad. Si usted padece una afección relacionada con el hipertiroidismo, por ejemplo, una enfermedad de los ojos, es posible que su doctor le sugiera una cirugía para aliviar la inflamación ocular. Si sufre fibrilación auricular (latidos irregulares del corazón), puede que su doctor le recete algún medicamento anticoagulante como la warfarina

paración con otras personas. Pero son anormales para *ti*.

Tus síntomas dicen mucho más que una prueba de laboratorio aislada e indican que probablemente padeces hipotiroidismo o tiroides hipofuncionante. Siempre y cuando ya se hayan descartado otras enfermedades, una dosis baja de medicamentos para la reposición de hormonas tiroideas podría brindarte alivio.

A menos que seas estrictamente vegetariana, yo te recomendaría una versión natural de hormonas tiroideas (derivadas de los puercos) en vez de la hormona T_4 sintética que comúnmente se receta. Algunas mujeres se sienten mejor tomando esta hormona natural.

También te recomendaría algunas medidas para que le ayudes a tu cuerpo a sanarse. Debes hacerte pruebas para detectar desequilibrios nutricionales y revisar el funcionamiento de tu tracto

digestivo. Te recomiendo que gradualmente vayas eliminando los carbohidratos refinados, como el pan blanco, la pasta y los postres, de tu alimentación. Debido a que las glándulas suprarrenales afectan a la tiroides, también debes hacerte pruebas de funcionamiento de las glándulas suprarrenales. Un suplemento de deshidroepiandrosterona (o *DHEA* por sus siglas en inglés), tomado temporalmente, también podría ayudarte.

Parece que también podrías usar algo de ayuda para manejar el estrés y la depresión. Por lo tanto, yo te sugeriría que consultes a un sicoterapeuta y a un acupunturista. Al atender problemas espirituales y emocionales más profundos, estarás apoyando tu recuperación, quitándote el estrés adicional al que está sujeto tu cuerpo.

Con el tratamiento adecuado, ya no necesitarás "más cobijas".

(*Coumadin*), para ayudar a prevenir derrames cerebrales y coágulos sanguíneos. Si padece la enfermedad de Graves en su etapa avanzada, puede tomar una solución de yodo radiactivo o someterse a cirugía para inhabilitar la glándula. En cualquier caso, tendría que tomar medicamentos de reposición de hormonas tiroideas el resto de su vida, al igual que en el tratamiento del hipotiroidismo.

Si tiene una tiroides hipofuncionante

El fármaco convencional que se receta para el hipotiroidismo es la levotiroxina, que es una versión sintética de la hormona tiroxina (T_4) que produce su glándula tiroides. Es mejor que opte por las marcas más reconocidas (*Synthroid*, *Levothroid* y *Levoxyl*), ya que a diferencia de los medicamentos genéricos, su potencia está garantizada, dice el Dr. Ladenson.

Como alternativa o complemento de la levotiroxina, algunos doctores recetan triyodotironina (T_3), que está disponible en forma sintética (como *Cytomel*) o natural (como *Armour*). Los doctores que emplean T_3 creen que si sólo se usa T_4, hay demasiadas cosas que pueden evitar la saturación del medicamento a nivel celular profundo. "Después de todo, la T_3 es responsable del 90 por ciento de la acción tiroidea en el cuerpo", explica el Dr. Dommisse.

Trabaje junto con su médico

Si usted es como muchas de las mujeres que reciben un diagnóstico preciso de alguna afección de la tiroides, quizá lo único que necesite para sentirse mejor de lo que se ha sentido en años sea tomar una pastilla.

"Suena demasiado bueno como para ser cierto, pero sólo es cuestión de establecer una asociación productiva con un doctor comprensivo y capaz, obtener el medicamento adecuado a la dosis correcta y vigilar su evolución", dice el Dr. Blanchard. Algunas sugerencias:

Pida su expediente. "No hay razón por la cual no pueda pedirle a su médico que le entregue copias de los resultados de todas las pruebas. Después de todo, usted las pagó", dice Mary Shomon, autora de un libro sobre el hipotiroidismo. Así, si algún día decide cambiar de doctor, en lugar de esperar que los informes le sean enviados a su médico nuevo, él podrá conocer rápidamente sus antecedentes y podrá tomar decisiones bien informadas y eficientes. Usted también podrá llevar un registro de cualquier cambio en su estado e identificar lo que mejor le funciona. "Lleve un seguimiento de todo lo que esté ocurriendo para que pueda hacer las preguntas correctas y discutir las opciones con su médico", dice Shomon.

Si odia las agujas, pida que le hagan una prueba de saliva. Las pruebas periódicas de niveles hormonales son una realidad con la que tienen que vivir las personas que padecen una enfermedad de la tiroides y esto significa que tendrán que darle muchos piquetes. Cada vez más doctores están usando las pruebas de saliva, que son indoloras, prácticas y —según dicen algunas personas— más precisas (aunque, al igual que en el caso de las pruebas de sangre, su costo y calidad varían de un laboratorio a otro). En esencia, lo único que tiene que hacer es escupir en un tubo de ensayo y enviarlo al laboratorio. "Yo encuentro que es más

---

La conexión hormonal

Una tiroides saludable significa bebés más inteligentes

Si quiere que su hijo sea un genio, los genes y las buenas escuelas no son todo lo que se requiere. Los estudios de investigación sugieren que también se necesitan tener buenas hormonas.

Antes de que empiece a leerle obras de Shakespeare al genio que está creciendo en su vientre, pídale a su médico que le haga una prueba de la tiroides. Cuando unos investigadores de Scarborough, Maine, compararon el coeficiente intelectual de niños cuyas madres presentaban un funcionamiento tiroideo normal con niños que nacieron de madres con hipotiroidismo no tratado, los niños del segundo grupo obtuvieron una puntuación de siete puntos menos en promedio.

De hecho, los participantes de siete a nueve años de edad cuyas madres padecían hipotiroidismo no tratado obtuvieron puntuaciones más bajas en las 15 pruebas que se usan para evaluar atención, lenguaje, desempeño visual y motriz, lectura y

problemas académicos. Además, los niños de madres que sí recibieron tratamiento adecuado para el hipotiroidismo eran igualmente inteligentes que aquellos de madres con una tiroides normal.

Desde hace mucho tiempo sabemos que el hipotiroidismo durante el embarazo puede causar defectos de nacimiento como cretinismo y retraso mental, pero este estudio más reciente muestra que incluso el hipotiroidismo leve puede tener por resultado ligeras desventajas cognitivas, comenta el Dr. Ken Blanchard, Ph.D., un endocrinólogo de Newton Lower Falls, Massachusetts, quien se especializa en tratar el hipotiroidismo.

Si usted padece hipotiroidismo, necesitará tomar hasta un 50 por ciento de su terapia de reposición de hormonas tiroideas durante el embarazo. No aumente su dosis sin antes consultar a su médico, pero sí asegúrese de que su doctor ajuste su dosis según sea necesario.

rápido, más barato y que tiene más sentido", dice Joseph Mercola, D.O., director médico del Optimal Wellness Center en Schaumburg, Illinois.

Si no está mejorando, consulte a un especialista. Su médico de cabecera o ginecólogo/obstetra está calificado para tratar enfermedades básicas de la tiroides. Si su médico la toma en serio y usa las opciones de tratamiento más actuales, entonces está en buenas manos. Pero si tiene un problema único o no siente que esté mejorando, no se sienta obligada a quedarse con el doctor que inicialmente le haya diagnosticado el problema. Pida una consulta con un endocrinólogo, quien ha recibido una formación más especializada en afecciones hormonales. Algunos —llamados "tiroidólogos"— se enfocan específicamente en afecciones de la tiroides. (Para encontrar un tiroidólogo, vea "En la Internet y otros recursos" en la página 75).

Considere la terapia combinada. Si no se siente del todo bien después de haber sido tratada con T_4, sus pruebas tiroideas han mostrado resultados normales y su doctor ha descartado otra enfermedad, aún es posible que se recupere por completo. Podría ser útil ajustar la cantidad de T_4 que toma y agregar T_3, la forma más activa de las dos hormonas tiroideas. "Combinar estas dos hormonas tiroideas es el tratamiento más vanguardista que está disponible para el hipotiroidismo", dice el Dr. Dommisse.

Los investigadores examinaron el desempeño físico, emocional y mental de 33 hombres y mujeres con hipotiroidismo. Los investigadores les dieron a los pacientes su terapia normal de reposición, que contenía T_4, durante 5 semanas y luego evaluaron cómo se sentían las mismas personas después de tomar la terapia combinada de reposición de T_3/T_4 durante 5 semanas. Veinte personas prefirieron la terapia combinada, ya que se sintieron con más energía, más capaces de concentrarse y mejor en general.

"Las personas que sólo toman T_4 quizá ni siquiera sepan que sólo están operando del 50 al 75 por ciento de su estado óptimo de bienestar, mientras que con la terapia combinada de T_3/T_4, suben a un nivel del 90 ó 100 por ciento —dice el Dr. Blanchard—. La diferencia es sorprendente".

Tome sus pastillas todos los días, idealmente a la misma hora. "Para que cientos de funciones corporales trabajen bien, su cuerpo depende de niveles estables de hormonas tiroideas en su torrente sanguíneo", dice el Dr. Kellman. Por lo tanto, para prevenir cambios en su nivel de energía y estado de ánimo, evite saltarse una dosis, en especial si está tomando T_3. Y tenga cuidado de no tomar una dosis doble por accidente, ya que las cantidades excesivas de esta hormona pueden estresar su corazón y, si se hace habitualmente, pueden conducir a la osteoporosis. Para asegurarse de tomar su dosis con regularidad, utilice una caja para pastillas que tenga una sección para cada día de la semana. Si toma más de una pastilla al día, utilice una caja que tenga secciones para las pastillas de la mañana y de la noche.

Tome sus pastillas para la tiroides una hora después o dos horas antes de tomar otras pastillas. Ciertos alimentos y suplementos nutricionales interfieren con la absorción de los medicamentos que se incluyen en la terapia de reposición de hormonas tiroideas. Cuando ciertos investigadores de la Facultad de Medicina de la Universidad de California en Los Ángeles administraron calcio durante 3 meses a 20 personas con hipotiroidismo que tomaban tiroxina (el fármaco que comúnmente se emplea en la terapia de reposición de hormonas tiroideas), más de la mitad presentaron una disminución significativa en sus niveles hormonales. Cuando dejaron de tomar calcio, sus niveles de hormonas tiroideas volvieron a ser normales. "Sin duda alguna, siga tomando su calcio, pero tómelo al menos dos horas antes o una hora después de tomar su terapia de reposición de hormonas tiroideas", dice el Dr. Sheldon Rubenfeld, profesor clínico de Endocrinología de la Universidad de Medicina Baylor en Houston y presidente fundador de la Sociedad para la Educación e Investigación de la Tiroides.

Los suplementos de hierro y la fibra dietética también pueden bloquear la absorción de los medicamentos de la terapia de reposición de hormonas tiroideas. Por lo tanto, acostúmbrese a comer *cualquier* alimento dos horas antes o una hora después de tomarse su dosis de hormonas tiroideas, dice el Dr. Rubenfeld.

Informe a su médico si está considerando tomar pastillas anticonceptivas o alguna terapia de reposición hormonal (o *HRT* por sus siglas en inglés) que contenga estrógeno. Si padece hipotiroidismo, tomar estrógeno puede incrementar su requerimiento de hormonas tiroideas de reemplazo. Obtenga una lectura basal de sus niveles de hormonas tiroideas justo antes de comenzar a tomar pastillas anticonceptivas o alguna HRT y luego hágase una segunda prueba 2 meses más tarde. No se sorprenda si su doctor le aumenta la dosis de hormonas tiroideas.

Hágase un chequeo médico cada año. No puede esperar que su médico le recete indefinidamente más hormonas tiroideas por teléfono. Sus requerimientos hormonales probablemente cambiarán con el tiempo. Además, los cambios que se sucedan en la glándula tiroides misma o a causa del embarazo, el estrés, otros medicamentos e incluso el envejecimiento, pueden afectar, en mayor o menor grado, la cantidad de medicamentos tiroideos que necesite. No deje pasar más de un año entre cada consulta, incluso aunque se esté sintiendo bien. Y vaya con su médico de inmediato si tiene síntomas

(continúa en la página 72)

Alimentos que regulan la tiroides

Durante muchos años, se les advertía a las personas que padecían bocio que no comieran repollo (col), col rizada, frutos secos y otros alimentos ricos en "bociógenos", que son sustancias vegetales que interfieren con la síntesis de las hormonas tiroideas. Y se les recomendaba usar sal yodada. Ahora los expertos saben que los vínculos que existen entre la alimentación y el equilibrio tiroideo no son tan básicas.

"Dado que las verduras son la base de cualquier dieta curativa —incluyendo una que restaure el equilibrio tiroideo— no es bueno que evite estos alimentos por completo", dice la Dra. Carol Roberts, fundadora y directora médica de Wellness Works en Brandon, Florida y editora del boletín de la Asociación Médica Holística de los Estados Unidos. "Sólo que no los coma en cantidades exageradas. Además, puede que el cocimiento neutralice los bociógenos", dice.

La soya también es un bociógeno. Además, debido a que actúa como estrógeno en el cuerpo, las cantidades excesivas de soya pueden alterar el equilibrio hormonal e interferir con la absorción de las hormonas tiroideas en pastilla.

No obstante, la soya produce beneficios que ya han sido documentados. Por ejemplo, le ayuda a mantener el colesterol a un nivel bajo y a conservar huesos fuertes, que son dos de las preocupaciones principales de las mujeres con disfunción tiroidea. Entonces, de nuevo, la clave está en la moderación.

En cuanto al yodo, su cuerpo necesita este mineral para convertir la hormona tiroidea en su forma activa de modo que pueda ser usada por sus tejidos y órganos. Sin embargo, el exceso de yodo puede llegar a agobiar a la tiroides y hacer que entre en un estado hiperactivo o que detenga su funcionamiento por completo, dice el Dr. Sheldon Rubenfeld, profesor clínico de Endocrinología de la Universidad de Medicina Baylor en Houston y presidente fundador de la Sociedad para la Educación e Investigación de la Tiroides. Por lo tanto, no hay necesidad de que recorra la ciudad entera en busca de productos ricos en yodo, como algas y *kelp*, agrega. "Todas las personas obtienen cantidades más que suficientes de yodo a partir de la sal, los mariscos y los productos horneados que consumimos de manera rutinaria", dice el Dr. Ken Blanchard, Ph.D., un endocrinólogo de Newton Lower Falls, Massachusetts.

La clave para mantener el equilibrio tiroideo es comer una variedad de verduras y proteínas, cantidades moderadas de cereales integrales y menores cantidades de alimentos refinados y procesados.

Alimentos que debe agregar	Alimentos que debe evitar
Productos de soya cocidos, pero no más de tres raciones a la semana	Cantidades excesivas de alimentos bociogénicos: soya, col rizada, nabos, repollo (col), cacahuates (maníes), piñones, rábanos, mostaza y melocotones (duraznos)
Germen de trigo, levadura de cerveza, nueces del Brasil (nueces de Pará) y otros alimentos ricos en selenio, un mineral que forma parte de la enzima que convierte la tiroxina (T_4) en su forma activa (T_3)	Alimentos ricos en grasas saturadas (su cuerpo quema grasas con menor eficiencia cuando tiene una tiroides hipofuncionante)
Verduras de hojas color verde oscuro y frutas y verduras de colores brillantes (los cuales suministran vitaminas y minerales antioxidantes que son necesarios para la salud de la tiroides)	Alimentos fritos (el proceso de freír los alimentos genera radicales libres que pueden inhibir un metabolismo deteriorado)
Aceite de oliva y otros aceites vegetales (los cuales son buenas fuentes de grasas monoinsaturadas que necesita su tiroides para funcionar adecuadamente)	Alimentos azucarados, productos horneados hechos con harina blanca, cereales y papas (las fluctuaciones que provocan en el nivel de azúcar en sangre pueden provocar una disminución en la energía, la concentración y el estado de ánimo)
Pescados de aguas profundas, como la caballa (macarela, escombro), el tiburón, el halibut (hipogloso), el atún blanco (albacora), el arenque, las sardinas y el bacalao (abadejo), los cuales contienen ácidos grasos esenciales y cantidades moderadas de yodo	Cafeína (las cantidades excesivas de esta sustancia pueden contribuir a la ansiedad e irregularidades en la frecuencia cardíaca relacionadas con la disfunción tiroidea)
Las especias como la albahaca, el jengibre, el comino y el coriandro (ayudan a resolver la digestión lenta)	Cantidades excesivas de la hierba tomillo, cuyo nombre en inglés es *thyme* (puede disminuir la actividad tiroidea); sólo se debe usar en pequeñas cantidades, como condimento
La cebolla y el ajo (pueden mejorar el funcionamiento del sistema inmunitario y pueden ayudar a bajar el colesterol relacionado con la función tiroidea)	Alimentos ricos en yodo (*kelp*, alga marina, algas, sal); limite su consumo a 500 microgramos de yodo al día
Hasta 1 miligramo de sal yodada (debe ingerir al menos 150 microgramos de yodo al día)	

y luego regrese 2 meses después a una consulta de seguimiento siempre que le cambie la dosis. Para que no lo deje pasar, haga la cita del próximo año cada vez que vaya a un chequeo.

Su programa personal para el equilibrio hormonal

Si su tiroides presenta una baja actividad pero todavía funciona, puede que algunos cambios sencillos en su estilo de vida le permitan disminuir o gradualmente ir dejando las pastillas hasta que las deje por completo, aunque bajo la supervisión de su doctor. Incluso si bien tenga que tomar alguna terapia de reposición de manera permanente, estas medidas adicionales pueden hacer que disminuya su riesgo de contraer otras enfermedades autoinmunes y que evite las complicaciones que produce la deficiencia tiroidea.

Compre agua purificada por ósmosis inversa. "Yo creo que la toxicidad de los metales pesados es una de las razones por las cuales ha habido un aumento tan importante en la incidencia de hipotiroidismo —dice el Dr. Dommisse—. El agua de la llave (grifo, canilla, pila) e incluso el agua de manantial a menudo son fuentes de altos niveles de cobre, los cuales pueden empeorar ciertos síntomas del hipotiroidismo como la fatiga y la mala memoria —explica—. La ósmosis inversa (*reverse osmosis*) elimina los metales pesados nocivos del agua sin eliminar sus minerales benéficos como el magnesio y el potasio". Usted puede comprar un sistema de purificación de agua por ósmosis inversa en casi cualquier tienda especializada donde vendan artículos para el suministro de agua. Si está en un lugar donde no pueda tomar agua purificada por ósmosis inversa, entonces opte por el agua destilada (*distilled water*). El agua destilada es agua de la cual se han eliminado todos los minerales, pero al menos tampoco contiene toxinas potenciales.

Cámbiese a una pasta dental que no contenga fluoruro, evite los procedimientos dentales que utilicen fluoruro y evite el agua de la llave sin filtrar. Montones de estudios de investigación escritos a lo largo de últimos 80 años documentan el efecto dudoso que produce el fluoruro en la tiroides. "Los niveles apropiados de yodo son esenciales para fabricar la cantidad correcta de hormonas tiroideas y sabemos que el fluoruro altera los niveles de yodo. De hecho, deliberadamente se ha incluido fluoruro en los medicamentos antitiroideos para suprimir una tiroides hiperfuncionante", explica el Dr. Mercola.

Pida tapaduras dentales sin mercurio. No siempre podemos evitar inhalar o digerir metales pesados que de manera aleatoria se encuentran en el medio ambiente, pero el Dr. Mercola nos pregunta que por qué hemos de colocar deliberadamente una toxina potencial a poca distancia de nuestra glándula tiroides. "Yo he encontrado que una de las causas más comunes de hipotiroidismo es la toxicidad del mercurio que contienen las tapaduras de plata", dice el Dr. Mercola, quien ha tratado a más de 2,000 personas que padecen disfunción tiroidea. Quitarse todas las tapaduras con mercurio puede llegar a costar miles de dólares, por lo que lo mejor es evitarlas desde un principio pidiéndole a su dentista que le tape las caries con algún compuesto sintético alternativo. Si tiene toda la boca llena de metal y es algo que le preocupa, pídale a su médico que le haga una prueba de toxicidad de mercurio, dice el Dr. Mercola.

Opte por lo orgánico. "Una teoría dice que los trastornos autoinmunes como las enfermedades de Hashimoto o Graves representan un ataque al cuerpo por un sistema inmunitario disfuncional que ha enloquecido a causa de las toxinas —dice la Dra. Carol Roberts, fundadora y directora médica de Wellness Works en Brandon, Florida, y editora del boletín de la Asociación Médica Holística de los Estados Unidos—. Si esto es cierto, es mejor alimentarse de frutas y verduras orgánicas y de carne orgánica proveniente de ganado al que se le permita pastar libremente en lugar de que sea alimentado con productos cultivados con fertilizantes químicos, pesticidas y herbicidas, por no mencionar a los animales que son inyectados con hormonas del crecimiento que confunden a su sistema endocrino que ya está funcionando mal". Hoy en día hay más y más supermercados y tiendas de productos naturales que venden alimentos orgánicos.

Aparte un tiempo para usted

"Una característica común que he visto en las mujeres que he tratado que padecen hipotiroidismo es que piensan que el motivo de su existencia es hacer felices a otros —dice la Dra. Roberts—. Aún no me queda claro si este es el *resultado* del hipotiroidismo o si es su *causa*, pero estas mujeres están tan envueltas en las necesidades de otras personas que pierden de vista su principal misión en la vida; es más, ni siquiera se acuerdan de que tienen una misión". Si esto le suena familiar, tome estas medidas para recuperar su identidad.

Medite cada mañana. Construya una puerta de potencial en su mente, dice la Dra. Roberts. Párese frente a ella, luego ábrala y salude a lo que esté del otro lado. Quizá pronto descubra, si realmente se escucha a sí misma, que es momento de cambiar de carrera o que tiene que empezar a decir que no con más frecuencia a las cosas que no la satisfacen, dice.

Cultive su creatividad. "Yo he encontrado que en mujeres que padecen hipotiroidismo, no sólo están suprimidas sus hormonas tiroideas, sino que generalmente tienen detenida su fuerza creativa y están atoradas pensando demasiado con el lado izquierdo de su cerebro —dice la Dra. Roberts—. Independientemente de que lo mire desde una perspectiva espiritual o como un modo de 'desestresar' sus glándulas suprarrenales, es necesario restaurar su naturaleza artística intrínsecamente alegre para recuperarse completamente de la disfunción tiroidea".

"Pruebe cosas nuevas, haga cosas sencillas y a veces hasta tontas que la diviertan y sea un poco más aventurera", dice la Dra. Roberts. Experimente con cualquier cosa que la haga salirse de la opresión y redescúbrase. Use ropa de un color nuevo, pinte su casa, pruebe platillos diferentes. Inscríbase en un curso de algo que siempre haya querido explorar o en algo totalmente absurdo que le atraiga, dice la Dra. Roberts. "A lo largo de este proceso de autodescubrimiento, es imperativo que se dé permiso de cometer equivocaciones", agrega.

Tome clases de yoga. "El yoga en general fomentará el autocrecimiento y la restauración física profunda que son necesarios para lograr una recuperación completa, pero las poses de yoga que aumentan el flujo de sangre hacia su cuello tonifican específicamente a su glándula tiroides", dice la Dra. Kathleen H. Fry, una doctora holística y ginecóloga de Scottsdale, Arizona, y presidenta de la Asociación Médica Holística de los Estados Unidos.

"Yo aliento a las mujeres a que practiquen el yoga diariamente con un instructor certificado de yoga, pero pueden empezar a aprovechar sus beneficios de inmediato practicando las poses de 'gato' y 'vaca' por su propia cuenta", dice.

El gato: Póngase de rodillas y manos sobre el piso, asegurándose que las manos estén colocadas directamente debajo de sus hombros y que sus caderas están directamente encima de sus rodillas. Exhale lentamente y jale su abdomen hacia su cuerpo, metiendo la barba hacia el esternón y encorvando el coxis hacia el torso. Exhale completamente. *La vaca:* Inhale a medida que arquea lentamente la espalda y eleva su barba hacia el techo.

Alterne entre la pose de gato y la pose de vaca durante un minuto a su propio ritmo constante.

Actívese con una amiga. La actividad aeróbica es la clave para volver a hacerse cargo de su salud. Independientemente de que elija llevar al perro a caminar alrededor de la cuadra o acompañar a su hijo a la parada del autobús, comprométase a hacer algún tipo de ejercicio, de preferencia con alguien que la aliente a hacerlo todos los días, dice la Dra. Roberts.

En la Internet — *y otros recursos*

↪ Para averiguar más sobre las pruebas y tratamientos más recientes para las glándulas tiroides hipofuncionantes o hiperfuncionantes, póngase en contacto con:

The Thyroid Society for Education and Research
7515 South Main Street
Suite 545
Houston, TX 77030
(800) THYROID (849-7643)
www.the-thyroid-society.org
help@the-thyroid-society.org

American Thyroid Association, Inc.
Townhouse Office Park
55 Old Nyack Turnpike, Suite 611
Nanuet, NY 10954
www.thyroid.org
admin@thyroid.org

Thyroid Foundation of America, Inc.
410 Stuart Street
Boston, MA 02116
(800) 832-8321
www.allthyroid.org
info@allthyroid.org

American Foundation of Thyroid Patients
18534 North Lyford
Katy, TX 77449
www.thyroidfoundation.org

↪ Para encontrar un doctor que combine la medicina convencional con las terapias alternativas para tratar los problemas de la tiroides, póngase en contacto con:

American Board of Medical Specialties
1007 Church Street
Suite 404
Evanston, IL 60201-5913
www.abms.org

Otras fuentes

Si tiene un desequilibrio tiroideo, es importante que su proceso de recuperación incluya algún tipo de apoyo. Para encontrar a otras personas que tengan su mismo problema y lo hayan podido superar con éxito, consulte su diario local, póngase en contacto con hospitales de su área para preguntar si existe algún grupo de apoyo o visite la siguiente página de Internet:

www.tiroides.about.com

Este sitio *web* le puede ayudar a encontrar un médico que combine la medicina convencional y la alternativa.

El mayor flujo sanguíneo y oxígeno que estarán recorriendo su organismo la avivarán, permitiéndole tener la mayor agudeza mental, el nivel sostenido y más alto de energía y el sueño de mejor calidad que tanta falta le han hecho a su organismo durante tanto tiempo.

Otras sugerencias: inscríbase a un curso de *kayak* con una amiga o programe una cita para ir a bailar con su esposo cada viernes en la noche. Varíe su sesión de ejercicio diaria; por ejemplo, salga a caminar, nade, ande en bicicleta, haga una limpieza exhaustiva de su casa o barra las hojas caídas de los árboles en el otoño.

Vaya aumentando gradualmente la intensidad hasta que llegue a una mayor frecuencia cardíaca sostenida durante 30 a 60 minutos, de 4 a 6 días a la semana, y siempre haga ejercicios de estiramiento para calentar y enfriar sus músculos.

"Si nunca ha realizado una actividad aeróbica, recuerde que se le irá haciendo más fácil después de las primeras 6 semanas. Apóyese en su pareja para que la ayude a aguantar ese período y lo más probable es que quede con ganas de nunca dejar de hacerlo", dice la Dra. Roberts.

Acuéstese antes de las 10:00 P.M. Debido a que la disfunción tiroidea puede hacerla sentir perezosa en general, es más importante que nunca que su sueño sea de la más alta calidad posible. Es necesario que procure dormir 8 horas completas, pero es aún más importante que se vaya a acostar más o menos a las 10:00 de la noche, cuando se activa la "fase de regeneración y reparación" de su cuerpo.

El mejor sueño ocurre bastante tiempo antes de la media noche. "Yo creo que cada minuto de sueño antes de la media noche es equivalente a 10 minutos de sueño después de esta hora", dice el Dr. Mercola.

"Hay un motivo por el cual la melatonina (la hormona de la 'soñolencia') se libera alrededor de las 8:00 ó 9:00 P.M. La sabiduría interna de su cuerpo le está indicando que es hora de empezar a alistarse para ir a la cama", agrega la Dra. Nancy Lonsdorf, una especialista en medicina ayurvédica y directora médica del Raj Maharishi AyurVeda Health Center en Fairfield, Iowa.

"Mucha gente fatigada obtiene resultados maravillosos al simplemente irse a acostar antes de las 10:00 en punto. Su calidad de vida es un precio demasiado alto por esperarse a ver las noticias de las 11:00 de la noche", dice el Dr. Mercola.

De igual importancia para reducir la pereza es levantarse cuando mucho a las 6:00 A.M., dice la Dra. Lonsdorf. Esto le permite estar más alerta y tener más energía durante el día y le ayuda a evitar la sensación de "resaca" (cruda) que la hace rogar por ese cafecito de la mañana, agrega.

CAPÍTULO 5

MEJORE SU MEMORIA

¿*P*or qué sucede que a veces podemos dar una presentación sin equivocarnos ni una sola vez y otras veces se nos pone en blanco la mente y no podemos recordar ni el nombre de un objeto común y corriente?

O lo que es aún más intrigante: ¿por qué su hija adolescente puede recordar la letra de todas las canciones del momento pero no puede recordar que hace 15 minutos usted le dijo que ordenara su cuarto?

Al igual que la fertilidad, el azúcar en sangre (glucosa) y los estados de ánimo, la memoria también es flexible y cambia constantemente, a menudo en respuesta a las hormonas.

"A mí me enseñaron que la memoria era algo fijo, como el coeficiente intelectual —dice el Dr. John W. Newcomer, profesor adjunto de Siquiatría de la Facultad de Medicina de la Universidad de Washington en San Luis—. Ahora entendemos que la función de la memoria puede variar en respuesta a los niveles hormonales cambiantes".

Algunas mujeres empiezan a notar que tienen lapsos de memoria cuando llegan a la edad madura, especialmente durante la menopausia, dice el Dr. John C. Morris, profesor Friedman de Neurología de la Facultad de Medicina de la Universidad de Washington en San Luis. Olvidar conversaciones, los nombres de las personas que conoce o incluso dónde puso las llaves del carro puede hacer que se empiece a preocupar por la posibilidad de que padezca la enfermedad de Alzheimer.

Sin embargo, estos lapsos de memoria pueden ser sencillamente el resultado de una "sobrecarga de información" en lugar del comienzo de la enfermedad

(continúa en la página 80)

¿Qué está pasando?

¿Ha estado olvidadiza últimamente? Este cuestionario puede ayudarle a determinar si las hormonas están afectando su memoria.

1. **¿Se ha estado quedando temporalmente en blanco cuando trata de recordar información que se ha sabido de memoria durante años, como su número de teléfono o la ciudad en la que vive su mejor amiga? ¿Le pasa lo mismo con información que acaba de leer hace sólo unos momentos?**

   Si está en la cuarentena o la cincuentena o si le han hecho una histerectomía y no está tomando alguna terapia de reposición hormonal, quizá esté sintiendo los efectos sutiles de un descenso en los niveles de estrógeno, el cual no sólo ayuda al cerebro a crear conexiones nuevas, sino que ayuda a proteger las conexiones viejas. Cuando nuestros niveles de estrógeno fluctúan, como lo hacen cuando llegamos a la edad madura, pueden afectar temporalmente nuestra memoria de largo plazo.

2. **¿Se ha empezado a tropezar cuando practica algún deporte como el tenis o cuando está trabajando con herramientas para la jardinería en su casa? ¿Se equivoca al hacer cosas rutinarias como preparar el café en la mañana o usar el fax en el trabajo?**

   El estrógeno no sólo influye y protege nuestras capacidades cognitivas; también interviene en las habilidades motrices, lo que significa que es posible que notemos cambios en nuestras capacidades físicas cuando empiece a variar el nivel de esta hormona.

3. **¿Últimamente ha dicho algo totalmente diferente a lo que estaba pensando, como si su mente y su boca estuvieran "en canales diferentes"?**

   El estrógeno es particularmente importante para la memoria verbal, la cual a menudo se ve afectada a medida que nos acercamos y pasamos por la menopausia.

4. **¿Siente que se está olvidando de cosas que acaba de hacer?**

   La deficiencia de estrógeno puede tener la culpa de que estemos distraídas y seamos olvidadizas, dado que esta hormona activa a los neurotransmisores que nos ayudan a centrar la atención y recordar lo que estamos haciendo.

5. **¿Actualmente está recibiendo alguna terapia de reposición hormonal que incluya estrógeno?**

   Si presenta problemas de la memoria inquietantes mientras está recibiendo alguna terapia de reposición hormonal, hable con su médico.

Esto podría ser una señal de que necesita ajustar los medicamentos que le ha recetado.

6. ¿Es diabética? ¿Tiene antecedentes familiares de diabetes?

La resistencia a la insulina (una alteración hormonal en la regulación de la glucosa) puede interferir con la memoria de maneras diversas y complejas. La memoria se ve afectada cuando hay muy poca glucosa, así que controlar el azúcar en sangre puede mejorarla.

7. ¿Se ha sometido a alguna cirugía recientemente?

El estrés físico y emocional de una operación hace que se eleve el nivel de cortisol, una hormona del estrés que a niveles elevados puede interferir temporalmente con la memoria, aunque las investigaciones en animales sugieren que es posible que las mujeres no se vean tan afectadas por el estrés como los hombres.

8. ¿Está teniendo dificultades para realizar tareas que involucran planeación y organización, como empacar antes de irse de viaje?

Los cambios normales en la memoria que ocurren con la edad y las fluctuaciones hormonales generalmente no afectan nuestra capacidad de tomar "decisiones ejecutivas", o sea, las que hacen necesario que saquemos información de múltiples fuentes (como reportes del clima, actividades programadas y la ropa que hay en nuestro clóset para empacar para irse al campo el fin de semana) para su ejecución. Esto podría ser una señal de depresión u otros trastornos mentales.

9. ¿Van y vienen sus problemas de memoria?

A diferencia de la enfermedad de Alzheimer, la cual es progresiva, los problemas de la memoria causados por las hormonas cuando llegamos a la edad madura ocurren de manera irregular e inesperada.

10. ¿Sus problemas de memoria impiden que lleve una vida normal?

Aunque sí son muy molestas, las fallas en la memoria relacionadas con las hormonas tienden a ser breves, dado que tarde o temprano logramos recordar el nombre, la cara o la tarea que habíamos olvidado. Sin embargo, si los problemas de la memoria están afectando muchas áreas de su vida de manera importante, impidiendo que realice sus actividades favoritas o que haga su trabajo, hable con su doctor para que él pueda identificar otras causas no hormonales.

de Alzheimer, dice el Dr. Morris. O pueden ser el resultado de fluctuaciones hormonales causadas por la perimenopausia, la menopausia o incluso el estrés.

El proceso de hacer memoria

La creación de recuerdos —ya sea una fotografía mental de la boda de su hija o cómo preparar un plato complicado— es un proceso asombroso y complicado que involucra múltiples regiones y sustancias químicas en el cerebro. Al igual que las huellas que van dejando los pies de un niño que está buscando un guante perdido, la ruta para recordar cruza por todo el cerebro, deteniéndose por aquí, descansando por allá, hasta que el recuerdo queda impreso en la memoria.

Este proceso se inicia en un área del cerebro llamada la corteza prefrontal, que es la capa externa del cerebro, ubicada cerca de nuestra frente. Cuando estamos en el proceso de crear memoria de corto plazo —por ejemplo, el nombre de un vecino nuevo, la lista del supermercado, una nueva contraseña para la computadora— la vida de la corteza prefrontal empieza a ser muy agitada. Se pone a trabajar con energía, reuniendo los datos que necesitamos del momento inmediato (como la pronunciación de un nombre), agregándolos a la información almacenada y poniéndolas en contexto.

Para almacenar información a largo plazo, la experiencia debe viajar al hipocampo, donde se consolida en un proceso que se conoce como potenciación a largo plazo. El hipocampo es una estructura con forma de caballito de mar que se ubica entre el área de las sienes (por encima de los oídos), justo en el centro del cerebro. Esta estructura desempeña un papel crítico en la formación de memoria nueva.

Pero no todos los recuerdos se forman de igual manera, explica James L. McGaugh, Ph.D., director del Centro de la Neurobiología del Aprendizaje y la Memoria de la Universidad de California en Irvine. Mientras que algunas experiencias las recordamos de forma muy vaga, hay otras que quizá recordemos con claridad fotográfica y emocional, por ejemplo, el nacimiento de nuestro primer hijo, la noche en que nos propusieron matrimonio o la graduación de nuestro hijo. Esto se debe a que los eventos emocionalmente excitantes provocan la liberación de hormonas como el cortisol y la norepinefrina. Estas hormonas, a su vez, activan una estructura del cerebro que se conoce como la amígdala, la cual produce cambios en el hipocampo, creando que se almacene un recuerdo agudo e intenso en la memoria.

Asimismo, hay otras hormonas y neurotransmisores que apoyan a la memoria al regular el sueño (a través de la melatonina) o al elevar nuestro

Está olvidadiza y preocupada de que tal vez padezca la enfermedad de Alzheimer

Pregunta: *Siempre he tenido muy buena memoria. Recordaba todo: números de teléfono, presentaciones, hechos fascinantes. Pero ahora que estoy en la menopausia, a menudo olvido dónde puse las cosas. A veces me quedo en blanco cuando trato de recordar un nombre. O cometo errores absurdos. ¿Me voy a volver aún más olvidadiza con la edad? Estoy realmente preocupada de que tenga la enfermedad de Alzheimer. ¿No es cierto que es incurable? ¿Qué puedo hacer para conservar una mente clara?*

El Dr. John W. Newcomer, profesor adjunto de Siquiatría de la Facultad de Medicina de la Universidad de Washington en San Luis, responde: La enfermedad de Alzheimer implica mucho más que los olvidos ocasionales. Involucra una caída constante y progresiva en el funcionamiento mental, que va acompañada de cambios en la personalidad y otros problemas cognitivos. En contraste, algunas mujeres experimentan una disminución en la función de la memoria como resultado de un descenso en el nivel de estrógeno relacionado con la menopausia. El cerebro es el blanco de muchas hormonas, incluyendo el estrógeno, y una de las funciones cerebrales que es delicadamente regulada por las hormonas es la memoria.

Tomar estrógeno puede ayudar a mejorar la memoria. En ciertos estudios de investigación realizados en Canadá, se han encontrado cambios en el funcionamiento cognitivo de mujeres jóvenes a lo largo de su ciclo menstrual. Entre mujeres posmenopáusicas, como tú, aquellas que tomaban estrógeno obtuvieron mejores puntuaciones en las pruebas de memoria que aquellas que no estaban tomando estrógeno. Esa mejora puede marcar una diferencia importante en la capacidad para recordar.

Sin embargo, es importante que tengas presente que el estrógeno no sólo actúa en el cerebro sino por todo el cuerpo. Por lo tanto, si estás considerando tomar alguna terapia de reposición de estrógeno, es posible que tu doctor no la recomiende si tu madre tuvo cáncer de mama con receptor de estrógeno positivo, dado que esto elevaría tu riesgo de contraerlo.

Si los problemas de la memoria son lo único que te preocupa, tómate un momento para pensar en lo que está sucediendo en tu vida. Si estás bajo mucho estrés —si recientemente ha fallecido una persona cercana a ti o has tenido que someterte a una cirugía— tus niveles de cortisol, una hormona del estrés potente que también afecta la memoria, podrían estar elevados. Por lo tanto, antes de que consideres tomar una terapia de reposición de estrógeno, trata de tomar medidas que te ayuden a lidiar con el estrés. Quizá eso sea lo único que necesites para dejar de ser olvidadiza.

estado de ánimo (con serotonina) de modo que podamos aprender y retener la información.

Estrógeno: el defensor de la memoria

La hormona femenina estrógeno es útil para el corazón y los huesos de las mujeres. Pero también es esencial para nuestro cerebro de diversas formas.

El estrógeno desarrolla el cerebro. Esta hormona femenina promueve el crecimiento de las células de la glía, que actúan como "niñeras" intermediarias entre nuestro suministro de sangre y nuestras neuronas, dándole energía al cerebro y afectando también a las neuronas en sí. Esto ocurre durante el desarrollo del feto, la infancia, la pubertad y el embarazo. Gracias al estrógeno, a estas células les crecen más espinas dendríticas (salientes puntiagudas que parecen "espinas en un rosal", dice Craig H. Kinsley, Ph.D., profesor adjunto de Neurociencias de la Universidad de Richmond en Virginia), creando más conexiones para procesar información.

El estrógeno mantiene el funcionamiento normal de nuestro cerebro. "El estrógeno influye en la actividad neural en áreas del cerebro que son importantes para el aprendizaje y la memoria —dice Victoria Luine, Ph.D., profesora distinguida de Sicología de la Universidad Hunter en la ciudad de Nueva York—. Esta influencia mejora la actividad de ciertos neurotransmisores, como la norepinefrina y la acetilcolina, que promueven la memoria". La acetilcolina, la cual nos ayuda a aprender, concentrarnos y recordar información, a menudo se encuentra a niveles deficientes en las personas que padecen la enfermedad de Alzheimer. La norepinefrina aumenta el flujo de sangre hacia el cerebro y permite que estemos más alerta. En la síntesis de norepinefrina en el cuerpo también se produce dopamina, otro neurotransmisor que nos ayuda a recordar eventos, hechos, caras y demás.

El estrógeno protege al cerebro. Esta hormona femenina previene la formación de placas de beta-amiloide o "puntos muertos" en el cerebro que se relacionan con la enfermedad de Alzheimer. También puede disminuir la inflamación e incluso servir como antioxidante, combatiendo a los radicales libres que atacan a las células del cerebro.

"Muchas neuronas del cerebro responden al estrógeno —dice la Dra. Dominique Toran-Allerand, Sc.D., profesora de Anatomía y Biología Celular y Neurología de la Universidad Columbia en la ciudad de Nueva York—. Si usted priva al cerebro de estrógeno, esas neuronas sufrirán. Y muchas neuronas del cerebro están relacionadas con la función cognitiva. Por esta razón, la pérdida de estrógeno en la menopausia puede causar efectos profundos en la cognición". Nos volvemos olvidadizas. No podemos concentrarnos. Nos sentimos con la mente nublada. Usamos unas palabras por otras durante una conversación. Y empezamos a preguntarnos qué diablos nos está pasando.

Aun así, esta distracción y estos problemas de la memoria no necesariamente son síntomas de las etapas tempranas de la enfermedad de Alzheimer, sino que pueden ser el resultado directo de las fluctuaciones en los niveles de estrógeno que experimentamos cuando llegamos a la edad madura, dice Claire Warga, Ph.D., una neurosicóloga investigadora de Brooklyn. Incluso antes de que lleguemos a la perimenopausia, los niveles de estrógeno pueden afectar nuestras habilidades verbales y espaciales. Por ejemplo, cuando las mujeres ovulan, el estrógeno se encuentra a su nivel máximo, potencialmente mejorando las habilidades verbales.

Una gran ventaja de la terapia de reposición hormonal

Muchos expertos ven la terapia de reposición hormonal (o *HRT* por sus siglas en inglés) como muy prometedora para ayudar a prevenir o disminuir los problemas de la memoria relacionados con el envejecimiento. Mediante el uso de la tecnología de neuroimaginería, unos investigadores del Instituto Nacional del Envejecimiento recientemente encontraron pruebas de que el cerebro de mujeres posmenopáusicas que recibieron la terapia de reposición de estrógeno envejecía de manera diferente y presentaba un flujo sanguíneo significativamente mayor hacia las áreas del cerebro involucradas en la memoria que el cerebro de mujeres que no recibieron una terapia de reposición hormonal. Esto sugiere que la terapia de reposición hormonal puede disminuir la susceptibilidad a sufrir los cambios que se relacionan con la enfermedad de Alzheimer.

"Este es el primer estudio que compara el envejecimiento del cerebro en mujeres que reciben estrógeno con el de las que no lo reciben", dice la autora principal del estudio, la Dra. Pauline Maki, investigadora del Laboratorio de Personalidad y Cognición del Instituto Nacional del Envejecimiento en Bethesda, Maryland.

Según la Dra. Warga, el estrógeno también puede protegernos contra la enfermedad de Alzheimer, disminuyendo nuestro riesgo de contraer la enfermedad hasta en un 60 por ciento. Sin embargo, la pregunta acerca de que si la terapia de reposición de estrógeno en realidad previene la enfermedad de Alzheimer sigue siendo muy controvertida, dice el Dr. Morris. Aunque las pruebas circunstanciales sugieren que sí tiene un efecto protector, dice, ningún estudio ha comprobado directamente que el estrógeno impida que una persona contraiga la enfermedad de Alzheimer. El Dr. Morris también cree que no se produce beneficio alguno al darles estrógeno a mujeres que ya padecen la enfermedad de Alzheimer. Él advierte que una mujer no debe tomar estrógeno sólo para prevenir la enfermedad de Alzheimer.

"Los datos no son lo suficientemente contundentes como para apoyar que el estrógeno desempeñe un papel protector, particularmente si consideramos sus riesgos", dice.

Pero si usted ha decidido tomar estrógeno por otras razones, las mejoras en su memoria podrían ser una ventaja adicional nada despreciable.

¿Cómo está su nivel de azúcar en sangre?

El estrógeno no es la única hormona que se relaciona con la memoria. Sorprendentemente, una de las mejores maneras de predecir si va a conservar o no su agudeza mental a medida que envejece es mediante su nivel de azúcar en sangre (glucosa).

La regulación de la glucosa —o sea, la manera en que su cuerpo administra el azúcar en su sangre— está comenzando a emerger como un factor que ejerce una influencia crucial en nuestro cerebro a medida que envejecemos, dice Suzanne Craft, Ph.D., profesora adjunta de Siquiatría de la Universidad de Washington y directora del Centro Clínico de Educación e Investigación Geriátrica del Centro Médico de la Administración de Veteranos Puget Sound, ambos en Seattle.

Esto se debe a que la glucosa es una fuente esencial de energía para nuestro cerebro. Sin ella, no podemos aprender ni recordar información. Y debido a que el cerebro no fabrica ni almacena glucosa, depende de —como ya habrá podido adivinar— la glucosa que obtiene del cuerpo. La glucosa, a su vez, es regulada por la insulina, una hormona secretada por el páncreas.

¿El resultado? "La insulina puede modular la memoria", dice la Dra. Craft. Los investigadores sospechan que la insulina hace esto al:

- Llevar glucosa, o energía, a las áreas del cerebro que intervienen en la memoria
- Producir, como derivado, el neurotransmisor llamado acetilcolina, el cual es esencial para la memoria
- Aumentar la actividad del cerebro que interviene en la potenciación a largo plazo, es decir, en hacer conexiones nuevas en el hipocampo

↬ Aumentar los niveles del neurotransmisor llamado norepinefrina, el cual aumenta la atención y por lo tanto, puede mejorar el aprendizaje y la memoria

↬ Oponerse a los efectos del cortisol, una hormona del estrés que interfiere con la recuperación de la memoria cuando estamos bajo un estrés constante (aunque a pequeñas dosis, mejora la memoria)

Estos procesos se ven alterados en las personas que son resistentes a la insulina (un padecimiento que comúnmente se relaciona con la diabetes tipo II) y en un número cada vez mayor de personas que padecen la enfermedad de Alzheimer. Cuando una persona es resistente a la insulina, necesita más insulina para que se produzcan los mismos efectos en su cuerpo, por lo que el páncreas produce más insulina. Pero entre mayor sea la cantidad de insulina que esté circulando en su cuerpo, más resistente se vuelve a ella. Al mismo tiempo, el nivel elevado de insulina provoca un aumento en el nivel de la hormona del estrés llamada cortisol, la cual, a niveles elevados, deteriora la memoria. Y esta no es una buena situación para el cerebro. Con demasiada hormona del estrés y muy poca glucosa para tener energía, la memoria se ve afectada.

No obstante, en muchos casos es fácil evitar la resistencia a la insulina mediante dos medidas sencillas, dice la Dra. Craft.

Camine durante 20 minutos, tres veces a la semana. El ejercicio mejora la utilización de glucosa e insulina en su cuerpo, protegiéndola de la resistencia a la insulina. Si ya está teniendo problemas con su insulina, el ejercicio puede hacer que su cuerpo vuelva a ser sensible a esta hormona, lo cual conduce a mejoras en su memoria.

Opte por alimentos ricos en fibra y carbohidratos complejos, bajos en azúcares refinados y especialmente bajos en grasa. "La manera más rápida de contraer diabetes tipo II no es consumiendo azúcar, sino consumiendo grasa", dice la Dra. Craft.

"Las mujeres necesitan hacer estos cambios en su década de los 40 años de edad", dice. Vea el Capítulo 13, donde se dan más consejos para prevenir o controlar la diabetes.

Recuerde relajarse

El cortisol no es la única hormona del estrés que afecta la memoria. En su recorrido por nuestra mente y nuestro cuerpo, el cortisol, la epinefrina (también conocida como adrenalina) y la norepinefrina echan a andar a nuestro cerebro y ponen en alerta a nuestros músculos. Bajo condiciones de estrés, nuestro corazón empieza a latir más aprisa. Nuestra respiración se vuelve más corta. Física y mentalmente, nos sentimos como si estuviéramos funcionando a marchas forzadas. Estas mismas respuestas hormonales pueden agudizar u opacar la memoria.

Imaginemos, por ejemplo, una situación atemorizante o vergonzosa, como un accidente de carro o un encuentro inesperado con una persona que la hace sentirse incómoda. Lo más probable es que pueda recordar el evento con gran lujo de detalle. Esto se debe a que las hormonas del estrés, como el cortisol, buscan protegernos contra daños en el futuro al crear un recuerdo muy vívido del evento riesgoso y estresante para que podamos evitarlo o tomar mejores decisiones en el futuro.

Por desgracia, los niveles de cortisol se elevan muchísimo cuando estamos en vísperas de pasar por un evento estresante, por ejemplo, una entrevista de

La conexión hormonal

Tenga un bebé y vuélvase más inteligente

¿Está tratando de convencer a sus hijos de que mamá *sí* sabe lo que es mejor para ellos? La ciencia la apoyará.

"La maternidad es una época asombrosa para el cerebro femenino", dice Craig H. Kinsley, Ph.D., profesor adjunto de Neurociencias de la Universidad de Richmond en Virginia. Él estudió la rapidez con la que las ratas madres podían pasar por un laberinto y encontrar comida, en comparación con ratas que no eran madres. Al igual que una madre humana, que corre por el supermercado tratando de recordar lo que necesita y dónde lo puede encontrar mientras un adolescente muy impaciente la está esperando en el carro, las ratas que son mamás les ganan por mucho a las otras ratas.

Una razón por la cual las ratas madres tienen una mejor memoria espacial y mayor rapidez: las hormonas.

"En los roedores, los eventos hormonales que ocurren durante el embarazo parecen arreglar el cerebro femenino de maneras que se facilite el aprendizaje y la memoria, quizá para el resto de su vida", dice el Dr. Kinsley. Las conexiones nerviosas florecen, gracias a los mayores niveles de estrógeno y progesterona. Y entre más conexiones hacemos, mayor es nuestra capacidad para pensar, procesar información y recordar.

En fin: ahora contamos con una explicación científica de la capacidad que tienen las mamás de hacer mil cosas al mismo tiempo.

trabajo, imposibilitando nuestra memoria y evitando temporalmente que seamos capaces de recuperar la información almacenada en nuestro cerebro. Entonces "nos bloqueamos", dice el Dr. McGaugh.

Si sus niveles de cortisol permanecen elevados durante un período prolongado —como puede suceder en respuesta a un factor estresante importante, por ejemplo, la muerte de un familiar cercano— su memoria se verá afectada. La producción prolongada de cortisol interfiere con la función de la insulina de transportar glucosa hacia el cerebro. Sin esta energía esencial, las células de nuestro cerebro empiezan a fallar. Incluso puede llegar a interferir con el proceso cerebral mediante el cual la memoria de corto plazo se convierte en memoria de largo plazo, dice el Dr. Newcomer.

Los problemas de la memoria inducidos por el estrés no son permanentes. Una vez que los niveles de cortisol regresan a la normalidad, la memoria regresa. Siga las estrategias para reducir el estrés que se describen en la Segunda Fase del programa para el equilibrio hormonal en la página 324.

Intensifique su memoria con hierbas y vitaminas

Los suplementos hormonales que se venden sin receta como la deshidroepiandrosterona (o *DHEA* por sus siglas en inglés) y la pregnenolona a veces se comercializan como suplementos que mejoran la memoria. (La DHEA es un esteroide que estimula los nervios del cerebro; la pregnenolona pasa por encima del estrógeno para actuar directamente sobre las células nerviosas para mejorar la memoria). Pero estos son fármacos potentes que sólo deben tomarse bajo la supervisión estrecha de un profesional de la salud con experiencia. Por lo pronto, los expertos siguen siendo muy cautelosos.

A continuación está lo que puede probar en su lugar. Y sea paciente. Los suplementos pueden tardar hasta 3 meses en funcionar, dice Liz Sutherland, N.D., una naturópata de la Clínica de Investigación en Ciencias de la Salud del Colegio Nacional de Medicina Naturopática en Lake Oswego, Oregón.

Ginkgo. Esta hierba potencialmente puede incrementar la memoria de dos maneras: al aumentar la circulación de sangre, lo cual ayuda al cerebro, y al evitar que el hipocampo se encoja. Hasta fechas recientes, la mayoría de los expertos en herbolaria concordaban en que el *ginkgo* era útil sólo para lograr mejoras modestas en el funcionamiento mental de personas que padecían la enfermedad de Alzheimer leve. Pero un nuevo estudio realizado en Inglaterra indica que es probable que tenga capacidades más amplias para mejorar la memoria y que puede ser útil en los casos de personas que se vuelven olvidadizas simplemente debido a una sobrecarga común y corriente de información.

"Ahora contamos con pruebas contundentes que indican que el *ginkgo* puede mejorar la memoria en personas jóvenes y saludables", dice Douglas Schar, Dip.Phyt., M.C.P.P., un herbolario médico que ejerce su profesión en Londres y Washington, D. C.

Pruebe tomar 80 miligramos de extracto de *ginkgo* (lea la etiqueta; el producto debe contener un 24 por ciento de flavonoglucósidos de *ginkgo*) tres veces al día, dice la Dra. Sutherland. (En inglés estos se llaman "*ginkgo flavoglycosides*"). Y ella aconseja no tomar *ginkgo* durante un período de 3 semanas antes o después de una cirugía, ya que también tiene propiedades anticoagulantes.

Fosfatidilserina. Se piensa que la fosfatidilserina (*phosphatidylserine* o *PS* por sus siglas en inglés), una proteína similar a la sustancia natural llamada lecitina que se encuentra en los alimentos y también en el cerebro, mejora la memoria al activar ciertos neurotransmisores como la epinefrina, la norepinefrina, la serotonina y la dopamina. La Dra. Sutherland recomienda 100 miligramos de PS tres veces al día.

Ginseng siberiano. ¿Se siente estresada y olvidadiza? Pruebe el *ginseng* siberiano (*Siberian ginseng, Eleutherococcus senticocus*). "El *ginseng* le ayudará a mejorar su memoria al apoyar el funcionamiento de las glándulas suprarrenales, ayudándole así a manejar el estrés", explica la Dra. Sutherland, quien sugiere tomar de 100 a 200 miligramos al día.

Vitaminas B. Las vitaminas del complejo B, que incluyen la tiamina, la riboflavina, la niacina, el ácido pantoténico, la vitamina B_6, el ácido fólico y la vitamina B_{12}, apoyan a la memoria en un sinfín de maneras. Ayudan al cuerpo a producir neurotransmisores. Mejoran la circulación. Ayudan a las células a producir energía. Optimizan el funcionamiento de las glándulas suprarrenales, ayudándonos a responder adecuadamente ante factores estresantes que de otro modo nos causarían lapsos de memoria, dice la Dra. Sutherland. Busque un suplemento de vitaminas del complejo B que contenga al menos el 100 por ciento de la Cantidad Diaria Recomendada para las vitaminas antes mencionadas.

Vitamina E. Cuando no obtenemos cantidades suficientes de este antioxidante, que es una de las diversas sustancias presentes en la naturaleza que previenen el daño celular, nuestros nervios —y nuestra memoria— pueden verse afectados. La Dra. Sutherland sugiere tomar 400 unidades internacionales (UI) al día.

Más maneras de agudizar la mente

Lo que pueden hacer los auxiliares de la memoria cuando su cerebro está sobrecargado tiene un límite. "Las mujeres de edad madura simplemente tienen que estar pendientes de demasiadas cosas —dice Carolyn Adams-Price, Ph.D., profesora adjunta de Sicología de la Universidad Estatal de Mississippi en Starkville—. No sólo tienen que pensar en sus propias preocupaciones, sino que también deben estar al pendiente de lo que sus hijos y la suegra tienen que hacer". Y las fluctuaciones hormonales no ayudan en nada.

Estas son algunas maneras naturales de volver a lograr el equilibrio y volverle a dar cuerda a su memoria.

Que dormir sea una prioridad. "Mi esposa dice que las mujeres no tienen tiempo para dormir —dice el Dr. Allen Hobson, profesor adjunto de Neurología de la Facultad de Medicina de Harvard y especialista en la neurofisiología del sueño y el desempeño mental—. Pero el cerebro necesita que usted duerma para poder funcionar adecuadamente, dado que cuando usted duerme, el cerebro trabaja con la información que usted ha recopilado". Cuando usted se priva de sueño, explica, se encoge el hipocampo, que es la estructura cerebral responsable de transformar la memoria de corto plazo en memoria de largo plazo. Procure dormir cuando menos 8 horas cada noche.

Deje que su nariz la guíe. Los olores pueden ayudarnos a recordar. Los estudios de investigación han indicado que los estudiantes que huelen menta (hierbabuena, *peppermint*), amoniaco, chocolate o incluso algún perfume mientras estudian son capaces de recordar mejor la información si se usa el mismo olor para provocar que el cerebro recupere la información en el momento necesario.

Musicalícese. Escuchar música instrumental suave que usted disfrute puede hacer que disminuya su nivel de cortisol, relajándola, dice Norman M. Weinberger, Ph.D., editor del boletín *MuSICA Research Notes* (www.musica.uci.edu), director ejecutivo de la Fundación Internacional para la Investigación de la Música y profesor de Neurobiología y Conducta de la Universidad de California en Irvine.

CAPÍTULO 6

ALCANCE SU PESO IDEAL

"Por tomar la píldora anticonceptiva, subí 5 libras (2 kg) de peso".

"Siempre había podido controlar mi peso. . . hasta que llegué a la menopausia".

"He estado tan estresada y deprimida por haber perdido mi empleo que ahora estoy comiendo sin control".

"Después de que me hicieron una histerectomía, subí 30 libras (14 kg) de peso".

"Toda mi familia tiene sobrepeso. Es hereditario".

Independientemente de que se deba a los anticonceptivos orales, la menopausia, el estrés, una histerectomía o la herencia, los cambios en sus niveles hormonales influyen en su peso, su figura e incluso su apetito.

Consideremos, por ejemplo, el apetito. Los péptidos, las proteínas y los neurotransmisores que regulan el humor constantemente transmiten mensajes entre sus células, sus órganos, su tracto gastrointestinal y su cerebro para indicarle si ya es hora de empezar a comer. Y si ya llegó la hora, las hormonas influyen en los alimentos que usted escoge, cuánto come, con cuánta rapidez o lentitud lo procesa y si almacena o quema la grasa.

Las mujeres se han sentido vulnerables a los antojos hormonales y a los metabolismos lentos durante años, apoyadas por poco más que su instinto. Ahora la ciencia ha ido descubriendo varios vínculos irrefutables entre las hormonas, el hambre y el metabolismo de las grasas. Últimamente, parece que cada vez que una abre una revista médica, encuentra algún artículo que dice que los científicos han descubierto una nueva hormona o nuevas relaciones entre hormonas conocidas que terminan por afectar su figura.

Usted puede sacarles provecho a las hormonas —mediante mecanismos que ya existen en su biología molecular— para que le ayuden a manejar su peso, su figura y su apetito. Lo que le presentamos a continuación es un plan para lograr una armonía hormonal, que se basa en los datos más recientes y que ha sido diseñado para ayudarla a alcanzar el peso que siempre ha querido tener y a mantenerse en ese peso el resto de su vida.

Todo empieza en la secundaria

Usted probablemente comenzó a sospechar que las hormonas desempeñaban un papel importante en su figura alrededor de la época en que empezó a usar lápiz labial y a fijarse en los niños. Durante la pubertad, los receptores de estrógeno que hay en sus caderas, muslos, trasero y senos se despertaron y empezaron a atraer su grasa pubescente hacia esas partes de su cuerpo. No los odie. La grasa que se deposita en estas áreas es la que hace posible que más adelante podamos amamantar a nuestros hijos y la que históricamente ha protegido a las mamás y los bebés de la inanición durante épocas de escasez.

No todas las mujeres tienen la silueta perfecta. Pero el estrógeno hace que todas las mujeres sean más propensas a almacenar grasa en estas áreas, estemos o no interesadas en tener hijos.

Cuando los niveles de hormonas reproductoras empiezan a descender durante la menopausia y una mujer ya no necesita almacenar grasa adicional para criar a sus hijos, entonces la grasa cambia de hogar y se muda al área abdominal. Incluso aunque siga pesando lo mismo, lo más probable es que esta mujer ahora tenga que empezar a dejar todos sus *bikinis* guardados en un cajón, porque su vientre ya no será como el de antaño.

¿Por qué la grasa deja de depositarse en las caderas y empieza a depositarse en el vientre? Para empezar, después de la menopausia, se elevan los niveles de andrógenos (las llamadas hormonas masculinas que normalmente están presentes en las mujeres en cantidades muy pequeñas). Y los hombres —por su misma naturaleza androgénica— tienen una predisposición genética a almacenar grasa principalmente en el área del abdomen.

Pero una teoría más interesante, y también más femenina, dice que cuando una se acerca a la menopausia, el abdomen se convierte en un sitio alternativo de producción de estrógeno para compensar la baja productividad de los ovarios, quienes están a punto de retirarse. Naturalmente, estas fábricas necesitan llevar combustible —en forma de grasa— al lugar donde operan, y empiezan a construir sus almacenes alrededor de su cintura.

Pero ahora no es momento de matarse de hambre para eliminar sus nuevas

(continúa en la página 94)

¿Qué está pasando?

¿No está segura de por qué no logra llegar al peso que quiere? Responda el cuestionario siguiente, el cual le ayudará a detectar si ha pasado algo por alto.

1. ¿Realmente cuánto come?

Multiplique su peso en libras por 15. Si sólo quiere mantenerse en su peso, entonces debe ingerir no más de ese número de calorías al día, además de hacer ejercicio con regularidad. Para bajar de peso, necesita reducir ese número de calorías en aproximadamente el 20 por ciento, además de hacer ejercicio con regularidad. Ejemplo: 145 libras (66 kg) × 15 = 2,175 calorías − 435 calorías (el 20 por ciento) = 1,740 calorías (requerimiento diario).

2. ¿Sigue sin bajar de peso, sin importar cuántas dietas haga?

Las dietas de muy pocas calorías (de 800 a 1,200 calorías al día) en realidad pueden hacer que su metabolismo se haga más lento, lo que significa que quemará menos grasa y saboteará sus esfuerzos por bajar de peso. Además, con cualquier dieta extrema es casi imposible no recuperar el peso perdido aun si logra bajar de peso.

3. ¿Tiene antecedentes familiares de obesidad?

Quizá sea genéticamente resistente a la leptina, la hormona que controla el apetito y el almacenamiento de grasa. También es posible que haya heredado una susceptibilidad a enfermedades que pueden conducir a la obesidad. Sin embargo, los "genes de la gordura" son raros. Lo más probable es que haya heredado malos hábitos (como una dieta alta en grasa y falta de ejercicio). Y aunque no pueda cambiar sus genes, sí puede cambiar sus hábitos.

4. ¿En realidad, cuánto ejercicio hace?

No es posible bajar de peso y ni siquiera mantener su peso actual sin el ejercicio, especialmente si se está acercando o ya está pasando por la menopausia. Cualquier actividad es mejor que ninguna, y lo mejor es irla aumentando gradualmente hasta que logre hacer de 30 a 60 minutos de ejercicio al día, a niveles crecientes de intensidad.

5. ¿Toma antidepresivos o corticosteroides?

Cualquiera de ambos tipos de fármacos podría estar contribuyendo a su aumento de peso. Las marcas más antiguas de antidepresivos, como la imipramina (Tofranil) y la amitriptilina (Elavil), son los que principalmente causan aumento de peso. Quizá tenga mejor suerte con otra clase de antidepresivos, como el bupropión (Wellbutrin).

Aunque hay pocas alternativas a la cortisona (Cortone) y a la prednisona (Prednicot), podría pedirle a su doctor probar una dosis más baja de estos medicamentos o tomarlos sólo cada tercer día.

6. ¿La despiertan sus ronquidos o le han dicho que a veces parece dejar de respirar o que tiene respiración difícil mientras duerme?

La apnea del sueño es causada por el efecto que causa la progesterona en la epiglotis, que es el cartílago con forma de cuchara que protege la vía aérea que va hacia la garganta. Además de impedir que duerma bien, la falta de oxígeno que la causa puede alterar sus hormonas lo suficiente como para causar que aumente de peso o que no pueda adelgazar. Si presenta estos síntomas, consulte a su médico de cabecera o a un especialista en trastornos del sueño.

7. ¿Le atribuye usted su aumento de peso a la retención de líquidos?

Si se trata de retención de líquidos, probablemente notará que tiene los tobillos hinchados y que sus manos y abdomen están abultados. Lea el Capítulo 7 para aprender a manejar el aumento de peso causado por retención de líquidos durante su ciclo menstrual. Esto podría estar relacionado con un consumo excesivo de sal, o bien, con una afección renal o hepática. Pregúntele a su médico sobre cambios en su estilo de vida y medicamentos que pudieran ayudarle.

8. Además de tener sobrepeso, ¿es sensible al calor o al frío, sufre de fatiga crónica o tiene dificultades para concentrarse?

Puede que su tiroides esté desequilibrada. (Vea el Capítulo 4).

9. ¿El peso que ha aumentado se ha concentrado principalmente en el área de su abdomen? ¿También sufre de ansiedad, problemas de fertilidad o baja resistencia a los resfriados (catarros) e infecciones?

Pídale a su doctor que la evalúe para determinar si tiene o no el síndrome de Cushing, que es un trastorno endocrino raro que se caracteriza por una producción excesiva de la hormona cortisol. El aumento de peso en el área del abdomen también puede ser indicativo del síndrome de ovarios poliquísticos (del cual se habla en la página 164).

"curvas". Independientemente de que haya llegado a la edad madura con una figura de reloj de arena o una figura de manzana, es normal y necesario tener algo de grasa en el cuerpo. La grasa es una envoltura maravillosa que protege a sus órganos y los mantiene seguros y calientitos. Su cuerpo administra cuida-

LA CONEXIÓN HORMONAL

¿Es la grasa una glándula endocrina?

En el pasado, los científicos pensaban que la grasa es un área de almacenamiento de combustible excedente. Las personas que se ponen a dieta siempre han creído que la grasa no es más que una verdadera molestia. Uno de estos dos puntos de vista ha cambiado.

"El tejido adiposo —lo que nosotros llamamos grasa— no es un depósito de almacenamiento inerte. En realidad es un órgano endocrino", dice Sheila Collins, Ph.D., una bióloga molecular que estudia el metabolismo de las células adiposas del Centro Médico de la Universidad Duke en Durham, Carolina del Norte.

Hay que admitir que es difícil considerar esas masas gelatinosas debajo de sus brazos o que sirven de colchón a su trasero como una máquina hormonal respetable. Después de todo, no se deposita en un sólo lugar lógico, por ejemplo, en los ovarios. Pero cuando consideramos lo que la grasa *hace*, no queda duda alguna de que tiene un lugar en el mundo endocrino.

Al igual que una glándula endocrina convencional, la grasa en realidad produce hormonas y sustancias parecidas a las hormonas, e incluso tiene receptores que reciben los mensajes que transmiten las hormonas. El producto más famoso de la grasa es la leptina, la cual le dio toda una nueva imagen a la grasa a partir de su descubrimiento en 1995.

El tejido adiposo también libera agentes del sistema inmunitario similares a las hormonas, llamados citoquinas. Algunas de estas citoquinas son las mismas que ayudan a las poderosas células inmunitarias a acabar con las amenazas como los virus, las bacterias y los tumores. Otras desempeñan un papel menos benéfico, ya que contribuyen a la diabetes tipo II y a las afecciones inflamatorias.

Esta glándula endocrina grasosa también tiene su lado femenino, ya que interactúa con las hormonas reproductoras para hacer que una mujer sea fértil. Y durante la menopausia, son las células adiposas las que producen una versión modificada del estrógeno cuando los ovarios se van haciendo más lentos.

"Apenas estamos empezando a comprender este tipo de cosas —dice la Dra. Collins—. Pero de lo que sí estamos seguros es de que la grasa tiene una actividad biológica asombrosa".

dosamente los alimentos que le da, almacenando una parte para aquellas épocas en que no pueda conseguir suficiente comida. La grasa incluso le ayuda a regular sus hormonas.

Por otra parte, las mujeres que están por debajo de su peso ideal están en riesgo de entrar antes a la menopausia y también de contraer osteoporosis e incluso depresión, dice la Dra. Larrian Gillespie.

Calcule su peso ideal

¿Cómo puede saber si ya ha cruzado la frontera entre tener "curvas saludables" y tener sobrepeso? El índice de masa corporal (o *BMI* por sus siglas en inglés) le puede dar una idea de lo que es saludable según su edad, talla y sexo. El BMI, que es una razón de peso a talla que se expresa en números que van desde el 19 hasta más de 40, ya ha reemplazado a las viejas tablas de talla y peso que se usaban hace años como referencia de lo que se creía que era un peso saludable.

El BMI promedio es de 25. Se considera que las personas que tienen un BMI de 26 a 30 tienen un ligero sobrepeso, mientras que las personas con un BMI de 31 a 40 se consideran obesas. Cualquier cifra por encima de 40 indica obesidad grave. La obesidad hace que las mujeres presenten un mayor riesgo de contraer enfermedades cardíacas, diabetes y cáncer de mama. En contraste, tener un BMI más bajo aumenta sus probabilidades de vivir una vida larga y saludable.

Para calcular su BMI:

1. Multiplique su estatura en pulgadas por .0254, y luego eleve el resultado al cuadrado (multiplíquelo por el mismo resultado).
2. Divida su peso en libras entre 2.2 para obtener su peso en kilogramos.
3. Divida el resultado del segundo paso entre el resultado del primero.

También debe medirse la cintura porque la grasa abdominal la pone en riesgo de contraer otras enfermedades diferentes. Debido a que esta grasa envuelve a los órganos que están en la parte más profunda de su abdomen, cuenta con una ruta más directa para enviar el tipo de colesterol que tapa las arterias hacia su corazón. De hecho, las mujeres que principalmente acumulan grasa alrededor del abdomen presentan un mayor riesgo de contraer enfermedades cardíacas que aquellas que acumulan grasa en las piernas.

La grasa abdominal también la coloca en riesgo de contraer artritis, síndrome del intestino irritable, cálculos biliares, cálculos renales, incontinencia e insuficiencia renal.

Medirse la cintura es tan sólo otro método para llevar un registro de su peso. Antes de leer la cinta métrica, asegúrese de que se la haya colocado bien ajustada, pero no tan apretada que comprima la piel. Las mujeres con una cintura de circunferencia mayor a 35 pulgadas (89 cm) pertenecen al grupo de mujeres que presentan un riesgo elevado de llegar a ser obesas.

～ ESCAPE DEL INFIERNO HORMONAL ～

El PMS causa sus comilonas

Pregunta: *Entre los antojos incontrolables y las 5 libras (2 kg) de peso adicional causadas por la retención de líquidos, los cambios premenstruales siempre hacen que me tenga que ocultar debajo de ropa enorme una vez al mes. La retención de líquidos desaparece cuando termina mi período, pero me preocupa que mis festines mensuales de* brownies *y galletitas relacionados con el síndrome premenstrual (o PMS por sus siglas en inglés) vayan a hacer que engorde mucho. He leído que tomar pastillas anticonceptivas puede ayudar a controlar los antojos y la retención de líquidos, pero unas amigas mías que empezaron a tomar anticonceptivos orales dicen que aumentaron al menos 5 libras de peso. ¿Qué debo hacer?*

La Dra. Pamela Peeke, M.P.H., profesora clínica auxiliar de Medicina de la Facultad de Medicina de la Universidad de Maryland en Baltimore, responde: En primer lugar, debes darte cuenta de que es *normal* retener líquidos y tener antojos alrededor de la época del mes en que tienes la menstruación. Durante el ciclo menstrual, hay dos grupos hormonales distintos que están subiendo de nivel al mismo tiempo: las hormonas sexuales (estrógeno y progesterona) y las hormonas del estrés (cortisol y adrenalina). Algunos dicen que la serotonina, una sustancia química similar a las hormonas, también fluctúa con el ciclo mensual. Estos cambios hacen que tengas más apetito y que comas los tipos de alimentos que aumentan tu nivel de insulina; los niveles elevados de insulina, a su vez, hacen que retengas líquidos.

Nunca vas a poder eliminar los antojos y la retención de líquidos por completo, pero sí hay mucho que puedes hacer para minimizarlos. Reconoce por lo que está atravesando tu cuerpo y asegúrate de cuidarte de manera un poco diferente a como te cuidas el resto del mes.

Consumir más proteína cuando tienes PMS puede ayudar a prevenir los antojos salvajes porque la proteína te da una exquisita sensación de satisfacción. No estoy diciendo que te tienes que comer la vaca entera. En vez de eso, incluye algo de proteína, como un huevo o una taza de frijoles (habichuelas), en el desayuno, el almuerzo, la cena y las meriendas (refrigerios, tentempiés), y acompáñala con carbohidratos complejos de alta calidad

Controle su azúcar en sangre
para controlar su peso

Si bien es cierto que muchas hormonas afectan la manera en que almacena o libera grasa, la insulina es la mejor conocida de todas y generalmente también

como el pan tostado de trigo integral o el arroz integral.

Por otra parte, si cedes al antojo por comer alimentos dulces y carbohidratos simples, como los productos horneados, estos sólo elevarán tus niveles de insulina y provocarán que tengas un apetito aún más voraz a la larga. Sobre todo, evita los almidones blancos porque se han vinculado directamente con la retención de líquidos. Esto significa que deberás guardar las papitas fritas, el pan de maíz (pastel de elote) y la pasta para ocasiones muy especiales cuando no estés menstruando.

Los estudios de investigación muestran que tomar calcio sirve para disminuir los antojos causados por el síndrome premenstrual y yo pienso que realmente funciona. Al consumir la Cantidad Diaria Recomendada de calcio cada día (de 1,000 a 1,500 miligramos a partir de alimentos y suplementos), quizá empieces a notar una diferencia. Tomar agua mineral durante todo el mes es una manera fácil de mantener elevados tus niveles de calcio y de otros minerales que lo ayudan.

Luego, ve al gimnasio, aunque te sientas fatal. Incluso aunque tengas dolores (cólicos) menstruales, estés reteniendo

mucho líquido como para usar *shorts* y camines como si estuvieras arrastrando la cola, el simple hecho de quedarte montada en la estera mecánica (caminadora, *treadmill*) (o tu equipo favorito) durante unos cuantos minutos te hará presenciar un milagro. Las sustancias químicas que te hacen sentir bien llamadas endorfinas que libera tu cerebro durante el ejercicio aeróbico son anestésicos naturales que harán que desaparezca el malestar, por no mencionar que el ejercicio aeróbico calmará tu apetito y te ayudará a eliminar el agua que estés reteniendo a través del sudor.

En cuanto a la píldora anticonceptiva, no puedes suponer qué es lo que te va a pasar a ti con base en la respuesta que han tenido otras mujeres, ya que todas tenemos una química diferente. Una minoría significativa de mujeres retienen líquidos cuando toman anticonceptivos orales, pero otra minoría igualmente significativa de mujeres han encontrado que la píldora anticonceptiva *disminuye* la retención de líquidos. Tú no sabrás cuál será tu reacción hasta que la pruebes. Y entre más baja sea la dosis que tomes, menor será la probabilidad de que retengas líquidos.

es la más manejable. "Cuando esté tratando de perder o controlar su peso, su meta principal debe ser lograr que sus niveles de insulina se eleven demasiado, dado que es un hecho que la insulina promueve el almacenamiento de grasa", dice el Dr. Geoffrey Redmond, director del Hormone Center of New York en la ciudad de Nueva York.

"Cuando se eleva demasiado, la insulina también puede provocar que usted coma en exceso, generalmente porque la respuesta del cuerpo a su propia insulina se ha vuelto lenta", dice el Dr. Redmond. Usted puede consultar información más detallada sobre el control del azúcar en sangre en el Capítulo 13. Pero a efectos de control del peso, aquí le damos un curso intensivo.

Todos los carbohidratos que contienen los alimentos que come se absorben en el intestino delgado y se envían al torrente sanguíneo en la forma de glucosa. Cuando la glucosa que hay en su sangre alcanza un cierto nivel, su páncreas libera una hormona procesadora, la insulina, para que transporte a la glucosa desde su sangre hasta el interior de sus células. La insulina envía algo de glucosa inmediatamente a las células de su cerebro y otros órganos y almacena la que ya no se necesita usar como combustible. Cuando la insulina ya ha procesado una cantidad suficiente de glucosa, su páncreas comenzará a secretar la hormona llamada glucagón para "apagar" la insulina.

Durante el tiempo en que está a cargo de toda esta operación, la insulina estimula a una enzima llamada lipoproteína lipasa (o *LPL* por sus siglas en inglés), cuya función esencial es "bajarle la cremallera (zíper)" a las células adiposas y usarlas como si fueran bolsas de ropa sucia para almacenar lípidos ("relleno" grasoso). Imagínese una bolsa para la ropa sucia: cuando está vacía, usted puede doblar la bolsa y ocultarla en su cartera; cuando está llena, ni siquiera la puede meter a la cajuela (maletero, baúl) de su carro. De igual modo, las células adiposas se pueden expandir y colapsar en gran proporción, o como dirían los biólogos, pueden almacenar desde 100 picolitros hasta 1,000 picolitros de lípidos cuando están llenas al tope.

Entre más insulina haya circulando por su organismo, más grasa empacarán sus células adiposas; y usted terminará ocultándose debajo de sus sudaderas. De hecho, a "las bolsas de ropa sucia" de las mujeres les cabe más que a las de los hombres (lo que quizá ayude a explicar por qué los *shorts* para ciclistas son menos halagadores para las mujeres, quienes son propensas a las chaparreras).

Pero antes de regalar los pantalones de mezclilla (mahones, pitusa, *jeans*) que usaba cuando estaba flaca, recuerde que su páncreas también libera glucagón, el cual estimula al adversario de la LPL, mejor conocido como lipasa sensible a hormonas. Esta enzima le da el poder al glucagón de echarle llave a la cremallera principal para que ya no entre nada más y también le da el poder para que, en un acto de heroísmo, abra una cremallera lateral que hay en las células adiposas para dejar que toda la ropa sucia se desparrame hacia afuera. Luego, el glucagón quema los ácidos grasos, es decir, los productos derivados de este proceso, mismo que es mucho más saludable que el proceso que lleva a cabo la insulina, mediante el cual la mayoría de la grasa se convierte en colesterol que luego se incorpora al interior de todas las células de su cuerpo.

Por fortuna, los niveles de glucagón pueden permanecer elevados durante varias horas después de una comida rica en proteínas. Esto le da suficiente tiempo a su cuerpo para que empiece a colapsar esas bolsas de grasa que hay en sus muslos y lograr que algún día le vuelvan a quedar esos pantalones de mezclilla que ya estaba a punto de regalar. El truco está en evitar comer una golosina rica en carbohidratos después de hacer una comida rica en proteínas. Si decide comer chocolate después de pollo, por ejemplo, el glucagón se retraerá más rápido que un gato bajo la lluvia, dejándola en la misma situación de antes.

Esto significa que, a menos que padezca diabetes tipo I (en la que depende totalmente de una fuente externa de insulina), usted puede controlar quién se hará cargo de su azúcar en sangre: la insulina o el glucagón. El primer paso es familiarizarse con los alimentos que hacen que se eleve su azúcar en sangre (y, por lo tanto, que hacen que la insulina se quede por ahí). Estos alimentos, también llamados alimentos de alto índice glucémico, aparecen listados en "Una dieta para el mejor control del azúcar en sangre" en la página 277. Como habrá sospechado, los alimentos muy azucarados y los almidones blancos generalmente son los peores, así como los alimentos bajos en fibra o de textura suave y sobrecocida. Es necesario que evite estos alimentos o que sólo los coma ocasionalmente.

Las hormonas responsables de su apetito para "sobrevivir"

"Realmente es asombroso que aunque todas las personas coman alimentos diferentes cada día y tengan diferentes niveles de actividad cada día, la mayoría se mantengan en un mismo peso pese a todas estas variables —dice Sheila Collins, Ph.D., profesora adjunta de Siquiatría y Ciencias Conductuales del Centro Médico de la Universidad Duke en Durham, Carolina del Norte—. Existe un circuito estrictamente controlado en nuestro cerebro que regula nuestro consumo de alimentos y la manera en que se procesan".

Este circuito parece tener sus orígenes en nuestro poder de supervivencia. A lo largo de los siglos, el cuerpo humano ha aprendido a almacenar una cantidad segura de grasa en caso de que haya hambruna, epidemias u otros desastres en los que escasean los alimentos. Al mismo tiempo, un regulador interno nos indica cuándo es momento de empezar a comer menos y vaciar los depósitos de grasa cuando ya están llenos, para permitirnos mantener un cuerpo lo suficientemente ágil como para que podamos realizar el trabajo que necesitamos hacer para sobrevivir.

Debido a que en nuestro entorno actual los alimentos generalmente no escasean y su consecución no requiere de tanto esfuerzo físico, los humanos parecemos estar pasando por encima de muchos de los mecanismos de control que nos ayudan a mantener nuestro peso y, como resultado, nos estamos volviendo obesos. Pero los científicos están trabajando noche y día para aprender a manipular las "técnicas de supervivencia" que rigen el apetito y el aumento de peso.

Por primera vez en la historia, los científicos están mapeando la estructura molecular del apetito y el metabolismo, dice la Dra. Collins. Y las hormonas, o las sustancias químicas que interactúan con nuestras hormonas, son algunas de las piezas que todavía faltan.

Una vez que armen todo el rompecabezas, puede que la obesidad se convierta en cosa del pasado. Pero incluso algunas de las primeras piezas del rompecabezas pueden darnos pistas en la actualidad para que podamos llevar nuestro apetito y metabolismo al equilibrio que supuestamente deberían tener.

Galanina: un estimulador que la pone a buscar grasas

La galanina es una hormona peptídica que anda merodeando por el hipotálamo de su cerebro y que quizá sea la culpable de que usted simplemente no pueda dejar de pensar en comer alimentos grasosos. Cuando se secreta galanina en el cerebro, parece estimular un apetito voraz, especialmente por alimentos grasosos. Por si esto fuera poco, la galanina les da instrucciones a otras hormonas para que lleven la grasa que usted se come directo a los depósitos de grasa.

Los estudios de investigación que se han realizado hasta ahora indican que la hormona dopamina tal vez ayude a compensar los efectos de la galanina porque inhibe la ingestión de grasas y proteínas, lo cual hace que disminuya el peso corporal. También parece ser que la insulina y la galanina están en constante toma y daca, lo que significa que el nivel de una no se puede elevar cuando está alto el nivel de la otra. Aún no ha quedado claro cómo podemos sacar provecho de estas relaciones que existen para regular la galanina. Por lo pronto, lo que puede ayudar es comprometerse con un plan alimenticio, el cual se describe más adelante, que le ayude a evitar estos antojos fuera de control.

La galanina no es el único péptido que está en juego mientras usted busca desesperadamente un pastelillo de chocolate por toda su casa. Este proceso involucra a toda una red de sustancias bioquímicas y los científicos siguen tratando de entender cómo interactúan, dice la Dra. Pamela Peeke, M.P.H., profesora clínica auxiliar de Medicina de la Facultad de Medicina de la Universidad de Maryland en Baltimore. "La mayoría de los estudios de investigación de la galanina se están haciendo en animales y tenemos que averiguar si sucede lo mismo en humanos", dice.

Neuropéptido Y: a cazar carbohidratos

Conocido simplemente por sus siglas en inglés, *NPY*, el neuropéptido Y es un estimulante del apetito increíblemente poderoso. De hecho, cuando los investigadores de la obesidad infundieron NPY en el cerebro de animales, los animales comieron tanto que causaron su propia muerte, dice la Dra. Peeke.

"Se sospecha que los productos derivados de la digestión de los carbohidratos en el cuerpo son los que estimulan la producción de NPY, lo cual implica que entre más antojos por comer carbohidratos satisfaga, mayor será su urgencia por asaltar una panadería al cabo de unas cuantas horas. Como si este ciclo no fuera suficiente para convertirnos a todas en adictas al pan, el NPY también parece estimular la producción de insulina, lo cual, como ya sabemos, puede hacer que aumente nuestro deseo por comer carbohidratos", dice la Dra. Peeke.

El NPY no sólo nos hace comer sin parar, sino que los estudios realizados en animales sugieren que tiene la capacidad de transformar los alimentos que comemos en grasa, y de asegurarse de que la grasa que ya tiene se quede donde está, dice Robert E. C. Wildman, R.D., Ph.D., profesor adjunto de Nutrición de la Universidad de Louisiana en Lafayette.

Pero la Naturaleza es tan sabia que también nos dio otra hormona llamada leptina, para que actuara como la contrincante principal del NPY.

Leptina: el regulador de la delgadez

Si el NPY y la galanina son los diablos con trinchetes que están a un lado de su cerebro incitándola a comer en exceso, entonces la hormona proteínica leptina es el ángel con aureola que está del otro lado animándole para que se modere.

La leptina, cuyo nombre se deriva de la palabra griega "*leptos*" que significa "delgado", estimula a las células nerviosas que liberan las hormonas peptídicas que controlan la función de comer. También reduce sus depósitos de grasa al acelerar un poco su metabolismo. De hecho, esta hormona proteínica multitalentosa conserva la masa muscular mientras derrite la grasa y esto es más de lo que cualquier dieta baja en calorías puede lograr.

Una guía breve de las hormonas que controlan el peso

Pocas personas saben que existen más de 20 hormonas y sustancias similares a las hormonas distintas que influyen en el peso, la figura, el apetito y los hábitos alimenticios. Para facilitar su referencia, aquí le presentamos un breve resumen de aquellas que participan de manera más importante.

Apetito

Dopamina. Es una sustancia química del cerebro que envía señales sensoriales para que usted empiece o pare de comer.

Galanina. Es una hormona peptídica que se encuentra principalmente en el hipotálamo y que la alienta a comer alimentos grasosos en exceso.

Leptina. Es una hormona proteínica secretada por las células adiposas que disminuye el consumo de alimentos y los depósitos de grasa.

Neuropéptido Y. También conocido como NPY por sus siglas en inglés, este neuropéptido es una hormona peptídica secretada por el hipotálamo y las glándulas suprarrenales que se vincula con el hábito de comer en exceso, particularmente carbohidratos.

Norepinefrina. Es una sustancia química del cerebro que puede disminuir la ingestión de alimentos.

Serotonina. Es un neurotransmisor similar a las hormonas que, cuando se encuentra a los niveles adecuados, ayuda a regular la cantidad y la duración de las comidas.

Digestión

Colecistoquinina. Es una hormona secretada por el páncreas que hace que su vesícula biliar se contraiga, contribuyendo a que usted se sienta más satisfecha.

Gastrina. Es una hormona que envía señales a las enzimas digestivas y a otras "hormonas del tracto digestivo" que son necesarias para que el estómago se contraiga.

Motilina. Es una hormona que inicia las contracciones en su tracto gastrointestinal.

Metabolismo

Deshidroepiandrosterona. Es una hormona que ayuda a regular el metabolismo y los niveles de insulina.

Al mismo tiempo, la leptina intercepta la liberación de ciertos péptidos que estimulan el apetito, incluyendo el NPY.

En los primeros ensayos, cuando se les inyectó leptina a un grupo de personas que estaban a dieta, cada una de estas personas bajó aproximadamente 2 libras (1 kg) de peso durante los 6 meses que se les administró la hormona. En otro experimento, se le administró leptina a una persona que presentaba

Hormona del crecimiento. Es una hormona que regula la proporción de músculo a grasa.

Hormonas tiroideas. Son las hormonas que, a fin de cuentas, controlan el "motor metabólico" de su cuerpo.

Azúcar en sangre

Glucagón. Es una hormona estimulada por proteínas y secretada por el páncreas que regula la insulina.

Insulina. Es una hormona secretada por el páncreas que transporta la glucosa desde el torrente sanguíneo hasta los órganos (donde se usa como combustible) o los tejidos adiposos (donde se almacena).

Estrés y humor

Adrenalina. Es una hormona que recibe señales de la hormona liberadora de corticotropina, que eleva la presión arterial y la frecuencia cardíaca.

Beta-endorfinas. Son los opiáceos naturales del cuerpo que le ayudan a hacer ejercicio cuando tiene dolor y que también disminuyen el apetito.

Hormona liberadora de corticotropina (o *CRH* por sus siglas en inglés). Es una hormona mensajera que libera el hipotálamo en respuesta a un evento emocionante o alarmante.

Cortisol (también llamado corticoide). Es una hormona que se libera en las glándulas suprarrenales por acción de la *CRH* y que saca grasa y glucosa de los depósitos de almacenamiento del cuerpo para que se usen durante una crisis.

Hormonas del sistema reproductor

Estrógeno. Es una hormona femenina de la cual se necesitan cantidades adecuadas para que la digestión y el metabolismo sean eficientes.

Progesterona. Es una hormona que se produce en los ovarios y que puede contribuir a la elevación en los niveles de insulina de una mujer.

Testosterona. Es una hormona que es responsable (en parte) por la acumulación de grasa en el abdomen.

deficiencia de leptina y bajó 32 libras (15 kg). El metabolismo de esta persona también mejoró cuando se elevaron sus niveles de leptina.

Por desgracia, parece que las personas obesas son incapaces de aprovechar las bondades de la leptina en lo que al control del apetito se refiere, debido a un posible defecto en sus receptores de leptina.

"Al principio, pensamos que las personas obesas tenían un nivel bajo de leptina, pero descubrimos que no es el caso —dice la Dra. Collins—. Simplemente parecen no ser sensibles a ella".

Unos investigadores de la Facultad de Salud Pública de Harvard encontraron que las personas con resistencia a la leptina podían regular sus niveles de leptina al hacer ejercicio con regularidad. También es posible aprovechar la protección que ofrece la leptina al bajar unas cuantas libras de peso, pero debe perderlas de manera muy gradual.

En el caso de personas que en efecto presentan un nivel muy bajo de leptina —lo cual parece atribuirse a un defecto genético—, ya se están realizando estudios de investigación para perfeccionar un tratamiento. (Si desea consultar la información más actual sobre el tema, vea "En la Internet y otros recursos" en la página 113).

Colecistoquinina: un indicador de saciedad

Cuando los alimentos salen del estómago, unos receptores que se encuentran en el intestino delgado notifican al páncreas que es hora de liberar colecistoquinina (o *CCK* por sus siglas en inglés), una hormona peptídica que es necesaria para que su vesícula biliar se vacíe. Debido a que esta acción en esencia marca el final de una etapa importante de la digestión, su apetito disminuye.

El cerebro también produce algo de CCK, la cual parece combinar esfuerzos con el suministro de CCK de su intestino, haciéndola sentirse satisfecha para que se levante de la mesa y pida que el resto se lo pongan para llevar.

La colecistoquinina parece ser tan eficaz para disminuir el apetito que la comunidad médica está trabajando para desarrollar fármacos que puedan provocar que la CCK entre en acción. Pero hay docenas de maneras en que usted puede ayudar a influir en los procesos digestivos que disminuyen el apetito, dice la Dra. Gillespie.

Por ejemplo, las proteínas y ciertos ácidos grasos saturados estimulan la respuesta de la colecistoquinina. "Específicamente, encontramos que poco menos de una cucharada de mantequilla es suficiente para activar la CCK, de modo que si le agrega 2 cucharadas de mantequilla derretida a su entremés de verduras cocidas al vapor, se sentirá satisfecha más pronto", explica la Dra. Gillespie.

La colecistoquinina es sólo una de las razones por las cuales debemos comer de una manera que promueva la buena digestión. Toda una diversidad de hormonas y enzimas gastrointestinales también intervienen en la serie de eventos que conducen a esa sensación de saciedad. La digestión eficiente también tiene mucho que ver con la manera en que se metabolizan las grasas, es decir, si las almacena o si las usa para producir energía.

De hecho, cuando los niveles de insulina están elevados, la CCK se convierte en la mala de la película y la hace comer más. Apegarse a las proporciones de alimentos que se recomiendan más adelante en este capítulo puede ayudarle a controlar el hábito de comer en exceso.

¿Puede el estrés borrarle la cintura?

A diferencia de muchos expertos en obesidad, la Dra. Peeke ocupa la mayor parte de su tiempo investigando hormonas como la hormona liberadora de corticotropina (o *CRH* por sus siglas en inglés), el cortisol y la adrenalina, que son las tres hormonas que nos ponen en alerta cuando estamos bajo estrés. Estas hormonas generan una reacción en cadena que nos hace comer como si acabáramos de escapar corriendo de una estampida de elefantes y que convierte a nuestro abdomen en una bodega de almacenamiento, explica.

Todo se remonta a la respuesta de luchar o huir que probablemente recuerda haber escuchado de su profesor de Biología en la secundaria (preparatoria). Si de verdad tuviéramos que correr para escaparnos de las garras de un depredador o si tuviéramos que luchar para defender a nuestra comunidad, nos agradaría el hecho de que, cuando estamos en una crisis, el cerebro libera CRH, la cual provoca que las glándulas suprarrenales liberen adrenalina y cortisol para que podamos reaccionar con rapidez.

El problema está en que, dada la naturaleza de los factores estresantes que existen en el mundo actual, donde las confrontaciones con depredadores prehistóricos son cosa del pasado, luchar o huir no son las opciones que comúnmente tenemos disponibles. "En vez de eso, lo más probable es que 'se moleste y mastique'. En otras palabras, si su jefe critica su trabajo y lo único que usted hace es quedarse sentada detrás de su computadora, repentinamente le empezará a llamar esa bolsita de chocolates que tiene guardada en el cajón. Lo mismo sucede cuando le llega un aviso del banco diciéndole que ha sobregirado su cuenta. Como no puede luchar ni huir, entonces come".

"Esto es problemático por varias razones", dice la Dra. Peeke. El cortisol automáticamente hace que tenga más apetito, para que reponga el mismo combustible que esta hormona esperaba que usted consumiera durante la crisis, independientemente de que haya consumido ese combustible o no. Bajo la influencia del cortisol, no sólo querrá comer muchísimo, sino que también querrá comer alimentos que engordan, dado que los dulces y los carbohidratos simples se convierten más rápido en azúcar en el cuerpo.

La "grasa que se acumula por estrés" se deposita en el último lugar donde la necesita: en la parte más profunda de su vientre. Quizá por cuestiones de supervivencia, las células adiposas que hay en la región intraabdominal tienen más receptores de cortisol; de hecho, tienen cuando menos el doble de receptores que las células adiposas que se encuentran en cualquier otro lugar del cuerpo. Esto se debe a que la grasa intraabdominal se debe depositar cerca del hígado, donde es convertida en combustible (glucosa) para la respuesta de luchar o huir.

"Dado que parecemos realizar estos simulacros para entrenarnos en caso de un desastre varias veces al día, nos programamos para que el 'combustible' se vaya en línea recta hasta nuestro vientre —dice la Dra. Gillespie—. El estrés crónico también hace que se eleve el nivel de insulina, que es otra hormona que hace que se almacene grasa. Cuando la insulina se combina con el cortisol, sólo mejora la capacidad que tiene la insulina de almacenar grasa e inhibir su liberación", agrega.

El estrés no es el único estado mental responsable de que le tenga que hacer un hoyito más a su cinturón. Los investigadores del departamento de ciencias conductuales de la Universidad Estatal de Pensilvania analizaron a 1,300 personas y descubrieron que aquellas personas que presentaban altos niveles de cinismo, enojo y depresión eran también las que tenían la mayor cantidad de grasa abdominal. Todos esos estados mentales se relacionan con una mayor contribución del cortisol al aumento de almacenamiento de grasa, específicamente en el abdomen.

"Nuestro cuerpo no fue diseñado para operar en caliente todo el tiempo —dice la Dra. Peeke—. Es cuestión de escoger entre desarrollar un estilo de vida más resistente al estrés o sentarse a ver cómo se deteriora su salud física y mental y cómo empieza a aumentar de peso".

De humor para comer

El neurotransmisor serotonina, que actúa de manera muy similar a una hormona, es el que con mayor frecuencia se relaciona con el humor. Pero cuando los niveles de serotonina están dentro del rango normal, también funciona como una señal que la hace sentirse satisfecha. De hecho, la serotonina es el ingrediente clave de un medicamento popular para bajar de peso llamado *Meridia* (sibutramina), que originalmente se vendía sólo como antidepresivo hasta que los investigadores descubrieron que también servía para controlar el apetito.

LA CONEXIÓN HORMONAL

El mito de la terapia de reposición hormonal

Quizá haya escuchado que la terapia de reposición hormonal (o *HRT* por sus siglas en inglés) puede hacer que aumente de peso. No es cierto. "Algo que ocurre con demasiada frecuencia es que los médicos cometen el error de suponer que los cambios que vienen naturalmente con la menopausia y el envejecimiento se deben a la terapia de estrógeno. Nada podría estar más alejado de la verdad", dice la Dra. Larrian Gillespie.

De las 875 mujeres que participaron durante 3 años en un estudio de investigación llamado Ensayo de Intervenciones con Estrógeno/Progestina en Mujeres Posmenopáusicas (o *PEPI* por sus siglas en inglés), aquellas que tomaron la HRT en realidad aumentaron *menos* de peso que aquellas que no la tomaron. Mejor aún, otros estudios de mujeres posmenopáusicas mostraron que las mujeres que tomaron la terapia de estrógeno en realidad pudieron disminuir el área de almacenamiento de grasa más problemática de todas, el área abdominal.

En caso de que la HRT *sí* tenga la culpa de que aumente de peso, entonces se debe a la progestina que contenga la for-

mulación, no al estrógeno, dice la Dra. Gillespie. "La progestina eleva el nivel de insulina, la cual inhibe a la hormona del crecimiento y al glucagón, que son dos sustancias bien conocidas por su capacidad de combatir la grasa. Además, las progestinas pueden causar retención de líquidos", explica.

La Dra. Gillespie prefiere usar la HRT que combina estrógeno con progesterona (*Prometrium*), que es una alternativa a la progestina que no parece producir aumento de peso en las mujeres que la toman.

En resumen, los estudios de investigación parecen indicar que la terapia de reposición hormonal podrían ayudarle a mantener un cuerpo delgado. Lo que más debe preocuparle es mantener excelentes hábitos alimenticios y seguir haciendo ejercicio, dado que muchas mujeres olvidan seguir con su programa de acondicionamiento físico cuando se acercan o entran a la menopausia, dice la Dra. Gillespie. Sin duda, las mujeres que hacen menos ejercicio, que consumen grasa y calorías en exceso, que toman bebidas alcohólicas y que fuman, son las que más aumentan de peso.

En casos de depresión, en los que los niveles de serotonina generalmente son muy bajos, es posible que coma sin control (aunque la depresión también puede, por un motivo diferente, provocar la pérdida del apetito). De hecho, pruebas recientes indican que un desequilibrio en la serotonina puede provocar que la galanina, ese péptido que siempre la hace querer consumir carbohidratos, estimule la ingestión de alimentos.

El acto de comer con voracidad durante una depresión es la manera que tiene su cuerpo de automedicarse en un intento por elevar los niveles de serotonina. Debido a que el descenso en los niveles de estrógeno también puede hacer que declinen los niveles de serotonina, la pérdida de este inhibidor del apetito también ayuda a explicar por qué comemos de manera errática antes de la menstruación, después del parto y durante la menopausia.

Para elevar su nivel de serotonina, lo primero que debe hacer es consumir una cantidad adecuada de proteínas, ya que estas son una fuente de triptofano, o sea, el aminoácido que necesita su cuerpo para producir serotonina. También necesita consumir suficientes carbohidratos complejos, los cuales transportan el triptofano al cerebro, donde podrá entonces ser liberada la serotonina, dice la Dra. Gillespie.

Una mejor meta es que, para empezar, usted no permita que se altere su nivel de serotonina. El plan alimenticio que se describe más adelante en este capítulo ha sido diseñado para ayudarle a mantener niveles estables de proteínas y carbohidratos, lo cual, a su vez, le ayudará a evitar que descienda drásticamente su nivel de serotonina, alterando su apetito. (Para mayor información sobre cambios en el humor, vea el Capítulo 3).

Tiroides: la conexión oculta entre el peso y el humor

Un estado de ánimo deprimido también puede ser indicativo de un desequilibrio en la glándula tiroides, que es la glándula encargada de regular el metabolismo. Cuando una persona tiene una glándula tiroides hiperfuncionante (lo que se conoce como hipertiroidismo), se sobreestimulan los activadores del apetito en el cerebro, haciendo que coma con más frecuencia, lo que a veces puede conducir a un aumento de peso. Al otro lado de la galletita, cuando una persona presenta niveles bajos de hormonas tiroideas (lo que se conoce como hipotiroidismo), las fallas metabólicas se traducen en un procesamiento menos eficiente de los alimentos y la quema de menos calorías. Y debido a que el hipotiroidismo a menudo causa depresión y fatiga, hay menos motivación para hacer ejercicio. Con todas estas desventajas, las mujeres que padecen hipotiroidismo pueden aumentar de 20 a 30 libras (9 a 14 kg) de peso.

Por suerte, su peso debe regresar a la normalidad una vez que empiece a recibir tratamiento para un trastorno de la tiroides. Para mayores detalles, vea el Capítulo 4.

Líbrese de la trampa menopáusica

Diversos cambios hormonales que trabajan en forma concertada pueden contribuir al aumento de peso que ocurre cuando una mujer llega a la edad madura. Los niveles de la hormona del crecimiento empiezan a disminuir a un paso constante desde que una mujer cumple más o menos los 20 años de edad. Fácilmente se pueden perder hasta 7 libras (3 kg) de músculo magro cada 10 años y esto significa que estará quemando aproximadamente 290 calorías menos al día para cuando cumpla 40.

Al mismo tiempo, la caída en el nivel de estrógeno que comienza más o menos a los 40 años de edad inicia una reacción en cadena que altera la digestión y disminuye la tolerancia a los carbohidratos, dice la Dra. Gillespie.

Las mujeres de edad madura tardan aproximadamente 4 horas en procesar los alimentos, en comparación con las 2 horas que necesitaban en el pasado. Este procesamiento más tardado permite que haya una mayor absorción de carbohidratos y que se almacene más grasa en lugar de que se metabolice y se use como energía. También hace que se eleve el nivel de insulina, la hormona que almacena grasa.

Además, la tiroides empieza a volverse más lenta en las mujeres que ya han pasado por la menopausia. Estas mujeres también se vuelven más vulnerables al ciclo de cortisol/grasa.

La buena noticia es que engordar no es una consecuencia inevitable del envejecimiento. En un proyecto sobre el estilo de vida saludable para las mujeres, se hizo un estudio de 535 mujeres quienes deberían llegar a la menopausia entre 1992 y 1999. Una parte de este grupo siguió con su vida normal y la otra parte siguió una dieta de 1,300 calorías con menos de un 25 por ciento de grasa y podía elegir cualquier rutina de ejercicios con la que quemaran de 1,000 a 1,500 calorías a la semana. Al cabo de 5 años, las mujeres que no hicieron cambio alguno en su estilo de vida aumentaron 5 libras (2 kg) en promedio (que corresponde con el aumento de peso de 1 libra/0.5 kg por año esperado durante y después de la menopausia), mientras que las mujeres que sí hicieron cambios en su estilo de vida *bajaron* un poco de peso, lo que sugiere que dichos cambios pueden evitar un aumento de peso que le cambiará la vida.

El envejecimiento es una cuestión de adaptación, dice la Dra. Gillespie. "Es alentador saber que las mujeres que hacen ejercicio a lo largo de la menopausia presentan cambios mínimos en su peso y que también hay estrategias dietéticas que pueden ayudarle a ganarle a las probabilidades".

Un estilo de vida para lograr armonizar las hormonas y el peso

Mantenerse en su peso es sólo una de las razones por las cuales es importante que controle sus emociones negativas, desarrolle un estilo de vida más resistente al estrés y aprenda a disfrutar más de la vida. Comience con las siguientes medidas de autocuidado sencillas, las cuales han sido diseñadas para armonizar sus influencias hormonales.

Llore si siente ganas de llorar. "Liberar las emociones excedentes puede ayudarle a deshacerse del peso excedente", dice la Dra. Christiane Northrup. Esto se debe, en parte, a que la hormona cortisol que se secreta en cantidades excesivas cuando está bajo estrés emocional crónico, causa retención de líquidos y aumento de peso, dice.

Dedíquese a los problemas más difíciles tempranito en la mañana. El trío de hormonas del estrés (CRH, cortisol y adrenalina) se elevan al máximo en la mañana. Para aprovechar los altos niveles de energía y concentración que pueden traer consigo, planee realizar las tareas más exigentes a primeras horas de la mañana. En cambio, si las planea para la tarde, cuando sus hormonas estimulantes ya van en descenso, podría caer en la tentación de comer alimentos ricos en azúcar y otros alimentos engordantes para estar alerta y activa en la tarde.

"Es como si sus papilas gustativas estuvieran conectadas con el biorritmo de sus hormonas del estrés. Entre las 3:00 P.M. y la medianoche es cuando las mujeres están cansadas, agotadas, desconcentradas y se dirigen a la máquina expendedora más cercana. Cuidado con la 'hora de engordar'", dice la Dra. Peeke.

Despiértese con menta, no cafeína. El café no es malvado, pero cuando lo toma en la tarde, puede elevar sus niveles de cortisol lo suficiente como para que usted no pueda resistir la tentación de acompañarlo con unas galletitas. Además, cierta cantidad de café puede inhibir el glucagón, que es la hormona "buena" que regula la insulina y activa los mecanismos que queman la grasa, dice la Dra. Peeke.

"Yo opino que la mejor manera de sentirse rejuvenecida es frotar una gota de aceite de menta (hierbabuena, *peppermint*) en cada una de las sienes —dice la Dra. Peeke—. Sólo tenga cuidado de no frotársela alrededor de los ojos. La menta activará su sistema nervioso simpático y pronto se sentirá tan fresca como una lechuga".

Cante en un coro o en la ducha (regadera). Los bajos niveles de oxígeno pueden fomentar el aumento de peso al disminuir la producción de hormona del crecimiento y estrógeno. "La hormona del crecimiento y el estrógeno trabajan juntos para movilizar la grasa corporal, así que ponga a su diafragma a trabajar", dice la Dra. Gillespie. Además, cantar tiene la ventaja adicional de que disminuye los niveles de hormonas del estrés y el mayor suministro de oxígeno también puede mejorar su sensibilidad a la insulina, agrega.

Duerma 8 horas o más cada noche. Además de ponerla de mal humor, no dormir lo suficiente puede hacer que aumente de peso al producir alteraciones drásticas en el equilibrio de las hormonas que controlan sus hábitos alimenticios y su metabolismo. Los investigadores del departamento de medicina de la Universidad de Chicago compararon los niveles hormonales de once hombres durante un período en el que durmieron 8 horas durante varias noches, seguido de un período en que dormían sólo 4 horas cada noche. Durante la etapa en que se les privó de sueño, la depuración de glucosa en estos hombres estaba igual de alterada que en las personas con diabetes tipo II, lo que indica que la falta de sueño podría conducir a la resistencia a la insulina y la obesidad. Todas las tardes después de no dormir lo suficiente en la noche, estos hombres también presentaron niveles regularmente elevados de cortisol, el cual, como ya sabemos, alienta a las células a almacenar más grasa, particularmente cuando se combina con la resistencia a la insulina. Y esto no es todo, ya que los niveles de la hormona tiroidea que se encarga del metabolismo también disminuyeron durante el período en que se les privó de sueño.

Olvídese de las copitas. A los hombres se les hace "panza cervecera" cuando toman, pero cuando las mujeres toman, se les hace "panza de Buda", dice la Dra. Gillespie.

El estómago de una mujer se vacía más lento que el de un hombre, especialmente cuando se trata de alcohol. Esto significa que, al tomar la misma cantidad de alcohol, el nivel de alcohol en sangre se eleva mucho más en las mujeres que en los hombres. Esto no es bueno, dice, ya que el alcohol se relaciona específicamente con un aumento en la grasa abdominal profunda, respecto a la cual usted ya tiene predisposición a almacenar por la disminución en el nivel de estrógeno que ocurre a lo largo de la menopausia.

(Por no mencionar que el alcohol hace que una no tenga tanto control, de modo que después de una o dos copitas, se sentirá con mayor libertad de ordenar esas cáscaras de papa fritas en un montón de aceite y una orden extra de crema agria).

Lleve un diario de su salud. Cada día, anote lo que coma, el ejercicio que haga y su estado de ánimo, incluso si sólo tiene tiempo para escribir una oración. "Al final de cada semana, puede revisar lo que ha escrito, identificar patrones destructivos y prepararse para evitar o lidiar de mejor modo con los factores estresantes la próxima vez que se le presenten", dice la Dra. Peeke. Por ejemplo, si tiene una reunión (junta) que ya sabe que va a ser estresante programada para la próxima semana, aparte un tiempo para salir a caminar justo después de la junta, en lugar de anestesiarse con una bolsa de papitas fritas.

Haga que sus hormonas entren en cintura

El simple hecho de amarrarse los tenis es prácticamente una llamada para que entren en acción las hormonas que revierten el almacenamiento de grasa y hacen que una coma menos. Por otra parte, el ejercicio suprime a los péptidos que estimulan el apetito y los mecanismos de almacenamiento de grasa, que quizá son las dos mejores razones por las que usted debería aprender a encariñarse con él.

"Sus músculos están cargados de receptores de insulina —dice la Dra. Northrup—. Entre más masa muscular tenga y más calor genere con regularidad en sus músculos, mayor será la eficiencia con la que quemará carbohidratos y grasa corporal".

Para que sus sesiones de ejercicio sean lo más eficientes *y* amigables con sus hormonas como sea posible, siga los siguientes consejos de los expertos.

Si es obesa: comience con ejercicios de respiración. La idea de tener que mantener el equilibrio en el pequeño asiento de una bicicleta estacionaria podría ser un poco abrumadora. Pero incluso las mujeres que nunca han hecho ejercicio pueden ejercitar sus pulmones, dice la Dra. Gillespie.

Una clase de *tai chi* o yoga es una excelente manera de empezar, pero puede comenzar a aprovechar de inmediato los beneficios de los ejercicios de respiración haciendo la respiración "ja" todos los días. Para hacer este ejercicio de respiración, sosténgase del respaldo de una silla por si se marea. Luego, saque el vientre lo más que pueda mientras inhala lentamente por la nariz. Al exhalar, diga "¡ja!" lo más fuerte que pueda y trate de meter el ombligo lo más que pueda hacia su columna. Vaya incrementando gradualmente el número de respiraciones "ja" hasta que llegue a hacer siete o más respiraciones consecutivas al día. Si siente que le cosquillea el cuerpo, esto significa que usted ha logrado aumentar su nivel de oxígeno y probablemente también ha tonificado sus músculos abdominales en el proceso.

Si tiene un sobrepeso moderado: céntrese en hacer un tipo de ejercicio que sea constante y de baja intensidad. No tiene que correr un maratón. Los estudios de investigación indican que las personas que tienen un sobrepeso del 20 por ciento pueden verse beneficiadas al hacer algún tipo de ejercicio de baja intensidad, como caminar a una velocidad de 2 millas por hora (3 kilómetros por hora) durante 30 minutos al día durante al menos 5 días a la semana.

Si está tratando de aplanar su vientre: acelere el paso. Gracias a sus hormonas, su vientre generalmente es el primer lugar que se rellena y el último lugar que se tonifica. Pero no es imposible lograrlo. Necesita hacer ejercicio

En la Internet — *y otros recursos*

⊸ Para averiguar más sobre la información más reciente acerca de la nutrición y la pérdida de peso, escriba a la:

American Dietetic Association
120 S. Riverside Plaza, Ste. 2000
Chicago, IL 60606-6995
(800) 877-1600
www.eatright.org
hotline@eatright.org

Cyberdiet*
205 Lexington Avenue, 8th Floor
New York, NY 10016
www.cyberdiet.com
eatright@cyberdiet.com

⊸ También puede pedir información sobre nutrición y alimentación al:

**United States Department
   of Agriculture***
Office of Communications
1400 Independence Avenue SW
Washington, DC 20250-1300
www.nutrition.gov

Otras fuentes

Si está batallando para mantener una alimentación y un estilo de vida saludables, una manera en que puede lograr su meta es consiguiendo apoyo. Para encontrar a otras personas que comparten su problema y que han tenido éxito, consulte su periódico local o póngase en contacto con los hospitales de su área para pedir informes acerca de grupos de apoyo, o bien, visite la siguiente página de Internet:
www.weightloss.about.com

Ofrece información en español.

riguroso durante aproximadamente 30 minutos al día para eliminar las capas de tejido adiposo (grasa) que envuelven a sus órganos abdominales. Esto significa que por lo menos tendrá que caminar a una velocidad de 4 millas por hora (7 kilómetros por hora) durante 30 minutos al día.

"Si prefiere jugar tenis, entonces necesita jugar varios partidos uno tras otro para que su vientre se encoja significativamente", dice la Dra. Gillespie. Ella también sugiere brincar la cuerda (suiza, cuica) con regularidad y cualquier otra cosa que le atraiga que la haga respirar fuerte. "Y recuerde hacer ejercicios lentos de calentamiento y estiramiento antes y después de realizar cualquier tipo de ejercicio vigoroso", agrega.

Si quiere bajar de peso por todas partes: levante pesas. Los músculos son los calefactores que queman calorías en el cuerpo, de modo que entre mejor los mantenga, más elevada se mantendrá su tasa metabólica. "La verdad es que el entrenamiento con pesas es esencial para las mujeres de más de 40 años de edad, ya que sirve para compensar la menor masa muscular provocada por la caída en los niveles de hormonas, por no mencionar que es la mejor manera de protegerse de la osteoporosis", dice la Dra. Peeke. Por lo tanto, si odia hacer ejercicio, levantar pesas le da mucho más por su esfuerzo, ya que en realidad estará quemando calorías adicionales durante horas después de que haya dejado las pesas en su lugar.

Si nunca ha realizado ningún tipo de entrenamiento con pesas, contrate a un entrenador personal o compre pesas de 3, 5 y 8 libras (1, 3 y 4 kg) y un video que le enseñe una rutina segura de entrenamiento con pesas, incluyendo un calentamiento y enfriamiento.

Si quiere mantenerse en su peso actual: queme 400 calorías al día. Según el Registro Nacional de Control del Peso, esa es la cantidad de calorías que quemaban con ejercicio las mujeres que mantuvieron una pérdida sustancial de peso durante más de 3 años. También es la cantidad de calorías que necesita quemar para evitar que el metabolismo se haga más lento por el efecto de la caída en las hormonas del crecimiento que ocurre con la edad, agrega la Dra. Peeke.

Algunas maneras de lograr esto incluyen: 45 minutos de excavar para plantar plantas, patinar con patinajes de navaja durante 1 hora, 1½ horas bailando en una discoteca o 2 horas de limpiar la casa sin parar (lavar ventanas, barrer, trapear, aspirar, cargar canastas de ropa al piso de arriba).

Si quiere evitar subir de peso mientras está de vacaciones o durante un viaje de negocios: haga sus planes con anticipación y reserve un hotel que tenga un gimnasio o una piscina (alberca). (Esto significa que también tendrá que acordarse de empacar sus tenis y su traje de baño). Incluso si va a hacer un viaje de negocios, aproveche su tiempo libre haciendo algo que sea divertido *y* físico. Busque oportunidades para subir caminando por la torre de un mirador para ver el paisaje, rentar una bicicleta, o comportarse como una *verdadera* turista y rentar una lancha para remar en el lago del parque. (¿Quiénes sino los turistas hacen esto?).

Engañe a sus hormonas con comida y controle su peso

El diseño de su cuerpo incluye más mecanismos para protegerla de la inanición que mecanismos que la hagan lucir muy bien cuando se ponga su pequeño vestido negro. Si usted come al azar, es más probable que aumente de peso, dado que las hormonas como el NPY, la galanina y la insulina descontrolada la convencen de que tiene que comer porciones exageradas de alimentos que engordan.

El plan de "minicomidas" para armonizar las hormonas

En vez de hacer tres comidas grandes al día y comer meriendas (refrigerios, tentempiés) al azar, haga de cinco a seis comidas más pequeñas espaciadas de manera uniforme a lo largo del día. Procure que cada comida tenga un total de 250 a 350 calorías.

"Al comer menores cantidades de comida con mayor frecuencia y observando las proporciones correctas de proteínas, grasas y carbohidratos, usted manipula directamente a sus hormonas en favor de lograr el peso que desea tener", dice el Dr. Redmond.

¿Por qué funciona esto?

- La grasa no le afecta tanto cuando no la consume toda de una sola sentada. Su cuerpo puede tolerar una elevación del 10 al 30 por ciento en los niveles de grasa y seguir manteniendo la insulina, la glucosa y la corticoesterona a niveles bajos, pero si ingiere más del 30 por ciento de grasa de una sola sentada, se elevará el nivel de azúcar en sangre y almacenará más grasa.

- Al distribuir pequeñas cargas calóricas a lo largo del día, se estimula la producción de la hormona del crecimiento y también hace que se mantenga a un nivel elevado. La hormona del crecimiento es la hormona que más le ayuda a mantener un metabolismo eficiente.

Un menú amigable con sus hormonas

No sólo es posible, sino también *placentero* dominar un plan alimenticio que le permita lograr bajar de peso o mantenerse en su peso y al mismo tiempo, que evite los efectos de las hormonas que la hacen aumentar de peso. El siguiente menú de ejemplo resume lo que los expertos recomiendan que coma y cuándo debe comerlo para equilibrar las proteínas, los carbohidratos y las grasas en las proporciones correctas a lo largo del día.

Alimentos que debe agregar	Alimentos que debe evitar
Desayuno (antes de las 9:00 A.M.): dos huevos tibios, una salchicha vegetariana, y ½ taza de fruta fresca o copos de avena con leche semidescremada y una taza de té de menta (hierbabuena, *peppermint*)	**Desayuno (después de las 9:00 A.M.):** cereales azucarados, más de una taza de café o *donuts* y otros productos horneados hechos con harina blanca
Merienda (refrigerio, tentempié) a media mañana (alrededor de las 10:00): yogur de vainilla con canela, un pequeño puñado de almendras o nueces de soya	**Merienda a media mañana:** galletitas sin grasa o normales, las sobras del pastel de cumpleaños que dejaron en la oficina
Almuerzo (alrededor del mediodía): sopa espesa de frijoles (habichuelas) negros, sándwich (emparedado) de pollo a la parrilla con mucha lechuga, tomate (jitomate) y mostaza en pan de trigo integral; o un sofrito de pollo, una taza de sopa de huevo (*egg drop soup*), ½ taza de arroz *basmati*	**Almuerzo:** sopas hechas a base de crema y pollo frito en mucho aceite con pan blanco, un tazón de ensalada de papa, refresco
Merienda a media tarde (alrededor de las 3:00 P.M.): barra alimenticia (*energy bar*) baja en grasa (como *"Source/One"* de MET-Rx) elaborada específicamente para mujeres por compañías de nutrición, y un té de menta para que aumente suavemente su nivel de energía	**Merienda a media tarde:** barras alimenticias (*energy bars*) de tamaño extra grande, que tengan más de 250 calorías o que sean altas en sucrosa (más de 4 gramos) y que tengan un contenido de grasa del 10 al 20 por ciento; chocolate; *frappuccinos*; otras "golosinas rápidas" para aumentar su energía
Cena (alrededor de las 6:00): entremés *Capriccio* (tomates, queso *buffalo mozzarella*, albahaca, aceite de oliva), salmón asado, ensalada, té helado sin azúcar	**Cena (después de las 7:00 P.M.):** copa de vino, selecciones de la canasta de pan, plato fuerte de pasta con otra copa de vino, seguido de postre

- Comer con regularidad (comida rica en proteínas) le ayudará a mantener avivado al glucagón para que su horno quemador de grasas se quede encendido.

- Por lo que se conoce como el "efecto de la segunda comida", entre menos tiempo transcurra entre una comida pequeña y otra, menos se elevarán sus niveles de glucosa, lo que se traduce en un nivel más bajo de insulina en general.

- Las comidas pequeñas le quitan estrés al cuerpo, como lo demuestran los niveles más bajos de cortisol y colesterol, facilitando el vaciado del estómago.

A continuación los expertos ofrecen algunas sugerencias prácticas para el éxito.

Siga su horario con religiosidad. "Desayunar es el factor de mayor importancia para lograr mantener no sólo el control de las porciones, sino también niveles hormonales estables a lo largo del día", dice el Dr. Redmond. "Las personas que padecen 'anorexia matutina' —o sea, las que no tienen hambre en la mañana pero que van sintiendo cada vez más hambre a medida que transcurre el día y que culminan su día con una enorme cena generalmente a altas horas de la noche— en verdad aumentan mucho de peso".

Para contrarrestar esta tendencia, asegúrese de desayunar algo antes de las 9:00 A.M., recalca la Dra. Peeke. De esta manera, podrá hacer cinco comidas antes de las 7:00 P.M. Las calorías que consume después de las 7:00 P.M. tienden a encariñarse más con su pancita y sus muslos, dado que la tasa metabólica se hace más lenta mientras duerme. De hecho, para cuando una mujer llega a la menopausia, la tasa metabólica es un 15 por ciento más baja. Y entre más tarde coma carbohidratos complejos, más aumentará de peso, dice la Dra. Peeke.

Redefina su "desayuno". No es una buena idea empezar su plan de "minicomidas" comiéndose un pastelillo calentado en el tostador en camino al trabajo. En vez de eso, desayune frutas, verduras y, sí, proteína. Si consume carbohidratos, asegúrese de optar por alimentos de bajo índice glucémico en vez otros que tienen un alto índice glucémico (por ejemplo, pan negro de centeno o de salvado de avena, en lugar de pan blanco o papas fritas). "De hecho, considerando lo que tradicionalmente desayunan los estadounidenses, por ejemplo, *waffles*, *bagels*, papas y cereales con azúcar, casi hasta preferiría que la gente desayunara las sobras de la cena de la noche anterior", dice la Dra. Gillespie.

Que las meriendas (refrigerios, tentempiés) de media mañana y media tarde sean tan importantes como la comida principal. Si se salta una merienda, es posible que vaya a estar excesivamente hambrienta para la comida siguiente, causándole un estrés fisiológico y sicológico que alterará a sus hormonas durante el resto del día. Durante las reuniones (juntas) de negocios, puede mordisquear una barra alimenticia (*energy bar*). Cuando esté viajando, guarde un poco de fruta y un huevo duro del desayuno que haya pedido que le llevaran a su habitación para complementar sus comidas principales.

Sígase de frente cuando pase por el auto-exprés. Los estudios de investigación muestran que las personas pesan 2 libras (1 kg) más el día después de que comen en un restaurante de comida rápida. Lo más probable es que las veces que usted baja la guardia y ordena esa hamburguesa doble con queso y papas a la francesa son ocasiones en que ha tenido un día muy estresante, en el que los niveles de cortisol y adrenalina han estado elevados todo el día, alterando su apetito normal, dice la Dra. Peeke.

Para prepararse para esos momentos, siempre lleve en su carro un tentempié de emergencia de alimentos no perecederos, por ejemplo, fruta seca, *pretzels* de trigo integral, pequeñas bolsitas de frutos secos, cereales bajos en azúcar como *Cheerios*, agua embotellada, e incluso latas de atún o pollo que se puedan abrir sin un abrelatas y paquetitos de mostaza para mezclarla con el atún o el pollo (no olvide llevar platos y utensilios también), para cuando verdaderamente ya esté ladrando de hambre.

Haga consciencia de las raciones. "Haga una concha con sus dos manos. Ese es el tamaño de su estómago. Ahora, no coma más que eso en una sola comida", dice la Dra. Northrup.

"Cuando más se le dificultará comer "minirraciones" es cuando salga a comer a restaurantes, donde el tamaño de los platillos parece crecer más cada día —dice la Dra. Gillespie—. En vez de ordenar un platillo digno de un gigante —como lo son la mayoría de los platos fuertes— yo ordeno uno o dos entremeses (dependiendo de su tamaño) y verduras al vapor como guarnición. Si el restaurante sirve pan, pida que le traigan su ensalada junto con el pan para que esté más ocupada masticando lechuga que masticando un carbohidrato de alto índice glucémico".

Inicie cada comida con un poco de proteína. "Mi mejor truco para evitar comer en exceso durante cualquier comida, especialmente cuando voy a un restaurante, es consumir un poco de proteína 10 minutos antes de sentarme a la mesa", revela la Dra. Gillespie. Esto hace que se transmitan las señales correctas a su cuerpo para que no termine comiendo en exceso, dado que la proteína estimula la producción de las hormonas colecistoquinina y glucagón que sirven para regular el apetito.

En casa, siempre tenga un poco de queso Oaxaca o pequeños paquetes de frutos secos para que pueda mordisquearlos antes de sentarse a cenar, dice.

Proteínas, grasas y carbohidratos: la clave está en el equilibrio

Según la Dra. Gillespie, la mezcla ideal de nutrientes para cualquier comida dada es lograr que, del total de calorías, aproximadamente el 40 por ciento provenga de las proteínas, el 25 por ciento de las grasas y el 35 por ciento de los carbohidratos. ¿Pero quién tiene el tiempo y los recursos para estar calculando cinco veces al día el número de gramos de proteína, grasa y carbohidratos de cada bocado que se come?

"En lugar de eso, imagínese que su plato es la carátula de un reloj —explica la Dra. Gillespie—. Llene la sección que está entre las 12 y las 5 con proteínas, la sección que está entre las 8 y las 12 con carbohidratos de bajo índice glucémico, la sección que está entre las 5 y las 6 con una cucharada de grasa o aceite, por ejemplo, mantequilla sin sal y, por último, el espacio que queda entre las 6 y las 7 con un alimento que contenga grasa o una golosina". De este modo, se mantendrá dentro de los límites del rango correcto, dice.

Si usted es como muchas mujeres, esto significa que tendrá que ingerir más proteínas y menos carbohidratos de lo que normalmente acostumbra, dice la Dra. Gillespie. Pero dice que la mayoría de las mujeres son "adictas a los carbohidratos" y se verán beneficiadas al seguir una dieta más equilibrada, debido especialmente a que esto compensa los cambios hormonales controlados por el metabolismo que afectan el peso durante la menopausia.

Coma carne roja dos veces por semana. La carne roja contiene ácidos linoléicos conjugados, que son un factor clave para bajar de peso y hacer crecer los músculos y, por este motivo, no es una buena idea que elimine la carne roja por completo, dice la Dra. Gillespie. Sin embargo, la carne roja sí contiene algo de grasas saturadas. Por lo tanto, elija cortes magros y sólo cómala dos veces por semana.

Compre carne orgánica o libre de hormonas. La carne que no ha sido tratada con factores de crecimiento en realidad contiene un tipo muy diferente de grasa saturada que no le hace tanto daño a su cuerpo, dice la Dra. Gillespie. Trate de conseguir carne de animales salvajes, como carne fresca de búfalo, dice. También, las tiendas de productos naturales y algunos supermercados tienen una sección de carne "natural" que no ha sido hormonalmente alterada.

También favorezca los frijoles. Es esencial que aumente su ingestión de proteínas, pero si gran parte de las proteínas que consume provienen de alimentos de origen animal, sus riñones pueden empezar a sufrir las consecuencias. Por lo tanto, procure que del total de calorías, sólo el 25 por ciento provenga de la carne y que el otro 15 por ciento, con el que completa su requerimiento de proteínas, provenga de los frijoles (habichuelas), dice la Dra. Gillespie.

"Al principio de la semana, yo me preparo una ensalada de frijoles y trato de tener siempre un poco a la mano para así tener una 'minicomida' siempre lista y a la mano", dice. Su receta: sus proporciones favoritas de frijoles rojos, garbanzos y frijoles blancos, mezclados con cebolla blanca picada, cilantro fresco, chiles jalapeños y un chorrito de aceite de oliva.

No le exagere a la soya. La soya es maravillosa para bajar el nivel de colesterol y disminuir la grasa que consume, pero si consume cantidades demasiado grandes de las isoflavonas que contienen el *tofu* y otros productos de soya, se pueden ver alterados sus niveles de estrógeno y su tiroides. Una regla general es no consumir más de 40 miligramos de isoflavonas al día, lo que equivale a no más de tres cucharadas de soya en polvo o 1.5 onzas (42 gramos) de *tofu*.

Bájeles a los carbohidratos después de las 5:00 P.M. Evite consumir carbohidratos durante y después de la cena y así preparará a su cuerpo para que tenga un apetito más razonable y mejores niveles de azúcar al día siguiente. Tiene otras cuatro "minicomidas" para comer cereales y almidones, dice la Dra. Peeke.

Escoja el queso por su calcio, no por su grasa. "La pérdida de peso en mujeres, especialmente en aquellas con desequilibrios hormonales, mejora al consumir más calcio", dice la Dra. Gillespie. El calcio que contiene el queso se une a la grasa para formar un tipo de "jabón" que evita que su cuerpo absorba la grasa que contienen el queso y la leche. "Yo recomiendo tres raciones de queso por semana, de alrededor de 1 onza (28 gramos) cada una", agrega la Dra. Gillespie. Las mujeres deben consumir al menos 1,000 miligramos de calcio al día, agrega. Entonces, siéntase en libertad de entrarle al *Gruyère*, dado que una 1 onza (28 gramos) de este queso le brinda 287 miligramos de calcio. La misma cantidad de queso *Monterey Jack* o *Cheddar* está cargada con la asombrosa cantidad de 204 miligramos de calcio.

Enfóquese en el tipo correcto de grasa. La regla general es minimizar las grasas saturadas, ingerir pocas grasas poliinsaturadas y tratar de que la mayor parte del 25 por ciento de grasas que consuma provenga de grasas monoinsaturadas, dice la Dra. Peeke.

Una de las maneras más fáciles de mantener este equilibrio es usando aceites insaturados en lugar de grasas sólidas saturadas para cocinar. En cuanto a los aceites, el aceite de oliva extra virgen, el aceite de *canola* y el aceite de cacahuate (maní) son grasas monoinsaturadas, y debido a que los aceites de oliva y cacahuate tienen un sabor muy rico, tenderá a usar menos, dice la Dra. Gillespie.

Olvídese de los alimentos libres de grasa. Compare las etiquetas de las golosinas libres de grasa y sus versiones con grasa y lo más probable es que en muchos casos se dé cuenta de que los alimentos libres de grasa en realidad contienen un mayor número de calorías. Esto se debe a que se emplean rellenos (*fillers*) azucarados y de alto índice glucémico para compensar los ingredientes que contienen grasa. Y si su azúcar en sangre se sale de control, puede terminar por engordar más que si consumiera la grasa. Por lo tanto, es posible que los alimentos libres de grasa trabajen en contra de, y no junto con, las hormonas que se asocian con el control del peso.

"Mi consejo es —dice la Dra. Peeke—, que coma galletitas, galletas saladas y queso crema con mucha menor frecuencia, pero que cuando lo haga, gaste sus calorías en las versiones 'de verdad' que son más cremosas y sabrosas".

Consiéntase, pero con inteligencia. Si en ocasiones simplemente no le puede decir que no a una papa horneada, córtela a la mitad. Asegúrese también de comer sólo media ración de arroz, pasta y otros alimentos con almidón.

En lo que se refiere al postre, usted merece poder darse el gusto de vez en cuando, pero compártalo con todas las personas que están sentadas en la mesa. O pida una ración del tamaño de un bocadillo, dice la Dra. Peeke. De nuevo, trate de comer alimentos dulces antes de las 5 P.M., es decir, cuando sea menos vulnerable a comer en proporciones que estén totalmente fuera de control.

"Si consume un poco más de proteína de lo que tiene permitido —dice la Dra. Gillespie—, ingiera un poco menos de proteína en su siguiente comida". Por otra parte, si tiene planeado asistir a un evento donde sabe que le van a servir una comida completa, céntrese en comer verduras durante la "minico-mida" anterior.

No se preocupe si flaquea. "No es un desastre que momentáneamente se desvíe un poco en su intento por tratar de cambiar sus hábitos alimenticios —dice la Dra. Collins—. Sólo dése un minuto para admitir que la regó, pero no se empiece a autoflagelar diciéndose que no tiene control o que usted es un fracaso. Este es un plan de vida, entonces tiene toda una vida para practicar estos mejores hábitos. Diga, 'hoy es un nuevo día' y luego hágalo lo mejor que pueda".

CONTROLE LOS MALESTARES MENSTRUALES

*L*as mujeres siempre han tenido una relación de amor-odio con la menstruación. Nos tranquiliza la regularidad de nuestros ciclos, si es que son regulares, y sentimos diferentes grados de angustia cuando no lo son. Nos damos cuenta de los factores que influyen en el patrón de nuestras menstruaciones. Además de los meses sabáticos en los que descansamos de la menstruación durante el embarazo, existen otros factores —como cuando se nos rompe el corazón, el estrés e incluso el aumento o la pérdida de peso— que pueden alterar el equilibrio hormonal y perturbar esta regularidad.

La mayoría de las mujeres sienten algo de dolor durante los primeros uno o dos días de su período. Eso es normal. Se debe a que el útero produce prostaglandinas y prostaciclinas, que son sustancias bioquímicas que provocan contracciones musculares en el útero para que se desprenda y sea expulsado su revestimiento. Lo que *no* es normal son los dolores y cólicos menstruales que son lo suficientemente intensos como para interferir con las actividades normales y que no se alivian con aspirina o ibuprofén, dice la Dra. Carol Wheeler, profesora adjunta de Medicina de la Facultad de Medicina de la Universidad Brown y endocrinóloga de la reproducción del Hospital de Mujeres y Niños de Rhode Island, ambos en Providence. Consulte a un médico. Usted podría tener fibromas, endometriosis o incluso la enfermedad pélvica inflamatoria, que es una enfermedad de transmisión sexual que necesita ser tratada lo antes posible.

Si sus ciclos siempre son irregulares, quizá dé gracias el día que le llegue la menopausia y la libere de la endometriosis, los fibromas, los dolores menstruales o el flujo menstrual abundante.

Pero para los aproximadamente 30 años de vida fértil que tendrá, a continuación está lo que necesitará saber sobre sus malestares menstruales.

Deshágase de los dolores

Los medicamentos que desde hace mucho tiempo han servido para aliviar los dolores menstruales siguen funcionando.

Tome ibuprofén, desde el principio y con frecuencia. El ibuprofén, que es el medicamento estándar para aliviar los malestares menstruales, actúa directamente para disminuir las prostaglandinas, que son las hormonas que causan dolores, dice la Dra. Wheeler. En diversos estudios de investigación, el ibuprofén le ganó a la aspirina y al acetaminofén en lo que se refiere al alivio de dolores menstruales, dolores de espalda y dolores de cabeza. Algunas mujeres dicen que también alivia la diarrea y la náusea que presentan durante uno o dos días al inicio de su período. "El truco está en tomarlo a tiempo y en cantidades suficientes", dice la Dra. Wheeler. Tome 400 miligramos, con alimentos, en cuanto empiece a sentir dolor y luego cada 4 a 6 horas durante uno o dos días al inicio de su período, sin exceder un total de 2,400 miligramos al día.

Pruebe las pastillas anticonceptivas. Debido a que suprimen los ciclos hormonales normales, los anticonceptivos orales disminuyen el flujo y los dolores menstruales, dice la Dra. Wheeler. Son un tratamiento apropiado para cuando los dolores menstruales forman parte de menstruaciones irregulares o con flujo muy abundante. Cualquier tipo de pastilla anticonceptiva funcionará. Pídale a su doctor que le recete la dosis más baja que alivie sus síntomas sin causarle efectos secundarios molestos.

Una lista de las mejores alternativas

Los tratamientos alternativos para los dolores menstruales abundan. De hecho, hay tantos que quizá lo más difícil sea escoger cuál comprar. Las hierbas brindan un alivio rápido, mientras que los cambios en la alimentación pueden tardar semanas o meses en producir resultados. Aquí le presentamos una selección de las opciones favoritas de los expertos. Comience con la opción que mejor se adapte a usted o con cualquier combinación de opciones que le brinde alivio.

Camine para calmar el dolor. ¿Le suena demasiado sencillo? No deseche esta opción antes de probarla, dice la Dra. Marcey Shapiro, una doctora holística y herbolaria que tiene su consulta privada en Albany, California. Caminar alivia la congestión de líquidos en la pelvis que a menudo se relaciona con los dolores menstruales. Camine de manera suave y relajada. Procure dejar que sus caderas y brazos se columpien libremente para que todo su cuerpo, y en especial su espalda inferior, se estire. Si hace frío afuera, use un abrigo que le cubra las caderas. Respire libremente, dejando que su vientre se expanda.

Respire desde el vientre. Aflójese los pantalones, siéntese con la espalda recta pero relajada y use su respiración para ayudar a disminuir los espasmos musculares, sugiere la Dra. Shapiro. Comience exhalando durante un poco más de tiempo de lo normal y luego respire como si estuviera tratando de llenar su vientre de aire, permitiendo que su diafragma se caiga y que su

¿Qué está pasando?

Cuando una mujer tiene menstruaciones irregulares, existe toda una gama de cosas que podrían estar haciendo para que su ciclo no cumpla con el itinerario establecido. Para ayudarle a determinar las causas posibles —y a recuperar la regularidad— responda este cuestionario y luego consulte a su médico.

1. **¿No hay manera de predecir cuándo le llegará la menstruación o cuánto le durará, incluso a pesar de que usted solía ser como relojito hasta hace poco?**

    Si ya está a finales de la treintena o en la cuarentena, esto podría deberse a los subibajas hormonales de la perimenopausia. Pero también podría tener algún otro tipo de desequilibrio hormonal. Lo mejor es que vaya a ver al médico.

2. **¿Siempre ha sentido algo de dolor durante la menstruación pero ha notado que ahora es peor que nunca? ¿También a empezado a sentir dolor durante el coito?**

    Podría padecer endometriosis. Estos son dos de sus síntomas más comunes.

3. **¿Su flujo menstrual ha sido más abundante desde que tuvo a su último hijo hace más de un año? ¿También se siente extremadamente cansada?**

vientre se expanda. Esto ayuda a mejorar el flujo de sangre hacia su cavidad abdominal y suaviza el abdomen, aliviando el dolor.

Haga estiramientos suaves. Enfóquese en estiramientos que alarguen los músculos abdominales y de la baja espalda. Esto ayuda a que se relaje el útero y se alivie el dolor en la baja espalda que a menudo acompaña a los dolores menstruales.

Pruebe el viburno. Esta hierba es tan buena para relajar el útero que también se utiliza para prevenir abortos y tratar los dolores del falso trabajo de parto, dice la Dra. Shapiro. Tome de 1 a 2 mililitros de tintura estandarizada de viburno (*black haw*), tres veces al día, según sea necesario para aliviar los malestares menstruales. Se puede mezclar con agua o jugo. Los dolores menstruales fuertes

Pídale a su doctor que le revise el funcionamiento de su glándula tiroides. No es poco común que una mujer tenga una tiroides hipofuncionante después del embarazo. Pídale al médico que también le mida los niveles de hierro. Ambos pueden crear un círculo vicioso de menstruaciones con flujo abundante y fatiga.

4. ¿Ha tenido todo tipo de dolores menstruales durante el último mes? ¿También se siente como si tuviera gripe?

Pregúntese si existe la posibilidad de que haya contraído una enfermedad de transmisión sexual. ¿Pudo haberla contagiado su pareja sin que usted lo supiera? Consulte a su ginecólogo. Entre más pronto empiece a tomar antibióticos, menor será la probabilidad de que presente problemas duraderos.

5. Si ha tenido fibromas durante años, ¿recientemente ha comenzado a tener dolor de espalda, dolor cuando puja, e incluso estreñimiento? ¿Está considerando hacerse una histerectomía?

Quizá sea el momento de hacer algo respecto a sus fibromas. Pero antes de que decida que ese "algo" es una histerectomía, considere las múltiples opciones que tiene, incluyendo las terapias alternativas.

pueden requerir una dosis de una cucharadita cada ½ hora durante 2 a 2½ horas. Si prefiere, puede mezclar con agua o jugo la misma dosis de tintura de mundillo (sauquillo, geldre, *cramp bark*), un pariente herbario químicamente similar al viburno.

) La zona hormonal

Un menú que minimiza el dolor durante esa época del mes

Los cambios en la alimentación que sirven para eliminar los dolores (cólicos) menstruales y el dolor que causa la endometriosis o los fibromas hacen tres cosas distintas, dice el Dr. Allan Warshowsky, un ginecólogo holístico del Continuum Center for Health and Healing del Hospital Beth Israel en la ciudad de Nueva York. Cambian los tipos de grasa que consume, reduciendo así la producción de prostaglandinas, las cuales producen inflamación; eliminan las fuentes principales de xenoestrógenos, que son sustancias químicas similares a las hormonas que se encuentran en la grasa de origen animal, los pesticidas y algunos plásticos; y ayudan a su hígado y a su intestino a eliminar las hormonas de su cuerpo de manera más eficiente. Si usted padece endometriosis grave o fibromas, es posible que tenga que evitar cualquier tipo de carne roja o carne de ave, sin importar que sea orgánica o no.

Alimentos que debe agregar	Alimentos que debe evitar
Salmón, sardinas, caballa (macarela, escombro), atún	Carne roja (salvo que provenga de ganado criado sin hormonas, antibióticos ni pesticidas)
Semilla de lino (linaza, *flaxseed*) molida, hasta 4 cucharadas al día	Carne de ave (mismo caso anterior)
Alimentos de soya	Productos lácteos (mismo caso anterior)
Frijoles (habichuelas) y otras legumbres	Trigo y otros cereales que contengan gluten
Brócoli, repollo (col), col rizada, repollitos (coles) de Bruselas, hojas de berza (bretón, posarno)	Alimentos procesados —especialmente margarina, galletas saladas, meriendas (refrigerios, tentempiés) y productos horneados— que contengan grasas hidrogenadas (ácidos transgrasos)
Aceite de oliva	
Nueces, semillas de calabaza (pepitas) y semillas de girasol	Azúcar refinada y alimentos que la contengan

(*Nota*: Una tintura o *tincture* es un líquido herbario muy concentrado. Se prepara al remojar hojas de una hierba en alcohol o glicerina —lo cual extrae sus propiedades medicinales— durante al menos 6 semanas. Puede conseguir tinturas en las tiendas de productos naturales, donde se venden en frascos pequeños con goteros para administrar las dosis. Asegúrese siempre de guardar las tinturas fuera del alcance de los niños).

Agregue magnesio y calcio. Es importante tener el equilibrio adecuado de estos dos minerales para permitir que los músculos se relajen completamente, dice la Dra. Shapiro. Tome diariamente de 500 a 600 miligramos de cada mineral durante todo el mes y no sólo cuando tenga dolores menstruales. Para evitar su efecto laxante, tome cada uno de estos minerales a horas diferentes del día.

Cuente con la canela. La canela es una hierba que "calienta", por lo que se usa para tratar los dolores menstruales que también se alivian con calor. Prepare una infusión dejando en infusión ½ cucharadita de canela molida en una taza de agua caliente. El jengibre funciona de la misma manera y es doblemente útil para cuando tenga dolores menstruales *y* náusea.

Regularice la irregularidad

Los períodos "normales" vienen cada 21 a 35 días y duran de 3 a 7 días. Los períodos pueden ser irregulares por muchos motivos, incluyendo cambios en el peso corporal, estrés emocional y desequilibrios hormonales. Los ciclos menstruales irregulares pueden volverse la norma durante unos años antes de la menopausia, debido a fluctuaciones en los niveles de las hormonas que regulan estos ciclos, dice la Dra. Wheeler. Las mujeres más jóvenes que presentan ciclos irregulares podrían estar padeciendo el síndrome de ovarios poliquísticos (o *PCOS* por sus siglas en inglés), que es un problema que va acompañado de otras complicaciones, como la resistencia a la insulina y un nivel demasiado elevado de la hormona masculina llamada testosterona. (Para mayor información sobre cómo tratar el PCOS, vea la página 164). Las mujeres que toman pastillas anticonceptivas presentan ciclos más regulares y con un flujo menstrual menos abundante, así como menos dolores menstruales y una menor incidencia de deficiencia de hierro.

Eleve el estrógeno. "Si la primera mitad de su ciclo menstrual es demasiado corta, es posible que ovule poco después de que termine su período", dice la Dra. Wheeler. Comer alimentos que contienen estrógenos de origen vegetal, que también se conocen como fitoestrógenos, puede alargar su ciclo hasta por 5 días, posiblemente retardando la ovulación. Pruebe agregar estrógenos de origen vegetal a su alimentación: beba 8 onzas (240 ml) de leche de soya al día.

O, mejor aún, consuma estrógenos de origen vegetal a partir de diversas fuentes: la soya y la semilla de lino (linaza, *flaxseed*) son las mejores.

Súbale a la progesterona. Si los cambios en su alimentación para agregar más fitoestrógenos no resuelven su problema, es posible que tenga una falta de progesterona, dice la Dra. Shapiro. "Muchas mujeres perimenopáusicas no ovulan, entonces no producen cantidades adecuadas de progesterona durante la segunda mitad de sus ciclos menstruales". Manchar la semana antes de su

⤳ ESCAPE DEL INFIERNO HORMONAL ⤳

Retiene tanto líquido que no le cierran los pantalones

Pregunta: *Durante los últimos 3 ó 4 años, he estado reteniendo tanto líquido antes de mi menstruación que no me entran mis pantalones. Mis anillos, mi sostén e incluso mis zapatos me quedan apretados. Me despierto hinchada. He probado tomar diuréticos que se venden sin receta, y al principio me ayudaron, pero ahora parece que mi cuerpo se ha vuelto dependiente de ellos. Además, también tengo dolores de cabeza y me siento cansada antes de mi menstruación. ¿Existe alguna alternativa no farmacológica que pueda probar?*

El Dr. Allen Warshwosky, ginecólogo holístico del Continuum Center for Health and Healing del Hospital Beth Israel en la ciudad de Nueva York y miembro fundador del Consejo de Medicina Holística de los Estados Unidos, responde: Con el tiempo, los diuréticos pueden hacer que empeore la retención de líquidos porque agotan los minerales que le ayudan a tu cuerpo a

mantener un equilibrio adecuado de líquidos.

Para conseguir un alivio rápido, usa una hierba diurética. Tanto las hojas de diente de león (amargón, *dandelion*) como la barba de maíz (pelusa de maíz, pelos de elote, *corn silk*) son diuréticos seguros y eficaces. Pueden tomarse en forma de infusión o tintura, hasta tres veces al día, durante los 3 ó 4 días en que la retención de líquidos esté en su peor punto.

Luego, agrega magnesio y vitamina B_6. Ambos afectan la manera en que tu cuerpo maneja la aldosterona, que es una hormona que hace que los riñones retengan sodio y, por lo tanto, líquido. Toma de 400 a 500 miligramos al día de magnesio y de 50 a 100 miligramos de un suplemento de vitamina B_6, dos veces al día. Es mejor hacer esto a lo largo de todo el ciclo menstrual y no sólo cuando estés reteniendo líquidos. Con el tiempo, es posible que puedas disminuir la dosis de vitamina B_6 a niveles de 25 a 50 miligramos al día durante la primera mitad de tu ciclo menstrual, como dosis de mantenimiento.

período o que le llegue antes de tiempo la menstruación pueden ser señales de cantidades insuficientes de progesterona. Puede usar alguna crema de progesterona que se venda sin receta. Pero asegúrese de comprar una que diga "*USP progesterone*" en la etiqueta. (Para mayores detalles acerca de cómo seleccionar una crema de progesterona, vea "¿Cuál hormona natural es la indicada para usted?" en la página 236). Otra opción es que su doctor le recete progesterona en pastillas.

Pregúntale a tu médico sobre la posibilidad de tomar progesterona, que es una hormona del sistema reproductor que influye en la regulación de aldosterona en el cuerpo. Usa una crema de progesterona que contenga al menos 400 miligramos de progesterona por onza (30 ml) y aplícate de ¼ a ½ cucharadita de crema, dos veces al día, durante la segunda mitad de tu ciclo menstrual, generalmente desde el día 15 hasta el día 28, si tus ciclos son regulares.

Si tienes problemas de sobrecrecimiento de levaduras (*Candida albicans*), usa la hierba agnocasto (sauzgatillo, *chasteberry*) en su lugar. Esta hierba eleva naturalmente los niveles de progesterona. Es importante mencionar que el agnocasto puede contrarrestar la eficacia de las pastillas anticonceptivas y que no debes tomarla si estás embarazada. Toma una dosis diaria de 40 gotas de tintura (vea la página 127) del extracto estandarizado durante las 2 semanas anteriores a tu menstruación. Las gotas se pueden tomar sin diluir, mezcladas con agua o jugo, o agregadas a agua caliente para preparar una infusión.

También es una buena idea que evites comer dulces. La elevación en los niveles de insulina que son consecuencia de una sobrecarga de carbohidratos también puede provocar que el cuerpo retenga sal y líquidos.

Los mismos tipos de cambios en la alimentación que disminuyen el dolor y los cólicos menstruales pueden ayudar a disminuir la retención de líquidos. Si tienes dolores de cabeza y fatiga, quizá también tengas una acumulación de toxinas que tu hígado no está pudiendo metabolizar y excretar. En lugar de tomar suplementos individuales, puedes usar un suplemento combinado que incluya vitaminas B, como la B_6, la B_{12}, y los compuestos relativos llamados colina e inositol; vitamina C; magnesio; hierbas tales como el cardo de leche (cardo de María, *milk thistle*) y raíz de diente de león; y aminoácidos como la metionina (*methionine*) y la cisteína (*cysteine*).

Pruebe el agnocasto. Esta hierba, también conocida como sauzgatillo (*chasteberry*), eleva naturalmente los niveles de progesterona al incrementar los niveles de hormona luteinizante, la cual es secretada por la glándula pituitaria y sirve para estimular los ovarios para que estos, a su vez, liberen progesterona. "Yo tal vez usaría agnocasto para los períodos irregulares o cortos si una mujer también está teniendo cierta propensión al acaloramiento o incluso algunos sofocos (bochornos, calentones) tempranos, porque es una hierba muy refrescante", dice la Dra. Shapiro. Usted puede probar el agnocasto por su propia cuenta; puede conseguir esta hierba en la tienda de productos naturales. Pero no la use si padece el PCOS, ya que puede hacer que empeore esta afección. Puede usar agnocasto en vez de progesterona. "Yo rara vez uso ambos al mismo tiempo", dice la Dra. Shapiro. La dosis usual es de 40 gotas de extracto estandarizado, tomadas una vez al día o hasta tres veces al día en agua o jugo, o bien, cápsulas de 500 miligramos una o dos veces al día.

Ayuda para el flujo menstrual abundante

Cuando se trata de flujo menstrual, puede ser difícil cuantificar qué es lo que constituye "abundante". "Si usted empapa una toalla femenina por hora durante 2 horas consecutivas, eso es un flujo abundante —dice la Dra. Wheeler—. Si tiene que levantarse varias veces durante la noche a cambiarse la toalla femenina, entonces eso también constituye un flujo menstrual abundante. Estos son los parámetros que yo uso". Cualquier cambio hacia un flujo menstrual más abundante, aunque sea un cambio gradual, debe ser reportado a su médico, agrega.

Revise sus niveles de hierro. El flujo menstrual abundante puede causar una deficiencia de hierro. Pero lo contrario también es cierto: una deficiencia de hierro puede causar un flujo menstrual más abundante de lo normal, dando lugar a un círculo vicioso con el que necesita romper, dice la Dra. Shapiro. Si su flujo menstrual es abundante —y en especial si se siente cansada y débil, que le falta el aliento y que tiene dificultades para concentrarse— consulte a su médico. La deficiencia de hierro es fácil de detectar y tratar.

Si está verdaderamente anémica, es posible que su doctor inicialmente le recete grandes cantidades de hierro, generalmente en una forma que se llama sulfato ferroso (*ferrous sulfate*). Para evitar el malestar estomacal y el estreñimiento, algunos doctores emplean una forma que se absorbe más fácilmente —succinato de hierro (*iron succinate*) o fumarato de hierro (*iron fumarate*)— en dosis pequeñas varias veces al día. Algunos usan extracto de hígado, que es un líquido libre de colesterol que contiene otros nutrientes que también son necesarios para fortalecer la sangre, como vitaminas B_6 y B_{12}, ácido fólico, riboflavina, cobre, vitamina C y proteínas. "Este método a menudo resuelve la anemia mejor que el hierro por sí solo", dice la Dra. Shapiro.

Aproveche la consulta y pídale a su doctor que le revise la tiroides. Una glándula tiroides que no funciona bien puede provocar flujos menstruales abundantes y ciclos irregulares. Otros síntomas incluyen fatiga, manos y pies fríos y piel seca. Pídale a su doctor que le haga la prueba de la hormona estimulante de la tiroides. La deficiencia de hierro interfiere con el funcionamiento adecuado de la tiroides. El hierro es necesario para que se pueda incorporar yodo en las moléculas de tiroxina y así se active esta importante hormona tiroidea. "Al corregir la deficiencia de hierro, también es posible que se corrijan sus problemas de la tiroides", dice la Dra. Shapiro.

Si su doctor ya ha descartado que su flujo menstrual abundante tenga una causa subyacente seria, esto es lo que puede probar.

Milenrama. La milenrama (real de oro, alcaina, *yarrow*) es una hierba astringente que contiene taninos, que son compuestos que hacen que se constriñan los vasos sanguíneos. "La milenrama es muy útil para el flujo menstrual excesivo", dice la Dra. Shapiro. Si lo toma durante varios días antes de que inicie su ciclo menstrual, esta hierba sirve para disminuir el flujo y prevenir el problema de hemorragia cíclica. Si se toma durante una menstruación con flujo abundante, puede disminuir el flujo. Prepárese una infusión concentrada, usando alrededor de una cucharadita de tintura de milenrama por cada taza de agua caliente, recomienda la Dra. Shapiro. Beba hasta tres tazas de esta infusión al día.

(*Nota*: Una tintura o *tincture* es un líquido herbario muy concentrado. Se prepara al remojar hojas de una hierba en alcohol o glicerina —lo cual extrae sus propiedades medicinales— durante al menos 6 semanas. Puede conseguir tinturas en las tiendas de productos naturales, donde se venden en frascos pequeños con goteros para administrar las dosis. Asegúrese siempre de guardar las tinturas fuera del alcance de los niños).

Hojas de frambuesa roja. La infusión de hojas de frambuesa roja (*red raspberry leaf*) es considerada como un "tónico uterino", dice la Dra. Shapiro. "Ayuda a que el útero se contraiga completamente cuando necesita hacerlo y también ayuda a que se relaje completamente". Esta hierba se usa durante el embarazo para preparar al útero para el trabajo de parto y puede ser empleada para los dolores y cólicos menstruales o para el flujo menstrual abundante. Beba de una a dos tazas de la infusión al día, a lo largo del mes. (Agregue dos cucharadas de hojas secas a 1 pinta/480 ml de agua y deje la mezcla en infusión, en un recipiente tapado, durante 10 a 20 minutos).

Angélica china. En China, la angélica china (*dang gui* o *dong quai*) es un tónico tradicional para la sangre que se emplea para restaurar el equilibrio en el sistema reproductor de las mujeres al tonificar el tejido muscular del útero, nutrir la sangre y estimular una circulación saludable.

"Úsela entre cada período, a mediados del mes, mientras no esté menstruando, dado que es un estimulante uterino y puede incrementar el flujo si la toma durante la menstruación", dice la Dra. Shapiro.

Los chinos simplemente agregan unos cuantos trozos de la raíz prensada de angélica china (*pressed dang gui root*), la cual se puede conseguir en las tiendas de productos naturales, a la sopa de pollo o verduras. También la puede tomar en forma de tintura (de 20 a 40 gotas hasta tres veces al día) o de cápsulas (de 500 a 600 miligramos hasta seis veces al día). La angélica china actualmente no está disponible en forma de extracto estandarizado.

Elimine la endometriosis

La endometriosis ocurre cuando un tejido similar al revestimiento interno del útero, el endometrio, se encuentra fuera del útero, ya sea en la cavidad abdominal o en alguna otra parte del cuerpo. En estos lugares anormales, las células endometriales se adhieren a otros tejidos y crecen en respuesta a las hormonas. Estas células también secretan prostaglandinas y estradiol, que es la forma más potente de estrógeno, los cuales las hacen crecer aún más. El dolor, que es el principal síntoma de la endometriosis, es causado por la inflamación y el líquido que genera el tejido implantado, dice el Dr. Richard Mabray, un ginecólogo que tiene su consulta privada en Victoria, Texas, y quien tiene un especial interés en la endometriosis. (Debido a que el ibuprofén y la aspirina actúan directamente en contra de las prostaglandinas, los doctores a menudo recomendarán estos fármacos como la primera línea de tratamiento para aliviar los síntomas).

Nadie sabe con certeza la causa exacta de la endometriosis. Probablemente, la mayoría de las mujeres presentan algún grado de lo que se conoce como menstruación retrógrada, en la que parte del tejido desprendido sale a través de las trompas de Fallopio y entra a la cavidad abdominal. Lo que normalmente ocurre es que las células inmunitarias de la mujer destruyen este tejido. "La endometriosis puede ser una de las muchas manifestaciones de una enfermedad inmunitaria o metabólica fundamental. Una vez que se identifican y corrigen los problemas inmunitarios, metabólicos, nutricionales y hormonales, el cuerpo se cura solito, como está diseñado para hacerlo", señala el Dr. Mabray.

"La investigación actual sugiere que las mujeres que padecen endometriosis presentan una combinación de problemas inmunitarios y endocrinos", dice el Dr. Wayne Konetzki, un médico internista de Waukesha, Wisconsin, y miembro del consejo de asesores de la Asociación de la Endometriosis. "Algunas mujeres parecen ser alérgicas a sus propias hormonas, en especial a la hormona luteinizante, pero también al estrógeno y a la progesterona —dice el Dr. Konetzki—. Algunas también tienen problemas de sensibilidad a la *Candida albicans*, que es una levadura oportunista. Ellas forman anticuerpos contra esta levadura y estos anticuerpos parecen atacar tanto a las levaduras como a los ovarios. Estas levaduras también generan toxinas que causan síntomas a nivel de todo el cuerpo, es decir, en el cerebro y el sistema nervioso, el tracto gastrointestinal y el sistema inmunitario".

La ruta farmacológica

La mayoría de los doctores usan la cirugía o una diversidad de fármacos hormonosupresores para aliviar el dolor que produce la endometriosis, para encoger el tejido implantado y, con suerte, mejorar la fertilidad de aquellas mujeres que desean tener hijos en algún momento de su vida. El fármaco que le indique su doctor dependerá de la gravedad de sus síntomas, de lo que haya probado anteriormente y de los efectos secundarios que pueda tolerar.

Por desgracia, el dolor regresa gradualmente en el caso de muchas mujeres antes de que transcurra un año de haber terminado el tratamiento farmacológico. Y debido a que todos los tratamientos farmacológicos producen efectos secundarios, "es un intercambio constante entre efectos secundarios y beneficios —dice Mary Ellen Ballweg, directora ejecutiva de la Asociación de la Endometriosis, con sede en Milwaukee—. La endometriosis es una enfermedad crónica y de largo plazo. Las mujeres que la padecen a menudo buscarán o probarán diversos tratamientos a lo largo de los años. Muchas mujeres eligen la cirugía en algún momento dado para que se les extraiga el tejido endometrial".

Aunque la única manera de diagnosticar la endometriosis con precisión es a través de una cirugía laparoscópica, es posible que su doctor le recomiende tomar medicamentos antes de someterse a una cirugía. Algunos sugieren comenzar a tomar anticonceptivos orales, los cuales pueden ayudar a encoger el tejido endometrial. "Algunas compañías de seguros de gastos médicos se muestran renuentes a cubrir el costo de la cirugía y pueden sugerirle tomar anticonceptivos orales. Recuerde, es necesaria la laparoscopía para hacer un diagnóstico preciso de endometriosis, entonces, aunque puede ser útil tomar anticonceptivos orales, dado que no se ha hecho un diagnóstico, es posible que este método no sea una buena idea", señala Ballweg.

La píldora anticonceptiva. Hoy en día, los anticonceptivos orales son el tratamiento comúnmente recetado para la endometriosis. Muchos reportes indican que, en el caso de muchas mujeres, alivian el dolor a un grado comparable con otros tratamientos. "Un método que los ginecólogos han empleado durante mucho tiempo para tratar la endometriosis es hacer que las mujeres tomen pastillas anticonceptivas continuamente durante aproximadamente un año, para que no menstrúen durante este tiempo", dice la Dra. Wheeler. Sin embargo, aún no se ha evaluado adecuadamente el efecto que tiene la píldora anticonceptiva en cuanto a disminuir el tamaño del tejido implantado y no existen pruebas que indiquen que este método mejore o conserve la fertilidad.

Progestina por sí sola. Las progestinas son un tipo de compuestos que producen efectos similares a los de la progesterona en el tejido endometrial. Existe un gran número de progestinas, que van desde las que se derivan químicamente de la progesterona, como el acetato de medroxiprogesterona (*MPA* por sus siglas en inglés o *Provera*), hasta los derivados de hormonas masculinas como la noretindrona y el norgestrel. Todas inhiben la acción del estrógeno en el tejido endometrial, de modo que hacen que se encojan los implantes de tejido endometrial.

El MPA o *Provera* es la progestina que casi siempre se usa para tratar la endometriosis. Sus efectos secundarios incluyen hemorragia intermenstrual, náusea, retención de líquidos, sensibilidad en los senos y depresión. Todos estos efectos adversos desaparecen al suspender el fármaco.

Agonistas de la hormona liberadora de gonadotropinas. Los agonistas de la hormona liberadora de gonadotropinas (o *GnRH* por sus siglas en inglés) incluyen los fármacos inyectables llamados leuprolida (*Lupron*) y goserelina (*Zoladex*) y los rocíos nasales llamados nafarelina (*Synarel*) y buserelina (*Suprefact*). Esta clase de fármacos funciona al sobrecargar y desensibilizar la glándula pituitaria de modo que eventualmente se apague y deje de producir hormonas que estimulan a los ovarios para que produzcan estrógeno y progesterona. El resultado: una menopausia médica, o reversible, con todo y sofocos, dolores de cabeza e insomnio. Pero la endometriosis se encoge y el dolor disminuye.

Debido a que estos fármacos pueden deteriorar la densidad ósea y la salud cardiovascular, los doctores no los recetan durante más de unos 6 meses sin recetar también lo que ellos llaman la "terapia de soporte" (en inglés, *"add-back therapy"*), en la que agregan un poco de estrógeno y progesterona, de manera similar a la terapia de reposición hormonal que se emplea para la menopausia.

Danazol. El danazol, que es un derivado sintético de la testosterona que se comercializa bajo las marcas *Danocrine* y *Cyclomen*, fue el primer fármaco aprobado por la Dirección de Alimentación y Fármacos específicamente para el tratamiento de la endometriosis y ha sido ampliamente utilizado desde los años 70. Debido a que se ha empleado durante mucho tiempo, ahora se ha convertido en el estándar contra el cual se prueban los fármacos nuevos.

El danazol suprime las señales normales que son transmitidas entre la glándula pituitaria y los ovarios, suprimiendo así la producción de estrógeno en los ovarios. También inhibe la producción de estrógeno en las glándulas suprarrenales, creando un estado de bajos niveles de estrógeno y altos niveles de andrógenos. Este fármaco también hace que disminuyan los autoanticuerpos y reduce la respuesta inflamatoria a las células endometriales. Mientras que el danazol sí provoca sofocos y otros síntomas de insuficiencia de estrógeno, se distingue de los agonistas de GnRH en que no causa pérdida ósea. Sin embargo, debido a que el danazol a menudo causa aumento de peso y puede provocar acné y algunos efectos masculinizantes, es una alternativa poco popular para muchas mujeres.

Alternativas para la endometriosis

Pese a la amplia gama de opciones médicas, cuando se les pregunta cuáles les funcionan mejor —si los fármacos o la cirugía— las mujeres contestan "ninguno de los dos", dice Ballweg. "Por lo que he estado escuchando, las terapias alternativas, los cambios en la alimentación y las inmunoterapias más recientes —como el tratamiento de la sensibilidad a la *Candida albicans*— son las que mejor funcionan". (Para mayor información sobre estas alternativas, vea "En la Internet y otros recursos" en la página 141).

Los doctores que también emplean los métodos complementarios que ofrece la medicina alternativa abordan el tratamiento de la endometriosis de manera diferente, dice el Dr. Mabray. Quizá usen los fármacos potentes, en caso necesario. Pero ellos ven cómo funciona todo el cuerpo y se centran en tratar los desequilibrios hormonales, las alergias y los problemas de infecciones por hongos, y también se centran en la nutrición. Quizá traten de ayudar a una mujer a deshacerse del estrógeno excedente mediante cambios en su alimentación y evitando la exposición a los xenoestrógenos, que son sustancias químicas de acción muy parecida a la de las hormonas (también conocidas como sustancias químicas hormonalmente activas). Puede que también recomienden un programa de desintoxicación hepática, dado que el hígado descompone las hormonas para que se excreten del cuerpo. Y estos doctores atacan la disfunción inmunitaria y la inflamación que acompañan a la endometriosis con hierbas antiinflamatorias y cambios en la alimentación que mitigan la producción de prostaglandinas inflamatorias en el cuerpo. A continuación le damos más detalles.

Luche contra las levaduras. La candidiasis crónica —en el tracto gastrointestinal y en la vagina— es común en mujeres con endometriosis. Los anticuerpos que estas mujeres forman en contra de las levaduras parecen causar una reacción cruzada que acelera la endometriosis y las toxinas producidas por las levaduras suprimen al sistema inmunitario y causan otros problemas, dice el Dr. Konetzki.

"Aunque puede haber una infección real, lo que se presenta con mayor frecuencia es un problema oculto causado por estas levaduras. Las mujeres que padecen endometriosis tienden a tener una mayor sensibilidad a las levaduras. Debido a que generalmente no se trata de una infección evidente, algunos doctores pueden tender a pasar por alto la posibilidad de que exista un factor relacionado con estos microorganismos", señala el Dr. Mabray.

El tratamiento de las levaduras es complejo: involucra fármacos antifúngicos como la nistatina (*Nilstat, Mycostatin*). El Dr. Konetzki encuentra que la nistatina en polvo es la más útil. También puede involucrar inyecciones desensibilizantes o gotas orales. Y para que sea eficaz, debe ir acompañada de una dieta estricta en la que se elimine el azúcar refinada y que se limite estrictamente la ingestión de levadura y otros productos elaborados con la misma, dice el Dr. Konetzki.

Hágase pruebas para detectar alergias hormonales. Usted podría ser alérgica a sus propias hormonas y su doctor puede hacerle una prueba en la piel para detectar si en efecto lo es, usando una técnica que se conoce como titulación en serie de punto final por vía subcutánea o intradérmica. "Algunos médicos todavía siguen usando el método más antiguo de punzar la piel, pero esta técnica no es lo suficientemente sensible como para dar una respuesta precisa. Lo mejor que puede hacer es encontrar a un alergólogo que esté familiarizado con el método subcutáneo", señala el Dr. Mabray. Una vez que le hayan dado un diagnóstico, se puede desensibilizar a las hormonas mediante inyecciones que contienen cantidades diminutas del material ofensor o mediante gotas orales desensibilizantes, dice el Dr. Mabray.

Las pruebas de hormonas en saliva son otro auxiliar para el diagnóstico. Estas pruebas relativamente nuevas que miden los niveles de hormonas pituitarias, sexuales, tiroideas y adrenales en una muestra de saliva en vez de medirlos en una muestra de sangre, permiten que su doctor vea qué es lo que realmente está pasando a nivel celular. "Esto permite un diagnóstico más rápido y exacto, su tratamiento apropiado y como consecuencia, mejores resultados", dice el Dr. Mabray.

La mayoría de los ginecólogos convencionales no tratan la endometriosis de esta manera. Para encontrar un médico que ofrezca este tratamiento, lo mejor es ponerse en contacto con la American Academy of Environmental Medicine. (Vea "En la Internet y otros recursos" en la página 141).

Haga un intercambio de grasas. Disminuya su consumo de grasas saturadas —o sea, aquellas que se solidifican a temperatura ambiente— y agregue más ácidos grasos omega-3 y omega-6 a su alimentación, dice el Dr. Allan Warshowsky, un ginecólogo holístico del Continuum Center for Health and Healing del Hospital Beth Israel en la ciudad de Nueva York. La manera más fácil de lograr esto es empezar a comer carne y productos lácteos bajos en grasas o eliminar la carne y los productos lácteos por completo. "Yo les aconsejo a las mujeres que tienen desequilibrios hormonales severos que eviten todo tipo de productos de origen animal y productos lácteos", comenta el Dr. Warshowsky. Coma pescado de agua fría y profunda —como salmón, bacalao (abadejo) o halibut (hipogloso)— tres veces a la semana. El atún es otra opción, pero debe consumirlo en cantidades más limitadas debido a sospechas recientes de que podría contener cantidades importantes de mercurio. También agregue semillas de lino (linaza, *flaxseed*), aceite de oliva y nueces a su alimentación.

Acállela con repollo. El repollo (col), el brócoli, la col rizada, los repollitos (coles) de Bruselas —o sea, las verduras crucíferas— contienen un compuesto llamado indol-3-carbonilo que ayuda al hígado a descomponer el estrógeno, dice el Dr. Warshowsky. De hecho, este compuesto es tan potente que actualmente está en desarrollo para usarlo como un suplemento contra el cáncer. ¿Cuánto debe comer de estas verduras? Más de lo que probablemente come ahora. "Yo recomendaría al menos una ración de estas verduras saludables al día", aconseja el Dr. Warshowsky.

Opte por la carne roja, la carne de ave y los productos lácteos orgánicos. Debido a que los xenoestrógenos son solubles en grasa, se concentran en la grasa de origen animal conforme van recorriendo la cadena alimenticia. Por lo tanto, la mejor manera de evitarlos es evitando comer carne roja y carne de ave, dice el Dr. Warshowsky. Si no puede vivir sin la carne, compre marcas libres de hormonas y antibióticos. "Yo creo que los residuos de antibióticos que contiene la carne también producen efectos hormonales adversos", dice el

---

La conexión hormonal

Un fármaco nuevo para controlar el período

Desde que la píldora anticonceptiva fue lanzada al mercado en los años 60, los ginecólogos la han usado para controlar los ciclos de las mujeres. En vez de tomar siete pastillas falsas al final del paquete, lo cual permite que se desprenda el revestimiento uterino, una mujer puede comenzar con un paquete nuevo y tomar pastillas que contienen hormonas. De esta manera, puede retrasar su período una semana —por ejemplo, cuando vaya a salir de vacaciones— o incluso saltarse la menstruación ese mes, sin efectos adversos aparentes, dice el Dr. Freedolph Anderson, director de investigación clínica del Centro de Desarrollo Técnico de la Escuela de Medicina del Este de Virginia en Norfolk, Virginia.

Por ende, no resulta sorprendente que ya se hayan desarrollado dos pastillas que se venden con receta que sirven justamente para eso. Estas pastillas, que se llaman *Seasonale Low* y *Seasonale Ultra-Low*, son los medicamentos nuevos que contienen dos niveles distintos de potencia de etinil estradiol y levonorgestrel. Cual-

quiera de ambas versiones consta de un paquete de pastillas que debe tomar todos los días durante 12 semanas y luego 1 semana de pastillas falsas. En lugar de tener 13 menstruaciones al año, sólo tiene cuatro. El proceso de aprobación por parte de la Dirección de Alimentación y Fármacos (o *FDA* por sus siglas en inglés) aún se está realizando, así que todavía no sabemos cuándo los productos *Seasonale* podrían llegar a las repisas de las farmacias.

Además de lo cómodo que esto resultaría, las pastillas *Seasonale* podrían producir ventajas importantes para la salud. Para las mujeres con endometriosis, síndrome premenstrual o síndrome de ovarios poliquísticos, cuyos síntomas son exacerbados por los cambios hormonales cíclicos, esta pastilla continua podría significar alivio. Otras mujeres tendrán que poner en una balanza el riesgo de exponerse al estrógeno durante 9 semanas más al año —y una elevación teórica en el riesgo de contraer cáncer de mama— contra la comodidad que implica tener un menor número de menstruaciones.

Dr. Warshowsky. (Para mayor información sobre dónde encontrar carne libre de hormonas y antibióticos, vea "Quinta semana: si come carne, compre carne orgánica" en la página 316).

Trate a su hígado con cariño. El hígado descompone las hormonas para que puedan ser eliminadas del cuerpo a través de la bilis. Para ayudarlo a realizar esto, el Dr. Warshowsky usa "factores lipotrópicos" que previenen la acumulación de grasa en el hígado. Esto incluye a las vitaminas B_6 y B_{12}, compuestos relativos como la colina y el inositol, la vitamina C, el magnesio, hierbas como el cardo de leche (cardo de María, *milk thistle*) y la raíz de diente de león (amargón, *dandelion*) y aminoácidos como la metionina y la cisteína, que le suministran azufre al hígado. El azufre apoya la desintoxicación saludable del hígado. Para encontrar las dosis adecuadas para usted, consulte a un médico que tenga mucha experiencia y conocimientos acerca de la terapia nutricional.

Al mismo tiempo, también debe seguir una alimentación rica en fibra. "La fibra secuestra a la bilis para que no se reabsorba en el cuerpo", dice el Dr. Warshowsky. Las hormonas excedentes se excretan a través de la bilis y acaban en el drenaje. "Una mayor cantidad de fibra también ayuda a mantener a las bacterias intestinales beneficiosas con buena salud y contentas, lo cual es favorable para la excreción de hormonas. La fibra adicional también hace que mantenga la regularidad, es decir, que tenga al menos una evacuación al día", explica el Dr. Warshowsky.

Use hierbas antiinflamatorias. Las favoritas del Dr. Warshowsky son dos hierbas indias o ayurvédicas: la cúrcuma (azafrán de las Indias, *turmeric*) y el incienso (*boswellia*). Ambas hierbas tienen propiedades antiinflamatorias potentes. Inhiben a los leucotrienos y a las prostaglandinas, que son sustancias bioquímicas que intervienen en el proceso inflamatorio en el cuerpo. También cuenta con propiedades que protegen al hígado, dice el Dr. Warshowsky. Puede que el principio activo de la cúrcuma, la curcumina, también inhiba algunos efectos de la hormona del crecimiento, que es otra hormona que desempeña un papel en la endometriosis.

Si va a tomar extracto estandarizado de cúrcuma, la dosis correcta es una cápsula de 450 miligramos tres veces al día. En el caso del incienso, la dosis es de tres cápsulas de 400 miligramos del extracto estandarizado, dos o tres veces al día. El Dr. Warshowsky recomienda tomar ambas hierbas como parte de una fórmula antiinflamatoria, la cual está disponible en las tiendas de productos naturales. Algunas marcas también pueden contener jengibre.

¿Fastidiada por los fibromas?

Los fibromas son sólo células musculares que han perdido su camino. Son el resultado del crecimiento exagerado de células del músculo liso del útero, que mutan y luego crecen hasta formar "pelotas" densas de tejido fibroso.

En esencia, los fibromas pueden crecer en cualquier parte dentro del útero. A veces aparecen dentro de la gruesa pared muscular del útero y otras veces justo por debajo del endometrio, desde donde salen hacia la cavidad uterina. A veces crecen sobre la pared externa del útero. Pueden ser tan pequeños como un chícharo (guisante, arveja) o tan grandes como un cantaloup (melón chino). Pueden no ocasionar síntomas o pueden causar hemorragia menstrual, presión o dolor, estreñimiento, micción más frecuente o prolapso uterino, que es una afección en que el útero se desplaza para abajo hacia la vagina o incluso se sale por la misma.

Los fibromas parecen ser "hereditarios", dice el Dr. William Parker, profesor de Obstetricia y Ginecología de la UCLA-Santa Mónica. Una mutación genética hace que las células musculares del útero se desvíen de su camino y una vez que esto ocurre, las células pueden presentar una mayor respuesta a las hormonas, dice el Dr. Parker. Las cantidades elevadas de estrógeno, o bien, un desequilibrio entre el estrógeno y la progesterona, pueden acelerar su crecimiento. Pero aparentemente, esto también ocurre cuando hay un exceso de progesterona o altos niveles de glucosa o insulina. Este tema sigue siendo controvertido.

Entre los tratamientos farmacológicos que existen, los agonistas de la hormona liberadora de gonadotropinas (o *GnRH* por sus siglas en inglés), que también se usan para tratar la endometriosis, a menudo son los que primero se prueban si los fibromas son lo suficientemente grandes como para causar dolor, o bien, para encogerlos antes de extirparlos mediante una cirugía. Estos fármacos —*Lupron, Zoladex, Synarel,* y *Suprefact*— hacen que dejen de funcionar los ovarios, induciendo una menopausia reversible, y también pueden provocar sofocos, dolores de cabeza e insomnio. Otros efectos secundarios pueden incluir osteoporosis irreversible y problemas de la memoria. Generalmente no se usan durante más de 6 meses a la vez.

La mayoría de los fibromas pueden ser quirúrgicamente extirpados, mediante un procedimiento llamado miomectomía. Existen tres maneras básicas de realizar esta cirugía: la cirugía que se hace a través de "ojos de cerradura", la cirugía laparoscópica y la cirugía endoscópica, que se realiza con una herramienta de fibra óptica llamada histeroscopio que se inserta en el útero. Otro procedimiento, llamado embolización de la arteria uterina, emplea pelotitas diminutas de plástico para bloquear el suministro de sangre hacia los fibromas y provocar que se mueran. Cada tipo de cirugía tiene sus pros y sus contras, así como muchos detalles que usted y su doctor deberán considerar antes de tomar una decisión definitiva. En cualquier caso, infórmese bien. "Es bueno que se informe acerca de sus opciones mientras todavía esté a tiempo, es decir, antes de que sus fibromas se agranden tanto o se vuelvan tan molestos que esté dispuesta

En la Internet — *y otros recursos*

Si los malestares menstruales le están haciendo la vida imposible, hay miles de mujeres que están en su misma situación y que, al igual que usted, tienen a su alcance miles de recursos vitales.

↬ Para aprender más sobre los fibromas, póngase en contacto con el siguiente recurso en pro de las pacientes:

National Uterine Fibroids Foundation*
1132 Lucero Street
Camarillo, CA 93010
(805) 482-2698
www.nuff.org

↬ Para mayor información acerca de la embolización de fibromas uterinos o para encontrar a un radiólogo intervencionista que realice este procedimiento, póngase en contacto con:

The Society for Cardiovascular and Interventional Radiology*
10201 Lee Highway
Suite 500
Fairfax, VA 22030
(800) 488-7284
www.scvir.org

↬ Para aprender acerca de todos los aspectos de la endometriosis y el medio ambiente, y averiguar más sobre la inmunoterapia para la endometriosis, póngase en contacto con:

Endometriosis Association*
8585 North 76th Place
Milwaukee, WI 53223
(414) 355-2200
www.endometriosisassn.org

↬ Para encontrar a un doctor que esté entrenado en el uso del tratamiento inmunoterapéutico de la endometriosis, póngase en contacto con:

American Academy of Environmental Medicine
7701 East Kellogg
Suite 625
Wichita, KS 67207
www.aaem.com

Ofrece información en español.

a hacer lo que sea por deshacerse de ellos", exhorta Carla Dionne, directora de la Fundación Nacional de Fibromas Uterinos en Camarillo, California. Elija cuidadosamente a su cirujano, sobre todo si quiere que le extirpen los fibromas mediante una cirugía endoscópica. Si está considerando la embolización, deberá encontrar a un "radiólogo intervencionista" que esté bien entrenado en esta técnica. (Vea "En la Internet y otros recursos").

Una alternativa que alivia

No hay maneras fáciles y confiables de encoger los fibromas con medicina natural, pero la combinación de cambios en la alimentación, hierbas y cambios en el estilo de vida pueden ayudarle a retardar su crecimiento y aliviar el dolor y la hemorragia anormal, dice el Dr. Warshowsky. Puede que algunas mujeres inicialmente usen fármacos para encoger los fibromas y luego recurran a las terapias alternativas para controlar el crecimiento posterior de los mismos. He aquí los consejos de los expertos para combatir las fibromas.

¿Perimenopáusica? Agregue progesterona. Los fibromas tienden a crecer más rápido cuando el estrógeno no tiene que oponerse a la progesterona, dice el Dr. Warshowsky. Él receta progesterona y puede recomendar que se aplique como crema o que se tome por la vía oral o sublingual (debajo de la lengua). "La vía transdérmica es sencilla, pero no siempre se puede obtener una cantidad suficiente de progesterona de esta manera", dice. Este problema se elimina al tomarla por la vía oral, en la forma de progesterona micronizada (*Prometrium*). La crema de progesterona se vende sin receta en las tiendas de productos naturales, pero las otras dos formas requieren receta médica y pueden ser elaboradas por farmacéuticos que preparan medicamentos.

Aliméntese para equilibrar sus hormonas. Elimine la proteína de origen animal, el azúcar y, en algunos casos, los productos de harina, recomienda el Dr. Warshowsky. Agregue pescado, como salmón, atún y sardinas; semillas de lino (linaza, *flaxseed*) y semillas de calabaza (pepitas); verduras de hojas verdes como la col rizada y las hojas de berza (bretón, posarno), y soya. (Para mayores detalles, vea "Un menú que minimiza el dolor durante esa época del mes" en la página 126).

Considere el D-glucarato de calcio. El D-glucarato de calcio (*calcuim D-glucarate*) es un suplemento nutricional que está disponible en las tiendas de productos naturales o a través de un naturópata. "El D-glucarato de calcio mejora los procesos químicos que hacen que ciertas hormonas, como el estrógeno y los andrógenos, sean más solubles en agua —dice la Dra. Shapiro—.

De esta manera, ayuda a que su hígado metabolice y excrete las hormonas excedentes y las toxinas que se encuentran en el humo del tabaco, los pesticidas y otras sustancias químicas". Ella sugiere tomar 500 miligramos dos veces al día.

Aproveche los nutrientes. Los mismos nutrientes que son útiles para muchas otras afecciones menstruales y padecimientos relacionados con las hormonas pueden disminuir el dolor, los dolores menstruales y el flujo menstrual excesivo causados por los fibromas, dice el Dr. Warshowsky. Las vitaminas B como la B_6 y la B_{12}, el magnesio y el cinc pueden ayudar a asegurar que todos los sistemas funcionen bien, incluyendo aquellos que descomponen y eliminan las hormonas excedentes de su cuerpo. Los bioflavonoides y la quercetina, que son nutrientes de origen vegetal que ayudan a estabilizar y fortalecer los capilares, también son de utilidad, dice. Tome 500 miligramos de una mezcla de bioflavonoides que contenga quercetina (disponible en las tiendas de productos naturales) dos veces al día durante el tiempo necesario para disminuir el flujo menstrual abundante que puede ocurrir cuando hay fibromas. "No parecen producirse efectos negativos importantes por su uso prolongado", señala el Dr. Warshowsky.

Pruebe la hidroterapia. Un remedio antiguo para muchos "problemas femeninos" es alternar entre baños de agua fría y caliente, dice el Dr. Warshowsky. Se supone que estos baños aumentan el flujo de sangre a través del área pélvica, aliviando la congestión, y siguen siendo una parte importante de la medicina china, la cual sostiene que los baños restauran el "flujo de energía" a través del cuerpo. Para hacer esto, siéntese en una bañera (bañadera, tina) con agua que esté lo más caliente que pueda tolerar durante 3 minutos, luego siéntese en otra bañera que contenga agua con hielos durante 30 segundos. Repita este ciclo tres veces, varias veces a la semana. "Si no tiene dos bañeras, cómprese una tina de metal galvanizado", sugiere el Dr. Warshowsky. Si padece problemas cardíacos o digestivos o presión arterial alta, no se dé baños con agua fría sin antes consultar a su médico.

Remójese en milenrama. Si la sola idea de meterse a una bañera llena de cubos de hielo le da escalofríos, pruebe otro tipo de baño en su lugar, sugiere la Dra. Shapiro. Prepare una infusión concentrada de milenrama (real de oro, alcaina, *yarrow*). Agregue alrededor de 4 onzas (112 gramos) de la hierba seca a 1 cuarto de galón (480 ml) de agua recién hervida, cubra el recipiente y deje la mezcla en infusión durante alrededor de 20 minutos. Cuélela y agréguela al agua de la bañera. Prográmese para quedarse estacionada en la bañera durante unos 20 minutos. "La milenrama actúa como descongestionante pélvico, por lo que le será útil agregarla a su tratamiento", dice.

Colóquese una compresa de aceite de ricino. En la medicina naturopática, se considera que el aceite de ricino (higuerilla, *castor oil*) tiene propiedades especiales, dice el Dr. Warshowsky. "Se cree que es útil para drenar el sistema linfático, por lo que se considera útil para ayudar a sacar una infección y movilizar la sangre estancada", dice. Para poner a prueba la capacidad del aceite de ricino para curar los fibromas, use aceite de ricino prensado en frío (*cold-pressed castor oil*), un trapo de lana, un pedazo de plástico y un cojín eléctrico cubierto de tela. Doble el trapo de modo que queden cuatro capas y empápelo de aceite. Recuéstese, coloque el trapo sobre la parte inferior de su abdomen, cubra el trapo con el plástico y luego colóquese el cojín eléctrico a una temperatura moderada. Déjeselo puesto durante al menos 20 minutos o hasta 1 hora. Trate de hacer esto durante 3 días consecutivos a la semana.

CAPÍTULO 8

GENERE MÁS AMOR, SEXO E INTIMIDAD

D iga la palabra "hormonas" y mucha gente inmediatamente pensará en sexo. Es la asociación que con mayor frecuencia hacemos. Y es cierto: las hormonas prácticamente se encargan de darle forma a nuestro ser sexual. En el útero, la exposición del embrión a las hormonas determina el sexo (y quizá incluso la orientación sexual). A la hora de la concepción, cada embrión empieza siendo femenino y, a menos que se altere hormonalmente, seguirá siéndolo. La testosterona es la que hace que un feto con un cromosoma Y se convierta en un niño, transformando en tejido testicular lo que de otro modo se hubiera convertido en ovarios.

Y los órganos sexuales no son los únicos que se ven afectados por la exposición del feto a las hormonas sexuales. El cerebro, los huesos, los músculos, en pocas palabras, cada célula del cuerpo se "prepara" mediante esta exposición temprana para que después, en la adolescencia, las mismas células puedan responder cuando el cuerpo empiece a aumentar la producción de hormonas sexuales.

La capacidad de reproducirnos depende de todo un concierto hormonal dirigido por el hipotálamo y la glándula pituitaria del cerebro. Necesitamos la hormona estimulante del folículo y la hormona luteinizante para que el óvulo madure y sea liberado, y requerimos estrógeno y progesterona para preparar al útero para la concepción. (Para mayores detalles, vea el Capítulo 9).

E independientemente de que las relaciones sexuales conduzcan o no a la reproducción, existen pruebas de que la atracción o el impulso sexual está basado en las hormonas. Las hormonas que circulan en nuestro propio cuerpo nos hacen más o menos receptivas a la idea de tener relaciones sexuales, incluso si a la mañana siguiente decidimos que fue una muy mala idea. Y conforme estas hormonas se metabolizan o descomponen en nuestro cuerpo, también producimos sustancias químicas inodoras que son transportadas por el aire llamadas feromonas, que pueden influir de maneras sutiles en las personas que nos rodean. Quizá nos gustaría pensar que los humanos ya hemos evolucionado más allá de este punto, pero los hallazgos más recientes sugieren justamente lo contrario. Unos investigadores de la Universidad de Rockefeller en la ciudad de Nueva York y de la Universidad de Yale han aislado un gen humano que, según creen, codifica un receptor de feromonas que se encuentra en el revestimiento mucoso de la nariz. (Un receptor es un parche que está en la superficie de una

¿Qué está pasando?

En cualquier reunión de parejas, existen tantas razones por las cuales se debilita el impulso sexual como el número de mujeres y hombres que hay en el cuarto. Algunas causas son hormonales. Para ayudarse a analizar su situación, responda a las preguntas siguientes.

1. **¿Últimamente es rara la vez en que piensa en el sexo y no puede recordar la última vez que imaginó al hombre de su vida tal y como vino al mundo y mirándola con una mirada seductora?**

   Los niveles de testosterona en mujeres descienden a la mitad entre los 20 y 40 años de edad, y disminuyen en un 30 a 50 por ciento adicional al llegar a la menopausia. Los niveles bajos de testosterona causan lo mismo en las mujeres que en los hombres, es decir, las hace pensar menos en el sexo y tener menos fantasías sobre la intimidad física.

2. **¿Ha notado que, aunque aprecia enormemente a su media naranja, ya no siente un deseo *ardiente* por él? ¿Inicia usted las relaciones sexuales con menor frecuencia que antes?**

   Los niveles bajos de testosterona también pueden inhibir su disposición a tomar la iniciativa.

3. **¿Se tarda mucho tiempo en lubricarse y excitarse, incluso con estimulación?**

célula que se liga con moléculas específicas, como una cerradura que sólo acepta una llave específica).

Las feromonas actúan en los seres humanos a un nivel primitivo y subconsciente para influir en nuestra conducta y nuestro equilibrio hormonal. Por ejemplo, es más probable que los ciclos menstruales de las mujeres que regularmente están expuestas a feromonas masculinas sean regulares. En un estudio de investigación, se aplicó una pequeña cantidad de feromonas masculinas frescas en el labio superior de siete mujeres con ciclos menstruales irregulares que duraban de 26 a 33 días. Al cabo de 3 meses, la duración promedio de los

Menciónele esto a su médico. Usted necesita tener niveles adecuados tanto de estrógeno como de testosterona para que su cuerpo se prepare físicamente para el sexo.

4. ¿Ahora le es más difícil llegar al orgasmo que antes, incluso cuando se estimula a sí misma? Y cuando sí logra el orgasmo, ¿parece más un pequeño temblor que un terremoto?

Tanto la capacidad para llegar al orgasmo como el nivel de intensidad del mismo se ven afectados por los niveles hormonales. De nuevo, la testosterona es la actriz principal en esta situación. Una cantidad adicional de testosterona podría ser de utilidad.

5. Está tomando una terapia de reposición hormonal (o *HRT* por sus siglas en inglés), y cuando apenas empezó a tomarla, usted sintió que se avivó la chispa. Pero ahora, 6 meses después, se encuentra preguntándose adónde se ha ido la llama.

La HRT y los anticonceptivos orales en realidad pueden hacer que haya menos testosterona disponible para que sea usada por el cuerpo. Quizá sea necesario que le cambien los medicamentos.

ciclos fue de 29.5 días, que es la duración óptima para una mayor fertilidad. Los investigadores concluyeron que la esencia masculina —obtenida de axilas no lavadas— contenía al menos una feromona que ayuda a promover la salud reproductora.

Las mujeres que viven juntas tienden a sincronizar sus ciclos menstruales. Unos investigadores de la Universidad de Chicago encontraron que las secreciones axilares de las mujeres que estaban en la fase folicular tardía del ciclo menstrual (poco antes de la ovulación) aceleraban la oleada preovulatoria de hormona luteinizante en sus compañeras de cuarto y acortaban sus ciclos menstruales. Los compuestos axilares que se recolectaron de las mismas "donadoras" más adelante en su ciclo menstrual (durante la ovulación) produjeron el efecto contrario: *retardaban* la oleada de hormona luteinizante en sus compañeras de cuarto y prolongaban sus ciclos menstruales.

La ventaja evolutiva de esta sincronía aún no queda clara, dice Meredith F. Small, Ph.D. Quizá en el pasado haya fomentado el cuidado compartido de los niños o tal vez haya aumentando la competencia entre machos, dice. "Pero debido a que sabemos muy poco acerca de cómo vivían en comunidad nuestros antepasados, sigue siendo un misterio por qué algunas mujeres son capaces de producir un efecto tan fuerte en sus compañeras más cercanas".

¿Qué tiene que ver el amor con todo esto?

Incluso lo que nosotros llamamos "amor" —una mezcla de sexo, parentesco y conductas de defensa llamadas "conductas de vinculación" en animales— tiene un origen hormonal. Independientemente de que una especie sea monógama o promiscua y sin importar si los animales de esa especie críen a sus cachorros, protejan su territorio o consigan alimento, todas estas conductas se han relacionado con niveles hormonales. Las conductas de vinculación son particularmente evidentes en algunos animales. Las aves tienden a hacer alarde de ellas, al igual que los ratones campestres, que son criaturas que se distinguen por ser una de las pocas especies monógamas de roedores. También parece existir la capacidad para formar vínculos de largo plazo en algunos primates y, por supuesto, en los seres humanos.

En ambos, esta conducta se relaciona con la oxitocina, que es la hormona que estimula el trabajo de parto en el embarazo. La oxitocina se ha considerado como una "hormona de afiliación" porque las investigaciones en mamíferos no humanos han demostrado que desempeña un papel crucial en la iniciación del comportamiento maternal y en la formación de vínculos entre parejas de adultos. En un estudio de investigación publicado por unos investigadores de la Universidad de California en San Francisco, se encontró que los niveles elevados de oxitocina se relacionan con la capacidad de mantener buenas relaciones interpersonales. Quizá no sea por casualidad que también se libere oxitocina durante el orgasmo.

Quizá los "machos" de nuestra especie necesiten oxitocina para quedarse con nosotras y hacer lo correcto después de un nacimiento porque probablemente no van a "tener mucha acción" durante un tiempo. Si una mamá nueva está amamantando, los niveles elevados de prolactina, la hormona que sirve para la producción de leche, inhiben la ovulación y posiblemente hacen que disminuya el impulso sexual durante un rato. El simple hecho de saber qué es lo que está pasando a nivel hormonal —y que sólo es una situación temporal— es suficiente para prevenir problemas entre muchas parejas.

Los protagonistas de este cuento: los andrógenos

Tanto para hombres como para mujeres, las hormonas principales que están detrás del impulso sexual son los andrógenos, es decir, las hormonas que predominan en los hombres y permiten que los niños se conviertan en hombres. Estas hormonas se sintetizan en los testículos y las glándulas suprarrenales, pero en las mujeres también se producen en pequeñas cantidades en los ovarios. Los andrógenos incluyen la testosterona, la deshidroepiandrosterona (o *DHEA* por sus siglas en inglés) y la androstenediona. (Sólo esta última está presente en mayores cantidades en mujeres que en hombres). La testosterona es la más potente de estas hormonas y también la que más ha sido investigada. Las mujeres producen más o menos una décima parte (o menos) de la cantidad de testosterona que producen los hombres, pero reaccionan ante ella exactamente de la misma forma. Aumenta su interés y energía sexual y parecen experimentar una elevación generalizada en su estado de ánimo y nivel de energía.

Cualquier cosa que hace que se reduzcan los niveles de andrógenos en cualquiera de ambos sexos también hace que disminuya el impulso sexual. Por ejemplo, las mujeres a quienes les han extirpado los ovarios a menudo reportan una caída abrupta en el impulso sexual, al igual que las mujeres a quienes les han extirpado las glándulas suprarrenales. El estrés, las enfermedades y un consumo excesivo y crónico de bebidas alcohólicas también puede hacer que disminuyan los niveles de andrógenos y, por tanto, hacer que las relaciones sexuales sean lo último que venga a la mente.

El otro lado de la moneda es que al incrementar los niveles de andrógenos, aumenta el interés o deseo sexual. Se ha encontrado que administrar andrógenos (generalmente testosterona) a los hombres y mujeres que se quejan de un bajo interés sexual tiene por resultado un deseo sexual más fuerte (según ellos mismos lo reportan) y una mayor frecuencia de pensamientos sexuales y deseo de tener relaciones sexuales. Los suplementos de testosterona causan el regreso espontáneo de sentimientos y deseo sexuales en mujeres con niveles bajos de andrógenos causados por la quimioterapia o la extirpación de los ovarios.

El orgasmo también se ve influenciado por esta hormona del deseo: la testosterona. "Las mujeres a quienes les han extirpado los ovarios a menudo se quejan de que sienten como si su clítoris estuviera 'muerto' y muchas se quejan de que ya no pueden llegar al orgasmo, sin importar cuánto se estimulen", dice la Dra. Judith Reichman, profesora auxiliar de Medicina de la Universidad de California en Los Ángeles. "E incluso aunque logren llegar al orgasmo, este generalmente es más corto, mas localizado y menos potente", dice. Los doctores que administran suplementos de testosterona dicen que las mujeres comunican que les es más fácil llegar al orgasmo.

Pero por más maravillosa que suene la testosterona, más no es mejor. Los estudios de investigación indican que sólo se necesita una cantidad "basal" para que se genere el deseo. Cualquier cantidad que rebase ese nivel basal ya no surtirá efecto alguno en el deseo. En las mujeres, las dosis demasiado elevadas pueden, con el tiempo, causar irritabilidad, crecimiento de vello facial aterciopelado, acné y engrosamiento de la voz, todos los cuales son síntomas de un desequilibrio hormonal. Estos efectos no aparecerán si la testosterona se administra de la manera correcta. A algunos doctores también les preocupan los posibles efectos a largo plazo de la testosterona en el corazón y los vasos sanguíneos.

"Cada vez hay más pruebas que indican que la testosterona, en pequeñas cantidades, es en realidad muy útil para las mujeres mayores y que puede prevenir la osteoporosis y la fragilidad", dice la Dra. Susan Rako.

El papel del estrógeno

El estrógeno, la principal hormona femenina, también es importante para el sexo, pero por una razón distinta. "El estrógeno puede mejorar indirectamente la actitud de una mujer ante el sexo al prevenir y aliviar la sequedad vaginal o la falta de elasticidad que a menudo hace que las relaciones sexuales sean dolorosas o incómodas", dice la Dra. Barbara Bartlik, profesora clínica auxiliar de Siquiatría de la Facultad de Medicina Weill de la Universidad Cornell en la ciudad de Nueva York. Por lo tanto, el estrógeno ayuda con la versión femenina de la excitación física: la lubricación. Y debido a que también mejora el flujo de sangre hacia los tejidos vaginales, puede mejorar la congestión de sangre y el orgasmo. El estrógeno tanto oral como vaginal es maravilloso para prevenir la atrofia vaginal posmenopáusica y hoy en día hay una gran variedad de productos en el mercado entre los cuales puede escoger. (Para mayores detalles, vea "Sequedad e irritación vaginales" en la página 362).

El estrógeno no parece influir en el impulso o deseo sexual, es decir, en el impulso inicial de "tengo que tenerlo". De hecho, a los hombres que cometen crímenes sexuales se les dan suplementos de estrógeno para disminuir su impulso sexual. El estrógeno que contiene la terapia de reposición hormonal (o *HRT* por sus siglas en inglés) y, en especial, las dosis más elevadas que contienen algunos anticonceptivos orales, pueden hacer que se eleven los niveles en sangre de ciertas proteínas que se ligan a los andrógenos, haciendo que no estén disponibles para su uso. Por lo tanto, la HRT o los anticonceptivos orales pueden, con el tiempo, conducir a una disminución en el impulso sexual, dice la Dra. Bartlik. "Una mujer que empieza a tomar estrógeno puede experimentar una sensación maravillosa de sexualidad y bienestar sicológico —dice—. Pero más adelante, después de tomarlo durante 3 meses, 6 meses o 1 año, empieza a perder esta sensación sexual. No puedo decir con exactitud cuánto tarda este efecto en aparecer, pero en algún momento, ella repentinamente pierde la capacidad de funcionar sexualmente". Entonces, he aquí un buen argumento para agregar testosterona a la HRT para mujeres que se quejan de una falta de deseo sexual.

En la Internet — *y otros recursos*

Si quiere aprender más sobre los efectos fascinantes de la testosterona y otras hormonas en las relaciones sexuales y la salud sexual, consulte las siguientes páginas de Internet.

↪ Si quiere información reveladora acerca de la testosterona, brindada por la Dra. Susan Rako, visite la página:
www.susanrako.com

↪ Para mantenerse informada sobre los estudios de investigación que se están llevando a cabo a nivel mundial acerca de la terapia de reposición de testosterona para mujeres, consulte la información que proporciona la Fundación Jean Hailes de Australia (realice una búsqueda del término "*testosterone*") en la página:
www.jeanhailes.org.au

La progesterona: sólo una actriz de reparto

De las hormonas femeninas, la progesterona es la que menos conocen los investigadores y también es de la cual se tienen menos conocimientos acerca de cómo afecta el impulso sexual. La versión sintética de la progesterona que más se usa, la medroxiprogesterona, también se emplea para disminuir el impulso sexual en hombres que han cometido crímenes sexuales, por lo que también es un antiandrógeno bien conocido.

Pero las progesteronas sintéticas (llamadas progestinas) pueden actuar de manera diferente a la progesterona natural, dice la Dra. Bartlik. "La progesterona sintética parece silenciar el impulso sexual en mujeres. Es uno de los ingredientes principales de las pastillas anticonceptivas y puede causar una disminución en el deseo sexual". Pero en un estudio de investigación se demostró que algunas mujeres que tomaron suplementos de progesterona después de que les habían extirpado los ovarios reportaron un aumento en el impulso sexual al tomar suplementos de progesterona, lo que indica que pueden haber variaciones significativas en el efecto que causa esta hormona de una mujer a otra.

Una guía para identificar y resolver problemas sexuales

Si a usted le aqueja una caída notoria en el deseo o la excitación sexual, la testosterona puede o no ser la solución a su problema. A continuación señalamos otros factores que debe tomar en cuenta.

Si está tomando pastillas anticonceptivas: Hable con su médico sobre la posibilidad de cambiarse de una pastilla monofásica, como la que contiene diacetato de etinodiol con etinil estradiol (*Demulen*), a una pastilla trifásica, como la que contiene norgestimato/etinil estradiol (*Ortho Tri-Cyclen*), sugiere la Dra. Bartlik. Esto puede ayudar, pero señala que, "algunas mujeres necesitan suspender los anticonceptivos orales por completo antes de que reviva su impulso sexual". También puede que las mujeres perimenopáusicas tengan que suspender los anticonceptivos orales y tomar suplementos de testosterona. (Más adelante hablaremos sobre esto con mayor detalle).

Si está tomando algún antidepresivo: Los principales culpables aquí parecen ser los inhibidores selectivos de la recaptación de serotonina (o *SSRI* por sus siglas en inglés). Alrededor del 58 por ciento de los hombres y mujeres que toman SSRI reportan alguna disfunción sexual cuando se les pregunta. Los medicamentos que con mayor frecuencia están tomando estas personas son la fluoxetina (*Prozac*), la sertralina (*Zoloft*), la fluvoxamina (*Luvox*) y la paroxetina (*Paxil*). Un antidepresivo que parece tener pocos efectos en la función sexual es el bupropión (*Wellbutrin*). En un estudio de investigación, el 80 por ciento de las personas que no podían llegar al orgasmo mientras tomaban *Prozac* volvieron a funcionar normalmente cuando se cambiaron a *Wellbutrin*.

Si está tomando antihipertensivos: Algunos medicamentos para la presión arterial alteran los impulsos nerviosos y el flujo de sangre hacia los genitales que normalmente tienen lugar durante la excitación. Hacer ejercicio, bajar de peso y seguir una alimentación baja en sodio y alta en potasio puede ayudarle a disminuir su dosis o suspender estos fármacos por completo. O quizá su doctor pueda recetarle algún otro fármaco antihipertensivo que cause menos efectos secundarios sexuales.

¿Le conviene la testosterona?

Si ya ha descartado otras opciones, quizá su doctor considere darle testosterona.

Mediante una prueba en sangre, se pueden medir los niveles de testosterona total, testosterona libre, DHEA y otros andrógenos que circulan en la sangre tanto de hombres como mujeres. La prueba más precisa y útil —una prueba en sangre— mide la cantidad de testosterona libre o no ligada, dice la Dra. Rako. Esta prueba se puede emplear para establecer un nivel "basal" con el cual se puedan comparar las pruebas posteriores. Esto es útil para controlar el tratamiento en mujeres que toman suplementos de testosterona, para ver cómo cambian sus niveles en sangre. Pero la prueba en sangre por sí sola no es particularmente útil para determinar si una mujer necesita testosterona, dice la Dra. Rako, "porque los resultados pueden ser normales incluso cuando una mujer está presentando síntomas que indican claramente una deficiencia de testosterona".

Tenga cuidado cuando tome testosterona

La testosterona pura no ha sido aprobada por la FDA para tratar el bajo impulso sexual en las mujeres. La forma que está disponible en el mercado para mujeres, *Estratest*, contiene tanto estrógeno como metiltestosterona y su etiqueta dice que se debe usar para tratar "síntomas menopáusicos que no responden al estrógeno por sí solo".

"Algunos doctores ni siquiera recetan ningún tipo de testosterona a las mujeres con problemas sexuales, por miedo a que los demanden legalmente", dice la Dra. Bartlik. Debido a que no se ha estudiado el uso a largo plazo de la testosterona en mujeres, algunos doctores temen que si una mujer que toma testosterona contrae una enfermedad seria, como alguna enfermedad cardíaca o cáncer, hay quienes podrían culpar al doctor, sin importar que la enfermedad tenga o no algo que ver con la testosterona.

La testosterona en pastilla que está disponible para mujeres, *Estratest* (fabricada por Solvay), combina 1.25 miligramos de estrógenos esterificados (extraídos de yeguas preñadas) con 2.5 miligramos de metiltestosterona. El *Estratest HS* contiene 0.625 miligramos de estrógeno y 1.25 miligramos de metiltestosterona. El régimen usual para cualquiera de ambas dosis es de una tableta al día durante 21 días al mes. Algunos doctores consideran que la dosis de 2.5 miligramos de testosterona sintética es demasiado alta para la mayoría de las mujeres. Y no les agrada particularmente administrar testosterona por la vía oral porque así es como presenta una mayor probabilidad de afectar adversamente el colesterol conformado por lipoproteínas de alta densidad (o *HDL* por sus siglas en inglés).

No obstante, el uso de la testosterona se está tornando cada vez más común, no sólo para mejorar el impulso sexual sino también porque algunos estudios de investigación sugieren que también ayuda a reconstruir los huesos, a restaurar la energía y que quizá también sirve para proteger el corazón de las mujeres, dice la Dra. Rako. Para mujeres posmenopáusicas o para mujeres a quienes les han extirpado los ovarios, "no hay duda que la testosterona puede ser útil en algunos casos", dice Mark Elliott, Ph.D., un sicólogo y terapeuta sexual del Instituto de Salud Sicológica y Sexual en Columbus, Ohio. Para las mujeres que tienen entre 40 y 55 años de edad, es decir, para las mujeres perimenopáusicas o las que acaban de entrar a la menopausia, quienes obtienen resultados dentro del rango normal o en el límite inferior del rango normal pero que aun así tienen síntomas de deficiencia de testosterona, recetarles testosterona sigue siendo tema de controversia. Algunos doctores lo harán, otros no, y muchos simplemente no saben mucho acerca de esta hormona. No obstante, dice la Dra. Bartlik, "estas son las mujeres que podrían verse más beneficiadas de tomar testosterona. Son las que están sintiendo los efectos de la caída en los niveles de esta hormona".

Un farmacéutico que prepara medicamentos puede hacer preparados de testosterona en casi cualquier forma. Algunos doctores recetan una crema de testosterona que contiene metiltestosterona o testosterona micronizada. Al inicio, esta crema se aplica directamente en la vulva. Luego, después de una o dos semanas, cuando el tejido ya ha vuelto a sensibilizarse, la crema se aplica de manera alternada en la parte interna de los muslos o de la muñeca 5 días a la semana y en la vulva 2 días a la semana, a una concentración que brinde de 0.25 a 1 miligramo al día. Algunas mujeres optan por tomar una fracción de una pastilla de metiltestosterona diseñada para hombres un par de veces a la semana, una pastilla de metiltestosterona especialmente preparada en dosis adecuadas para mujeres de 0.25 a 1 miligramo al día, o un parche de testosterona (*Testoderm TTS*) para hombres, que proporciona 4 ó 6 miligramos en un período de 24 horas; las mujeres necesitan usar el parche sólo durante 1 a 4 horas al día. Actualmente se están probando los parches y el gel de testosterona para mujeres en los Estados Unidos.

Si está interesada en averiguar si la testosterona pudiera serle de utilidad, busque a un endocrinólogo de la reproducción o a un ginecólogo que se especialice en la menopausia y que tenga conocimientos acerca de los tratamientos de testosterona para mujeres. Quizá tenga que buscar en un área que no quede tan cerca de donde vive. (Para encontrar a un médico que sea miembro de la North American Menopause Society, vea "En la Internet y otros recursos" en la página 252). Para encontrar una farmacia en su área donde preparen medicamentos, llame a la Academia Internacional de Farmacéuticos que Preparan Medicamentos al (800) 927-4227. También puede preguntarle a su farmacéutico si conoce el nombre de algún doctor que recete testosterona para mujeres. (Para leer más sugerencias sobre cómo lograr el equilibrio hormonal, vea el programa para el equilibrio hormonal que comienza en la página 300). Si desea probar otras opciones no hormonales, considere las siguientes.

Pruebe uno o dos auxiliares herbarios. Diversas hierbas se comercializan por su capacidad para mejorar el deseo y el desempeño sexual, principalmente en hombres pero algunas también en mujeres. No obstante, las hierbas que probablemente pueden ser más útiles para las mujeres son la cimifuga negra (hierba de la chinche, *black cohosh*) y el agnocasto (sauzgatillo, *chasteberry*).

"En ambos casos, esto es porque tienden a normalizar los ciclos de las mujeres, especialmente durante la perimenopausia, cuando las mujeres empiezan a sentir los efectos de la caída en sus niveles hormonales", dice Sarah Brewer, licenciada en Cirugía, una doctora de Norfolk, Inglaterra, que se especializa en medicina para mujeres. (Para mayores detalles acerca del uso de estas hierbas durante la perimenopausia, vea el Capítulo 10).

Otra hierba, la damiana, funciona de manera muy diferente. Estimula rápidamente la circulación y aumenta la sensibilidad de las terminaciones nerviosas en el clítoris y, por lo tanto, puede producir sensaciones de pulsación y cosquilleo. "Se puede usar para corregir una sensibilidad genital reducida, la pérdida del impulso sexual relacionada con la ansiedad o la dificultad para lograr la excitación", dice la Dra. Brewer. Sólo debe tomarse una o dos veces por semana, cuando sea necesario, porque su uso prolongado puede afectar la

---

LA CONEXIÓN HORMONAL &

Las hormonas de las mujeres revelan el estado de su matrimonio

¿Va a durar su matrimonio? Sólo el tiempo —o quizá una madre muy astuta— puede decirlo con certeza. Pero unos investigadores de la Universidad Estatal de Ohio en Columbus han encontrado que pueden medir las probabilidades de que una pareja tenga un matrimonio feliz al medir los cambios hormonales que ocurren en el cuerpo de la mujer.

Las mujeres que presentaron una elevación en sus niveles de hormonas del estrés cuando se les pedía que hablaran acerca de la historia de su relación —cómo conocieron a su marido, qué fue lo que los atrajo mutuamente, cómo decidieron casarse— presentaban una probabilidad dos veces mayor de estar divorciadas una década más tarde que las mujeres cuyos niveles de hormonas del estrés descendían durante esta misma conversación, dice la investigadora Janice Kiecolt-Glaser, Ph.D. No se encontró una relación similar entre las hormonas del estrés y el divorcio futuro en hombres. "Las mujeres parecen funcionar como el barómetro de los matrimonios en apuros y son en parte más sensibles a las interacciones maritales negativas que los hombres", dice la Dra. Kiecolt-Glaser.

Ella también ha encontrado que, en mujeres, los niveles de hormonas del estrés se elevan durante las discusiones maritales y tienden a quedarse elevadas durante más tiempo que los niveles de sus esposos, dado que las mujeres piensan en la discusión y la recuentan una y otra vez a lo largo del día. Evidentemente, los hombres tienden a "no escuchar" lo que sus esposas dicen durante una discusión, buscando evadir el conflicto. Por otra parte, es más probable que las esposas sean las que critiquen o exijan cambios en una relación. "Esta retirada del esposo es inmensamente frustrante para estas mujeres, por lo que tienden a darle vueltas y vueltas al asunto —dice la Dra. Kiecolt-Glaser—. Existen pruebas contundentes que indican que la discordia conyugal tiene un impacto negativo en la salud de las mujeres. Los altos niveles de hormonas del estrés han sido vinculados con una respuesta inmunitaria debilitada, la curación lenta de heridas y la depresión". Otra razón más para tomar medidas para resolver cualquier discordia que haya en su relación.

absorción de hierro. La dosis usual es de una cápsula de 200 a 400 miligramos, una o dos veces al día.

Deje que su olfato la guíe. Esas sustancias inodoras que todos exudamos para atraer al sexo opuesto, llamadas feromonas, se acumulan principalmente en las axilas y las ingles. Usted puede aprovechar estos estimulantes sexuales al máximo si deja de lavarse hasta quedar rechinando de limpia y al no usar antitranspirantes ni desodorantes, dice la Dra. Brewer. Las mujeres que quieran incrementar su propio impulso sexual pueden usar la feromona masculina, la cual está disponible en el mercado, agregándola a su perfume.

Aproveche la aromatoterapia. Los aromas causan un gran efecto en la conducta porque afectan partes del cerebro que no son "vigiladas" por el cerebro pensante. Durante miles de años, los seres humanos hemos usado aromas para avivar la llama del deseo sexual. Cleopatra empapaba las velas de su barco con aceite de rosas para que Marco Antonio supiera que ya iba en camino. "Puede usar la aromatoterapia para incrementar su propio impulso sexual o el de su pareja", dice la Dra. Brewer. Diluya unas cuantas gotas de algún aceite esencial en un vehículo de aceite como el aceite de almendra y fróteselo en la piel. Los aceites masculinos (que debe frotarle a él) incluyen el de sándalo (*sandalwood*), jengibre y limón. Los aceites femeninos (para su propio uso) incluyen el de lavanda (alhucema, espliego, *lavender*), *ylang-ylang* y vainilla.

A trabajar se ha dicho

Las hormonas, las feromonas y las hierbas pueden ayudar, pero no son la solución a los problemas de todos. "No hay soluciones fáciles para los problemas que ya ha tenido durante mucho tiempo en su relación, para el estrés crónico ni para los problemas de salud relacionados con la edad", dice el Dr. Elliott. Y para algunas mujeres, a medida que pasan los años, las relaciones sexuales simplemente dejan de ser una prioridad, dice. "El sexo puede llegar a ser lo último que les pase por la mente".

Pero si el sexo —o mejor dicho, la energía sexual— *sí* es algo que quiere mantener en su vida, quizá tenga que trabajar para lograrlo, dice Patricia Love, Ed.D., una terapeuta conyugal y familiar de Austin, Texas. He aquí algunas maneras de mantener viva su energía sexual.

Responsabilícese de su propia excitación. No espere que su pareja haga todo el trabajo. Acepte que quizá usted necesite más estimulación para llegar a su nivel máximo de excitación, en la forma de fantasías sexuales, videos eróticos o un vibrador. "Entre más estén dispuestos usted y su pareja a aceptar esta realidad, más armoniosa y satisfactoria será su vida sexual", dice la Dra. Love.

Preste atención a los impulsos sexuales más sutiles. Cuando sienta incluso el más sutil impulso de deseo, actúe. "Si espera a que una oleada de pasión la inunde, tal vez se quede esperando un largo, largo rato", dice la Dra. Love. Vea si puede detectar algún ciclo en su deseo. ¿Se siente más receptiva durante algún día dado o en un lugar en particular? Tome nota de estos patrones y aprovéchelos, dice la Dra. Love.

Si le ayuda, ponga ciertas condiciones para las relaciones sexuales, pero sea clara y razonable. ¿Estaría más de humor para el sexo si su pareja le diera un masaje relajante antes de empezar? ¿Si se diera un largo baño en la bañadera (bañera, tina)? ¿Si su esposo le ayudara con los quehaceres domésticos o se cepillara los dientes con más frecuencia? Hágale estas solicitudes, pero tenga presente que una larga lista de "prerrequisitos" para el sexo indica que usted todavía carga con conflictos no resueltos, dice la Dra. Love.

Aparte un tiempo para el sexo. Aunque el deseo sexual no es algo que le venga de manera espontánea, todavía es posible que disfrute del sexo una vez que esté excitada. Pero si no está muy motivada, quizá tenga que programar deliberadamente una hora para hacer el amor. Haga "citas" y cumpla con ellas.

Deshágase de su enojo. Los estudios de investigación han mostrado que las mujeres reaccionan al enojo con una mayor pérdida de libido que los hombres. Quizá esté enojada por las demandas sexuales de su esposo; podría empezar a ver los intentos de su esposo por "seducirla" como una presión sexual y posiblemente como coerción, dice el Dr. Elliott. Eso puede ser particularmente cierto después de que ha dado a luz, dice. "El hombre puede volverse demasiado insensible a las necesidades que tiene una mujer recién parida de dormir, tener tiempo para descansar, etc., con lo cual logra todo menos excitarla —dice—. Y ese es un resentimiento que difícilmente sana". Tal vez su esposo tuvo una amante. En cualquier caso, necesitan hablar abiertamente sobre eso, fuera del dormitorio (recámara). Y si eso no funciona, entonces vayan a ver a un terapeuta conyugal.

LA FÁBRICA DE BEBÉS:
fertilidad, concepción y control natal

*L*a fertilidad —es decir, la capacidad de concebir y dar a luz a un hijo— depende de toda una gama de hormonas. La maduración y liberación de un óvulo del ovario requiere de la hormona estimulante del folículo (o *FSH* por sus siglas en inglés) y de la hormona luteinizante (o *LH* por sus siglas en inglés), las cuales son secretadas por la glándula pituitaria del cerebro tras una señal que envía el hipotálamo. Los movimientos ondulantes de las trompas de falopio que encaminan al óvulo a su "cita" con algunos espermas suertudos se ven auxiliados por la oxitocina, que es una hormona que se libera durante el orgasmo. El revestimiento uterino grueso y rico en sangre que puede nutrir a un huevo fertilizado es preparado por el estrógeno y la progesterona. Y el adelgazamiento del moco cervical que permite que varios millones de espermas (incluyendo el suertudo) entren al interior del útero se ve influenciado por una elevación máxima en el nivel de estrógeno justo antes de la ovulación.

Mucho puede salir mal en este proceso, pero los dos problemas más comunes de fertilidad que se relacionan con las hormonas en mujeres que ya están a finales de la treintena o mayores son la ausencia de ovulación y la falta de implantación del embrión (huevo fertilizado). En mujeres de más o menos 20 a 35 años de edad, otro problema común es el síndrome de ovarios poliquísticos (o *PCOS* por sus siglas en inglés).

El envejecimiento de sus ovarios

La falta de ovulación se vuelve más común a medida que una mujer envejece, dice el Dr. G. David Adamson, director de Fertility Physicians of Northern

California en Palo Alto. "El ovario que ya está envejeciendo simplemente no responde a la FSH y la LH como solía hacerlo —dice—. Se vuelve resistente y los niveles de estas dos hormonas se elevan". Los óvulos más viejos son más difíciles de fertilizar y presentan una menor probabilidad de implantarse bien en el útero. Pueden contener anormalidades genéticas, como el síndrome de Down. En las mujeres que ya no ovulan con regularidad, a menudo se induce el proceso mediante la administración de fármacos. Los óvulos se recuperan con una aguja que se inserta desde la vagina hasta el ovario, se examinan para verificar su calidad y con frecuencia son fertilizados fuera del cuerpo antes de ser implantados en el útero.

¿Qué está pasando?

Aunque la salud reproductora femenina sólo es la mitad del cociente de la fertilidad, este pequeño cuestionario puede ayudarle a identificar si existen factores hormonales ocultos que estén influyendo en su fertilidad.

1. **¿Usted y su pareja han estado teniendo relaciones sexuales sin usar algún método de control natal durante más de un año y todavía no ha quedado embarazada?**

   Para algunas mujeres, la primera pista que tienen de que quizá tengan un problema de infertilidad es cuando "no se cuidan y tienen suerte de no embarazarse". Usted no toma sus precauciones y, sin embargo, no se embaraza.

2. **¿Ha tenido períodos irregulares durante los últimos años y se ha preguntado si esto significa que tendrá dificultades para concebir una vez que esté lista para tener familia?**

   Los períodos irregulares pueden ser indicativos de desequilibrios hormonales. Por lo tanto, la respuesta es sí, su riesgo de presentar problemas de infertilidad es más alto de lo normal. Por ende, lo mejor es que le pida a su médico que revise su estado hormonal desde ahora.

3. **¿Usted y su esposo han sido tratados varias veces en el pasado por enfermedades de transmisión sexual (o *STD* por sus siglas en inglés)?**

Algunas mujeres simplemente no pueden usar sus propios óvulos. "Los óvulos viejos realmente pueden dificultar las cosas", dice el Dr. Adamson. Usar un óvulo donado por una mujer más joven a menudo eleva significativamente la probabilidad que tiene una mujer de mayor edad de llevar un embarazo exitoso.

La mayoría de los doctores piensan que no hay mucho que se pueda hacer para mejorar la calidad de un óvulo viejo. Sin embargo, otros piensan que la mujer misma puede hacer que aumenten sus probabilidades al darle un buen "nido" al óvulo y al nutrirse de manera óptima durante el período en que el óvulo está madurando en el ovario.

Los antecedentes clínicos de una STD los ponen a ambos en riesgo de presentar problemas de infertilidad. (Los problemas masculinos representan del 30 al 40 por ciento de todos los casos de infertilidad). A veces, el problema puede ser que no se haya tratado correctamente una STD, pero los antibióticos, tomados de la manera correcta, pueden ayudar a prevenir un problema de infertilidad.

4. ¿Ha tenido dos abortos espontáneos durante el último año y está preocupada de su capacidad de llevar un embarazo a término?

Esto a veces puede corregirse. Consulte a un médico antes de intentarlo de nuevo.

5. ¿Parece tener vello facial o corporal que le crece conforme a un patrón masculino? ¿Le siguen saliendo granos (barros) a pesar de que ya pasó por la pubertad hace mucho tiempo? ¿Está un poco regordeta? ¿Ha tenido menstruaciones anormales desde más o menos los 25 años de edad?

Debe pedirle a su médico que la revise para descartar la posibilidad de que padezca el síndrome de ovarios poliquísticos, que es una causa común, pero tratable, de infertilidad en mujeres jóvenes.

"Los doctores que se especializan en fertilidad pueden ser capaces de lograr que una mujer mayor ovule, pero no consideran el ambiente en su conjunto y no mejoran el estado nutricional de la mujer, por lo que a menudo presentan una alta tasa de fracaso", dice la Dra. Serafina Corsello, directora de los Corsello Centers for Integrative Medicine en la ciudad de Nueva York y Melville, Nueva York.

"Se puede mejorar la calidad de un óvulo mas viejo, pero aún más importante es el hecho de que se puede mejorar el ambiente en el cual va a ser recibido, al asegurar que la mujer tenga niveles óptimos de los nutrientes que necesitará el óvulo fertilizado cuando sus células se estén dividiendo rápidamente en el útero", agrega. A continuación están las recomendaciones de la Dra. Corsello para una fertilidad óptima.

Pruebe el agnocasto. Esta hierba, que también se conoce como sauzgatillo o *chasteberry*, actúa de manera indirecta para modificar el equilibrio hormonal en el cuerpo, dice la Dra. Corsello. "Estimula la glándula pituitaria para que aumente la producción de hormona luteinizante, cuyo resultado son niveles más elevados de progesterona durante la segunda fase del ciclo menstrual de una mujer, la cual se llama fase lútea", dice.

La progesterona es importante para la fertilidad porque ayuda a que se desarrolle un revestimiento uterino grueso y rico en sangre en el cual pueda implantarse un óvulo fertilizado. Los estudios de investigación han mostrado un aumento en los niveles de progesterona durante la terapia con agnocasto. Muchas mujeres entre los 30 y 45 años de edad ya presentan una disminución en el nivel de progesterona, dice la Dra. Corsello. Esto puede causar que sus ciclos sean más cortos e imposibilitar la implantación de un óvulo fertilizado.

El agnocasto también disminuye los niveles de prolactina, que es la hormona que estimula al tejido de la glándula mamaria para que produzca leche y que, cuando está presente en cantidades excesivas, puede inhibir la ovulación. Los niveles de prolactina aumentan bajo cualquier tipo de estrés. En un estudio de investigación acerca del dolor en los senos, se encontró que el agnocasto funcionaba igualmente bien que la bromocriptina, un fármaco que se utiliza para bajar los niveles de prolactina.

"Es posible que los niveles bajos de progesterona y altos de prolactina desempeñen un papel más importante de lo que muchos imaginan en la fertilidad", dice la Dra. Corsello. En un estudio de investigación, los niveles bajos de progesterona y los niveles altos de prolactina se diagnosticaron como la causa de infertilidad en el 62 por ciento de 753 mujeres.

Los estudios de investigación muestran que el agnocasto es razonablemente seguro, incluso cuando se toma durante períodos prolongados, aunque puede reducir la eficacia de las pastillas anticonceptivas. Aunque el agnocasto generalmente no se recomienda durante el embarazo, se ha empleado para prevenir abortos espontáneos durante el primer trimestre de embarazo en mujeres con insuficiencia de progesterona. "Yo lo empleo en mujeres que están tratando de concebir y luego prefiero utilizar cantidades adecuadas de progesterona natural micronizada (en polvo) para mantener el embarazo", dice la Dra. Corsello. Debe usar agnocasto durante varios meses antes de tratar de quedar embarazada. La dosis estándar es de 40 gotas de extracto estandarizado una vez al día o una cápsula de 650 miligramos hasta tres veces al día.

Agregue progesterona. "La progesterona en realidad es la hormona 'progestacional' y es muy importante para mantener el embarazo en sus etapas tempranas porque promueve la formación de un revestimiento uterino saludable", dice la Dra. Corsello. Si tiene un nivel bajo de progesterona, puede llegar a quedar "embarazada" y nunca darse cuenta, porque el huevo fertilizado nunca se implanta correctamente. Es posible que su menstruación le llegue unos cuantos días tarde, acompañada de dolores menstruales más fuertes de lo normal y flujo un poco más abundante de lo usual, pero en realidad fue un aborto temprano.

Esto se puede prevenir tomando progesterona durante la segunda mitad del ciclo menstrual, en la forma de progesterona oral micronizada, por ejemplo, el producto que se vende con receta llamado *Prometrium*. También puede emplear una crema de progesterona. Si sospecha que acaba de quedar embarazada y ya ha tenido abortos espontáneos en el pasado, hable con su médico acerca de la posibilidad de usar supositorios de progesterona para elevar su progesterona a un nivel que le permita mantener el embarazo inicialmente, dice la Dra. Corsello. (Para problemas de fertilidad, es mejor usar progesterona bajo supervisión médica, porque no es fácil determinar la dosis correcta. La Dra. Corsello determina las dosis mediante pruebas en sangre).

Nútrase "súper bien". Los expertos saben más acerca de lo que debe comer una vez que está embarazada que lo que debería comer cuando está tratando de concebir. Pero algo que sí saben con certeza es que la deficiencia de ácido fólico al momento de la concepción y poco tiempo después de la misma puede causar defectos congénitos. (También existen pruebas de que la deficiencia de ácido fólico puede causar abortos espontáneos). Los doctores aconsejan que las mujeres comiencen a tomar 400 microgramos de ácido fólico al día, tres meses antes de que dejen de usar algún método de control natal y luego que sigan tomándolo mientras estén tratando de concebir. Debe continuar la misma dosis diaria durante al menos los tres primeros meses de embarazo.

Pero también hay otros nutrientes que desempeñan un papel importante en la fertilidad y la concepción, dice la Dra. Corsello. Por ejemplo, la primera vez que se detectó lo esencial que es la vitamina E fue cuando se observó que en los animales hembras embarazadas que tenían una deficiencia de vitamina E se reabsorbía el feto en el útero, evitando que estos pudieran tener crías. Pero estos animales recuperaban la fertilidad al darles incluso una sola gota de aceite de germen de trigo rico en vitamina E. De hecho, el nombre científico de la vitamina E, tocoferol, viene de las palabras griegas que significan "tener descendencia".

Lo mejor es comer sanamente para asegurarse de obtener todos los nutrientes que pueda llegar a necesitar. Esto significa tener una alimentación saludable que incluya al menos cinco raciones de frutas y verduras, junto con cereales integrales y algo de proteína de alta calidad, como carne, pescado, huevo y leche. Si necesita hacerlo, debe bajar de peso antes de tratar de quedar embarazada. La mayoría de los doctores recomiendan que las mujeres tomen un suplemento vitamínico prenatal que satisfaga sus requerimientos de ácido fólico y vitamina E, y que además les suministre todas las demás vitaminas y minerales. Revise la etiqueta del suplemento para verificar qué porcentaje contiene de la Cantidad Diaria Recomendada de cada vitamina. Recuerde, cada una es esencial para la vida. Esa es la definición de una vitamina. Y son esenciales para crear una vida nueva.

Un síndrome que va en aumento

En mujeres jóvenes, la principal causa de infertilidad es el síndrome de ovarios poliquísticos (o *PCOS* por sus siglas en inglés). El PCOS afecta a una de cada 10 a 20 mujeres de edad fértil en los Estados Unidos. En la mayoría de los casos, una mujer no se da cuenta que padece este síndrome hasta que busca tratamiento para la infertilidad.

El PCOS se llama así por la apariencia de los ovarios, los cuales se cubren de quistes, que son estructuras llenas de líquidos que se asemejan a las ampollas y que se forman en la superficie de los ovarios. Lo que normalmente ocurre a lo largo del ciclo menstrual es que crece un folículo ovárico, eventualmente libera un óvulo y luego se disuelve. Cuando este proceso no ocurre de manera normal, los folículos pueden seguir creciendo y con el tiempo, llegan a formar quistes. Esto es lo que ocurre en el PCOS.

Además de infertilidad, las mujeres que padecen PCOS a menudo tienen períodos irregulares, acné, piel grasosa y crecimiento de vello siguiendo el patrón masculino, es decir, crecimiento de vello facial o abdominal. (Es menos probable que las mujeres blancas de ascendencia de los países de Europa del Norte y las mujeres asiáticas presenten crecimiento inusual de vello). Algunas tienen sobrepeso y la mayoría son resistentes a la insulina, o sea, sus células no dejan que la insulina trabaje normalmente. Por lo tanto, muchas de ellas presentan niveles elevados de insulina y azúcar en sangre, especialmente después de comer alimentos ricos en glucosa.

Nadie sabe la causa exacta del PCOS, pero es probable que una tendencia genética sea la que haga que las cosas empiecen a funcionar mal, dice el Dr. Walter Futterweit, profesor clínico de Medicina de la división de endocrinología de la Escuela de Medicina Mount Sinai en la ciudad de Nueva York. Sin embargo, hay algo que sí se sabe a ciencia cierta, dice. "El aumento de peso y la resistencia a la insulina desempeñan un papel clave en perpetuar la enfermedad".

El aumento de peso hace que disminuya la sensibilidad a la insulina de las células del cuerpo y, por lo tanto, hace que se eleve el nivel de insulina. Los niveles elevados de insulina, a su vez, provocan una mayor producción de andrógenos en los ovarios. Los niveles elevados de insulina también potencian los efectos de los andrógenos, causando síntomas de masculinización y quizá también un mayor apetito y tendencia a subir de peso. "Las mujeres que padecen PCOS a menudo dicen que les es difícil bajar de peso y, de hecho, es posible que la química de su cuerpo esté actuando en su contra —dice el Dr. Futterweit—. Han caído en un círculo vicioso difícil de romper".

He aquí lo que recomiendan los expertos para la PCOS.

Si tiene sobrepeso, adelgace. Alrededor del 50 al 60 por ciento de mujeres que padecen PCOS son obesas, y para estas mujeres, perder tan sólo 10 ó 15 libras (5 ó 7 kg) de peso puede ser suficiente para disminuir la resistencia a la insulina, normalizar los ciclos menstruales, reducir los síntomas que causa el exceso de andrógenos y disminuir el riesgo de contraer enfermedades cardíacas y diabetes. Además, "incluso una reducción mínima en el peso hace que estas mujeres puedan concebir con más facilidad y que tengan una mejor probabilidad de llevar un embarazo a término", dice el Dr. Futterweit.

Las dietas típicas bajas en grasa no parecen funcionar bien para las mujeres que padecen PCOS, dice Martha McKittrick, R.D., una educadora certificada en diabetes y dietista del Hospital Presbiteriano de Nueva York-Centro Médico Cornell en la ciudad de Nueva York, quien se especializa en trabajar con mujeres que padecen el síndrome de ovarios poliquísticos. "Yo he encontrado que muchas obtienen mejores resultados al seguir una dieta de bajo índice glucémico, lo que significa limitar la cantidad de carbohidratos al 45 por ciento o menos, sólo ingerir carbohidratos ricos en fibra y hechos con cereales integrales, verduras, frijoles (habichuelas) y frutas y limitar el consumo de jugo y azúcar". Muchas mujeres también obtienen mejores resultados al seguir una dieta que incluya más proteína y menos carbohidratos refinados de lo normal y que haga que los niveles de azúcar en sangre se mantengan estables. (Para más detalles acerca de cómo controlar la diabetes mediante la alimentación, vea "Cómo comer para controlar la insulina" en la página 282).

Incluso con estos cambios en la alimentación, las mujeres que padecen PCOS necesitan limitar su ingestión de calorías y cuidarse de no consumir cantidades excesivas de grasa, en especial grasa saturada, dice McKittrick.

Éntrele al ejercicio. El ejercicio va de la mano con la pérdida de peso y es la principal herramienta para mantenerse en su nuevo peso. Tanto el ejercicio aeróbico como el entrenamiento con pesas (para aumentar la masa muscular) disminuyen la resistencia a la insulina, lo cual puede hacer que mejoren otros síntomas del PCOS, dice McKittrick. Y de hecho, el ejercicio es parte del programa para el equilibrio hormonal.

Encuentre a alguien que sepa mucho acerca del PCOS. Pregúntele a cualquier médico, endocrinólogo de la reproducción, ginecólogo o enfermera profesional con quien planee atenderse, qué tanto ha trabajado con mujeres que padecen PCOS.

Si una prueba en sangre revela que usted es resistente a la insulina, pregúntele a su médico acerca de los fármacos sensibilizadores a la insulina. El fármaco que se usa con mayor frecuencia es la metformina (*Glucophage*), el cual disminuye la resistencia a la insulina y los niveles de insulina y testosterona en sangre, ayudando así a limitar la masculinización. La experiencia clínica también sugiere que este fármaco puede ayudar a mujeres que padecen PCOS a quedar embarazadas. Definitivamente vale la pena probarlo durante unos cuantos meses antes de recurrir a los fármacos que inducen la ovulación", dice el Dr. Futterweit. (Los doctores que tratan el PCOS también están esperando que se apruebe un nuevo fármaco sensibilizador a la insulina llamado D-quiro-inositol).

Use pastillas anticonceptivas. Los anticonceptivos orales han sido, durante mucho tiempo, la principal terapia para tratar el PCOS y se siguen usando para regular la menstruación, suprimir las hormonas masculinas excedentes y evitar que se desarrollen más quistes en los ovarios, dice el Dr. Futterweit. Las mujeres que padecen PCOS deben evitar las pastillas anticonceptivas que contienen una progestina llamada levonorgestrel, la cual produce efectos similares a los de las hormonas masculinas. El mejor anticonceptivo oral que puede tomar en este caso es uno que contenga la progestina llamada norgestimato (que se encuentra en las pastillas de marca *Ortho-Cyclen* y *Ortho Tri-Cyclen*). Suspenda las pastillas uno o dos meses antes de empezar a tratar de embarazarse.

Incluso, unos investigadores japoneses han encontrado que tomar pastillas anticonceptivas durante uno o dos meses antes de tomar una ronda de fármacos estimulantes de la ovulación puede aumentar las probabilidades de que una mujer logre embarazarse. Ellos creen que la píldora anticonceptiva deja que los ovarios "descansen", creando así las condiciones necesarias para que se desarrolle un óvulo sano, con una mayor probabilidad de que se dé un embarazo hasta dos ciclos menstruales después. El uso previo de pastillas anticonceptivas incrementó tanto la tasa de fertilización como el número de óvulos fertilizados que siguieron desarrollándose hacia la etapa preembrionaria, aumentando la probabilidad de una mujer de quedar embarazada del 9 al 23 por ciento.

La diabetes durante el embarazo

Durante el embarazo, algunas mujeres contraen diabetes o lo que se conoce como diabetes gestacional. Esta afección es muy parecida a la diabetes mellitus tipo II (no insulinodependiente) y generalmente se presenta en mujeres con antecedentes familiares de diabetes tipo II, pero casi siempre desaparece una vez que nace el bebé. (Sin embargo, las mujeres que contraen diabetes gestacional presentan una mayor probabilidad de contraer diabetes tipo II más adelante en su vida).

Las pruebas para detectar la diabetes se programan alrededor de la semana 24 a la 28 de embarazo, dado que la resistencia a la insulina ya ha aumentado considerablemente para entonces, y un diagnóstico temprano permite que todavía haya tiempo para su tratamiento.

"No es sólo una sino varias hormonas las que causan problemas, incluyendo el estrógeno, la gonadotropina coriónica humana y el cortisol", dice el Dr. Donald Coustan, profesor y presidente de Obstetricia y Ginecología de la Facultad de Medicina de la Universidad Brown en Providence, Rhode Island. Las hormonas hacen que las células de algunas mujeres se vuelvan resistentes a la acción de la insulina, lo cual a su vez causa que se eleven los niveles de insulina y azúcar en sangre. Esta acción pudo haber sido útil durante las primeras etapas en la evolución del hombre, debido a que, durante épocas en que abundaban los alimentos, la glucosa adicional se iba al feto en desarrollo

Los hombres también sufren cambios hormonales relacionados con el embarazo

Los papás "embarazados", cuando se juntan para autocompadecerse, a menudo bromean sobre su propio aumento de peso, su náusea o sus cambios repentinos de humor durante el embarazo de sus esposas. Ahora, los estudios de investigación han confirmado que los hombres sí presentan cambios hormonales a la par de sus esposas embarazadas. Y como resultado, puede que lleguen a ser mejores padres.

En un estudio de investigación se encontró que los niveles de estradiol, que es una forma de estrógeno que normalmente no puede detectarse en los hombres, se eleva sustancialmente a medida que se acerca la fecha de nacimiento y después del mismo. En otro estudio de investigación, los niveles de prolactina, que es la hormona que sirve para producir leche, se elevaron alrededor de un tercio antes del nacimiento (pero no después). El cortisol, una hormona del estrés, también se elevó antes del nacimiento. Por otra parte, los niveles de testosterona descendieron después del nacimiento.

Estos cambios en los niveles hormonales podrían ser la manera de la Madre Naturaleza de hacer que los hombres se vuelvan menos agresivos, más alertas, más protectores y estén más dispuestos a quedarse con la madre y ayudarla, dice Anne Storey, Ph.D., profesora de Sicología de la Universidad Memorial de Newfoundland, quien realizó uno de estos estudios. "Cambios hormonales similares que ocurren en animales hacen que los machos pasen menos tiempo compitiendo por territorio o atrayendo a hembras nuevas y que pasen más tiempo proveyendo alimentos o manteniendo calientes a sus crías —dice—. Pero no sabemos cuáles son las señales que se transmiten entre las parejas para que se produzca esta sincronización".

Una posibilidad es que los hombres se "sincronicen" mediante unas hormonas, llamadas feromonas, que exudan sus esposas y que son transportadas por el aire, aunque esto sólo es especulación, dice la Dra. Storey. "La sincronización de los ciclos menstruales que se ha observado en mujeres que viven juntas podría deberse a la influencia que las feromonas de unas tienen sobre las otras, de modo que es posible que las feromonas también ayuden a sincronizar las hormonas de una pareja", dice. Y si ese es el caso, pasar mucho tiempo juntos antes del nacimiento podría ser una buena manera de "preparar" a papá para su nuevo papel, dice. "Yo adivino que sí hace que la transición sea más fácil".

en lugar de que la usara la madre. Pero en la actualidad, la diabetes gestacional hace que los bebés crezcan demasiado, lo cual puede causar problemas a la hora del parto. (Hoy en día, no es muy común que los bebés mueran como resultado de la diabetes gestacional, pero sí era común hace tiempo).

La diabetes gestacional se trata esencialmente de la misma forma en que se trata la diabetes tipo II, salvo que el tratamiento de la diabetes gestacional generalmente no incluye la pérdida de peso, sino simplemente retardar el aumento de peso, dice Jil F. Shangraw, R.D., una dietista clínica del Centro Médico Dartmouth-Hitchcock en Lebanon, New Hampshire. "Nosotros les enseñamos a las mujeres a leer las etiquetas y a contar carbohidratos, y les pedimos que ingieran menos carbohidratos y más proteínas", dice. Estas mujeres deben hacer tres meriendas (refrigerios, tentempiés) y tres comidas al día. Cada comida debe incluir proteína y de 45 a 70 gramos de carbohidratos. Cada merienda debe contener una mezcla de proteínas y de 15 a 30 gramos de carbohidratos (un pedazo de pan o fruta, dos galletitas pequeñas o ½ taza de helado contienen 15 gramos de carbohidratos).

Las mujeres que Shangraw atiende a menudo son "adictas al jugo". "Ellas saben que no deben tomar mucho refresco, pero piensan que pueden beber la cantidad de jugo que quieran, aunque el jugo contiene tanta azúcar como el refresco", dice. Si bien es cierto que consumir mucha azúcar no *causa* la diabetes, sí puede causar problemas en alguien que tiene propensión a contraer esta enfermedad, dice.

Los medicamentos orales para controlar la diabetes generalmente les están prohibidos a las mujeres embarazadas por el riesgo potencial de muerte fetal o defectos congénitos. Por tanto, ellas deben emplear inyecciones de insulina para controlar su nivel de azúcar en sangre si la dieta y el ejercicio no les funcionan. Pero, dice Shangraw, "si lo detectamos a tiempo, los cambios en la alimentación funcionan muy bien en la mayoría de las mujeres. Casi ninguna de las mujeres que padecen diabetes gestacional tienen que tomar insulina".

Los estudios de investigación más recientes indican que la gliburida, un medicamento que comúnmente se toma para controlar la diabetes, puede tomarse con seguridad durante los últimos 6 meses de embarazo, en caso de que sea necesario. Este fármaco funciona al provocar que el páncreas secrete insulina.

La depresión posparto

Los altos niveles de hormonas que pueden hacer que una mujer embarazada resplandezca caen drásticamente después del parto y pueden tardar algo de tiempo en regresar a la normalidad, dice la Dra. Deborah Sichel, una instructora de Siquiatría de la Facultad de Medicina de Harvard. Esta caída abrupta puede provocar un período de ansiedad, irritabilidad y melancolía en la mayoría de las mujeres durante una a dos semanas después del parto. Pero algunas mujeres que son más sensibles a los cambios hormonales pueden, con el tiempo, hundirse en una verdadera depresión después del nacimiento de un hijo. Marie Osmond, una cantante bien conocida que se hizo aún más famosa por la depresión posparto (o *PPD* por sus siglas en inglés), ha dado entrevistas para revistas y programas de televisión acerca de su dramática experiencia con la depresión posparto tras el nacimiento de su séptimo hijo, Matthew, en 1999.

El tratamiento usual para la depresión posparto es el mismo que se usa para tratar la depresión normal: los antidepresivos. En el pasado se usaba la terapia de reposición hormonal —estrógeno o progesterona—, aunque a veces se sigue usando en la actualidad. Pero, dice la Dra. Sichel, "los antidepresivos funcionan mejor a la larga. Ayudan a restaurar la química del cerebro de una forma en que las hormonas no pueden hacerlo, es decir, tratan el cuadro completo y no sólo un síntoma del mismo. Las hormonas generalmente se corrigen solitas una vez que los antidepresivos empiezan a actuar".

Estos son los casos en los que quizá necesite un poco de ayuda hormonal.

Si ha tenido depresión posparto en el pasado y quiere prevenirla en su siguiente embarazo: algunos doctores recetan parches de estrógeno poco después del parto para evitar que una mujer caiga en la depresión posparto.

Si ha estado tomando antidepresivos y no ha sentido gran mejoría: usar un parche de estrógeno durante un tiempo puede ayudar a que los antidepresivos funcionen mejor, dice la Dra. Sichel.

Si empezó a tomar anticonceptivos orales poco después del parto: tal vez tenga que suspenderlos. "Es posible que tomar pastillas anticonceptivas no sea una buena idea para una mujer con PPD —dice la Dra. Sichel—. Si intentamos tratar a mujeres que están tomando pastillas anticonceptivas con antidepresivos, encontramos que las pastillas anticonceptivas en realidad pueden hacer que empeore la situación". Ella cree que lo que causa este problema es la progestina (progesterona sintética) que contiene la fórmula de los anticonceptivos orales.

Si está amamantando: tenga presente que amamantar puede contribuir a la depresión posparto, dice la Dra. Sichel. Los niveles de prolactina se mantienen altos en las mujeres que amamantan y la prolactina hace que disminuyan los niveles de estrógeno. "Nunca le decimos a una mujer que deje de amamantar, dado que esto es enormemente beneficioso para el bebé, pero sí podemos indicarle medicamentos antidepresivos que sean compatibles con la lactancia", dice. Estos antidepresivos compatibles incluyen la sertralina (*Zoloft*), la fluoxetina (*Prozac*) y la paroxetina (*Paxil*). La Dra. Sichel también aconseja que las mujeres se saquen y desechen la leche materna alrededor de 8 horas después de tomar un antidepresivo, dado que esa leche tiende a contener los niveles más altos del fármaco.

Si no sólo está deprimida, sino también completamente exhausta: pídale a su médico que le revise sus niveles de hormonas tiroideas. "Un número considerable de mujeres presentan hipofuncionamiento tiroideo después del embarazo y la baja actividad tiroidea puede causar depresión u ocultarse detrás de una depresión", dice el Dr. Ricardo Fernández, director médico de Princeton Family Care Associates en Nueva Jersey y miembro del consejo de Depression After Delivery (D.A.D.), un grupo de autoayuda para mamás. (Vea la dirección del sitio *web* de esta organización en la sección "En la Internet y otros recursos" abajo). Corregir los problemas de la tiroides también ayuda a que funcionen mejor los antidepresivos.

En la Internet — *y otros recursos*

↬ Para informarse acerca de la depresión posparto, llame al número telefónico que aparece a continuación, deje su nombre y dirección y le enviarán por correo un paquete informativo. También puede adquirir un folleto escribiendo a la dirección siguiente.

Depression After Delivery (D.A.D.)
Depression After Delivery Inc.
Brochure
91 East Somerset St.
Raritan, NJ 08869
(800) 944-4773
www.depressionafterdelivery.com

↬ Para revisar la información médica que existe acerca del síndrome de ovarios poliquísticos (o *PCOS* por sus siglas en inglés), póngase en contacto con la siguiente organización (la cual también patrocina grupos de apoyo para mujeres con PCOS a lo largo de los Estados Unidos):

American Infertility Association
666 Fifth Avenue
Suite 278
New York, NY 10103
(888) 917-3777
www.americaninfertility.org

↬ Para pedir información acerca de la fertilidad, póngase en contacto con:

RESOLVE*
1310 Broadway
Somerville, MA 02144
www.resolve.org

Ofrece información en español.

CAPÍTULO 10

PERIMENOPAUSIA:
el cambio antes del cambio

L a mayoría de las mujeres no llegan repentinamente a la menopausia un
día en el que sus períodos menstruales se suspenden permanentemente
sin previo aviso. En vez de eso, pasan por años en los que sus niveles hormonales suben y bajan drásticamente de manera impredecible, sus períodos se
vuelven erráticos, más cortos, con flujo más o menos abundante, o simplemente
no llegan cuando deberían. La mayoría de las mujeres presentan sofocos (bochornos, calentones) y cambios repentinos de humor en mayor o menor grado.
Algunas empiezan a presentar los síntomas del síndrome premenstrual.

La perimenopausia, que ahora se define oficialmente como el período de 2
a 8 años antes de la menopausia hasta 1 año después de la última menstruación, normalmente comienza cuando la mujer está en la cuarentena, aunque
puede empezar en la treintena con cambios sutiles que lentamente se van tor-
nado más evidentes. Las fluctuaciones en el nivel de estrógeno pueden llegar
a ser extremas, elevándose a niveles similares a los que se observan durante las
primeras etapas del embarazo, para luego descender durante períodos prolongados. Algunos problemas de salud que se ven influenciados por las hormonas, como las migrañas, la endometriosis y los fibromas, empeoran durante
esta época pero frecuentemente mejoran una vez que la mujer entra a la etapa
posmenopáusica.

El grado de intensidad de estos síntomas o lo bien o mal que una mujer
puede lidiar con ellos varía de una mujer a otra. Algunas toman la situación con
calma sin emplear medidas extraordinarias, pues saben que con el tiempo, las
cosas se tranquilizarán. "Hacer nada" siempre es una opción. Pero ahora que la
menopausia ha dejado de ser un tabú y que hay más opciones disponibles que
nunca antes, incluyendo alternativas seguras y eficaces a los fármacos, "cada vez

son menos las mujeres que se 'aguantan como los machos' —dice la Dra. Nanette Santoro, profesora de Obstetricia y Ginecología de la Escuela de Medicina Albert Einstein en el Bronx—. Para algunas mujeres, quizá sea una muy buena idea que tomen algo de hormonas durante esta época para que no les sea tan difícil el camino. Especialmente para el alivio a corto plazo, las hormonas son una opción muy razonable que se debe considerar y que no implican los problemas a largo plazo (como cáncer de mama) que puede causar la terapia de reposición hormonal posmenopáusica".

Incluso existe un lado positivo potencial de esta situación, dice Ann Webster, Ph.D., directora del Programa de Menopausia/Perimenopausia del Centro de Salud de Mente y Cuerpo para Mujeres del Centro Médico Beth Israel Deaconess en Boston. "De cualquier modo, este es un período de transición y con un poco de aliento, las mujeres pueden hacer grandes cambios y crearse una vida más satisfactoria", dice. Romper con una relación conflictiva o regresar a la escuela para terminar sus estudios funciona tan bien como cualquier pastilla para levantarlas sicológicamente, dice. "Algunas mujeres realmente florecen".

Las mujeres que buscan otras alternativas —ya sea dietéticas, cambios en su estilo de vida y otras similares— probablemente encontrarán una combinación de cosas que les funcionen mejor a ellas. Y debido a que esta es una época de transición, aquello que la hace sentirse mejor puede ir cambiando a medida que va cambiando su cuerpo, desde principios de la cuarentena hasta principios de la cincuentena, dice la Dra. Connie Catellani, directora del Miro Center for Integrative Medicine en Evanston, Illinois. "Al principio, es posible que lo único que necesite es hacer cambios en su alimentación y estilo de vida. Pero más adelante, quizá quiera agregar algunas hormonas naturales o hierbas". Pero de igual modo se verá beneficiada a la larga.

"Los cambios en su alimentación le ayudan a que sus huesos se mantengan fuertes y también le ayudan a prevenir el cáncer y las enfermedades cardíacas", dice la Dra. Hope Ricciotti, una ginecóloga/obstetra del Centro Médico Beth Israel Deaconess en Boston. Los alimentos como la soya y la semilla de lino (linaza, *flaxseed*) son los que contienen los más altos niveles de fitoestrógenos, los cuales son sustancias de origen vegetal que son químicamente similares a la hormona estrógeno en humanos.

He aquí las principales recomendaciones que dan los expertos para esta época de la vida.

Saboree la soya. La soya contiene un tipo de fitoestrógenos llamados isoflavonas. "Aunque las isoflavonas se han aislado de la soya y se usan para hacer suplementos nutricionales que pueden aliviar los sofocos, algunos expertos

¿Qué está pasando?

Los cambios que se relacionan con la perimenopausia pueden ser sutiles, dramáticos o algo intermedio entre estos dos extremos. O quizá esté pasando por otra cosa completamente diferente. Las afecciones que no guardan relación alguna con la perimenopausia —como la obesidad, la diabetes, los trastornos de la tiroides o la presión arterial alta— a menudo aparecen en la edad madura. Conteste las preguntas siguientes para que le ayuden a determinar su estado actual.

1. **¿Ha notado que pese a que sus períodos solían ser bastante regulares, ahora no tiene manera de predecir cuándo le llegará, cuánto le durará o qué tan abundante será el flujo menstrual?**

   Usted no está ovulando con regularidad, por lo que el nivel de progesterona, que es la hormona que regula la segunda mitad de su ciclo menstrual (la fase lútea) a menudo es bajo. Esto conduce a todo tipo de irregularidades. Su ciclo menstrual puede ser de 3 a 7 días más corto, quizá como resultado de que la ovulación haya tenido lugar antes del día 14 de su ciclo. Algunas mujeres pueden llegar a saltarse varios ciclos y, luego, para su sorpresa, volver a tener ciclos regulares. Otras pueden tener manchado irregular o ciclos menstruales regulares hasta que llegan a la menopausia.

   Dicho lo anterior, si sus ciclos menstruales duran menos de 3 semanas o si mancha entre un período y otro, consulte a su médico. Lo mismo cabe decir en el caso de que tenga un flujo menstrual más abundante de lo usual, hemorragia uterina prolongada (de 1½ a 2 veces el tiempo que solía durar su período) o sangramiento después del coito.

siguen recomendando que ingiera isoflavonas a partir de los alimentos como tales", dice la Dra. Ricciotti. Algunos datos sí apoyan el uso de suplementos, especialmente para aliviar los sofocos, pero se ha comprobado la seguridad de los alimentos de soya, los cuales pueden llegar a ser incluso más eficaces a la larga para la salud cardiovascular y ósea. Los estudios de investigación sugieren que para reducir los sofocos en un 40 por ciento, necesita comer de 3 a 4 onzas (84 a 112 gramos) de soya al día. Pruebe el *tofu* suave (en inglés, *silken tofu*) o el *tofu* firme (en inglés, *firm tofu*), la leche de soya o la soya en polvo, la cual se puede mezclar con jugo o agua.

2. ¿Se está sintiendo que en lo que concierne a las relaciones sexuales, preferiría dejar de tenerlas? ¿Y que los rapidines dejaron de ser una posibilidad porque ahora necesita más tiempo que nunca para excitarse?

Los niveles de la hormona sexual femenina llamada estrógeno están descendiendo, al igual que los niveles de testosterona, la cual está presente en pequeñas cantidades en las mujeres. El nivel de testosterona, llamada la hormona del deseo, disminuye alrededor del 50 por ciento en las mujeres de los 20 a los 40 años de edad.

3. ¿Se está dando cuenta de que, pese a que nunca había tenido problemas con el síndrome premenstrual, ahora se está empezando a preguntar si está pagando por todos esos ciclos durante los cuales seguía siendo una mujer amable?

Las mujeres que presentan los síntomas del síndrome premenstrual por primera vez a mediados de la treintena o más adelante en realidad podrían estar experimentando los síntomas de la perimenopausia.

4. ¿A veces se despierta a media noche sintiéndose acalorada, sudorosa e incómoda, pero es la única que está sufriendo los efectos de la onda de calor?

Muchas mujeres tienen sus primeros sofocos (bochornos, calentones) en la noche y se despiertan preguntándose qué les está pasando.

(continúa en la página 176)

Sírvase semillas de lino. La semilla de lino contiene unos compuestos llamados lignanos que también son fitoestrógenos y que pueden hacer algunas de las mismas cosas que hacen las isoflavonas, ayudando así a estabilizar los niveles hormonales, dice la Dra. Catellani. Además, la semilla de lino es una fuente rica en ácido alfa-linolénico, que es esencial para la salud de la piel. (Incluso se agrega al alimento de los elefantes y rinocerontes que están en los zoológicos para que conserven una piel saludable). Agregue diariamente a su cereal caliente o a un licuado (batido) una cucharada de semillas de lino molidas en la licuadora (batidora). Debido a que las semillas de lino se arrancian

5. ¿Ha pasado por episodios largos de cansancio y pérdida de interés en sus actividades normales? ¿Se siente triste e irritable?

Quizá necesite que su médico le recete progesterona (idéntica a la que se sintetiza naturalmente en nuestro cuerpo), en vez de que le recete Prozac. La caída en los niveles hormonales puede influir en la depresión, en cuyo caso podría serle útil la terapia de reposición hormonal. Pero debe consultar a su doctor para que él revise si usted presenta las señales de una depresión clínica, un desequilibrio tiroideo u otras causas posibles (y tratables).

6. ¿Ha notado últimamente que su cerebro está nublado o que su pensamiento es confuso y que su mente ya no es tan clara como lo era antes?

No se resigne a sentirse así sólo por el hecho de que es probable que esté entrando a la perimenopausia. Pídale a su médico que le revise la glándula tiroides, especialmente si también se ha estado sintiendo cansada. El hipotiroidismo puede provocar síntomas mentales y amplificar los síntomas de la perimenopausia.

7. ¿Se despierta por las mañanas pensando, "Odio mi cuerpo. No puedo soportar lo que me está pasando. Estoy perdiendo mi atractivo. Esto es verdaderamente espantoso"?

con rapidez, guárdelas en frascos bien tapados en el refrigerador. Sólo muela las que vaya a necesitar en el momento.

Fortalezca sus huesos con calcio y vitamina D. Quizá todavía esté a tiempo de depositar un poco más de hueso en el banco para evitar que disminuya su densidad ósea o que le dé una franca osteoporosis relacionada con la menopausia. Pero a menos que le encante tomar leche, es probable que necesite tomar suplementos para lograrlo. Asegúrese de obtener la Cantidad Diaria Recomendada de 1,000 miligramos de calcio al día (más si está tomando fármacos esteroides para el asma) y de 400 a 800 microgramos de vitamina D. Si tiene más de 50 años de edad, los expertos recomiendan 1,200 miligramos de calcio al día.

Usted está viviendo la perimenopausia como si fuera una verdadera catástrofe y probablemente podría verse beneficiada de las técnicas de aceptación o ajuste de actitud, de las cuales hablamos en la página 186. Si usted nota que está aumentando de peso o perdiendo su figura, es probable que los cambios hormonales tengan algo que ver. Pase al Capítulo 6 donde le damos un programa alimenticio que ha sido diseñado para contrarrestar esos cambios.

8. **¿Usted y su esposo parecen tener más desacuerdos que antes y parecen exasperar el uno al otro con mucha frecuencia? ¿Le preocupa que su esposo decida agarrar otro camino ahora que usted se está encaminando hacia la menopausia?**

No le eche la culpa a la perimenopausia por los problemas en su relación. Este período de transición puede hacer que las cosas le sean más claras, provocando así que surjan problemas en su relación que pudieron haber estado latentes. Pero la perimenopausia no creará nada nuevo. Para las relaciones en que lo mejor sería que terminaran, este podría ser el principio del fin. En el caso de relaciones sólidas, será una época para evaluar hasta dónde han llegado y qué es lo que quieren del otro. (Para más detalles sobre cómo hablar con su esposo acerca de la perimenopausia, vea la página 188).

Aproveche las hierbas

Antes de considerar tomar hormonas para los cambios perimenopáusicos, quizá quiera darles una oportunidad a las hierbas, dice la Dra. Catellani. Las siguientes son dos de las hierbas favoritas para la perimenopausia.

Cimifuga negra. Los estudios de investigación que se han enfocado en el extracto estandarizado de cimifuga negra (hierba de la chinche, *black cohosh*) han encontrado que funciona igual de bien que el estrógeno sintético (*Premarin*) para reducir los síntomas físicos de la menopausia y que también es comparable tanto con el estrógeno como con el diazepam (*Valium*) para mejorar los problemas sicológicos. También es útil para tratar el síndrome premenstrual, dice la Dra. Catellani. "Parece disminuir los síntomas causados por el exceso de estrógeno y también mejora los síntomas provocados por la deficiencia de estrógeno. Por lo tanto, esta hierba es muy buena para el síndrome premenstrual y los dolores (cólicos) menstruales, los sofocos, los cambios repentinos de humor, y todo lo que la haga sentir como que algo anda mal con sus hormonas —dice la Dra. Catellani—. Para tratar los síntomas perimenopáusicos, yo probaría primero la cimifuga negra junto con cambios en la alimentación y en el estilo de vida, antes de probar otras cosas".

La dosis de extracto estandarizado de cimifuga negra que frecuentemente se usa es de ½ a 1 cucharadita (de 60 a 120 gotas) dos veces al día. (El compuesto con base en el cual se estandariza la cimifuga negra se conoce como desoxiacteína, que en inglés se llama *deoxyacteine*). En Alemania, un país en el que se hace gran uso de esta hierba, una agencia que regula el uso de fármacos considera que

---

La conexión hormonal

Un coeficiente intelectual elevado podría ser indicativo de una menopausia tardía

Entre más inteligente haya sido de niña, más se tardará en llegar a la menopausia, según los investigadores que realizaron la Encuesta Nacional de Salud y Desarrollo del Consejo de Investigación Médica de Gran Bretaña. Ellos han estado estudiando a alrededor de 1,600 mujeres desde que nacieron en 1946. Basándose en pruebas para medir el coeficiente intelectual que se les aplicaron a los 8 años de edad, la menopausia ocurría antes de los 50 años de edad en el 26 por ciento de las mujeres que tenían la capacidad mental más baja, en el 21 por ciento de las mujeres con capacidad intermedia y en el 16 por ciento de las mujeres con la capacidad mental más elevada.

Incluso después de que los investigadores tomaron en consideración otros factores como el tabaquismo, el nivel social y la educación, esta correlación permaneció.

"Sabemos que el estrógeno y otras hormonas esteroídicas ayudan a programar el desarrollo del cerebro durante las primeras etapas de la vida —dice Marcus Richards, Ph.D., del Consejo de Investigación Médica y catedrático honorario sénior del Colegio Universitario de Londres—. Por lo tanto, pensamos que la medición de la capacidad mental a una edad temprana puede dar pistas sobre el papel que desempeña el cerebro en el envejecimiento del aparato reproductor".

la cimifuga negra es segura para ser empleada por mujeres con cánceres sensibles al estrógeno, así como con hemorragia uterina, enfermedades hepáticas o de la vesícula biliar, endometriosis, fibromas uterinos y la enfermedad fibroquística del seno, todos los cuales son afecciones que imposibilitan el uso de hormonas sintéticas. Debido a que las dosis de cimifuga negra son altamente individualizadas, hable con el profesional de la salud que la esté atendiendo para que él o ella le indique cuál es la dosis correcta para usted, dice la Dra. Catellani.

Agnocasto. Esta hierba, que también se conoce como sauzgatillo o *chasteberry*, se puede usar durante la perimenopausia para tratar la hemorragia irregular, independientemente de que el flujo sea frecuente o poco frecuente, abundante o escaso, de duración larga o breve. "Actúa sobre el hipotálamo y la glándula pituitaria para estimular la liberación de hormona luteinizante, lo que da por resultado mayores niveles de progesterona durante la segunda fase del ciclo menstrual de una mujer", dice la Dra. Serafina Corsello, directora de los Corsello Centers for Integrative Medicine en la ciudad de Nueva York y Melville, Nueva York. "Cuando hay una deficiencia de progesterona, el estrógeno sigue predominando durante la fase lútea del ciclo, contribuyendo a la aparición de problemas como menstruaciones con flujo muy abundante y síndrome premenstrual", dice. Los estudios de investigación han mostrado un aumento en los niveles de progesterona durante la terapia con agnocasto. En ensayos clínicos, el agnocasto también provocó una disminución en los niveles de una tercera hormona, la prolactina. En exceso, esta hormona puede causar mucha sensibilidad en los senos, desequilibrios en el ciclo menstrual e incluso infertilidad.

El agnocasto se puede tomar en forma de tintura, cápsula, tableta, o infusión. La dosis que se empleó en los ensayos clínicos fue de 40 gotas de extracto estandarizado de agnocasto una o dos veces al día durante un período que puede durar desde 1 hasta 19 meses. En el caso de cápsulas o tabletas, la Dra. Corsello recomienda tomar una cápsula de 650 miligramos hasta tres veces al día o, en forma de tintura, 40 gotas hasta tres veces al día. Cuando el problema es severo, la Dra. Corsello recomienda comenzar con la dosis completa desde el inicio. Para el síndrome premenstrual (o *PMS* por sus siglas en inglés), ella ha visto resultados al cabo de uno o dos ciclos. En el caso de una infusión, beba una taza de dos a tres veces al día, dice.

Use el agnocasto sólo bajo supervisión médica, dice la Dra. Corsello. Si está tratando de regular sus ciclos menstruales, quizá necesite hacerse una biopsia endometrial primero para descartar la posibilidad de que padezca cáncer endometrial. Es mejor que no mezcle el agnocasto con una terapia de reposición hormonal (o *HRT* por sus siglas en inglés), dice la Dra. Corsello. "Se sabe muy poco acerca de la interacción que puede haber entre estos dos". También recuerde que el agnocasto puede contrarrestar la eficacia de las pastillas anticonceptivas.

(*Nota*: Una tintura o *tincture* es un líquido herbario muy concentrado. Se

---

➳ ESCAPE DEL INFIERNO HORMONAL ➳

Su menstruación está totalmente fuera de control

Pregunta: *Cuando estaba en la veintena y la treintena, mis períodos llegaban tan regularmente como las cuentas. Ahora que tengo 47 años, nunca sé cuándo voy a menstruar. Mi ciclo puede durar desde 21 días hasta 45 días. Lo que es peor, nunca tengo idea si el flujo menstrual va a ser ligero o abundante. Algunos meses simplemente no menstrúo, a veces sólo mancho y otras veces sangro más que nunca. Puedo tolerar la mancha ocasional. ¡Lo que ya no soporto es que, en los momentos más inoportunos, de repente me empiece a bajar como si le hubieran abierto a la llave! Ahí estoy, paradita haciendo fila para pagar en el supermercado, pan y leche en mano, rezando que mi tampón aguante lo suficiente como para que no se empiecen a notar manchas rojas avergonzantes en mis shorts blancos.*

Estoy cansada de andar cargando todo el tiempo con una maleta llena de tampones, toallas femeninas y pantiprotectores cada vez que salgo de viaje, porque nunca estoy segura de qué necesitaré o cuándo lo necesitaré. ¡Odio tener que estar pendiente de mi menstruación semana tras semana!

Agradezco que no me estén dando sofocos (bochornos, calentones) ni otros síntomas perimenopáusicos. Y mi doctor ya descartó la posibilidad de que tuviera fibromas. Pero estas "menstruaciones sorpresa" simplemente no son aceptables. ¿Qué puedo hacer?

La Dra. Marcey Shapiro, una doctora holística y herbolaria de Albany, California, responde: ¡No estás sola! Muchas mujeres de tu edad se quejan de lo mismo. Por fortuna, hay varias maneras de suavizar las fluctuaciones hormonales que son responsables de los períodos irregulares antes de la menopausia.

Comienza con la hierba agnocasto. También conocida como agnocasto (sauzgatillo, *chasteberry*), esta hierba normaliza la fase lútea de tu ciclo, que es la responsable de que la menstruación llegue el día correcto. Prueba tomar una cápsula de 500 miligramos una o dos veces al día, o bien, de ¼ a ½ cucharadita de tintura dos veces al día. Suspende la hierba mientras estés menstruando y luego vuelve a tomarla una vez que haya terminado tu menstruación.

prepara al remojar hojas de una hierba en alcohol o glicerina —lo cual extrae sus propiedades medicinales— durante al menos 6 semanas. Puede conseguir tinturas en las tiendas de productos naturales, donde se venden en frascos pequeños con goteros para administrar las dosis. Asegúrese siempre de guardar las tinturas fuera del alcance de los niños).

Sé paciente; el agnocasto puede tardar hasta 3 meses en regularizar tus períodos y normalizar tu flujo menstrual. Sigue tomando la hierba hasta que tus períodos parezcan irse desvaneciendo durante la menopausia (lo cual generalmente ocurre alrededor de los 51 años de edad en promedio).

Las precauciones que debes tomar y los efectos secundarios del agnocasto son pocos. Sin embargo, esta hierba puede contrarrestar la eficacia de las pastillas anticonceptivas. Algunas mujeres presentan náusea y dolores de cabeza, especialmente aquellas que tienden a ser friolentas. Si te dan dolores de cabeza por tomar agnocasto, toma una hierba "calentadora" como el jengibre en una dosis de una o dos cápsulas de 500 miligramos al día.

Si has estado constantemente estresada, es posible que sufras de agotamiento adrenal, el cual puede causar una sobreproducción de cortisol y una caída en los niveles de hormonas sexuales. Los problemas adrenales pueden ser una de las principales causas de los ciclos menstruales irregulares. Los métodos de relajación como el yoga o la respiración profunda te pueden ayudar. Además,

toma lo siguiente durante 3 a 6 meses, para nutrir tus glándulas suprarrenales:

Ácido pantoténico. Conocido por su capacidad para restaurar el buen funcionamiento adrenal. Toma 100 miligramos de dos a tres veces al día.

Infusión de ortiga. Es empleada por los herbolarios tradicionales para aliviar las glándulas suprarrenales. Agrega una cucharada de ortiga (*stinging nettle*) por cada taza de agua; deja la hierba en infusión durante 10 minutos en agua caliente. Bebe la infusión dos veces al día. Puedes tomar esta infusión a cualquier hora del día, ya que no es estimulante. Si tienes alergias, es probable que tus síntomas empeoren, de modo que será mejor que tomes sólo una dosis al día durante los primeros días.

Raíz de regaliz (orozuz, *licorice*). Se cree que prolonga la acción del cortisol, con lo que evita que las glándulas suprarrenales trabajen en exceso. Toma 100 miligramos de dos a tres veces al día en forma de tintura o cápsula. Suspende su uso al cabo de 4 a 6 semanas, dado que esta hierba puede causar retención de líquido, presión arterial alta causada por la pérdida de potasio o disfunción cardíaca o renal.

Restaure el equilibrio hormonal

Los niveles de estrógeno son erráticos durante la perimenopausia, por lo que medirlos resulta poco confiable. Pero los doctores que ejercen la medicina alternativa tienden a considerar la perimenopausia como una época de predominancia relativa del estrógeno, en comparación con la progesterona, la cual tiende a descender rápida y erráticamente durante los ciclos en que una mujer

En la Internet — *y otros recursos*

↪ Para encontrar a un doctor que aborde la perimenopausia desde un punto de vista integral, póngase en contacto con las siguientes organizaciones, las cuales proporcionan información para los consumidores y/o bases de datos de recursos en las cuales usted puede realizar búsquedas:

American Holistic Medical Association
1201 Menaul Blvd. NE
Suite C
Albequerque, NM 87112
www.holisticmedicine.org

The American Association of Naturopathic Physicians
3201 New Mexico Ave. NW
Suite 350
Washington, DC 20016
www.naturopathic.org

↪ El sitio en Internet de la Asociación de Yoga de los Estados Unidos contiene un directorio completo de maestros de yoga, un catálogo de libros y cintas y ejercicios específicos para cada afección. Usted puede escribirles a la dirección siguiente:

American Yoga Association
PO Box 19986
Sarasota, FL 34276
www.americanyogaassociation.org

↪ La nueva revista de *Yoga Journal* titulada *Source 2001* incluye un directorio anual de maestros de yoga, productos y servicios, asociaciones y programas de capacitación. Contáctelos en la dirección siguiente:

Yoga Journal
2054 University Avenue
Berkeley, CA 94704
www.yogajournal.com

↪ Loretta LaRoche, una consultora en el manejo del estrés y el humor, es la fundadora de The Humor Potential. Ella también contribuye con sus habilidades en el Programa de Perimenopausia/Menopausia del Instituto Médico de Mente y Cuerpo en Boston. Si necesita reírse un poco acerca de la menopausia, el envejecimiento, el ensanchamiento o cualquier otra cosa, póngase en contacto con ella en la dirección siguiente:

no ovula, dice la Dra. Catellani. "Durante los ciclos en que una mujer no ovula, habrá relativamente más estrógeno que progesterona durante la segunda fase del ciclo. Entonces, aunque ambas hormonas van en descenso, la progesterona baja más y con mayor rapidez".

Pruebe la progesterona natural. Para las mujeres que están en la cuarentena y que quizá todavía no necesiten estrógeno, la progesterona natural (idéntica a la que se sintetiza en nuestro cuerpo) por sí sola puede aliviar los sofocos,

LaRoche, Inc.*
50 Court Street
Plymouth, MA 02360
(800) 99-TADAH (998-2324)
www.lorettalaroche.com

✧ El Programa de Perimenopausia/Menopausia del Instituto Médico de Mente y Cuerpo del Centro Médico Beth Israel Deaconess en Boston ha sido diseñado para ayudar a las mujeres a lidiar con la menopausia y sus síntomas. El programa se centra en conductas saludables que pueden ayudar a prevenir las enfermedades cardíacas y la osteoporosis.

Mind/Body Medical Institute*
824 Boylston Street
Chestnut Hill, MA 02467
www.mbmi.org
Haga clic en "*Medical Programs*" (programas médicos), luego avance y haga clic en "*Perimenopause/Menopause Program*" (Programa de Perimenopausia/Menopausia).

Otras fuentes

El *Yoga Site* (Sitio de Yoga) contiene un extenso directorio de maestros en los 50 estados y 17 países en el extranjero. Cada maestro se lista con su dirección postal, número telefónico y dirección de correo electrónico.
www.yogasite.com

Belief Net es un sitio en Internet orientado a la espiritualidad que incluye información acerca de la meditación y que brinda un gran número de vínculos a sitios de yoga que se especializan en lecciones por Internet. Este sitio se encuentra en la siguiente dirección:
www.beliefnet.com

¿Necesita una caricatura sobre los sofocos (bochornos, calentones) o el síndrome premenstrual? Visite la selección de chistes de "Minnie Pauz" en el sitio de Internet de la caricaturista Dee Adams:
www.minniepauz.com

*Ofrece información en español.

ayudar a normalizar los períodos y aliviar los síntomas parecidos a los que produce el PMS, dice la Dra. Catellani.

Puede usar una crema de progesterona que se aplica simplemente frotándola en sus brazos o pecho. Su doctor podrá recomendarle una marca de confianza. (Vea "¿Cuál hormona natural es la indicada para usted?" en la página 236, donde se dan *tips* para comprar esta crema; no todas las marcas que se venden sin receta funcionan. Sólo compre las marcas que digan "*progesterone USP*" en la etiqueta). La dosis típica es de ¼ a ½ cucharadita, dos veces al día. También puede tomar progesterona en pastilla, por ejemplo, *Prometrium*, o las formas que están disponibles en las farmacias donde preparan medicamentos, si así lo prefiere, dice la Dra. Catellani. (El *Prometrium*, que contiene progesterona natural micronizada, se vende sólo con receta médica).

Si todavía menstrúa, debe usar la progesterona de manera cíclica, comenzando de 10 a 12 días antes de su período, y luego suspendiéndola mientras esté menstruando. Sin embargo, si los síntomas del PMS parecen comenzar justo cuando termina su período y se está "sofocando" todo el mes, quizá necesite comenzar a usar la progesterona tan pronto como termine su período. Si sigue teniendo problemas con este programa, entonces puede probar dosis más bajas de progesterona durante su período y dosis más elevadas durante el resto del mes, dice la Dra. Catellani. Consulte al profesional de la salud que la esté atendiendo para que le haga un programa personalizado, dice.

Al cabo de unos meses de usar progesterona, quizá se sienta lo suficientemente estable como para regresar al régimen de 12 días al mes, comenzando a la mitad de su ciclo normal.

El uso de progesterona durante esta época también podría disminuir su riesgo de contraer hiperplasia endometrial (crecimiento exagerado del revestimiento del útero) y cáncer endometrial (cáncer del útero) al seguir manteniendo el estrógeno en equilibrio, dice la Dra. Margery Gass, directora del Centro para la Menopausia y la Osteoporosis del Hospital Universitario en Cincinnati. "Sabemos que si una mujer presenta predominancia de estrógeno durante un período prolongado de su vida, entonces va a ser más propensa al cáncer endometrial —dice la Dra. Gass—. En particular, las mujeres que tienen sobrepeso corren un mayor riesgo de contraer cáncer endometrial, lo cual puede hacer que un doctor decida practicarle una biopsia endometrial más temprano que tarde. Pero si una mujer sólo ha tenido menstruaciones irregulares desde una fecha reciente, creo que vale la pena tratar primero de regular el ciclo con alguna progestina (progesterona sintética) o con progesterona".

Si nada le ha funcionado, agregue estrógeno. En ocasiones, puede que necesite estrógeno para equilibrar las cosas. Los doctores en medicina alternativa prefieren usar triestrógeno (*Tri-est*), que está hecho de tres tipos de estrógeno que se encuentran naturalmente en el cuerpo: estriol, estrona y 17-beta estradiol. El *Tri-est* sólo puede conseguirse en una farmacia donde preparen medicamentos y debe ser preparado según la receta que le dé su doctor. Se puede tomar por la vía oral o también se puede preparar una crema tópica que se frota en la piel para que la hormona se absorba a través de la misma. Los seguros de gastos médicos generalmente no cubren el costo del triestrógeno.

En vez de triestrógeno, algunos doctores recetan parches de estrógeno para aliviar los síntomas durante esta época. En un estudio de investigación reciente, se demostró que el 80 por ciento de las mujeres con depresión relacionadas con la perimenopausia que probaron un parche transdérmico de estrógeno reportaron un alivio total o parcial de sus síntomas. Si todavía tiene útero y usa el parche, también tendrá que tomar progesterona y quizá también necesite algún método de control natal.

Considere los anticonceptivos orales. Si consulta a un doctor convencional para que le dé algo para aliviar los síntomas de la perimenopausia y no fuma ni tiene problemas de coágulos sanguíneos, probablemente le ofrecerá una receta de anticonceptivos orales, dice la Dra. Santoro. "Muchos doctores que atienden a mujeres perimenopáusicas les recetarán anticonceptivos orales sin pensarlo dos veces", dice. Por otra parte, dice, "muchos ginecólogos/obstetras son más cautelosos en cuanto a su uso en mujeres mayores, porque piensan que la dosis es demasiado elevada y que estas mujeres pueden formar coágulos sanguíneos que podrían conducir a un derrame cerebral o un ataque al corazón".

Es cierto que antes se pensaba que los anticonceptivos orales eran algo peligrosos para las mujeres de más de 35 años de edad, especialmente aquellas que fuman, dice la Dra. Santoro. "Pero las nuevas fórmulas de baja dosis, algunas de las cuales contienen tan sólo 20 microgramos de estrógeno, han permitido que el uso de los anticonceptivos orales sea más seguro". La Dirección de Alimentación y Fármacos los ha aprobado para mujeres que no fuman hasta que llegan a la menopausia. (Para las mujeres que fuman, la edad límite sigue siendo los 35 años de edad. Por supuesto, hay miles de razones diversas por las que sería bueno que dejara de fumar, independientemente de la forma de terapia hormonal que esté considerando. Vea el programa para dejar de fumar en "Primera Semana: Si fuma, deje de fumar" en la página 301).

Los anticonceptivos orales son excelentes para regular los ciclos menstruales durante la perimenopausia, pero también pueden causar efectos secundarios, entre los cuales encontramos dolores de cabeza, pérdida del deseo sexual, sensibilidad en los senos y retención de líquidos. (Para decidir si los anticonceptivos orales son una buena opción para usted y para determinar cuál debe tomar, vea el Capítulo 9).

Cambie lo que pueda y acepte lo demás

¿Recuerda la Oración de la Serenidad? Dice así: "Dios, concédeme serenidad para aceptar las cosas que no puedo cambiar, valor para cambiar aquellas que puedo y sabiduría para reconocer la diferencia". Usted la puede usar para abordar cualquier situación en su vida, incluyendo la perimenopausia, dice la Dra. Webster. Tendrá que aceptar el hecho de que está envejeciendo, pero hay mucho que puede hacer para facilitarse el proceso. Esto es lo que ella sugiere.

Aprenda a relajarse. Si siente que el estrés en su vida es como un barril sin fondo, los subibajas de la perimenopausia seguro la harán sentir peor, dice la Dra. Webster. La otra cara de la moneda: al disminuir su respuesta al estrés, usted ayuda a reducir los efectos secundarios como los sofocos, la ansiedad y los problemas de la memoria. "Aprender maneras de relajarse y lidiar con los problemas perimenopáusicos realmente es el centro de nuestro programa", dice la Dra. Webster, refiriéndose al Programa de Menopausia/Perimenopausia del Centro de Salud de Mente y Cuerpo para Mujeres del Centro Médico Beth Israel Deaconess en Boston. Hay mujeres que aprenden varias maneras de relajarse, incluyendo algo que se llama "la respuesta de relajación". (Para leer las instrucciones de la respuesta de relajación y otras ideas acerca de cómo relajarse, vea la Segunda Fase del programa para el equilibrio hormonal en la página 324). También aprenden técnicas de respiración que ayudar a refrescar los sofocos. (Las instrucciones para realizar estas técnicas aparecen en "Otras tácticas personales que refrescan" en la página 359).

Haga ejercicio con regularidad. Prográmese para hacer 30 minutos al día de algún ejercicio de intensidad moderada (como caminar, correr y andar en bicicleta) al menos 5 días a la semana. Los expertos también recomiendan el entrenamiento de fuerza durante 20 a 30 minutos, de 2 a 3 días a la semana. El ejercicio hace crecer sus huesos y es una manera excelente de relajarse, dormir mejor, mejorar su humor y hacerla sentir mejor respecto a su cuerpo ya maduro, dice la Dra. Webster. (Para aprender ejercicios específicos para fortalecer los huesos, vea "Detenga la osteoporosis con estos ejercicios" en la página 254. Para más detalles sobre cómo comenzar un programa de ejercicio, vea "Octava Semana: A moverse se ha dicho" en la página 349).

"En particular, yo recomiendo yoga, no sólo para fortalecerse sino para tener huesos, articulaciones, una postura y una autoestima saludables —dice la Dra. Webster—. El yoga reorganiza su energía y acalla su mente, por lo que es maravilloso durante esta época de cambios físicos". Para encontrar a un instructor de yoga en su área, vea "En la Internet y otros recursos" en la página 182.

Cambie su modo de pensar. En nuestra mente, todas escuchamos constantemente un monólogo acerca de la vida y a veces necesitamos hacerle cambios al guión, dice la Dra. Webster. Es una forma de sicoterapia llamada reestructuración cognitiva que nos enseña a prestar atención a los pensamientos automáticos negativos, "a ser capaces de darnos cuenta de que a veces son nuestros pensamientos los que nos están alterando —dice—. Si usted va por la vida diciendo todo el día 'odio mi cuerpo, no soporto lo que me está pasando, me choca cómo me veo, esto es terrible', no se va a sentir muy bien. Tenemos que aprender a retar ese modo de pensar. '¿Realmente es cierto esto que pienso? ¿Me ayuda en algo pensar así? ¿Podría pensar de otro modo?'" Por ejemplo, una mujer del programa inventó una "afirmación positiva" para sustituir sus pensamientos negativos: "Tal vez no sea perfecta, pero hay partes de mí que son excelentes".

Sáquele provecho a la crisis de la edad madura. Muchas mujeres del Programa de Menopausia/Perimenopausia ya no están centradas al 100 por ciento en sus hijos y se preguntan qué es lo que sigue, dice la Dra. Webster. "Nosotros tenemos un proyecto para fijar metas donde les pedimos que reflexionen acerca de ocho áreas de su vida y averigüen qué es lo que realmente desean", dice. Estas áreas incluyen la carrera profesional, las relaciones, la salud, la creatividad y la espiritualidad. Estas mujeres han decidido hacer cosas como regresar a la escuela, divorciarse, comprarse un carro deportivo, empezar a ir a un *ashram*, mudarse a Vermont o teñirse el cabello de color rojo. "Es en serio; puede que lo viejo ya no les sea tan importante y si se les encamina en la dirección correcta, las mujeres hacen muchos cambios importantes durante esta época de su vida", dice la Dra. Webster.

Pruebe la "terapia de reposición humorística". No es tonto buscar cosas chistosas que la hagan reír. "Los estudios de investigación muestran que la risa disminuye los niveles en sangre de las hormonas del estrés y que también mejora la inmunidad —dice la Dra. Webster—. Ayuda a las personas a mirar las cosas desde una nueva perspectiva, a alivianarse y a no tomarse las cosas tan a pecho". (Para mayores detalles acerca de cómo sacarle provecho al humor en su vida, vea "Segunda Semana: Recurra a la risa" en la página 330).

Cómo hablar con su hombre acerca de la perimenopausia

Muchos hombres y mujeres concuerdan en que los hombres en general no tienen idea de lo que es la menopausia. Quizá sepan algunos datos básicos, pero es sorprendente lo poco que saben acerca de los detalles. Esto es porque, en general, prefieren evitar el tema.

"La mayoría de los hombres no quieren saber de la menopausia porque significa que ellos también se están haciendo más viejos —dice Dick Roth, autor de un libro para hombres que habla de la menopausia—. Incluso un esposo cariñoso entrará en una etapa de negación y tratará de ignorar el asunto. Esto puede ser un tema muy emotivo y eso hace que a los hombres les sea doblemente difícil sostener una discusión racional al respecto".

Al igual que muchas mujeres, quizá se haya dado cuenta de que su esposo se siente más cómodo haciendo bromas sobre la perimenopausia (o menopausia) que hablando seriamente de ella.

Está bien que se rían un poco, siempre y cuando usted no sea el blanco de bromas pesadas. "Reírse de un comentario como, '¿quién prendió la calefacción?' puede servir para romper el hielo y tener una conversación seria con él, en lugar de esperarse a que todo estalle", dice Roth. Si usted quiere que su pareja comprenda lo que le está pasando, que es algo que la mayoría de las mujeres dicen que es lo que más les gustaría, entonces usted es la que va a tener que sacar el tema a conversación y compartir su experiencia personal. Aquí le decimos por dónde empezar.

Háblele de sus inquietudes y de lo que está haciendo al respecto. Sus inquietudes pueden abarcar fatiga, irritabilidad, ansiedad, problemas para dormir, falta de interés en el sexo, ciclos irregulares, tener que tomar decisiones complicadas con respecto a tratamientos y su necesidad de centrarse en cuidar de sí misma por ahora. "Su esposo no va a poder solucionar esto. Su cuerpo va a hacer lo que va a hacer —dice Roth—. Pero su esposo puede escucharla y quizá usted tendrá que decirle que lo único que quiere de él ahora es que la escuche". La recompensa de compartir su experiencia, dice Roth, es que "una vez que él entienda lo que está pasando, le mostrará más apoyo. Entre más pronto consiga su apoyo, mejor será para toda la transición que implica la menopausia".

Sea específica sobre sus necesidades y expectativas. La mayoría de los hombres están dispuestos a ayudar, si se les da la oportunidad, dice Roth. Déle esa oportunidad a su pareja diciéndole qué es lo que necesita en este momento, sugiere. "Lo que necesita ahora puede ser diferente de lo que necesitaba hace una hora o ayer".

Si se siente agobiada o irritada porque usted es la que hace la mayoría de los quehaceres domésticos, aparte un tiempo para sentarse con su esposo y hablar con él acerca de qué le va a tocar hacer a cada quién. "Usted puede apreciar que él comparta los quehaceres con usted tanto como aprecia su empatía y comprensión, si no es que más. Es una manera importante de mostrar amor, cariño y respeto —dice Roth—. Una mujer que está atravesando por la menopausia puede necesitar más ayuda de la que necesitaba antes y es necesario que tenga esta conversación con su pareja".

Adviértale con tiempo de sus cambios de humor. Una inquietud común de los hombres es que sus esposas vayan a estar constantemente de mal humor a medida que se vayan acercando a la menopausia. Entonces dígale a su esposo de qué humor está antes de que el insospechadamente la haga estallar, dice Roth. Después de todo, los hombres también tienen su corazoncito.

"Realmente me ayudaba que mi mujer me dijera, 'Estoy de muy mal humor ahorita. Me siento cansada. Estoy teniendo un sofoco. ¿Me harías favor de no decir nada durante un rato?' O 'Necesito estar sola media hora. ¿Podrías preparar la cena?' Si yo sabía el humor en el que estaba ella y qué era lo que estaba pasando en su interior, mi deseo natural de ayudar salvaba la situación. Cuando pensaba que estaba enojada conmigo o algo así, entonces me ponía un poco pesado", dice Roth.

Sea amable —y escoja el momento correcto— para hablar sobre el sexo. Una de las principales inquietudes de los hombres es que, con la menopausia, su vida sexual irá en picada. "Asegúrele que sus sentimientos cambiantes tienen que ver con la menopausia y no con él, si ese es el caso", dice Roth. ¿Hay cosas sencillas que podrían hacerla sentirse más cómoda con el sexo? ¿Preferiría más comunicación? ¿Más cariño? ¿Más juegos eróticos antes del sexo? Hágaselo saber, de manera honesta y directa, de preferencia en un momento en el que no estén en la cama. Al mismo tiempo, "trate de seguir siendo una persona cálida y abierta. Trate de no perder la cercanía que tiene con su esposo", dice Mary Cerreto, Ph.D., una sicóloga que se especializa en las relaciones familiares del Centro Médico de la Universidad de Boston. Si no le interesa el sexo, pruebe abrazarlo, conversar con él o sólo pasar un rato con él en silencio. "Quizá tenga que trabajar conscientemente para no perder esa cercanía y para que no se distancien", dice.

CAPÍTULO 11

UNA GUÍA PARA SOBRELLEVAR LA MENOPAUSIA

En las últimas generaciones, la edad promedio a la cual se inicia la menstruación en las niñas en los Estados Unidos disminuyó de 14.5 a 12.8 años de edad, principalmente debido a una mejor nutrición y una mejor salud. La fertilidad es sabiamente determinada por la cantidad de grasa corporal, es decir, no nos volvemos fértiles hasta que acumulamos suficiente grasa corporal para incubar a un feto en crecimiento durante 9 meses. Los cuerpos bien nutridos llegan a ese punto a una edad más temprana.

Pero el fin de los años fértiles de las mujeres se ha mantenido relativamente constante en alrededor de 51 años de edad. (El límite normal es de los 46 a los 54 años). Las mujeres que no tienen una buena salud, las que fuman o las que están muy bajas de peso pueden llegar a ese punto unos cuantos años antes. Pero son raras las mujeres que siguen siendo fértiles mucho tiempo después de haber cumplido medio siglo de vida.

De hecho, es posible que exista alguna ventaja evolutiva al tener mujeres mayores, experimentadas y no fértiles en la familia, tribu o comunidad, dice Meredith Small, Ph.D., una profesora de Antropología de la Universidad Cornell. "Se conoce como la Hipótesis de la Abuela y parece que la tasa de supervivencia es más alta en bebés cuyas madres reciben ayuda de *sus* propias madres, que en bebés cuyas madres no reciben ayuda", dice. Esto ocurre en algunas comunidades tribales, pero también sucede en las ciudades de los Estados Unidos, donde muchas abuelas están criando a los hijos de sus hijos.

La vida útil de los óvulos

Aparte de la supervivencia de la especie, ¿por qué el cuerpo femenino tiene un "reloj biológico" que se detiene al cabo de cierto tiempo, mientras que los hombres siguen siendo fértiles prácticamente toda su vida?

La respuesta es sencilla: los espermas son un recurso renovable; los óvulos no lo son.

Los hombres producen espermas —millones de ellos cada día— desde el momento en que llegan a la pubertad hasta el día que mueren. Las células de sus testículos son fábricas virtuales de espermas que nunca dejan de funcionar. Por otra parte, una mujer ya nace con un número finito de óvulos, aproximadamente 400,000, que son más que suficientes para tener una familia antes de que llegue a la menopausia.

A medida que se acerca cada ciclo menstrual, hay varios óvulos que se encuentran en etapas distintas de desarrollo. Por lo general, sólo un óvulo se vuelve predominante. Los otros se degeneran. De tal modo, durante los primeros 25 años de vida fértil de una mujer, se pierden alrededor de cinco o seis óvulos en cada ciclo. Sin embargo, más o menos entre los 35 y 40 años de edad, "los óvulos que están en los ovarios parecen agotarse a un ritmo más acelerado", dice el Dr. David Archer, profesor de Obstetricia y Ginecología de la Escuela de Medicina de Virginia del Este en Norfolk. Sus ovarios empiezan a fallar. Usted tiene menos ciclos en los que ovula y a veces produce más de un óvulo durante la ovulación, la cual es una de las razones por las que los gemelos son más comunes en las mujeres que tienen hijos en la treintena que en las mujeres que tienen hijos a una edad más temprana.

Con cada ciclo, se degeneran más óvulos. Aunque la glándula pituitaria envía cantidades cada vez mayores de la hormona estimulante del folículo (o *FSH* por sus siglas en inglés) y de la hormona luteinizante —que son las hormonas que estimulan la maduración y liberación del óvulo— el ovario deja de responder con la misma eficiencia a estas señales. Sus células muestran señales de envejecimiento. Los óvulos más viejos ya no se pueden fertilizar con tanta facilidad y tienen una menor probabilidad de implantarse exitosamente en el útero. En vez de desarrollarse normalmente, estos óvulos presentan una mayor probabilidad de atravesar por un proceso llamado apoptosis, que es una muerte celular genéticamente programada.

Por último, cuando ya no hay más óvulos disponibles para su liberación, entonces no hay un folículo que secrete estrógeno o, en el caso de que sí sea liberado un óvulo, para que empiece a secretar progesterona. Ya no se necesitan hacer los preparativos para que se implante un óvulo fertilizado en caso de que se dé un embarazo, ni tampoco se desprende el revestimiento uterino si no ocurre una implantación. La progesterona desciende a un nivel muy bajo, pero el ovario sigue produciendo cantidades cada vez menores de estrógeno durante unos cuantos años después de la menopausia (que oficialmente se define como un año sin ciclos menstruales). Finalmente, los ovarios dejan de funcionar como órganos endocrinos. Sin embargo, las glándulas suprarrenales siguen produciendo pequeñas cantidades de los precursores de las

¿Qué está pasando?

Al igual que muchas otras experiencias que se relacionan con la salud, la menopausia es más bien un proceso que un evento. No es como si un día despertáramos y dijéramos, "Bueno, a partir de hoy soy una mujer menopáusica". En su lugar, los cambios se suceden de manera gradual y van más allá de la simple ausencia de la menstruación. El siguiente cuestionario puede ayudarle a evaluar su estado hormonal.

1. **¿Ha dejado de menstruar por completo? ¿Ya no se salta menstruaciones, ni tiene menstruaciones con flujo escaso, ciclos más cortos ni menstruaciones con flujo excesivamente abundante?**

   Lo más probable es que sus ovarios ya hayan dejado de funcionar, por lo que ya no existe el ciclo de estrógeno/progesterona para estimular el crecimiento y desprendimiento mensual del revestimiento uterino.

2. **¿Sigue teniendo sofocos (bochornos, calentones)? De hecho, ¿son peores ahora en lugar de haber mejorado?**

   Los niveles hormonales bajos o cambiantes siguen haciéndole bromas pesadas a la parte de su cerebro que regula la temperatura corporal. Para conseguir alivio, pase a la página 353.

3. **¿Ya no presenta tantos cambios repentinos de humor como cuando estaba en la perimenopausia pero se sigue sintiendo medio apachurrada y olvidadiza?**

hormonas sexuales, como la deshidroepiandrosterona (o *DHEA* por sus siglas en inglés), la cual se encuentra normalmente en la orina y se sintetiza a partir del colesterol; su nivel aumenta con la edad. Estos precursores se pueden convertir en estrógeno (o testosterona) en los tejidos adiposos del cuerpo. Por esta razón, las mujeres que están en un peso normal o que tienen un sobrepeso moderado a menudo pasan por la menopausia con mayor facilidad que las mujeres muy delgadas, dice el Dr. Archer. (Las mujeres extremadamente obesas tienden a tener sus propias anormalidades hormonales únicas que dificultan la menopausia).

Los doctores no están exactamente seguros de la manera en que los bajos niveles hormonales afectan a su cerebro, pero sospechan que de algún modo están vinculados con el estado de ánimo y la memoria. Para mayores detalles, vea los Capítulos 3 y 5.

4. ¿Se ha preguntado adónde se fue su impulso sexual?

Además del estrógeno, sus niveles en sangre de testosterona, la "hormona del deseo", disminuyen en alrededor de un 50 por ciento entre los 20 y los 40 años de edad y luego descienden un poco más lento que el estrógeno después de la menopausia. Es por esta razón por la que algunas mujeres se ven beneficiadas al tomar tanto estrógeno como testosterona. Para mayores detalles, vea el Capítulo 8.

5. ¿Está sufriendo de más irritación vaginal que nunca antes y encima de eso, también está padeciendo problemas en las vías urinarias?

Las células de estos tejidos dependen del estrógeno para su crecimiento y proliferación. La pared vaginal en realidad se hace más delgada después de la menopausia y las células producen menos mucosidad. Eso es lo que la hace más vulnerable a las infecciones y a la irritación durante las relaciones sexuales. Las células protectoras que producen mucosidad de las vías urinarias también dependen del estrógeno. Pase a las páginas 362 y 368, donde le sugerimos algunas soluciones.

¿Por qué no sólo dejamos que la menopausia siga su curso?

La menopausia es un proceso natural, no una enfermedad. Durante siglos y siglos, las mujeres no han hecho cosa alguna al respecto de la menopausia, aunque algunas culturas parecen sobrellevarla mejor. Por ejemplo, la alimentación tradicional japonesa —repleta de productos de soya y pescado— parece aminorar los sofocos (bochornos, calentones). Y en la medicina china tradicional, existen fórmulas que incluyen *ginseng*, raíz de regaliz (raíz de orozuz, *licorice root*) y otras hierbas que se han usado durante siglos (y que se siguen usando) para tratar síntomas que podrían estar relacionados con la menopausia, como el "calor falso" (sofocos) y el "frío del corazón" (ausencia de libido).

Si usted decide dejar que la naturaleza siga su curso, quizá atraviese por los cinco o seis años en que va entrando a la menopausia sin problemas, o al menos sin problemas lo suficientemente graves como para que usted tenga que consultar a un doctor. La mayoría de las mujeres presentan síntomas molestos pero tolerables. Las mujeres a quienes les extirpan los ovarios durante una histerectomía se las ven particularmente mal. En su caso, la menopausia se inicia de inmediato y ellas presentan síntomas más graves.

Pero la negación sólo la llevará hasta cierto punto. Incluso aunque no tenga síntomas inmediatos y evidentes que afecten su calidad de vida, el hecho es que eventualmente presentará algunos síntomas como resultado de la caída en sus niveles hormonales y del envejecimiento, dice el Dr. Archer. Estos síntomas incluyen el adelgazamiento y secado de las membranas mucosas de la vagina y la uretra, el adelgazamiento gradual de la piel, una elevación lenta del nivel de colesterol total y una caída en el nivel de colesterol "bueno" conformado por lipoproteínas de alta densidad, así como pérdida de masa ósea. Estos efectos de gran alcance pueden no presentarse durante décadas, pero son las razones por las cuales algunas mujeres deciden, tarde o temprano, que no están listas para dejar que la naturaleza siga su propio curso.

"Muchas mujeres viven una tercera parte de su vida después de la menopausia y aunque no tienen la opción de decidir si quieren envejecer o no, *sí* pueden decidir y a menudo deciden qué es lo que quieren hacer para mantenerse saludables, razón por la cual la terapia de reposición hormonal (o *HRT* por sus siglas en inglés) y las alternativas a la misma a menudo son objeto de gran interés —dice la Dra. Ricki Pollycove, directora del programa de educación para pacientes del California Pacific Medical Center en San Francisco—. Hasta que llegamos a la menopausia, muchas de nosotras funcionamos en piloto automático y damos las cosas por sentado. Luego empezamos a notar que muchas cosas no están funcionando exactamente como solían hacerlo y empezamos a prestar más atención prácticamente a todo. Las mujeres se dan cuenta de que esto ya no es un ensayo, sino que ya realmente están en la segunda mitad de su vida y a menudo empiezan a hacer ejercicio y a alimentarse mejor, y si han estado queriendo dejar de fumar, ahora empiezan a intentarlo en serio. Ellas se dan cuenta de que si no lo hacen, pronto empezarán a sufrir las consecuencias".

Por lo tanto, considere los cambios físicos que ocurren alrededor de la época de la menopausia como una llamada de atención que la lleve a tener un estilo de vida más saludable en general. Luego siga la siguiente estrategia de 12 pasos para decidir qué es lo mejor para *usted*.

PASO Nº1: *Determine su condición actual*

Quizá usted sepa perfectamente por sus síntomas y su edad que ya se está acercando a la menopausia. No necesita que un doctor se lo diga. ¿Pero cuánto le falta para llegar a esa última menstruación? ¿Meses? ¿Semanas? ¿Años? Los ciclos menstruales tienden a ser erráticos durante esta época. Quizá se salte unos cuantos para que luego le llegue de nuevo. ¡Caramba, podría pasar 6 meses sin menstruar y luego tener una menstruación! ¡Sorpresa! Por lo tanto, la única manera de asegurar que ya ha llegado a la menopausia es mirando hacia atrás, cuando se dé cuenta de que ya ha pasado un año entero sin menstruar.

Se pueden realizar algunas pruebas para ayudar a confirmar si de hecho ya ha llegado a la menopausia. Sin embargo, como los niveles hormonales siguen fluctuando, cualquiera de estas pruebas son demasiado inexactas como para ser usadas como el único medio de diagnóstico. Por lo tanto, la mayoría de los doctores también "diagnostican" la menopausia de la misma forma en que usted lo hace, es decir, por sus síntomas y su edad.

A estas alturas, no necesariamente tiene que hacer algo, salvo una cosa importante. Si no se quiere embarazar, todavía necesita usar algún método anticonceptivo. "Los doctores generalmente recetan pastillas anticonceptivas de baja dosis durante los años de la perimenopausia, y luego, una vez que haya llegado a la menopausia, le indican una HRT —dice la Dra. Pollycove—. La HRT está disponible en varias dosis diferentes, pero incluso la dosis más alta es más baja que las pastillas anticonceptivas de más baja dosis, por lo que no ofrece protección alguna en lo que se refiere al control natal". De hecho, la HRT puede llegar a "activar" su fertilidad durante un tiempo.

Con eso en mente, a continuación están las pruebas que su doctor podría indicarle para revisar su condición actual en lo que a la menopausia se refiere.

Hormona estimulante del folículo

Esta es la hormona de la glándula pituitaria que estimula a sus ovarios para que produzcan estrógeno. A medida que disminuye la producción de estrógeno en sus ovarios, se elevan los niveles de hormona estimulante del folículo (o *FSH* por sus siglas en inglés) para hacer que los ovarios produzcan estrógeno. Generalmente se determina que usted ha llegado a la menopausia cuando su nivel en sangre de FSH se eleva por encima de 30 mUI/ml (miliunidades internacionales por mililitro).

Esta prueba (*FSH blood test*) podría realizarse para diagnosticar un problema en una mujer joven que esté presentando síntomas de la menopausia o en una mujer mayor que no haya menstruado durante algunos meses y quiera asegurarse de que ya ha llegado a la menopausia, dice la Dra. Pollycove.

Estradiol

Las mujeres con niveles elevados de FSH a menudo todavía están produciendo estrógeno y, por ende, no han llegado a la menopausia propiamente dicha. Para evitar un diagnóstico prematuro, su doctor también deberá hacerle una prueba para medir sus niveles de estradiol en sangre, que es el principal estrógeno que producen sus ovarios. Si sus niveles de estradiol son bajos (inferiores a 50 picogramos por mililitro) y sus niveles de FSH son altos, lo más probable es que haya llegado a la menopausia.

Para obtener resultados exactos, las mujeres que están tomando anticonceptivos orales o cualquier otro tipo de hormona tendrán que suspenderlos durante una semana antes de hacerse las pruebas de FSH y estradiol. Para que las pruebas rindan resultados más confiables, suspéndalos durante una semana antes de su menstruación, luego hágase la prueba en el segundo o tercer día de su período, dice la Dra. Pollycove. Si ya no está menstruando, entonces puede hacerse la prueba cualquier día del mes.

Si las pruebas indican que no está en la menopausia, pero aun así presenta síntomas molestos, es posible que su doctor le recomiende algunas medidas temporales, como por ejemplo, tomar pastillas anticonceptivas o progesteronas cíclicas o tomar progesterona micronizada (progesterona pulverizada hasta que se forman partículas muy finas que se absorben con mayor facilidad) durante la segunda mitad de su ciclo menstrual, dice la Dra. Pollycove. Luego, quizá sea una buena idea que se vuelva a hacer las pruebas más o menos al cabo de 6 meses para ver si los niveles han descendido. Cuando los niveles hayan alcanzado el "rango de la menopausia", su doctor le suspenderá las pastillas anticonceptivas y en su lugar le recetará la HRT.

Otras pruebas útiles

La mayoría de los doctores no vigilan los niveles hormonales una vez que una mujer empieza a recibir la HRT. En vez de eso, vigilan las dosis de estrógeno y progesterona a través de los síntomas y efectos secundarios que va presentando, comenzando con una dosis estándar para luego elevarla o bajarla en caso necesario, según los síntomas. Sin embargo, si las circunstancias lo ameritan, hay otras pruebas que pueden ser útiles.

Pruebas en saliva

Algunos doctores emplean pruebas en saliva (*saliva testing*) para vigilar la respuesta individual de una mujer al tratamiento. "Yo podría indicar una prueba en saliva después de que una mujer ha estado tomando la HRT durante unos cuantos meses, para ver si la dosis es adecuada, o bien, si está usando un parche, para ver si está absorbiendo la hormona", dice la Dra. Pollycove.

Las pruebas en saliva se pueden usar para medir tres tipos diferentes de estrógeno (estradiol, estriol y estrona), progesterona, testosterona y DHEA (la cual a veces se usa como una forma de terapia de reposición hormonal). Algunos doctores e investigadores creen que las pruebas en saliva para medir los niveles hormonales pueden ser incluso mejores que las pruebas en sangre, dado que miden sólo los niveles de hormonas "libres" y no aquellas ligadas a proteínas en la sangre (que, por ende, no están disponibles para su uso). Pero otros señalan que, al igual que las pruebas en sangre, las pruebas en saliva pueden variar de una mujer a otra y pueden ser engañosas a menos que la muestra sea cuidadosamente manejada y los resultados sean interpretados por un experto.

Las pruebas en saliva, aunque son populares en Europa, no son comúnmente usadas por los doctores de los Estados Unidos y generalmente no están disponibles en este país. (Es posible que su médico ni siquiera sepa de ellas). Sin embargo, hay unos cuantos laboratorios en el país que pueden medir los niveles hormonales mediante pruebas en saliva. Un laboratorio acreditado a nivel nacional es Aeron LifeCycles Clinical Laboratories. Su domicilio es 1933

Davis Street, Suite 310, San Leandro, CA 94577. O comuníquese al servicio de información para números 800 para conseguir el número telefónico sin costo de esta empresa. Le enviarán a usted o a su doctor un *kit* que contiene las

La decisión de recibir o no la terapia de reposición hormonal

La decisión de recibir la terapia de reposición hormonal (o *HRT* por sus siglas en inglés), recurrir a las alternativas naturales o combinar las dos puede ser un proceso complejo y altamente individualizado. Utilice esta práctica hoja de trabajo para que le ayude a tomar en cuenta los riesgos, beneficios y otros asuntos relativos a su calidad de vida. Conforme vaya leyendo cada paso de la guía para la menopausia en este capítulo, vaya palomeando los criterios que sean aplicables en su caso.

Una vez que haya pasado por los 12 pasos del proceso para tomar una decisión, revise esta tabla para tratar de identificar patrones que le indiquen una cierta inclinación hacia ciertas opciones o una cierta aversión por otras. Por ejemplo, ¿ha marcado más palomillas junto al estrógeno y la progestina que junto a la progesterona y las hierbas? ¿O es cierto lo opuesto? Vuelva a leer el capítulo, pero ahora centrándose en los tratamientos que parezcan ser los que más se adapten a usted. Luego revise sus opciones, junto con los resultados de las pruebas apropiadas, con su médico o profesional en medicina alternativa.

Edad y estado menopáusico

❏ Perimenopáusica

❏ Menopáusica a causa de una cirugía (histerectomía) o quimioterapia

❏ Extirpación de los ovarios

❏ Los ovarios no han sido extirpados

❏ Cáncer del útero o del endometrio

❏ Menopáusica pero no debido a cirugía o quimioterapia

❏ Más de 65 años de edad

❏ Menos de 65 años de edad

Antecedentes personales o familiares

❏ Enfermedades cardíacas existentes

❏ Factores de riesgo para enfermedades cardíacas

❏ Cáncer de mama

❏ Cáncer del útero o del endometrio

❏ Hemorragia uterina anormal

❏ Factores de riesgo para la osteoporosis (vea la página 214)

❏ Densidad ósea normal

❏ Densidad ósea baja (osteopenia)

❏ Antecedentes de fracturas

❏ Trastornos relacionados con la coagulación sanguínea

❏ Endometriosis o fibromas

❏ Enfermedades de la vesícula biliar

instrucciones sobre la manera correcta de tomar una muestra. En la región este de los Estados Unidos, el principal laboratorio acreditado a nivel nacional es Great Smokies Diagnostic Laboratory. Les puede escribir a la dirección 63

Síntoma o síntomas más molestos

☐ Sofocos (bochornos, calentones)/sudoración nocturna

☐ Ciclos menstruales irregulares

☐ Sequedad o irritación vaginal

☐ Bajo impulso sexual

☐ Sensibilidad en los senos

☐ Depresión

Opciones de HRT

☐ Estrógeno (estinil estradiol, estrógeno equino conjugado, estrógenos esterificados, triestrógenos, etc.)

☐ Progestina (medroxiprogesterona, noretindrona, norgestimato)

☐ Estrógeno y progestina combinados (como *Prempro*)

☐ Testosterona sintética

☐ Testosterona micronizada

☐ Progesterona

☐ Pastillas anticonceptivas

☐ Parche

☐ Crema

☐ Gel

☐ Anillo

☐ Cíclica

Derivados de la soya

☐ Ipriflavona

Alimentación y nutrición

☐ Alimentos de soya

☐ Calcio (de los alimentos y como suplemento)

☐ Suplementos de vitamina D

☐ Suplemento multivitamínico y de minerales

☐ Vitamina E

☐ Vitamina C con bioflavonoides

Hierbas

☐ Trébol rojo (*red clover*)

☐ Cimifuga negra (cohosh negro, *black cohosh*)

☐ Cardo de leche (cardo de María, *milk thistle*)

☐ Corazoncillo (hipérico, *St. John's wort*)

☐ *Kava kava*

☐ Coenzima Q_{10} (*Coenzyme Q_{10}*)

☐ Espino (*hawthorn*)

Ejercicio

☐ Ejercicio aeróbico (30 minutos al día en promedio)

☐ Entrenamiento con pesas

Zillicoa Street, Asheville, NC 28801-1074, o bien, se puede poner en contacto con la empresa a través de la Internet, visitando su sitio *web* en www.gsdl.com.

Testosterona

Algunos doctores revisan los niveles de testosterona de una mujer, particularmente si se queja de una falta de interés en el sexo, dice la Dra. Pollycove. Esto puede hacerse mediante una prueba en sangre en la que se solicite la lectura de testosterona "libre" (*free testosterone*), o bien, mediante una prueba en saliva (descrita anteriormente), en la cual sólo se mide la testosterona libre. El rango normal depende del laboratorio que realice la prueba, pero si los niveles son bajos o están en el rango normal-bajo, su doctor podría sugerirle algún suplemento de testosterona (a veces llamado suplemento de andrógenos). "Hoy en día se percibe de manera diferente el papel que juegan los andrógenos (como la androsterona y la testosterona) en la salud general de una mujer y no sólo en su sexualidad", dice la Dra. Pollycove. Las mujeres que presentan un nivel bajo de testosterona que toman suplementos de esta hormona a menudo reportan mejoras en su humor, energía e impulso sexual. La testosterona también beneficia la masa corporal magra y la fortaleza ósea.

Otras pruebas para determinar si "ya está lista para la menopausia"

Para cuando esté decidiendo si debe o no recibir la HRT, existen otras pruebas no hormonales que le pueden brindar información igualmente crucial para su decisión. Estas incluyen la prueba de Papanicolau, un mamograma y un perfil de lípidos completo. Este último mide el colesterol total, el colesterol conformado por lipoproteínas de alta densidad (o *HDL* por sus siglas en inglés), el colesterol conformado por lipoproteínas de baja densidad (o *LDL* por sus siglas en inglés) y los triglicéridos (grasas en sangre que pueden contribuir a las enfermedades cardíacas en algunas mujeres). Después de la menopausia, el colesterol total tiende a elevarse y el colesterol "bueno" tipo HDL tiende a disminuir. Los estrógenos orales tienden a elevar el colesterol tipo HDL, pero también pueden elevar los triglicéridos —que no son tan buenos—, por lo que algunos doctores no le indicarán una HRT si su nivel de triglicéridos es superior a los 300 mg/dl. Si usted se hace una lectura basal antes de comenzar con cualquier tipo de HRT, más adelante le será más fácil identificar qué tipo de impacto están teniendo las hormonas en su riesgo de contraer enfermedades cardíacas (las cuales se discuten más adelante, a partir de la página 203).

Algunos doctores están convencidos de que, a medida que una mujer se va acercando a la menopausia, debe hacerse una lectura basal de su densidad ósea, que es una manera de predecir si padecerá la osteoporosis. (Para averiguar cuál es la mejor prueba, vea "La prueba ósea correcta" en la página 216).

Y la Asociación de Endocrinólogos Clínicos de los Estados Unidos recomienda que todas las mujeres de 40 años de edad o más se hagan la prueba de la hormona estimulante de la tiroides (*TSH test*), para ver si tienen una tiroides hipofuncionante. Esto se debe a que los problemas de hipofuncionamiento tiroideo generalmente empiezan en esta época y son más comunes de lo que se pensaba anteriormente, dice la Dra. Connie Catellani, directora médica del Miro Center for Integrative Medicine en Evanston, Illinois. "Cuando la glándula tiroides está en desequilibrio, esto magnifica todos los síntomas menopáusicos, incluyendo el aumento de peso y los cambios repentinos de humor. Por lo tanto, una buena evaluación médica durante la menopausia incluirá una revisión de la glándula tiroides para asegurar que no esté contribuyendo a los síntomas".

PASO Nº2: *Sopese los riesgos y los beneficios*

Una vez que le lleguen los resultados de las pruebas, el paso siguiente es poner sus necesidades hormonales personales por orden de prioridad, basándose en cuestiones relativas a la calidad de vida y sus ramificaciones a largo plazo. Los riesgos y efectos secundarios potenciales son tan dispares como la sequedad vaginal y el cáncer de mama, la osteoporosis y los coágulos sanguíneos, los cálculos biliares y el bajo impulso sexual.

"Es como comparar manzanas y naranjas (chinas) —dice la Dra. Mary Jane Minkin, profesora clínica de Obstetricia y Ginecología de la Facultad de Medicina de la Universidad Yale—. Hay muchas piezas que necesita integrar en un todo cuando esté tomando decisiones sobre la HRT".

Empiece por simplificar. Anote sus tres principales inquietudes sobre la menopausia, cualesquiera que sean, dice. ¿Sequedad vaginal? ¿Falta de impulso sexual? ¿Mal humor crónico? Luego consulte la sección de este libro que le ofrezca soluciones a sus problemas específicos. En dependencia de cuáles sean sus problemas, puede que haya una solución para todos. Si la HRT no es la solución para usted, entonces podrían ayudarle algunos remedios o medicamentos no hormonales.

Revise su historial clínico. Si la HRT le ofrece alivio para lo que la esté molestando, su doctor explorará sus "contraindicaciones", es decir, cualesquiera razones por las que la HRT no sería aconsejable para usted. Estas incluyen antecedentes recientes de cáncer de mama o endometrial; hemorragia uterina anormal de causa desconocida (en cuyo caso su doctor querrá hacerle una biopsia endometrial antes de darle luz verde para recibir la HRT); antecedentes de trastornos que impliquen la formación de coágulos sanguíneos; enfermedades hepáticas; antecedentes de endometriosis o fibromas; antecedentes de enfermedades de la vesícula biliar; trastornos que cursen con ataques convulsivos; migrañas y niveles altos de triglicéridos (por encima de los 300 mg/dl).

"Estas contraindicaciones no necesariamente significan que no podrá recibir la HRT —dice la Dra. Pollycove—. Por ejemplo, puede que algunas mujeres con cáncer de mama no tengan un riesgo elevado de reincidencia. Pero sí significa que si decide recibir la HRT, su médico tendrá que seguirla de cerca para detectar cualesquiera efectos adversos posibles".

Sopese los pros y los contras. Por último, usted y su doctor tendrán que considerar los pros y los contras del tratamiento a largo plazo, con base en lo que actualmente se sabe acerca de este tema. Quizá no hagan esto durante la consulta inicial si usted simplemente está interesada en recibir tratamiento para calmar sus sofocos. Pero tarde o temprano, tendrá que determinar si la HRT es algo que quiere tomar a largo plazo debido a sus beneficios reportados en lo que se refiere a los huesos y sus beneficios posibles en el corazón y el sistema cardiovascular, el cerebro, la piel y cualquier otra cosa que los investigadores descubran durante los años posmenopáusicos que aún están por venir.

Manténgase informada. Para obtener la información más reciente y actualizada respecto de los riesgos frente a los beneficios de la terapia de reposición hormonal y otras estrategias para la menopausia, vea "En la Internet y otros recursos" en la página 252.

Un estudio de investigación, cuyos resultados están esperando ansiosamente los médicos, dado que podría ayudarles a ofrecerles opciones más claras a las mujeres, es el que se llama Women's Health Initiative (Iniciativa de salud para mujeres) de los Institutos Nacionales de Salud (NIH). Un componente de este ensayo clínico aleatorio a gran escala se dedicó específicamente a determinar los efectos a largo plazo de la terapia de reposición hormonal en cuanto a las enfermedades de las arterias coronarias y las fracturas relacionadas con la osteoporosis, así como otras enfermedades que podrían verse afectadas por los estrógenos. El estudio se inició en 1991. Los resultados finales no estarán disponibles sino hasta el año 2006 o después, ya que en ese año concluirá. Para consultar la información más actual acerca de la HRT y las enfermedades cardíacas, visite la página en Internet de la Sociedad de la Menopausia de los Estados Unidos en www.menopause.org o del Colegio de Obstetras y Ginecólogos de los Estados Unidos en www.acog.org.

Con la información más reciente publicada en la Internet por autoridades competentes y la información contenida en este libro, deberá poder tener una conversación productiva con su médico acerca de sus propios riesgos y beneficios. "A fin de cuentas, es una decisión que no debería tomar sin ayuda, sino con la orientación de su médico. Por ende, debe elegir a un doctor que esté dispuesto a pasar tiempo con usted para ayudarle a tomar una decisión y luego, a ponerla en práctica", dice la Dra. Minkin.

PASO Nº3: *Considere la salud pasada —y futura— de su corazón*

Durante años, los doctores estuvieron diciendo que la terapia de reposición de estrógeno beneficiaba al corazón. Se basaban en lo que parecían ser pruebas contundentes: el estrógeno disminuye el colesterol tipo LDL, eleva el colesterol tipo HDL y además mejora el funcionamiento del endotelio, que son las células que revisten los vasos sanguíneos, mejorando su capacidad de dilatarse. Las mujeres que atraviesan por una menopausia quirúrgica —o sea, cuando se les extirpan los dos ovarios— presentan una menor probabilidad de contraer enfermedades cardíacas si toman estrógeno que si no lo toman. Y en estudios de observación, incluyendo el estudio a gran escala que sigue en marcha llamado Nurses' Health Study (Estudio de la Salud de las Enfermeras) de Harvard, las mujeres que toman una HRT presentaron una tasa del 35 al 50 por ciento menor de enfermedades cardíacas.

Cierto, se tenían algunas dudas y contradicciones. Por ejemplo, en el Nurses' Health Study, no había manera de saber si la HRT brindaba protección al corazón o si las mujeres que la tomaban simplemente eran mujeres más saludables y contaban con acceso a una atención médica de mejor calidad que aquellas que no estaban tomando estrógeno. Todas las formas orales de estrógeno pueden elevar los niveles de triglicéridos. En otras mujeres, el estrógeno aumenta el riesgo de formar coágulos sanguíneos peligrosos en las venas más profundas, una afección que se conoce como tromboembolia venosa. Y tomar progesterona sintética junto con el estrógeno parece eliminar parte del efecto del estrógeno que hace que se eleve el nivel de colesterol tipo HDL.

Sin embargo, los beneficios del estrógeno en general les parecían lo suficientemente plausibles como para que los doctores pensaran que podría ayudar a prevenir enfermedades cardíacas o beneficiar a las mujeres con enfermedades cardíacas.

Pero esta manera de pensar ha sido cuestionada por los hallazgos de un nuevo estudio de investigación que indican que hay un ligero aumento inicial en el riesgo de contraer enfermedades cardíacas en mujeres que usan una HRT. Este estudio, que se conoce como The Heart and Estrogen/Progestin Replace-

ESCAPE DEL INFIERNO HORMONAL

Palpitaciones problemáticas

P: *He comenzado a tener palpitaciones. De la nada, mi corazón empieza a latir muy aprisa por ningún motivo. A veces siento como que late de manera errática; a veces siento como que se salta latidos o como que late con mucha fuerza. Realmente no tengo otros síntomas, como dolor en el pecho o dificultades para respirar. Pero sí me hace sentir ansiosa y entonces también empiezo a respirar aprisa. A mis 50 años de edad, estoy tan cerca de la menopausia que me he empezado a preguntar si esto podría tener algo que ver con la menopausia o si podría ser un indicio de alguna afección cardíaca.*

La Dra. Mary Jane Minkin, profesora clínica de Obstetricia y Ginecología de la Facultad de Medicina de la Universidad Yale, responde: No es poco común presentar palpitaciones —es decir, una sensación de que el corazón está latiendo de manera errática o muy aprisa— alrededor de la época de la menopausia. Y es muy probable que exista una relación entre las hormonas y el ritmo cardíaco, aunque esta probablemente no sea simple o directa. Todas las células de tu cuerpo, incluyendo las de tu corazón, tienen sitios receptores de estrógeno. Por ejemplo, las células endoteliales, que revisten el interior de los vasos sanguíneos y del corazón, responden al estrógeno produciendo óxido nitroso, que es un vasodilatador potente. Por lo tanto, es posible que las fluctuaciones en tus niveles de estrógeno estén causando vasoespasmos (isquemia) que afectan el flujo de sangre hacia tu corazón, causando las palpitaciones, o hacia tu cerebro, provocando una migraña.

Alrededor de la menopausia, empieza a elevarse el riesgo de contraer enfermedades cardíacas serias, de modo que lo primero que necesitas hacer es descartar cualesquiera anormalidades en tu ritmo cardíaco o problemas cardíacos más serios, especialmente si tus palpitaciones

ment Study (El Estudio del Corazón y de la Terapia de Reposición de Estrógeno/Progestina o *HERS* por sus siglas en inglés), encontró un riesgo un 52 por ciento mayor de "eventos" relativos a enfermedades de las arterias coronarias (ataques al corazón o fallecimiento a causa de enfermedades cardíacas) durante el primer año de tratamiento en mujeres con enfermedades cardíacas establecidas que recibieron la HRT. Alrededor del 4 por ciento de las mujeres que usaron la HRT en este estudio de investigación contrajeron alguna afección cardíaca (o murieron a causa de ella), en comparación con un 2 por

(continúa en la página 208)

van acompañadas de mareos o falta de aliento. Es posible que tu doctor te adapte un dispositivo portátil llamado el monitor Holter, el cual tendrás que usar durante 24 horas, o un monitor de eventos, el cual puedes usar de manera intermitente durante un mes como máximo. Estos dispositivos te ayudan a determinar si tu corazón late de manera anormal.

Una nueva técnica de imaginería que es particularmente precisa para diagnosticar enfermedades cardíacas en mujeres es el ecocardiograma de esfuerzo. Combina una prueba de esfuerzo sobre una estera mecánica con un ultrasonido cardíaco para detectar el flujo de sangre que pasa a través del corazón. Los betabloqueadores se usan para tratar las arritmias cardíacas, la angina y la presión arterial alta.

Si ya tienes más de 50 años de edad, tu doctor debe hacerte un perfil tiroideo (*thyroid profile*) para descartar cualquier enfermedad de la tiroides. La falta o exceso de hormona tiroidea puede causar un efecto profundo en tu corazón y es una

señal que a menudo se pasa por alto pero que indica fallas en el funcionamiento de la tiroides.

Si tus palpitaciones efectivamente tienen relación con la menopausia, la terapia de reposición de estrógeno generalmente es una alternativa bastante eficaz para aliviarlas y debe funcionar rápido. En un estudio de investigación en el que se les inyectó estrógeno intravenoso a las mujeres mientras se les hacía una angiografía, el estrógeno producía un efecto relajante inmediato en los vasos sanguíneos. La progesterona sintética —si bien es útil en muchos otros aspectos— *causa* vasoespasmos. Por lo tanto, no es bueno que tomes más de lo que necesites de esta hormona.

Yo también te recomendaría que evitaras la cafeína —ya que a algunas personas les produce palpitaciones sin falla— y que duermas más. La falta de sueño eleva los niveles de hormonas del estrés, las cuales pueden hacer que se acelere tu corazón.

Una guía rápida de términos y opciones hormonales

Agente cardiotónico. Un agente que mejora el funcionamiento o la salud del corazón.

Amenorrea. La ausencia de períodos menstruales durante más de un año (excluyendo el embarazo y la lactancia).

Androsterona y testosterona. Andrógenos.

Bifosfonatos. Familia de fármacos que funcionan al bloquear la degradación normal del hueso viejo (remodelación ósea). Estos fármacos inhiben a los osteoclastos, que son las células que degradan el hueso.

Biopsia endometrial. Muestra del tejido que reviste el útero.

BMD. Siglas en inglés de densidad mineral ósea. El mejor factor para predecir el riesgo de sufrir fracturas.

Células atípicas. Células en las que los detalles parecen rugosos o que parecen presentar una actividad anormal.

Cortisol. Hormona del estrés que está relacionada con la pérdida ósea.

Deshidroepiandrosterona (o *DHEA* por sus siglas en inglés). Un andrógeno que se encuentra en la orina normal y que se sintetiza a partir del colesterol; su nivel aumenta con la edad. A veces se emplea como una forma de terapia de reposición hormonal.

Endotelio. Las células que revisten los vasos sanguíneos.

Ensayo *RUTH*. Siglas en inglés del ensayo titulado "Uso del raloxifeno para el corazón".

Ensayos clínicos aleatorios y doble ciego. Estudios en los que ni los participantes ni los investigadores conocen el tratamiento específico que se les ha asignado.

ERT. Siglas en inglés de terapia de reposición de estrógeno.

Estatinas. Fármacos que bajan los niveles de lípidos que se emplean para tratar el exceso de colesterol en la sangre; también se conocen como inhibidores de la 3-hidroxi-3-metilglutaril coenzima A reductasa (*HMG CoA reductase inhibitors*).

Estradiol. El principal estrógeno que se produce en los ovarios.

Estring. Un anillo impregnado de estrógeno que se inserta en la vagina.

Estrógeno esterificado. Estrógenos que se producen a partir de fuentes naturales o que se sintetizan.

Estrógeno transdérmico. Estrógeno que se aplica sobre la piel.

Farmacia donde preparan medicamentos. Una farmacia donde se preparan recetas específicas a la medida, a menudo usando preparaciones con hormonas vegetales naturales. En inglés se llaman *"compounding pharmacies"*.

Fitoestrógenos. Versiones vegetales del estrógeno.

Flavonoides. Compuestos que se encuentran en las frutas cítricas y que son similares a las isoflavonas que se encuentran en la soya.

FSH (hormona estimulante del folículo). La hormona de la glándula pituitaria que estimula a los ovarios para que produzcan estrógeno.

HERS. Siglas en inglés del Estudio del Corazón y de la Terapia de Reposición de Estrógeno/Progestina.

Hiperplasia endometrial. Acumulación del revestimiento uterino.

"Hiperproliferativo". Crecimiento exagerado de una glándula.

Hormona "natural". Tiene una estructura química idéntica a la de la hormona que se produce en su cuerpo, es decir, son bioquímicamente idénticas.

Hormonas sintéticas. Hormonas que no son químicamente idénticas a las que se producen en su cuerpo.

Hormonas sistémicas. Hormonas que circulan en el cuerpo.

HRT. Siglas en inglés de terapia de reposición hormonal.

Hueso compacto. Hueso muy denso.

Hueso trabecular. Un tipo de hueso esponjoso de alto recambio que se encuentra en la columna.

Ipriflavona. Un pariente sintético de las isoflavonas naturales de la soya.

Isoflavonas. Compuestos similares al estrógeno que se encuentran en los alimentos como la soya y el trébol rojo (red clover).

LH (hormona luteinizante). Esta hormona estimula la maduración y liberación del óvulo.

Lipoproteínas de alta densidad (o HDL por sus siglas en inglés). El colesterol "bueno".

"Marcador inflamatorio". También conocido como proteína C reactiva (o CRP por sus siglas en inglés). Aumenta en respuesta al estrógeno.

Menopausia quirúrgica. Cuando se extirpan ambos ovarios.

Metabolitos. Productos de descomposición que permanecen en el cuerpo durante mucho tiempo.

Mineralización. La adición de materia mineral al cuerpo.

Neuropéptidos. Diversos tipos de moléculas que se encuentran en el tejido del cerebro.

Osteoblastos. Células que forman hueso.

Osteoclastos. Células de los huesos que son responsables de la degradación ósea.

Osteopenia. Densidad ósea baja.

Palpitaciones. Una sensación de que el corazón está latiendo de manera errática o muy aprisa, particularmente común alrededor de la menopausia.

Pastilla sublingual. Una pastilla que se disuelve debajo de la lengua.

Perfil de lípidos completo. Mide el colesterol total, las lipoproteínas de alta densidad (o HDL por sus siglas en inglés), las lipoproteínas de baja densidad (o LDL por sus siglas en inglés) y los triglicéridos.

Premarin. Estrógeno equino conjugado, derivado de la orina de yeguas embarazadas.

Progesterona micronizada. Progesterona que ha sido pulverizada para obtener partículas finas que se absorben con mayor facilidad.

(continúa en la página 208)

Una guía rápida de términos y opciones hormonales (continuación)

Progestina. Progesterona sintética.

Prueba de absorciometría con doble haz de rayos X (o *DEXA* por sus siglas en inglés). Mide la densidad de los huesos de la cadera, la columna y la muñeca y la compara con la densidad de una mujer joven con una masa ósea máxima (alrededor de los 25 años de edad).

Reflujo gástrico. Acidez (agruras, acedía).

***SERM*.** Siglas en inglés de modulador selectivo de los receptores de estrógeno. Son fármacos que han sido diseñados para ligarse a los receptores de estrógeno que hay en la superficie de las células.

Tejido osteoide. El "andamiaje" que les da flexibilidad y una gran resistencia a la tracción a los huesos.

Triglicéridos. Grasas que se encuentran en la sangre que pueden contribuir a las enfermedades cardíacas en algunas mujeres.

Tromboembolia venosa. Coágulos sanguíneos peligrosos que se forman en las venas profundas.

Valor T. El número de desviaciones estándar por encima o por debajo de la densidad ósea media para adultos jóvenes normales.

ciento de mujeres que no tomaron la HRT. Sin embargo, para el cuarto año de este estudio, el riesgo de contraer enfermedades cardíacas para las mujeres que participaron en este estudio y que seguían recibiendo la HRT era menor que para las mujeres que no estaban recibiendo la HRT.

Es importante que tenga presente que los hallazgos del estudio HERS podrían ser aplicables sólo a mujeres con enfermedades cardíacas. Pero los datos preliminares que se están obteniendo de otro estudio de investigación de gran escala que se sigue realizando a nivel nacional (el que se llama Women's Health Initiative o WHI que mencionamos anteriormente) también indican que existe un ligero aumento en el número de derrames cerebrales y ataques al corazón durante los primeros dos años de recibir la HRT en comparación con mujeres que tomaron un placebo. "En este estudio de investigación, se detectó tan sólo un pequeño aumento de alrededor del 1 por ciento, pero el hecho es que sí hubo un aumento. Y este se observó en mujeres que presentaban un buen estado de salud en general", dice el Dr. David Herrington, profesor adjunto de Medicina Interna y Cardiología del Centro Médico Bautista de la Universidad Wake Forest en Winston-Salem, Carolina del Norte, y uno de los investigadores principales del estudio HERS. (Este hallazgo del WHI no fue publicado, pero sí se les informó a los participantes del estudio). Y cuando los investigadores que han participado en otros estudios epidemiológicos a gran escala han vuelto a revisar sus datos preliminares, algunos también han encontrado pruebas que indican el mismo patrón de aumento en el riesgo de contraer enfermedades cardíacas en mujeres normales y saludables que habían comenzado recientemente a recibir la HRT, dice el Dr. Herrington. "Cada vez se acumulan más pruebas que nos sugieren que esto no es una chiripa y que tenemos que tener cuidado al respecto", dice.

Sin embargo, exactamente lo que las mujeres y sus doctores deberían hacer al respecto depende de con quién hable. Hoy en día, algunos doctores son muy cautelosos para recomendar una HRT a las mujeres. Otros siguen sintiendo que la HRT es, en general, buena y que hay un gran número de estudios de investigación que respaldan su opinión. Todos reconocen que todavía hay muchas preguntas que quedan sin responder en cuanto a la HRT y las enfermedades cardíacas.

Por ahora, tomar una decisión sobre el papel que debe jugar la HRT en su estrategia menopáusica implica en gran medida una investigación detallada en la que tendrá que sopesar múltiples opciones. Si bien nadie puede predecir las consecuencias con certeza, necesita tomar la mejor decisión posible con base en lo que *sí* se sabe y respetando no sólo su instinto, sino también aquello que la haga sentirse más cómoda con su decisión. A continuación indicamos lo que necesita saber acerca del estrógeno y la progesterona: los fundamentos de la HRT. No existe una sola mezcla perfecta de hormonas.

No todas las progesteronas son iguales

Algunos doctores argumentan que parte del problema fue el régimen farmacológico que se empleó en el estudio HERS. El fármaco que se usó fue una combinación continua de estrógeno/progestina, *Prempro*, a una dosis diaria de 0.625 miligramos de estrógeno equino conjugado y 2.5 miligramos de medroxiprogesterona. "Muchos de los médicos más destacados creen que no es bueno tomar progestinas a diario, y que a las mujeres les iría mucho mejor si tomaran una progestina cíclica durante 12 días cada 2 ó 3 meses, lo que significa que menstruarían una vez cada 2 ó 3 meses", dice la Dra. Minkin. Ella y algunas otras doctoras destacadas también creen que es mejor usar una forma "natural" (bioquímicamente idéntica) de progesterona, como *Prometrium*, y evitar tomar *Provera*, una progestina sintética, la cual hace que se eleve el colesterol tipo LDL y puede causar espasmos vasculares. "La adición de *Provera* elimina muchos de los beneficios del *Premarin*", dice la Dra. Minkin.

Pero echarle la culpa al régimen que se usó en el estudio HERS no explica este riesgo al 100 por ciento, dice el Dr. Herrington. En el estudio WHI, donde también se encontró un ligero incremento en el riesgo, algunas de las mujeres estuvieron tomando sólo estrógeno.

Algunos doctores también dicen que una vez que una mujer pasa por este período inicial aparentemente de mayor riesgo, podría verse beneficiada de recibir la HRT. "Pero no les podemos decir a las mujeres: 'Si no te mueres durante el primer año, entonces te va a ir muy bien'. No se puede ejercer así la medicina", dice la Dra. Nanette Wenger, jefa de cardiología del Hospital Grady Memorial y profesora de Cardiología de la Facultad de Medicina de la Universidad Emory en Atlanta. La verdad es que nadie, ni siquiera la Dra. Wenger y otros investigadores involucrados en estos estudios, saben a qué se deben los ataques al corazón o cómo identificar a las mujeres que están en riesgo de sufrir un ataque al corazón cuando empiezan a recibir la HRT. Eso es lo que ahora están tratando de averiguar.

"Sí sabemos que el estrógeno eleva el riesgo de que se formen coágulos sanguíneos en las venas, por lo que no es poco razonable preguntarnos si existe la posibilidad de que eleve el riesgo de que se formen coágulos sanguíneos en las arterias, como las arterias del corazón, donde los coágulos sanguíneos causarían un ataque al corazón", dice el Dr. Herrington. Nadie sabe si los ataques al corazón fueron causados por coágulos sanguíneos o por placa arterial

Un medicamento cardíaco que cuida los huesos

Si está tomando una "estatina" (*statin*), también conocida como un inhibidor de la 3-hidroxi-3-metilglutaril coenzima A reductasa (*HMG CoA reductase inhibitor*) para bajar su colesterol, le agradará escuchar que estos fármacos también parecen prevenir la pérdida ósea. En dos estudios observacionales recientes, los investigadores encontraron que las personas de mayor edad que tomaron una estatina presentaron una reducción de alrededor del 50 por ciento en el riesgo de sufrir fracturas.

Las estatinas parecen aumentar la densidad mineral ósea de la columna y la cadera en mujeres posmenopáusicas.

Estos fármacos no son lo suficientemente fuertes como para que sólo se receten para la osteoporosis, ya que existen otros medicamentos que funcionan mejor para eso. Pero si las enfermedades cardíacas y la osteoporosis le preocupan por igual, las estatinas podrían ser una buena opción.

(depósitos de grasa en las arterias). Y hasta el momento, ninguno de los posibles factores de riesgo relacionados que han investigado ha mostrado una correlación estrecha. Estos incluyen tabaquismo, diabetes, presión arterial alta, colesterol alto y antecedentes de ataques al corazón.

Los investigadores van a estar haciendo pruebas en sangre de las mujeres que están participando en los estudios HERS y WHI para ver si pueden detectar correlaciones nuevas, dice la Dra. Wenger. Están particularmente interesados en las sustancias sanguíneas que se relacionan con la coagulación y la inflamación. Una de estas proteínas —un "marcador inflamatorio" llamado proteína C reactiva (o *CRP* por sus siglas en inglés)— se eleva en respuesta al estrógeno. "Este es un hallazgo bastante reciente y puede ser un problema si está relacionado con un mayor riesgo", dice la Dra. Wenger. A fechas recientes, se ha demostrado que la CRP es un factor de riesgo independiente para eventos coronarios tanto en hombres como en mujeres. Se le puede hacer una prueba en sangre para medir la cantidad de esta proteína, pero sería prematuro hacerlo a estas alturas, dice la Dra. Wenger. Pero sí informe a su médico si ha padecido flebitis o un coágulo sanguíneo en su vena o pulmón o si tiene antecedentes familiares de coágulos sanguíneos. Los coágulos sanguíneos a una edad temprana son un buen indicador de que existe una predisposición genética.

Por ahora, no existe una buena manera de detectar cuáles son las mujeres saludables que corren un mayor riesgo de sufrir un ataque al corazón una vez que empiezan a recibir la HRT. No hay una buena manera de "chequearse" para determinar su nivel de riesgo. Incluso si le hacen las pruebas que la mayoría de los doctores recomiendan durante la menopausia —colesterol, HDL, LDL, triglicéridos, presión arterial, azúcar en sangre— y todas resultan normales, "esto no significa que podamos garantizarle que sea seguro para usted recibir la HRT —dice Dr. Herrington—. Simplemente no lo sabemos".

¿Y entonces qué puede hacer?

Algunos doctores siguen pensando que la HRT todavía podría brindar beneficios a largo plazo para el corazón, argumentando que las mujeres que tomaron HRT y que permanecieron en el estudio HERS durante 4 años sí presentaron una disminución en el riesgo de contraer enfermedades cardíacas. Este beneficio aún está por confirmarse mediante ensayos clínicos aleatorios y doble ciego (donde ni las participantes ni los investigadores saben los tratamientos específicos que se les asignan).

Si ya padece una enfermedad cardíaca y nunca ha tomado una HRT: el mensaje parece ser bastante claro, dice el Dr. Herrington. "No tome una HRT con la expectativa de que le brindará algún beneficio a su corazón". Cualquier elevación en el riesgo parece ocurrir durante los primeros uno o dos años de tomarla.

En vez de eso, emplee tácticas que hayan demostrado ser beneficiosas para el corazón, dice el Dr. Herrington. Deje de fumar. Busque tratamiento para su presión arterial alta. Use "estatinas" (fármacos que disminuyen el nivel de lípidos que se emplean para el tratamiento de niveles muy altos de colesterol en la sangre) o siga una dieta baja en grasa para que su colesterol total descienda a 200 mg/dl o menos.

Si ha estado recibiendo la HRT durante menos de un año: hable con su médico y considere cambiarse a un régimen de HRT que incluya estrógeno a diario, pero sólo de 10 a 14 días cada 2 ó 3 meses de progesterona natural, dice la Dra. Minkin. Quizá también quiera usar estrógeno transdérmico (que se aplica sobre la piel) en vez de estrógeno oral. El estrógeno afecta la coagulación sanguínea mediante la acción que produce en el hígado, y esta acción es más fuerte cuando toma fármacos por la vía oral.

Si ha padecido una enfermedad cardíaca y ha estado recibiendo la HRT durante más de uno o dos años sin problemas: quizá no tenga que suspender la HRT, pero tal vez quiera hablar con su doctor sobre la posibilidad de cambiarse a un régimen cíclico, si es que todavía no está tomando su HRT de esta manera, dice la Dra. Minkin.

Si no le han diagnosticado alguna enfermedad cardíaca pero sí presenta algunos factores de riesgo: si usted fuma, padece diabetes o tiene el colesterol alto, por ejemplo, su primera preocupación deberá ser disminuir su riesgo de contraer enfermedades cardíacas a través de medios comprobados, como tomar estatinas o mantener su diabetes bajo estricto control o tomar aspirina, dice la Dra. Minkin. La HRT podría seguir siendo apropiada para usted —por ejemplo, para tratar la osteoporosis— pero de nuevo, quizá su mejor opción sea la progesterona natural y un régimen cíclico que emplee estrógeno transdérmico.

Si no padece una enfermedad cardíaca y no presenta factores de riesgo para contraer esta: aparte del hecho de que usted es una mujer posmenopáusica, no deje que los hallazgos del estudio HERS la asusten tanto que no quiera considerar la HRT, dice la Dra. Minkin. Pero sí manténgase alerta para cuando se publiquen los resultados finales del estudio WHI, los cuales deberán estar listos en el 2005. "Ese es el estudio que deberá dar alguna información definitiva sobre la probable prevención de enfermedades cardíacas mediante el uso de la HRT", dice la Dra. Minkin.

PASO Nº4: *Evalúe su miedo, su riesgo o sus antecedentes de cáncer de mama*

Los factores de riesgo para el cáncer de mama incluyen la predisposición familiar en parientes de primer orden (hermanas, hijas o madres), antecedentes de cáncer endometrial u ovárico, antecedentes de cáncer de mama, la forma "hiperproliferativa" (crecimiento glandular excesivamente activo) de la enfermedad fibroquística (tumores benignos en los senos) con células atípicas (ciertos detalles de las células individuales se ven rugosos o presentan una actividad anormal), primera menstruación a una edad temprana (antes de los 13 años de edad), menopausia tardía (después de los 52 años de edad) y primer embarazo y lactancia después de los 30 años de edad.

Una de las principales razones por las que las mujeres dicen que no usarán la HRT es por miedo a contraer cáncer de mama. Este miedo no es totalmente infundado. Estudios poblacionales sobre la HRT han mostrado un incremento moderado pero significativo en el riesgo de contraer cáncer de mama en mujeres que usan la HRT durante más de 5 años. (No parece haber un mayor riesgo en mujeres que la usan durante períodos más cortos).

Aunque esto suene atemorizante, considere lo que realmente significa "un aumento ligero pero significativo en el riesgo": de un grupo de 1,000 mujeres seleccionadas al azar que nunca han tomado hormonas convencionalmente recetadas, 77 contraerán cáncer de mama para cuando lleguen a los 75 años de edad. Compare esa población con mujeres que han tomado una HRT durante 5 años; esa cifra se "eleva" a 79 mujeres. Al cabo de 10 años de recibir la HRT, la cifra permanece en 79; y al cabo de 15 años, la cifra aumenta un poco a 89. En otras palabras, la gran mayoría de las mujeres que toman una HRT a largo plazo no contraerán cáncer de mama como resultado de la misma.

Para mirar este riesgo en su debido contexto, compárelo con el riesgo que presentan las mujeres que fuman de contraer cáncer de pulmón. "Dependiendo del estudio de investigación que revise, el riesgo relativo de contraer cáncer de mama es del 1.2 ó 1.6, lo cual no es muy alto —dice la Dra. Minkin—. Por otra parte, si usted fuma, su riesgo relativo de contraer cáncer del pulmón es de 25 ó 26, es decir, mucho mayor. Por ende, cuando se trata de tomar una decisión a favor o en contra de la HRT, se convierte en una cuestión de contrapesar otros beneficios para su salud y asuntos relativos a la calidad de vida frente a esta ligera elevación en el riesgo".

Dentro del aumento pequeño pero potencial en el riesgo de contraer cáncer de mama que se relaciona con la HRT, algunas pruebas indican que el mayor riesgo proviene de la combinación de estrógeno y progestina. Entonces, de nuevo, algunos doctores creen que sería mejor disminuir su exposición a progestinas sintéticas, dice la Dra. Minkin. Algunos doctores recetan estrógeno continuo (oral o en parche) y progestinas a intervalos poco frecuentes, como cada 2 ó 3 meses. O podría probar una combinación de estrógeno continuo y un gel vaginal de progesterona (*Crinone*).

La progesterona micronizada produce menos efectos secundarios. Sin embargo, debido a que este régimen no ha sido estudiado en grupos grandes de mujeres, no se tienen pruebas concretas de que presente una menor probabilidad de elevar el riesgo de cáncer de mama que las progestinas orales sintéticas. (Si desea conocer más acerca del *Crinone*, vea la página 236, "¿Cuál hormona natural es la indicada para usted?")

Paso N°5: *Tome un inventario óseo*

Si está planeando vivir otros 20 ó 30 años después de la menopausia —lo cual suponemos que sí— entonces necesita pensar en la osteoporosis, que literalmente significa "huesos porosos". Con la edad, todos sus huesos se volverán menos densos y se romperán con mayor facilidad. A menos que empiece a tomar medidas de protección a tiempo en la edad adulta y durante la menopausia, su columna se volverá propensa a diminutas fracturas que pueden hacer que sus vértebras se desmoronen, haciendo que su columna se doble hacia adelante y le cause un dolor crónico. Estos efectos van deteriorando su calidad de vida. También será más propensa a fracturarse la cadera. Y si eso le ocurre cuando ya tenga 75 años de edad o más, entonces sólo tendrá una probabilidad entre tres de volver a la normalidad.

"Si tiene intenciones de llevar una vida activa y de calidad después de la menopausia, necesita preocuparse por la osteoporosis antes de que ocurra", dice la Dra. Ethel Siris, directora del Centro Toni Stabile para la Prevención y el Tratamiento de la Osteoporosis del Centro Médico Columbia-Presbiteriano en la ciudad de Nueva York.

Su doctor puede determinar si ya padece osteoporosis o si presenta un riesgo elevado de contraerla, al evaluar sus factores de riesgo y al medir su densidad ósea. Existen muchos factores de riesgo para la osteoporosis, entre los cuales encontramos ser mujer y estos otros cuatro factores principales, según la Fundación Nacional de la Osteoporosis:

- Fumar
- Pesar menos de 127 libras (58 kg)
- Haber sufrido una fractura de hueso en la edad adulta
- Tener una madre, padre, hermana o hermano que haya sufrido una fractura a causa de la osteoporosis

Otros factores de riesgo incluyen:

- Ser blanca o asiática
- Malos hábitos alimenticios, especialmente una ingestión baja de calcio dietético
- Deficiencia de vitamina D
- Realizar poca actividad física o ser una persona sedentaria
- Alcoholismo
- Pasar más de un año sin menstruar durante sus años fértiles o premenopáusicos (lo que se conoce como amenorrea), excluyendo el embarazo y la lactancia
- Menopausia temprana, especialmente si ocurre antes de los 45 años de edad o como resultado de una cirugía

Los investigadores todo el tiempo están descubriendo nuevos factores de riesgo para la osteoporosis, incluso algunos que ni siquiera ha de conocer su doctor:

Si ha tomado fármacos esteroídicos que se venden con receta, como la prednisona, para el asma, el enfisema, la artritis reumatoide y otras afecciones crónicas: estos fármacos aceleran substancialmente la pérdida de hueso. Por ejemplo, en un estudio de investigación se encontró que un grupo de pacientes (de 18 a 55 años de edad) que recibieron un tratamiento que consistía en 7.5 miligramos de prednisona al día durante 12 semanas perdieron un 8 por ciento de hueso en la columna. Algunos expertos sugieren que cualquiera que haya tomado algún fármaco esteroídico oral (como la prednisona a dosis de 5 miligramos o más durante más de 2 meses) presenta un riesgo elevado de pérdida ósea excesiva. Otros estudios de investigación indican que las personas que usan esteroides inhalados para el asma corren un mayor riesgo de contraer osteoporosis. (Por fortuna, existen fármacos que pueden ayudar a prevenir esta pérdida ósea). Para mayor información acerca de cómo minimizar los efectos de los esteroides en los huesos, vea "Corticosteroides: Salvavidas 'rompehuesos'" en la página 427.

Si ha recibido tratamiento por alguna enfermedad de la tiroides: puede que haya tomado una cantidad excesiva de hormona tiroidea de reposición, es decir, de tiroxina, la cual puede promover la pérdida ósea. Su doctor deberá revisar si existe pérdida ósea, usando la prueba de densidad mineral ósea, y también deberá revisar periódicamente su dosis de tiroxina, haciéndole una prueba en sangre de la hormona estimulante de la tiroides, que es la prueba más sensible que está disponible, dice la Dra. Felicia Cosman, directora clínica de la Fundación Nacional de la Osteoporosis y especialista en huesos del Hospital Helen Hayes en West Haverstraw, Nueva York.

Si tiene antecedentes de depresión crónica: las mujeres mayores que están deprimidas pueden ser más susceptibles a la osteoporosis porque secretan más cortisol, una hormona del estrés que se relaciona con la pérdida ósea.

Si le salen canas a una edad temprana: nadie sabe por qué, pero en un estudio de investigación se encontró que las mujeres que tenían la mayoría del cabello cano antes de los 40 años de edad tendían a tener una densidad ósea más baja en general que aquellas a quienes les salían canas a una edad más avanzada.

Si ha perdido más de dos dientes permanentes en la edad adulta: debido a que la pérdida de dientes podría ser reflejo de una mala salud ósea en mujeres posmenopáusicas, algunos investigadores creen que esto podría convertirse en la primera señal de advertencia de la osteoporosis. La pérdida ósea en la quijada también podría indicar que hay pérdida ósea en el esqueleto, dice la Dra. Cosman.

La prueba ósea correcta

Los factores de riesgo sólo proporcionan pistas acerca de su salud ósea. Para determinar con precisión qué tan fuertes están los huesos, los doctores usan radiografías especiales para medir su densidad mineral ósea (o *BMD* por sus siglas en inglés), que es la mejor manera de predecir su riesgo de sufrir fracturas. Luego comparan su BMD frente a una medida de densidad óptima, o sea, la densidad promedio de una mujer adulta joven cuando la masa ósea está a su máximo nivel (más o menos a los 25 años de edad). En dependencia de cómo se comparen sus huesos contra los huesos densos y jóvenes, su doctor determina si sus huesos son normales, si tiene una densidad ósea baja (lo que médicamente se conoce como osteopenia) o si su densidad ósea es tan baja que ya se puede clasificar como osteoporosis.

Si recientemente le tomaron una radiografía normal y su doctor le dijo que sus huesos lucen perfectos, no dé por hecho que no padece osteoporosis. Las radiografías estándar no son lo suficientemente sensibles como para revelar la osteoporosis hasta que ya se ha perdido un 30 por ciento de hueso. Para entonces, ya está hecho el daño y le será más difícil regresar a un estado de salud.

La mejor prueba ósea

Existen diversas formas de medir la BMD, pero el estándar actual es la prueba de absorciometría con doble haz de rayos X (*DEXA test*). La prueba DEXA mide la densidad de los huesos de su cadera, su columna y su muñeca y la compara con la densidad ósea de una mujer joven con masa ósea máxima. Un resultado normal de la prueba DEXA le indica que sus huesos están dentro de una desviación estándar de la masa ósea máxima. Una desviación estándar de −2.5 indica un diagnóstico de osteoporosis. Por cada desviación estándar inferior a 0, el riesgo de fractura se incrementa alrededor del doble. Esta desviación estándar o distancia de la norma se traduce en algo llamado el valor T (el número de desviaciones estándar por encima o por debajo de la media para adultos jóvenes normales).

La Organización Mundial de la Salud ha establecido estas definiciones basándose en la medición de masa ósea en cualquier sitio del esqueleto de mujeres blancas. Su doctor puede —y debe— explicarle lo que significa su resultado.

Normal: la BMD está dentro de 1 desviación estándar de aquella de un adulto "joven normal" (valor T por encima de −1).

Masa ósea baja (osteopenia): la BMD está entre 1 y 2.5 desviaciones estándar de aquella de un adulto "joven normal" (valor T entre −1 y −2.5).

Osteoporosis: la BMD está a 2.5 desviaciones estándar o más por debajo de aquella de un adulto "joven normal" (valor T igual o inferior a −2.5). Se considera que las mujeres de este grupo que ya han sufrido una o más fracturas padecen osteoporosis severa o "establecida".

"Esperar hasta que sufra una fractura para hacer algo respecto a la osteoporosis es como esperar a que sufra un derrame cerebral antes de que busque tratamiento para la presión arterial alta", dice la Dra. Siris. Según los lineamientos médicos publicados por la Fundación Nacional de la Osteoporosis, las pruebas para medir la BMD deben realizarse en:

- Mujeres posmenopáusicas *de menos de 65 años de edad* que presenten uno o más factores de riesgo adicionales (además de la menopausia) para la osteoporosis
- Todas las mujeres de 65 años de edad o mayores *independientemente de sus factores de riesgo adicionales*
- Mujeres posmenopáusicas que hayan sufrido fracturas de hueso (para confirmar el diagnóstico de osteoporosis y determinar su gravedad)

Pruebas prometedoras en orina

Las pruebas para medir la densidad mineral ósea pueden detectar la osteoporosis antes de que una fractura de la cadera o la columna la saque del ruedo y en un momento en que los tratamientos para salvar sus huesos pueden ser muy eficaces. A veces también se usan para determinar si un tratamiento en particular está teniendo efecto en la densidad ósea. Pero debido a que la densidad ósea aumenta de manera muy gradual, puede tardar 2 ó 3 años de tratamiento antes de que una prueba para medir la BMD como la prueba DEXA pueda detectar una mejoría, dice la Dra. Cosman. Esta mejoría también puede ser tan pequeña que la prueba DEXA no pueda realmente detectarla con precisión, dice. Las pruebas en orina y algunas pruebas en sangre que miden la cantidad de recambio óseo (en ingles, *bone turnover*) también pueden ser útiles para vigilar la respuesta al tratamiento.

Por lo tanto, los doctores están interesados en las pruebas bioquímicas en orina que pueden medir los niveles de los productos de la degradación ósea. "Idealmente, estas pruebas deben poder decirle en cuestión de semanas si un tratamiento está funcionando o no", dice el Dr. Douglas Bauer, profesor adjunto de Medicina, Epidemiología y Bioestadística de la Universidad de California en San Francisco. Por desgracia, estas pruebas "realmente todavía no están listas —dice el Dr. Bauer—. De la manera que generalmente se realizan en la actualidad, simplemente hay demasiadas variaciones de un día a otro en los resultados como para poder interpretarlos". Tal vez podría hacerse la prueba todos los días durante más o menos una semana, para promediar los resultados y obtener una lectura más precisa, pero esto resultaría extremadamente caro, dice. "Muchos doctores simplemente no las usan porque creen que aún no son lo suficientemente confiables como para basar en ellas una decisión con respecto al tratamiento", dice el Dr. Bauer.

Sin embargo, en unos cuantos años, quizá pueda vigilar su tratamiento para la osteoporosis —ya sea que conste de ejercicio o una HRT y otros fármacos— mediante una prueba confiable en orina o sangre.

Las estrategias no hormonales son esenciales

La alimentación y el ejercicio —con o sin la HRT— pueden ayudar a proteger sus huesos.

Comprométase con el calcio para el resto de su vida. Sin importar qué otra cosa haga, asegúrese de obtener 1,200 miligramos de calcio al día, incluyendo suplementos de calcio, en caso necesario. (La alimentación típica estadounidense proporciona menos de 600 miligramos al día). Y no deje de tomarlo. En un estudio de investigación, las mujeres que tomaban 500 miligramos de suplementos de calcio al día presentaron una reducción del 9 por ciento en la tasa de remodelación ósea, lo que significa que tenían una degradación ósea menor. Pero si dejaban de tomar calcio, su densidad ósea regresaba a los niveles anteriores a la terapia al cabo de 2 años.

Aproveche los antiácidos sin aluminio. Si está obteniendo su calcio a partir de algún antiácido, elija tabletas que estén libres de aluminio. El aluminio puede impedir la mineralización (la adición de materia mineral al cuerpo) adecuada de los huesos.

Incluya la vitamina D. Su cuerpo necesita vitamina D para poder usar el calcio. Es cierto que nuestro cuerpo sintetiza algo de vitamina D cuando estamos expuestas a la luz solar. Pero con la edad, su cuerpo cada vez convierte la luz solar en vitamina D con menos eficacia. Las mujeres de más de 50 años de edad necesitan 400 UI al día y a menudo necesitan tomar un suplemento de vitamina D por separado para llegar a esa cantidad. Debido a que muchas personas mayores no obtienen suficiente vitamina D para mantener sus huesos fuertes, muchas mujeres de más de 65 años de edad se verán beneficiadas de tomar hasta 800 UI al día, dice la Dra. Cosman.

Tome un suplemento multivitamínico y de minerales completo. Para entretejer los tejidos que forman el andamiaje de los huesos fuertes y flexibles, su cuerpo necesita otros nutrientes diversos además del calcio y la vitamina D, a saber: boro, magnesio, vitamina K, vitamina C, manganeso, cobre, y cinc. Si come muchas frutas y verduras, cereales integrales y frijoles (habichuelas), entonces estará obteniendo estos nutrientes. Pero si no se alimenta bien, entonces hágales un favor a sus huesos y tome un buen suplemento multivitamínico y de minerales, de preferencia uno que le brinde el 100 por ciento de todos los nutrientes, dice la Dra. Cosman. Y tómese su suplemento por separado de las grandes cantidades de calcio, ya que el calcio puede interferir con la absorción de ciertos minerales, como el hierro.

Camine, haga ejercicio o levante pesas. Los estudios de investigación muestran que el ejercicio de alto impacto en el que tiene que soportar su propio peso (como correr) y el entrenamiento con pesas son lo mejor para formar hueso nuevo, dice Jennifer Layne, C.S.C.S., una especialista certificada en fuerza y acondicionamiento e investigadora sénior adjunta del Laboratorio de Nutrición, Fisiología del Ejercicio y Sarcopenia del Centro Jean Mayer de Investigaciones sobre Nutrición Humana Especializado en el Proceso del Envejecimiento del Departamento de Agricultura de los Estados Unidos en la Universidad Tufts en Boston. El estrés al que somete a sus huesos al realizar las actividades en que soporta su propio peso, como correr, activa a las células óseas para que produzcan hueso nuevo. Lo mismo sucede en el caso de otros tipos de ejercicio como levantamiento de pesas u otras formas de entrenamiento con resistencia (por ejemplo, ejercitarse con máquinas). El entrenamiento con pesas somete al tejido muscular a un esfuerzo que hace que crezca tejido nuevo.

Las mujeres posmenopáusicas pueden aumentar su densidad ósea al hacer alguno de estos tipos de ejercicio con regularidad, aunque la cantidad de hueso nuevo que formarán varía mucho de una mujer a otra, dice Layne. No obstante, entre más inactiva haya estado, más se beneficiará de las actividades de bajo impacto en las que tenga que soportar su propio peso, como caminar, subir escaleras, bailar e incluso trabajar en el jardín, dice la Dra. Siris. "Incluso aunque no forme mucho hueso nuevo, caminar le sirve para mejorar su equilibrio y su fuerza muscular, por lo que hace que sea menos probable que sufra caídas", dice. (Para leer las principales sugerencias que da Layne para mantener la fuerza en los huesos de la columna y la cadera, vea "Detenga la osteoporosis con estos ejercicios" en la página 254).

Si ya tiene una masa ósea baja u osteoporosis: pídale a su doctor que le diga específicamente qué puede y qué no puede hacer, dice Layne. Para comenzar, su doctor puede hacerle una receta para que vaya con un fisioterapeuta. Asegúrese de consultar a un fisioterapeuta que se especialice en osteoporosis.

Medicamentos para la osteoporosis: para los huesos que están en riesgo

La falta de pruebas contundentes que demuestren una reducción clara en la incidencia de fracturas con el uso a largo plazo de la HRT en mujeres con osteoporosis —además de los riesgos que implica su uso a largo plazo, como el cáncer de mama— han convertido a otros medicamentos para la osteoporosis en opciones muy atractivas, en especial para mujeres de 65 años de edad o mayores, dice la Dra. Cosman. "Se ha demostrado claramente que algunos de estos fármacos, particularmente los bifosfonatos, reducen las fracturas causadas por la osteoporosis sin todos los efectos relacionados que produce la HRT en otros órganos, como los senos y el útero", dice.

Si tiene una densidad ósea normal: no es probable que le receten un medicamento para la osteoporosis para prevenir la pérdida ósea, aunque quizá tome una HRT por otros motivos durante la menopausia y obtenga la protección contra la pérdida ósea como ventaja adicional, dice la Dra. Cosman. La HRT sigue siendo una buena opción para prevenir la osteoporosis.

Si ya tiene osteopenia (densidad ósea baja) u osteoporosis: los medicamentos pueden retardar o detener la pérdida de hueso y en algunos casos, incluso pueden restaurar algo de la masa ósea. Una compilación de estudios de investigación mayoritariamente a pequeña escala indicó que, en mujeres que ya estaban relativamente cerca de la menopausia, la HRT podía reducir las fracturas relacionadas con la osteoporosis. Esta capacidad de disminuir el número de fracturas no es tan clara en mujeres mayores que ya pasaron por la menopausia hace más tiempo.

He aquí los medicamentos para la osteoporosis que existen en la actualidad y que han sido aprobados por la Dirección de Alimentación y Fármacos (o *FDA* por sus siglas en inglés): estrógeno (las marcas más comunes para la prevención de la osteoporosis incluyen *Premarin*, *Premphase*, *Prempro*, *Estraderm*); dos bifosfonatos, el alendronato (*Fosamax*) y el risedronato (*Actonel*); el raloxifeno (*Evista*), el primer modulador selectivo de los receptores de estrógeno (o *SERM* por sus siglas en inglés) aprobado como medicamento para la osteoporosis; y la calcitonina (*Miacalcin*).

Los investigadores miden el éxito de un fármaco nuevo al averiguar cuánto hueso nuevo se forma, generalmente a lo largo de un período de 3 años, y al calcular cuántas fracturas se previenen. Ellos revisan dos áreas que comúnmente se fracturan: las vértebras y el fémur superior, que es el hueso largo de su muslo que forma una articulación de bola con la cavidad de la pelvis para formar la cadera. La columna tiene un tipo de hueso más esponjoso y de alto recambio conocido como hueso trabecular, y los beneficios de los fármacos se aprecian antes en este tipo de hueso. Por otra parte, el fémur está compuesto esencialmente de hueso muy denso, llamado hueso compacto. "Es importante hacer la distinción entre estos tipos de hueso porque algunos fármacos funcionan mejor en la columna que en la cadera, y algunos no funcionan para nada en el hueso compacto de la cadera", dice la Dra. Cosman.

Cada fármaco brinda sus propios beneficios y tiene sus propias limitaciones, de modo que ningún fármaco para la osteoporosis es mejor que otro, ni hay uno solo que sea el correcto para todo el mundo, dice la Dra. Siris. Por ejemplo, el alendronato (*Fosamax*) ha sido comparado con una combinación de estrógeno/progestina en un estudio sobre la prevención para ver cuál tratamiento era mejor para retardar la osteoporosis. Pero aparte de este estudio, muchos tratamientos no han sido directamente comparados con otros, lo cual nos dificulta evaluar cuál de todos los tratamientos es "el mejor".

Asimismo, no use medicamentos como sustituto de una buena alimentación y el ejercicio. Cuando los investigadores prueban un nuevo fármaco para la osteoporosis, se aseguran de que todas las personas que participan en el estudio obtengan cantidades adecuadas de calcio y vitamina D, mediante el uso de suplementos, en caso necesario.

"Incluso estos potentes fármacos nuevos no funcionan tan bien si no tiene a la mano todos los nutrientes que se necesitan para formar hueso", dice la Dra. Cosman. Los medicamentos, el ejercicio y los nutrientes benefician a los huesos de maneras diferentes y no se debe usar uno como sustituto de otro. "Todas las personas deben alimentarse bien y hacer ejercicio —dice la Dra. Cosman—. Si siguen presentando un riesgo elevado, entonces los fármacos podrían ser el camino a seguir".

Dicho lo anterior, entre más familiarizado esté su doctor con estos fármacos —y con usted—, mejor será su capacidad de decidir cuál es el tratamiento ideal para usted. A continuación están sus opciones.

Terapia de reposición hormonal

Hasta los años 80, la HRT era el único tratamiento disponible para la osteoporosis. Y la terapia hormonal parece funcionar bien en lo que se refiere a prevenir esta afección debilitante, al menos en mujeres que están por llegar a la menopausia.

El estrógeno ayuda directamente a los huesos al reducir la tasa de remodelación desde sus niveles posmenopáusicos elevados hasta sus niveles premenopáusicos normales. También estimula la producción de vitamina D, ayudando a los intestinos a absorber calcio. Hace que sus riñones guarden el calcio, de modo que se excrete una menor cantidad de este mineral. El estrógeno, si se empieza a tomar durante la menopausia, previene la pérdida acelerada del 3 al 5 por ciento de masa ósea al año que ocurre en los 5 a 10 años que siguen a la menopausia.

El problema es que si deja de tomar la HRT, como es el caso de muchas mujeres, pierde hueso con mucha rapidez y al cabo de unos años, es como si nunca la hubiera tomado. Y si la empieza a tomar a una edad más avanzada —digamos, a los 60 años de edad o más —, sus beneficios ya no son tan evidentes.

"Solíamos pensar que el estrógeno era útil para los huesos, sin importar a qué edad se empezara a tomar —dice la Dra. Cosman—. Y definitivamente vemos un efecto positivo tanto en la masa ósea como en el recambio óseo, es decir, el proceso mediante el cual se degrada y se vuelve a formar el hueso".

Por desgracia, hay muy pocos estudios definitivos que hayan investigado la relación que existe entre la HRT y las fracturas, las cuales son una medida aún más importante de la fortaleza de los huesos. El ensayo clínico más importante, el estudio HERS, no mostró una disminución en el riesgo de sufrir fracturas en la cadera o en algún otro sitio como resultado de la HRT. Sin embargo, varios ensayos clínicos más pequeños indican que el estrógeno puede reducir el riesgo de sufrir fracturas de la columna y algunas otras fracturas en otras partes del cuerpo.

En cuanto al proceso de formación de hueso nuevo, es el *estrógeno* que contiene la HRT el que protege a los huesos y no la progesterona o las progestinas, las cuales parecen producir muy poco impacto, ya sea positivo o negativo, dice la Dra. Cosman. Todas las formas químicas de estrógeno funcionan y tanto las pastillas como los parches funcionan bien para proteger los huesos. (Es importante mencionar que las cremas, anillos y supositorios vaginales y las cremas tópicas de estrógeno no han sido adecuadamente probados).

La forma de estrógeno que más se ha estudiado con respecto a la salud ósea es el estrógeno equino conjugado (*Premarin*), a la dosis estándar de 0.625 miligramos. "Pero incluso las dosis tan bajas como de 0.3 miligramos han demostrado ser eficaces para proteger los huesos en algunas mujeres, siempre y cuando también estén tomando suplementos de calcio y vitamina D", dice la Dra. Siris.

Si tiene 60 años de edad o menos: "Es probable que el estrógeno sea la primera elección para la prevención o tratamiento de la osteoporosis poco antes o durante la menopausia, y durante 5 a 10 años después de la menopausia —dice la Dra. Cosman—. Después de eso, existen ciertas desventajas relacionadas con su uso a una edad más avanzada, por ejemplo, un posible aumento en el riesgo de contraer enfermedades cardíacas durante el primer año de uso y una posible elevación en el riesgo de contraer cáncer de mama con el uso a largo plazo. Debido a lo anterior y considerando que existen otros fármacos que son muy buenos para los huesos durante esta etapa de la vida, yo no creo que muchos doctores les indiquen a sus pacientes que empiecen a recibir la HRT para tratar la osteoporosis mucho después de que hayan cumplido los 60 años de edad".

Si está recibiendo la terapia de testosterona para el bajo impulso sexual: quizá obtenga beneficios secundarios que le ayudarán a formar hueso nuevo, dice la Dra. Cosman. La terapia de reposición de testosterona puede mejorar la masa ósea tanto en hombres como en mujeres, pero aún no ha sido probada ni aprobada para tratar la osteoporosis en mujeres. También puede causar efectos secundarios, como acné, crecimiento de vello facial y engrosamiento de la voz, dice la Dra. Cosman.

Bifosfonatos

Esta clase de fármacos funciona al bloquear la degradación normal de hueso viejo (remodelación ósea). Los bifosfonatos inhiben a los osteoclastos, que son las células que descomponen el hueso. Los bifosfonatos incluyen el etidronato (*Didronel*), el alendronato (*Fosamax*) y el risedronato (*Actonel*), pero sólo el alendronato y el risedronato, que son los dos bifosfonatos más nuevos, han sido aprobados para la osteoporosis, y parecen ser los fármacos más potentes.

Los estudios de investigación muestran que los bifosfonatos reducen de manera constante el riesgo de sufrir fracturas de la columna en un 40 a 50 por ciento a lo largo de un período de 3 años. Y son los únicos fármacos que actualmente están disponibles con respecto a los cuales se ha comprobado que reducen las fracturas de cadera. Actualmente existen otros bifosfonatos que están siendo evaluados para el tratamiento de la osteoporosis pero aún no han sido aprobados por la FDA.

"El alendronato y el risedronato disminuyen el riesgo no sólo de sufrir fracturas de la columna sino también fracturas en todo el cuerpo. Son los únicos fármacos que han demostrado de manera definitiva que son capaces de disminuir el riesgo de sufrir fracturas de cadera —en alrededor de un 50 por ciento en pacientes con osteoporosis— por lo que son fabulosos si realmente está preocupada por su cadera", dice la Dra. Siris. Los investigadores hicieron un seguimiento durante 7 años de mujeres que tomaban alendronato y encontraron que seguían formando hueso nuevo en la columna, mantenían el hueso de la cadera y que, en general, era bien tolerado.

Siga las instrucciones con cuidado. Estos fármacos pueden ser muy duros con su estómago, especialmente si, para empezar, usted ya tiene problemas del esófago o el estómago, como úlceras, acidez (agruras, acedía, reflujo gástrico) o indigestión crónica. Tómese el medicamento con un vaso completo de 8 onzas (240 ml) de agua a primera hora de la mañana, antes de comer cualquier cosa. Luego, no se recueste durante al menos 30 minutos. (Una tableta de acción prolongada de 70 miligramos de *Fosamax*, tomada una vez a la semana, parece ser tan eficaz como la dosis diaria y puede causar menos efectos secundarios).

Los "estrógenos de diseñador"

Los moduladores selectivos de los receptores de estrógeno (o *SERM* por sus siglas en inglés) han sido diseñados para que encajen en los receptores de estrógeno que se encuentran en la superficie de las células. Y por esto, al igual que el estrógeno, son "llaves" que encajan en las "cerraduras" que permiten que una hormona "encienda" a una célula. Pero debido a que los SERM no encajan a la perfección, sólo funcionan en algunos tejidos y no en otros y esto puede representar una ventaja enorme cuando se usan como tratamiento. Los SERM han sido diseñados para que se eleven al máximo los efectos del estrógeno en los huesos y para que se minimicen o incluso se contrarresten los efectos del estrógeno en los senos y el revestimiento uterino.

En ensayos clínicos a gran escala, se ha demostrado que el raloxifeno (*Evista*), el único SERM en el mercado que ha sido aprobado por la FDA para tratar la osteoporosis, reduce el riesgo de fracturas de la columna en un 30 a un 55 por ciento. No se ha demostrado que disminuya las fracturas de cadera, por lo que representa "una opción atractiva para personas que no tengan una densidad ósea muy baja en la cadera —dice la Dra. Siris—. Este fármaco es para alguien que no padezca osteoporosis grave (en otra parte del cuerpo aparte que en la columna) y que esté preocupada por el cáncer de mama, dado que parece disminuir el riesgo de contraer esa enfermedad".

Si tiene entre 55 y 65 años de edad y también tiene una densidad ósea baja (osteopenia): puede que su doctor le sugiera tomar raloxifeno, el cual puede mantener la masa ósea en las mujeres posmenopáusicas y reducir la incidencia de fracturas de columna. A esta edad, es mayor el riesgo de sufrir fracturas de la columna que el riesgo de sufrir fracturas de la cadera, el cual no se empieza a elevar sino hasta alrededor de los 70 años de edad. El raloxifeno también parece ofrecer cierta protección contra el cáncer de mama. "Por lo tanto, es una buena opción para las mujeres a quienes les preocupa el cáncer de mama", dice la Dra. Cosman. Aún no ha quedado claro si también sirve para disminuir otro tipo de fracturas que no sean de la columna.

Si es una mujer posmenopáusica y padece una enfermedad cardíaca: debido a que el raloxifeno brinda diversos beneficios cardiovasculares aparentes, se está estudiando para ver si disminuye el riesgo de sufrir un ataque al corazón y las muertes relacionadas con las enfermedades cardíacas en mujeres posmenopáusicas. Este estudio de investigación, llamado Raloxifene Use for the Heart o RUTH Trial (Uso del raloxifeno para el corazón) concluirá en el 2005. Los científicos esperan que los resultados brinden un rango más amplio de opciones de tratamiento y prevención para las mujeres posmenopáusicas.

Si ha tenido coágulos sanguíneos en sus venas: no debe tomar raloxifeno. Este fármaco presenta casi la misma probabilidad de causar coágulos sanguíneos que el estrógeno. Incrementa su riesgo más o menos al triple, aunque el riesgo absoluto sigue siendo bajo, como de 1 entre 1,000. El mayor riesgo ocurre durante los primeros 4 meses de uso.

LA CONEXIÓN HORMONAL

Hormona paratiroidea: ¿una cura futura para la osteoporosis?

Los doctores dicen que no hay una cura para la osteoporosis. . . aún. Lo mejor que cualquier fármaco que actualmente está en el mercado puede hacer es detener la pérdida ósea y permitir que los huesos se "emparejen".

Pero unos cuántos dicen que ya existe un fármaco nuevo que sí es "la cura". Este fármaco, que fue aprobado por la Dirección de Alimentación y Fármacos (o *FDA* por sus siglas en inglés) en noviembre del 2002, consiste en inyecciones diarias de hormona paratiroidea (la cual, al igual que en el caso de la insulina, usted aprende a ponerse) y podría ser capaz de provocar la formación de hueso nuevo y más fuerte.

Todas sintetizamos hormona paratiroidea en nuestro cuerpo, en cuatro glándulas del tamaño de un grano de pimienta que se ubican en la región de la glándula tiroides. La hormona paratiroidea regula el metabolismo del calcio y del fósforo en el cuerpo, que son dos minerales que se encuentran en mayor concentración en el hueso.

Además, esta hormona en realidad estimula el crecimiento de hueso nuevo. Administrada en una sola dosis elevada diaria, la hormona paratiroidea provoca un aumento en el número de osteoblastos, que son las células encargadas de formar hueso. Y también estimula a estas células para que produzcan tejido osteoide, que es el "andamiaje" que les da flexibilidad y una gran resistencia a la tracción a los huesos.

"Los fármacos que actualmente están disponibles en el mercado sólo previenen la degradación o reabsorción ósea —dice el Dr. Claude Arnaud, profesor emérito de la Universidad de California en San Francisco, y uno de los más destacados inves-

Si está tomando raloxifeno y está experimentando sensibilidad en los senos o sangramiento vaginal: consulte a su médico para que pueda determinar la causa. Lo más probable es que no se deba al raloxifeno, dice la Dra. Cosman. Aunque este medicamento tiene efectos similares a los que produce el estrógeno en los huesos, el raloxifeno no produce efectos parecidos a los del estrógeno en el útero o los senos. Como no existen estudios de investigación que indiquen la manera en que los estrógenos y el raloxifeno actúan juntos, por el momento no se puede recomendar esta combinación.

Si presenta otros efectos secundarios: el raloxifeno causa sofocos en alrededor del 10 por ciento de las mujeres que lo toman y puede hacer que las

tigadores en este campo—. Este fármaco efectivamente forma tejido óseo nuevo. Hace que su cuerpo forme huesos como lo hacía cuando era más joven".

En un estudio de investigación de mujeres posmenopáusicas con osteoporosis, aquellas que recibieron tanto hormona paratiroidea como una terapia de reposición hormonal durante 2 años tuvieron un aumento del 26 por ciento en la densidad ósea de la columna y del 8 por ciento en la densidad ósea de la cadera. Las mujeres que recibieron hormona paratiroidea pero que no recibieron la terapia de reposición hormonal presentaron un aumento de alrededor del 15 por ciento en la densidad ósea de la columna y del 4 por ciento en la densidad ósea de la cadera. Esta hormona eleva la masa ósea en mujeres con osteoporosis inducida por corticosteroides y ha sido empleada para

prevenir la pérdida ósea en mujeres con endometriosis que han tenido que tomar fármacos supresores del estrógeno, como el danazol (*Danocrine*).

Ahora que la hormona paratiroidea ha sido aprobada y puede ser usada, las mujeres que padecen osteoporosis probablemente la usarán durante un período breve para reconstruir sus huesos. Una vez que sus huesos vuelvan a la normalidad, dejarán de tomarla y empezarán a tomar otro fármaco, como el raloxifeno (*Evista*) o el alendronato (*Fosamax*), con el que puedan mantener su densidad ósea, dice el Dr. Arnaud. La hormona paratiroidea también se conoce como *teriparatide* y se vende bajo el nombre de marca *Forteo*. Pregunte a su médico para averiguar más sobre este fármaco.

mujeres que antes no los tenían, empiecen a padecerlos. Esto tiende a ocurrir durante los primeros 6 meses de uso y luego va disminuyendo. El 7 por ciento de las mujeres también presentan calambres en las piernas y del 5 al 6 por ciento reportan hinchazón de las manos o los pies. Estos efectos secundarios generalmente son menores y no hacen necesario que se suspenda el medicamento. Si los efectos secundarios son graves, hable con su doctor.

Calcitonina (Miacalcin)

Este fármaco es una versión en forma de rocío nasal de la calcitonina, que es una hormona producida en el cuerpo por células especiales de la glándula tiroides. Esta hormona disminuye la actividad de disolución ósea de los osteoclastos, que son las células de los huesos que son responsables por la degradación de los huesos. Como fármaco, es muy segura y produce pocos efectos secundarios, pero es posible que no sea tan eficaz como los otros agentes. Los estudios de investigación han mostrado que puede disminuir las fracturas de las vértebras de la columna y que puede aliviar el dolor en mujeres que recientemente han sufrido fracturas de la columna. La dosis habitual es de alrededor de 200 UI al día, dice la Dra. Siris.

"Yo casi siempre receto calcitonina a mujeres de edad avanzada (80 años de edad o mayores) con fracturas de la columna que no pueden tomar ninguno de los demás fármacos —dice la Dra. Siris—. Puede disminuir el riesgo de sufrir fracturas de la columna y es un fármaco muy benigno que produce pocos efectos secundarios". A veces se usa la forma inyectable de calcitonina (*Calcimar*).

Sustancias de soya: ¿una alternativa no farmacológica?

Puede ser que haya oído hablar sobre las isoflavonas, que son compuestos parecidos al estrógeno que se encuentran en los alimentos como la soya y el trébol rojo y que, según algunos expertos, pueden ayudar a aliviar los sofocos. La ipriflavona es un pariente sintético de las isoflavonas naturales de la soya y en su cuerpo se convierte en daidzeína, la cual también es la isoflavona principal que se encuentra en los frijoles (habichuelas) de soya. En total, más de 150 estudios de investigación en animales y humanos han mostrado que la ipriflavona puede ayudar a prevenir la pérdida ósea y a formar tejido óseo nuevo. La ipriflavona se encuentra en algunas fórmulas nutricionales que se venden como suplementos para fortalecer los huesos.

Alrededor de una docena de estos estudios fueron realizados en mujeres posmenopáusicas de 50 a 65 años de edad. La mayoría fueron estudios a pequeña escala y de corto plazo en los que se les dieron de 600 a 1,000 miligramos de ipriflavona al día, combinada con 1,000 miligramos de calcio. Las mujeres que tomaron ipriflavona además de calcio generalmente no presentaron pérdida ósea alguna, o bien, reportan un ligero *aumento* en su densidad ósea, en comparación con los grupos de mujeres que sólo tomaron un suplemento de calcio.

¿Cómo se compara la ipriflavona con otros fármacos para la osteoporosis? "Probablemente brinda sólo una protección parcial contra la pérdida ósea, más o menos equivalente a la que brinda una dosis muy baja de estrógeno", dice el Dr. Bruce Ettinger, investigador sénior de la división de investigación del Programa de Atención Médica Kaiser Permanente en Oakland, California, quien es un experto en los tratamientos alternativos para la osteoporosis.

Los doctores convencionales tienden a preferir los derivados de la soya probados y comprobados. "La información con la que contamos es inadecuada para determinar si las isoflavonas y la ipriflavona son útiles o no", dice la Dra. Siris. Por otra parte, algunos doctores en medicina alternativa dicen que estos tratamientos son útiles para las mujeres con osteoporosis que no pueden o no quieren recibir la HRT o algún otro fármaco para la osteoporosis como el *Fosamax*.

Si quiere probar la ipriflavona: la ipriflavona se vende sin receta en los Estados Unidos y es un componente de los productos *Natrol Bone Protector with Ostivone, Solgar Ipriflavone* y *Twinlab Bone Support with Ostivone*. Los expertos sugieren que compre un producto que contenga sólo ipriflavona y que tome un suplemento de calcio por separado para que consuma un total de alrededor de 1,000 miligramos de calcio al día. Quizá también tenga que tomar de 400 a 800 UI al día de algún suplemento de vitamina D.

Paso Nº6: *¿Estrógeno, progesterona o ambos?*

Si ya ha probado los pasos del 1 al 5 y ha decidido que no necesita —o que no puede— recibir la HRT, sáltese al paso Nº12, que comienza en la página 246, donde se habla de los tratamientos alternativos que puede considerar. Si después de tomar todos los factores en cuenta, llega a la conclusión de que lo mejor para usted es probar una HRT, entonces siga leyendo. (Lo mismo cabe decir en el caso de que ya esté recibiendo la HRT para tratar alguna de las afecciones que comienzan en la página 353).

Hace no tanto tiempo, si usted optaba por la terapia de reposición hormonal, sus opciones eran bastante limitadas. Era algo así como un tratamiento "unitalla". Si no se le había hecho una histerectomía, se le daba una combinación de estrógeno y progestina (progesterona sintética). Y los productos que generalmente se empleaban eran *Premarin* (estrógeno equino conjugado obtenido de la orina de yeguas embarazadas) y *Provera* (medroxiprogesterona, hecho a partir de frijoles/habichuelas de soya pero todavía químicamente distinto a la hormona que se sintetiza en su propio cuerpo). Se le daban una o dos dosis a escoger. Si había tenido una histerectomía, sólo le recetaban estrógeno, generalmente *Premarin*. Si no quería recibir la terapia de reposición hormonal completa, por lo menos le daban la opción de usar una crema que contuviera estrógeno para la sequedad vaginal. Esta, también, era preparada usando *Premarin*.

Ahora existen docenas de tipos de estrógenos y progesteronas en el mercado, y todavía están más por salir, incluyendo los más populares en otros países. (*Estragel*, una marca muy vendida en Francia, actualmente se vende en los Estados Unidos). De hecho, dos de los productos más vendidos en los Estados Unidos, *Premarin* y *Provera*, ni siquiera figuran en las repisas de las farmacias europeas.

"No existe una fórmula mágica para elegir el fármaco correcto para cada mujer, pero sí existe un procedimiento ordenado que puede seguir un doctor", dice la Dra. Minkin. Este procedimiento incluye hacer algunas de las pruebas que mencionamos con anterioridad, como el perfil de lípidos totales, revisar los resultados de las pruebas y responder preguntas que sirvan para guiar al doctor hacia el camino correcto para que pueda determinar cuáles fármacos podrían ser los mejores. He aquí lo que necesita tomar en consideración.

Paso Nº7: *¿Naturales o sintéticas?*

Una vez que haya determinado cuáles son las hormonas que necesita —estrógeno, progesterona o ambos— usted y su médico tendrán que seleccionar el "tipo" químico de cada una. Algunos doctores casi siempre emplean las "sintéticas", mientras que otros generalmente prefieren las "naturales" y todavía otros combinan las dos. Si usted tiene cierta inclinación por alguno de estos tipos, tiene sentido que encuentre a un doctor que esté dispuesto a apoyarla en su preferencia. (Si desea averiguar más sobre cómo encontrar a un doctor que esté calificado para darle consejos, vea "En la Internet y otros recursos" en la página 252). Aun así, para estar segura de que esté eligiendo el tipo de HRT que mejor se adapte a usted, lo mejor es considerar todas las posibilidades con una mente abierta, dice la Dra. Minkin. "Todas somos únicas y, para algunas mujeres, es posible que las hormonas sintéticas tengan menos efectos secundarios que las 'naturales'", dice.

Cuando se trata de hormonas, incluso los expertos no siempre concuerdan en cómo definir "sintético" y "natural". Para fines de esta discusión, una hormona "natural" tiene exactamente la misma estructura química que la hormona que se sintetiza en el cuerpo, es decir, es bioquímicamente idéntica. Una hormona "sintética" no es químicamente idéntica a la que se produce en el cuerpo. La fuente de los componentes que se emplean para sintetizar la hormona —sean plantas, animales o un laboratorio— no importa. Lo que cuenta es la estructura química.

Estrógeno sintético: efectos secundarios bien conocidos

Los estrógenos sintéticos incluyen el etinil estradiol (*Estinyl*), el estrógeno equino conjugado (*Premarin*), los estrógenos esterificados (*Estratab*), el estropipato (*Ogen, Ortho-Est*) y los estrógenos sintéticos conjugados (*Cenestin*). Los efectos secundarios y peligros potenciales de los estrógenos sintéticos son bien conocidos, pero las diferencias reales entre los estrógenos sintéticos y el natural no han sido estudiadas en profundidad, por lo que es difícil decir cuáles son estas diferencias.

Nuestro cuerpo en realidad produce tres tipos diferentes de estrógeno y la forma farmacológica que más se asemeja a esto se conoce como triestrógeno o su forma abreviada en inglés, *tri-est*. Es una combinación de estriol, estrona y 17-beta estradiol. El *tri-est* está disponible sólo en las farmacias donde preparan medicamentos siguiendo las órdenes que un médico dé en una receta. Las hormonas naturales se derivan de la soya y otras fuentes de origen vegetal y deben ser preparadas según la receta que le dé el médico. El *tri-est* se puede administrar por la vía oral o se puede usar en forma de crema tópica que se frota en la piel. Las hormonas se absorben a través de la piel. Los seguros de gastos médicos generalmente no cubren el costo del *tri-est*.

Algunos parches transdérmicos de estrógeno contienen 17-beta estradiol, que es la forma químicamente idéntica al estrógeno más potente que se sintetiza en el cuerpo. Entre los parches que contienen este tipo de estrógeno encontramos los de la marca *Estrace, Estraderm, Climara, Vivelle* y *FemPatch*. *Estring*, que es un anillo impregnado de estrógeno que se inserta en la vagina, también contiene 17-beta estradiol.

Premarin, que es el estrógeno que se obtiene de la orina de yeguas preñadas, no es igual al estrógeno que se encuentra en humanos. El estradiol farmacéutico, que se hace a partir de la soya o la batata dulce (camote), cuya composición no es idéntica a la de los estrógenos humanos, a veces se considera como un estrógeno natural.

Progestina sintética: sí produce algunos efectos secundarios

Las progestinas sintéticas —que incluyen la medroxiprogesterona, la noretindrona, el norgestimato y el levonorgesterol— se emplean en diversos agentes de HRT. Las hormonas sintéticas han sido ampliamente estudiadas y tienen su lugar; algunas mujeres obtienen muy buenos resultados con este tipo de hormonas.

Pero algunos doctores creen que las hormonas sintéticas a veces causan problemas. Son más potentes que las hormonas que normalmente produce su cuerpo y debido a que el cuerpo las reconoce como sustancias extrañas, le cuesta más trabajo a su hígado descomponerlas. Algunos de los productos derivados de la descomposición de estas hormonas, los cuales se conocen como metabolitos, tardan mucho tiempo en ser eliminados del cuerpo.

"Algunos expertos consideran que esta es una virtud de las hormonas sintéticas —dice la Dra. Catellani—. Es más difícil descomponerlas, los productos de su descomposición aún presentan algo de actividad y se puede garantizar que tendrán algún efecto porque el cuerpo no las puede desmantelar. Su influencia persiste durante un período prolongado". Si bien es cierto que en la actualidad no existen pruebas consistentes que apoyen este argumento, algunos investigadores especulan que, en mayor medida que las hormonas naturales, los estrógenos y las progestinas sintéticas pueden contribuir a que una persona contraiga cáncer.

Las progestinas sintéticas pueden causar tal diversidad de efectos secundarios indeseables —incluyendo retención de líquidos, cambios repentinos de humor, sensibilidad en los senos e irritabilidad— que a menudo son la razón por la cual las mujeres abandonan la HRT por completo.

Si no le han hecho una histerectomía y quiere recibir la HRT: es importante que tome tanto estrógeno como progesterona o alguna progestina. El estrógeno hace que el revestimiento uterino —el endometrio— prolifere y crezca. La progesterona cambia la estructura del endometrio, haciéndolo más organizado y provocando que crezcan vasos sanguíneos hacia el interior del tejido. La caída natural que ocurre en los niveles de ambas hormonas al final del ciclo menstrual hace que el tejido endometrial se desprenda, pero este tejido no se desprende si no hay progesterona durante la segunda mitad del ciclo. En vez de eso, el revestimiento uterino se sigue engrosando, causando una afección conocida como hiperplasia endometrial, la cual potencialmente puede llegar a convertirse en cáncer.

Las mujeres y los doctores averiguaron esto a la mala, cuando la terapia de reposición de estrógeno —inicialmente aprobada en los años 40— se empezó a usar mucho en los años 60. Durante los años 70 disminuyó su uso una vez que se reconoció su riesgo de causar cáncer endometrial. Las mujeres que toman estrógeno sintético sin tomar progesterona también presentan un riesgo hasta 24 veces mayor de contraer cáncer endometrial. Nadie sabe cuál es el riesgo de contraer cáncer endometrial si se toma estrógeno natural (bio-químicamente idéntico), pero se da por hecho que existe un cierto riesgo.

Si toma una HRT estándar en la que se combina el estrógeno y la progestina, por ejemplo, *Prempro***:** puede estar prácticamente segura de que estará obteniendo cantidades adecuadas de ambas hormonas para prevenir el cáncer endometrial. Si no toma una fórmula estándar —si, por ejemplo, está tomando triestrógeno y progesterona micronizada— sigue estando fuera de peligro siempre y cuando siga teniendo menstruaciones normales. "No parece haber un riesgo mayor. En todo caso, parece disminuir el riesgo", dice la Dra. Catellani.

Si va a cambiar de los anticonceptivos orales a la HRT: existen dos caminos diferentes que puede tomar. Simplemente puede seguir tomando un anticonceptivo oral de baja dosis hasta que cumpla más o menos los 51 años de edad, que es la edad promedio a la que ocurre la menopausia, y luego cambiarse a una HRT. Algunos doctores le siguen recetando anticonceptivos orales a sus pacientes incluso hasta que llegan a la mitad de la cincuentena.

O bien, en cualquier momento entre los 48 y los 51 años de edad, puede dejar de tomar la píldora anticonceptiva durante 4 semanas, y luego hacerse una prueba para medir sus niveles de hormona estimulante del folículo (*FSH test*). Sin embargo, debido a que los niveles de FSH fluctúan durante la perimenopausia, una manera más precisa de hacer esto es suspender la píldora anticonceptiva durante varios meses y luego hacerse varias pruebas para medir su nivel de FSH. Por supuesto, tendrá que usar algún otro método de control natal durante este período.

El cambio de los anticonceptivos orales por una HRT debe hacerse cuando el nivel de FSH haya aumentado a cuando menos 30 mUI/ml (miliunidades internacionales por mililitro) o más.

Independientemente de que esté tomando hormonas sintéticas o naturales, si tiene cualquier hemorragia anormal, y especialmente si sangra

varias veces dentro de un período de unos cuantos meses: es posible que su doctor quiera hacerle una biopsia del endometrio. Este es un procedimiento común que se realiza en el consultorio del médico. Un delgado tubo de succión se inserta en el útero para extraer una pequeña cantidad de tejido. Luego, la muestra se examina bajo el microscopio para determinar qué es lo que está ocurriendo y, lo que es más importante, para determinar si padece o no cáncer endometrial. Por otra parte, un ultrasonido del útero puede servir para determinar si existe un crecimiento exagerado del endometrio, pero en caso afirmativo, de cualquier modo tendrá que hacerse una biopsia para que se pueda definir si padece cáncer o no.

Si es una mujer posmenopáusica porque le extirparon los ovarios y el útero, especialmente si se lo hicieron antes de los 50 años de edad: probablemente se verá beneficiada de tomar testosterona junto con estrógeno y progesterona. Las mujeres a quienes les han extirpado los ovarios presentan niveles más bajos de testosterona. Los síntomas de un nivel bajo de testosterona son falta de impulso sexual, fatiga y depresión.

Si está tomando fitoestrógenos a partir de alimentos de soya o hierbas, en lugar de estrógeno: No necesitará tomar progesterona para evitar el cáncer endometrial. "Estos actúan como estrógenos muy débiles y también poseen la capacidad de bloquear al estrógeno. Los alimentos de soya, en particular, han sido usados durante mucho tiempo con seguridad", dice Dra. Catellani. (Para mayores detalles, vea "Paso Nº12: Remedios alternativos que puede probar" en la página 246). Sin embargo, debido a que los investigadores no han resuelto definitivamente algunas cuestiones sobre la seguridad de los fitoestrógenos, lo mejor es que tome hierbas fitoestrogénicas, como la cimifuga negra (hierba de la chinche, *black cohosh*) o las isoflavonas de soya, bajo supervisión médica. Y al igual que en el caso de la terapia combinada de estrógeno/progesterona, si tiene cualquier hemorragia inexplicable, no deje de informar a su médico. Quizá esté sobreestimulando a su revestimiento uterino. "Todos los médicos hemos tenido pacientes que han tomado suficientes combinaciones herbarias sin progesterona como para presentar hemorragia vaginal —dice la Dra. Minkin—. Esto sugiere que sí se produce un efecto en el endometrio con estos remedios herbarios 'benignos'".

Si le han hecho una histerectomía: el consenso de médicos convencionales es que se puede tomar estrógeno por sí solo, sin progesterona. Sin embargo, algunos doctores "alternativos" están recomendado una combinación de estrógeno/progesterona incluso a mujeres a quienes ya les han hecho una histerectomía, dice la Dra. Catellani. "La idea de que si una mujer no tiene útero, no necesita progesterona, es una idea errónea. La progesterona le sirve de contrapeso al estrógeno, y hace muchas cosas que son beneficiosas, además de prevenir el cáncer endometrial", dice. La progesterona natural (no la sintética, de la cual se habla más adelante) puede mejorar el sueño, produce un efecto calmante natural durante el día, ayuda a mantener el equilibrio de líquidos en el cuerpo, puede ayudar a protegerla del cáncer de mama, ayuda a normalizar la libido, mejora la capacidad del cuerpo de usar y eliminar grasas y hace que aumente la masa ósea.

Aquellos que no son partidarios de usar progesterona en mujeres a quienes les han hecho una histerectomía —incluyendo a la Dra. Minkin— señalan que dos estudios de investigación recientes sugieren que la progestina (progesterona sintética) que contiene la HRT es lo que hace que las mujeres corran un mayor riesgo de contraer cáncer de mama. "Aparte, la progestina es el ingrediente de la HRT que frecuentemente causa retención de líquidos y otros efectos secundarios —dice—. La mayoría de las mujeres tienen más dificultades para ajustarse a la progestina que al estrógeno de la HRT".

Si decide dejar de recibir la HRT: tendrá menos síntomas si disminuye su dosis gradualmente. Pruebe lo siguiente, sugiere la Dra. Catellani: disminuya su dosis de estrógeno a la mitad y siga tomando esa dosis durante uno a dos meses, dándole tiempo a su cuerpo para ajustarse a la dosis más baja. Si sigue teniendo muchos síntomas al cabo de este período, siga tomando la misma dosis hasta que sus síntomas empiecen a disminuir. Luego, vuelva a disminuir su dosis a la mitad, de modo que esté tomando una cuarta parte de su dosis original de estrógeno. Después de eso, puede suspender la HRT por completo, una vez que sus síntomas hayan desaparecido.

Lo que ofrecen las hormonas naturales

En cuanto a las hormonas naturales, la forma bioquímicamente idéntica a la progesterona se llama simplemente progesterona o a veces, progesterona micronizada. "Cada vez más doctores se están dando cuenta que la progesterona natural ofrece ventajas importantes", dice la Dra. Minkin. Una de sus ventajas más claras: a diferencia de la progestina sintética más usada, la medroxiprogesterona, la progesterona natural no deshace los efectos beneficiosos del estrógeno en el colesterol tipo HDL. "El estrógeno produce un efecto muy positivo sobre los niveles de lípidos —dice la Dra. Minkin—. Eleva el colesterol tipo HDL y disminuye el colesterol tipo LDL. Cuando se agrega medroxiprogesterona, ocurre justamente lo contrario. Por lo tanto, muchos de los beneficios relacionados con los lípidos que obtiene del estrógeno desaparecen cuando también se administra medroxiprogesterona. La progesterona micronizada no produce este efecto".

Por otra parte, en un estudio de investigación se encontró que las mujeres que cambiaban de la progesterona sintética a la progesterona natural reportaron una cantidad significativamente menor de problemas con síntomas relativos a la calidad de vida. También reportaron un menor número de trastornos del sueño, problemas menstruales, sofocos, ansiedad, síntomas de depresión y problemas en el funcionamiento sexual.

El principal efecto secundario de las dosis elevadas de progesterona natural —la somnolencia— incluso puede ser una ventaja para las mujeres menopáusicas que sufren de insomnio, si la toman a la hora de irse a dormir. "Pero ninguna de mis pacientes se ha quejado de somnolencia con las dosis que normalmente les indico para la HRT", dice la Dra. Minkin.

La progesterona micronizada se vende bajo la marca *Prometrium*, y es un producto que se extrae de la batata dulce (camote) que se disuelve en una base de aceite de cacahuate (maní). También se puede conseguir en la forma de pastillas, cremas y supositorios en las farmacias donde preparan medicamentos (en inglés, estas farmacias se llaman *"compounding pharmacies"* y las puede buscar bajo ese nombre en su directorio telefónico). Su doctor también puede darle una receta para que le preparen progesterona micronizada a una dosis especial para usted. (Para encontrar a un farmacéutico que prepare medicamentos en su área, vea "En la Internet y otros recursos" en la página 252).

Testosterona natural

También es posible conseguir una forma "natural" de testosterona, llamada simplemente testosterona micronizada. (La versión sintética que comúnmente se les receta a las mujeres, el *Estratest*, es una combinación de estrógenos esterificados y metiltestosterona en forma de tableta). Otra opción para la terapia de reposición de testosterona es un producto preparado a la medida que se vende con receta y que contiene del 1 al 2 por ciento de testosterona en una base soluble en agua, que luego se aplica en el clítoris y el área circundante.

¿Cuál hormona natural es la indicada para usted?

Los consejos que siguen pueden ayudarle a usted y a su doctor a decidir cuál es su mejor opción entre las hormonas naturales que están disponibles para la menopausia.

Si ha estado tomando progestina sintética y ha presentado efectos secundarios: la Dra. Minkin recomienda que se cambie a una dosis equivalente de progesterona micronizada. Para mujeres que toman progestina en un ciclo continuo diario (2.5 miligramos de *Provera*), el equivalente de *Prometrium* es de 100 miligramos al día. Para mujeres que toman una dosis cíclica —es decir, que toman 2.5, 5 ó 10 miligramos de *Provera* durante 12 días del ciclo— la dosis equivalente de *Prometrium* es de 200 miligramos.

Si el *Prometrium* le causa efectos secundarios: pregunte por la progesterona natural micronizada en forma de gel vaginal (*Crinone*). Este producto, que sólo se vende con receta, le brinda una cantidad protectora de progesterona al útero, con menos efectos secundarios que las pastillas. "Yo lo uso para mujeres que presentan efectos secundarios al tomar *Prometrium*", dice la Dra. Minkin. Los estudios de investigación han demostrado que puede prevenir la hiperplasia endometrial (crecimiento exagerado del revestimiento uterino) en mujeres posmenopáusicas que están tomando estrógeno. El *Crinone* no se desparrama, pero la forma en que se usa es un poco extraña. Es una espuma expansiva que debe insertar en su vagina justo antes de irse a acostar y luego dejarla ahí. "Parece una espuma de plástico y es pringoso pero realmente se queda adentro", dice la Dra. Minkin. También es mucho más caro que cualquier progesterona oral. Una cantidad de *Crinone* suficiente para un mes cuesta alrededor de $50 dólares, en comparación con $12 dólares al mes en el caso del *Prometrium*.

Si las pastillas le causan efectos secundarios y el gel es demasiado pringoso: hable con su médico para ver si debe considerar alguna crema de progesterona, las cuales están disponibles sin receta. Pero tenga cuidado: algunas no contienen casi nada de progesterona absorbible. Use una crema que contenga progesterona grado farmacéutico, es decir, una que diga "*progesterone USP*" en la etiqueta. Busque una crema que contenga un mínimo de 400 miligramos por onza (30 ml), que es la cantidad que, según los partidarios de la progesterona, se necesita para aliviar los síntomas menopáusicos. Y tenga especial cuidado con las cremas de barbasco (*wild yam*) que dicen contener diosgenina, "un precursor de la progesterona". Aunque esto implica que su cuerpo puede convertir los compuestos del barbasco en progesterona, la verdad es que *no* puede.

Si también está tomando estrógeno: no cuente con que una crema de progesterona que se venda sin receta vaya a ser capaz de contrarrestar los efectos del estrógeno, aunque quizá sí pueda aliviar sus sofocos. "Quizá no contenga suficiente progesterona para lograrlo —dice la Dra. Catellani—. Consulte a su médico para que le indique la dosis apropiada de progesterona".

PASO Nº8: *Determine la dosis correcta*

Además de la tendencia a usar hormonas naturales, los doctores ahora tienden a usar dosis más bajas de todas las hormonas, especialmente para mujeres que ya pasaron por la menopausia hace tiempo (de 60 años de edad y mayores). "El estrógeno oral comenzó a administrarse a dosis de 2.5 miligramos, luego de 1.25, 0.625, y ahora existen dosis hasta de 0.3 miligramos", dice la Dra. Minkin. Estas menores dosis han conducido a menores efectos secundarios como retención de líquidos, coágulos sanguíneos, enfermedades de la vesícula biliar y, probablemente, cáncer endometrial. Algunos doctores tienen la esperanza de que, a la larga, estas dosis más bajas llevarán a una disminución de otros riesgos, incluyendo el riesgo de contraer cáncer. Los estudios de investigación muestran que incluso las dosis bajas de estrógeno aumentan la densidad mineral ósea hasta en un 5.2 por ciento, siempre y cuando se combine con cantidades adecuadas de calcio y vitamina D.

Lo mismo sucede en el caso de la progestina y la progesterona. Las dosis han disminuido un poco a lo largo de los años y ahora existen más dosis "estandarizadas" que antes para escoger. En el caso de ambas hormonas, su doctor debe ser quien seleccione una dosis que alivie adecuadamente sus síntomas y la proteja de un crecimiento exagerado del endometrio, sin causarle efectos secundarios indebidos.

PASO Nº9: *¿Prefiere menstruar o no menstruar?*

Si toma hormonas siguiendo un patrón cíclico parecido a las elevaciones y disminuciones naturales que se dan en los niveles hormonales en el cuerpo, el ciclo menstrual se mantiene. Si toma hormonas a dosis combinadas continuas (como *Prempro*, una combinación de *Premarin* y *Provera* o el *CombiPatch*, que contiene 17-beta estradiol y noretindrona, una progestina), los períodos mensuales se eliminan. Las hormonas naturales se pueden usar siguiendo un patrón cíclico o continuo y el patrón que se elija depende de la edad de la mujer. Las mujeres mayores pueden tomar dosis bajas de hormonas naturales siguiendo un patrón continuo. Las mujeres a quienes les han extirpado el útero o los ovarios tomarán estrógeno diariamente, pero no progestina.

¿Existe una ventaja de recibir la HRT combinada continua en lugar de cíclica? "Todavía no tenemos una respuesta definitiva a esa pregunta", dice la

Dra. Catellani. Las dosis combinadas continuas ciertamente son más convenientes. Una de las principales razones por las cuales las mujeres mayores suspenden o simplemente no inician una HRT es porque les incomoda tener menstruaciones a una edad avanzada, digamos, a los 65 años de edad. Otra ventaja de la HRT continua para las mujeres que están en la cincuentena es que con las dosis cíclicas mensuales, algunas presentan sofocos durante la semana que no están tomando las hormonas.

"Muchas mujeres me han dicho que cuando les indico un régimen cíclico, se sienten mucho mejor cuando lo están tomando, pero esos 5 días en que no pueden tomar nada, se sienten muy mal y tienen sofocos y luego tienen que comenzar la HRT otra vez desde cero —dice la Dra. Catellani—. Por lo tanto, a veces les receto una dosis más baja de progesterona para esos 5 días, en lugar de no recetarles nada. Pero algunas mujeres todavía se siguen sintiendo mal, entonces les indico una dosis continua de progesterona, lo que hace que dejen de menstruar por completo, y generalmente quedan muy contentas con esto".

E independientemente de que tome hormonas cíclicas o continuas, de cualquier modo va disminuyendo la probabilidad de que menstrúe con la edad. Esto es particularmente cierto en el caso de dosis bajas de hormonas bioquímicamente idénticas, dice la Dra. Catellani.

"Algunas mujeres simplemente dejan de menstruar, sin importar lo que estén tomando y eso está bien", dice. También es posible hacer ciclos de 2 ó 3 meses, dice la Dra. Minkin. Ella prefiere cada 2 meses, para ayudar a prevenir la posibilidad de que se dé un crecimiento exagerado del endometrio.

PASO Nº10: *¿Pastillas, parches, crema vaginal o anillo?*

Si opta por las pastillas, los parches o las cremas transdérmicas, estará obteniendo hormonas "sistémicas", o sea, hormonas que circularán por todo su cuerpo. Sin embargo, existe una gran diferencia entre tomar una pastilla y usar un parche o una crema transdérmica en lo que respecta a la forma en que interactúan con su hígado.

En el caso de las pastillas, después de que las hormonas atraviesan la pared intestinal y pasan a su torrente sanguíneo, viajan directamente a su hígado (la "primera pasada") antes de entrar a la circulación general y a todos los tejidos de su cuerpo. Por lo tanto, su hígado es el órgano que recibe un mayor impacto a causa de las hormonas. Esto puede ser bueno o malo, dependiendo del efecto que se desee producir. Por ejemplo, el estrógeno produce la mayor elevación de los niveles de colesterol "bueno" tipo HDL durante su primera pasada por el hígado, por lo que si sus niveles de HDL son bajos, es probable que su doctor le recomiende estrógeno oral. Pero el estrógeno también eleva los niveles de triglicéridos y glucosa en sangre, también cuando pasa por el hígado. Por lo tanto, si sus niveles de triglicéridos ya son altos o si padece diabetes, lo mejor es que evite la HRT oral y que opte por el parche transdérmico, dice la Dra. Minkin.

Otras alternativas son la crema vaginal o para la piel, o bien, las pastillas sublinguales (las que se disuelven debajo de la lengua). Estas formas no pasan directamente al hígado.

Las progestinas sintéticas tienden a negar los efectos del estrógeno que hacen que se eleven las HDL y también funcionan en el hígado. Para evitar este efecto, podría usar un parche transdérmico, una crema para la piel, una crema vaginal o una pastilla sublingual, o bien, progesterona natural micronizada, la cual no parece producir este efecto.

Los factores de coagulación sanguínea también se sintetizan en el hígado y algunos doctores creen que la tendencia de los estrógenos sintéticos a elevar la probabilidad de que se coagule la sangre proviene en parte de esa primera pasada por el hígado. Debido a lo anterior, algunos doctores consideran que es probable que el parche transdérmico cause menos problemas de coagulación que el estrógeno oral, dice la Dra. Minkin. "Pero el parche transdérmico no se ha usado durante suficiente tiempo y todavía no se ha incluido un número suficiente de mujeres en estudios como para saber con certeza si realmente es más seguro que el estrógeno oral en lo que concierne a los coágulos sanguíneos", dice.

La testosterona también tiene un impacto en el hígado, aunque este tiende a ser muy leve a las dosis bajas que toman las mujeres. La testosterona tiende a bajar los niveles de HDL y a elevar el colesterol total. Es menos probable que esto ocurra cuando la testosterona se aplica sobre la piel o se usa en forma de gel alrededor del clítoris y los labios vaginales.

Las membranas mucosas de su vagina son una buena ruta para absorber hormonas, pero su principal efecto parece producirse en la vagina y la uretra, por lo que es probable que se recomienden cremas, anillos o geles vaginales si la principal queja de una mujer es la sequedad vaginal o problemas de las vías urinarias relacionados con niveles bajos de estrógeno y si necesita disminuir su exposición sistémica a las hormonas, dice la Dra. Minkin. La ruta vaginal puede emplearse en algunas mujeres que no pueden tomar hormonas orales o transdérmicas debido a que los niveles en sangre se mantienen más bajos.

Las cremas y los geles tienden a ser pringosos y deben aplicarse diariamente. Una alternativa más cómoda es el anillo vaginal, como el *Estring*, que es similar al borde externo de un diafragma y se inserta en el tercio superior de la vagina. El anillo libera una dosis controlada de estrógeno durante 90 días. Una mujer puede insertar y extraer el anillo ella misma. El producto más reciente es *Vagifem*, una tableta que se inserta en la vagina. (Para mayor información sobre los tratamientos hormonales y no hormonales para la sequedad e irritación vaginales, vea la página 362).

Existen diversas combinaciones posibles de vías de administración de hormonas. Puede usar un parche de estrógeno y tomar progesterona oral, o usar un parche de estrógeno y aplicarse una crema de progesterona, ya sea cíclica o continuamente. Puede tomar estrógeno oral y usar una crema de progesterona o aplicarse estrógeno vaginal y una crema de progesterona. También es posible usar una crema de estrógeno, que es una de las maneras en que los doctores recetan el triestrógeno. En vez de tener un parche adhesivo que se debe pegar a la piel cada par de días, se frota crema en la piel una o dos veces al día. Usted y su doctor tendrán que determinar qué es lo mejor para usted.

PASO Nº11: *Personalice su receta*

Ahora más que nunca, es posible personalizar la HRT. Pero tiene que trabajar junto con su doctor. "Quizá tenga que realizar un proceso de ensayo y error para encontrar la HRT que mejor le funcione a usted —dice la Dra. Minkin—. Sea lo que sea que probemos, yo siempre hago hincapié a las mujeres que atiendo en que esta es sólo la primera prueba con la HRT. Yo les digo, 'Si no te gusta, no hay problema. Llámame' ".

Déle 3 meses. La Dra. Minkin les pide a las mujeres que prueben el primer tipo y forma de terapia que ella les sugiera durante al menos 3 meses antes de decidir si les conviene o no, porque los efectos secundarios iniciales a veces desaparecen durante este período. "Pero también les digo que si sencillamente no pueden terminar ni siquiera con el primer mes, que me llamen para que busquemos otra solución —dice—. Si su incomodidad es tal que prefieren suspender el medicamento, yo les pido que me llamen de inmediato". (Vea "Soluciones para una HRT libre de efectos secundarios" en la página siguiente).

Sólo alrededor del 45 por ciento de las mujeres prueban la HRT alguna vez en su vida y de aquellas que sí la prueban, dos de cada tres la dejan de tomar antes de transcurrido un año debido a efectos secundarios o miedos, y a menudo la suspenden sin antes discutirlo con su médico. "Es sorprendente el número de mujeres que cargan frasquitos de medicamentos vacíos en su cartera que nunca vuelven a llenar —dice la Dra. Minkin—. Sus médicos no han contestado a todas sus preguntas, y hasta que no tengan todas las respuestas que necesitan, no la van a tomar".

Muchas de estas mujeres ni siquiera saben que pueden escoger entre más de un tipo, forma o dosis de terapia hormonal, dice la Dra. Minkin. "Sus doctores simplemente nunca les dicen esto".

Reevalúe su terapia al cabo de unos años. Lo que le funciona inicialmente a una mujer generalmente deja de ser lo más adecuado para ella más adelante en su vida. "Una mujer puede tomar un tipo y dosis particulares de HRT durante la menopausia para aliviar un síntoma específico, como los sofocos, y luego tendrá que reconsiderar su régimen más adelante para tomar en cuenta el uso a largo plazo", dice la Dra. Minkin. Ella atiende a un número considerable de mujeres a quienes no les fue bien inicialmente con la HRT y simplemente dejaron de tomarla. Ahora, unos años después, están dispuestas a volver a considerarla, quizá porque les han diagnosticado una baja densidad ósea u osteoporosis. De hecho, las dosis muy bajas de estrógenos, incluso tan bajas como de 0.025 miligramos, por ejemplo, el *Climara* (un parche transdérmico que se coloca una vez a la semana) se están vendiendo específicamente para las mujeres que están considerando volver a iniciar la terapia de reposición de estrógeno a una edad más avanzada para prevenir la osteoporosis.

No tenga miedo de "molestar" a su doctor. Los doctores que se especializan en la HRT ya saben que parte de su trabajo es hacer ajustes. Los ajustes son la norma y no una señal de fracaso. Son importantes en términos de maximizar los beneficios y minimizar los efectos secundarios y los peligros a lo largo de los años posmenopáusicos en la vida de una mujer.

Soluciones para una HRT libre de efectos secundarios

La terapia de reposición hormonal no debe significar tener que cambiar unas cosas por otras. No tiene por qué cambiar los sofocos por la sensibilidad en los senos, o la protección contra la osteoporosis por los flujos menstruales irregulares. Ese es el propósito de personalizar una fórmula de modo que cumpla con sus necesidades: para minimizar los efectos secundarios que, al menos en el pasado, han convencido a muchas mujeres de que la HRT simplemente no vale ni la pena ni el riesgo.

Es cierto que algunos de sus beneficios, como la protección contra la osteoporosis, parecen ser a muy largo plazo. "Esa es una de las razones por las cuales puede ser un incentivo la revisión periódica de su densidad ósea —dice la Dra. Cosman—. Para convencer a una mujer en buen estado de salud en general de que tome un medicamento y lo siga tomando cuando no presenta síntoma alguno, sólo para protegerse de una fractura 5 años más tarde, necesitamos algo objetivo que le diga, 'Sí, esto está funcionando'".

Pero la HRT también debe ayudarla a sentirse bien en este momento, dice la Dra. Pollycove. Y la tendencia ciertamente ha ido por el camino correcto: dosis más bajas de estrógeno y progestina o progesterona, la disponibilidad de formas naturales (bioquímicamente idénticas) tanto de estrógeno como de progesterona y el hallazgo de que a algunas mujeres les va mejor cuando también reciben una pizca de andrógenos han contribuido a convertir la HRT en una terapia más amigable para quienes la usan, dice la Dra. Pollycove.

A continuación le decimos cómo evitar los efectos secundarios.

Si presenta flujo menstrual irregular o indeseable: informe a su médico, para que pueda descartar la presencia de cáncer o de un crecimiento exagerado del revestimiento uterino. Una biopsia del endometrio (una muestra del tejido que reviste el útero) le ayudará a determinar si necesita más estrógeno, más progesterona, o más de ambas hormonas, dice la Dra. Pollycove. Si aún no tiene 55 años de edad, puede volver a tener ciclos normales si se cambia de un régimen combinado continuo a un régimen cíclico y deja que su cuerpo haga lo que quiera hacer durante unos años más, dice la Dra. Catellani. Si ya tiene 55 de edad o más, cambiarse de un régimen cíclico a un régimen combinado continuo puede ayudarle a dejar de menstruar por completo más pronto, dice. Siempre consulte a un profesional de la salud cuando tenga flujos menstruales irregulares o entre sus ciclos.

Si tiene mucha sensibilidad en los senos: más de una tercera parte de las mujeres que reciben la HRT reportan mucha sensibilidad en los senos y en la práctica clínica, las mujeres mayores que reciben la HRT parecen tener una mayor probabilidad de presentar un dolor problemático en los senos que las mujeres más jóvenes. "El estrógeno estimula la proliferación del tejido de los senos y puede causar hinchazón y retención de líquidos que simplemente son muy incómodas", dice la Dra. Serafina Corsello, directora de los Corsello Centers for Integrative Medicine en la ciudad de Nueva York y Melville, Nueva York.

Para disminuir la sensibilidad en los senos: tome las formas naturales de las hormonas y asegúrese de tomar progesterona junto con el estrógeno, incluso aunque le hayan hecho una histerectomía, dice la Dra. Corsello.

"La progesterona contrarresta los efectos que tiene el estrógeno en el tejido de los senos", dice. Disminuya su dosis de estrógeno, reduzca su consumo de sal, córtele a la cafeína y tome de 400 a 800 UI de vitamina E al día.

La Dra. Corsello también usa yodo para tratar la sensibilidad en los senos, pero sólo después de que haya determinado que una mujer no tiene problemas con su glándula tiroides. "Esta es una de las cosas más importantes que puede hacer —dice—. El yodo modula los efectos del estrógeno en el tejido de los senos". El tejido de los senos carece de una enzima que se necesita para convertir la forma más común de yodo que se encuentra en los alimentos, el yoduro, en la forma que se utiliza en el cuerpo. Ella usa yodo elemental (*elemental iodine*) en una dosis de 4 a 8 gotas al día, dependiendo del tamaño del cuerpo, o bien, una fuente orgánica de yodo, como *kelp*, una alga marina, para brindar una dosis de no más de 500 microgramos al día.

Si quiere leer más acerca de otras estrategias no hormonales para tratar las bolitas o la sensibilidad en los senos, pase a la página 494.

Si padece dolores de cabeza: cámbiese de progestinas sintéticas a progesterona natural micronizada (*natural micronized progesterone*). Si sólo está tomando estrógeno, agregue progesterona natural micronizada; disminuya su dosis de estrógeno oral; cámbiese del estrógeno oral a un parche transdérmico, el cual produce una menor variabilidad de los niveles de estrógeno en sangre a lo largo del día; cámbiese a un horario continuo de dosis diarias; restrinja su consumo de sal para disminuir la retención de líquidos.

Si retiene líquidos o aumenta de peso: los estudios de investigación han mostrado que las mujeres que toman una HRT no presentan una mayor probabilidad de aumentar de peso que las mujeres que no la toman. Pero "aunque esto sea cierto en promedio, hay algunas mujeres que definitivamente aumentan de peso a causa de la HRT", dice la Dra. Catellani. Algunas mujeres posmenopáusicas retienen líquidos con la terapia hormonal, especialmente si toman hormonas sintéticas, al igual que algunas mujeres retienen líquidos en respuesta a los anticonceptivos orales o durante la última fase de su ciclo menstrual.

Puede que estas mujeres necesiten disminuir su dosis, cambiarse a las formas naturales de las hormonas o agregar progesterona natural a un régimen que sólo incluya estrógeno, incluso aunque les hayan hecho una histerectomía, dice la Dra. Catellani.

También puede ser útil restringir el consumo de sal y tomar alguna hierba diurética, como la gayuba (*uva-ursi*) o algún diurético leve que se venda con receta. La Dra. Catellani recomienda tomar de una a dos cápsulas de gayuba tres veces al día.

Si sus músculos se han convertido en grasa o si no ha podido mejorar su tono muscular a pesar de que hace ejercicio: quizá tenga un nivel bajo de testosterona, dice la Dra. Corsello. Pídale a su médico que le haga una prueba para medir su nivel de testosterona libre en sangre y comience a tomar una dosis baja de testosterona, si está indicada, recomienda. En estudios de investigación, la testosterona ha elevado la proporción de músculo a grasa y ha mejorado la fortaleza muscular en mujeres frágiles de edad avanzada.

Si está deprimida, muy sensible o llora a la menor provocación: cambie las progestinas sintéticas por la progesterona natural micronizada. En comparación con mujeres que toman progestinas sintéticas, las mujeres que toman progesterona micronizada reportan un número significativamente menor de síntomas de este tipo. Tome progesterona, incluso aunque le hayan hecho una histerectomía. Hable con su médico sobre la posibilidad de disminuir su dosis de estrógeno o cambiarse a una forma natural de esta hormona. Suspenda la HRT durante unos meses para determinar si las hormonas son las que le están causando estos efectos. Revise sus niveles de testosterona y agregue testosterona a su régimen, en caso necesario. Es de particular importancia que haga esto último si también presenta fatiga y un menor interés en el sexo.

Si tiene ansiedad: pruebe un producto natural llamado *Stabilium*, sugiere la Dra. Corsello. También llamado *Garum Armoricum*, este producto está hecho de los intestinos fermentados de un pez. Rico en neuropéptidos (diversos tipos de moléculas que se encuentran en el tejido cerebral), es popular en España, Francia y Japón como una alternativa al *Valium*. Se puede ordenar a través de la Internet del Allergy Research Group (www.wco.com/arg) o por correo, enviando un pedido al Allergy Research Group, 30806 Santana Street, Hayward, CA 94544. El *Stabilium* también puede conseguirse en Smart Basics, 1626 Union Street, San Francisco, CA 94123. También lo puede encontrar en la tienda de productos naturales de su localidad.

Si no tiene deseo sexual: la creencia general es que la HRT no le causará una falta de deseo sexual. En todo caso, la HRT debería mejorar el deseo sexual al eliminar la sequedad vaginal y mejorar su bienestar en general, dice la Dra. Barbara Bartlik, profesora clínica auxiliar de Siquiatría de la Facultad de Medicina Weill de la Universidad Cornell en la ciudad de Nueva York. De hecho, el estrógeno sí hace esto. Pero produce otro efecto indeseable. Hace que su cuerpo produzca una mayor cantidad de las proteínas que se ligan a la testosterona, que es la hormona masculina que regula el deseo y la excitación sexuales. Por lo tanto, entre más estrógeno tome, menor será la cantidad de testosterona que tendrá a fin de cuentas.

"Una mujer que empieza a tomar estrógeno puede tener una sensación maravillosa de sexualidad y bienestar sicológico —dice la Dra. Bartlik—. Pero luego, después de que lo ha tomado durante 3 meses, 6 meses o 1 año, empieza a perder esta sensación de sexualidad. No puedo decir con exactitud cuánto tarda este efecto en ocurrir, pero en algún momento, se halla incapaz de funcionar sexualmente".

La solución: los suplementos de testosterona, a dosis muy bajas. Una pastilla de testosterona que está disponible para mujeres, *Estratest*, combina estrógeno con 1.25 miligramos de metiltestosterona, una forma sintética de testosterona. Pero también es posible tomar testosterona en dosis menores, usando un gel elaborado en una farmacia donde preparen medicamentos (En inglés, estas se llaman *"compounding pharmacies"* y puede buscarlas en su directorio telefónico). El gel generalmente se aplica en el clítoris y los labios vaginales. Esto evita algunos de sus posibles efectos secundarios.

Lo más probable que es todos los ginecólogos sepan algo acerca del tratamiento con testosterona para mujeres, pero si su doctor desconoce este tratamiento, trate de encontrar a un sicólogo o siquiatra que se especialice en la terapia sexual. Uno de tales doctores podrá mandarla a un ginecólogo que esté familiarizado con el uso de suplementos de testosterona para la menopausia. (Para mayor información acerca de este tema, vea el Capítulo 8).

Si siente náusea: tome las tabletas de estrógeno a la hora de irse a acostar o con alimentos; cámbiese a un parche transdérmico.

Si es diabética y se eleva su nivel de azúcar en sangre: cámbiese al estrógeno transdérmico o al estrógeno esterificado (estrógenos producidos a partir de fuentes naturales o sintetizados).

PASO Nº12: *Remedios alternativos que puede probar*

Si ha decidido que la terapia de reposición hormonal no le conviene o si no ha podido acomodarse con un tipo, forma o combinación que pueda tolerar a su satisfacción, o si ha descubierto que la progesterona natural simplemente no le es eficaz, los remedios alternativos pueden ofrecerle una esperanza. Y de hecho, algunas cosas que en el pasado se consideraban como remedios estrictamente alternativos ahora se están convirtiendo en tratamientos que también emplean un número cada vez mayor de médicos convencionales. Por ejemplo, la mayoría de los doctores solían considerar a la progesterona natural (bioquímicamente idéntica) como innecesaria. Ahora diversos estudios de investigación han demostrado que posee ventajas con respecto a las progestinas sintéticas. Quizá la respiración profunda para aliviar el estrés todavía suene como un remedio descabellado, pero un estudio de investigación realizado en la Universidad Estatal de Wayne en Detroit sugiere que puede ayudar a algunas mujeres a disminuir el número de sofocos casi a la mitad.

Otras alternativas no farmacológicas y no hormonales para la menopausia incluyen las hierbas y las fórmulas herbarias, los suplementos nutricionales, la alimentación, el ejercicio y las técnicas para disminuir el estrés. (Encontrará más información y técnicas adicionales para el equilibrio hormonal en la Segunda y Tercera Fases del programa para el equilibrio hormonal, más adelante en este libro, comenzando en las páginas 324 y 352, respectivamente).

Los remedios alternativos pueden funcionar tan bien como la medicina convencional, dicen los doctores que los recetan. "A muchas mujeres les va muy bien tan sólo con cambios en su alimentación, cambios en su estilo de vida, suplementos herbarios, y cosas tan sencillas como la vitamina E y el aceite de semilla de lino (aceite de linaza, *flaxseed oil*) —dice la Dra. Catellani—. Estas cosas controlan sus síntomas al grado en que se sienten mejor y no sienten que necesiten algo más. Además, las hace sentir como si ellas, en lugar de sus doctores, son las que tienen el control de su cuerpo".

Dicho lo anterior, lo mejor es trabajar junto con su doctor cuando esté probando remedios alternativos, para así obtener los mejores resultados y evitar cualesquiera riesgos posibles, dice la Dra. Catellani. (Para encontrar a un médico que esté entrenado en el uso de la medicina alternativa para la menopausia, vea "En la Internet y otros recursos" en la página 252).

A continuación encontrará una selección de los "trucos" que los doctores en medicina alternativa tienen bajo su manga.

Las hierbas de elección para la menopausia

Los sofocos, los cambios repentinos de humor, el insomnio, la ansiedad y la sequedad vaginal, entre otros cambios relacionados con la menopausia, responden bien ya sea a hierbas individuales o a una fórmula de hierbas combinadas, dice la Dra. Catellani.

Cimifuga negra

La cimifuga negra (hierba de la chinche, *black cohosh*) cuenta con una larga tradición como la hierba de elección para los problemas femeninos entre las

(continúa en la página 250)

Un menú menopáusico

Es posible obtener algunos efectos similares a los que produce el estrógeno en su cuerpo al comer alimentos que contengan fitoestrógenos, que son las versiones vegetales del estrógeno. Por ejemplo, tanto las isoflavonas que se encuentran en la soya como los lignanos que contienen las semillas de lino (linaza, *flaxseed*), son fuentes ricas en fitoestrógenos, dice la Dra. Hope Ricciotti, una obstetra/ginecóloga del Centro Médico Beth Israel–Deaconess en Boston.

Aunque se han aislado isoflavonas de la soya y se han usado para fabricar suplementos nutricionales que pueden ayudar a aliviar los sofocos (bochornos, calentones), muchos expertos siguen recomendando que obtenga las isoflavonas a partir de los alimentos y no de los suplementos. "Hay muchos datos sobre la ingestión de fitoestrógenos en la forma de suplementos aislados y existen ciertas inquietudes en cuanto a que los compuestos que se aíslan de los alimentos podrían no funcionar igual que los que contienen las fuentes naturales —dice la Dra. Ricciotti—. Por ejemplo, en el caso de la soya, se cree que para obtener una actividad máxima en términos de protección de la salud y disminución de los síntomas, una mujer debe comerse el alimento como tal y no sólo los compuestos

aislados o el alimento en forma de tabletas". Quizá tarde unas cuantas semanas en ver una mejoría.

Los pescados grasosos como la caballa (macarela, escombro), el salmón y el atún contienen grasas que ayudan a prevenir las enfermedades cardíacas y también ayudan a disminuir la tendencia a formar coágulos sanguíneos, además de que proporcionan un poco de vitamina D. Los productos lácteos bajos en grasas le brindan el calcio que necesita para mantener su masa ósea.

Al agregar ciertos tipos de alimentos y evitar otros, puede aliviar ciertos síntomas de la menopausia, como los sofocos y también puede ayudarle a prevenir los principales factores de riesgo para las mujeres mayores: las enfermedades cardíacas, la osteoporosis, el aumento de peso, la artritis y la depresión, dice la Dra. Ricciotti. "Alimentarse sanamente le produce más beneficios en términos de su estado de salud general y de prevención de enfermedades que cualquier píldora o receta médica". Lo que es aún más importante, una alimentación rica en frutas y verduras hace que se genere el tipo de "ambiente interno" en sus intestinos que permite que se digieran y absorban los fitoestrógenos.

Alimentos que debe agregar	Alimentos que debe evitar
Tofu de seda (*silken tofu*), *tofu* firme (*firm tofu*), leche de soya, *tempeh*, frijoles (habichuelas) de soya, harina de soya (una ración de 4 onzas/112 gramos al día)	Mantequilla, carne de res, queso, leche entera, crema
Proteína vegetal texturizada (o *TVP* por sus siglas en inglés)	Grasas hidrogenadas y ácidos transgrasos: aceite de coco, margarina y aceite de palma (que se encuentra en los productos horneados comerciales)
Infusión de trébol rojo (*red clover*)	Toronja (pomelo) y jugo de toronja (si está recibiendo la terapia de reposición hormonal, hay un compuesto en el jugo de toronja que puede interferir con la capacidad que tiene su hígado de metabolizar las hormonas, elevando sus niveles en sangre y provocando que sus efectos permanezcan durante más tiempo)
Productos hechos con proteína aislada de soya (y no concentrado de proteína de soya, el cual no contiene isoflavonas)	
Semilla de lino (linaza, *flaxseed*) molida, una cucharada al día, agregada a sus licuados (batidos), al cereal caliente o a los productos horneados	
Lentejas, alga marina, espárragos, *squash* (los cuales contienen pequeñas cantidades de fitoestrógenos)	
Acelga, col rizada, hojas de brócoli, bayas, frutas cítricas, cidrayote (*winter squash*), frijoles (habichuelas), cereales integrales, frutos secos y semillas	
Pescado grasoso, como sardinas, caballa (macarela, escombro), salmón, pomátomo, atún y arenque, dos o tres veces a la semana	
Leche descremada, yogur y queso bajos en grasas y otros productos lácteos bajos en grasas (cuatro o cinco raciones al día)	

indias norteamericanas. También era uno de los ingredientes principales del "compuesto vegetal" de Lydia E. Pinkham, una fórmula herbaria popular para los "achaques femeninos" de mediados del siglo XIX.

"Esta es mi hierba favorita para los síntomas menopáusicos. Realmente marca una gran diferencia", dice la Dra. Catellani. Los estudios de investigación en mujeres menopáusicas han mostrado que la cimifuga negra alivia los síntomas como los sofocos, la sudoración nocturna, la sequedad vaginal, los trastornos del sueño, el nerviosismo, la irritabilidad y la depresión. Los estudios de investigación que se han centrado en el extracto estandarizado de cimifuga negra llamado *Remifemin* han encontrado que funciona a la par del tratamiento de reposición de estrógeno para tales síntomas de la menopausia.

Los científicos aún no han determinado con precisión la manera en que funciona la cimifuga negra, pero parece ser que, al igual que las isoflavonas de la soya, modula tanto la deficiencia como el exceso de estrógeno, dice la Dra. Catellani. Algunos doctores dicen que no debe ser usada continuamente durante más de 6 meses dado que aún no se han estudiado sus efectos a largo plazo. Pero no se han reportado efectos adversos por su uso a largo plazo y la Dra. Catellani dice, "Algunas de las mujeres a las que yo atiendo la han usado durante 3 ó 4 años sin problemas".

Esta hierba no parece conllevar un mayor riesgo de contraer cáncer. De hecho, en Alemania, donde se emplea la cimifuga negra con regularidad, una agencia alemana que regula el uso de fármacos considera que la hierba es segura para mujeres que padecen cánceres sensibles al estrógeno, así como para mujeres con hemorragia uterina, enfermedades hepáticas o de la vesícula biliar, endometriosis, fibromas uterinos y la enfermedad fibroquística del seno, todos los cuales son afecciones que generalmente imposibilitan el uso de las terapias de reposición que emplean hormonas sintéticas. Dos especies asiáticas de la cimifuga negra también parecen ayudar a fortalecer los huesos.

Para prevenir los síntomas menopáusicos, tome de una a dos cápsulas o tabletas de 40 miligramos del extracto estandarizado que contenga un 2.5 por ciento de glucósidos triterpénicos (*triterpene glycosides*) dos veces al día. La dosis del extracto estandarizado es de ½ a 1 cucharadita (de 60 a 120 gotas) dos veces al día, dice la Dra. Catellani. Si actualmente está recibiendo la HRT y desea cambiarse a la cimifuga negra, debe hablar con un profesional de la salud, dice la Dra. Catellani. Quizá necesite que la guíen para que pueda disminuir gradualmente la HRT y para asegurarse de estar tomando suficiente cimifuga negra como para que funcione. De otro modo, puede sufrir un episodio intenso de síntomas menopáusicos.

Fórmulas herbarias para la menopausia

Muchas de las demás hierbas que se emplean para la menopausia se venden sólo como parte de fórmulas herbarias. Esto es particularmente cierto en el caso de las hierbas chinas, dice Frank Scott, un diplomado en Herbología China y Acupuntura (Comisión Nacional para la Certificación en Acupuntura y Medicina Oriental). Scott, quien trabaja con la Dra. Catellani en el Miro Center for Integrative Medicine en Evanston, Illinois, atiende a pacientes que prefieren la manera oriental de abordar la menopausia o quienes desean combinar lo mejor de ambos mundos.

Por ejemplo, la hierba *dang gui*, que también se conoce como angélica china o *dong quai*, se mezcla con otras hierbas como el regaliz (orozuz, *licorice*), el *ginseng* y la *rehmannia*. Esta mezcla puede ser preparada "a la medida" por un herbolario chino según los síntomas menopáusicos, otros problemas de salud y el "tipo constitucional" de una mujer, dice Scott.

En contraste, es mejor evitar las fórmulas chinas para la menopausia que se encuentran en las tiendas de productos naturales, dice Scott. Estas cubren una amplia gama de síntomas, y aunque quizá sean útiles para aliviar un síntoma, como los sofocos, quizá no sirvan —o incluso empeoren— otro síntoma, dice Scott. O tal vez estén tan "diluidas" que sean seguras, pero no eficaces. "Si realmente está interesada en usar hierbas chinas de manera segura y eficaz, consiga una fórmula hecha a su medida para sus propios síntomas específicos, junto con la guía de un herbolario chino capacitado para que le enseñe a usarla", dice Scott. (Para mayores informes sobre cómo encontrar a un herbolario capacitado, vea "En la Internet y otros recursos" en la página siguiente).

Cardo de leche

Si ha estado tomando hormonas sintéticas y está presentando síntomas relacionados con un exceso de hormonas —por ejemplo, sensibilidad en los senos, dolores de cabeza o retención de líquidos— quizá esto signifique que su cuerpo no está "depurando" los productos de la descomposición de estos fármacos, dice la Dra. Corsello. El encargado de descomponer estos productos secundarios es su hígado, y para ayudarlo, ella recomienda el cardo de leche (cardo de María, *milk thistle*), también conocido como silimarina (*silymarin*), que es una hierba que protege al hígado contra sustancias nocivas e incluso ayuda a reparar y regenerar las células hepáticas lesionadas. Lo mejor es tomar el cardo de leche en forma de extracto estandarizado porque es una hierba de absorción relativamente débil, no se ha investigado en forma de tintura o infusión y sus componentes principales no se disuelven fácilmente en agua.

(continúa en la página 256)

❧ La Sociedad de la Menopausia de los Estados Unidos ofrece la información más reciente acerca de todos los asuntos relacionados con la menopausia. También puede pedir una lista de grupos de apoyo y médicos, enfermeras, sicoterapeutas, trabajadores sociales y otras personas que se autodescriben como "clínicos en menopausia" en su localidad. Escriba a la sociedad a la dirección siguiente:

The North American Menopause Society
PO Box 94527
Cleveland, OH 44101
www.menopause.org

❧ La Fundación Nacional de la Osteoporosis (o *NOF* por sus siglas en inglés) publica *Patient Guide to the Prevention and Treatment de Osteoporosis* (Guía para pacientes para la prevención y el tratamiento de la osteoporosis) y *Physician's Guide* (Guía para médicos). Aunque la guía para médicos va dirigida a profesionales, es fácil de entender y brinda información importante que todas las mujeres a quienes les preocupa la osteoporosis deben conocer para recibir una atención médica óptima. Puede leer el texto en la página de Internet de la NOF (bajo "noticias y eventos", la NOF proporciona información y comentarios sobre los tratamientos nuevos, los hallazgos de las investigaciones recientes y demás). O escríbales a la dirección siguiente:

National Osteoporosis Foundation
1232 22nd Street NW
Washington, DC 20037
www.nof.org

❧ Para comparar las recomendaciones de su doctor con aquellas de otros expertos, lea este informe elaborado por un panel de expertos reunidos en el año 2000 por los Institutos Nacionales de Salud (o *NIH* por sus siglas en inglés). Los temas incluyen: ¿Qué es la osteoporosis y cuáles son sus consecuencias? ¿Cómo varían los riesgos entre los diferentes segmentos de la población? ¿Cuáles son los factores que intervienen en la formación y mantenimiento de la salud esquelética a lo largo de la vida? ¿Cuál es la evaluación y tratamiento óptimos para la osteoporosis y las fracturas? Puede encontrar este informe en línea en el sitio *web* de los Institutos Nacionales de Salud; haga clic en "*Osteoporosis Prevention, Diagnosis, and Therapy Draft Consensus Statement*" (Informe preliminar del consenso sobre la prevención, el diagnóstico y el tratamiento de la osteoporosis). También puede escribir a los NIH a la dirección siguiente:

National Institutes of Health*
1 AMS Circle
Bethesda, MD 20892
www.nih.gov/niams

❧ La Academia Internacional de Farmacéuticos que Preparan Medicamentos, que es una organización no lucrativa que incluye a más de 1,500 miembros farmacéuticos, puede ayudarle a encontrar una farmacia cerca de usted donde le puedan preparar compuestos especiales de testosterona u otras terapias de reposición con hormonas naturales recetadas por un profesional en el cuidado de la salud. Usted puede realizar una búsqueda en el sitio *web* de la organización por zona o código postal o puede escribir a la dirección siguiente para solicitar información:

International Academy of Compounding Pharmacists*
PO Box 1365
Sugar Land, TX 77487
(800) 927-4227

❖ Para encontrar a un doctor que esté entrenado en el uso de la medicina alternativa para la menopausia, póngase en contacto con alguna de las siguientes organizaciones:

American Holistic Medical Association
6728 Old McLean Village Drive
McLean, VA 22101
www.holisticmedicine.org

The American Association of Naturopathic Doctors
8201 Greensboro Drive
McLean, VA 22102
www.naturopathic.org

Otras fuentes

Para obtener información actualizada y detallada acerca de la controversia que se ha dado en cuanto a la terapia de reposición hormonal (o *HRT* por sus siglas en inglés) y las enfermedades cardiovasculares, visite el sitio *web* del Colegio de Cardiología de los Estados Unidos (desde la página inicial, puede hacer una búsqueda de "HRT" en el sitio) en la dirección de Internet siguiente:

www.acc.org

Uno de los principales componentes del estudio de investigación titulado *Women's Health Initiative* (Iniciativa de salud para mujeres o *WHI* por sus siglas en inglés) es una intervención mediante la terapia de reposición hormonal que se centra en los efectos a largo plazo de la HRT en cuanto a las enfermedades de las arterias coronarias y sus efectos en las fracturas que se derivan de la osteoporosis. Este estudio de investigación inició en 1991, pero una parte del mismo se suspendió en el 2002 por el riesgo potencial que corrían las participantes. Los resultados completos no estarán disponibles sino hasta el año 2005 o más adelante, que es el año en que terminará el estudio. Para mayor información acerca del WHI, el primer ensayo clínico aleatorio en el que se estudiará la relación que existe entre las hormonas y las enfermedades cardíacas y el cáncer de mama, visite la siguiente página de Internet:

www.nih.gov/news/nf/womenshealth

Ofrece información en español.

Detenga la osteoporosis con estos ejercicios

Los expertos del Centro Jean Mayer de Investigaciones sobre Nutrición Humana Especializado en el Proceso del Envejecimiento del Departamento de Agricultura de los Estados Unidos en la Universidad Tufts en Boston recomiendan los ejercicios siguientes para que sus huesos se mantengan fuertes y sean más resistentes a las fracturas. (Si le han diagnosticado una densidad ósea baja u osteoporosis, siga las recomendaciones de su médico en vez).

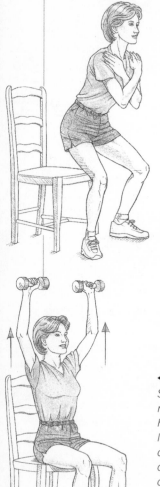

◀ Sentadilla (cuclilla) con las piernas abiertas

Póngase de pie a una distancia de alrededor de 6 pulgadas (15 cm) frente a una silla cuyo respaldo quede recargado contra una pared (para que no se deslice). Coloque sus pies a una distancia un poco más grande que el ancho de sus hombros y gire los dedos de los pies ligeramente hacia afuera. Cruce los brazos enfrente de su pecho y relaje los hombros. Mantenga la espalda, cuello y cabeza en una línea recta y el pecho levantado mientras se inclina ligeramente hacia adelante desde la cadera. Inhale profundamente y luego saque la cadera hacia atrás y baje lentamente hasta que quede sentada en la silla. No mueva sus rodillas hacia adelante (deben permanecer justo encima de sus tobillos). Haga una pausa breve mientras esté sentada y luego inclínese hacia adelante y póngase de pie lentamente. Repita esto hasta que haya realizado ocho sentadillas con las piernas abiertas. Esta es una serie. Descanse durante más o menos 1 minuto y haga otra serie. Cuando esté lista para más, varíe la rutina bajando su cuerpo casi hasta la silla, pero sin sentarse. Deténgase en esa posición durante una respiración y luego incorpórese de nuevo. Cuando esté lista para agregar pesas, haga este ejercicio sosteniendo una mancuerna en cada mano, con las manos cruzadas sobre el pecho de modo que las mancuernas descansen sobre la parte superior de sus hombros.

◀ Pres militar

Sosteniendo una mancuerna en cada mano, siéntese con la espalda recta hacia el frente de una silla y coloque los pies planos sobre el piso a una distancia equivalente al ancho de su cadera. Para llegar a la posición inicial, mantenga los brazos a los lados y doble los codos para que las mancuernas queden justo enfrente de sus hombros y paralelas al piso. Para iniciar, levante las mancuernas lentamente en línea recta. Extienda completamente los brazos, pero sin que se le traben los codos. Las pesas deben quedar ligeramente adelante de su cabeza y no directamente por encima de la misma. Haga una pausa y luego regrese lentamente a la posición inicial. Repita esto ocho veces. Descanse y haga otra serie de ocho repeticiones.

Subir el escalón ▶

Párese cerca del escalón inferior de una escalera y sosténgase suavemente del barandal para apoyarse. Coloque un pie plano sobre el primer escalón de modo que los dedos de sus pies apunten hacia adelante. Mantenga la cabeza y el torso derechos y la mirada fija hacia adelante. Asegúrese de que la rodilla de la pierna que esté enfrente quede directamente sobre su tobillo y que no se mueva más allá de los dedos de sus pies. Usando los músculos de la pierna que está enfrente para soportar su peso (no se empuje con la pierna trasera), levante el cuerpo en línea recta hacia el techo y golpee suavemente el primer escalón con los dedos del pie que quedó atrás. Haga una pausa mientras respira una vez y luego regrese lentamente a la posición inicial. Repita este movimiento con la misma pierna hasta que haya hecho ocho repeticiones y luego cambie de pierna y haga ocho repeticiones para completar una serie. Descanse durante 1 minuto y haga otra serie. Cuando esté lista para aumentar la intensidad de este ejercicio, comience con su pierna frontal en el segundo escalón en lugar de empezar en el primero. O bien, puede cruzar los brazos sobre el pecho y sostener una mancuerna en cada mano mientras esté haciendo el ejercicio.

Extensión dorsal ▶

Acuéstese boca abajo sobre una colchoneta, con las piernas rectas y los dedos de los pies en punta. Coloque su brazo derecho (con la palma de la mano hacia arriba) junto a su costado y extienda su brazo izquierdo (con la palma de la mano hacia abajo) por encima de su cabeza. Levante la pierna derecha y el brazo izquierdo al mismo tiempo, separándolos lo más que pueda del piso en un solo movimiento suave y cómodo; su cabeza y su cuello también se levantarán. Asegúrese de mantener la pierna recta mientras la esté levantando desde la cadera, así como de mantener la cabeza y el cuello alineados con el brazo. Haga una pausa en la posición elevada y luego regrese lentamente a la posición inicial. Para la siguiente elevación, eleve la otra pierna y el otro brazo. Repita esto hasta que haya terminado ocho repeticiones en cada lado. Descanse y haga otra serie. Cuando esté lista para aumentar la intensidad de este ejercicio, eleve no sólo el brazo, sino también el hombro y la parte superior de su pecho mientras esté elevando la pierna.

(continúa en la página 256)

Detenga la osteoporosis con estos ejercicios (cont.)

Arcos ▶

Para mantener el equilibrio, sosténgase suavemente de una mesa o mostrador con una mano. Dé un paso grande hacia adelante con el pie derecho, cayendo sobre el talón y luego rodando su pie hacia adelante hasta que quede plano sobre el piso. Mantenga el cuerpo lo más derecho que pueda mientras dobla las dos rodillas (sus caderas deben bajar en línea recta). Baje la parte superior de su cuerpo hasta que el muslo frontal esté casi paralelo al piso y la rodilla de la pierna trasera se acerque al piso (el tobillo trasero se levantará del piso). La rodilla de la pierna frontal debe quedar por encima del tobillo, sin pasarse más allá de los dedos de los pies. Haga una pausa durante una respiración y luego empújese hacia atrás con fuerza con la pierna frontal para regresar a la posición inicial. Para completar una serie, alterne ambas piernas para dar el paso hacia adelante hasta que haya hecho ocho repeticiones con cada pierna. Descanse 1 minuto y haga una segunda serie.

◀ Cristos (vuelos)

Para llegar a la posición inicial, sostenga una mancuerna en cada mano y siéntese en una silla con los pies planos sobre el piso, a una distancia equivalente al ancho de su cadera. Mantenga la espalda recta y la columna derecha mientras se inclina de 3 a 5 pulgadas (7.5 a 12.5 cm) hacia adelante desde la cadera. Sostenga las mancuernas frente a su pecho (con las palmas de las manos encontradas y los codos ligeramente doblados) para que los extremos de las mancuernas apunten hacia el techo.

Para hacer este ejercicio, que sirve para fortalecer sus hombros y la parte superior de su espalda, junte los omóplatos, moviendo los codos lo más atrás que pueda. Mantenga sus brazos ligeramente doblados a lo largo de todo el movimiento. Haga una pausa y luego lleve lentamente sus brazos a la posición inicial. Repita esto hasta que haya hecho ocho repeticiones. Descanse y haga otra serie.

La dosis usual del cardo de leche es de 420 miligramos, divididos en dos a tres dosis al día, durante 6 a 8 semanas, para luego disminuir la dosis a 280 miligramos al día, dice la Dra. Corsello.

Corazoncillo

En mujeres que anteriormente han tenido episodios de depresión relacionados con las hormonas, los síntomas pueden regresar durante la menopausia, dice la Dra. Catellani. El corazoncillo (hipérico, *St. John's wort*), una hierba que ha sido reconocida durante mucho tiempo por su capacidad de combatir la depre, ha demostrado ser tan eficaz como algunos antidepresivos que se venden con receta. "Es muy segura y suave, pero también es eficaz para la depresión leve a moderada —dice la Dra. Catellani—. En comparación con los antidepresivos que se venden con receta, es menos probable que el corazoncillo cause efectos secundarios, como fatiga, pérdida del interés sexual o resequedad bucal". También puede aliviar la ansiedad y el insomnio que a veces acompañan a la depresión, así como los malestares físicos como la fatiga o los achaques y dolores.

La dosis que se ha empleado en la mayoría de los ensayos clínicos ha sido de 300 miligramos en forma de cápsula, tres veces al día, de un extracto que contenga un 0.3 por ciento de hipericina (*hypericin*), que es uno de los principios activos del corazoncillo. Y quizá tenga que tomarlo regularmente durante 2 a 3 semanas antes de que vea un efecto. Si sus síntomas persisten, busque la ayuda de un profesional en salud mental calificado de inmediato.

Kava kava

La *kava kava* está empezando a emerger como la hierba de elección para las mujeres que quieren tranquilizarse cuando la vida las lleva al borde de la histeria. En un estudio de investigación, las mujeres que tomaron 100 miligramos de extracto de *kava kava* tres veces al día durante 8 semanas reportaron menos de la mitad de la ansiedad y la depresión que las mujeres que tomaron placebos. La *kava kava* produce pocos efectos secundarios en comparación con los fármacos ansiolíticos que se venden con receta, no causa adicción y a dosis terapéuticas, no afecta la concentración ni el estado de alerta. Esta hierba se liga con ciertos sitios receptores en el cerebro que son los responsables de promover la sensación de relajación. También fomenta la relajación muscular y alivia el dolor.

La dosis estándar es de 70 miligramos de extracto estandarizado de *kava kava*, de dos a tres veces al día. "Sí funciona y sí tiene un efecto sedante; por lo tanto, yo lo recomendaría para una ansiedad situacional de corto plazo —dice la Dra. Catellani—. Pero en lo personal, yo prefiero que las mujeres revisen su vida y cambien aquello que les está causando ansiedad en vez de tomarse una pastilla, sea o no herbaria".

Ginkgo y fosfatidilserina

Para la "neblina mental" —es decir, los problemas de la memoria y la concentración— la Dra. Corsello sugiere *ginkgo biloba*, una hierba que mejora la circulación en la amplia red de capilares finos que llevan sangre al cerebro, y fosfatidilserina, un suplemento nutricional que también se usa para tratar la depresión y el deterioro en el funcionamiento mental en las personas de edad avanzada. (Para mayores detalles acerca de ambos suplementos, vea el Capítulo 5).

Auxiliares cardíacos

Si padece enfermedades cardíacas, los estudios de investigación más recientes sugieren que podría no ser una buena idea empezar a recibir la HRT, aunque si la ha estado tomando durante más de un año sin problemas, debe poder continuarla con seguridad. Las "alternativas" usuales para las enfermedades cardíacas consisten en medidas protectoras que recomiendan la mayoría de los doctores: disminuir el consumo de grasa saturada, bajar de peso, hacer ejercicio y comer pescado y muchas frutas y verduras. Pero quizá también quiera preguntarle a su médico acerca del suplemento nutricional llamado coenzima Q_{10} o de la hierba conocida como espino (*hawthorn*), dice la Dra. Catellani.

Coenzima Q_{10}

También conocida como ubiquinona, la coenzima Q_{10} es un componente esencial de las mitocondrias, que son las unidades productoras de energía de todas las células del cuerpo. Esta coenzima interviene en la síntesis de adenosín trifosfato (o *ATP* por sus siglas en inglés), que es la "moneda" energética —es decir, una molécula que emplean todas las células para intercambiar o transferir energía— de todos los procesos del cuerpo. Aunque el cuerpo puede sintetizar coenzima Q_{10}, sí puede llegar a haber una deficiencia de la misma. Y debido a que el músculo del corazón es uno de los tejidos de mayor actividad metabólica en el cuerpo, la deficiencia de coenzima Q_{10} puede afectar al corazón y, según la teoría de algunos investigadores, conducir a la insuficiencia cardíaca. Los suplementos de coenzima Q_{10} pueden mejorar la producción de energía en el corazón, mejorar su contractilidad y disminuir la presión arterial. Por lo tanto, estos suplementos se recetan a las personas con insuficiencia cardíaca por congestión venosa leve a moderada, presión arterial alta, prolapso de la válvula mitral o angina. "Es un agente cardiotónico, lo que significa que mejora el funcionamiento o bienestar del corazón", dice la Dra. Catellani. Debido a que también actúa como antioxidante y mejora la inmunidad, se cree que también ofrece protección contra el cáncer.

Si padece alguna enfermedad cardíaca, quizá necesite tomar varios cientos de miligramos de coenzima Q_{10} al día. Si lo va a tomar sólo como antioxidante para proteger su corazón, las dosis de menos de 100 miligramos al día son adecuadas, dice la Dra. Catellani. Y puede usarse junto con otros fármacos cardíacos, aunque al cabo de unos meses es posible que su doctor pueda disminuir su dosis de estos fármacos. Si está tomando el fármaco anticoagulante llamado warfarina (*Coumadin*), pregúntele a su médico si puede tomar suplementos de coenzima Q_{10}, dado que esta coenzima puede disminuir la eficacia de la warfarina.

Espino

Esta hierba es un tónico cardiovascular de acción lenta pero eficaz que fortalece el músculo cardíaco, mejora el flujo sanguíneo a los músculos del corazón y mejora la eficiencia global del sistema circulatorio. Los estudios de investigación han mostrado que puede producir efectos terapéuticos potentes en personas con insuficiencia cardíaca por congestión venosa leve, irregularidades leves en los latidos del corazón y angina. "Yo prefiero usar la coenzima Q_{10} para estos problemas, pero si alguien se queja de su precio y no tiene antecedentes familiares de cáncer, yo les digo que tomen espino en su lugar —dice la Dra. Catellani—. Ambos presentan una actividad similar". Pídale a su médico que le recomiende una dosis.

Alimentación y ejercicio

Quizá lo ha escuchado tantas veces antes que ahora ya ni lo registra. Pero el hecho es que ninguna pastilla puede hacer tanto por su salud como alimentarse bien y hacer ejercicio con regularidad. Sin importar todo lo demás que haga, incluya estos dos elementos en su programa hormonal, dice la Dra. Catellani.

Encuentre una actividad que le encante (o que al menos le guste) para que la haga el resto de su vida. Las mujeres que hacen ejercicio durante al menos 30 minutos al día generalmente presentan menos sofocos y también sofocos más leves —y tienen una mayor probabilidad de no presentar sofocos en absoluto— que las mujeres sedentarias. Y hacer ejercicio con regularidad es la mejor manera de mantener la masa muscular y la densidad ósea a medida que una envejece, dice la Dra. Catellani. "Incluso aunque no pueda realizar algún tipo de ejercicio vigoroso, los estudios de investigación han mostrado que tan sólo caminar todos los días ayuda enormemente a mantenerse en buena salud —dice la Dra. Catellani—. Cualquier cosa siempre es mejor que nada".

No necesita ir a un gimnasio todos los días para hacer ejercicio. Saque a pasear al perro en lugar de dejarlo correr en el jardín, juegue con sus hijos o nietos, trabaje en su jardín, salga a caminar por su barrio o por el centro comercial, inscríbase a una clase de *Tae-Bo*, pida que le regalen una estera mecánica (caminadora, *treadmill*) en su cumpleaños o móntese a su bicicleta estacionaria cuando encienda la televisión, si eso es lo que usted puede manejar.

Tome suplementos de calcio y vitamina D. Como se mencionó en la sección en que hablamos de los tratamientos para la osteoporosis, usted debe consumir 1,200 miligramos al día de calcio, incluso en forma de suplementos, en caso necesario. (Probablemente tendrá que tomar alrededor de 500 miligramos en forma de suplemento). Y si tiene 50 años de edad o más, tome de 400 a 800 UI al día de vitamina D. Su cuerpo requiere vitamina D para poder usar el calcio, pero muchas mujeres de 50 años de edad o mayores no obtienen cantidades suficientes de esta vitamina como para mantener sus huesos fuertes, dice la Dra. Cosman.

Tome un suplemento multivitamínico y de minerales. De nuevo, esto le garantizará que esté obteniendo cantidades suficientes de todos los demás nutrientes que son esenciales para una buena salud: ácido fólico, vitaminas B_6 y B_{12}, cromo (*chromium*), selenio y magnesio. A medida que envejecemos, tendemos a comer menos y a absorber menos nutrientes; por lo tanto, a menudo es una buena idea tomar un suplemento multivitamínico, dice la Dra. Catellani. Busque un suplemento multivitamínico "enriquecido", uno que contenga el 100 por ciento de la Cantidad Diaria Recomendada (o *DV* por sus siglas en inglés) de vitamina C y vitamina B no es suficiente, dice la Dra. Catellani. Debe contener del 600 al 1,000 por ciento de la DV de las vitaminas del complejo B, de 100 a 200 miligramos de vitamina C y una buena cantidad de oligoelementos (*trace minerals*).

Tome vitamina E adicional. A menudo se recomienda vitamina E para los sofocos, pero es posible que se hayan exagerado sus beneficios para aliviar este síntoma menopáusico. Sin embargo, la vitamina E es un salvavidas cuando se trata de la salud cardiovascular, dice la Dra. Catellani. Si su suplemento multivitamínico le brinda más o menos 200 UI, tome una cantidad adicional de 200 a 400 UI en un suplemento por separado.

Agregue vitamina C con flavonoides. En un estudio de investigación doble ciego, controlado con placebo, se encontró que la combinación de 1,200 miligramos de vitamina C y 1,200 miligramos de flavonoides (hesperidina o en ingles, *hesperidin*) aliviaba los sofocos. Los flavonoides son compuestos que se encuentra en las frutas cítricas y que son similares a las isoflavonas que se encuentran en la soya, y parecen ser particularmente eficaces para ayudar a fortalecer y estabilizar los vasos sanguíneos pequeños como los capilares, dice la Dra. Corsello.

CAPÍTULO 12

Cómo lidiar con la menopausia prematura

*L*as mujeres que pasan naturalmente por la menopausia lo hacen más o menos a los 51 años de edad. Debido a una combinación de factores —generalmente genéticos, el tabaquismo o ambos— aproximadamente una de cada 20 mujeres pasa por la menopausia a una edad más temprana, entre los 40 y 44 años de edad. La exposición a sustancias químicas que pueden destruir los folículos ováricos —por ejemplo, solventes que se emplean en algunos lugares de trabajo, sustancias químicas ambientales o algunos fármacos para la quimioterapia— también causa la menopausia temprana.

Unas cuantas mujeres pasan por la menopausia incluso más jóvenes, antes de los 40 años de edad. Sin embargo, la menopausia prematura, también llamada insuficiencia ovárica prematura, sólo se presenta en casos muy raros. "Sólo alrededor del 1 por ciento de las mujeres pasan por la menopausia antes de los 40 años de edad", dice el Dr. Ralph Schmeltz, un endocrinólogo y jefe adjunto de medicina interna del Hospital McGee para Mujeres en Pittsburgh.

La insuficiencia ovárica prematura tiende a ser hereditaria. En alrededor de la mitad de las mujeres afectadas, los ovarios todavía funcionan de manera intermitente, dice el Dr. Schmeltz. "Una mujer puede recibir un diagnóstico de insuficiencia ovárica prematura y luego, unos cuantos años después, encontrarse con la sorpresa de que está embarazada", dice. Nadie sabe por qué a veces los ovarios funcionan así. Esta situación es similar a la perimenopausia, pero ocurre a una edad más temprana, generalmente cuando una mujer está en la treintena.

No es una sorpresa que un número considerable de mujeres experimenten problemas de fertilidad junto con la insuficiencia ovárica prematura. Las pruebas a menudo muestran que han desarrollado una respuesta inmunitaria al tejido ovárico de su propio cuerpo, dice el Dr. Schmeltz. "Tienen anticuerpos antiováricos. Esta afección parece ser autoinmune". O sea, son alérgicas a sus ovarios.

Es interesante observar que las enfermedades autoinmunes —como la diabetes tipo I, la tiroiditis y la artritis reumatoide— pueden estar vinculadas a la menopausia prematura, dice Judith Luborsky, Ph.D., una investigadora de la sección de endocrinología de la reproducción e infertilidad del Centro Médico Rush Presbyterian–St. Luke's en Chicago. Por ejemplo, las mujeres con diabetes tipo I tienen un riesgo más alto de lo normal de entrar en la menopausia prematura. Lo mismo sucede en el caso de mujeres que padecen tiroiditis autoinmune (enfermedades de Hashimoto o Graves, las cuales se caracterizan por una inflamación de la glándula tiroides). El riesgo de contraer una enfermedad autoinmune también es más elevado si otros miembros de la familia padecen estas u otras enfermedades autoinmunes, como la enfermedad de Addison (la cual afecta a las glándulas suprarrenales) o artritis reumatoide.

En casos aún más raros, algunas mujeres pueden padecer lo que médicamente se conoce como el síndrome poliglandular autoinmune tipo I o II (*APS I* o *APS II* por sus siglas en inglés), el cual puede afectar diversas glándulas del cuerpo, incluyendo los ovarios, la paratiroides, la glándula tiroides, el páncreas y las glándulas parietales del estómago.

La menopausia temprana requiere de acción

Si tiene antecedentes familiares de menopausia prematura: considere tener hijos más temprano que tarde, dice la Dra. Luborsky. Las mujeres con menopausia prematura autoinmune pueden volverse infértiles antes de que dejen de menstruar. "Las mujeres que presentan evidencia de autoinmunidad ovárica (por ejemplo, anticuerpos ováricos) tienen más problemas para quedar embarazadas incluso mediante métodos de fertilización *in vitro*".

Si tiene menos de 40 años de edad y no ha menstruado durante más de 6 meses o sus períodos han cambiado (se han vuelto más largos o más cortos o su flujo menstrual ha disminuido o aumentado): quizá esté entrando en la menopausia prematura. La Dra. Luborsky sugiere que se haga un chequeo médico completo con un doctor que se especialice en menopausia o endocrinología. Los síntomas menopáusicos (sofocos, sudoración nocturna, dolores musculares, fatiga, trastornos del sueño, depresión) pueden ser una señal que indica una caída en la producción de estrógeno en los ovarios.

Si cree que está en riesgo de experimentar una menopausia prematura porque tiene antecedentes familiares de enfermedades autoinmunes: quizá sea una buena idea que le pida a su médico que mida sus niveles de estrógeno y hormona estimulante del folículo (o *FSH* por sus siglas en inglés) cada año a partir de los 35 años de edad. La FSH es la hormona cerebral que estimula la producción de estrógeno en los ovarios. Los niveles elevados de FSH son un indicador temprano de que los ovarios están empezando a fallar. A medida que el estrógeno empieza a descender, los niveles de FSH en sangre se empiezan a elevar. Estos cambios en las hormonas ocurren antes de que una mujer deje de menstruar. "Quizá tenga que ser persistente, especialmente si presenta síntomas difusos y difíciles de diagnosticar, como fatiga", dice la Dra. Luborsky. A veces, la disfunción tiroidea cursa con los mismos síntomas. Por lo tanto, pídale a su médico que le mida sus niveles de hormona estimulante de la tiroides (o *TSH* por sus siglas en inglés) como parte de su chequeo.

Considere alguna forma de terapia de reposición hormonal. Mientras más joven entre en la menopausia, mayor es su riesgo de contraer osteoporosis y enfermedades cardíacas y de sufrir un derrame cerebral, dice el Dr. Schmeltz. "Repentinamente, estos riesgos se vuelven tan elevados como los que presentaría una mujer 10 o 15 años mayor". Independientemente de que pase por una menopausia prematura por azares del destino o azares de un bisturí, la terapia de reposición hormonal (o *HRT* por sus siglas en inglés) puede disminuir substancialmente su riesgo de padecer los efectos de la caída en los niveles de estrógeno. Y al igual que con la menopausia que ocurre más tarde, también es importante que preste atención a otros factores de riesgo para estas afecciones, como el tabaquismo y el consumo de calcio.

Evite las toxinas ambientales. Es larga la lista de sustancias químicas que causan daños a los ovarios en animales, y hay buenas razones para creer que al menos algunas de estas afectan a los humanos de la misma forma, dice Jodi Flaws, Ph.D., profesora auxiliar de Epidemiología y Medicina Preventiva de la Facultad de Medicina de la Universidad de Maryland en Baltimore. Estas sustancias incluyen ciertos fármacos anticáncer como la ciclofosfamida (*Cytoxan*), ciertas sustancias químicas que se emplean en la fabricación de plásticos, pesticidas, solventes, metales pesados como el plomo y —por último, pero no por eso menos importante— ciertos componentes del humo del cigarro.

- "Conozca cuáles son las sustancias químicas que se usan en su lugar de trabajo y tome las precauciones apropiadas para protegerse contra ellas —dice la Dra. Flaws—. Por ejemplo, si está trabajando con muchos solventes, use guantes, mascarillas y batas para evitar que entren en contacto con su cuerpo".

- No fume y no se quede en lugares cerrados donde haya mucha gente fumando. "Existen pruebas bastante sólidas que indican que incluso el humo de segunda mano puede causar un efecto en los ovarios de las mujeres", dice.

- En casa, siga cuidadosamente las instrucciones cuando esté aplicando fertilizantes para el jardín o insecticidas. Use una mascarilla, zapatos cerrados y guantes y cámbiese la ropa y métase a la ducha después de usar estas sustancias.

CAPÍTULO 13

DOMINE LA DIABETES

*L*a glucosa (el azúcar en sangre) es el combustible con el que cuentan sus músculos para hacer su trabajo (o correr un maratón). Alimenta a su cerebro mientras está conciliando su chequera o realizando otras tareas mentales. Todas las actividades, como tocar el piano, tejer, trabajar en la computadora o llamar al plomero para que venga a arreglar una gotera, requieren energía. Y para usar esta energía, la hormona insulina debe transferir glucosa desde el torrente sanguíneo hasta cada una de los trillones de células y órganos que hay en su cuerpo, incluyendo los riñones, los nervios, los ojos, el corazón y las arterias. La insulina es la única sustancia que puede abrir las puertas de entrada de sus células (receptores) y dejar que se inunden de glucosa. Sin la insulina, las células mueren y los órganos dejan de funcionar. Es así de sencillo.

"Pero la elegancia de las hormonas no es sólo tenerlas, sino que lo que es verdaderamente especial es la regulación hormonal", dice la Dra. Denise Faustman, Ph.D., profesora adjunta de Medicina y directora del laboratorio de inmunobiología del Hospital General de Massachusetts en Boston.

Entre comidas o durante períodos de gran actividad —digamos, si su cachorrito nuevo la acaba de sacar a pasear alrededor de la cuadra— quizá no tenga suficiente glucosa a la mano para la energía que necesita. Entonces, su páncreas liberará la hormona glucagón para devolver al torrente sanguíneo la forma de glucosa que hay almacenada en su hígado y sus células adiposas. Luego, el páncreas liberará mas insulina para que transporte glucosa al interior de sus células hambrientas.

Una mujer también puede requerir más o menos insulina de lo normal

(continúa en la página 268)

¿Qué está pasando?

Debido a sus síntomas graves, la diabetes tipo I generalmente se detecta a los pocos días de que ha iniciado. Sin embargo, los expertos calculan que una de cada tres personas que padecen diabetes tipo II —es decir, más de cinco millones de personas— no saben que padecen esta enfermedad.

Muchas de las complicaciones graves de la diabetes se pueden evitar con un diagnóstico temprano. Por lo tanto, si usted presenta las señales tempranas de advertencia, pídale a su doctor que le haga una prueba de glucosa en plasma en ayunas y un chequeo médico completo de inmediato.

El siguiente cuestionario también le ayudará a determinar si está en riesgo de contraer diabetes en el futuro, de modo que pueda tomar medidas preventivas desde ahora.

1. ¿Tiene usted ascendencia latina, afroamericana o india norteamericana?

Estos grupos étnicos presentan el doble de probabilidades de contraer diabetes tipo II en comparación con la población en general.

2. ¿Tiene sobrepeso o está obesa?

El sobrepeso es el principal factor de riesgo para la diabetes tipo II. De hecho, las investigaciones realizadas por los Centros para el Control y la Prevención de Enfermedades (o CDC por sus siglas en inglés) indican que por cada kilogramo (2.2 libras) de sobrepeso, el riesgo de contraer diabetes aumenta alrededor de un 9 por ciento.

3. ¿Parece orinar con mayor frecuencia que la mayoría de la gente, incluso durante la noche?

Cuando hay demasiada glucosa en la sangre, usted orina más porque su cuerpo está tratando de eliminarla. (Con el tiempo, el esfuerzo adicional al que se someten los riñones puede hacer que empiecen a fallar, haciendo necesario que se someta a un transplante de riñones o que se tenga que tratar con diálisis).

4. ¿Tiene sed todo el tiempo, sin importar cuánto líquido tome?

El exceso de azúcar en su sangre agotará los depósitos de agua de su cuerpo. Si no puede beber lo suficiente para compensar esto, entonces probablemente también notará que se le empezará a resecar la piel. Un nivel suficientemente elevado de azúcar en sangre puede conducir a un estado de deshidratación que pone en peligro la vida llamado síndrome hiperglucémico hiperosmolar no cetósico (o HHNS por sus siglas en inglés).

5. ¿Tiene un apetito insaciable?

En los casos en que no se le da tratamiento a la diabetes, es posible que aunque esté comiendo mucho, sus células, en efecto, se estén muriendo de hambre por la falta de combustible, debido a que no hay insulina para que lleve glucosa al interior de las mismas. Esto también puede ser el motivo por el cual usted se siente fatigada.

6. ¿Tiene visión borrosa?

Cuando el nivel de glucosa en sangre se eleva demasiado, puede alterar la cantidad de agua que hay en los lentes de sus ojos. Con el tiempo, los niveles elevados de azúcar en sangre pueden causar retinopatía, una causa común (pero evitable) de ceguera.

7. ¿Frecuentemente presenta calambres en las piernas o una sensación de cosquilleo o entumecimiento en las manos o los pies?

Estas pueden ser las primeras señales de advertencia del tipo de daño neuronal que puede conducir a daños permanentes y a la pérdida de una pierna.

8. ¿Tiene antecedentes de infecciones de la vejiga, la piel, la vagina o las encías?

El azúcar genera las condiciones ideales para que crezcan las bacterias, por lo que los niveles elevados de glucosa en sangre pueden llevar a un aumento en la incidencia de infecciones. Además, el azúcar excedente apaga a su sistema inmunitario al deteriorar el funcionamiento de sus glóbulos blancos.

9. ¿Recientemente ha experimentado una pérdida de peso repentina, acompañada de fatiga severa, visión borrosa o una sensación como si tuviera gripe y otros síntomas, por ejemplo, micción excesiva, sed y micción nocturna?

Es posible que esté presentando los primeros síntomas de las diabetes tipo I. Llame a su doctor o vaya a una sala de urgencias de inmediato.

cuando sus hormonas reproductoras están al máximo (por ejemplo, durante el embarazo) o cuando produce hormonas del estrés, dado que ambos tipos de hormonas pueden elevar el nivel de azúcar en sangre.

Recientemente, los científicos descubrieron una hormona antes desconocida llamada resistina, la cual es producida por las células adiposas y sirve

---

◦ Escape del infierno hormonal ◦

Su "hipoglucemia" en realidad se debe a las hormonas digestivas

P: *Mi esposo y mis hijos pueden saltarse comidas y no parece molestarles. Pero si yo no como algo más o menos cada 3 horas, me debilito tanto y se me nubla tanto el pensamiento que siento que me voy a desmayar. Trato de nunca salir de casa sin una barra de granola en mi cartera (bolsa) y una caja de galletas saladas en la guantera de mi carro. En realidad es una vergüenza cuando estoy en eventos sociales en los que tengo que detenerme a comer. Otras veces, tengo miedo de que me vaya a desvanecer. Una amiga mía me ha dicho que esto le suena a que padezco hipoglucemia o niveles bajos de azúcar en la sangre. Pero cuando fui a una consulta con mi médico de cabecera, ella dijo que la hipoglucemia no existe. Finalmente la convencí de que me hiciera una prueba para medir mis niveles de azúcar en sangre, pensando que quizá lo que padezco es diabetes, pero ella me dijo que todos los resultados de las pruebas salieron normales. Si es así, ¿entonces por qué me sigo sintiendo tan mal si paso mucho tiempo sin comer?*

El Dr. Frank Schwartz, profesor clínico adjunto de Medicina, Endocrinología y Metabolismo de la Facultad de Medicina de la Universidad de West Virginia en Parkersburg, responde: Aunque te sientas débil entre comidas, dado que tus pruebas en sangre salieron normales, no tienes por qué preocuparte de perder el conocimiento.

Yo sospecho que tus síntomas no se deben a que las hormonas que regulan tus niveles de azúcar en sangre se salgan de control cuando no comes. En lugar de eso, lo más probable es que lo que comes esté teniendo un efecto poderoso en las hormonas intestinales que hay en tu tracto digestivo. Algunas personas sufren reacciones al consumir muchos carbohidratos simples en una sola sentada y presentan un trastorno en el que se irrita el intestino y que se conoce como síndrome posprandial. Con una carga tan excesiva de carbohidratos para procesar, los intestinos entran en espasmo y liberan una sobreabundancia de las hormonas que normalmente regulan la liberación de

para alentar a los tejidos a que se resistan a la insulina. Esta nueva hormona podría explicar el motivo por el cual las personas que tienen sobrepeso tienden a contraer diabetes. Los investigadores creen que este descubrimiento, después de más investigaciones, conducirá a tratamientos nuevos para la diabetes.

enzimas digestivas para ayudar a que los alimentos se desplacen a lo largo de los intestinos. Estas hormonas se llaman colecistoquinina/pancreozimina, polipéptido pancreático y polipéptido intestinal vasoactivo.

Cuando uno recibe una oleada de estas hormonas, siente lo mismo que sienten los diabéticos cuando andan bajos sus niveles de azúcar en la sangre —es decir, debilidad, nerviosismo, fatiga, temblores—, de modo que entiendo por qué sospechas que tienes hipoglucemia. Pero tu doctora tiene la razón. La hipoglucemia solía ser un diagnóstico común, pero cuando la prestigiosa Clínica Mayo realizó un estudio en profundidad sobre esta afección, se encontró una y otra vez que las personas que se quejaban de hipoglucemia tenían los mismos niveles de azúcar que todos los demás. Pero estas personas presentaban los síntomas incluso cuando consumían una forma de glucosa que no absorbe la sangre. Esta es una de las razones principales por las cuales sospechamos que la causa se debe a las hormonas intestinales en vez de deberse a un problema de azúcar en la sangre.

Has acertado en cuanto a prepararte meriendas (refrigerios, tentempiés) para comer entre comidas. Trata de hacer comidas pequeñas y frecuentes, como cinco o seis comidas pequeñas espaciadas a lo largo del día, en lugar de hacer uno o dos "festines" de comida. Pero ten cuidado de que tus comidas no sólo contengan carbohidratos. Evita los carbohidratos simples como los productos horneados hechos con harina blanca. En vez, aliméntate de carbohidratos complejos, como el arroz al vapor o las papas al horno. La clave es tomar comidas y meriendas "mixtas" que contengan un equilibrio de proteínas, grasas y carbohidratos, en vez de puros carbohidratos, como una caja de galletas saladas.

Si sigues presentando estos síntomas después de hacer estos cambios, tu doctora te puede recetar algún medicamento antiespasmódico, como diciclomina (*Bentyl*) o hiosciamina (*Levsin*), que se emplean para tratar los trastornos de intestino irritable.

Para poder mantener su nivel de azúcar en sangre dentro de un límite saludable —por encima de 60 y por debajo de 120 mg/dl (miligramos por decilitro)— las mujeres con diabetes necesitan comprender la interacción que tiene lugar entre todas estas hormonas que regulan el azúcar en sangre.

Por qué se eleva el nivel de azúcar en sangre

No todos los tipos de diabetes son iguales. En la diabetes tipo I, su cuerpo no puede producir insulina por su propia cuenta, normalmente debido a un ataque del propio sistema inmunitario sobre las células beta del páncreas que se encargan de producir insulina. Este tipo de diabetes no se vuelve evidente sino hasta que se ha perdido más del 85 por ciento de las células beta que secretan insulina. Los ataques autoinmunes parecen tener una base genética, pero todavía se desconoce la combinación de genes que los causan.

En una época pasada, se solía conocer la diabetes tipo I como diabetes juvenil, porque frecuentemente aparecía durante la infancia o la adolescencia temprana. Por ejemplo, Nicole Johnson, la ganadora del título Miss America en 1999, contrajo este tipo de diabetes cuando estaba en la universidad. En casos más raros, se puede llegar a diagnosticar a un adulto con diabetes tipo I después de que ha sufrido daños a su páncreas en un accidente o por la destrucción de las células beta a causa de alguna enfermedad o medicamento.

Los avances que se han logrado en los transplantes de células productoras de insulina actualmente se están perfeccionando. Por ahora, las mujeres que padecen diabetes tipo I necesitan tomar insulina durante el resto de su vida, para compensar la que les falta. Esta afección se conoce como diabetes mellitus insulinodependiente (o *IDDM* por sus siglas en inglés).

A diferencia de la diabetes tipo I, la cual se manifiesta repentinamente como una incapacidad absoluta de las células beta de producir insulina, la diabetes tipo II se caracteriza por la caída gradual en la capacidad que tiene la insulina de satisfacer las necesidades del cuerpo. Son dos los escenarios principales que causan esto, explica el Dr. Frank Schwartz, profesor clínico adjunto de Medicina, Endocrinología y Metabolismo de la Facultad de Medicina de la Universidad de West Virginia en Parkersburg.

En ausencia de diabetes, el cuerpo produce una gran cantidad de insulina al momento en que una persona empieza a comer. Pero en una mujer que padece diabetes tipo II, esta liberación se ve afectada y tiene por resultado un nivel elevado de azúcar en sangre inmediatamente después de cada comida. Cuando las células beta finalmente liberan insulina, esta mujer necesita insulina adicional para compensar el nivel elevado de azúcar en sangre. Este defecto se conoce como "ausencia de la primera fase de secreción de insulina".

Bajo el segundo escenario, los receptores de insulina son menos sensibles o responden a la insulina en menor grado de lo que deberían. Una persona se considera "resistente a la insulina" cuando necesita producir insulina adicional para compensar la lentitud o las fallas en los receptores. "Es como si el receptor fuera un adolescente que ignora a su mamá las primeras veces que ella le pide que ordene su cuarto. Eventualmente lo ordena, pero la mamá tiene que gastar más energía para asegurarse de que su hijo cumpla con su trabajo", agrega la Dra. Faustman.

Independientemente de que el defecto sea una resistencia a la insulina o fallas en la primera fase de secreción de insulina, el resultado generalmente es que las células beta tienen que trabajar más horas extra que un cartero durante la época de Navidad. Las células beta que producen insulina pueden llegar a agotarse, haciendo que una mujer que padece diabetes tipo II se vuelva dependiente de la insulina, como si padeciera diabetes tipo I.

Lo ideal es que la diabetes tipo II se detecte durante sus etapas tempranas, cuando los simples cambios en la alimentación y el ejercicio pueden ser suficientes para que el nivel de azúcar en sangre se mantenga bajo control. También existen diversos medicamentos disponibles para corregir la resistencia a la insulina o ayudar al páncreas a satisfacer los requerimientos adicionales de insulina.

Cuando el azúcar en sangre baja demasiado

Cuando el nivel de azúcar en sangre baja *ligeramente* —por ejemplo, a 65 mg/dl en lugar de su nivel normal de 70 mg/dl— el glucagón puede cumplir con el trabajo de volver a llevar el nivel de azúcar en sangre a un rango normal. Pero en el caso de un episodio hipoglucémico —es decir, si su nivel de azúcar en sangre cae a menos de 60 mg/dl— el glucagón envía una señal a su sistema nervioso autónomo para que libere otras hormonas. Cuando esto ocurre, estas hormonas —a saber, la adrenalina, el cortisol y la hormona del crecimiento— desempeñan un papel contrarregulatorio, ayudando al glucagón a liberar la glucosa que se ha almacenado en su hígado y sus células adiposas con mayor rapidez de la que la insulina adicional secretada por el páncreas puede transportarla al interior de las células.

Las hormonas contrarregulatorias también son las que provocan esa sensación de temblorina y ansiedad que muchas mujeres experimentan cuando se saltan una comida. La sensación que da la hipoglucemia es como oler el olor de una fuga de gas; es una señal que le da la oportunidad de huir del peligro. Cuando una mujer con diabetes siente los síntomas característicos de la hipoglucemia, ya ha sido educada para que consuma 15 gramos de carbohidratos fácilmente absorbibles, generalmente azúcar. Esta es la cantidad de carbohidratos que se encuentra en ½ taza de jugo de naranja (china), 4 cucharaditas de azúcar de mesa o una taza de leche descremada (*fat-free milk* o *nonfat milk*).

"Por desgracia, después de que una persona ha padecido diabetes durante aproximadamente 5 años, sus células alfa del páncreas que producen glucagón pueden empezar a fallar junto con las células beta que producen insulina", dice el Dr. Schwartz. Sin la respuesta del glucagón, a menudo no hay nada que active a las otras hormonas contrarreguladoras que la hacen percatarse de la hipoglucemia.

Si su nivel de azúcar en sangre cae todavía más —hasta 40 mg/dl, 30 mg/dl, o menos— una mujer hipoglucémica puede sentirse confusa, soñolienta, o incluso llegar a tener un ataque convulsivo o entrar en estado de coma, si el cerebro se ve seriamente privado de glucosa. Esto puede ocurrir cuando una persona toma demasiada insulina y muy pocos alimentos o después de un período prolongado de actividad, dice la Dra. Faustman. En caso de que llegue a estar inconsciente, una diabética debe entrenar a sus familiares y amistades para que le pongan una inyección de glucagón para salvarle la vida o debe asegurarse de que sepan cómo llamar una ambulancia de inmediato. Las pruebas caseras (usando tiras que miden los niveles de glucosa en la orina) pueden prevenir esta cascada de eventos.

Las personas que no padecen diabetes rara vez sufren de caídas drásticas en los niveles de azúcar en sangre que conduzcan a este tipo de problemas. "Hubo una época en que todas las personas que se sentían fatigadas o ansiosas entre comidas parecían autodiagnosticarse como hipoglucémicas —dice la Dra. Katherine Williams, instructora de Medicina de la Facultad de Medicina de la Universidad de Pittsburgh—. Pero la verdadera hipoglucemia sólo puede confirmarse mediante una prueba en sangre realizada por un doctor bajo condiciones controladas, donde se demuestre que el nivel de azúcar en sangre de una persona cae por debajo de 40 mg/dl, que está relacionado con síntomas y que se corrige con glucosa. La mayoría de las personas obtienen un resultado negativo. Lo que sienten entre comidas puede tratarse probando una dieta baja en carbohidratos o haciendo comidas más pequeñas con mayor frecuencia".

Si efectivamente padece hipoglucemia no diabética, su doctor buscará alguna otra causa subyacente, como un tumor en el páncreas. Si ya se han descartado o tratado otras causas subyacentes, el manejo de la hipoglucemia implica cambiar los hábitos alimenticios, dado que las personas hipoglucémicas no toman medicamentos que puedan compensar sus niveles altos o bajos de azúcar en sangre.

Y, de hecho, las recomendaciones dietéticas para la hipoglucemia son más estrictas (que aquellas para las personas que padecen diabetes tipo I): "Esto significa que tienen que comer cada 2 a 3 horas y que cuando comen, tienen que asegurarse de que su comida contenga una mezcla de carbohidratos y proteínas o grasa", dice el Dr. Schwartz.

Las personas que son propensas a la hipoglucemia —diabéticas o no— deben usar un brazalete médico para que puedan conseguir atención médica de inmediato en caso de que pierdan el conocimiento o se desorienten tanto que no puedan pedir ayuda por sí mismos, agrega la Dra. Williams.

Un control más estricto: bien vale la pena

Con el paso de los años, la falta de control del nivel de azúcar en sangre cobra un precio altísimo en el cuerpo, afectando los riñones, los nervios, los ojos, el corazón y las arterias. Al menos 190,000 personas mueren cada año a causa de la diabetes y sus complicaciones.

"Pero no deje que estas estadísticas la asusten —dice Anne Daly, R.D., C.D.E., una educadora certificada en diabetes y presidenta de atención médica y educación de la Asociación Estadounidense contra la Diabetes en Springfield, Illinois—. Esta cifra incluye a personas que no tuvieron acceso a las herramientas y técnicas más novedosas para el control del azúcar en sangre".

Los estudios de investigación subrayan la importancia de un buen manejo en casa. En el Diabetes Control and Complications Trial (Ensayo sobre el Control de la Diabetes y sus Complicaciones o *DCCT* por sus siglas en inglés), se dividieron en dos grupos a 1,441 personas con diabetes tipo I. Las personas del primer grupo siguieron un método altamente agresivo (control estricto) para mantener su nivel de azúcar en sangre lo más cercano posible al nivel normal. Las personas del segundo grupo siguieron un protocolo más convencional, haciendo sólo lo suficiente para evitar cualesquiera síntomas evidentes de un nivel alto o bajo de azúcar en la sangre. Al cabo de 6.5 años, el grupo que se mantuvo bajo estricto control reportó disminuciones del 56 por ciento en las enfermedades renales, del 57 por ciento en las enfermedades de los nervios, del 76 por ciento en las enfermedades de los ojos y del 41 por ciento en ciertas afecciones cardíacas, como la arteriosclerosis.

Esta terapia intensiva retarda eficazmente la aparición y el avance de estas enfermedades.

En el United Kingdom Prospective Diabetes Study (Estudio Prospectivo de la Diabetes en el Reino Unido o *UKPDS* por sus siglas en inglés), las personas que padecían diabetes tipo II reportaron beneficios similares. De hecho, por cada punto porcentual de mejoría en los resultados de una prueba que usaban para medir sus niveles de glucosa en sangre a lo largo de los 3 meses anteriores, su riesgo global de sufrir complicaciones se reducía en un 35 por ciento.

"La recompensa de mantener un control estricto se relaciona directamente con el compromiso que hace una mujer con mantener su nivel de azúcar en sangre dentro del rango normal, hora tras hora, día y noche", explica la Dra. Lois Jovanovic, una endocrinóloga que se especializa en diabetes en mujeres, directora y científica ejecutiva en jefe del Sansum Medical Research Institute en Santa Bárbara, California, y profesora clínica de Medicina de la Universidad del Sur de California en Los Ángeles.

La tecnología desempeña un papel muy importante en ayudar a que las mujeres controlen sus niveles de azúcar en sangre con mayor facilidad y esta tecnología mejora año con año. Puede considerar los siguientes recursos para controlar los niveles de azúcar en sangre.

Sensor continuo de glucosa. Apenas disponible desde finales del año 2000, este dispositivo mide el nivel de azúcar en sangre cada 20 segundos, saca un promedio cada 5 minutos y almacena esta información en una computadora durante 3 días consecutivos, permitiendo una vigilancia más precisa de la que se puede lograr con unos cuantos pinchazos de la piel a lo largo del día. El sensor se inserta en el tejido que está justo por debajo de la piel y el monitor (de tamaño muy parecido al de un radiolocalizador) puede colocarse prácticamente donde sea. "Es un avance importante para la prevención de la hipoglucemia o hiperglucemia —explica el Dr. Schwartz—. Entre otros beneficios, puede ayudar a eliminar la epidemia de accidentes automovilísticos causados por personas que no sabían que tenían un nivel bajo de azúcar en la sangre y que se desmayaron al volante".

Prueba de la hemoglobina glicosilada. También conocida como HbA1c, esta prueba le muestra cómo está manejando su glucosa en sangre en el largo plazo, dándole un porcentaje de la concentración promedio de azúcar en sangre a lo largo de un período de 90 días. "Para hacer cambios antes de que los altos niveles de glucosa en sangre empiecen a cobrar su precio, prográmese para hacerse esta prueba cada 3 meses", aconseja la Dra. Jovanovic.

Inyecciones sin agujas. Conocidas como inyectores tipo jet, estas herramientas confiables rocían insulina por debajo de su piel, son producidas por diversos fabricantes y pueden conseguirse con una receta médica. Le pueden ayudar a tolerar las dosis frecuentes de insulina.

Bombas de insulina. Estas máquinas, que funcionan con pilas y que usted programa para que le administren insulina a través de un tubo que trae puesto todo el día, le ayudan a mantener su azúcar en sangre a niveles constantes. "No son las grandes cajas negras que se usaban antes —dice la Dra. Jovanovic, quien solía usar una—. Las bombas actuales se asemejan mucho a los bíperes comunes y corrientes que se pueden colocar en el cinturón u ocultar debajo de la ropa".

Centros para personas que padecen diabetes. Una mujer con diabetes puede sentir como si tuviera a todo un equipo de su lado ayudándole a ganar la batalla contra las complicaciones de esta enfermedad, simplemente visitando uno de los muchos centros para personas que padecen diabetes que hay en el país (el primer lugar donde debe buscar uno de estos centros es en un hospital donde también se dediquen a la enseñanza). Además de contar con un médico o endocrinólogo de atención primaria, tendrá la ventaja de contar con educadores en diabetes, una nutrióloga y quizá un fisiólogo del ejercicio que le ayuden a diseñar un plan de tratamiento individualizado, así como especialistas en podiatría, optometría y cardiología que trabajarán junto con el resto de su equipo para resolver sus complicaciones.

Síndrome X: una forma exagerada de resistencia a la insulina

Al igual que las personas que padecen diabetes tipo II, las personas que padecen el síndrome X (también llamado síndrome metabólico) son resistentes a la insulina, es decir, tienen que producir una cantidad de insulina mayor de lo normal para procesar la glucosa en sangre. La diferencia esta en que alguien con el síndrome X puede producir suficiente insulina adicional, o bien, su resistencia la insulina no es lo suficientemente fuerte como para que sus niveles de glucosa en sangre se mantengan en el rango gravemente elevado de una persona diabética. Sin embargo, una persona que padece el síndrome X sí presenta niveles de glucosa en el límite superior del rango normal, a menudo entre 110 y 126 mg/dl.

Además de controlar el azúcar en sangre, la otra función de la insulina es ayudar a almacenar en las células adiposas los ácidos grasos libres que provienen de los alimentos que come. Pero cuando sus células son resistentes a la insulina, no son capaces de "aceptar" glucosa ni grasa y los ácidos grasos permanecen en el torrente sanguíneo, conduciendo a niveles más elevados de colesterol y triglicéridos en la sangre. El alto nivel de insulina también hace que aumente la retención de sodio y agua, lo cual conduce a una elevación en la presión arterial.

Para empeorar las cosas, el hígado responde al azúcar adicional que hay en el torrente sanguíneo produciendo todavía más triglicéridos. El alto nivel de azúcar en sangre también puede deteriorar el flujo de sangre a través de las arterias. Esta constelación de anormalidades explica la razón por la cual las enfermedades cardíacas son la principal causa de muerte en personas diabéticas. Las enfermedades cardíacas o de los vasos sanguíneos son la causa del 80 por ciento de las muertes. Debido a que las personas que padecen el síndrome X también presentan resistencia a la insulina y un nivel elevado de azúcar en sangre, la Asociación del Corazón de los Estados Unidos ha alertado a los doctores para que reconozcan el síndrome X y les ofrezcan a las personas con este diagnóstico la misma medicina preventiva que les está disponible a los pacientes con problemas cardíacos.

Cómo prevenir las enfermedades cardíacas en el síndrome X y la diabetes

Si padece diabetes, su riesgo de contraer enfermedades cardíacas se eleva automáticamente. Y por el mismo motivo, si padece enfermedades cardíacas junto con diabetes, necesita recibir tratamiento para ambas afecciones.

Tanto los pacientes diabéticos como los que padecen el síndrome X deben fijarse las metas siguientes:

- ✎ Triglicéridos por debajo de 200 mg/dl
- ✎ Colesterol conformado por lipoproteínas de baja densidad (o *LDL* por sus siglas en inglés) por debajo de 100 mg/dl; colesterol conformado por lipoproteínas de alta densidad (o *HDL* por sus siglas en inglés) por encima de 47 mg/dl
- ✎ Presión arterial por debajo de 135/85 mm Hg
- ✎ Niveles de hemoglobina glicosilada (glucosa en sangre a largo plazo) por debajo del 7 por ciento

Algunas medidas son beneficiosas tanto para su corazón como para su nivel insulínico. Por ejemplo, ciertas estrategias relativas al estilo de vida —como

Una dieta para el mejor control del azúcar en sangre

Lo dulce que sabe un alimento no siempre es la manera más precisa de determinar la manera en que afectará su nivel de azúcar en sangre. Lo que cuenta es el tamaño de las moléculas de azúcar, es decir, algo que no se puede determinar sin la ayuda de un microscopio potente. Otro factor es su grado de maduración o cocimiento. Si usted come frutas muy maduras o que han sido procesadas y cocinadas, los azúcares que contienen ya se encuentran parcialmente "digeridos" y los azúcares simples no tardarán mucho tiempo en llegar a su torrente sanguíneo.

El índice glucémico es una medida científica de la potencia con la que los alimentos que contienen carbohidratos alteran su nivel de azúcar en sangre con el tiempo. Como regla general, los alimentos crudos tendrán un índice glucémico más bajo que los mismos alimentos cocinados y entre más suaves y esponjosos sean los productos horneados, mayor será su índice glucémico. Los ejemplos que siguen le ayudarán a escoger aquellos alimentos que le ayudan a mantener sus niveles de azúcar en sangre más estables. Un educador en diabetes le puede dar una tabla más completa.

Alimentos que debe agregar (índice glucémico más bajo, es decir, inferior a 55)	Alimentos que debe evitar (índice glucémico más alto, es decir, superior a 70)
Pan integral de centeno, pan de masa fermentada (*sourdough bread*) o pan de trigo quebrado	Pan blanco
Cebada perlada y *bulgur*	Arroz blanco
Garbanzos	Chícharos (guisantes, arvejas)
Copos de avena	Hojuelas (copos) de maíz (elote, choclo)
Manzana	Jugo de naranja (china)
Batata dulce (camote, *sweet potato*)	Puré de papa instantáneo
Pastel (bizcocho, torta, *cake*) de plátano	Caramelos de goma (*jelly beans*)
Yogur bajo en grasa	Pizza

deshacerse del sobrepeso, seguir una dieta baja en grasa y rica en fibra y mejorar su condición física— mejoran el control de la glucosa tanto directa como indirectamente, al mismo tiempo que mejoran la salud de su corazón. De hecho, la normalización del azúcar en sangre puede conducir a mejores resultados en las cinco pruebas que se mencionaron con anterioridad. En el ensayo UKPDS, por cada punto porcentual que disminuía el HbA1c (glucosa en sangre a largo plazo), se reducía el riesgo de sufrir un ataque al corazón en un 18 por ciento. El control estricto de la presión arterial reducía el riesgo de sufrir un derrame cerebral en un 44 por ciento y también disminuía el riesgo de presentar insuficiencia cardíaca en un 56 por ciento.

Para aliviar la resistencia a la insulina (lo que indirectamente causaría un descenso en la presión arterial y el perfil de lípidos), incluso las personas que padecen el síndrome X pueden verse beneficiadas al tomar un medicamento para la diabetes llamado metformina (*Glucophage*). Sin embargo, la otra clase importante de medicamentos para la diabetes, las sulfonilureas, en realidad pueden elevar el riesgo de sufrir un ataque al corazón, dado que funcionan al fomentar la producción de insulina, una situación que evidentemente es peligrosa para las personas que ya presentan hiperinsulinemia (niveles elevados de insulina en el torrente sanguíneo).

Si el colesterol y la presión arterial no se normalizan mediante los esfuerzos por controlar la glucosa, los expertos recomiendan medicamentos, incluyendo una dosis diaria de aspirina. De hecho, algunos medicamentos para la presión arterial —como el lisinopril (*Zestril*), el enalapril (*Vasotec*) y el captopril (*Capoten*)— han demostrado ser particularmente eficaces para las personas con diabetes y además brindan la ventaja adicional de que disminuyen el riesgo elevado de sufrir daños renales que se relacionan con la diabetes.

Mientras que los betabloqueadores —como el atenolol (*Tenormin*), el metoprolol (*Lopressor*) y el nadolol (*Corgard*)— son la norma para las personas que ya padecen una enfermedad de las arterias coronarias, las personas diabéticas deben estar conscientes de que estos fármacos pueden ocultar los niveles bajos de azúcar en la sangre y empeorar sus problemas circulatorios y su fatiga. Los expertos están empezando a creer que las probabilidades siguen pesando a favor de tomar betabloqueadores, dado que el paso siguiente, una cirugía del corazón, amenaza con complicaciones peligrosas para las personas con diabetes. Actualmente, los cardiólogos están investigando métodos quirúrgicos más seguros para las personas diabéticas, pero si la cirugía es necesaria, la tasa de sobrevivencia para diabéticos parece ser significativamente mayor en la cirugía de derivación cardiaca (*bypass*) que en la angioplastia.

Hágase cargo bajando de peso y haciendo ejercicio

Si padece diabetes y tiene sobrepeso, su primera meta debe ser deshacerse de esos kilitos de más. "La mayor masa corporal requiere de una mayor cantidad de insulina para que opere cada célula del cuerpo —explica la Dra. Faustman—. Y debido a que las personas obesas generalmente consumen más calorías para mantener su peso, eso sólo hace que se eleve aún más la cantidad de insulina que necesitan para procesar la gran carga de glucosa que obtienen al comer mucho". Además, la obesidad somete a un esfuerzo adicional al páncreas ya estresado de una persona que está tratando de bajar un nivel de azúcar en sangre fuera de control.

No tiene que bajar 50 ó 100 libras (23 o 45 kg) o más para verse beneficiada. "Con tan sólo bajar del 5 al 10 por ciento de su peso corporal puede ser suficiente para que los niveles de azúcar en sangre de una persona que padece diabetes tipo II vuelvan a la normalidad y eso es una buena noticia. Además, todo es relativo. Yo he visto a personas con diabetes tipo II que, al bajar 25 libras (11 kg) de peso, han podido dejar de tomar insulina", dice Daly. La pérdida de peso gradual se va acumulando. Una o dos libras (.45 ó 1 kg) a la semana suman de 4 a 8 libras (2 a 4 kg) al mes.

El beneficio obvio del ejercicio es que disminuye la masa corporal y por lo tanto, mejora la sensibilidad a la insulina en diabéticos con sobrepeso. Pero el ejercicio en realidad hace mucho más por controlar la diabetes y sus complicaciones.

Independientemente de que esté tratando de volar un papalote, perfeccionando su brazada de pecho o apilando latas pesadas en su despensa, se requiere mucha energía para poner sus músculos a trabajar. Sus músculos empezarán a jalar glucosa de su torrente sanguíneo para alimentar sus células. Incluso 2 horas después de que haya terminado su sesión de ejercicio, su hígado y sus músculos siguen ocupados sacando glucosa de la sangre para reabastecer sus depósitos de almacenamiento.

Lo que es todavía mejor es que hacer ejercicio con frecuencia parece acondicionar sus receptores de insulina para que usted necesite menos insulina para sacar la glucosa de la sangre y llevarla al interior de las células musculares y otros tejidos.

En cuanto a las personas que padecen diabetes tipo I, incluso aunque no tengan problemas de obesidad o resistencia a la insulina, se pueden ver beneficiadas por la capacidad que tiene el ejercicio de fortalecer el corazón y el sistema circulatorio.

Procure realizar al menos 20 minutos de alguna actividad física al día. Por supuesto, si comienza a ese nivel y gradualmente aumenta el tiempo a 40 ó 60 minutos, los resultados también aumentarán.

Váyase a lo seguro. Si padece enfermedades cardíacas o tiene más de 35 años de edad, pídale a su médico que le haga una prueba de esfuerzo antes de comenzar con un programa de ejercicio. Si actualmente tiene complicaciones como retinopatía, pídale a su oftalmólogo que le diga cuáles son los tipos de ejercicio que son seguros para usted, dice Daly. Por ejemplo, cuando existen enfermedades de los ojos, necesita evitar las posiciones en las que su corazón queda por encima de su cabeza y necesita evitar levantar equipos pesados, dado que esto hace que se eleve la presión ocular. Caminar es probablemente la opción más segura para las personas que sufren de afecciones oculares y cardíacas, pero quizá su doctor pueda hacerle otras sugerencias.

Mida su nivel de glucosa en sangre antes, durante y después de hacer ejercicio. La cosa más peligrosa que puede hacer es tener un nivel bajo de azúcar en la sangre antes de empezar a esforzarse. Si habitualmente tiene un mal control glucémico, no empiece a hacer ejercicio hasta que su nivel de glucosa en sangre esté dentro de un rango de 100 a 180 mg/dl, explica la Dra. Jovanovic. Si está por debajo de 100 mg/dl, tiene que *elevarlo* antes de comenzar a hacer ejercicio porque si no, sólo le bajará más.

Entre más vigoroso sea el ejercicio que haga, mayor será la cantidad de glucosa que empleen sus células musculares. Si hace algún tipo de ejercicio más vigoroso de lo usual o un tipo de ejercicio nuevo o si está tratando de llevar un control estricto de sus niveles, lo mejor es que mida su nivel cada 20 minutos. Mídalo de nuevo cuando termine de hacer ejercicio porque lo más probable es que con toda la glucosa o azúcar que usó, necesite bajar su dosis de insulina, dice la Dra. Jovanovic. (Su educador en diabetes u otro profesional en el cuidado de la salud le enseñará la manera de hacer cambios en su dosis de insulina basándose en las mediciones que haga usted misma de sus niveles).

Siempre esté preparada para una caída drástica en su nivel de azúcar en sangre. Independientemente de que esté en una excursión o practicando algún deporte competitivo, lleve consigo algo que le permita elevar su nivel de azúcar en sangre que sea apropiado para el tipo de actividad que vaya a realizar y siempre guárdelo en algún lugar seguro junto a su cuerpo. Algunas alternativas prácticas son un puñado de uvas pasas o caramelos de goma (*jelly beans*), así como las tabletas de glucosa comerciales que se venden sin receta en las farmacias.

No deje que sus discapacidades la detengan. Cualesquiera que sean sus limitaciones, un fisiólogo del ejercicio le podrá sugerir *algo* que pueda hacer. "Yo conozco a un endocrinólogo que reúne en su consultorio a todos sus pacientes que han sufrido un derrame cerebral y a personas a quienes les han tenido que amputar una pierna para que jueguen a ser 'directores de orquesta' o 'directores de coro' con sus brazos. Si usted se sienta y 'dirige un coro' durante 20 minutos, terminará exhausta y habrá realizado una verdadera sesión de ejercicio aeróbico", dice el Dr. Schwartz.

Deje que su deporte determine el lugar apropiado para ponerse las inyecciones de insulina. Debido a que sus músculos usan la insulina con mayor eficiencia cuando hace ejercicio, no se inyecte insulina cerca de un músculo que vaya a usar mucho, dado que la recaptación de insulina puede llegar a ser *demasiado* eficiente, causando hipoglucemia, advierte Daly. "Por ejemplo, si va a andar en bicicleta, es mejor que se la inyecte en el abdomen en lugar de inyectársela en el muslo. Si va a jugar un partido de tenis, entonces ese día sería mejor que se la inyectara en la pierna y no en el brazo", dice.

Preste particular atención a la grasa central. Si tuviera que escoger una sola área de grasa corporal para planear sus sesiones de ejercicio, entonces tendría que escoger su vientre, dice el Dr. Schwartz. La resistencia a la insulina se relaciona con la obesidad abdominal y contribuye a la misma. Diversos estudios han encontrado que la eliminación de la grasa que se encuentra en las partes profundas de la región abdominal es la que produce el mayor efecto de disminución en el nivel de azúcar en sangre en comparación con la eliminación de grasa en cualquier otra parte del cuerpo. Por supuesto, ejercitar *cualquier* músculo mejorará la eficiencia de la insulina y eliminar *cualquier* tipo de grasa disminuirá su riesgo de sufrir las complicaciones de la diabetes. Por fortuna, el ejercicio aeróbico, que es conocido por tener la mayor capacidad de reducir la grasa abdominal, le ayudará a mejorar en todos estos aspectos.

Cuide bien sus pies. Las personas diabéticas a menudo pierden la sensación en sus pies y cualesquiera llagas que les salen, tardan más en sanar y son más propensas a infectarse. Incluso las personas que practican un deporte por recreación y que son diabéticas tienen que tomar precauciones adicionales, dice Daly. Revise sus pies todos los días; manténgalos limpios y asegúrese de secarlos bien, especialmente entre los dedos de los pies. Siempre use calcetines (medias) limpios, asegurándose de que las costuras queden en el lugar correcto, y siempre use zapatos que le queden bien. Sacuda sus zapatos antes de ponérselos porque incluso hasta la piedrita más pequeña puede causarle problemas. Hágase el hábito de inspeccionar sus pies —antes y después de hacer ejercicio— para ver si tiene ampollas, callos o callosidades que necesiten atención.

Si tiene callos o llagas en los pies, mejor opte por hacer algún tipo de ejercicio en el que no tenga que soportar su propio peso, como nadar o montarse en una máquina para remar. Quizá también pueda caminar o andar en una bicicleta estacionaria durante períodos breves (20 minutos) mientras se le estén curando los pies. Pero consulte primero a su especialista en podiatría, agrega Daly.

Cómo comer para controlar la insulina

Lo que se conocía como la dieta para diabéticos ya no es lo que solía ser y esa es una dulce noticia. Las dietas para controlar el azúcar en sangre del siglo XXI son altamente individualizadas y no tan restrictivas como lo eran en el pasado, dice Daly.

"No hay necesidad de que coma alimentos especiales para diabéticos y no existe un plan alimenticio que se adecue a todos —dice—. Sólo porque usted conozca a una persona diabética a quien le hayan aconsejado que siempre almuerce lo mismo, esto no significa que a usted también le recomendarán una dieta monótona".

Consulte a un dietista. Si le han diagnosticado diabetes, trabaje con un dietista para desarrollar un plan estructurado alrededor de su horario cotidiano, lo que le gusta y no le gusta comer, cuánto peso quiere perder y su sensibilidad a los carbohidratos. Un dietista le puede ofrecer una diversidad de métodos para planear sus comidas que ayudan a las personas a lograr sus metas, explica Daly. "Cuando la meta principal es bajar de peso, puede que les pidamos que cuenten calorías; las personas que están tratando de lograr un mejor control glucémico, probablemente tendrán que enfocarse en contar carbohidratos; y a las personas que odian contar, les pedimos que se centren en equilibrar los grupos de alimentos".

Procure ser constante. "Aunque los planes de comidas individuales difieren entre sí, todas las personas diabéticas deben hacer al menos tres comidas bajas en grasas y altas en fibra al día", dice Daly. El espaciamiento de las comidas puede ayudar a regular la glucosa en sangre.

Lleve un registro. Registre periódicamente los alimentos que consuma, junto con los resultados de las pruebas de glucosa que se haga después de cada comida, especialmente si está probando una dieta diferente, un nuevo programa de ejercicio o un horario de comidas diferente a lo habitual. La idea es poder detectar patrones para que usted identifique cuáles son los alimentos que necesita disminuir o aumentar o cuáles hacen necesario que usted ajuste sus medicamentos. Su educador en diabetes o dietista le puede enseñar ejemplos de diferentes tipos de bitácoras.

Pruebe el azúcar, pero con precaución. Si bien es cierto que el azúcar alguna vez fue considerada como el veneno blanco en el mundo de los diabéticos, en años recientes, la Asociación Estadounidense contra la Diabetes relajó su restricción de "cero azúcar" en sus recomendaciones estándar. Esta decisión liberadora se basó en 12 estudios de investigación distintos, todos los cuales mostraron que la mayoría de las personas, después de consumir azúcar, no presentan una subida peligrosa en el nivel de glucosa en sangre como se había sospechado.

"Cualquiera que tenga problemas con los niveles de azúcar en sangre sigue estando obligado a tomar en cuenta el azúcar y otros carbohidratos —dice Daly—. Pero si alguien quiere incluir un postre en su dieta, nosotros les podemos enseñar a hacerlo de manera segura". Una mujer diabética insulinodependiente puede medir su reacción a los alimentos dulces y luego ajustar su dosis de insulina, una diabética tipo II tendrá que restar unos cuantos puntos más de su cuota diaria de "carbohidratos" y una persona hipoglucémica aprende a combinar siempre los alimentos azucarados con alimentos que contengan proteínas o grasas para hacer que la digestión sea más lenta.

Entérese de dónde provienen sus calorías. Para las personas que están tratando de controlar la diabetes, la proteína es el único nutriente con un porcentaje deseable fijo, es decir, del 10 al 20 por ciento de las calorías deben provenir de alimentos proteínicos. El 80 a 90 por ciento restante de calorías se puede dividir entre grasa dietética y carbohidratos. Mientras que la distribución real de grasas y carbohidratos puede variar basándose en una evaluación individual de la nutrición y las metas del tratamiento, siempre se recomienda que menos del 10 por ciento de las calorías provengan de grasas saturadas.

Duplique su consumo de fibra. Las personas con diabetes necesitan más fibra de lo que consume una persona estadounidense común. La mayoría de los estadounidenses ingieren entre 10 y 16 gramos de fibra, pero para las personas que padecen diabetes, se recomienda un consumo de 20 a 35 gramos al día, dice Daly.

La fibra es importante porque no se digiere ni absorbe como los demás carbohidratos, por ejemplo, los azúcares y los almidones. Cuando usted come un alimento que contiene 5 gramos o más de fibra por ración, puede restar estos gramos de fibra de su cuenta total de carbohidratos dado que esta cantidad se considera como no disponible para la formación de glucosa, dice Daly.

En un estudio de investigación realizado en el Centro Médico de la Universidad del Suroeste de Texas, se encontró que cuando las personas diabéticas incrementaban su consumo de fibra a 50 gramos al día, al cabo de 6 semanas no sólo disminuía su nivel de azúcar en sangre en un 10 por ciento, sino que también disminuía su necesidad de tomar medicamentos para la diabetes. Todo lo que necesita para consumir esta cantidad de fibra saludable es fijarse la meta

---

LA CONEXIÓN HORMONAL

Las hormonas para despertar podrían elevar su nivel de azúcar en sangre

La hormona del crecimiento y el cortisol son las hormonas que la estimulan para que se despierte en la mañana. Todas las personas tienen un mecanismo mediante el cual se empiezan a liberar gradualmente estas hormonas alrededor de las 4:00 A.M., de modo que tenga la energía para levantarse de la cama cuando suene el despertador. Pero algunas personas reciben una oleada más fuerte de hormonas para despertar que otras. Debido a que estas hormonas son antagonistas de la insulina, una persona que padece diabetes y que se considera una "persona diurna" puede presentar un aumento en su nivel de cortisol de hasta 20 mcg/dl (microgramos por decilitro) y luego despertarse con un nivel de azúcar en sangre por encima de los 240 mg/dl, lo que también se conoce como el "fenómeno del amanecer", dice la Dra. Lois Jovanovic, una endocrinóloga que se especializa en diabetes en mujeres, y directora y científica ejecutiva en jefe del Sansum Medical Research Institute en Santa Bárbara, California.

La solución rápida a este problema consiste en tomar una dosis más elevada de insulina al día siguiente. Pero lo que queremos es que, para empezar, no tenga un nivel elevado de azúcar en sangre, dice. Hable con su médico: una solución podría ser tomar su dosis de acción prolongada antes de irse a acostar en vez de administrársela antes de cenar, como es lo habitual, dado que puede que así logre que coincida de mejor forma con la liberación de las hormonas que la hacen despertar. Si aun así no puede prevenir el fenómeno del amanecer, entonces usted es la candidata perfecta para una bomba de insulina, la cual puede programar para que automáticamente le administre

de comer 13 raciones de frutas, frijoles (habichuelas), verduras y cereales al día. (Recuerde que debe incrementar gradualmente su consumo de fibra para que el colon se pueda ajustar al cambio y para evitar la flatulencia excesiva). Algunos alimentos ricos en fibra son la *granola* (12.8 gramos por taza), los garbanzos (12.5 gramos), el salvado de avena (11.4 gramos), los copos de avena (9.6 gramos), las habas blancas (9 gramos), las uvas pasas (6.6 gramos), el kiwi (6 gramos), el maíz/elote/choclo (4.6 gramos), las naranjas/chinas (4.3 gramos) y los arándanos (3.9 gramos).

Fíjese una cuota calórica diaria. La Asociación Estadounidense contra la

niveles bajos de insulina durante la primera mitad de la noche y niveles más altos durante la segunda mitad de la misma, agrega la Dra. Jovanovic.

También es una buena idea que se mida el nivel de glucosa en sangre unas cuantas veces alrededor de las 3:00 A.M. Esto puede sonarle poco práctico a cualquiera que no padezca diabetes. Pero el hecho es que el estilo de vida de una persona diabética requiere de un gran esfuerzo. La hipoglucemia extrema puede ser mortal y no es poco común que las personas con diabetes tengan que despertarse para medirse sus niveles o para ponerse una inyección. De hecho, los padres de hijos diabéticos *habitualmente* los despiertan a medianoche para darles jugo y medirles sus niveles. Una vez que conocen el patrón, pueden empezar a usar la bomba, si es que es lo indicado para ellos, para que no tengan

que estarlos despertando todo el tiempo. La nueva tecnología del sensor de glucosa, que automáticamente mide los niveles de azúcar cada 5 minutos, puede usarse para evitar tener que despertarse, pero no todos los centros médicos cuentan con esto todavía.

Si su nivel de azúcar en sangre anda bajo, lo único que va a suceder es que su cuerpo liberará una cantidad aún mayor de cortisol y de hormona del crecimiento para sobrecompensar la cantidad que recibe en respuesta a despertar. En ese caso, el control de la hipoglucemia que ocurre a media noche al comer menos carbohidratos durante la cena puede disminuir la oleada de cortisol y hormona del crecimiento lo suficiente como para prevenir el fenómeno del amanecer, dice la Dra. Jovanovic.

Diabetes establece lineamientos nutricionales para las personas con diabetes para que ingieran suficientes calorías como para mantenerse en un peso saludable. A medida que va cambiando su cuerpo con los años, también van cambiando sus requerimientos nutricionales. Su especialista en nutrición puede determinar la cuota calórica correcta para usted.

Para lograr su meta, es necesario que tenga un control estricto de las calorías que ingiere, dice Daly. "Las mujeres a menudo viven de sopas y ensaladas, pensando que están siguiendo una dieta baja en calorías, cuando en realidad están tomando sopas hechas a base de crema con un alto contenido calórico y comiendo ensaladas con aliño (aderezo) de 1,000 calorías. Todo cuenta, incluyendo los complementos y los condimentos".

Encuentre el azúcar disfrazada. Si está contando carbohidratos, necesita ser capaz de reconocer las diversas formas de azúcar por sus nombres químicos para que pueda tomarlas en cuenta en su cuota diaria. En los alimentos procesados, busque nombres como sorbitol, xilitol y manitol, además de cualquier ingrediente que termine con el sufijo *-ose*, como *dextrose*, *fructose* (también llamada levulosa), *maltose* y *lactose*. La melaza (*molasses*), el jarabe de maíz (*corn syrup*), el azúcar glas, el jugo de caña y el sirope de arce (*maple syrup*) cuentan como sucrosa, y por lo tanto, necesita contarlos como parte de los carbohidratos totales que contiene su comida o merienda (refrigerio, tentempié). Si los edulcorantes artificiales no le causan malestar estomacal, puede usar sacarina, aspartame, acesulfame potásico o sucralosa en vez de azúcar; estos edulcorantes no agregan calorías ni hacen que se eleve el nivel de glucosa en sangre.

Córtele a la carne. "Si padece diabetes, debe consumir alrededor de 4 a 6 onzas (112 a 168 gramos) de carne en todo el día —dice Daly—. Quizá esto sea algo a lo que se tenga que acostumbrar, dado que la porción usual de carne de res que sirven en los restaurantes es de 8 onzas (224 gramos). Algunos restaurantes incluso ofrecen cortes de 24 onzas (672 gramos)".

"En lugar de que la carne ocupe la mayor parte de su plato y vaya acompañada de un poco de verduras y almidones como complemento, invierta esta proporción —sugiere—. Procure que todas sus comidas estén principalmente conformadas por verduras, agregándoles muy poca carne. También es una buena idea planear una cena sin carne a la semana".

Use maicena para retardar la liberación de carbohidratos. La maicena bien podría ser el alimento perfecto para las personas diabéticas porque puede brindarles suficiente azúcar para prevenir la hipoglucemia, pero se digiere de manera excepcionalmente lenta, lo suficientemente lento como para prevenir la hiperglucemia. Pero para obtener sus efectos beneficiosos, se debe comer en su forma cruda, como las barras para merendar (*snack bars*) que producen diversas compañías de alimentos para diabéticos, incluyendo *Extend Bar*, *Gluc-O-Bar* y *NiteBite*, las cuales están disponibles sin receta en las farmacias. "Es especialmente útil comer una de estas barras antes de irse a acostar en el caso de personas que están tratando de evitar la tendencia a presentar una caída drástica en el nivel de azúcar a medianoche", dice la Dra. Jovanovic.

Contrólela con condimentos. Debido a que las personas diabéticas también necesitan evitar la sal para evitar la presión arterial alta, pueden agregarle sabor a su comida con especias, como el hinojo y la cúrcuma (azafrán de las Indias), y al mismo tiempo bajar su nivel de azúcar en sangre. Diversas especias parecen hacer que las células adiposas presenten una mayor respuesta a la insulina, aunque la canela es la que más ha asombrado a los investigadores. El Servicio de Investigación Agrícola (una rama del Departamento de Agricultura de los Estados Unidos) encontró que la canela aumenta 20 veces el metabolismo de la glucosa. Incluso, según los resultados del estudio, puede que sus componentes químicos ofrezcan la ventaja adicional de bajar la presión arterial.

Los ciclos menstruales y la menopausia también desempeñan un papel importante

Con tanta atención que le tiene que prestar a la insulina, quizá no se haya ocupado mucho en pensar sobre el papel que desempeñan el estrógeno y otras hormonas reproductoras en el control de la diabetes. No obstante, tanto el estrógeno como la progesterona se consideran como antagonistas de la insulina, lo que quiere decir que interfieren con la capacidad que tiene la insulina de normalizar los niveles de azúcar en sangre. La progesterona en particular se relaciona con un alto nivel de glucosa en sangre. Parece debilitar la capacidad que tiene la insulina de ligarse con los sitios receptores en las células, causando una resistencia temporal a la insulina o empeorando la resistencia que ya existe.

Dado que los niveles de ambas hormonas reproductoras se encuentran al máximo durante la semana anterior a la menstruación, este es el período en el que más se notan sus efectos antagonistas. "Una mujer insulinodependiente con niveles de azúcar en sangre estrictamente controlados puede llegar a necesitar hasta un 20 por ciento más de insulina durante este período", dice la Dra. Jovanovic.

En contraste, es de esperarse que sus requerimientos de insulina *disminuyan* conforme se vaya acercando a la menopausia, cuando descienden los niveles de hormonas reproductoras. Es esencial tomar en cuenta esta disminución en el requerimiento de insulina para evitar episodios hipoglucémicos.

Por supuesto, si empieza a recibir la terapia de reposición hormonal (o *HRT* por sus siglas en inglés), necesitará la misma cantidad de insulina que la que necesitaba cuando estaba menstruando, dice la Dra. Jovanovic. De hecho, se les recomienda ampliamente a las mujeres diabéticas que tomen alguna terapia de reposición hormonal, pero no sólo para que puedan llevar un control más predecible de su nivel de glucosa. El mayor riesgo de sufrir un ataque al corazón que *todas* las mujeres presentan después de la menopausia es todavía mayor en las mujeres diabéticas, quienes ya presentan un riesgo importante.

"Yo estimo que la terapia de reposición hormonal puede minimizar el riesgo adicional que presentan las mujeres diabéticas de padecer enfermedades cardíacas en alrededor de un 50 por ciento", dice la Dra. Jovanovic.

La HRT encuentra una justificación aún mayor en las mujeres que no tienen sus niveles de glucosa en sangre bajo control. Los altos niveles de azúcar en sangre conducen al desperdicio de calcio, lo que hace que este mineral se fugue de los huesos, aumentando así el riesgo de sufrir una fractura. Debido a que el descenso en los niveles de hormonas reproductoras también fomenta la osteoporosis, la HRT puede controlar los daños, dice la Dra. Jovanovic.

Si padece diabetes, considere estos otros problemas exclusivos de las mujeres.

Mayor crecimiento de vello facial y corporal. Tanto la resistencia extrema a la insulina como toda una vida de tomar demasiada insulina irritan el revestimiento externo de los ovarios, haciendo que secreten más testosterona de lo normal. En mujeres que padecen diabetes, esto puede conducir a la aparición de rasgos masculinos como vello facial y engrosamiento de la voz. "Los doctores bromean sobre cómo se puede identificar a una mujer diabética por su bigote, pero eso es una exageración", dice la Dra. Jovanovic. Durante la menopausia, cuando las hormonas femeninas de una mujer diabética ya están a niveles bajos, la testosterona adicional puede hacer que aparezcan estos rasgos varoniles. "Generalmente, la testosterona adicional sólo produciría la aparición de rasgos masculinos notorios en mujeres menopáusicas, diabéticas e hiperinsulinémicas que no estén tomando nada de estrógeno para contrarrestar la testosterona que está siendo secretada por los ovarios", explica la Dra. Jovanovic. Por fortuna, se ha mostrado que la HRT disminuye los niveles de hormonas sexuales masculinas en mujeres con diabetes. Si usted presenta hirsutismo (vellosidad excesiva) pero no está atravesando por la menopausia, pídale a su doctor que le haga pruebas para ver si padece el síndrome de ovarios poliquísticos, el cual va acompañado de obesidad y ciclos menstruales irregulares o infertilidad (para mayor información, vea "Un síndrome que va en aumento" en la página 164). De otro modo, considere usar algún método para eliminar el vello mientras logra controlar su nivel de insulina. (Para mayores detalles, vea Bigote y vello facial en la página 399).

Determine sus propios requerimientos premenstruales de insulina. "En promedio, una mujer insulinodependiente debe aumentar cuidadosamente su dosis nocturna en un 3 por ciento al día (de 1 a 2 unidades cada noche) durante los 5 días anteriores a su menstruación. El primer día de su menstruación, debe regresar a su dosis original porque en ese momento, el estrógeno y la progesterona ya han descendido a su nivel mínimo", dice la Dra. Jovanovic.

Hable con su médico sobre esta estrategia. Debido a que cada mujer puede diferir en cuanto al nivel de progesterona que alcanza, así como en su vulnerabilidad a la hipoglucemia, esta no es una fórmula tallada en piedra. Los ajustes a la dosis se deben basar, en primer lugar, en los resultados de las pruebas que usted se haga en casa, ya que así también podrá compensar cualesquiera cambios en su alimentación o nivel de actividad que pueden llegar a ocurrir justo antes de su menstruación.

Normalice sus niveles de hormonas sexuales con pastillas anticonceptivas. Independientemente de que sea una mujer premenopáusica o que simplemente no pueda manejar las fluctuaciones en la insulina causadas por su ciclo mensual, todas las mujeres que padecen diabetes son buenas candidatas para las pastillas anticonceptivas, dice el Dr. Schwartz. Pero es importante que se asegure de que sean pastillas de *baja dosis*, es decir, que contengan tan sólo de 10 a 20 miligramos de progestina. Todas las mujeres diabéticas deben evitar las pastillas *Depo-Provera*, las cuales liberan niveles sostenidos de altas dosis de progestina, y pueden elevar su nivel de azúcar en sangre de la misma forma en que las oleadas de su propia progesterona antagonista de la insulina lo hacen, dice la Dra. Jovanovic.

Controle el síndrome premenstrual. Si una mujer está extremadamente agitada o batallando con el dolor físico de los dolores (cólicos) menstruales, sus hormonas del estrés aumentarán de manera importante, exagerando los efectos antiinsulínicos de los niveles crecientes de progesterona. Otro escenario peligroso es cuando una mujer que ya tiene un nivel elevado de azúcar en sangre se rinde ante sus antojos y se come una caja entera de galletitas con chispas de chocolate. Los múltiples efectos hormonales pueden ocasionar que se salga de control el síndrome premenstrual (o *PMS* por sus siglas en inglés), lo que puede dificultar aún más el control del nivel de azúcar en sangre, dice el Dr. Schwartz. Si desea averiguar más acerca de algunas estrategias que le ayudarán a lidiar con el lado emocional del PMS, vea el Capítulo 3. Para más detalles sobre cómo manejar los síntomas físicos, vea el Capítulo 7.

Adelante con la actividad. El metabolismo más lento que acompaña a la menopausia, combinado con la vida más sedentaria que generalmente llevan las personas retiradas, es una amenaza doble al buen control del azúcar en sangre. Una tendencia a subir de peso que no se atiende sólo empeorará la resistencia a la insulina y elevará un riesgo ya alto de padecer enfermedades cardíacas, advierte la Dra. Jovanovic.

"Las personas a menudo consideran el retiro como la época ideal para consentirse con máquinas que hacen el trabajo por ellas o contratando a personas que les ayuden a hacer las labores mundanas —dice Daly—. Pero si usted padece diabetes, lo único que estará logrando con esto es que empeore su control de la glucosa y aumente su riesgo de padecer osteoporosis". Si le es posible, siga pintando su casa, trabajando en el jardín, lavando su carro y saliendo al supermercado.

Revísese la tiroides cada año. Los problemas de la tiroides se vuelven más comunes en las mujeres menopáusicas, y si usted es una mujer diabética, en su caso también interferirán con el control de la glucosa. "Si se vuelve hipertiroidea (tiroides hiperfuncionante), sus niveles de azúcar en sangre pueden elevarse aún más, dado que su cuerpo tiene un metabolismo más activo, mientras que si se vuelve hipotiroidea (tiroides hipofuncionante), puede aumentar de peso, lo que también puede ocasionar que se eleven sus niveles de azúcar en sangre", explica la Dra. Williams. Asegúrese de que su doctor le indique un perfil tiroideo cada año o pídale que le haga las pruebas si presenta los síntomas que se describen en "¿Tiene una tiroides hipofuncionante o hiperfuncionante?" en la página 60.

El embarazo en mujeres insulinodependientes

Si padece diabetes y se embaraza, tendrá que incrementar sus estrategias de autocuidado. El protocolo para una mujer embarazada que padece diabetes tipo II es casi idéntico a aquél para una mujer con diabetes gestacional o diabetes inducida por el embarazo. Para mayores detalles, vea "La diabetes durante el embarazo" en la página 167.

Algunas mujeres equivocadamente suponen que la diabetes tipo I descarta la posibilidad de un embarazo. "Al tomar medidas adicionales de control, incluso una mujer con diabetes tipo I puede esperar tener las mismas probabilidades de dar a luz a un bebé normal y saludable que una mujer no diabética", dice la Dra. Jovanovic.

"Siempre y cuando las mujeres insulinodependientes salgan bien en ciertas pruebas, yo les doy autorización para embarazarse con seguridad", dice la Dra. Jovanovic. Estas pruebas incluyen:

- ✛ Chequeo oftalmológico que confirme una condición ocular estable
- ✛ Presión arterial normal
- ✛ Resultado normal en una prueba de orina de 24 horas para determinar el funcionamiento renal
- ✛ Examen ginecológico normal
- ✛ Resultados normales en las pruebas de hemoglobina glicosilada (HbA1c)

Al igual que una mujer embarazada con diabetes no insulinodependiente, una mujer insulinodependiente embarazada debe fijarse un horario estricto para ingerir y contar los carbohidratos con mayor precisión de lo usual. "Si todavía no se está midiendo los niveles de azúcar en sangre de 5 a 10 veces al día, tendrá que empezar a hacerlo porque los estándares para el nivel de azúcar en sangre que yo le indico a una futura mamá serán incluso inferiores que los que le indico al público en general —dice la Dra. Jovanovic—. Ella deberá mantener sus niveles de azúcar en sangre en el límite inferior absoluto del rango normal sin que le dé hipoglucemia, lo cual equivale a niveles de 55 a 70 mg/dl antes de comer y niveles por debajo de los 140 mg/dl una hora después de comer".

Mantener el azúcar en la sangre a niveles bajos incluso eliminará la probabilidad de que el bebé crezca demasiado en el útero, lo que sucede cuando pasa demasiada azúcar a la placenta, agrega.

Al igual que una mujer con diabetes gestacional, el embarazo en una mujer con diabetes tipo I se sigue considerando de alto riesgo, lo que significa que tendrá que trabajar intensamente con su obstetra/ginecólogo y con expertos en diabetes antes, durante y después de dar a luz. Además de la atención que le brindarán estos profesionales, considere estas medidas de autocuidado que recomienda la Dra. Jovanovic.

Si es hipoglucémica, no compense de más. Las elevaciones pronunciadas en el nivel de azúcar en sangre a más de 140 mg/dl son la principal causa de defectos congénitos en los bebés que nacen de mujeres diabéticas. En el peor de los casos, usted puede quedar inconsciente y quien sea que intervenga puede darle tanto glucagón que la haga pasar de 20 a 600 mg/dl, dice la Dra. Jovanovic. Hágales saber a las personas que la estén cuidando que si pierde el conocimiento cuando esté embarazada, deberán administrarle sólo la mitad de la dosis usual de glucagón inyectado que le administraban antes de que estuviera embarazada, esperar 10 minutos, y luego, si sigue inconsciente, administrar la otra mitad de la dosis. Si después de la segunda dosis de glucagón, usted sigue sin responder, entonces déle instrucciones a su cuidador para que llame por teléfono para pedir ayuda. Asimismo, si su cuidador deja que intervenga alguien del personal de una sala de emergencias, asegúrese de que le digan al médico que está embarazada y que sólo le deben administrar media dosis de azúcar.

Como siempre, cuando esté tratando usted misma sus niveles bajos de azúcar en la sangre, asegúrese de no tomar más de los 15 miligramos de azúcar recomendados, agrega.

Ajuste su dosis de insulina durante la lactancia. Una mujer insulino-dependiente puede amamantar, dado que su insulina no afecta al bebé. Sin embargo, sí necesita protegerse contra la hipoglucemia al disminuir su dosis de insulina después de cada vez que amamante, particularmente si amamanta a su bebé durante la noche cuando no vaya a poder comer algo sino hasta la mañana siguiente para volver a elevar su nivel de azúcar en sangre. Y debido a que el bebé consume una cantidad cada vez mayor del azúcar de la madre conforme va creciendo, es de esperarse que los requerimientos de insulina de estas mamás vayan disminuyendo gradualmente con el tiempo.

Cuide su estado de ánimo después del parto. "Después del parto, es de esperarse que todas las mamás presenten subibajas emocionales a medida que se van ajustando sus niveles de hormonas reproductoras. Pero la mujer diabética también tiene que lidiar con el subibaja de azúcar a medida que las hormonas que controlan su nivel de azúcar en sangre se ven en dificultades por los cambios que ocurren en los niveles de sus hormonas reproductoras", dice la Dra. Jovanovic. El simple hecho de saber que es normal sentirse como que acaba de sobrevivir un choque de tren durante unas cuantas semanas después del parto quizá pueda ayudar a calmar sus nervios.

Para mayores detalles acerca de cómo manejar los estados de ánimo después del parto, vea "La depresión posparto" en la página 169. Pero si tiene el estrés adicional de tener que determinar la dosis correcta de insulina hora tras hora, entonces tendrá que llevar un registro de todos los alimentos que come, las veces que amamanta, sus emociones, sus patrones de sueño y los resultados de las seis a ocho pruebas que se haga al día. Luego, revise sus resultados junto con los expertos en diabetes más experimentados del equipo de profesionales en el cuidado de la salud que la estén atendiendo.

Alivie el estrés y controle el nivel de azúcar en sangre

El cortisol —una de las hormonas más potentes del cuerpo— la estimula cuando está bajo estrés. También funciona como una hormona contrarregulatoria para ayudar a elevar el nivel de glucosa en sangre en caso de que una mujer diabética tome demasiada insulina. Sin embargo, al hígado no le importa el motivo por el cual se haya liberado cortisol; sólo sabe que el cortisol es su señal para liberar azúcar hacia el torrente sanguíneo. Por lo tanto, aunque su nivel de azúcar en sangre ya sea elevado, el hígado liberará la glucosa almacenada hacia el torrente sanguíneo cuando esté bajo estrés físico o emocional.

Son claros los efectos antagonistas del cortisol en el control de la diabetes. La Dra. Jovanovic ha observado que sus pacientes presentan el peor control de glucosa en su historia durante la semana que tienen que preparar sus declaraciones de impuestos. Los profesionales también han notado resultados negativos en las pruebas de HbA1c durante un mes después de que ha habido un fallecimiento en la familia. Y todos los educadores en diabetes advierten a sus pacientes que deben revisar sus niveles de glucosa en sangre con más cuidado cuando estén enfermos dado que el cortisol que se libera cuando el sistema inmunitario está en revuelta puede disminuir los efectos de la insulina.

Una parte esencial del manejo de la diabetes es vigilar de cerca los factores estresantes emocionales y físicos que pueden elevar tanto el nivel de cortisol como el nivel de azúcar en sangre. Y cuando una persona está en dificultades, es más probable que deje de hacer ejercicio y olvide seguir sus buenos hábitos alimenticios, lo cual, a su vez, sólo hará que empeore el control de sus niveles de glucosa.

Si no logra relajarse o manejar sus estados de ánimo negativos por su propia cuenta, busque la ayuda de un profesional de inmediato, dice la Dra. Williams. La depresión —la cual es todavía más común en personas diabéticas que en el resto de la población en general— se relaciona con un mayor riesgo de sufrir las complicaciones de la diabetes y puede hacer que empeore la resistencia a la insulina.

Las personas diabéticas responden bien al tratamiento para las dificultades emocionales. En un estudio de investigación realizado en la Facultad de Medicina de la Universidad de Washington, cuando los diabéticos tipo II agregaban la terapia conductual cognitiva a su programa normal de educación en diabetes, más del 70 por ciento entraron en remisión de la depresión y esto también redujo o mejoró los resultados de sus pruebas de HbA1c. En contraste, las personas que no incluyeron una terapia presentaron una elevación en sus niveles de HbA1c, y la mayoría siguieron deprimidas. Y aunque se sospechaba que los antidepresivos más antiguos elevaban el nivel de azúcar en sangre, se ha demostrado que los antidepresivos más recientes que se conocen como inhibidores selectivos de la recaptación de serotonina (o *SSRI* por sus siglas en inglés), como la fluoxetina (*Prozac*), *disminuyen* ligeramente el nivel de azúcar en sangre, al mismo tiempo que ayudan a que mejore la depresión en más del 60 por ciento de las personas diabéticas deprimidas. Vea el Capítulo 3 para más información acerca de cómo reconocer los problemas del humor y las opciones para su tratamiento.

En la Internet — *y otros recursos*

⟿ Si recientemente le han diagnosticado diabetes, La Asociación Estadounidense contra la Diabetes es la organización para conseguir información, mantenerse informada de todos los últimos avances y ampliar aún más sus conocimientos acerca de todos los aspectos relativos al manejo de la diabetes. Pregúntele a la asociación dónde se encuentra la oficina más cercana a su localidad para que pueda asistir a los programas gratuitos de educación en diabetes de su área. El sitio *web* también contiene enlaces a un sinfín de revistas médicas profesionales que hablan de la diabetes. Puede ponerse en contacto con la asociación, mandando una carta a la siguiente dirección:

American Diabetes Association*
 Attn.: Customer Service
 1701 North Beauregard Street
 Alexandria, VA 22311
 (800) DIABETES (342-2383)
 www.diabetes.org

⟿ Los educadores en diabetes tienen formación en nutrición, enfermería o farmacología, además de entrenamiento adicional en el cuidado de la diabetes. También deben contar con certificación por parte del Consejo Nacional de Certificación para Educadores en Diabetes (o *NCBDE* por sus siglas en inglés) y llevar las siglas C.D.E. (siglas en inglés de "educador certificado en diabetes") después de su nombre. Para localizar a un educador en diabetes calificado en su área, póngase en contacto con:

American Association of Diabetes
 Educators
 100 West Monroe Street
 Suite 400
 Chicago, IL 60603-1901
 (800) 832-6874
 www.diabeteseducator.org

⟿ El Centro Joslin para la Diabetes, que está afiliado a la Facultad de Medicina de Harvard, se ha dedicado a la investi-

Aprenda a adaptarse

Si usted padece diabetes, los expertos le ofrecen estas sugerencias adicionales para cuidar de su salud física y mental.

Dése un año. Cuando una persona recibe un diagnóstico de diabetes, debe pasar por las mismas cinco etapas de duelo por las que pasa cuando se pierde a un ser querido: incredulidad/negación, enojo, depresión/retiro, recuperación y aceptación. Además, tanto los niveles elevados como los niveles bajos de azúcar en la sangre aumentan la ansiedad y son de esperarse mientras aprende a emplear las estrategias de manejo correctas. "A partir del diagnóstico, puede

gación y tratamiento de la diabetes, así como a educar a profesionales en el cuidado de la salud y al público en general desde 1898. Su sitio *web* ofrece grupos de discusión así como una biblioteca en línea sobre la diabetes con información acerca de nutrición, tratamiento, prevención y demás. Este centro le enviará paquetes gratuitos de información sobre la diabetes y las investigaciones más actuales que se han llevado a cabo al respecto y pueden referirla con especialistas en diabetes del Centro Joslin en Boston y sus centros afiliados en los principales hospitales de los Estados Unidos. Puede ponerse en contacto con el centro en la siguiente dirección:

Joslin Diabetes Center*
Communications Office
One Joslin Place
Boston, MA 02215
(800) JOSLIN-1 (567-5461)
www.joslin.org

La Asociación de Endocrinólogos Clínicos de los Estados Unidos (o *AACE* por sus siglas en inglés) ofrece lineamientos completos para el tratamiento de la diabetes usando un manejo intensivo, y además proporciona comunicados de prensa para informar a las personas diabéticas acerca de las nuevas herramientas y avances, incluyendo estudios que refuerzan la importancia del manejo intensivo de esta afección. Póngase en contacto con esta asociación en:

American Association of Clinical Endocrinologists*
1000 Riverside Avenue
Suite 205
Jacksonville, FL 32204
www.aace.com

*Ofrece información en español.

tardar hasta un año para que sus emociones y su nivel de azúcar en sangre se estabilicen. Dése permiso de pasar por este período de adaptación y tenga presente que no va a durar eternamente", aconseja la Dra. Jovanovic.

Haga preguntas. Es perfectamente comprensible que tenga miedo y se sienta devastada si cree que todas las personas con diabetes se quedan ciegas, mueren o tienen que pasar el resto de su vida conectadas a una máquina de diálisis renal, o si piensa que no va a poder comer helado por el resto de su vida. (Como nota al margen, estas creencias carecen de fundamento). No confíe en lo que le digan otras personas que no saben nada acerca de la diabetes ni deje que su imaginación se eche a volar. En vez de eso, exprese sus temores al equipo de profesionales de la salud que la esté atendiendo, aconseja Daly. No sólo podrán hacer la distinción entre mitos y realidades, sino que podrán darle un plan para seguir paso a paso y evitar cualesquiera complicaciones futuras que le estén provocando ansiedad.

Integre la relajación a su estilo de vida. Cuando la Dra. Jovanovic y sus colegas les enseñaron técnicas de relajación a personas diabéticas, encontraron una disminución del 20 por ciento en la insulina que necesitaban para mantener sus niveles de glucosa dentro del rango normal. La meditación, la imaginación guiada, la relajación progresiva, el yoga, la biorretroalimentación y el masaje son opciones que funcionan. Experimente hasta que encuentre la que más le agrade y luego practíquela todos los días, recomienda la Dra. Jovanovic.

Siga el ejemplo de los demás. Céntrese en personas como la ganadora del título Miss America en 1999, Nicole Johnson, o la ciclista ciega que ganó la medalla de oro en el tándem mixto de las Paraolimpiadas, Pam Fernandes. Estas heroínas diabéticas tipo I son capaces de controlar su glucosa y manejar la insulina al mismo tiempo que llevan vidas activas y emocionantes. Quizá también le ayude buscar a alguien en su propia comunidad que maneje su diabetes de manera proactiva y pedirle que sea su mentor. Un buen lugar para conocer a una persona tal es en un grupo de apoyo para personas diabéticas, que puede encontrar a través del hospital de su localidad o de la oficina local de la Asociación Estadounidense contra la Diabetes. (Vea "En la Internet y otros recursos" en la página anterior).

Cuídese de más cuando esté enferma. Las gripes o los resfriados (catarros) fuertes y otras enfermedades que amenazan a su sistema inmunitario van acompañadas de hormonas que suprimen a la insulina, incluyendo el cortisol. Por lo tanto, las personas que padecen diabetes son los principales candidatos para las vacunas anuales contra la gripe. Si a pesar de que se haya vacunado, le da gripe, mídase el nivel de azúcar en sangre al menos cinco veces al día y ajuste su dosis de insulina según las instrucciones de su doctor, aconseja la Dra. Williams.

Recuerde que todavía tendrá que comer para prevenir la hipoglucemia. Si empieza a vomitar, llame al equipo de profesionales en diabetes que la esté atendiendo para que le den consejos, dice Daly. También recuerde que los remedios que se venden sin receta están disponibles en versiones libres de azúcar para las personas con diabetes. Prepárese de antemano preguntándole a su médico acerca de los medicamentos que se venden sin receta que ya tenga en su botiquín y para que su doctor le dé autorización de comer sus "platillos favoritos" para consentirse mientras esté enferma.

El

programa para el equilibrio hormonal

*Un plan de tres fases para restaurar
y mantener sus niveles hormonales
y para adaptar el programa según
sus propias necesidades personales*

Primera Fase:

Deseche las hormonas "malas"

Preocupadas por la posibilidad de que las hormonas sintéticas como la hormona del crecimiento bovina recombinante (o *rBGH* por sus siglas en inglés) pudiera fomentar la aparición del cáncer de mama, cada vez más mujeres están a la caza de leche libre de hormonas cuando salen a comprar alimentos para ellas y sus familias. Consternadas acerca de los pesticidas que elevan sus niveles de estrógeno —y quizá su riesgo de contraer cáncer ovárico o de mama—, cada vez es mayor el número de mujeres que compra frutas, verduras y otros alimentos orgánicamente cultivados. Tras escuchar reportes que dicen que la envoltura plástica autoadherente podría liberar sustancias químicas que alteran el equilibrio hormonal, algunos consumidoras han empezado a usar envoltura no plástica para sus alimentos.

El gobierno dice que los agentes hormonalmente activos, que son sustancias químicas que hay en el ambiente que imitan a nuestras propias hormonas naturales, también conocidos como xenoestrógenos, son seguros. Pero las mujeres y los hombres a quienes les preocupa su salud hormonal tienen sus dudas. Los investigadores que están estudiando los efectos de estos agentes en la salud han reportado efectos potencialmente graves.

Otros estudios de investigación han mostrado que las sustancias comunes y corrientes como los cigarros, el alcohol y la cafeína también cuentan con la capacidad potencial para hacer desbarajustes con nuestras hormonas. Todas pueden causar o en efecto causan consecuencias graves: cáncer, osteoporosis, infertilidad y defectos congénitos.

Ningún programa para el equilibrio hormonal estaría completo si no tomara en cuenta el efecto de los agentes hormonalmente activos que hay en el medio ambiente, ya sea que se ingieran o se inhalen, voluntaria o involuntariamente. Si bien existen pruebas que sugieren que algunas de estas sustancias potencialmente pueden dañar nuestra salud hormonal, todavía no existen pruebas contundentes que lo demuestren de manera fehaciente. Aun así, a la luz de pruebas más recientes, algunos investigadores aconsejan seguir la filosofía de "más vale asegurarse que arrepentirse" y tomar medidas para disminuir su exposición a estas sustancias potencialmente dañinas. Hay muchas maneras en que se puede proteger usted misma y a las personas que ama de estas sustancias potencialmente dañinas para su equilibrio hormonal. Y la mayoría de estas medidas son sorprendentemente sencillas. Usted puede empezar con cualquiera que guste y proceder en cualquier orden, o simplemente seguir tomando aquellas medidas que ya forman parte de su estilo de vida.

Primera Semana: *Si fuma, deje de fumar*

Entre 1974 y 1994, las muertes en mujeres causadas por el cáncer de pulmón aumentaron en un 150 por ciento, en comparación con tan sólo un 20 por ciento en hombres. Los estudios de investigación más recientes sugieren que podrían haber razones genéticas u hormonales.

Por ejemplo, en un estudio de investigación, las mujeres mostraron tener una probabilidad tres veces mayor que los hombres de presentar una mutación genética conocida como K-ras. Según piensan los investigadores, el K-ras, que es el marcador de una forma particularmente agresiva de cáncer de pulmón, podría acelerar el crecimiento del tumor en respuesta a algunas hormonas del propio cuerpo, particularmente el estrógeno.

¿Podría esta mutación —u otros factores genéticos— ser la responsable de la vulnerabilidad aparentemente mayor de las mujeres al tabaquismo? A estas alturas, todavía hay más preguntas que respuestas. Pero sí hay algo que los investigadores saben con certeza: el tabaquismo agota nuestras reservas de estrógeno, tanto el estrógeno natural que producimos antes de la menopausia como el que obtendríamos de los suplementos de estrógeno que pudiéramos llegar a tomar después de la menopausia.

Esto puede elevar nuestro riesgo de contraer afecciones vinculadas a los niveles bajos de estrógeno, dice el Dr. John G. Spangler, M.P.H., profesor adjunto del departamento de medicina familiar y comunitaria de la Facultad de Medicina de la Universidad Wake Forest en Winston-Salem, Carolina del Norte. Y esto ocurre independientemente de que fumemos 3 ó 20 cigarros al día.

Por ejemplo, las mujeres que fuman y que están agotando sus reservas de estrógeno, llegan a la menopausia de uno a dos años antes que las mujeres que no fuman.

Además, "cuando una mujer fuma mientras recibe la terapia de reposición de estrógeno (o *ERT* por sus siglas en inglés), está tirando a la basura los bene-

Extractos glandulares: mejor ándese con cuidado

Quizá haya visto extractos glandulares en oferta en las tiendas de productos naturales o en los catálogos de suplementos y se ha preguntado si los suplementos glandulares pudieran ser útiles para sus glándulas endocrinas. Los fabricantes de extractos glandulares —los cuales se elaboran a partir de extractos concentrados de glándulas animales, incluyendo la tiroides, las adrenales, los ovarios y los testículos— afirman que estos productos rejuvenecen los homólogos humanos de las glándulas de las que provienen. Por ejemplo, el extracto de glándulas suprarrenales supuestamente hace que sus propias glándulas suprarrenales funcionen mejor.

Otros supuestos beneficios incluyen más energía, una inmunidad más fuerte y un impulso sexual recargado. Algunos fabricantes incluso se atreven a afirmar que los extractos glandulares pueden tratar el cáncer y prevenir o revertir el envejecimiento.

Pero, ¿realmente funcionarán los extractos glandulares? Y, ¿serán seguros?

Apoyándose en estudios médicos que sugieren que los extractos glandulares estimulan las glándulas correspondientes en humanos, muchos profesionales en medicina alternativa recetan extractos glandulares y dicen que funcionan.

Pero la Dirección de Alimentación y Fármacos (o *FDA* por sus siglas en inglés) dice que no existen pruebas científicas legítimas que respalden estas aseveraciones.

Es más, pueden ser peligrosos, dice el Dr. Andrew Weil, director del programa de medicina integral y profesor clínico de Medicina de la Facultad de Medicina de la Universidad de Arizona en Tucson. Por ejemplo, si una mujer que padece un desequilibrio hormonal introduce una hormona externa a su organismo, puede hacer que empeore su afección, dice el Dr. Weil.

Los extractos glandulares también pueden contener sustancias químicas tóxicas que haya ingerido el animal, como pesticidas y fertilizantes, así como antibióticos y hormonas para acelerar su crecimiento. Y existe un pequeño riesgo de que algunos extractos glandulares contengan lo que provoca la encefalopatía espongiforme bovina (o *BSE* por sus siglas en inglés), también conocida como la enfermedad de las vacas locas, la cual ha

ficios que le podría brindar el estrógeno", dice el Dr. Spangler, específicamente la disminución en el riego de contraer enfermedades cardíacas y osteoporosis.

Incluso cuando estamos en la premenopausia, "tirar" nuestro estrógeno natural a la basura hace que se vaya deteriorando gradualmente la robustez de nuestros huesos. De hecho, los estudios de investigación han mostrado que las

estado surgiendo en Europa alrededor de la fecha en que se escribió este libro. La BSE proviene de las vacas infectadas con una proteína especial llamada prión. Esta proteína puede acumularse en el cerebro, causando demencia y otros problemas neurológicos. La enfermedad, que a menudo tarda años en manifestarse, no está limitada a los animales de granja. También puede afectar a los humanos que ingieren carne de res infectada.

Hasta ahora, no se han reportado casos de BSE en los Estados Unidos. Durante más de 10 años, el gobierno federal ha prohibido la importación de carne de res proveniente del Reino Unido, así como de otros países en los que se han reportado casos de esta enfermedad en el ganado. Pero el BSE podría llegar a los Estados Unidos a través de suplementos dietéticos, los cuales no son regulados por la FDA, dice Jan Engle, D.Pharm., profesora de Farmacología de la Universidad de Illinois en Chicago. Los fabricantes de suplementos posiblemente podrían comprar y usar partes de animales provenientes de países donde hay animales infectados por la BSE.

Si llegara a decidir tomar un extracto glandular pese a las interrogantes y los riesgos, siga estos consejos que ofrece el Dr. Raphael Kellman, fundador del Kellman Center for Progressive Medicine en la ciudad de Nueva York. El Dr. Kellman usa extractos glandulares para tratar el hipotiroidismo y el agotamiento de las glándulas suprarrenales.

- ↪ Encuentre a un médico que tenga experiencia usando y recetando extractos glandulares. Lo mejor es que consulte a un profesional en medicina alternativa. Tome extractos glandulares *sólo* por indicación de un médico.

- ↪ Pregúntele a su médico sobre la pureza de los extractos glandulares que él o ella emplea. "Su médico deberá saber cuáles compañías son de confianza y cuáles garantizan la pureza de sus productos", dice el Dr. Kellman.

- ↪ No utilice extractos glandulares durante el embarazo o la lactancia.

mujeres que fuman presentan un riesgo de dos a cuatro veces mayor de fracturarse un hueso a causa de la osteoporosis que aquellas que no fuman.

Como se explica en otras secciones de este libro, la osteoporosis se presenta cuando existe un desequilibrio entre las células óseas que forman hueso, llamadas osteoblastos, y aquellas que lo degradan, llamadas osteoclastos.

"El estrógeno parece afectar el equilibrio que existe entre los osteoblastos y los osteoclastos —dice el Dr. Spangler—. En la osteoporosis, los osteoclastos tienden a ser los que tienen la sartén por el mango".

Muchos estudios de investigación también han encontrado un vínculo entre el tabaquismo y un mayor riesgo de contraer cáncer de mama y cáncer cervical, aunque las pruebas distan mucho de ser concluyentes. "Pero es un hecho que el humo del cigarro es un carcinógeno —dice el Dr. Spangler—, y no sólo para nuestros pulmones".

Si no fuma, pase a la Segunda y Tercera Semanas.

Para dejarlo para siempre, trabaje con sus hormonas

Se calcula que cada año, hasta 304,000 fumadores logran dejar el cigarro con la ayuda de productos para dejar de fumar que se venden sin receta como los chicles y los parches de nicotina.

Y uno de esos miles de ex fumadores podría ser usted.

Un programa —desarrollado por un médico del Centro Médico de Asuntos Veteranos JL Pettis en Loma Linda, California, y empleado en diversos programas para dejar de fumar afiliados a universidades localizadas por todo el país— parece ser particularmente eficaz.

Un año después de que 4,000 fumadores se metieron en el programa, del 40 al 60 por ciento siguieron sin fumar. Esto compara favorablemente con la tasa de éxito del 10 al 15 por ciento de los productos de reposición de nicotina por sí solos.

Con la ayuda de su médico, usted puede probar este método. Combina un fármaco para dejar de fumar que no contiene nicotina llamado bupropión (*Zyban*), un producto de reposición de nicotina como el parche y asesoramiento para explorar los motivos por los cuales fuma.

Comience este o cualquier otro programa para dejar de fumar durante la primera mitad de su ciclo menstrual. Unos investigadores de la Facultad de Medicina de la Universidad de Pittsburgh encontraron que las mujeres que dejan de fumar entre el primero y el decimocuarto día de su ciclo presentaban menos síntomas de abstinencia del tabaco, como depresión, ansiedad e irritabilidad.

"Dejar de fumar produce síntomas de abstinencia que a menudo son similares a los síntomas premenstruales —dice Kenneth A. Perkins, Ph.D., profesor de Siquiatría de la universidad—. Dejar de fumar durante la segunda mitad del ciclo menstrual produciría efectos acumulativos que podrían dificultar más las cosas".

Comience a tomar bupropión de 1 a 2 semanas antes del día en que vaya a dejar de fumar. La mayoría de las personas toman una pastilla de 150 miligramos durante los primeros 2 ó 3 días y luego una pastilla al día durante 6 a 12 semanas. Se cree que el bupropión estabiliza la misma química cerebral que estimula la nicotina, pero no causa adicción. Y no contiene nicotina, por lo que no tendrá síntomas de abstinencia cuando deje de usarlo. *Precaución:* Informe a su médico si usted padece de algún trastorno que involucre ataques convulsivos. Este fármaco puede incrementar el riesgo.

Compre un producto de reposición de nicotina. Las opciones incluyen los parches, los rocíos nasales, los inhaladores orales y los chicles de nicotina. Su doctor podrá ayudarle a escoger la mejor opción para usted.

Ayúdese con terapia. Procure asistir a un total de cuatro a siete sesiones a lo largo de un período de 2 meses, idealmente con un profesional que se especialice en tratar adicciones.

SEGUNDA Y TERCERA SEMANAS:
Disminuya su consumo de cafeína

Independientemente de que estemos hablando de café, té o refrescos cafeinados, las dosis bajas de cafeína normalmente hacen que nos sintamos más vigorosas, alertas y seguras de nosotras mismas. Pero a dosis más elevadas, puede hacer que quedemos sintiéndonos ansiosas, irritables e incapaces de conciliar el sueño.

Esto se debe a que la cafeína afecta una sustancia química del cerebro (neurotransmisor) llamada adenosina. La cafeína bloquea los "receptores" que están en la superficie de las células del cerebro que "están atentos" a la llegada de la adenosina. Normalmente, la adenosina retarda la actividad de otros neurotransmisores. Y normalmente, cuando interactúan grandes cantidades de adenosina con los receptores de adenosina que hay en el cerebro, nos da sueño.

Pero la cafeína es un "imitador" de la adenosina.

Aunque la cafeína "encaja" en los receptores de adenosina, al igual que la llave correcta "encaja" en su cerradura, la cafeína no retarda la actividad en el cerebro. La cafeína la acelera al bloquear la acción de la adenosina.

Esto significa que las neuronas, que son las células que transmiten los impulsos nerviosos, siguen transmitiendo y transmitiendo y transmitiendo. Estas transmisiones fuera de control por parte de las neuronas hacen que su cerebro se sobrecargue.

Esta sobrecarga, a su vez, provoca que la glándula pituitaria, la cual se ubica en el cerebro, secrete hormona adrenocorticotrópica (o *ACTH* por sus siglas en inglés), la cual envía una señal a las glándulas suprarrenales para que empiecen a bombear la hormona del estrés llamada cortisol. La activación resultante del sistema nervioso simpático hace que se liberen otras dos hormonas del estrés, la epinefrina y la norepinefrina.

Estos neurotransmisores activan la respuesta de luchar o huir, que es la reacción automática del cuerpo ante el peligro físico o emocional. De modo que, en efecto, nuestra reacción al exceso de cafeína podría ser la misma que tendríamos si se nos estuviera viniendo encima un camión: nuestro corazón se acelera. Empezamos a jadear en lugar de respirar. Nuestra piel se enfría y empezamos a sudar.

Además, al tomar mucho café en la mañana, sometemos a nuestro cuerpo a un estrés constante durante todo el día y podemos elevar nuestro riesgo de contraer enfermedades cardíacas, según una investigación realizada en la Universidad Duke en Durham, Carolina del Norte.

Estos investigadores hicieron que 72 hombres y mujeres bebieran 500 miligramos de cafeína en la mañana durante 2 días de trabajo distintos. (Esta cantidad equivale a alrededor de cuatro tazas de café de 6 onzas/180 ml cada una).

Encontraron que se elevaban significativamente los niveles de norepinefrina y epinefrina de estas personas. También se elevó su presión arterial en dos o tres puntos. Y estas cifras *se mantuvieron* elevadas hasta la noche.

Los investigadores también están tratando de determinar con certeza por qué el tomar cafeína en exceso cuando ya casi es hora de irnos a dormir nos puede dejar mirando el reloj despertador hasta que ya es hora de levantarnos.

Una teoría: además de los efectos que causa sobre la adenosina, la cafeína también puede disminuir los niveles de melatonina, dice Kenneth P. Wright Jr., Ph.D., D.Ph., neurocientífico adjunto e instructor de la sección de trastornos circadianos, neuroendócrinos y del sueño de la división de endocrinología e hipertensión de la Facultad de Medicina de Harvard y el Hospital Brigham and Women's en Boston.

La melatonina es una hormona sensible a la luz que se produce en la glándula pineal, la cual se localiza en el cerebro. Cada noche, el reloj biológico de nuestro cerebro gira órdenes para que empiecen a elevarse nuestros niveles de melatonina y empecemos a sentir sueño. Los niveles de melatonina se mantienen altos durante toda la noche y muy bajos durante el día.

El azúcar causa caries, pero no diabetes

Desde hace mucho tiempo, la gente ha tenido la idea de que consumir demasiada azúcar "causa" la diabetes, pero esto sólo es un mito.

La verdad es que el factor de riesgo más importante para la diabetes tipo II no es cuánta azúcar consuma, sino cuántos kilitos de más ande cargando por ahí. El sobrepeso y la falta de actividad hace que nuestras células se vuelvan más resistentes a la hormona insulina, la cual regula el uso que nuestro cuerpo hace de la glucosa o azúcar en la sangre.

Cuando las células se resisten a los esfuerzos de la insulina por transportar la glucosa desde la sangre hacia el interior de las células —donde se necesita para producir energía— el nivel de azúcar en sangre se mantiene elevado. Y esto es lo que caracteriza a la diabetes.

Por lo tanto, bajar de peso y ponerse a sudar —en vez de prometer que nunca jamás volverá a probar el azúcar— es la mejor manera de disminuir su riesgo de contraer diabetes.

En este mismo sentido, los alimentos azucarados tampoco les están prohibidos a las personas que ya padecen diabetes. Los expertos hace tiempo creían que los carbohidratos simples, como el azúcar blanca, se digerían y absorbían en la sangre con mayor rapidez que los carbohidratos complejos, como el pan y las papas.

De entonces para acá, los estudios de investigación han demostrado que los carbohidratos simples no elevan el nivel de azúcar en sangre ni más alto ni más rápido que otros carbohidratos complejos.

Pero esto no significa que pueda entrarle a los dulces o postres con singular alegría. Los alimentos repletos de azúcar no ofrecen gran cosa en cuanto a nutrientes. Además, a menudo son altos en grasa y calorías, lo cual puede hacer que aumente de peso. En otras palabras, cuente los gramos de carbohidratos y no los gramos de azúcar.

En sus estudios de investigación, el Dr. Wright y otros investigadores de la Universidad Estatal Bowling Green en Ohio han encontrado que la cafeína —junto con la luz brillante— disminuye el nivel nocturno de melatonina.

Esto es una buena noticia para quienes tienen que trabajar durante el turno de la noche y que se tienen que quedar despiertos y alertas a una hora en que sus cuerpos están ya listos para irse a dormir. Pero si usted es como la mayoría de la gente que trabaja de 9:00 a.m. a 5:00 p.m., absténgase de tomar cafeína durante 6 horas antes de irse a acostar y baje la intensidad de las luces al menos 1 a 2 horas antes de irse a la cama, aconseja el Dr. Wright.

El plan para cortarle a la cafeína

La decisión de disminuir su consumo de cafeína o dejar de consumirla por completo depende de usted, en dependencia de lo sensible que sea a sus efectos sobre las funciones relacionadas con las hormonas.

Para disminuir su consumo de café:

Prepárese sólo una taza de café a la vez, en lugar de preparar una jarra completa. Haga esto aunque use una cafetera automática.

Cómprese una taza para café divina o una taza para té muy femenina. . . y guarde en algún lugar recóndito de su casa esas tazas gigantescas de 16 onzas (480 ml).

Considere comprarse un percolador. Una taza de 6 onzas (180 ml) de café percolado contiene alrededor de 75 miligramos de cafeína, en comparación con los 105 miligramos que contiene la misma cantidad de café preparado en una cafetera que gotea agua caliente.

Opte por el instantáneo. Esto hará que le sea más fácil prepararse una taza a la vez. Además, el café instantáneo contiene menos cafeína (60 miligramos por cada cucharadita colmada).

Para aliviar los síntomas de abstinencia, disminuya gradualmente su consumo de cafeína a lo largo de un período de 1 ó 2 semanas. Si generalmente bebe tres tazas al día (alrededor de 300 miligramos de cafeína), puede ayudarle tomar tan sólo 1 ó 2 onzas (30 ó 60 ml), las cuales contienen 25 miligramos de cafeína, dice Roland Griffiths, Ph.D., profesor del departamento de siquiatría de la Facultad de Medicina de la Universidad Johns Hopkins en Baltimore. Esa es la cantidad que usualmente contienen las tazas pequeñas que se usan para el café *espresso*.

Para dejarlo por completo:

Para ahorrarse la agonía de dejar de tomar café de la noche a la mañana, siga esta estrategia de 2 semanas de duración.

Del primero al quinto día: prepárese su café mezclando tres cuartas parte de café con cafeína y una cuarta parte de café descafeinado.

Del sexto al noveno día: mezcle partes iguales de café con cafeína y café descafeinado.

Del décimo al decimotercer día: mezcle una cuarta parte de café con cafeína y tres cuartas partes de café descafeinado.

Del decimocuarto día en adelante: prepárese café 100 por ciento descafeinado.

Para facilitarse un poco más la vida durante estas 2 semanas:

- En lugar de usar café descafeinado normal, considere probar el café herbario (*herbal coffee*), el cual se puede conseguir en las tiendas de productos naturales o en la sección de alimentos nutritivos del supermercado. Se prepara igual que el café y los conocedores dicen que tiene el mismo sabor y aroma rico y penetrante.
- Inicie el programa durante un fin de semana tranquilo o unas vacaciones relajantes, o sea, durante una época en la que no esté ocupada ni estresada. Prepárese una infusión de manzanilla (*chamomile*) —la cual a menudo se emplea para aliviar el estrés— y dése muchos baños calientes, salga a caminar y duerma siestas para que le sean más llevaderos los primeros días.

Si es adicta a los refrescos de cola:

- Opte por las versiones sin cafeína. Puede seguir el mismo programa anterior que le dimos para el café para ir disminuyendo gradualmente su consumo de refrescos de cola con cafeína.
- Todavía mejor, tome bebidas que son buenas para su salud, como agua, infusiones calientes o frías de hierbas sin cafeína o jugos de frutas o verduras.
- Para ahorrar calorías, diluya el jugo de fruta con agua, agua carbonatada o agua mineral sin sabor. (Las botellas grandes de jugo de fruta, que a menudo contienen dos o más raciones, pueden tener hasta 240 calorías en un frasco de 20 onzas/600 ml).

TERCERA SEMANA:
Protéjase contra los pesticidas

Cuando usted atasca su plato de frutas y verduras, obtiene una abundancia de vitaminas, minerales y sustancias químicas de origen vegetal que ayudan a protegerla de las enfermedades cardíacas y el cáncer. Pero lo más probable es que también esté obteniendo una abundancia de pesticidas, que son sustancias químicas que se usan para proteger las cosechas de toda suerte de insectos, roedores, hongos y bacterias.

Si usted usa pesticidas para fumigar su pasto o su jardín o para proteger a sus mascotas contra las pulgas y los ácaros o para deshacerse de insectos o roedores en su casa, está expuesta a una cantidad todavía mayor de pesticidas. En total, son alrededor de 350 los distintos pesticidas que se usan en los alimentos, en o alrededor de las casas y para las mascotas.

No podemos negar los beneficios de los pesticidas: han permitido un aumento en la producción de alimentos y han disminuido drásticamente la incidencia de enfermedades como malaria, la cual es portada y transmitida por mosquitos. Pero los pesticidas son sustancias químicas potentes y potencialmente tóxicas.

A dosis elevadas, pueden causar defectos congénitos y cáncer. Las personas que están expuestas cotidianamente a los pesticidas —por ejemplo, los campesinos, los fumigadores y las personas que trabajan en la fabricación de pesticidas— son las que presentan el riesgo más elevado.

Los pesticidas que presentan una toxicidad comprobada en humanos, como el diclorodifeniltricloroetano (*DDT*) y el clordano, fueron prohibidos hace años. Por desgracia, aún podemos encontrar estos pesticidas, tanto en el medio ambiente como en nuestros cuerpos, donde se han almacenado en la grasa y en los tejidos, dice Gerald A. LeBlanc, Ph.D., profesor y jefe asistente del departamento de toxicología ambiental y molecular de la Universidad Estatal de Carolina del Norte en Raleigh.

Durante épocas de estrés, nuestros tejidos y nuestra grasa liberan estas sustancias químicas, permitiéndoles circular por todo nuestro cuerpo, dice el Dr. LeBlanc. El "estrés" se define como cualquier situación que hace que se acelere nuestro metabolismo y que usemos grasas para producir energía, por ejemplo, durante el embarazo y la lactancia, cuando perdemos peso o en épocas de estrés emocional severo.

Y los investigadores han expresado una preocupación creciente porque piensan que incluso una exposición mínima a los pesticidas puede conducir a la aparición de cáncer, problemas en la reproducción y cambios en nuestros delicados sistemas hormonales.

La relación que existe entre los pesticidas y las hormonas

Algunos pesticidas son sólo un tipo de las sustancias que se conocen como agentes hormonalmente activos (*HAA*) o xenoestrógenos. Estas sustancias químicas hechas por el hombre —que también se encuentran en algunos plásticos, productos para el hogar y sustancias químicas industriales— alteran el funcionamiento hormonal. Estos agentes "se hacen pasar por" hormonas sexuales femeninas y masculinas (estrógenos y andrógenos, respectivamente), bloqueando sus efectos o alterando la producción y descomposición de nuestras propias hormonas naturales.

Los estudios de investigación han vinculado los HAA con una diversidad de problemas de la salud en animales salvajes y de laboratorio. Y existen pruebas de que también afectan a las personas, dice el Dr. LeBlanc.

En el caso de las mujeres, los HAA —incluyendo algunos pesticidas— imitan a nuestro propio estrógeno natural. Y los altos niveles de estrógeno se han relacionado con cánceres inducidos por el estrógeno, como algunas formas de cáncer de mama.

"Las pruebas indican claramente que la exposición a dosis elevadas de HAA puede causar daños a nuestra salud. Pero los científicos no saben si lo mismo sucede en el caso de concentraciones bajas de HAA, en parte porque no comprenden cabalmente la manera en que estas sustancias químicas se comportan a dosis muy bajas", dice el Dr. LeBlanc.

A fechas recientes, los grupos ambientales —incluyendo la Agencia de Protección Ambiental (o *EPA* por sus siglas en inglés)— han tratado de dirigir las investigaciones hacia los tipos de pesticidas que se usan en la actualidad. Estos incluyen el pesticida y fungicida llamado vinclozolina, así como otros fungicidas llamados imidazoles, que se usan ampliamente en los cultivos y en los productos para cuidar el pasto de los jardines de las casas.

También se han realizado algunos estudios preliminares sobre los efectos de los pesticidas en las personas. Algunos de los hallazgos incluyen los siguientes:

- ✢ En un estudio de investigación de mujeres con y sin cáncer de mama realizado en varios centros de Canadá, se encontró que las mujeres que habían sido diagnosticadas con cáncer de mama y que presentaban los niveles más altos de organocloruros en la sangre eran las que también presentaban la mayor probabilidad de tener tumores grandes en los senos que se habían difundido hacia los nódulos linfáticos circundantes. Este estudio sugiere que, más que iniciar el cáncer de mama, la exposición a organocloruros puede influenciar el crecimiento o la agresividad del mismo.

- Los ratones que fueron alimentados con grandes cantidades del pesticida llamado atrazina desarrollaron un mayor número de tumores mamarios que aquellos que no fueron alimentados con este pesticida.

- En unos estudios de investigación realizados en Italia, se encontró que las mujeres que habían estado expuestas a la atrazina presentaban un mayor riesgo de contraer cáncer en los ovarios.

- Un producto de la descomposición del pesticida metoxicloro disminuía significativamente la producción de testosterona en animales de laboratorio. Esto plantea la posibilidad de que también pueda disminuir los niveles de testosterona en hombres, reduciendo también su fertilidad: una preocupación potencial para las parejas que desean tener hijos.

LA CONEXIÓN HORMONAL

¿Sospecha que tiene un desequilibrio hormonal? Revise su botiquín

Los fármacos que comúnmente se recetan para tratar la depresión, las alergias y el asma, la presión arterial alta y las infecciones pueden alterar el equilibrio hormonal. Estos son unos cuantos ejemplos.

Fluoxetina (*Prozac*). Se ha demostrado que este medicamento, el cual es ampliamente recetado para tratar la depresión aguda, el trastorno obsesivo compulsivo y el trastorno de pánico, eleva los niveles en sangre de corticoesterona, una "hormona del estrés" que se produce en las glándulas suprarrenales.

Sus efectos secundarios comunes incluyen nerviosismo, somnolencia, ansiedad, incapacidad para dormir, dificultad para concentrarse y problemas sexuales.

Metilprednisolona (*Solu-Medrol*). Este fármaco esteroídico que se emplea para tratar enfermedades inflamatorias como la artritis, las reacciones alérgicas y el asma, imita los efectos de las hormonas esteroídicas naturales del cuerpo. Estas incluyen las hormonas del estrés llamadas cortisol, norepinefrina y epinefrina, que se sintetizan a partir del colesterol en las glándulas suprarrenales.

Entre los efectos secundarios comunes de la metilprednisolona encontramos elevación en la presión arterial, aumento

Su plan para protegerse contra los pesticidas

La EPA admite que los pesticidas pueden causar problemas de salud. Por eso, esta agencia evalúa los pesticidas para determinar si producen una amplia gama de efectos negativos en la salud de animales de laboratorio —desde irritación de los ojos y la piel hasta cáncer y defectos congénitos— y regula cada uno de los 865 principios activos registrados como pesticidas. Pero a partir de esta semana —es más, hoy mismo—, usted puede tomar medidas para protegerse contra la exposición innecesaria a los pesticidas. Estas estrategias sorprendentemente sencillas le pueden ayudar.

Enjuague las frutas y verduras frescas en lugar de remojarlas. El efecto abrasivo del agua que corre ayuda a eliminar los residuos de pesticidas de la superficie de estos alimentos.

Considere pelar las frutas y las verduras. Al pelarlas, elimina los residuos que están en la superficie.

Quítele la grasa a la carne. Algunos pesticidas se concentran en la grasa de origen animal.

de peso, retención de líquidos y mayor apetito.

Cetoconazol (*Nizoral*). El cetoconazol, que se emplea para tratar infecciones fúngicas severas, puede interferir con el uso de estrógeno y testosterona en el cuerpo cuando se administra en forma de tableta durante períodos prolongados. Las mujeres pueden dejar de menstruar; los hombres pueden tener problemas para lograr y mantener la erección.

Espironolactona (*Aldactone*). Este fármaco, que se usa para tratar la presión arterial alta y la insuficiencia cardíaca por congestión venosa, aumenta los niveles en sangre de estradiol, la forma más abundante y potente de la hormona sexual femenina llamada estrógeno.

Los efectos secundarios comunes de la espironolactona incluyen náusea, vómito y mayor crecimiento de vello.

Pregúntele a su médico sobre los efectos potenciales que sus medicamentos pudieran tener sobre su salud hormonal. Y si, después de comenzar a tomar un medicamento nuevo, presenta síntomas como crecimiento de vello facial, una disminución en el impulso sexual o cambios en ciclo menstrual, asegúrese de informar a su médico.

Coma toda una diversidad de frutas y verduras. Ciertos pesticidas específicos se usan sólo para algunos cultivos específicos, de modo que comer una variedad de frutas y verduras puede ayudar a evitar que coma una cantidad excesiva de cualquier pesticida dado.

Mejor aún, considere comprar alimentos orgánicos. Cada vez es mayor el número de supermercados donde venden frutas, verduras, y otros alimentos vegetales que se cultivan y procesan sin usar fertilizantes o pesticidas sintéticos. De hecho, según una encuesta, el 23 por ciento de los consumidores usan productos orgánicos dos o más veces a la semana y el 69 por ciento están extremadamente preocupados por los pesticidas que contienen los alimentos.

Específicamente, compre fresas, pimientos (ajíes, pimientos morrones), espinacas, cerezas, melocotones (duraznos), cantaloup (melón chino), apio, manzanas, albaricoques (chabacanos, damascos), habichuelas verdes (ejotes, *green beans*), uvas y pepinos orgánicamente cultivados. Con base en datos publicados por la EPA y la Dirección de Alimentación y Fármacos (o *FDA* por sus siglas en inglés), el Grupo de Trabajo Ambiental (o *EWG* por sus siglas en inglés) en Washington, D. C., ha encontrado que, dependiendo del país de origen (Estados Unidos, México o Chile), estas son las frutas y verduras que regularmente contienen la mayor cantidad de residuos de pesticidas.

Use cantidades muy pequeñas de pesticidas para el hogar, el pasto y el jardín y sólo cuando sea absolutamente necesario. Y siga las instrucciones de uso al pie de la letra.

Si juega golf, lávese bien las manos después de jugar. Los campos de golf emplean grandes cantidades de pesticidas.

CUARTA SEMANA:
Use el plástico con seguridad

Nosotros usamos envoltura plástica para alimentos y botellas de refresco de plástico todos los días sin pensarlo dos veces. Pero una parte creciente de la comunidad de científicos está preocupada por la seguridad de estos productos, así como de la seguridad de las latas de estaño y los selladores dentales.

Evidentemente, se ha demostrado que algunas de las sustancias que contienen ciertos plásticos que se usan para fabricar diversos productos son HAA. Y los investigadores están estudiando los posibles efectos adversos que pueden tener en nuestra salud hormonal.

Una de dichas sustancias químicas es el bisfenol-A, que se emplea en la fabricación de botellas y envases retornables para alimentos y bebidas, el revestimiento de las latas de alimentos y bebidas, los selladores dentales y las mamilas para bebés. Se ha encontrado bisfenol-A en el líquido que contienen los alimentos enlatados y también en la saliva, lo que significa que esta sustancia química de los selladores dentales se fuga hacia el interior de la boca.

Nadie sabe la manera en que el bisfenol-A afecta a las personas. Pero en animales de laboratorio, se ha demostrado que el bisfenol-A produce efectos similares a los del estrógeno.

Unos investigadores de la Universidad de Misuri en Columbia expusieron a ratas embarazadas a los mismos niveles de bisfenol-A a los que normalmente estaban expuestas. Encontraron que esta sustancia química hacía que la progenie de estas ratas creciera con mayor rapidez después del nacimiento y que entrara a la pubertad antes de lo normal.

Otra investigación ha demostrado que otro producto común hecho de plástico —la envoltura autoadherente para alimentos— también podría plantear ciertos riesgos para la salud.

Algunas envolturas que se hacen con un tipo de plástico llamado polivinilcloruro (o *PVC* por sus siglas en inglés) contienen plastificantes, que son sustancias químicas que lubrican la envoltura y la hacen más maleable. El plastificante que se emplea para fabricar la envoltura autoadherente de PVC, el di-(etilhexil)-adipato (o *DEHA* por sus siglas en inglés), se encuentra en la envoltura plástica que se usa en los supermercados para envolver quesos y carnes. También se encuentra en al menos una marca de envoltura autoadherente para el hogar.

Algunos estudios en animales sugieren que el DEHA es una sustancia que trastorna el funcionamiento endócrino. Otros estudios de investigación han demostrado que el DEHA puede penetrar los alimentos que se envuelven con plástico.

La FDA dice que no existen pruebas de que el DEHA sea un HAA. Pero la EPA ha empezado a analizar miles de sustancias químicas, incluyendo el DEHA, para determinar cuáles podrían ser HAA e investigarlas más.

Lo que puede hacer a partir de hoy

Hasta que sepamos más acerca de los efectos que los plásticos comunes tienen en nuestra salud, emplee la siguientes estrategias prácticas para protegerse.

- Use envolturas plásticas y utensilios para cocinar de plástico que estén hechos de polietileno (*polyethylene*), ya que estos no contienen plastificantes. Revise el empaque para ver si indica algún teléfono de información al consumidor o sitio *web* y póngase directamente en contacto con la empresa para preguntarles si usan plastificantes.
- Cuando recaliente o cocine alimentos en un horno de microondas, no permita que la envoltura plástica entre en contacto con los alimentos.
- Retire inmediatamente la envoltura plástica autoadherente de las carnes frías y quesos y transfiéralos a una bolsa o recipiente de plástico.
- Mejor aún, pídale a la persona que la atienda en la salchichonería (*delicatessen*) que le envuelva sus carnes frías y quesos en papel.
- Si compra quesos duros envueltos en plásticos, use una rebanadora de queso para rasurar una capa de la superficie del queso. Esta técnica puede ayudar a eliminar el DEHA.
- Sólo cocine en recipientes cuyo empaque especifique que han sido diseñados para cocinar en un horno de microondas.
- No vuelva a utilizar las charolas de plástico en las que vienen los alimentos congelados que se cocinan en el horno de microondas.
- Antes de descongelar la carne de res, la carne de ave o el pescado en un horno de microondas, sáquelo de la charola y quítele la envoltura plástica autoadherente.
- No use recipientes de margarina o productos lácteos (como los del yogur) para calentar alimentos en el horno de microondas. A estos recipientes no se les hacen pruebas de resistencia al calor y podrían permitir que pasaran ciertas sustancias químicas a los alimentos.

Quinta Semana:
Si come carne, compre carne orgánica

¿Podrían las hormonas que los ganaderos le dan al ganado de engorda y lechero —y los antibióticos que les dan a estos y a muchos otros animales— causar efectos adversos en nuestra salud?

Depende a quién le pregunte.

De hecho, este es un tema tan controvertido que ha causado una "guerra internacional de carne", la cual, desde 1989, ha impedido que la carne de res tratada con hormonas proveniente de los Estados Unidos se venda en Europa.

La carne de res, la carne de ave y el pescado cultivado en granjas casi siempre contienen toda una diversidad de hormonas, además de otras sustancias.

Hormonas naturales y sintéticas

Más del 90 por ciento de todo el ganado vacuno que se cría en los Estados Unidos recibe una combinación de hasta tres hormonas naturales y tres hormonas sintetizadas por el hombre: estradiol, progesterona, testosterona, acetato de trenbolona, zeranol y acetato de melengestrol. No, las vacas no están sufriendo sofocos (bochornos, calentones) ni están pasando por la menopausia. Lo que sucede es que el ganado vacuno que recibe hormonas aumenta de peso con mayor rapidez, haciendo que su carne sea más apetecedora y sabrosa. Entre más rápido engorda el ganado, menor es la cantidad de dinero que los granjeros tienen que gastar en alimentarlo y cuidarlo, y menor también es la cantidad de dinero que nos cuesta la carne en el supermercado.

La FDA sostiene que comer carne tratada con hormonas no produce "efectos mensurables o adversos a la salud".

Algunos investigadores no están de acuerdo.

Según el Dr. Carlos Sonnenschein, profesor del departamento de anatomía y biología celular de la Facultad de Medicina de la Universidad Tufts en Boston, el consumo de carne de res tratada con hormonas puede ser una de las razones por las cuales las niñas de los Estados Unidos alcanzan la pubertad a una edad más temprana que en el pasado. A mediados del siglo XIX, una niña común comenzaba a menstruar a los 15 años de edad. Hoy en día, la primera menstruación de una niña llega 2 ó 3 años antes. El Dr. Sonnenschein también cree que al incrementar la exposición al estrógeno durante toda la vida de una mujer, el consumo de carne de res tratada con hormonas puede elevar el riesgo futuro de que una niña contraiga cáncer de mama.

Además, contrario a lo que aseguran la FDA y el Departamento de Agricultura de los Estados Unidos, la administración de hormonas sexuales naturales y/o sintéticas en corrales de engorde da por resultado una alta concentración de residuos en la carne. Se ha sabido durante décadas que estas hormonas han inducido cáncer de mama y otros cánceres de los órganos reproductores en una amplia gama de estudios en animales, dice el Dr. Samuel S. Epstein, profesor de Medicina Ambiental y Ocupacional de la Facultad de Salud Pública de la Universidad de Illinois en Chicago. "Estos efectos cancerígenos aumentan sustancialmente cuando la hormona se administra a los becerros o cuando se administran dos o más hormonas de manera simultánea, como sucede en muchos corrales de engorde", agrega.

Hormona del crecimiento bovina recombinante

En la actualidad se les inyecta hormona del crecimiento bovina recombinante (o *rBGH* por sus siglas en inglés) a la mayoría de las vacas lecheras en los Estados Unidos con el fin de aumentar su producción de leche.

Existen pruebas de que la rGBH también eleva los niveles del factor de crecimiento 1 (o *IGF-1* por sus siglas en inglés), similar a la insulina, en la leche de vaca. Esta hormona o proteína del crecimiento regula el crecimiento, división y diferenciación celulares. A lo largo de la última década, líneas convergentes de pruebas han implicado claramente al IGF-1 como un factor de riesgo importante (dado que hace que el riesgo se eleve hasta siete veces más) en la promoción del cáncer de mama, según reporta el Dr. Epstein en diversos artículos publicados en revistas médicas revisadas por expertos en la materia.

Pero estos peligros potenciales no se limitan a las mujeres. El Dr. Epstein también ha publicado artículos en los que dice que los niveles elevados de IGF-1 en la sangre representan un factor de riesgo importante para el cáncer colorrectal y prostático en hombres.

Antibióticos

El ganado de engorda y lechero, las gallinas e incluso los pescados criados en granjas reciben tratamiento con antibióticos, tanto para mantenerlos saludables como para acelerar su aumento de peso. El 40 por ciento de todos los antibióticos que se emplean en los Estados Unidos se usan para alimentar a animales criados para producir alimento.

Según lo que sabemos hasta ahora, los antibióticos no producen un efecto hormonal. Y los antibióticos que les dan a los animales no nos hacen daño de manera directa. El problema es que los antibióticos que les dan a estos animales hacen que aparezcan cepas de bacterias que son resistentes a los antibióticos salvavidas que a veces necesitamos cuando nos enfermamos, lo que quizá cause que con el tiempo se vuelvan menos eficaces o completamente ineficaces. Por ejemplo, según un estudio de investigación realizado en los Centros para el Control y la Prevención de Enfermedades, menos del 1 por ciento de los microbios de *Salmonella* eran resistentes a los antibióticos en 1980. Para 1996, casi el 34 por ciento eran resistentes. Como consecuencia, muchos granjeros y criadores de ganado que se niegan a usar hormonas del crecimiento también tienden a evitar el uso de antibióticos en sus animales.

Con base en las pruebas que se han acumulado hasta ahora, el Dr. Sonnenschein recomienda comprar carnes orgánicas, las cuales se venden en tiendas especializadas de alimentos, por correo o a veces en los supermercados. (Si desea encontrar los nombres de algunos proveedores específicos, vea "En la Internet y otros recursos" en la página 320). Para poder decir que su carne es "orgánica", los granjeros o criadores deben alimentar a su ganado con alimento 100 por ciento orgánico (cultivado sin pesticidas); deben abstenerse de usar hormonas del crecimiento, antibióticos o medicamentos antiparasitarios; deben llevar registros meticulosos y pasar inspecciones exhaustivas.

SEXTA SEMANA:
Tome poco o nada de alcohol

Si no toma bebidas alcohólicas, sáltese esta sección y pase a la Segunda Fase del programa para el equilibrio hormonal, que inicia en la página 324, donde se habla de las maneras positivas de lidiar con el estrés y de parar en seco los efectos nocivos que potencialmente pueden causar en sus hormonas.

Pero si sí toma, usted querrá saber más acerca de la manera en que el alcohol puede proteger su salud. O dañarla.

Si usted disfruta toda las noches de una copita de vino con su cena, es muy afortunada. Los estudios de investigación han vinculado el consumo moderado de bebidas alcohólicas —lo cual se define como una bebida al día para mujeres de cualquier edad— con una disminución en el riesgo de contraer enfermedades cardíacas. (Una "bebida" equivale a una lata de 12 onzas/360 ml de cerveza, una copa de 5 onzas/150 ml de vino o una bebida mezclada que contenga 1.5 onzas/45 ml de alcohol grado 80). Pero cuando las mujeres toman mucho más que eso, los beneficios que el alcohol le puede brindar a su salud se desvanecen. Beber grandes cantidades de alcohol de manera crónica puede causar lo siguiente en las mujeres:

Eleva el riesgo de contraer cáncer de mama. En seis estudios de investigación diferentes que incluyeron a más de 300,000 mujeres a quienes evaluaron durante un máximo de 11 años, se encontró que las mujeres que bebían alrededor de dos a cinco bebidas al día presentaban una elevación del 41 por ciento en su riesgo de contraer cáncer de mama.

Hasta ahora, nadie sabe con certeza la relación que existe entre el alcohol y el cáncer de mama; sin embargo, el alcohol parece incrementar los niveles de estrógeno en sangre y orina de una mujer, y sí se sabe que esta elevación fomenta ciertos tipos de cáncer inducidos por hormonas, como el cáncer de mama. De hecho, se ha encontrado en algunos estudios que las mujeres alcohólicas presentan niveles más altos de estrógeno que aquellas que beben con moderación o aquellas que son abstemias. Quizá estas mujeres secreten mayores cantidades de esta hormona o quizá su cuerpo no sea capaz de eliminar el estrógeno excedente con la misma eficacia.

Debilita nuestros huesos. Los huesos no son "materia muerta". Están hechos de tejido dinámico y viviente y se forman y degradan constantemente en un proceso que se conoce como remodelación. Son dos las hormonas que desempeñan un papel importante en este proceso: la hormona paratiroidea (o *PTH* por sus siglas en inglés), producida por las glándulas paratiroideas, y la calcitonina, producida por la glándula tiroides.

En la Internet — *y otros recursos*

↬ La Agencia de Protección Ambiental le puede dar consejos prácticos sobre cómo usar pesticidas para pasto y jardín con seguridad y también sobre cómo disminuir su exposición a los pesticidas. Para conseguir el documento *"The Citizen's Guide to Pest Control and Pesticide Safety"* (La guía del ciudadano para el control de plagas y el uso seguro de pesticidas), escriba a la dirección siguiente:

United States EPA Publications
   Clearinghouse
   Ariel Rios Building
   1200 Pennsylvania Avenue NW
   Mail Code 3213A
   Washington, DC 20460
   www.epa.gov

↬ Las siguientes empresas —cuyos productos están disponibles en las tiendas de alimentos naturales y en tiendas selectas a lo largo del país, según se indica— aseguran que la carne que venden está libre de hormonas y de antibióticos.

Bell & Evans Poultry*
   154 West Main Street
   PO Box 39
   Fredericksburg, PA 17026
   www.bellandevans.com

Coleman Natural Products*
   5140 Race Court
   Unit 4
   Denver, CO 80216
   (800) 442-8666
   www.colemannatural.com

↬ Los siguientes alimentos están disponibles a través de ventas por correo:

Homestead Healthy Foods
   1313 West Live Oak Street
   Fredericksburg, TX 78624
   (888) 861-5670
   www.homesteadhealthyfoods.com

Los estudios de investigación han encontrado un vínculo entre tomar en exceso y la pérdida ósea. El alcohol parece debilitar el hueso al trastornar el proceso de remodelación, particularmente la parte en que los osteoblastos reconstruyen el hueso. Esta supresión del funcionamiento de los osteoblastos hace que se forme menos hueso del que se está "degradando".

Causa problemas de fertilidad y defectos congénitos. Las mujeres que toman en exceso pueden menstruar de manera irregular, menstruar sin ovular o dejar de menstruar por completo. Todo esto puede ser causado por la manera en que el alcohol interfiere con nuestras hormonas reproductoras, particularmente el estrógeno.

Los bebés de las mujeres embarazadas que toman en exceso durante el embarazo pueden presentar el síndrome de alcoholismo fetal, que incluye diversos defectos congénitos como tamaño anormal del cerebro, retrasos en el

---

Lasater Grasslands Beef*
PO Box 38
Matheson, CO 80830
www.lasatergrasslandsbeef.com

**North Hollow Farm Vermont-Grown
   Natural Meats**
2124 North Hollow Road
Rochester, VT 05767
(877) 304-2333 (toll-free)
www.naturalmeat.com

↪ Se pueden conseguir productos lácteos obtenidos de vacas que no han sido tratadas con hormona de crecimiento bovina recombinante (o *rBGH* por sus siglas en inglés) en las tiendas de productos naturales y supermercados, o a través de ventas por correo. Busque la información en la etiqueta del producto. Las empresas que se mencionan a continuación prometen que sus productos lácteos están libres de rBGH.

Ben & Jerry's*
30 Community Drive
South Burlington, VT 05403
www.benjerry.com

Cedar Grove Cheese
PO Box 185
Plain, WI 53577
(800) 200-6020
www.cedargrovecheese.com

Shelburne Farms
1611 Harbor Road
Shelburne, VT 05482
www.shelburnefarms.org

Stonyfield Farm
10 Burton Drive
Londonderry, NH 03053
(800) PRO-COWS (776-2697)
www.stonyfield.com

desarrollo, problemas conductuales y rasgos faciales distintivos. Y aunque tomar con moderación no parece relacionarse con defectos congénitos, sí podría estar vinculado con un bajo peso al nacimiento. Debido a que aún no se ha establecido un límite seguro, algunas autoridades de salud de los Estados Unidos prefieren ser más conservadores y aconsejar a las mujeres embarazadas que se abstengan por completo de tomar alcohol.

Interfiere con el control del azúcar en sangre. Si usted es diabética, tomarse ocasionalmente una copita no producirá un impacto significativo en sus niveles de azúcar en sangre. Pero si consume alcohol con regularidad, aunque sea con moderación, el alcohol interferirá con el control de sus niveles de azúcar en sangre y aumentará su riesgo de sufrir daños en los nervios y los ojos.

Tomar en exceso de manera crónica es particularmente peligroso para cualquiera que padezca diabetes. En personas diabéticas bien nutridas, el consumo a largo plazo de bebidas alcohólicas puede conducir a niveles excesivos de azúcar en sangre. Pero muchas personas que beben mucho no comen bien, o mejor dicho, no comen nada. Y en el caso de estas personas que son de mal comer, beber en exceso puede causar caídas en sus niveles de azúcar en sangre que ponen en peligro su vida.

Los expertos no están seguros de la razón por la cual el alcohol afecta los niveles de azúcar en sangre de manera tan dramática, ni se han realizado estudios sobre los efectos de beber en exceso sobre la secreción de insulina o la resistencia a la insulina.

Si está abusando del alcohol, busque ayuda

Si ha pensando más de una vez en buscar ayuda por su manera de tomar, los efectos que el alcohol provoca en sus hormonas quizá sean el empujoncito que necesita para hacer algo al respecto, esta misma semana.

Alcohólicos Anónimos (AA) es el grupo mejor conocido (aunque sus "miembros" mantienen un anonimato estricto). Fundado en 1935, AA es una sociedad informal de más de 2,000,000 de alcohólicos en recuperación en los Estados Unidos, Canadá y el extranjero. Las mujeres representan el 35 por ciento del total de miembros.

AA es un grupo que no pertenece a ninguna religión, cualquiera puede ser miembro y se pueden encontrar reuniones (juntas) prácticamente en todas partes, hasta en los pueblos más pequeños. La piedra angular del programa de recuperación de AA son los Doce Pasos, que describen la experiencia de los primeros miembros de AA.

Usted encontrará los datos de AA en el directorio telefónico de su área. Si cuenta con acceso a Internet póngase en contacto con AA visitando el sitio *web* de esta organización en www.alcoholicsanonymous.org.

Si ya probó el programa de AA y no le funcionó, considere ponerse en contacto con uno de los grupos que se mencionan a continuación.

Mujeres en pro de la sobriedad (*Women for Sobriety; WFS*). Esta organización nacional, que fue fundada en 1976 y tiene su sede en Quakertown, Pensilvania, es sólo para mujeres. Existen cientos de grupos de WFS a lo largo de los Estados Unidos y en el extranjero.

El Programa de Aceptación de una Nueva Vida de esta organización se encuentra conformado por 13 creencias que fomentan el crecimiento emocional y espiritual. Para encontrar el Grupo WFS más cercano a su área, mande una carta a Women for Sobriety, PO Box 618, Quakertown, PA 18951-0618. También encontrará información sobre WFS en la Internet en www.womenforsobriety.org.

Organizaciones seculares en pro de la sobriedad (*Secular Organizations for Sobriety; SOS*)**, también conocida como Salvémonos a Nosotros Mismos** (*Save Our Selves*). Este grupo no lucrativo, que es una rama del Consejo de Humanismo Secular, ofrece un método de recuperación para las personas que no se sienten cómodas con el contenido espiritual de los programas de 12 pasos.

SOS sostiene que la sobriedad es un asunto separado de la religión o la espiritualidad y le da crédito al individuo —y no a un poder superior— por lograr y mantener la sobriedad.

SOS es una organización internacional. Si desea mayores informes acerca de un grupo en su área, escriba a SOS International Clearinghouse, The Center for Inquiry—West, 5519 Grosvenor Boulevard, Los Angeles, CA 90066. O visite la página de Internet de SOS en www.secularsobriety.org.

Recuperación INTELIGENTE (*SMART Recovery*). SMART Recovery es una organización no lucrativa que se basa en la abstinencia y que ofrece un programa de autoayuda que encuentra su fundamento en la adquisición de poder, la abstinencia y el desarrollo de un estilo de vida más positivo. No emplea los términos "alcohólico" o "adicto". Cuando los participantes logran el éxito con este programa, se pueden graduar y/o involucrarse más para ayudar a otros.

Para mayores informes, escriba a SMART Recovery National Office, 7537 Mentor Avenue, Suite 306, Mentor, OH 44060. O consulte el sitio *web* del grupo en www.smartrecovery.org. Este sitio incluye juntas en línea, relatos de sus miembros, grupos de discusión y foros de mensajes.

SEGUNDA FASE:
Impulse las hormonas "buenas"

*U*na vez que haya resuelto todos los factores relativos a la alimentación y al estilo de vida que engañan a sus hormonas para que se comporten mal, el paso que sigue es hacer otros cambios positivos que hacen que su organismo se equilibre y se mantenga así.

"Cosas sencillas como dormir lo suficiente, alimentarse bien y disminuir el estrés en su vida pueden tener efectos dramáticos en su salud hormonal", dice la Dra. Connie Catellani, del Miro Center for Integrative Medicine en Evanston, Illinois.

Muchas de las tácticas para lograr el equilibrio hormonal que leerá aquí han sido conocidas desde hace mucho tiempo por su capacidad de protegernos contra las enfermedades. Pero también se encontrará con unas cuantas sorpresas.

Otras estrategias menos conocidas también tienen un impacto directo e importante en nuestras hormonas y nuestra salud.

Esta fase del programa para el equilibrio hormonal beneficia prácticamente a todas las mujeres, sin importar su edad. Cada semana, usted aprenderá una forma nueva de evitar que los niveles de hormonas cruciales se vayan abriendo camino gradualmente hacia la zona de peligro o de fomentar el aumento en los niveles de las hormonas "que la hacen sentirse bien". Naturalmente. (Puede comenzar con cualquier semana y detenerse más tiempo en cada paso, si lo necesita). En la Tercera Fase, usted aprenderá a personalizar este programa básico de modo que se adapte a sus problemas de salud particulares, desde alergias y sofocos (bochornos, calentones) hasta infecciones de las vías urinarias y el cáncer.

Primera Semana: ¡Relájese!

Si usted es como muchas mujeres, tiene un trabajo exigente, una familia que la necesita y una lista de cosas pendientes tan larga como la última novela de Isabel Allende. No cabe duda por qué se siente cansada o deprimida, ansiosa o irritable. O quizá no puede dormir (aunque ciertamente no tiene problema alguno para comer). El sexo —o al menos el buen sexo— ha pasado a ser un recuerdo distante.

Todos estos son los síntomas característicos del estrés crónico: esa carga acumulada de fastidios o frustraciones menores con las que ya estamos demasiado familiarizadas.

El estrés que no cede puede causar una activación hormonal importante en el cuerpo femenino. La danza química y eléctrica a la que se da lugar entre el cerebro, las diversas glándulas y el sistema nervioso simpático activa la respuesta de luchar o huir, que es la respuesta involuntaria del cuerpo ante una amenaza. Cuando estamos emocionalmente excitadas o nos encontramos en peligro, esta es la respuesta que hace que nos lata muy fuerte el corazón, que nuestra respiración se convierta en jadeo y resuellos y que nuestra piel se ponga fría y pegajosa.

El hipotálamo, una estructura del tamaño de una uva que se encuentra en el centro del cerebro, es el primero en sonar la alarma. Bajo condiciones de estrés, el hipotálamo secreta la hormona liberadora de corticotropina (o *CRH* por sus siglas en inglés). Esta sustancia química viaja a la velocidad de la luz por el tallo que conecta al hipotálamo con una glándula del tamaño de un chícharo (guisante, arveja), llamada glándula pituitaria.

Al recibir la señal del hipotálamo, la glándula pituitaria libera otra hormona, la hormona adrenocorticotrópica (o *ACTH* por sus siglas en inglés). Esta secreción de ACTH hace que las glándulas suprarrenales —que son las pequeñas glándulas piramidales que se encuentran encima del hígado— liberen la más brava de todas las hormonas del estrés, el cortisol.

Mientras tanto, nuestras glándulas suprarrenales bombean norepinefrina y epinefrina, las hormonas que activan la respuesta de luchar o huir.

Pero el cortisol es el que tiene la mayor capacidad potencial para dañar nuestra salud.

La norepinefrina y la epinefrina producen efectos breves que duran, por ejemplo, el mismo tiempo durante el cual un niño pequeño puede fijar su atención, es decir, un abrir y cerrar de ojos. Pero el cortisol promueve respuestas más duraderas a los factores estresantes. Y entre más tiempo esté circulando por sus venas, más dañinos serán sus efectos.

La "sobrecarga" de cortisol suprime al sistema inmunitario, haciéndolo más vulnerable a los resfriados (catarros) y las infecciones. Eleva su riesgo de contraer enfermedades cardíacas y presión arterial alta. Incluso se relaciona con la resistencia a la insulina, un factor de riesgo para la diabetes tipo II.

El estrés crónico también afecta a su cerebro, en particular a un área diminuta llamada hipocampo, que controla la memoria "de los hechos", o sea, su capacidad de recordar nombres, caras, palabras y fechas. De hecho, en un estudio de investigación, las mujeres y los hombres a quienes se les administró un fármaco que se vende con receta llamado cortisona (*Cortone*) —el cual se convierte en cortisol en nuestro cuerpo— fueron menos capaces de memorizar y recordar palabras.

El hipocampo está repleto de "trampas" diminutas que se engarzan con el cortisol. Con el tiempo, el exceso de cortisol suprime los mecanismos en el hipocampo y otras partes del cerebro que controlan la memoria.

Cuando las mujeres se estresan, las hormonas "pacificadoras" entran en acción

Durante décadas, los científicos conductuales han supuesto que las mujeres lidian con el estrés de la misma forma que los hombres, es decir, con la respuesta de luchar o huir, que es la respuesta automática del cuerpo ante el peligro, que lo prepara para la batalla o la retraída.

Pero unos investigadores de la Universidad de California en Los Ángeles han retado ese punto de vista.

Después de analizar miles de estudios conductuales de humanos y animales, ellos identificaron una respuesta alternativa al estrés exclusiva de las mujeres: "cuidar y hacer amistad".

Los machos de la mayoría de las especies tienden a reaccionar ante el estrés con agresión ("luchar") o retraída ("huir"), argumentan. Pero las hembras de la mayoría de las especies son propensas a cuidar de sus hijos o a buscar consuelo y apoyo, especialmente de otras hembras.

Las hormonas —particularmente la oxitocina, que es secretada por la glándula pituitaria— parecen desempeñar un papel clave en la respuesta de cuidar y hacer amistad, dice la investigadora principal Shelley Taylor, Ph.D., profesora del departamento de sicología de la Universidad de California en Los Ángeles.

La oxitocina, que es la hormona responsable del reflejo de "bajada" de la

El estrés crónico en realidad puede matar las células del hipocampo que generan y transmiten los impulsos nerviosos, haciendo que nuestro cerebro posiblemente envejezca antes de tiempo.

Estrategias para eliminar el estrés

Para ayudar a reajustar su medidor interno de estrés a su nivel normal —y quizá disminuir los cambios hormonales relacionados con el mismo— los expertos recomiendan las estrategias siguientes.

Si está estresada *ahora mismo*:

Háblese con dulzura. Repita en silencio una palabra o frase calmante, como "paz" o "Esto, también pasará", al mismo tiempo que respira lenta y profundamente a través de su nariz, dice Ellen Toby Klass, Ph.D., profesora adjunta de Sicología de la Universidad Hunter en la ciudad de Nueva York.

Ponga fotos en sus "zonas estresantes" personales. Elija fotografías que la

leche en madres que están amamantando, ha sido extensamente estudiada por el papel que desempeña en la lactancia. Pero el estrés también hace que empiece a fluir la oxitocina. "Los animales y las personas que tienen niveles elevados de oxitocina son más calmados, más relajados, más sociales y menos ansiosos", dice la Dra. Taylor.

Tanto hombres como mujeres secretan oxitocina bajo estrés. Pero sus efectos calmantes parecen ser silenciados por la testosterona, la cual se encuentra en mayores cantidades en los hombres. Además, el estrógeno (una hormona predominantemente femenina) aumenta los efectos de reducción de estrés de la oxitocina.

Sigue siendo posible que experimentemos la respuesta *fisiológica* de luchar o huir —un corazón que late muy fuerte y músculos tensos— que da por resultado la secreción desbordada de hormonas del estrés. Pero es posible que el sistema de cuidar y hacer amistad proteja de cierta forma a una mujer contra las consecuencias físicas dañinas del estrés, dice la Dra. Taylor. "Quizá esto nos ayude a comprender por qué las mujeres viven un promedio de 7½ años más que los hombres".

hagan transportarse a un momento perfecto de su vida, sugiere Tim O'Brien, director del Institute for Stress Management en Tallahassee, Florida. En la visera de su carro, coloque una foto del viaje a Hawai que hizo en su aniversario para que le ayude a calmarse cuando esté atorada en tráfico. Ponga en su escritorio fotografías bellamente enmarcadas de sus hijos cuando eran unos bebés inocentes y regordetes. Cuando el estrés se esté apoderando de usted, voltee a ver esas imágenes. Recuerde con lujo de detalle el aroma, los sonidos y las sensaciones que vivió durante esos momentos. Cambie las fotos con frecuencia para estimular recuerdos calmantes.

Al menos 15 minutos al día (o más):

Programe períodos regulares para jugar. Independientemente de que guste de armar un rompecabezas de 1,000 piezas o salir a andar en trineo con sus hijos, el juego nos distrae de nuestras preocupaciones, brindándonos un refugio temporal del estrés, dice la Dra. Lenore Terr, profesora clínica de Siquiatría de la Universidad de California en San Francisco.

Debemos dedicar cuando menos el 1 por ciento de nuestra vida a jugar, dice David Earl Platts, Ph.D., fundador de David E. Platts and Associates, una empresa de entrenamiento y asesoramiento personal en Knaphill, Woking, Inglaterra. "En términos prácticos, eso equivale a 15 minutos al día o menos de 2 horas una vez a la semana".

Una o dos veces al día, durante 10 a 20 minutos:

Sólo diga "om". O repita "uno", "amor", "paz" o "calma". O alguna otra frase que tenga sus raíces en su sistema de creencias ("Ave María, llena eres de gracia" si es católica, "Padre Nuestro, que estás en los cielos" si es protestante, "*Sh'ma Yisrael*" si es judía y así sucesivamente). Cualquier palabra o frase que elija será el punto crucial de su respuesta de relajación.

El siguiente ejercicio sencillo, sacado del *The Relaxation Response* (La respuesta de relajación) fue ideado hace más de 25 años por el Dr. Herbert Benson, presidente fundador del Instituto Médico de Mente y Cuerpo del Centro Médico Beth Israel Deaconess en Boston.

¡Y funciona! Los estudios de investigación muestran que cuando se hace con regularidad, la respuesta de relajación puede disminuir la respuesta de luchar o huir, así como la cascada resultante de hormonas del estrés. También se ha demostrado que baja la presión arterial alta y a menudo se recomienda para tratar afecciones cardíacas, dolor crónico y otras afecciones. A continuación indicamos cómo se hace.

1. Elija una palabra, una frase corta o una oración que pertenezca a su religión.
2. Siéntese calladamente en una posición cómoda.
3. Cierre sus ojos.
4. Relaje sus músculos, comenzando por sus pies y moviéndose hacia sus pantorrillas, muslos, abdomen, hombros, cabeza y cuello.

Equilibre las hormonas del estrés con visualiciónes

Usted puede disminuir su estrés drásticamente aprovechando el más potente de los recursos internos: su imaginación, dice Martha Davis, Ph.D., una sicóloga del Centro Médico Kaiser Permanente en Santa Clara, California. Aquí le damos un ejemplo de una visualización que sirve para disipar las hormonas del estrés. Grábela en una cinta de audio. Luego recuéstese, póngase cómoda, cierre los ojos y siga las instrucciones.

Imagínese caminando lentamente hacia un lugar silencioso, tranquilo y seguro, ya sea bajo techo o al aire libre. Imagínese a sí misma descargando todas sus preocupaciones. Observe la vista a la distancia. ¿A qué huele? ¿Qué es lo que escucha? Observe lo que está frente a usted. Extienda sus brazos y tóquelo. ¿Cómo se siente? Huélalo. Escúchelo. Haga que la temperatura sea agradable. Siéntase segura aquí. Busque a su alrededor hasta que encuentre un lugarcito especial, un lugarcito privado. Encuentre el camino que la llevará hasta ese lugar. Sienta el suelo bajo sus pies. Mire hacia arriba. ¿Qué más ve? ¿Qué escucha? ¿A qué huele? Camine por esta vereda hasta que pueda entrar a su propio lugar silencioso, confortable y seguro.

Ha llegado a su lugar especial. ¿Qué hay debajo de sus pies? ¿Cómo se siente? Dé varios pasos. ¿Qué puede ver arriba de usted? ¿Qué es lo que escucha? ¿Puede escuchar alguna otra cosa? Extienda sus brazos y toque algo. ¿Cuál es su textura? ¿Hay plumas, papel, pinturas cerca de ahí o hay arena para dibujar o barro para trabajar? Vaya hacia ellos, manipúlelos, huélalos. Estas son sus herramientas especiales para revelarse ideas o sentimientos a sí misma. Vea lo más lejos que pueda ver. ¿Qué es lo que ve? ¿Qué es lo que escucha? ¿Cuáles aromas puede distinguir?

Diga una afirmación como "Este es mi lugar seguro. Yo puedo venir aquí siempre que lo desee".

Abra los ojos y pase uno o dos minutos disfrutando de su calma interior.

5. Respire lenta y naturalmente, y mientras esté exhalando, repítase su palabra clave en silencio.

6. No se preocupe por "hacerlo bien". Cuando le vengan otros pensamientos a la mente, simplemente dígase "Ah, bueno", y retome suavemente sus repeticiones.

7. Continúe esto durante un máximo de 20 minutos.

8. Cuando haya terminado, permanezca sentada durante unos cuantos minutos y permita que regresen los demás pensamientos.

9. Abra sus ojos y quédese sentada durante más o menos un minuto antes de pararse.

SEGUNDA SEMANA: *Recurra a la risa*

Durante más de 20 años, Lee S. Berk, M.P.H., Dr.P.H., ha estudiado el efecto que la risa alegre y el buen humor tienen en nuestras hormonas y sistema inmunitario. Pero lo que ha descubierto no tiene nada de chistoso.

"Si ponemos lo que actualmente comprendemos acerca de los efectos que produce la risa en los sistemas neuroendócrinos e inmunitario en una pastilla, necesitaría ser aprobada por la Dirección de Alimentación y Fármacos (o *FDA* por sus siglas en inglés)", dice el Dr. Berk, profesor adjunto de investigación de la Facultad de Medicina y Salud Pública de la Universidad Loma Linda en California y director adjunto del Centro de Neuroinmunología de la universidad.

En los estudios de investigación que ha realizado, el Dr. Berk ha encontrado que la risa provocada por el humor (en lugar de la risa provocada por, digamos, la hostilidad) causa cambios significativos en nuestros niveles de hormonas del estrés. Y cuando estos descienden, nuestro sistema inmunitario se echa a andar con más fuerza.

En un estudio de investigación, el Dr. Berk y sus colegas hicieron que seis hombres jóvenes y saludables vieran un video cómico escogido por ellos mismos durante una hora. También le dijeron a otro grupo de seis hombres que se quedaran calladamente sentados durante el mismo tiempo.

Las pruebas en sangre mostraron que los hombres que vieron el video presentaban un 30 por ciento menos de cortisol en su sangre durante y después de mirar el video que los hombres que se quedaron calladamente sentados. Los niveles de otra hormona del estrés, la epinefrina, también descendieron significativamente en los hombres que miraron el video.

"Esto es importante porque el cortisol y las otras hormonas del estrés suprimen al sistema inmunitario —dice el Dr. Berk—. Cuando bajamos los niveles de esas hormonas del estrés, permitimos que el sistema inmunitario funcione de manera óptima. Estos resultados también podrían ser aplicables a las mujeres".

Los estudios del Dr. Berk muestran que la risa alegre hace que se activen componentes clave del sistema inmunitario. Específicamente, aumenta la actividad de las células asesinas naturales, que son células inmunitarias que eliminan a las células que han sido infectadas por virus o aquellas que causan algunos tipos de cáncer. También incrementa el nivel de un anticuerpo específico llamado inmunoglobulina A (o *IgA* por sus siglas en inglés) —el cual se ubica en las membranas mucosas que nos protegen contra las infecciones de las vías respiratorias altas, como los resfriados (catarros)— y el interferón gamma, una hormona del sistema inmunitario que lucha contra los virus y "enciende" ciertos componentes específicos del sistema inmunitario.

Así que si bien estos datos en sí no son tan cómicos que digamos, por lo menos sirven de motivo para carcajearse a gusto de vez en cuando.

Ríase más

Los niños se ríen alrededor de 400 veces al día; nosotros los adultos, como 15. El plan que sigue le puede ayudar a fortalecer sus "músculos" del buen humor, dice Paul McGhee, Ph.D., uno de los primeros pioneros en la investigación del humor y presidente de The Laughter Remedy en Wilmington, Delaware.

Todos los días:

Póngase a la caza de encabezados, anuncios o letreros chistosos. He aquí un ejemplo: hace unos años, se hizo una traducción del inglés al español de un eslogan publicitario para cierto modelo de coche. En inglés decía "sitting on leather" y al traducirse literalmente al español, quedó: "sentado en cuero". Aunque el eslogan no provocó la reacción exacta que esperaba la empresa, pero por lo menos la gente se acordó del mismo.

Busque el humor en las cosas cotidianas. Una vez que estaba en el supermercado, el Dr. McGhee no sabía cómo deslizar su tarjeta de débito en la terminal punto de venta. La cajera le dijo, "Deslícela suavecito, poniéndola de frente hacia mí". El Dr. McGhee se rió. La cajera se sonrojó.

Cada semana:

Aligérese el recorrido. Cuando vaya en el coche en camino al trabajo, alterne sus canciones favoritas con un cassette o disco compacto de su comediante favorito o algún audiolibro cómico.

Vaya a la tienda de videos y diríjase a la sección de comedias. Escoja un poco de todo, desde las películas clásicas de Cantinflas hasta películas más modernas como *El club de las primeras esposas* o *Roxanne*.

Con regularidad:

Póngase o lleve algo que haga a los demás reírse a *carcajadas*. Podría ser una nariz de payaso, un juguete para la oficina, una camiseta chistosa, incluso una joya extravagante. Steven Sultanoff, Ph.D., presidente de la Asociación de Humor Terapéutico de los Estados Unidos en Phoenix, usa un reloj de muñeca —que en la carátula tiene al personaje de Disney llamado Tribilín— que corre al revés. "Siempre me ando muriendo de ganas de que la gente me pregunte la hora".

Tercera Semana:
Consiéntase con un masaje

Ir con regularidad a que le den un masaje no es un pasatiempo frívolo, ya que los masajes puede beneficiar sus niveles hormonales de maneras mensurables. El masaje de presión profunda disminuye los niveles en sangre de norepinefrina, epinefrina y cortisol, aumentando la capacidad de su sistema inmunitario de activar a las células inmunitarias que combaten las infecciones, dice Tiffany Field, Ph.D., directora del Touch Research Institute de la Facultad de Medicina de la Universidad de Miami.

En un estudio de investigación realizado en el Touch Research Institute, 20 mujeres con cáncer de mama recibieron un masaje dos veces por semana durante 5 semanas. Todas las participantes reportaron una menor ansiedad y mejoras en su estado de ánimo y calidad de vida. Las pruebas en sangre revelaron niveles más bajos de hormonas del estrés y mejoras en su sistema inmunitario.

En otros estudios de mujeres con fibromialgia y el síndrome de fatiga crónica, los masajes de cuerpo entero también disminuyeron los niveles de cortisol, además del estrés, la ansiedad y la depresión de las participantes.

El masaje estimula los receptores de presión que hay en nuestra piel, dice la Dra. Field. Estos receptores le envían una señal al cerebro para que "encienda" el nervio vago, que es uno de los 12 nervios que se originan en el cerebro. Entre sus demás funciones, el nervio vago ayuda a regular la frecuencia cardíaca, la respiración y la digestión, todas las cuales se ven influenciadas por el estrés. Y cuando el nervio vago empieza a funcionar, dice la Dra. Field, la frecuencia cardíaca y la respiración se hacen más lentas y los niveles de cortisol disminuyen.

Pero el masaje no sólo ayuda a que funcione mejor el sistema inmunitario. También levanta el estado de ánimo y disminuye la percepción de dolor. Esto se debe a que el masaje hace que los niveles de dos sustancias químicas del cerebro, la serotonina y la dopamina, se eleven casi de inmediato. Ambas producen efectos parecidos a los de las hormonas y desempeñan un papel en la regulación del humor. Se piensa que los niveles bajos de serotonina causan depresión, mientras que la dopamina ha recibido el apodo de "la hormona que nos hace sentir bien". Por esto, después de un masaje tendemos a sentirnos refrescadas, relajadas y alertas.

Aprovéchelos al máximo

Por si necesitara más razones para convencer a su pareja de que le dé un masaje: muchos de los beneficios del masaje, incluyendo la disminución en el nivel de cortisol, ocurren durante e inmediatamente después del masaje. Si no consigue convencerlo, entonces déselo *usted misma*. Esta miniguía para darse masajes le enseñará todo lo básico.

En cualquier momento que se sienta tensa:

Domine la tensión en 10 minutos o menos. Dése un masaje en la cabeza y el cuero cabelludo, dice Maureen Moon, presidenta de la Asociación de Terapia de Masaje de los Estados Unidos en Evanston, Illinois. Utilice las yemas de los dedos para hacer movimientos circulares suaves pero firmes. Haga más presión en los puntos que se sientan particularmente anudados. Aquí le decimos cómo hacerlo.

1. Frote sus manos para calentarlas. Colóquelas sobre su cara durante 30 segundos.
2. Comenzando por la nuca, dése un masaje por todo el cuero cabelludo hasta que haya cubierto cada centímetro. Repita esto seis veces.
3. Dése un masaje entre las cejas, moviéndose hacia arriba por la frente y luego hacia abajo hasta las sienes. Repita esto tres veces.

4. Dése un masaje en los cachetes, la barba, la quijada y la nariz y alrededor de la boca. Repita esto tres veces.

5. Regrese a su frente y dése un masaje a lo largo de las cejas y debajo de los ojos.

Repita esto tres veces, de dos a tres veces a la semana.

Usted encontrará libros y videos acerca de docenas de técnicas de masaje, desde el masaje sueco tradicional hasta los masajes orientales como el *shiatsu*. Pero independientemente de la forma que elija, intercambie masajes con su pareja, siguiendo las pautas que le damos a continuación.

Utilice presión profunda. Esto estimula el nervio vago, dice la Dra. Field. "Si no hace suficiente presión, no obtendrá los beneficios". Una regla general: el área a la cual se le está dando el masaje debe tornarse ligeramente más blanca. Por supuesto que si está doblando del dolor, pídale a su terapeuta de masaje o a su pareja que lo hagan más suavecito.

Elija un entorno calmante y sensual. Reciba su masaje en un cuarto caliente, recostada sobre una superficie firme y cómoda, como un futón o una colchoneta. Ponga música suave y disfrute su masaje a la luz de las velas.

Use algún aceite ligero o loción que huela delicioso. Los aromas de lavanda (alhucema, espliego, *lavender*) y amaro (salvia romana, *clary sage*) promueven sensaciones de relajación.

Ahora déle un masaje a su pareja. Él se lo merece. Usted también se verá beneficiada. Los estudios de investigación que ha realizado la Dra. Field han mostrado que las personas que *dan* masajes presentan una disminución en sus propios niveles de hormonas del estrés.

Cuarta Semana:
Deshágase de los malos hábitos de sueño

¿Se enorgullece por su capacidad de funcionar con tan sólo 5 horas de sueño cada noche?

Ese es un logro de virtudes cuestionables. De hecho, usted podría estar sometiendo a sus hormonas a un esfuerzo innecesario y provocando su propio envejecimiento prematuro.

"La pérdida crónica de sueño tiene un efecto profundo en el metabolismo y el funcionamiento hormonal", dice Eve Van Cauter, Ph.D., profesora de la sección de Endocrinología del Centro Médico de la Universidad de Chicago. "Las investigaciones que actualmente se están llevando al cabo indican que los efectos de la pérdida crónica de sueño pueden ser tan serios como los que causa la falta de actividad física".

Si no duerme lo suficiente —o sea, por lo menos 8 horas cada noche— se ven afectados dos mecanismos que regulan el sueño y la vigilia. El primero: el ritmo circadiano, mejor conocido como nuestro reloj biológico. Este ritmo, el cual es controlado por el hipotálamo, no sólo nos dice cuándo dormir (de preferencia en la noche) sino que también le dice a nuestro cuerpo cuándo liberar o dejar de liberar hormonas específicas, particularmente cortisol.

La privación de sueño también afecta la homeostasis entre el sueño y la vigilia, que es el mecanismo que regula cuánto tiempo nos quedamos despiertas y cuánto necesitamos dormir. Este mecanismo también regula la liberación o no liberación de hormonas, particularmente de la hormona del crecimiento, la cual influye en la fortaleza muscular y la proporción de músculo a grasa.

Para investigar este fenómeno en humanos, la Dra. Van Cauter y sus colegas pasaron 16 noches consecutivas restringiendo y luego prolongando el sueño de 11 hombres jóvenes saludables.

Durante las tres primeras noches, se les permitió a estos hombres dormir durante 8 horas. Durante las seis noches siguientes, se les permitió dormir sólo 4 horas. Durante las últimas siete noches, pasaron 12 horas por noche en la cama.

Cuando más privados estaban de sueño, se tardaron un 40 por ciento más de lo normal en regular sus niveles de azúcar en sangre después de comer un alimento rico en carbohidratos. Además, la capacidad de su cuerpo de secretar insulina disminuyó drásticamente, lo cual es uno de los primeros síntomas de la diabetes.

Los hombres privados de sueño también presentaron más cortisol en la sangre. Los niveles elevados de cortisol que presentaron en la noche, que son típicos de las personas de mayor edad, se han vinculado con problemas relacionados con la edad como resistencia a la insulina y pérdida de la memoria.

"Nuestros hallazgos sugerían que estos hombres jóvenes tenían perfiles metabólicos y hormonales que, en ciertos aspectos se asemejaban a los de un hombre en su década de los sesenta años de edad —dice la Dra. Van Cauter—. Cuando se les permitió dormir durante períodos de 12 horas, todo regresó a la normalidad o incluso se tornó mejor de lo normal". Aún están por hacerse estudios similares en mujeres.

Trucos para dormir que trabajan junto con y no en contra de sus hormonas

Independientemente de que le cueste trabajo conciliar el sueño o *quedarse* dormida, este programa "conciliasueño" puede ayudarle a despedirse de las ojeras para siempre.

Todos los días:

Expóngase a la luz natural del día durante al menos 30 minutos. La luz natural ayuda a reajustar nuestros despertadores internos para que nos den ganas de irnos a dormir a la hora correcta, dice Joyce Walsleben, Ph.D., directora del Centro de Trastornos del Sueño de la Universidad de Nueva York en la ciudad de Nueva York.

Salga a caminar. . . En un estudio de investigación que incluyó a más de 700 personas, aquellas que salían diariamente a caminar presentaban una probabilidad un tercio menor de tener dificultades para quedarse dormidas hasta la hora en que normalmente se levantaban. Aquellas que caminaban *aprisa* lograron disminuir a la mitad su riesgo de sufrir algún trastorno del sueño.

. . . a la hora indicada. Debido a que la luz natural es crítica para nuestro ciclo de sueño y vigilia, la Dra. Walsleben "receta" una cierta hora para salir a caminar, dependiendo del problema de sueño del que se trate. Si no puede conciliar el sueño antes de las 2:00 A.M., considere salir a caminar temprano. Muy temprano. "Salir a caminar a primera hora de la mañana, antes de transcurridos 15 minutos de haberse despertado, ayudará a fortalecer el ritmo circadiano normal", dice la Dra. Walsleben. Si tiende a quedarse dormida muy temprano en la noche, sólo para despertarse en la madrugada, salga a caminar en la tarde.

Para lograr dormir bien siempre y levantarse sintiéndose descansada:

Algunas de las sugerencias que le damos en esta Primera Fase del programa para el equilibrio hormonal automáticamente le servirán para deshacerse del insomnio: reduzca o elimine su consumo de café y otros alimentos y bebidas que contengan cafeína, como el té, los refrescos de cola y el chocolate y bájele a la nicotina y al azúcar antes de irse a la cama. (Todas estas sustancias son estimulantes y pueden interferir con su capacidad para conciliar el sueño o quedarse dormida una vez que lo ha conciliado). Asimismo, evite las bebidas alcohólicas, las cuales son sedantes pero afectan el sueño. Quizá también le ayuden las siguientes estrategias para dormir bien.

Que su cuarto esté lo más oscuro posible. La oscuridad estimula a la glándula pineal, haciendo que produzca más melatonina, una hormona sensible a la luz que se produce en la diminuta glándula pineal que se ubica en el cerebro. Algunas pruebas sugieren que tomar suplementos de esta hormona pueden ayudar a remediar el insomnio. Tómelos sólo bajo la supervisión de un doctor en medicina que tenga conocimientos y experiencia en su uso. Para manipular naturalmente esta hormona, compre unas cortinas gruesas y pesadas o simplemente póngase un antifaz para dormir.

Haga ejercicio temprano en la mañana, siempre que le sea posible. Hacer ejercicio con regularidad es un auxiliar natural para dormir porque alivia el estrés. También eleva la temperatura corporal, lo cual nos prepara para echarnos una buena pestaña. Pero no haga ejercicio cerca de la hora en que ya se vaya a ir a dormir. El ejercicio tiende a elevar los niveles de cortisol y hacer que le sea más difícil conciliar el sueño. Lo ideal es hacer ejercicio en la tarde, dice la Dra. Walsleben.

Conviértalo en una obligación. En una encuesta realizada por la Fundación Nacional del Sueño, el 45 por ciento de las personas entrevistadas dijeron que dormirían menos para hacer más. Esta actitud popular exaspera a la Dra. Walsleben. "¿Dejamos de tomar agua en un día caluroso porque estamos demasiado ocupados para beberla?" pregunta. Por lo tanto, sin importar qué tan ocupada esté, reserve 8 horas continuas cada noche para dormir y no permita que ninguna "emergencia" de último minuto la prive de sueño.

QUINTA SEMANA:
Haga el amor para quitarse años

David Weeks, Ph.D., un neurosicólogo clínico que da consulta en el Hospital Real de Edimburgo en Edimburgo, Escocia, cree que hacer el amor —con frecuencia— prolonga la juventud.

Si alguien puede estar seguro de esto, es él. A lo largo de un período de 10 años, el Dr. Weeks estudió a 3,500 mujeres y hombres, la mayoría de los cuales estaban en su década de los 40 a los 60 años de edad, para averiguar por qué algunos se veían más jóvenes que otros. Él publicó los resultados de su estudio en un libro.

Como es de esperarse, el Dr. Weeks encontró que las personas que lucían más jóvenes cuidaban lo que comían y hacían ejercicio con regularidad. Pero también pasaban mucho tiempo en la cama. Y no necesariamente durmiendo.

Cuando se les calificó visualmente según su apariencia juvenil, aquellos que tenían relaciones sexuales tres veces a la semana o más lucían de 10 a 12 años más jóvenes de lo que en realidad eran, como resultado de "una disminución significativa en el estrés, más satisfacción y mejor sueño", dice el Dr. Weeks.

Las personas de apariencia más joven no sólo hacían el amor un 50 por ciento más que un número equivalente de personas en un grupo de control, sino que sus sesiones amorosas duraban tres veces más.

DHEA: no es una hormona mágica

De vez en cuando, usted leerá o escuchará que los suplementos de deshidroepiandrosterona (o *DHEA* por sus siglas en inglés) queman la grasa, hacen crecer los músculos, aumentan el impulso sexual y retardan el envejecimiento, y además, previenen las enfermedades cardíacas, el cáncer, la diabetes tipo II y la enfermedad de Alzheimer.

Las glándulas suprarrenales producen DHEA y el cuerpo la usa para sintetizar las hormonas sexuales estrógeno y testosterona. Los niveles de DHEA en sangre se elevan muchísimo durante la pubertad, llegan a su máximo en los adultos jóvenes y luego declinan con la edad. Por ejemplo, las mujeres perimenopáusicas sólo tienen el 50 por ciento del DHEA que tenían en la veintena y la treintena.

Las investigaciones más recientes indican que los suplementos de DHEA bien podrían ayudar a retrasar el proceso del envejecimiento. Algunos investigadores especulan que existe un vínculo entre la caída en los niveles de DHEA que ocurre

con el paso de los años y las afecciones que se relacionan con el envejecimiento y que tomar suplementos de esta hormona puede ayudar a contrarrestarlos.

Los estudios realizados en animales de los efectos de la DHEA son intrigantes. En un estudio de investigación, las ratas que recibieron esta hormona presentaron un mejor desempeño en las tareas de aprendizaje. En otro estudio se encontró que las ratas tratadas con DHEA vivían más que aquellas que no fueron tratadas con la hormona.

Sin embargo, los estudios de investigación de los suplementos de DHEA en *personas* han sido pocos y a pequeña escala... hasta fechas recientes. Un estudio de investigación a gran escala que se realizó en Francia ha producido algunos resultados provocativos, aunque todavía preliminares. En este estudio, conocido como The DHEAge Study (El estudio de DHEA y la edad), participaron 280 hombres y mujeres saludables de 60 a 79 años de edad, a quienes se les administró

El Dr. Weeks especula que los mayores niveles de endorfinas son, en parte, los responsables de la apariencia juvenil del grupo de los "super jóvenes". Estas "neurohormonas" —que son sustancias químicas que se liberan en el cerebro durante el ejercicio y, sí, después del sexo— son analgésicos naturales que también ayudan a aliviar la ansiedad. (Las endorfinas también son responsables de lo que se conoce como la "intoxicación del corredor", o sea, esa sensación de regocijo que un corredor siente mientras va corriendo por una pista o un camino).

ya sea 50 miligramos de DHEA o un placebo durante todo un año.

Al cabo de 6 meses, las personas que habían recibido DHEA presentaban niveles de la hormona que se acercaban o incluso excedían aquellos de un adulto joven. Al cabo de un año, los niveles habían descendido, pero se mantuvieron dentro del rango normal para un adulto joven.

Las mujeres de más de 70 años de edad aparentemente se vieron sustancialmente beneficiadas por la DHEA. Los investigadores encontraron mejoras mensurables en su densidad ósea y las mujeres reportaron que había aumentado su interés en el sexo. E, independientemente de su edad, las mujeres que tomaron DHEA presentaron mejoras mensurables en la textura y el grosor de la piel.

Si bien es cierto que este estudio de investigación es alentador, todavía no hay suficientes pruebas como para recomendar los suplementos de DHEA para prevenir el envejecimiento, o cualquier otra afección, dice Frank Bellino, Ph.D., administrador del programa de endocrinología del Programa de la Biología del Envejecimiento del Instituto Nacional del Envejecimiento en Bethesda, Maryland. "A estas alturas, simplemente no sabemos lo suficiente acerca de la DHEA como para alentar a las personas a que la tomen", dice.

Cuando consideramos que los efectos secundarios a corto plazo de la DHEA incluyen acné, comportamiento agresivo y un aumento en la cantidad de vello corporal (¡uy!) —a menudo en el rostro—, vemos que tenemos razones más que suficientes para esperar a que dispongamos de más pruebas de que este suplemento "milagroso" valga lo suficiente como para que tomemos el riesgo.

Por ahora, considere la DHEA como un fármaco prometedor que aún no ha sido aprobado, es decir, tómela sólo por indicación de un médico y asegúrese de que su doctor la vigile de cerca por si empieza a presentar efectos secundarios, dice el Dr. Bellino.

Entre más hacemos el amor, mayor es la cantidad de endorfinas que libera nuestro cerebro, dice el Dr. Weeks. Entonces ese clásico "resplandor" provocado por las endorfinas que tenemos después de hacer el amor podría ayudar a explicar por qué las relaciones sexuales frecuentes nos ayudan a evitar las arrugas.

Señoras, echen a andar sus motores (sexuales)

Si en el pasado ha disfrutado de una vida sexual placentera y saludable, el siguiente programa le puede ayudar a recuperar la chispa en el ojo y el cosquilleo en el estómago.

Todos los días:

Trate de encontrar momentos tranquilos —antes de irse a la cama, después de salir a cenar a un buen restaurante, durante sus caminatas diarias— para sugerirle a su pareja cómo se está sintiendo. Y aliéntelo suavemente a hacer lo mismo. La mayoría de las mujeres consideran que una discusión emocionalmente íntima, en la que los dos revelan sus miedos y susceptibilidades, es como un afrodisiaco", dice Jean Koehler, Ph.D., A.A.S.E.C.T., terapeuta sexual certificada e instructora clínica del departamento de siquiatría y ciencias conductuales de la Universidad de Louisville en Kentucky.

Use ropa interior provocativa. Independientemente de que sea talla 6 ó 16, ponerse un conjunto exquisito de encaje o un *negligé* de seda le recordará que usted es una mujer con *necesidades*, y no sólo una proveedora de sábanas limpias y dinero para el almuerzo.

Cada semana o con frecuencia:

Jueguen a los almohadazos. "La actividad física puede ser sexualmente estimulante —dice la Dra. Koehler—. A veces aliento a las parejas a que jueguen a las luchas. Es una actividad juguetona que estimula al cuerpo y hace que empiece a fluir la sexualidad".

Miren videos románticos pero "picantes" para parejas. No se preocupe: *sí* existen videos que no la harán querer quedarse escondida debajo de las sábanas. La Dra. Koehler sugiere la serie de videos titulada *Better Sex* (Mejor sexo) u otra serie llamada *Ordinary Couples, Extraordinary Sex* (Parejas ordinarias, sexo extraordinario). Ambas son protagonizadas por parejas reales que exploran maneras creativas de disfrutar de las relaciones sexuales amorosas. "Es más probable que estas series de videos sean más del agrado de las mujeres que los videos típicos sobre el sexo, los cuales están dirigidos principalmente a satisfacer las fantasías de los hombres", dice la Dra. Koehler. Ambas series de videos pueden conseguirse por correo. Escriba a The Alexander Institute, 15030 Ventura Boulevard, Suite 400, Sherman Oaks, CA 91403.

Tres veces a la semana:

Avive la llama haciendo ejercicio. El ejercicio y la buena forma física pueden contribuir de manera positiva a su impulso sexual, dice la Dra. Koehler. Mantener la condición física es una de las mejores cosas que puede hacer para sentirse bien consigo misma y con su cuerpo. Cuando nuestra autoimagen corporal mejora, a menudo mejora también nuestra vida sexual.

Si la causa de su falta de deseo no parece ser el aburrimiento, consulte a un médico o a un terapeuta para que pueda descartar una causa física o emocional, dice la Dra. Koehler. Los problemas hormonales (como el hipotiroidismo o, durante la menopausia, los niveles decrecientes de estrógeno o testosterona), las enfermedades, los problemas conyugales o la depresión pueden apagar la llama de una mujer.

SEXTA SEMANA:
Alimentos hormonalmente saludables

¿Frituras de bacalao o galletas de trigo integral? ¿Costillitas al *barbecue* o pollo a la parrilla? Una cosa sí es segura: como discutimos en la Primera Fase del programa, todo lo que nos metemos a la boca puede causar un impacto importante en nuestras hormonas.

Por ejemplo, el consumo excesivo de grasa saturada (el tipo de grasa que se encuentra en abundancia en la carne y los productos lácteos) puede elevar los niveles de estrógeno en la sangre. En mujeres premenopáusicas, el exceso de estrógeno puede conducir a dolores (cólicos) menstruales, síndrome premenstrual o sofocos (bochornos, calentones) más frecuentes o severos.

Por otra parte, una alimentación saludable "puede tener un efecto dramáticamente positivo en los niveles hormonales", dice la Dra. Catellani.

¿El plan básico? Una alimentación repleta de cereales integrales, frutas y verduras frescas, productos lácteos sin grasa o bajos en grasa, así como cantidades mínimas de carne roja y alimentos procesados, los cuales tienden a ser ricos en grasas saturadas poco saludables. (Suponiendo que también ha eliminado alimentos con azúcar, hormonas del crecimiento y otros ingredientes que afectan su equilibrio hormonal de manera adversa).

La iglesia: el nuevo "centro de bienestar"

Si usted asiste con regularidad a una iglesia, sinagoga, mezquita, monasterio u otro lugar de oración, quizá obtenga beneficios que equilibran sus hormonas y prolongan su vida.

Michael McCullough, Ph.D., profesor adjunto de Sicología de la Universidad Metodista del Sur en Dallas, y sus colegas, revisaron 42 estudios en los que participaron casi 126,000 personas en total y en los que se examinó el vínculo entre la práctica de alguna religión y la salud. ("Práctica de religión" se definió como asistir regularmente a casas de adoración y oración).

Aquellos que reportaron estar más involucrados en la práctica de actividades religiosas presentaron una probabilidad 29 por ciento mayor de estar con vida cuando estos investigadores los volvieron a contactar, que aquellos que no habían estado tan involucrados.

Ser una persona orientada hacia la espiritualidad puede ayudar a frenar el impacto que tiene el estrés sobre la salud física y mental, según explica el Dr. McCullough. "La religión les permite a las personas encontrarles significado a las cosas, lo que les ayuda a explicar por qué a veces pasan por épocas difíciles y a ver esos eventos estresantes como temporales y pasajeros. Como resultado, les es más fácil lidiar con el estrés".

La práctica de una religión también nos da la sensación de que estamos conectados con otros. "Hace que la gente entre en contacto con otras personas a quienes les importan y que les pueden brindar recursos emocionales en tiempos de crisis —dice el Dr. McCullough—. También pueden sentir que su relación con Dios es otro tipo de apoyo social, otra persona, por así decirlo, que está de su lado, animándolos".

La práctica de una religión mejora nuestra salud física de maneras específicas. Por ejemplo, unos investigadores del Centro Médico de la Universidad Duke en Durham, Carolina del Norte, encontraron que las personas de edad avanzada que iban a la iglesia presentaban menores niveles de interleucina-6 (o *IL-6* por sus siglas en inglés) en su sangre. Los estudios de investigación sugieren que los niveles de IL-6 en sangre se elevan con la edad y que dichos niveles elevados están presentes en una amplia diversidad de enfermedades relacionadas con el envejecimiento, como osteoporosis, artritis reumatoide y la enfermedad de Alzheimer.

En un estudio de investigación de 3,963 personas de 65 años de edad o mayores, también realizado en la Universidad Duke, los investigadores encontraron que aquellos que asistían a una misa al menos una vez por semana tendían a tener la presión arterial más baja que aquellos que asistían menos de una vez por semana.

Por lo tanto, si ha considerado empezar a practicar una religión pero lo ha estado posponiendo, esta podría ser una razón más para dejar la desidia a un lado.

Su alimentación también debe incluir alimentos científicos que, según lo que se ha demostrado en estudios de investigación, protegen nuestra salud —y afectan los niveles de hormonas específicas— como fibra, alimentos ricos en ácidos grasos esenciales (como cereales y frutos secos) y alimentos ricos en fitoestrógenos (como frijoles/habichuelas de soya y legumbres).

Fibra: *el regulador del azúcar en sangre*

Desde el punto de vista de la salud hormonal, "es crucial que su nivel de azúcar en sangre se mantenga estable", dice Julie M. Wiener, N.D., una naturópata que tiene su consulta privada en Framingham y Brookline, Massachusetts. Este es un factor clave para la salud del sistema endocrino que se ignora con demasiada frecuencia. Un área de irregularidad en el sistema endocrino podría, a su vez, tener un efecto en los demás sistemas del cuerpo, dice la Dra. Wiener.

Una alimentación rica en fibra puede ayudar a mantener la estabilidad en sus niveles de azúcar. Los cereales integrales están repletos de fibra, a diferencia de los alimentos hechos con cereales refinados, como el pan blanco, la pasta blanca y el arroz blanco.

Estos "alimentos blancos" no contienen fibra que retarde su paso por el tracto digestivo, por lo que pasan a través del mismo con mucha rapidez. Esta digestión acelerada provoca que el cuerpo se inunde de insulina, que es la hormona que se encarga de transportar la fuente primaria de combustible del cuerpo, el azúcar en sangre, al interior de las células.

Poco tiempo después, los niveles de azúcar en sangre caen precipitadamente, enviando una señal a las glándulas suprarrenales para que liberen más cortisol.

En contraste, los frijoles (habichuelas), el arroz integral y los cereales integrales tardan horas en digerirse. Por lo tanto, los niveles de insulina se elevan gradualmente, los niveles de azúcar en sangre permanecen constantes y los niveles de cortisol no se elevan de manera exagerada.

La fibra también ayuda al ligarse con el estrógeno y eliminarlo del cuerpo, reduciendo así los niveles de esta hormona que circulan en la sangre, dice el Dr. Fred Pescatore, fundador de The Center for Integrative and Complementary Medicine en la ciudad de Nueva York. Esa es una buena noticia para las mujeres premenopáusicas porque tanto el cáncer de mama como el endometrial son inducidos por los niveles elevados de estrógeno circulante.

"Alimentos inteligentes" que contienen ácidos grasos omega-3

Los pescados de agua fría —como el salmón, el atún blanco (albacora), la trucha arco iris, el pomátomo, las anchoas, las sardinas y la caballa (macarela, escombro)— son buenas fuentes de ácidos grasos omega-3, que son las grasas "buenas" que pueden ayudar a aliviar las afecciones que producen una inflamación dolorosa, como los dolores menstruales severos y la artritis reumatoide. Otras buenas fuentes de estos ácidos grasos incluyen la semilla de lino (linaza, *flaxseed*), el aceite de semilla de lino, las nueces, el aceite de nuez y las verduras de hojas color verde oscuro. Estos ácidos grasos impiden la producción en el cuerpo de sustancias parecidas a las hormonas llamadas prostaglandinas, las cuales regulan la respuesta a la inflamación.

Alimentos de soya: estrógenos de origen vegetal

Ciertas sustancias químicas de origen vegetal que se encuentran en la soya, llamadas fitoestrógenos, son versiones más débiles de nuestro propio estrógeno natural. Se cree que los fitoestrógenos se adhieren a ciertas "trampas" que hay en la superficie de las células, llamadas receptores de estrógeno. En efecto, los fitoestrógenos les roban los "lugares de estacionamiento" al estrógeno natural.

Al bloquear el estrógeno natural más potente, se puede disminuir el riesgo de contraer ciertos tipos de cáncer inducidos por el exceso de estrógeno, como el cáncer de mama y el cáncer endometrial.

Pero los fitoestrógenos también tienen otras virtudes. También pueden complementar el estrógeno natural de una mujer, lo que puede representar una ventaja para las mujeres que están pasando por la menopausia, cuando la caída en los niveles de estrógeno y progesterona pueden causarles sofocos (bochornos, calentones) y sudoración nocturna.

El *tofu*, la leche de soya, las hamburguesas de soya, la soya molida y los frijoles (habichuelas) de soya enlatados —todos los cuales están disponibles en el supermercado— son buenas fuentes de fitoestrógenos. También lo son las nueces de soya, las cuales saben muy parecido a los cacahuates (maníes), y la mantequilla de nueces de soya, la cual contiene una cantidad significativamente menor de grasa que la mantequilla de cacahuate. Ambas pueden conseguirse en las tiendas de productos naturales.

Un plan alimenticio que armoniza las hormonas

Este plan fácil de seguir y bueno para su salud "nutrirá" a sus hormonas y disminuirá su riesgo de contraer toda una diversidad de afecciones, como presión arterial alta, diabetes y cáncer.

Como ventaja adicional, puede que hasta baje de peso al seguir esta dieta de 1,500 calorías, lo cual también le produce un beneficio a nivel hormonal, ya que le puede ayudar al cuerpo a responder de mejor forma a la insulina, algo que es vital para las que padecemos diabetes o tenemos antecedentes familiares de esta enfermedad.

Todos los días:

Coma nueve raciones de frutas y verduras (cuatro frutas, cinco verduras). Una ración equivale a ½ taza de fruta picada o ½ taza de verduras cocidas o crudas; una taza de verduras de hojas verdes crudas; ¾ de taza de jugo de fruta o verdura; una pieza mediana de fruta.

Coma de tres a seis raciones de cereales integrales. Una ración equivale a una rebanada de pan de trigo integral o ½ taza de algún cereal integral cocido o de pasta de trigo integral. Para asegurarse de que realmente esté comiendo un pan o cereal integral (y no una mezcla o pan de trigo con colorante de caramelo), busque la palabra "*whole*" en la etiqueta y verifique que tenga un contenido de fibra de 2 ó 3 gramos por rebanada. Si el primer ingrediente no incluye la palabra "*whole*", olvídelo, pues esto significa que está hecho principalmente de harina blanca.

Consuma de dos a tres raciones de alimentos ricos en calcio. Una ración equivale a una taza de leche descremada (*fat-free milk* o *nonfat milk*) o leche semidescremada al 1 por ciento, una taza de yogur sin grasa o bajo en grasa, 1 onza (28 gramos) de queso de grasa reducida (de preferencia libre de hormonas del crecimiento) o una taza de cereal, jugo de naranja (china) o leche de soya enriquecidos con calcio. ¿Sufre de intolerancia a la lactosa? Elija productos lácteos libres de lactosa.

Cada semana:

Coma al menos cinco raciones de frijoles (habichuelas), incluyendo leche de soya o frijoles de soya. Una ración equivale a ½ taza de frijoles o lentejas secas y cocidas. (Para disminuir la cantidad exorbitante de sodio que contienen la mayoría de los frijoles enlatados, opte por la versión baja en sodio. O drene el líquido que contienen los frijoles enlatados normales y enjuáguelos antes de usarlos).

Coma cinco raciones de frutos secos. Una ración equivale a dos cucharadas de fruto secos picados. Almacene los frutos secos en el refrigerador para evitar que se arrancien.

Coma dos raciones de pescado. Una ración equivale a 3 onzas (84 gramos) de pescado cocido. Si generalmente no prepara pescado para la cena, simplemente cómase un sándwich (emparedado) de atún un par de veces a la semana. O elija las sardinas, la caballa (macarela, escombro) o el arenque enlatados como una merienda (refrigerio, tentempié).

Séptima Semana: *Neutralice a las hormonas del estrés con hierbas*

El estrés crónico puede martirizar nuestro cuerpo, pero la Madre Naturaleza nos ha bendecido con "escudos" naturales contra el estrés: las hierbas llamadas adaptógenos, que ayudan a nuestro cuerpo a adaptarse a diversos factores estresantes físicos, como las infecciones, la privación de sueño y las altitudes extremas, así como a fortalecernos contra los efectos físicos del estrés emocional, dice Douglas Schar, Dip.Phyt., M.C.P.P., un herbolario que ejerce su profesión en Washington, D. C.

En esencia, los adaptógenos ayudan al cuerpo a lograr el equilibrio, dice Schar. El término que usan los científicos para referirse a este "equilibrio" es homeostasis, que significa la capacidad que tiene el cuerpo para mantener el equilibrio interno pese a los cambios constantes que se suceden en el ambiente externo.

Ahora más que nunca, necesitamos adaptógenos. "Hoy en día no vivimos en equilibrio y esa es una situación que no va a cambiar —dice Schar—. Y cuando la vida nos agota, nuestro sistema inmunitario deja de funcionar. El sistema nervioso sufre un cortocircuito y nos enfermamos más".

"Las hierbas adaptogénicas producen un efecto de fortalecimiento que parece hacernos menos propensos a los efectos de un estilo de vida no muy bueno", dice Schar.

Los estudios de investigación han encontrado que los adaptógenos mejoran el funcionamiento de diversos componentes del sistema inmunitario. Por ejemplo, parecen incrementar la actividad de los glóbulos blancos que combaten las infecciones y estimular la producción de interferón, que es una proteína que ayuda a los glóbulos blancos en su lucha contra virus y bacterias.

La forma exacta en que estos adaptógenos realizan estas hazañas sigue siendo un misterio, dice Schar. Pero una teoría dice que lo logran al echarles una mano a las glándulas suprarrenales, aumentando la capacidad del cuerpo de resistirse a los daños relacionados con el estrés.

Pero a pesar de lo útiles que pueden ser los adaptógenos, no son pastillas de vitaminas que debemos tomar una vez al día, dice Schar. Se deben emplear cuando estamos atravesando por un período de estrés intenso e incesante, como cuando estamos trabajando a marchas forzadas para cumplir con una fecha límite y dejamos de dormir y comer bien. O para fortalecer su sistema inmunitario contra los resfriados (catarros) y la gripe, empiece a tomarlos un mes antes de la temporada de resfriados o gripes a la dosis que se sugiere más adelante o la que le sugiera el profesional de la salud que la esté atendiendo. "Los adaptógenos son remedios herbarios muy sutiles; carecen del 'efecto

¿Está estresada? Cálmese con vitamina C

Si hay una vitamina que puede ayudar a contrarrestar los efectos dañinos de las hormonas del estrés, es la vitamina C. A dosis elevadas, se ha encontrado que la vitamina C le da un impulso al sistema inmunitario de las ratas de laboratorio estresadas. Y es probable que también confiera el mismo beneficio a las mujeres, ayudando a protegernos de los problemas de salud relacionados con el estrés, como los ataques al corazón y el cáncer.

"La vitamina C puede impulsar indirectamente al sistema inmunitario, disminuyendo los efectos físicos y las enfermedades debilitantes que se relacionan con el estrés crónico", dice P. Samuel Campbell, Ph.D., presidente del departamento de ciencias biológicas de la Universidad de Alabama en Huntsville.

Para averiguar si la vitamina C pudiera mitigar las respuestas hormonales al estrés, el Dr. Campbell y sus colegas inmovilizaron por completo a ratas de laboratorio durante una hora al día (una forma segura de estrés para las ratas). Algunas ratas recibieron 200 miligramos de vitamina C, mientras que a otras no se les administró nada.

Al cabo de 3 semanas, las ratas que recibieron vitamina C estaban produciendo una cantidad significativamente menor de corticoesterona. Los niveles normales de estas hormonas del estrés, producidas por las glándulas suprarrenales, ayudan al cuerpo a lidiar con el estrés de la vida diaria. Pero a niveles crónicamente elevados, estas hormonas pueden debilitar el sistema inmunitario, afectando su resistencia a las enfermedades.

La Cantidad Diaria Recomendada de vitamina C es de 60 miligramos. Para disminuir la producción de cortisol y cortisona durante épocas de estrés crónico agudo, las personas probablemente tendrían que tomar al menos 1,000 miligramos al día, dice el Dr. Campbell, una cantidad que se encuentra dentro de los límites seguros.

instantáneo' que podría sentir al tomar una taza de café —dice Schar—. Sin embargo, las personas generalmente notan que se sienten menos decaídas después de tomarlos durante más o menos 2 semanas".

Auxiliares hormonales herbarios que se deben tomar una vez al día

Schar recomienda los adaptógenos llamados regaliz (orozuz, *licorice*), *ginseng* siberiano (*Siberian ginseng*) y astrágalo (*astragalus*) para ayudar a disminuir los estragos hormonales causados por el estrés. Tome *una* de las hierbas siguientes a la dosis indicada.

Todos los días durante no más de 3 meses:

Regaliz. Uno de los componentes de esta hierba, la glicirricina (*glycyrrhizin*), es estructuralmente similar al cortisol y los herbolarios a menudo recetan regaliz para fortalecer las glándulas suprarrenales. Raíz seca: dos tabletas de 500 miligramos, tres veces al día. Tintura a la potencia 1:1: 20 gotas, dos veces al día; a la potencia 1:5: una cucharadita, dos veces al día. (Vea la advertencia que se da acerca del regaliz en la página 545).

(*Nota*: Una tintura o *tincture* es un líquido herbario muy concentrado. Se prepara al remojar hojas de una hierba en alcohol o glicerina —lo cual extrae sus propiedades medicinales— durante al menos 6 semanas. Puede conseguir tinturas en las tiendas de productos naturales, donde se venden en frascos pequeños con goteros para administrar las dosis. Asegúrese siempre de guardar las tinturas fuera del alcance de los niños).

Ginseng **siberiano.** Esta hierba parece disminuir la respuesta de la corteza adrenal, que es la parte de las glándulas suprarrenales que secreta cortisol. Raíz seca: dos tabletas de 500 miligramos, tres veces al día. Tintura a la potencia 1:1: 20 gotas, tres veces al día; a la potencia 1:5: una cucharadita, tres veces al día.

Astrágalo. Tanto los antiguos curadores chinos como los herbolarios modernos han empleado la raíz de esta hierba para contrarrestar el efecto debilitante que tiene el estrés en el sistema inmunitario. "Yo se lo doy a las personas que generalmente se sienten decaídas o que se resfrían después de estar expuestas al frío", dice Schar. Raíz seca: dos tabletas de 500 miligramos, tres veces al día. Tintura a la potencia 1:1: 20 gotas, tres veces al día; a la potencia 1:5: una cucharadita, tres veces al día.

OCTAVA SEMANA: *A moverse se ha dicho*

¿Por qué sucede que, a pesar de las pocas ganas que tenemos de ir al gimnasio, generalmente salimos de ahí sintiéndonos rejuvenecidos?

En una palabra: endorfinas.

Aunque la mayor parte de las investigaciones que se han hecho de las endorfinas y lo que se conoce como la "intoxicación del corredor" se ha realizado en corredores que corren grandes distancias, existen sólidas pruebas anecdóticas que demuestran que el ejercicio moderado —como caminar aprisa o una cita de 45 minutos con las máquinas *Nautilus*— también provoca la liberación de estas "sustancias químicas del placer", dice Beth Braun, Ph.D., una fisióloga del Miro Center for Integrative Medicine en Evanston, Illinois.

También se ha demostrado que el ejercicio disminuye los síntomas de la depresión. Tal vez esto se deba a que, además de liberar endorfinas, el ejercicio también activa a los neurotransmisores que "nos hacen sentir bien" llamados dopamina y serotonina.

Hacer ejercicio con regularidad también permite que nuestro cuerpo use la hormona insulina con mayor eficacia. Esto representa una ventaja adicional para las que tenemos sobrepeso porque los kilitos de más nos hacen vulnerables a volvernos resistentes a la insulina.

Las personas que padecen esta afección producen suficiente insulina, la cual transporta la energía en la forma de azúcar en la sangre, al interior de nuestras células. El problema es que la insulina no funciona de manera eficaz. Entonces, el azúcar en la sangre no llega al interior de las células. Sólo se va acumulando en la sangre y eventualmente se convierte en una sustancia tóxica. La resistencia a la insulina y los niveles elevados de azúcar en sangre son las características distintivas de la diabetes tipo II.

Los estudios de investigación de mujeres y hombres con diabetes han mostrado mejoras en el control del azúcar en sangre después de hacer ejercicio aeróbico durante tan sólo una semana; y una sola sesión de ejercicio aumenta la sensibilidad a la insulina durante 16 horas o más.

Es probable que el ejercicio incluso nos brinde cierta protección contra el cáncer de mama, al limitar nuestra exposición "vitalicia" a nuestro propio estrógeno. (Como mencionamos, los altos niveles de estrógeno que circulan en la sangre pueden instigar el crecimiento de cánceres inducidos por hormonas).

En un estudio de investigación llamado Nurses' Health Study (Estudio de la Salud de las Enfermeras), en el que se ha dado seguimiento a un grupo de más de 120,000 enfermeras desde 1976, las mujeres que hacían ejercicio durante 7 horas a la semana o más presentaban una probabilidad casi un 20 por ciento menor de contraer cáncer de mama que sus compañeras más sedentarias.

He aquí una contradicción: el ejercicio en realidad hace que *aumente* el nivel de cortisol.

Pero esto no nos cae de sorpresa. Después de todo, el cuerpo libera cortisol para ayudarse a lidiar con el estrés físico.

Además, en sí misma, la liberación de cortisol no es necesariamente buena o mala. Siempre y cuando los niveles de cortisol regresen a la normalidad en un período relativamente breve, como sucede después de hacer ejercicio, el cuerpo no sufre los efectos adversos que produce la sobrecarga de cortisol que se relaciona con el estrés crónico.

Su "receta" de ejercicio

En términos generales, la mayoría de los expertos recomiendan de 30 a 60 minutos de ejercicio, de tres a seis veces a la semana. Pero su rutina de ejercicio dependerá de su salud en general y de cualesquiera afecciones que padezca, como diabetes o enfermedades cardíacas. De tal modo, es importante que no inicie un programa de ejercicio sin antes hablar con su médico.

La mayoría de nosotros podemos iniciar un programa de ejercicio sin problemas. Pero en lo que a menudo nos tropezamos es en decidir cuál tipo de ejercicio se adapta más a nosotros y luego, en seguirlo haciendo. A continuación le ayudamos a tomar esta decisión y a lograr que el ejercicio se convierta en un hábito.

Descubra su pasión. Es más fácil que siga haciendo ejercicio si escoge algún tipo de ejercicio que realmente *disfrute*, dice la Dra. Braun. Sin embargo, muchas de nosotras no escogemos una actividad que realmente se adapte a nuestro temperamento. Antes de escoger una actividad, considere su personalidad. ¿Se siente más cómoda haciendo ejercicio en grupo o sola? Si le agrada más hacer ejercicio sola, entonces lo más probable es que las clases no sean para usted. ¿Le encanta o le desagrada la rutina? Mientras que correr y levantar pesas es una alegría para algunas de nosotras, es lo más tedioso del mundo para otras.

Haga citas y cúmplalas. Cuando cancelamos una cita con una amiga al último momento sin explicación alguna, generalmente nos sentimos culpables.

Por lo tanto, haga citas con una amiga, un vecino o una compañera de trabajo para salir a caminar o ir a levantar pesas. Será menos probable que deje a un lado sus sesiones de ejercicio si sabe que otra persona depende de usted para sentirse motivada, dice la Dra. Braun.

No se desanime. No deje que su programa de ejercicio se vaya por el caño sólo porque haya dejado de hacerlo una vez. Además, dejar de hacer una sesión —o incluso varias— no deshace todos los beneficios que ya está obteniendo, dice la Dra. Braun. Si está haciendo ejercicio tres veces a la semana, no hay problema siempre y cuando no deje de hacerlo más de dos a cuatro veces en un mes, dice.

Tercera Fase:
Personalice su programa para el equilibrio hormonal

Su cuerpo contiene casi 200 hormonas y sustancias parecidas a las hormonas que afectan a los principales órganos y a las células microscópicas por igual. Una vez que haya disminuido su exposición a los agentes externos que producen un efecto negativo en sus hormonas y que haya tomado medidas para optimizar la producción de hormonas que protegen su salud, usted puede hacerle aún más ajustes finos a su salud.

En esta sección, aprenderá cómo aliviar cualquiera de los 28 problemas específicos de salud que expondremos, desde sofocos (bochornos, calentones) hasta ronquido, al tomar en cuenta los efectos de las hormonas en su vida.

Por ejemplo, probablemente ya sepa que la caída en los niveles de estrógeno que se presenta con la menopausia puede hacer que su piel sea más propensa a las arrugas. ¿Pero sabía usted que los cambios hormonales también hacen que vaya perdiendo cabello? Los cambios hormonales también pueden contribuir a los problemas de continencia urinaria, al síndrome de fatiga crónica, a las infecciones de las vías urinarias. . . es decir, a toda una gama de molestias y problemas, incluso a los problemas de la vista. Las fluctuaciones hormonales que ocurren durante la pubertad, el embarazo y las menstruaciones han mostrado ser un factor que contribuye a algo que nunca nos imaginaríamos: a las enfermedades de las encías.

Aquí averiguará lo que recomiendan los expertos y dónde puede consultar los estudios de investigación y tratamientos más actuales, y además averiguará cómo encontrar grupos de apoyo. En algunos casos, hay mucho que puede hacer por su propia cuenta.

Pero si necesita buscar la ayuda de un médico —como a menudo es el caso cuando se trata de problemas relacionados con las hormonas— el hacer su "tarea" con anticipación le ayudará a aprovechar la consulta médica al máximo y también les permitirá a usted y a su médico resolver el problema de manera más eficaz.

SOFOCOS

Aunque son prácticamente un sinónimo de la menopausia, los sofocos (bochornos, calentones) pueden ocurrir en mujeres desde los 18 hasta los 80 años de edad. Algunas mujeres premenopáusicas sufren de sofocos junto con otros síntomas del síndrome premenstrual (o *PMS* por sus siglas en inglés). En un estudio de investigación, más del 80 por ciento de las mujeres que presentaban ya sea el síndrome premenstrual u otros síntomas relacionados con su ciclo menstrual reportaron que tenían de 5 a 10 sofocos al mes.

Dicho lo anterior, los sofocos son más comunes en mujeres que están entrando a la menopausia o durante la perimenopausia, que son los 8 a 10 años que anteceden a la menopausia y un año después de la misma menopausia.

Durante un sofoco, la sangre sube a la superficie de la piel de su pecho, su cuello y su cabeza. Este aumento en el flujo sanguíneo hace que se eleve la temperatura de su piel alrededor de 4.5°F (2.5°C). Su frecuencia cardíaca se acelera y usted empieza a respirar un poco más aprisa. Algunas mujeres también presentan palpitaciones, dolores de cabeza, mareo y sensaciones de debilidad o ansiedad. A medida que su cuerpo va disipando el calor, desciende su temperatura corporal central, por lo que puede quedar sintiéndose fría y pegajosa después.

La mayoría de los sofocos duran de 2 a 5 minutos. Algunas mujeres sólo los presentan ocasionalmente; otras tienen más de una docena de sofocos al día. Y pueden reincidir durante períodos que van desde unos cuantos meses hasta décadas. Si no se tratan, los sofocos van disminuyendo gradualmente —alrededor de un 20 por ciento dentro de un período de 4 años a partir del inicio de la menopausia— y eventualmente desaparecen por sí solos.

Nadie sabe la causa exacta de los sofocos, pero lo más probable es que sean provocados por fluctuaciones en los niveles de estrógeno. "Estos cambios de alguna manera estimulan la parte del cerebro que controla la temperatura corporal, desajustando un control que normalmente es muy preciso", dice Robert

Freedman, Ph.D., director de medicina conductual de la Universidad Estatal Wayne en Detroit. Como resultado, el cerebro le ordena al cuerpo que disipe calor ruborizándose y sudando. El sofoco ocurre después de una elevación ligera en la temperatura corporal central. "Las mujeres que presentan sofocos parecen no tolerar incluso ligeras elevaciones en la temperatura corporal central", dice el Dr. Freedman.

Si sus sofocos no le causan molestia, entonces no es necesario que haga cosa alguna al respecto. Pero si la están volviendo loca, quizá pueda reducir la intensidad de los mismos lo suficiente como para poder soportarlos sin usar fármacos, dice Ann Webster, Ph.D., directora del Programa de Menopausia/Perimenopausia del Centro de Salud de Mente y Cuerpo para Mujeres del Hospital Beth Israel Deaconess en Boston. "No tiene que deshacerse por completo de los sofocos para conseguir un alivio considerable", dice.

Estrategias hormonales

Debido a que restaura los niveles de estrógeno y progesterona a los niveles premenopáusicos, la terapia de reposición hormonal (o *HRT* por sus siglas en inglés) elimina en gran medida los sofocos. Tanto la progesterona natural micronizada como el estrógeno —o una combinación de ambos— parece funcionar bien. Lo más probable es que su doctor le recomiende aquello con lo que esté más familiarizado. Para ayudar a determinar lo mejor para *usted*, considere los siguientes lineamientos.

Terapia de reposición hormonal de corto plazo

Si usted es una mujer posmenopáusica, casi le podemos garantizar que la terapia de reposición hormonal le aliviará los sofocos dentro de un período de una semana o menos. De hecho, esa es la principal razón por la cual las mujeres reciben la HRT a corto plazo. (Incluso funciona en hombres que padecen sofocos después de recibir un tratamiento hormonal para el cáncer prostático). Y si está recibiendo la HRT por otras razones —digamos, para proteger sus huesos— entonces considere el alivio de los sofocos como un beneficio adicional.

Sin embargo, si deja de tomarla, incluso aunque la haya tomado durante años, usted tenderá a presentar sofocos durante un tiempo, dice la Dra. Connie Catellani, directora del Miro Center for Integrative Medicine en Evanston, Illinois. Quizá necesite ir disminuyendo gradualmente su dosis, o bien, empezar a tomar una hierba en vez, como la cimifuga negra (hierba de la chinche, *black cohosh*), acerca de la cual se habla con mayor detalle un poco más adelante.

Si usted está atravesando por una menopausia quirúrgicamente inducida (es decir, si le han extirpado el útero y los ovarios), los estudios de investigación indican que los sofocos se pueden aliviar de mejor forma con una combinación de estrógeno y progesterona, en vez de usar estrógeno por sí solo. Tanto la HRT transdérmica como la oral son igualmente eficaces para aliviar los sofocos.

Un nuevo uso para la píldora anticonceptiva

Si usted está en la perimenopausia pero aún no ha dejado de menstruar y no fuma, es probable que su doctor le recomiende anticonceptivos orales, en vez de alguna HRT, para los sofocos. La terapia de reposición hormonal durante la perimenopausia no impide la ovulación y puede conducir a flujos menstruales irregulares. Las pastillas anticonceptivas sí ayudan a aliviar los sofocos y en algunos casos, pueden aliviar los síntomas del síndrome premenstrual, dice la Dra. June LaValleur, profesora auxiliar de Obstetricia y Ginecología de la Universidad de Minnesota y directora del Mature Women's Center, ambos en Minneapolis. Además, las pastillas anticonceptivas le permiten prevenir el embarazo, algo que todavía es necesario durante esta época, y también regulan los ciclos menstruales muy bien, de modo que ya no se tendrá que preocupar tanto por los ciclos irregulares o el crecimiento exagerado del endometrio. Hay muchas marcas de pastillas anticonceptivas para mujeres de 35 años de edad o mayores. Pregúntele a su médico cuál es la mejor para usted.

Progesterona por sí sola

Si no puede o prefiere no recibir la HRT o anticonceptivos orales, tomar progesterona sin estrógeno puede aliviar los sofocos en las mujeres perimenopáusicas, dice la Dra. Catellani. Puede comprar una crema de progesterona sin receta, pero es importante que compre una que realmente funcione. Busque alguna que contenga progesterona grado USP, como *Pro-Gest*. (Para mayor información acerca de cómo seleccionar una crema de progesterona de buena calidad, vea "¿Cuál hormona natural es la indicada para usted?" en la página 236). En un estudio de investigación, después de un año de usar una crema de progesterona, más del 80 por ciento de las mujeres reportaron una mejoría en sus sofocos, en comparación con menos del 20 por ciento de aquellas que tomaron un placebo. También puede tomar progesterona oral, como *Prometrium*, la cual se vende sólo con receta médica.

El parche

Las mujeres que presentan sofocos sólo durante su menstruación o poco antes de ella pueden usar un parche de estrógeno durante ese período para detener los sofocos, dice la Dra. LaValleur.

Estrategias no hormonales

Si usted presenta sofocos graves pero simplemente no puede usar forma alguna de suplementos hormonales, también tiene otras opciones. Se ha demostrado

》 **La zona hormonal**

Refresque los sofocos con comida, no con pastillas

Los alimentos que contienen nitritos (perritos calientes y algunas carnes frías tipo fiambre) o sulfitos (algunos vinos y frutas secas) o incluso el pimiento (ají, chile) rojo, pueden inducir sofocos (bochornos, calentones), al igual que las bebidas alcohólicas en general.

Por otra parte, diversos estudios de investigación han mostrado que las isoflavonas —que son estrógenos de origen vegetal que se encuentran en la soya y la infusión de trébol rojo (*red clover*), cuyas flores secas se pueden conseguir en las tiendas de productos naturales— pueden ayudar a aliviar los sofocos. Por el momento, son limitados los estudios de investigación que se han realizado usando isoflavonas aisladas (productos como *Promensil* y *Estroven*), pero indican que estos productos sí ayudan a refrescarlos.

Sin embargo, algunos investigadores argumentan que el máximo beneficio a la salud, especialmente en lo que se refiere a la protección de los sistemas cardiovascular y óseo, se obtiene al comer los alimentos que contienen estas sustancias en vez de consumir suplementos de estas. Algunos estudios han mostrado que se necesitan hasta 90 miligramos de isoflavonas al día para que se observe un efecto en la pérdida ósea. (Las pruebas que apoyan su uso para aliviar los sofocos son menos concluyentes. Pero si prueba los alimentos de soya y se siente más fresca, siga comiéndolos).

Una mujer asiática común consume alimentos de soya que contienen de 30 a 50 miligramos de isoflavonas (de una a dos raciones de alimentos de soya) al día, por lo que los expertos dicen que tiene sentido procurar ingerir esta cantidad hasta que sepamos más acerca de las isoflavonas.

No tome suplementos de isoflavonas si

que diversos fármacos que han sido aprobados para tratar afecciones tan diversas como la epilepsia, la depresión y la presión arterial alta también alivian los sofocos, por lo que pueden ser la panacea para las mujeres que sufren de sofocos graves. Por ejemplo, los antidepresivos fluoxetina (*Prozac*), venlafaxina (*Effexor*) y paroxetina (*Paxil*), alivian los sofocos en mujeres que están recibiendo tratamiento para el cáncer. La gabapentina (*Neurontin*), un anticonvulsivo que a veces se usa para tratar las migrañas, también puede ayudar a aliviar los sofocos, al igual que el medicamento antihipertensivo llamado clonidina (*Catapres*).

está tomando alguna terapia de reposición hormonal, tamoxifeno (*Nolvadex*), el cual se emplea para la prevención y tratamiento del cáncer de mama, o raloxifeno (*Evista*), que se usa para prevenir la osteoporosis, sin antes consultar a su médico. Todos estos fármacos tienen efectos similares a los de las isoflavonas en el cuerpo.

También puede merendar lino. La semilla de lino (linaza, *flaxseed*) contiene sustancias llamadas precursores de lignanos que su cuerpo convierte en estrógenos débiles. Cuando se agregan a sus reservas decrecientes, pueden a ayudar a equilibrar sus niveles hormonales cambiantes, dice la Dra. Connie Catellani, directora del Miro Center for Integrative Medicine en Evanston, Illinois. Pruebe una cucharada de semillas de lino molidas con su cereal o ensalada. Muélalas justo antes de comerlas.

Alimentos que debe agregar	Alimentos que debe evitar
Leche de soya, frijoles (habichuelas) de soya, *tofu*, nueces de soya, cereal de soya, hamburguesas de soya, barras proteicas de soya	Perritos calientes y carnes frías tipo fiambre que contengan nitritos
Pudín (budín), helado y malteadas de soya	Frutas secas con sulfitos
Semilla de lino molida	Bebidas alcohólicas (especialmente vino)

Refrésquese naturalmente con hierbas y suplementos

No todas las mujeres necesitan hormonas o fármacos para detener los sofocos. De hecho, muchas mujeres consiguen el alivio que necesitan con remedios no hormonales, dice la Dra. Catellani. "Quizá tenga que emplear más de una estrategia, combinando, por ejemplo, dieta y hierbas. Estos remedios no producen resultados con la misma rapidez que las hormonas. Pero en general, son seguros y algunos brindan algunos beneficios adicionales a la salud".

Cimifuga negra: la dosis correcta

Esta hierba es conocida por su capacidad de detener los sofocos. En los estudios de investigación que se han centrado en el extracto estandarizado de cimifuga negra (hierba de la chinche, *black cohosh*), se ha encontrado que funciona tan bien como la terapia de reposición de estrógeno para aliviar este síntoma de la menopausia. La dosis de extracto estandarizado es de 40 gotas, dos veces al día. Sin embargo, debido a que hay diferencias entre una marca y otra, es mejor que siga las instrucciones que aparezcan en la etiqueta.

La cimifuga negra aparentemente funciona al modular tanto la deficiencia como el exceso de estrógeno, dice la Dra. Catellani. En Alemania, donde esta hierba se emplea con regularidad, una agencia normativa alemana que regula el uso de medicamentos considera que la cimifuga negra es segura para ser usada por mujeres que padecen cánceres sensibles al estrógeno, así como hemorragia uterina, enfermedades hepáticas o enfermedades de la vesícula biliar, endometriosis, fibromas uterinos y enfermedad fibroquística del seno, todas las cuales son afecciones que descartan la posibilidad de tomar alguna terapia de reposición hormonal en la que se empleen hormonas sintéticas. Esta hierba no parece elevar el riesgo de cáncer. Dos especies asiáticas de cimifuga negra, *Cimicifuga heracleifolia* y *Cimicifuga foetida*, también parecen ayudar a fortalecer los huesos.

Si actualmente está tomando alguna HRT y le gustaría cambiarse a la cimifuga negra, hable con un profesional de la salud, dice la Dra. Catellani. Es posible que necesite su ayuda para ir disminuyendo gradualmente la HRT y asegurarse de tomar suficiente cimifuga negra para que funcione. De otro modo, puede terminar con *más* sofocos en lugar de menos.

Pruebe esta mezcla vitamínica

La vitamina E se recomienda frecuentemente como un remedio para los sofocos y es posible que, a la larga, sí ayude a algunas mujeres. Los doctores generalmente recomiendan de 400 a 800 UI al día, dice la Dra. Catellani. En estudios en los que sólo se tomaban de 50 a 100 UI al día, la vitamina E no mostró ser más eficaz que el placebo. En un estudio de investigación cuidadosamente controlado, las mujeres que tomaron 1,200 miligramos de vitamina C y 1,200 miligramos de un flavonoide llamado hesperidina (el cual tiene una estructura química similar a la del estradiol), sí consiguieron aliviar los sofocos.

Otras tácticas personales que refrescan

Si usted es como la mayoría de las mujeres que padecen sofocos, instintivamente ha aprendido a bajar la calefacción y subir el aire acondicionado o a buscar la sombra o tomar mucha agua cuando está al aire libre. "Realmente sí ayuda mantener una temperatura ambiente fresca", dice el Dr. Freedman.

Otras estrategias útiles:

Rocíese para refrescarse. Llene un rociador con 4 onzas (120 ml) de agua y agréguele de 6 a 8 gotas de los aceites esenciales de geranio (*geranium*,

---

Quizá el verdadero problema sean sus medicamentos

Si le dan sofocos (bochornos, calentones) por ninguna razón aparente —o si ni la terapia hormonal ni los remedios naturales parecen aliviar el problema— revise sus medicamentos. Los fármacos vasodilatadores —como la nitroglicerina (*Nitroglyn*) para la angina, los bloqueadores de los canales de calcio (*Procardia*) para la presión arterial alta, la bromocriptina (*Parlodel*) para la infertilidad, el tamoxifeno (*Nolvadex*) para el cáncer de mama y los agonistas de la hormona liberadora de gonadotropina o *GnRH* por sus siglas en inglés (*Lupron*) para la endometriosis— provocan sofocos en algunas mujeres.

Pregúntele a su médico sobre los fármacos que está tomando; quizá pueda cambiarse a un fármaco similar que tenga una menor probabilidad de causar sofocos.

Pelargonium graveolens) o rosa (*rose*, *Rosa damascena*), sugiere Jane Buckle, Ph.D., una instructora del programa de enfermería holística de la Universidad de New Rochelle en Nueva York. Lleve consigo el rociador y simplemente rocíese la cara, el cuello y los hombros cada vez que necesite enfriarse. Es maravillosamente refrescante y benéfico.

Respire para 'desestresarse'. En un estudio de investigación, las mujeres que habían estado teniendo 20 o más sofocos al día disminuyeron la frecuencia a la mitad con la ayuda de la respiración profunda, dice el Dr. Freedman. "Esta técnica parece disminuir la excitación del sistema nervioso central que normalmente ocurre durante las etapas iniciales de un sofoco", dice.

Siéntese con la espalda recta y desabróchese el pantalón o la falda para que su vientre pueda moverse libremente. Comience por exhalar por la nariz durante más tiempo de lo normal. Luego, inhale lenta y profundamente por la nariz, llenando sus pulmones de abajo hacia arriba, al mismo tiempo que mantiene relajado el vientre. Cuando su pecho se haya expandido al máximo, exhale lenta y profundamente, como si estuviera suspirando. Continúe con este patrón de inhalación y exhalación hasta que desaparezca el sofoco.

Váyase desvistiendo. La ropa que atrapa el calor contra su cuerpo puede hacer que se eleve su temperatura corporal central, provocándole sofocos. Por lo tanto, vístase para la ocasión. Olvídese de los cuellos de tortuga y mejor opte por los escotes pronunciados. Arrópese con capas de ropa que absorba la humedad, como la que está hecha de algodón o lino, que luego pueda quitarse o desabotonarse.

Actívese para aliviarse. Camine, corra, ande en bicicleta o nade. Elija cualquier tipo de ejercicio que le acelere el pulso, pero sí haga alguna forma de ejercicio de intensidad moderada tres veces a la semana (o más) durante 30 minutos cada vez. Nadie sabe por qué el ejercicio disminuye los problemas perimenopáusicos, pero el hecho es que los alivia, dice la Dra. LaValleur.

Córtelos desde el comienzo. Después de que han tenido un par sofocos, la mayoría de las mujeres ya se dan cuenta del momento en que van a empezar a tener uno. Si toma medidas para refrescarse justo cuando esté iniciando, es decir, antes de que las cosas realmente se acaloren, puede ayudar a que sus sofocos sean menos intensos, dice la Dra. LaValleur. Abaníquese, aflójese o quítese la ropa, rocíese el rostro y las manos con agua o beba un vaso de agua helada. Evite tomar bebidas alcohólicas, ya que esto también le puede ayudar a prevenir los sofocos.

SUDORACIÓN NOCTURNA

Para muchas mujeres, los sofocos (bochornos, calentones) no representan un gran problema. Pero la sudoración nocturna es harina de otro costal: son como supersofocos. Algunas mujeres se levantan empapadas y aturdidas y hasta tienen que cambiarse el camisón empapado —y quizá también las sábanas— antes de regresar a la cama.

"La sudoración nocturna interrumpe el sueño y puede contribuir a los problemas de memoria y humor que algunas mujeres experimentan durante esta etapa", dice la Dra. June LaValleur, profesora auxiliar de Obstetricia y Ginecología de la Universidad de Minnesota y directora del Mature Women's Center, ambos en Minneapolis. La privación de sueño es una forma bien conocida de tortura. "Cuando no duerme bien, todo su cuerpo sufre las consecuencias", dice.

Manténgase fresca mientras duerme

Las mismas tácticas que sirven para equilibrar sus hormonas y aliviar los sofocos, como los suplementos de estrógeno o la cimifuga negra (hierba de la chinche, *black cohosh*), pueden acallar la sudoración nocturna. Además, puede probar las siguientes tácticas para dejar de sudar.

Aromatoterapia para la sudoración nocturna

Los aromas fragantes de algunos aceites esenciales pueden ayudarla a relajarse y dormir. "Puede agregarlos al agua de su baño, prepararse un rociador refrescante o simplemente colocar unas cuantas gotas en una bolita de algodón que luego coloca sobre su almohada", dice Jane Buckle, Ph.D., una instructor del programa de enfermería holística de la Universidad de New Rochelle en Nueva York. Pruebe los aceites esenciales de mejorana (*sweet marjoram*), olíbano (*frankincense*) o *ylang-ylang* para que le ayuden a volver a conciliar el sueño. Puede hacer una mezcla mágica combinando una gota de cada uno, sugiere. Para reducir el calor y refrescarse, rocíese con agua de rosas y una gota de menta (hierbabuena, *peppermint*), la cual puede mejorar su equilibrio hormonal.

Enfríe su alcoba. Mantenga su habitación más fría que el resto de la casa. Un experto recomienda ajustar el termostato a 65°F (18.3°C), ya sea bajando la calefacción o subiendo el aire acondicionado. "Aunque esto suene muy simplista, es un muy buen consejo —dice Robert Freedman, Ph.D., director de medicina conductual de la Universidad Estatal Wayne en Detroit—. Cualquier cosa que eleve su temperatura corporal, aunque sea un poquito, como estar en un cuarto demasiado caliente, puede provocar un sofoco". Si al principio siente *demasiado* frío, use suficientes cobijas para que esté cómoda, ya que después podrá quitárselas si lo necesita.

Mantenga frescos sus pies. "Aunque no lo crea, se realizó un estudio de investigación en el que se demostró que si mantiene frescos sus pies, tendrá menos sudoraciones nocturnas", dice la Dra. LaValleur. Por lo tanto, destápese los pies y nunca duerma con calcetines (medias).

Remójese para refrescarse. Antes de que se vaya a acostar, prepárese un baño con agua tibia y remójese lo suficiente como para que se enfríe un poco el agua, alrededor de 20 minutos. "Esto puede hacer que las sudoraciones nocturnas sean menos frecuentes y menos severas", dice la Dra. Connie Catellani, directora del Miro Center for Integrative Medicine en Evanston, Illinois. Darse baños en agua caliente puede hacer que empeoren las cosas.

Cuidado con la copitas. El alcohol sólo hace que empeoren sus dificultades para dormir. Aunque quizá le ayude a conciliar el sueño con más facilidad, el alcohol trastorna los patrones normales de sueño. También hace que se ruborice incluso cuando no está en un estado de subibajas hormonales. El alcohol también puede provocar sofocos. "Una copita antes de irse a acostar simplemente no es la solución para la sudoración nocturna", dice la Dra. LaValleur.

Sequedad e irritación vaginales

*P*ara una mujer, no hay nada que termine tan rápido con el placer del sexo como el dolor. Y si se llega a sentir lo suficientemente adolorida con la suficiente frecuencia, más temprano que tarde empezará a inventar todo tipo de excusas para evitar hacer el amor.

Son muchas las cosas que pueden causar sequedad e irritación vaginales, por ejemplo, el estrés, la falta de juegos eróticos antes del sexo, los descongestionantes que resecan las membranas, los antidepresivos e incluso los anticonceptivos orales. La lactancia a menudo causa sequedad vaginal porque la prolactina —la hormona que estimula la producción de leche materna— también suprime la producción de estrógeno, que es la hormona que hace que la vagina se conserve húmeda, elástica y saludable.

La sequedad vaginal que se relaciona con la caída en los niveles de estrógeno que se presenta con la edad, empieza antes de lo que algunas mujeres sospecharían. Algunas empiezan a notar algo de sequedad a finales de la treintena, mucho antes de entrar a la menopausia. Algunas mujeres pueden empezar a notarla si empiezan una nueva relación en la edad madura, dice la Dra. Connie Catellani, directora del Miro Center for Integrative Medicine en Evanston, Illinois. "Ellas tratan de tener relaciones sexuales y se dan cuenta que las cosas ya no son como cuando eran más jóvenes —dice—. Algunas mujeres me dicen que cada vez se les dificulta más tener una vida sexual normal". Sin embargo, lo que ocurre con frecuencia es que las mujeres sufren en silencio. No se atreven a hablar del problema con sus médicos y sus médicos no preguntan.

El estrógeno mantiene la salud de la vagina y las estructuras circundantes de dos maneras. Promueve el flujo de sangre hacia la pelvis, con lo que se asegura que los nutrientes y la humedad lleguen a los tejidos. Y crea un ambiente dentro de la vagina que promueve el crecimiento de bacterias amigables llamadas lactobacilos, que producen el ácido láctico que mantiene un ambiente ligeramente ácido en la vagina e inhibe el crecimiento de *E. coli* y otras bacterias fecales que pueden provocar infecciones vaginales y de las vías urinarias.

Si bien la sequedad vaginal puede presentarse en la perimenopausia o un par de años después de iniciada la menopausia, el hecho es que la vagina de una mujer se encoge y pierde tono muscular. Sus paredes normalmente gruesas se vuelven delgadas y delicadas y eventualmente pueden inflamarse, causando una afección que se llama vaginitis atrófica que a menudo va acompañada de una secreción grisácea. Las secreciones vaginales disminuyen y se vuelven menos ácidas, creando las condiciones ideales para una infección. A veces también se ven afectadas las vías urinarias, en cuyo caso, la mujer orinará con mayor frecuencia, tendrá una sensación de urgencia y tendrá que levantarse en la noche para ir al baño.

Por fortuna, ninguno de estos cambios es inevitable. A continuación le damos más detalles.

Hormonas al rescate

El estrógeno oral o tópico virtualmente revierte el proceso de atrofia vaginal, y unas cuantas versiones de estrógeno vaginal son asombrosamente seguras. La terapia que se conoce como terapia de estrógeno vaginal local también disminuye significativamente la incidencia de infecciones de las vías urinarias en mujeres posmenopáusicas. (También vea la página 368).

A continuación están sus opciones.

Pruebe la crema de estriol. Su cuerpo produce tres tipos de estrógeno: estradiol, estrona y estriol. El estriol es el tipo de estrógeno que actúa específicamente en las membranas mucosas de su vagina, manteniéndola húmeda y flexible y algunos doctores en medicina alternativa también piensan que brinda protección contra el cáncer. Algunos doctores en medicina alternativa tratan la sequedad vaginal recetando una crema que contiene estriol, dice la Dra. Catellani. Esta crema necesita ser preparada en una farmacia donde se preparen medicamentos, en la potencia que indique su médico. (La dosis usual es una concentración del 0.05 ó 0.06 por ciento de estriol en una base de crema). "Si el único síntoma que le preocupa a la mujer es la sequedad vaginal, o si los sofocos (bochornos, calentones) se resuelven satisfactoriamente con soya o cimifuga negra (hierba de la chinche, *black cohosh*), entonces puede usar esta crema —dice la Dra. Catellani—. Una vez que la vagina haya recuperado algo de su resistencia y maleabilidad por usar la crema una o dos veces al día durante 1 ó 2 semanas, entonces puede usar la dosis de mantenimiento de dos o tres veces a la semana".

No es necesario que inserte la crema en la vagina, ya que de este modo resulta pringosa. "Es tan concentrada que con tan sólo aplicarse alrededor de ¼ de cucharadita en la parte externa, actúa sobre toda la vagina", dice la Dra. Catellani. Y a diferencia de la terapia hormonal oral u otras cremas hormonales vaginales, no necesita usar progesterona junto con este tratamiento para contrarrestar el efecto del estrógeno de promover el crecimiento del revestimiento uterino. El estriol no promueve el crecimiento exagerado del endometrio.

Pregúntele a su doctor acerca del *Estring*. Si la sequedad vaginal es su única queja, el anillo vaginal de estradiol que se vende con receta y que se comercializa bajo la marca *Estring*, probablemente sea considerada como una opción por los doctores convencionales. El *Estring*, que se introdujo a los Estados Unidos en 1997, es un anillo suave y flexible de silicona, de alrededor de 2 pulgadas (5 cm) de diámetro, que se inserta en la vagina y que lentamente libera estradiol durante un período de 90 días. Luego, se retira y se cambia por uno nuevo. (Puede hacer esto usted misma. También se lo puede quitar durante las relaciones sexuales, si así lo desea).

Los niveles de estrógeno en sangre se elevan ligeramente durante 3 días después de que se inserta por primera vez y luego regresan a los niveles posmenopáusicos. "El *Estring* le brinda la menor exposición sistémica al estrógeno que cualquier otro tratamiento hormonal disponible para la sequedad vaginal —dice la Dra. June LaValleur, profesora auxiliar de Obstetricia y Ginecología de la Universidad de Minnesota y directora del Mature Women's Center, ambos en Minneapolis—. Incluso lo usamos en algunas de nuestras pacientes con cáncer de mama (con el consentimiento de sus oncólogos) y en mujeres que han padecido cáncer endometrial de etapa I. Es tan eficaz que algunas mujeres dicen que vale su peso en diamantes. Restaura su capacidad de tener relaciones sexuales".

Con el *Estring*, se absorbe tan poco estradiol que no necesita tomar progesterona para contrarrestar los efectos del estrógeno de promover el crecimiento del revestimiento uterino. "Por otro lado, las cremas vaginales de estrógeno, como el *Premarin*, se absorben mucho más y pueden conducir al sangramiento anormal y al crecimiento exagerado del endometrio", dice la Dra. LaValleur. Si usa una crema vaginal que no sea una crema de estriol, también tendrá que tomar progesterona.

Auxiliares no hormonales

Si prefiere no tomar hormonas —o si no puede por razones médicas— existen otras estrategias sencillas que quizá le ayuden a aliviar sus síntomas.

Pruebe un humectante vaginal. Este es un producto que puede usar en cualquier momento, generalmente varias veces a la semana, para restaurar la humedad vaginal. (Si quiere, también lo puede usar durante el sexo). Algunos ejemplos son *Replens*, *K-Y Long-Lasting Vaginal Moisturizer Gel*, *Moist Again Vaginal Moisturizing Gel* y *Vagisil Intimate Moisturizer Lotion*. Estos productos contienen ingredientes que ayudan a retener la humedad durante períodos prolongados. Sin embargo, no ayudan a contrarrestar el adelgazamiento de las paredes vaginales ni la atrofia vaginal como lo hace el estrógeno, dice la Dra. Catellani.

Use aceite de vitamina E. Este aceite puede disminuir la sequedad, la irritación y el ardor causados por la vaginitis atrófica, dice la Dra. Catellani. Simplemente reviente una cápsula, exprima el aceite en su dedo y frótelo donde sea necesario. Haga esto dos veces al día o cada vez que necesite conseguir alivio.

Una manera más práctica de aplicarse vitamina E es usando supositorios vaginales de vitamina E y cera de abeja, los cuales están disponibles a través de un naturópata, dice Judyth Reichenberg-Ullman, N.D., una naturópata del Centro de Medicina Homeopática del Noroeste en Edmonds, Washington. Empiece usando un supositorio cada noche durante 6 semanas, y luego disminuya la dosis a un supositorio, una noche a la semana, durante el tiempo necesario. Aunque los supositorios generalmente son muy buenos para la lubricación vaginal, algunas mujeres consideran que son demasiado pringosos, por lo que quizá quiera usar una toalla femenina para que absorba lo que se salga de la vagina. "Yo le he recomendado este régimen a un sinfín de mujeres, y la gran mayoría han encontrado que los supositorios son muy útiles para aliviar la sequedad e irritación vaginales", dice.

Siempre use un lubricante cuando vaya a tener relaciones sexuales. Incluso aunque use algún humectante vaginal o aceite de vitamina E, quizá todavía necesite más lubricación durante el sexo. Use algún lubricante sin fragancia e incoloro, que esté hecho a base de agua, como *K-Y Jelly*, *Astroglide* o *Wet*. (Algunas mujeres definitivamente prefieren uno u otro, entonces quizá sea una buena idea que pruebe unos cuantos y luego decida cuál le agrada más). "*K-Y Jelly* es un producto muy aceptable, le da a una la sensación de que es algo natural y puede conseguirse fácilmente", dice la Dra. Catellani. Aplique el lubricante en la abertura vaginal y sobre el pene.

Nunca use vaselina u otros productos hechos a base de petróleo como lubricantes sexuales. Lo mismo cabe decir en el caso de la mantequilla de cocoa, la mantequilla normal o el aceite para bebés. Estos tipos de lubricantes permanecen en la vagina y sirven de hogar para las levaduras y otros microbios

No confunda la irritación con una infección

Una infección leve por levaduras puede causar irritación durante el coito, pero generalmente también causará algo de comezón y un flujo blanquecino. Si ya antes le han diagnosticado candidiasis y reconoce los síntomas, las cremas o supositorios antifúngicos que se venden sin receta generalmente podrán eliminar estas molestias en 2 ó 3 días. Siga las instrucciones que aparezcan en el empaque. Si persisten sus síntomas, consulte a un médico. Quizá tenga otro tipo de infección.

que causan infecciones. Pueden hacer lo mismo en la uretra, que es la abertura de las vías urinarias.

Si va a usar condones, elija los lubricados. Estos disminuyen la fricción e irritación. Y si les va a agregar más lubricante, asegúrese de que sea uno que esté hecho a base de agua. Los lubricantes hechos a base de aceite debilitan el látex y aumentan la probabilidad de que se rompa el condón.

Pruebe las mismas hierbas que se emplean para aliviar otros síntomas de la menopausia. Tanto la cimifuga negra (hierba de la chinche, *black cohosh*) como el agnocasto (sauzgatillo, *chasteberry*) pueden ayudar a eliminar la sequedad vaginal, junto con los sofocos (bochornos, calentones), los flujos menstruales irregulares y otros síntomas de la menopausia, dice la Dra. Catellani. Pero estas hierbas pueden tardar meses en producir su efecto, por lo que, mientras tanto, quizá sea una buena idea que use una crema de estriol o alguna de las otras estrategias.

La dosis usual de cimifuga negra es de 40 gotas de la tintura estandarizada, dos veces al día, mezcladas con agua o jugo. Sin embargo, debido a que la potencia varía de una marca a otra, siga las instrucciones impresas en la etiqueta del frasco. La cimifuga negra es más eficaz cuando se usa en forma de extracto líquido, tableta o cápsula, en lugar de infusión, dice la Dra. Catellani.

En cuanto al agnocasto, se ha demostrado en ensayos clínicos que disminuye los niveles de prolactina, la "hormona de la lactancia", la cual causa sequedad vaginal. El agnocasto se puede tomar en forma de tintura, cápsula, tableta o infusión. La dosis que se ha empleado en ensayos clínicos es de 40 gotas del extracto estandarizado, una vez al día. En el caso de cápsulas o tabletas, tome una cápsula de 650 miligramos hasta tres veces al día; en el caso de tintura, agregue 40 gotas a algún líquido hasta tres veces al día. Si prefiere tomar la infusión, beba una taza dos a tres veces al día, agrega la Dra. Catellani.

(*Nota*: Una tintura o *tincture* es un líquido herbario muy concentrado. Se prepara al remojar hojas de una hierba en alcohol o glicerina —lo cual extrae sus propiedades medicinales— durante al menos 6 semanas. Puede conseguir tinturas en las tiendas de productos naturales, donde se venden en frascos pequeños con goteros para administrar las dosis. Asegúrese siempre de guardar las tinturas fuera del alcance de los niños).

Absténgase de hacerse lavados vaginales. Los lavados vaginales comerciales contienen ingredientes astringentes que resecan los tejidos vaginales. "Si ya sufre de sequedad vaginal, es probable que los lavados vaginales sólo hagan que empeore su problema —dice Leslie Shimp, Pharm.D., profesora adjunta de Farmacia de la Universidad de Michigan en Ann Arbor—. Yo nunca los recomiendo".

Tome las cosas con calma y disfrute cada momento. Estar físicamente lista para tener relaciones sexuales lleva tiempo, y entre más años tenga, más tiempo le podrá llevar, dice la Dra. Barbara Bartlik, profesora clínica auxiliar de Siquiatría del departamento de siquiatría de la Facultad de Medicina Weill de la Universidad Cornell en la ciudad de Nueva York. "¿Recuerda esos largos domingos románticos que tenía cuando era más joven, quizá antes de que empezara a tener relaciones sexuales? ¿En esas ocasiones en que pasaba horas sólo besando y acariciando a su pareja? Trate de hacer eso de nuevo", sugiere. Sólo disfrútelo, sin fijarse metas. (Para mayor información acerca de las relaciones sexuales y las hormonas, vea el Capítulo 8).

INFECCIONES DE LAS VÍAS URINARIAS

*E*s sorprendente ver el tiempo que las mujeres pueden estar aguantando infecciones de las vías urinarias (o *UTI* por sus siglas en inglés) antes de buscar ayuda. Pongamos de ejemplo a Lorene Williams. A la edad de 88, ella ha padecido UTI desde que estaba en la treintena, a veces hasta cada 15 días. Su malestar y la frecuencia con la que tenía que orinar llegó a un punto tal que ya estaba interfiriendo con su sueño. Finalmente, se hartó de todo aquello, dejó de hacerle caso a su doctor, cambió su estilo de vida y empezó a recibir la terapia de reposición de estrógeno.

Los resultados son asombrosos. Williams ya no tiene que soportar los síntomas predecibles y dolorosos de las infecciones crónicas de las vías urinarias bajas (también conocidas como cistitis).

Casi la mitad de todas las mujeres contraerán una infección de las vías urinarias en su vida. Y muchas de esas mujeres —del 10 al 15 por ciento— sufren de problemas crónicos después de que cumplen los 60 años de edad.

Pero los expertos dicen que demasiadas mujeres, especialmente las posmenopáusicas, son como Williams. Estoicamente soportan el dolor simplemente porque no buscan o no consiguen la atención médica que necesitan. Y esto a pesar de que la mayoría de las UTI pueden ser eliminadas o disminuidas a través de algunos cambios conductuales y médicos sencillos.

"Aunque las infecciones de las vías urinarias son muy persistentes, también son evitables —dice el Dr. Wulf H. Utian, director ejecutivo de la Sociedad de la Menopausia de los Estados Unidos en Cleveland—. No hay motivo para que sufran las mujeres".

Una cascada de causas

La causa más común de cistitis es el crecimiento de bacterias en la vejiga. Las bacterias luego producen sustancias químicas y toxinas que hacen que el revestimiento de la vejiga se hinche e inflame, causando dolor y ardor.

El caso más común de cistitis es cuando las bacterias del intestino viajan desde el ano y el perineo hasta el interior de la uretra. Desde ahí, estas bacterias pueden entrar a la vejiga y empezar a proliferar.

Al principio, una mujer sentirá la necesidad de orinar con frecuencia, a veces hasta cada 5 a 15 minutos. También puede sentir dolor en su abdomen inferior.

En mujeres más jóvenes, las infecciones de las vías urinarias a menudo son el resultado de algún exceso: relaciones sexuales muy frecuentes (dando lugar al nombre de "cistitis lunamielera"), consumo excesivo de alcohol o una alimentación que conste de alimentos muy condimentados. Pero las mujeres menopáusicas también tienen que lidiar con los cambios físicos que facilitan la propagación de bacterias. Por ejemplo, la caída en los niveles de estrógeno que ocurre durante la menopausia puede causar cambios importantes en la salud pélvica de una mujer. Esta hormona es la responsable de mantener la elasticidad de las paredes de la vejiga, la uretra y la vagina, así como de mantener un pH ácido en la vagina, todo lo cual es útil para prevenir las infecciones de las vías urinarias. Sin la influencia del estrógeno, las paredes pueden hacerse más delgadas y el área urogenital puede tener un pH más alto (menos ácido), lo que permite que florezcan las bacterias "malas".

Al mismo tiempo, se está debilitando el piso pélvico, a menudo como resultado del parto, la falta de ejercicio y la obesidad. Cuando eso ocurre, el útero, la vejiga y el recto se caen, acortando la distancia que hay entre la fuente de las bacterias y la vejiga.

Otros problemas relacionados con la edad también contribuyen a las UTI. Por ejemplo, con el paso de los años, las mujeres pueden presentar tanto incontinencia urinaria como estreñimiento, lo cual puede conducir a una urgencia frecuente por orinar o a manchar la ropa interior o los pañales para adultos, brindando así un entorno ideal para el crecimiento bacteriano. (El estreñimiento crónico puede tener como consecuencia una vejiga comprimida y una urgencia frecuente por orinar). Estas afecciones a menudo coexisten.

Al mismo tiempo, una mujer puede notar que ya no puede relajarse mientras orina, sino que tiene que forzarse para orinar. "Esto sólo hace que la uretra se ensanche más, dándoles una mayor oportunidad a las bacterias para que entren a la vejiga", dice el Dr. Niall T. M. Galloway, director médico del Emory Continence Center y profesor adjunto de Urología de la Facultad de Medicina Emory en Atlanta.

En mujeres con diabetes, la glucosa excedente que hay en su orina es el alimento ideal para las bacterias. Puede ser útil disminuir el consumo de azúcar y hacer más ejercicio, como nadar o caminar, dice el Dr. Galloway.

No dé por hecho que es una UTI

Si tiene dolor al orinar, una urgencia frecuente por orinar, dolor en la baja espalda y otros síntomas y cree que podría padecer una UTI, llame a su médico de inmediato para que confirme el diagnóstico.

"Cada vez que presentan un dolor en la baja espalda o una necesidad frecuente de ir al baño, las mujeres piensan que tienen una infección —dice la Dra. Jay M. Kulkin, una obstetra/ginecóloga que tiene su consulta privada en Atlanta y miembro del Grupo Operativo para Mujeres de la Asociación de Planes de Salud de los Estados Unidos—. Pero la verdad es que la causa podría estar relacionada con alguna otra cosa".

"Una mujer podría tener un colon irritable, el cual puede producir síntomas muy parecidos a los de una UTI", dice el Dr. Utian. Entonces, no puede suponer que la causa sea una infección.

Por ejemplo, en el caso de Lorene Williams, muchos de sus supuestos episodios de cistitis resultaron estar relacionados con el estreñimiento, no con una infección. Su doctor anterior no había considerado los problemas intestinales, sino que simplemente le había indicado un régimen continuo de antibióticos, lo cual puede causar diarrea y el crecimiento exagerado de levaduras.

Su nuevo doctor —el Dr. Galloway— suspendió el tratamiento con antibióticos y le recomendó que tomara laxantes naturales en vez, por ejemplo, dos cápsulas de aceite de pescado (*fish oil*) después de la cena, para ablandar las heces. (También es eficaz tomar dos cápsulas de aceite de semilla de lino o

Dice que sus infecciones de las vías urinarias tienen algo que ver con su histerectomía

P: *Tengo 52 años de edad y estoy en excelente forma física. Juego tenis tres veces a la semana y me alimento bien. Pero desde que me hicieron una histerectomía, me han dado tres infecciones serias de las vías urinarias. Los doctores me dicen que la infección pudo haber estado originalmente relacionada con el catéter que me colocaron durante la cirugía. Cada vez, me han indicado un tratamiento con antibióticos: primero* Septra, *luego* Cipro. *Ninguno funcionó. Ahora estoy recibiendo un tratamiento por cuarta vez. Pero quiero evitar que me vuelvan a dar estas infecciones. ¿Qué puedo hacer?*

El Dr. Niall T. M. Galloway, director médico del Emory Continence Center y profesor adjunto de Urología de la Facultad de Medicina Emory en Atlanta, responde: Primero, elimina de tu dieta cualquier cosa que esté en la lista peligrosa de alimentos "irritantes de la vejiga", por ejemplo, alcohol, cualquier cosa con cafeína, azúcares de frutas y azúcares artificiales, alimentos picantes y condimentados y productos lácteos.

Luego, debes crear un programa para restaurar la salud intestinal. Comienza por tomar 2 onzas (60 ml) de leche de magnesia para limpiar tu colon. Luego, toma una cucharada al día de algún agente de fibra soluble, como *Citrucel*, *Metamucil* o *FiberCon*, con alrededor de una botella de 6 a 8 onzas (180 a 240 ml) de agua al día.

Luego, empieza a acidificar tu orina tomando 500 miligramos de vitamina C tres veces al día, o sea, un total de 1,500 miligramos. Vacía tu vejiga cada 2 horas, independientemente de que tengas ganas de ir al baño o no, durante las horas en que estés despierta.

Además de jugar tenis, agrega media hora de ejercicio constante, como ejercicios aeróbicos o danza, a tu régimen diario para que ayudes a que tu intestino se evacue con regularidad. El intestino funciona mejor cuando sigues un horario fijo.

Por último, habla con tu médico acerca de la posibilidad que te dé una recete médica que no caduque para que tomes algún antimicrobiano leve, como *Macrobid*. La rutina estándar es tomarlo durante 3 días si presentas síntomas que te hagan sospechar que no has respondido a estas estrategias.

Si te empiezas a sentir mejor y ya no presentas señal alguna de infección, lentamente empieza a incorporar nuevamente los alimentos que eliminaste. De esta forma, podrás determinar qué es lo que tu cuerpo puede tolerar y podrás disfrutar de la vida sin tener que soportar el dolor de una infección de las vías urinarias.

en inglés, *flaxseed oil*). Además, le indicó un laxante leve que se vende sin receta y le recomendó que tomara más agua. Esto le sirvió mucho para aliviar sus síntomas, al grado en que ya pudo dormir toda la noche de corrido.

Como resultado de lo anterior, ella se empezó a sentir mucho mejor.

El Dr. Galloway también le recetó a Williams una crema tópica vaginal llamada *Estrace*, la cual contiene estradiol (una forma de estrógeno), para ayudar a proteger su uretra de las infecciones, así como *Macrobid*, un antimicrobiano, o sea, una versión de antibiótico mucho más suave. Al usar el *Macrobid* sólo en caso necesario, Williams ha podido frenar las UTI antes de que le empiecen a provocar dolor.

Las infecciones de las vías urinarias siempre presentan el peligro de convertirse en algo serio, dado que se pueden propagar hacia los riñones, posiblemente requiriendo hospitalización.

"Por lo tanto, trate a una UTI como trataría un incendio en su casa —dice el Dr. Galloway—. No deje que se salga de control antes de que empiece a hacer algo al respecto".

Tome medidas lo antes posible

Si lo que tiene en efecto es una UTI y no otra cosa, el Dr. Galloway y otros recomiendan estos pasos sencillos para pararle el alto a la infección.

- Inmediatamente deje de consumir azúcar y jugos de fruta, así como otros líquidos que no sean agua.
- Aumente su consumo de vitamina C a 500 miligramos, de dos a tres veces al día, para empezar a acidificar su orina.
- Beba jugo de arándano agrio (*cranberry*) no endulzado, el cual se consigue en las tiendas de productos naturales. (El jugo endulzado probablemente no le hará mucho efecto). Si el sabor le parece demasiado fuerte, puede diluir el jugo con agua. Pero asegúrese de beber sólo un vaso de 8 onzas (240 ml) de jugo al día, dado que incluso el jugo no endulzado contiene azúcar, dice Joy Hewitt, R.N., una enfermera certificada que se especializa en continencia del Emory Continence Center en Atlanta.
- Trate de orinar cada 2 horas, independientemente de que tenga o no ganas, pero teniendo cuidado de no forzarse.
- Camine con regularidad para ayudar a prevenir el estreñimiento, agrega.

La dieta que hará sonreír a su vejiga

Los doctores dicen que las mujeres que son propensas a las infecciones crónicas de las vías urinarias pueden evitar episodios futuros si disminuyen su consumo de alimentos que actúan como "irritantes de la vejiga".

No necesariamente tiene que dejar de comer todos estos alimentos por completo. Simplemente lleve un diario de lo que come y trate de eliminarlos uno a la vez para ver si al evitar unos cuantos padece menos infecciones.

Preste atención a los jugos que vaya a tomar: aunque los jugos son ácidos, muchos contienen fructosa —y otros azúcares, si están endulzados— los cuales sirven de festín para los microorganismos que causan las infecciones de las vías urinarias.

Alimentos que debe agregar	Alimentos que debe evitar
Caldos calientes	Cualquier tipo de bebida alcohólica (licor, vino, bebidas a base de vino o *wine coolers*, cerveza)
Infusiones de hierbas o malteadas para desayunar en vez de café	
Chocolate blanco en lugar de chocolate normal	Cafeína (café, té, refrescos de color oscuro y algunos de color claro, infusiones de hierbas de color oscuro y algunas de color claro, incluyendo las versiones "descafeinadas")
Agua (de 6 a 8 vasos al día)	
Jugo de arándano agrio (*cranberry*) no endulzado	
Arándanos agrios y arándanos	Chocolate amargo
Salvado	Fruta o jugos de fruta muy ácidos (naranja/china, toronja/pomelo, arándano agrio, limón, limón verde/lima, mango y piña/ananá)
Panes integrales	
Avena	Alimentos picantes y condimentados (cocina mexicana, tailandesa o *cajun*)
Verduras con cáscara	
Palomitas (rositas) de maíz (cotufo)	Productos lácteos (leche, queso, requesón, yogur, helado)
	Azúcar (edulcorantes hechos a base de maíz/elote/choclo, miel, fructosa, sucrosa, lactosa en alimentos empacados)
	Edulcorantes artificiales (sacarina, aspartame)

↬ No use desodorantes ni jabones perfumados en nada que vaya a entrar en contacto con el área de los genitales, ya que pueden irritar el tejido genital, dice Hewitt.

Mejor prevéngalas

Para evitar que empiecen los problemas, Hewitt ofrece las sugerencias siguientes:

↬ Tome al menos de 6 a 8 vasos de agua al día y un par de vasos después de tener relaciones sexuales.

↬ Orine antes y después del coito.

↬ Límpiese suavemente de adelante hacia atrás después de orinar o evacuar.

↬ No use papel higiénico de colores, jabón para hacer un baño de espuma, jabones perfumados o tampones o toallas femeninas con desodorante.

↬ Dúchese en lugar de bañarse en la bañadera (bañera, tina). Si necesita bañarse en bañera, no se quede en el agua durante más de 10 minutos.

↬ Después de ducharse o bañarse, use una secadora de pelo a temperatura fría para secar la piel del área urogenital.

↬ Si usa protectores para la incontinencia, cámbiese las toallas al menos dos veces al día.

Las hormonas no siempre son la solución

Un episodio ocasional de cistitis no necesariamente amerita el uso de la terapia de reposición de estrógeno. Pero diversos estudios indican que la aplicación de estrógeno —especialmente en la forma de anillo vaginal— es útil para disminuir los problemas urogenitales. Un anillo vaginal es un anillo suave y flexible de silicona, que mide alrededor de 2 pulgadas (5 cm) de diámetro y que se inserta en la vagina, donde lentamente libera estradiol durante un período de 90 días. Luego se retira y se cambia por uno nuevo.

"Yo sólo lo recomiendo donde existe una indicación clara de que podría ser útil, como en el caso de UTI crónicas recurrentes o persistentes —dice el Dr. Utian—. Pero si una mujer que nunca ha usado el anillo parece no tener problemas la mayoría del tiempo, entonces tratamos de hacer otros ajustes primero. Yo siempre le dejo la decisión final a la mujer".

Arrugas

*L*as arrugas son como el álbum de recuerdos de nuestra vida, recordatorios visibles de las noches que pasamos en vela y de los veranos que pasamos en la playa. Quizá sus arrugas sean semejantes a las de su madre, tías o abuelas.

Si bien es cierto que algunas arrugas son, hasta cierto grado, una parte inevitable del envejecimiento, hay otras que sí pueden evitarse. Los factores ambientales, especialmente la exposición al sol, el humo del cigarro y la contaminación, son responsables del 98 por ciento de las arrugas, dice el Dr. Richard Glogau, profesor clínico de Dermatología de la Universidad de California en San Francisco. Las mujeres que fuman tienden a entrar a la menopausia a una edad más temprana, privando a su piel del estrógeno desde antes que las no fumadoras, pero el tabaquismo también hace que la piel envejezca prematuramente, causando directamente la aparición de arrugas.

Otros factores que contribuyen pero que no son tan fácilmente evitables incluyen los siguientes:

Sonreír o fruncir el ceño. Con el tiempo, los músculos que movemos para expresar nuestras emociones crean surcos visibles en la superficie de la piel.

Patrones de sueño. Si duerme con la cara contra la almohada de la misma forma todas las noches, pueden aparecer líneas superficiales.

Gravedad. La gravedad jala la piel y los músculos cuando estamos sentadas o paradas.

Envejecimiento intrínseco. En pocas palabras, la piel se desgasta.

Estrógeno y testosterona: hormonas ántiarrugas

Casi todos los órganos que hay en su cuerpo tienen receptores de estrógeno. De hecho, se han encontrado receptores de estrógeno a lo largo de las diversas capas de nuestra piel, e incluso en los vasos sanguíneos que llevan sangre a la piel y que ayudan a mantener el tono y la estructura de la misma.

"Después de la menopausia, la piel retiene menos agua, entonces se vuelve más seca —dice el Dr. Glogau—. Además, la dermis —la capa inferior, abultada y rica en colágeno de la piel— se encoge. Y la elastina —que son las fibras que le dan esa elasticidad juvenil a la piel— cambia sutilmente". Como resultado, la piel se vuelve más fina, menos elástica y menos eficiente para retener esa humedad que hace que la piel se vea joven y tersa.

Curiosamente, los efectos del envejecimiento de la piel que se relacionan con el estrógeno ocurren al mismo tiempo que los cambios que se han observado en los huesos. Al igual que una tercera parte a la mitad de la pérdida ósea que ocurre en la menopausia se debe a la deficiencia de estrógeno, la piel pierde alrededor del 30 por ciento de su colágeno, que es la proteína fibrosa que ayuda a formar el "andamiaje" de la piel, durante los primeros 5 años que siguen a la menopausia. Después de eso, la caída en los niveles de colágeno se hace menos pronunciada, descendiendo alrededor del 2 por ciento cada año.

Evitar exponerse al sol y no fumar pueden hacer mucho por minimizar las arrugas que se deben a influencias no hormonales. Pero incluso aunque haya vivido toda su vida bajo la sombra de sombreros y parasoles, su rostro empezará a arrugarse un poco después de la menopausia. Años de sonreír y fruncir el ceño generan músculos hiperactivos, dejando surcos entre sus cejas y patas de gallos en las ángulos externos de sus ojos. Y para cuando llega a la edad madura, pierde gran parte de la grasa subyacente que le daba a su rostro esa apariencia redondeada y saludable que se relaciona con la juventud.

Los niveles relativamente bajos de testosterona que tienen las mujeres también contribuyen a las arrugas, dice la Dra. Jean Carruthers, profesora clínica de Oftalmología de la Universidad de la Columbia Británica en Vancouver y cirujana oftalmológica estética. "El vello de la barba de los hombres es más fuerte y denso, por lo que ayuda a darle soporte a la piel y a impedir las arrugas —dice—. Por esta razón, las mujeres y los hombres envejecen de manera similar alrededor de los ojos, pero a los hombres no les salen esas arrugas alrededor de la boca que tanto les molestan a las mujeres".

Un beneficio bienvenido de la HRT

Se ha demostrado que la terapia con estrógeno oral "rellena" la piel que se ha puesto más fina a causa de la falta de estrógeno. Tiene el potencial de construir fibras de colágeno dentro de la dermis e incluso de prevenir la pérdida de colágeno. Esto resulta ser importante porque el colágeno es el responsable de darle grosor a la piel: como el relleno de un edredón, por así decirlo. Los estudios de investigación preliminares también han encontrado que las mujeres que toman estrógeno tienen una mayor capacidad de retener humedad en el estrato córneo, que es la capa superior de la epidermis.

La prevención de las arrugas no debe ser la principal razón para recibir la terapia de reposición hormonal (o *HRT* por sus siglas en inglés). Pero si usted y su doctor deciden que la terapia de reposición de estrógeno le ayudaría a manejar los síntomas de la menopausia y beneficiaría a sus huesos y su corazón, quizá descubra que la HRT también le brinda beneficios agradables a su piel.

Escape del infierno hormonal

Las arrugas la están volviendo loca

P: *Estoy preocupada por mi mejor amiga de la universidad. Ambas estamos entrando a la menopausia, arrancándonos canas y sufriendo unos cuantos sofocos (bochornos, calentones). Pero mientras yo estoy bastante resignada al hecho de que estoy envejeciendo e incluso les doy la bienvenida a las arrugas, las cuales llamo "mis líneas de sabiduría", ella se está obsesionando con su apariencia. Aunque sigue siendo igual de hermosa que siempre, parece deprimirse por cada arruga nueva que le sale. Está considerando hacerse una cirugía con láser o un face-lift, es decir, una operación para estirar la piel. Tiene dinero para pagarlo, pero yo me pregunto si es su única opción. Pero lo que más me preocupa de todo es que su problema vaya más allá de las arrugas.*

La Dra. Cori Baill, directora del Menopause Center en Orlando, responde: Algunas mujeres consideran que las arrugas son señales de madurez y carácter, que su trabajo les ha costado ganárselas y que vale la pena tenerlas. Otras realmente sienten que las arrugas evitan que luzcan lo mejor que pueden. Lo que me gustaría saber acerca de tu amiga es cómo se está sintiendo en general. ¿Está durmiendo bien? ¿Se está cuidando? ¿O está sufriendo cambios repentinos de humor, irritabilidad y un sentimiento de desesperanza que quizá la estén llevando a preocuparse por su apariencia? En este último caso, me gustaría explorar si la falta de estrógeno está causando tanto sus arrugas como su ansiedad. Si la terapia de reposición hormonal no es una opción para ella, quizá haya otras alternativas que podrían ayudarle.

Una vez que se hubieran resuelto los problemas médicos, yo le aconsejaría a tu amiga que se valore como individuo, en vez de dejarse manipular por los anuncios que tratan de convencer a las 1.8 millones de mujeres que cada año entran a la menopausia de que la juventud por sí sola equivale a la femineidad.

Si tu amiga está haciendo lo que puede para prevenir las arrugas prematuras —como beber mucha agua, no fumar y usar un filtro solar cuando sale— pero sigue pensando que luciría mejor sin unas cuantas arrugas, entonces no hay nada de malo en probar algo más ambicioso. Yo le aconsejaría que comenzara con las opciones menos costosas, por ejemplo, unos cuantos *peels* químicos en el consultorio de un dermatólogo. Quizá eso sea lo único que necesite.

Correctores, cremas y *peels*:
las alternativas no hormonales

Sin importar lo demás que haga, el primer paso que debe tomar para prevenir las arrugas es usar todos los días una crema o humectante con filtro solar que le ofrezca protección contra los rayos UVA y UVB.

"Si no hace otra cosa por controlar las arrugas pero usa un filtro solar, su piel lucirá mejor en un año", promete el Dr. Glogau. Y por supuesto, si fuma, lo mejor que puede hacer es dejar de fumar. De otro modo, cualquier intento por controlar las arrugas será una pérdida de tiempo y dinero.

También puede hacer lo que las mujeres siempre han hecho para resolver el problema de las arrugas: cubrirlas con maquillaje. Sin embargo, es importante que se maquille bien, porque si no, hará que se le noten más en lugar de menos. Para suavizar las arrugas faciales, aplíquese primero una crema humectante, luego use una base con tonos blancos y una base perlada para que quede encima de las arrugas. Un polvo ligero y reflector también minimizará las arrugas. Para los labios, comience con una base o una crema con fijador para que el lápiz labial se quede en su lugar y no se corra por las líneas verticales que rodean a su boca. También puede usar un delineador de labios para dibujar un límite más allá del cual no quiera que pase su lápiz labial.

Otros esfuerzos por contrarrestar los efectos que la caída en los niveles de estrógeno, el medio ambiente y el envejecimiento producen en la piel dependerá de cuántas arrugas tenga, cuánto tiempo tenga y cuánto dinero quiera gastar. Algunos están disponibles sin receta, otros sólo se venden con receta. Sea lo que sea que decida probar, siga al pie de la letra las instrucciones que aparezcan en la etiqueta y déle a su piel al menos 4 meses para empezar a mostrar resultados.

Cremas con vitamina C. No hay duda de que los antioxidantes que se encuentran naturalmente en las frutas y las verduras —incluyendo la vitamina C, el glutatión y la vitamina E— ayudan a prevenir las arrugas. Cuando se consumen como alimentos, estos antioxidantes neutralizan a los radicales libres que se generan por el metabolismo, o bien, los que se generan en la piel por la exposición a los rayos dañinos del Sol. El problema es que los científicos cosméticos han tenido problemas para duplicar la química compleja que interviene en la conversión de estos antioxidantes en agentes útiles cuando se aplican a la superficie de la piel.

Por ejemplo, la vitamina C es una molécula sumamente inestable. Para que sea eficaz en la piel, debe formularse a un pH de 3.5 o inferior, ya que de otro modo no penetrará en la piel, dice el Dr. Sheldon Pinnell, profesor de Dermatología de la Universidad Duke en Durham, Carolina del Norte. La gran mayoría de los productos que están disponibles en el mercado no cumplen con este requisito. Además, la vitamina C hace que los productos se decoloren con el tiempo. Los fabricantes han tratado de aliviar este mal estético usando sustancias derivadas de la vitamina C, pero estos derivados no funcionan en la piel como lo hace la vitamina C.

La única excepción podría ser el palmitato de ascorbilo (*ascorbyl palmitate*), según el Dr. Nicholas Perricone, profesor clínico auxiliar de Dermatología de la Facultad de Medicina de la Universidad Yale. El palmitato de ascorbilo, que es un derivado de la vitamina C con un pH neutro, neutraliza a los radicales libres, estimula el colágeno y minimiza las arrugas delgadas sin provocar inflamación, como en el caso del ácido L-ascórbico, afirma. Las cremas de vitamina C pueden conseguirse sin receta con dermatólogos y en farmacias y salones.

Vitamina E. La etiqueta de un producto puede listar la vitamina E como uno de sus ingredientes, pero si la fuente es el acetato de tocoferol o el succinato de tocoferol, su piel no se verá beneficiada. Ambas sustancias se convierten en vitamina E cuando se consumen en forma de alimentos, pero no cuando se aplican en la piel, dice el Dr. Pinnell. Los investigadores de la Universidad Duke han estado tratando de combinar las formas activas de las vitaminas C y E para que trabajen sinergéticamente para proteger y rejuvenecer las células de la piel. Este producto actualmente está disponible sin receta bajo el nombre de *Primacy C + E* y se vende a través de distribuidores autorizados (especialistas en el cuidado de la piel con licencia) de *SkinCeuticals*.

Coenzima Q_{10}. La coenzima Q_{10} (*coenzyme Q_{10}*) es un antioxidante potente que se encuentra en todas las células y una de las sustancias más recientes que se han empleado en productos para el cuidado del cutis. Esta sustancia, que se puede conseguir sin receta en las farmacias, se ha usado recientemente como solución tópica para la piel que ya está envejeciendo. Varios dermatólogos creen que tiene el potencial para disminuir los daños causados por el sol y así minimizar las arrugas.

Ácido alfa-lipoico. El Dr. Perricone ha llevado a cabo muchos estudios de investigación sobre este antioxidante menos conocido. El ácido alfa-lipoico (*alpha lipoic acid*) es soluble en agua, al igual que la vitamina C, y soluble en grasas, al igual que la vitamina E; también es un auxiliar que interviene en la producción de energía en las células. Por lo tanto, él piensa que tiene la capacidad única de proteger tanto la membrana celular como el interior de la célula. Según el Dr. Perricone, al ácido alfa-lipoico por sí solo disminuye las arrugas faciales y mejora la apariencia de las cicatrices. Él lo usa en combinación con el 2-dimetilaminoetanol (*2-dimethylaminoethanol* o *DMAE* por sus siglas en inglés) para bajar la inflamación y resolver los daños causados por los radicales libres. Puede encontrar productos que contengan ácido alfa-lipoico y DMAE donde se vendan productos de salud y belleza sin receta.

Productos con hidroxiácidos. Desde los tiempos de Cleopatra, las mujeres han usado pociones derivadas de los ácidos frutales, leche agria y otros productos naturales para rejuvenecer su piel. Las mujeres modernas pueden comprar cremas, lociones y geles que contienen alfa-hidroxiácidos (*alpha hydroxy acids*) o beta-hidroxiácidos (*beta hydroxy acids*). Estos productos funcionan al descomponer el pegamento que mantiene unidas a las células ásperas y secas que están en la superficie de la piel.

LA CONEXIÓN HORMONAL

¿Será verdad que el estrés causa arrugas?

El estrés crónico —y las hormonas que se liberan en respuesta al mismo— cobran su precio en el sistema inmunitario. Pero, ¿se nota en la cara el estrés crónico? ¿Realmente contribuyen a las arrugas el estrés en el trabajo, las dificultades financieras o los conflictos familiares?

La conexión que existe entre el estrés y las arrugas no se ha comprendido claramente, dice el Dr. Patrick Bitter Jr., un cirujano dermatológico e investigador de Campbell, California. "El estrés agobia a la piel y disminuye la capacidad del cuerpo de protegerse contra los daños que causan los radicales libres, produciendo daño y muerte celular y acelerando el proceso de envejecimiento", dice. Pero el efecto preciso que tienen sobre la piel las hormonas

del estrés, como el cortisol y la epinefrina, es incierto.

El estrés definitivamente produce tensión muscular, la cual claramente contribuye a las arrugas del entrecejo, la frente y alrededor de la boca que nos salen al hacer muecas.

Por último, las personas estresadas también tienden a no cuidar bien de su salud: son más propensas a dormir mal, comer comida rápida mientras van en camino a algún lugar y no permitirse tiempo para la relajación. Además, estas personas tienden a desarrollar ojeras y a perder la apariencia robusta del cutis saludable, y todo esto acentúa las arrugas en el rostro, dice el Dr. Bitter.

Entonces relájese. . . lucirá más joven.

Los productos con alfa-hidroxiácidos que se venden sin receta generalmente son demasiado débiles como para producir un efecto duradero en las arrugas, dice el Dr. Patrick H. Bitter Jr., un investigador y cirujano dermatológico de Campbell, California. Las mujeres que los usan quizá podrán notar que su piel se siente más tersa y que luce más rosada, pero lo más probable es que las arrugas no mejoren más de lo que mejorarían con un *peel* ligero de potencia similar a los que se venden con receta de ácido glicólico o alfa-hidroxiácidos (de los cuales hablamos más adelante).

Tretinoína (*Retin-A*). Conocidos como retinoides, los ácidos de la vitamina A han sido sujetos de investigaciones intensas. Los productos que contienen *Retin-A* que se venden con receta bajo las marcas *Avita*, *Renova* y *Differin* han demostrado su eficacia para desvanecer las arrugas delgadas e incluso disminuir la apariencia de las arrugas más grandes (aunque no las hace desaparecer). Los productos con *Retin-A* son, de hecho, los únicos agentes que han demostrado su capacidad para reparar la piel dañada por el sol bajo la superficie de la misma, al nivel molecular, así como en las diversas capas de la piel, donde abultan la dermis y engrosan la epidermis. Incluso es posible que prevengan la aparición de arrugas nuevas, quizá al bloquear la acción de enzimas que son capaces de descomponer el colágeno y la elastina.

Una advertencia: el *Retin-A* puede irritar y secar la piel, especialmente al principio, por lo que debe tener paciencia. Los cambios que induce la tretinoína ocurren lentamente y quizá no se puedan apreciar en su totalidad sino hasta después de varios meses.

Retinol. Muchas cremas antiarrugas que se venden sin receta listan el retinol (*retinol*), una forma de vitamina A, entre sus ingredientes. Pero la concentración de retinol que contienen estos productos es muy variable y no se encuentra regulada. Si no nota resultados asombrosos en un lapso de 4 a 6 meses, quizá esté pagando demasiado dinero por un producto que en realidad no sirve más que para humectar.

Control avanzado de las arrugas

Si le sobra dinero y realmente le molestan sus arrugas, un dermatólogo calificado puede deshacer algunas de las arrugas que nos salen a todas en la edad madura, especialmente si la terapia de reposición hormonal (o *HRT* por sus siglas en inglés) no es una opción para usted.

***Peels* químicos.** Los *peels* químicos, que se hacen en el consultorio del médico, siguen siendo una de las maneras más populares de erradicar las arrugas finas, dice el Dr. Glogau. Estos emplean ácido glicólico o ácido tricloroacético en combinación con otras sustancias químicas para desprender las capas externas de la piel. La sensación inicial es de cosquilleo y ardor, y con el tiempo, se le descarapelarán capas de la piel, como cuando sufre una quemadura solar. Tendrá que usar cremas para la piel para que ayuden a sanar y humectar su piel hasta que aparezca la nueva piel más firme. Los *peels* químicos no la dejarán luciendo atractiva al instante y tardará unas cuantas semanas antes de que vuelva a poder mostrar su rostro en público. Pero si está decidida a darle marcha atrás al reloj, son una opción que ha pasado la prueba del tiempo.

Inyecciones de toxina botulínica. Sin duda alguna, el avance más revolucionario en la dermatología cosmética que se ha dado en los últimos años ha provenido de una fuente inimaginable: la toxina botulínica, un veneno natural mortal. Empleada en concentraciones diminutas, la toxina botulínica tipo A (la que se encuentra en el producto llamado *Botox*) puede congelar temporalmente los músculos que son responsables de los surcos profundos que se forman entre las cejas, de las patas de gallo en los bordes de los ojos y de las arrugas de la frente.

Incluso los médicos conservadores quedan asombrados con los resultados y el impecable historial de seguridad que las inyecciones de toxina botulínica han registrado a lo largo de los últimos 5 años. A la fecha, los únicos efectos secundarios que se han reportado para el *Botox* se relacionan con la inyección de cantidades excesivas. Por ejemplo, un párpado se puede quedar temporalmente caído.

Muchos doctores recomiendan que los pacientes se apliquen hielo antes de las inyecciones, para entumecer el área, pero no se requiere de ningún otro anestésico. Quizá no vea el efecto completo de una inyección de toxina botulínica durante varios días, pero le durará desde meses hasta un año.

Aumento de tejido (rellenos para las arrugas). Los cirujanos dermatológicos las llaman líneas de marioneta, o sea, surcos que van desde las esquinas de la nariz hasta las comisuras de la boca y que luego pueden continuar hacia abajo hasta la barbilla. No hay cantidad de crema o loción que ayude a corregirlas. Tampoco sirve el *Botox*. Rellenar el pliegue con grasa o colágeno puede ser la mejor manera de rellenar estas líneas y otros surcos más pequeños pero problemáticos que rodean a los labios o incluso a los ojos.

Diseñados para ser colocados debajo de la superficie de la piel, a veces dentro de la capa dérmica, estos sirven para rellenar los surcos que nosotros vemos como arrugas, dice el Dr. Melvin Elson, un dermatólogo e investigador de

Nashville. Algunos dermatólogos y cirujanos plásticos sacan grasa de sus muslos o trasero, quizá durante una liposucción, y luego la inyectan en diversas áreas de su rostro a las que les vendría bien un poco de relleno. Estas transferencias de grasa no son permanentes, pero pueden hacerse repetidamente.

Si es alérgica a los productos de carne de res, quizá tenga que olvidarse del colágeno bovino. Los médicos hacen pruebas en la piel de cualquier paciente que esté considerando inyecciones de colágeno sólo para asegurarse de que no vaya a presentar reacciones alérgicas, y esto retrasa el procedimiento varias semanas. La buena noticia es que los productos bovinos inyectables son bastante seguros —han sido usados en más de dos millones de personas— y pueden mezclarse con un anestésico para que el procedimiento sea prácticamente indoloro, dice el Dr. Elson. Sin embargo, los nuevos materiales inyectables de relleno derivados de tejido humano no se combinan con anestésicos, pero existen ciertos procedimientos que se pueden hacer para minimizar la molestia, agrega.

Ninguno de los materiales inyectables de relleno es permanente, de modo que deberá estar preparada para hacerse "retoques" cada 4 a 6 meses, a menos que quiera someterse a una cirugía para que le implanten un relleno permanente que tenga la forma correcta para engrosar los labios finos o corregir las líneas de marioneta. Si se hacen correctamente, los implantes con materiales permanentes de relleno —hechos de *Gore-Tex* y otros materiales— pueden dar buen resultado, pero sí conllevan sus riesgos. Por ejemplo, algunos pueden generar reacciones inflamatorias y su remoción puede ser tanto traumática como desfigurante.

Rejuvenecimiento facial de alta tecnología

En ningún otro lado es tan atractivo el poder de la energía lumínica como en el mundo de la belleza. De seguro, el procedimiento llamado ablación de la piel con láser (en inglés, *laser resurfacing*), o rejuvenecimiento facial con láser, tiene un gran potencial para remodelar la piel, tanto en la superficie como en las profundidades del colágeno dérmico. Pero la ablación de la piel con láser, que no es más que quemar la piel, puede ser dolorosa y costosa.

"La verdad de las cosas es que nada es gratuito en esta vida —dice el Dr. Glogau—. Puede obtener cambios importantes con las lesiones más profundas que se relacionan con el láser de dióxido de carbono (CO_2), pero tendrá que estar dispuesta a correr un mayor riesgo".

El láser de CO_2 penetra a las capas profundas de la piel, destruyendo la epidermis en el proceso. La piel tarda semanas en sanar hasta que la piel nueva vuelve a crecer y los efectos secundarios como enrojecimiento pueden durar meses o incluso hasta un año. Una complicación molesta es que la piel puede tornarse blanca, lo que se conoce como hipopigmentación, y esto puede ser un efecto permanente. No obstante, los resultados son asombrosos, ya que hace que desaparezcan las arrugas profundas alrededor de la boca, los ojos y los cachetes. El colágeno nuevo también reafirma la piel, no tanto como un *face-lift*, pero a menudo lo suficiente como para que un *face-lift* sea innecesario.

Debido a que las mujeres han tenido sus dudas con respecto a la cirugía con láser de CO_2, se ha emprendido la búsqueda de opciones menos radicales. En esta búsqueda se descubrió el láser de Erbio:Itrio-Aluminio-Garnet (o *Er:YAG* por sus siglas en inglés), un haz de luz que funciona a una longitud de onda distinta, produce menos daños y acelera la curación. Aunque todavía no se ha determinado a ciencia cierta la calidad de los resultados de esta terapia, algunos médicos y sus pacientes sienten que el láser de Er:YAG suaviza las arrugas lo suficiente como para que queden contentas, con menos riesgos. Los estudios de investigación recientes, reporta el Dr. Glogau, parecen indicar que el uso de ambos láseres juntos puede producir mejores resultados que el láser de Er:YAG pero con una recuperación más fácil que la que es posible con el láser de CO_2 para la ablación de la piel.

Otro avance emocionante involucra diversos métodos para enfriar la piel antes de cada tratamiento con el rayo láser. El objetivo es proteger la epidermis y al mismo tiempo permitir que la fuerza del rayo llegue debajo de la superficie de la piel, produciendo mejoras en el colágeno sin destruir la epidermis.

Por último, los investigadores están buscando a lo largo de todo el espectro de luz para encontrar métodos aún menos invasivos para tratar las arrugas. Por ejemplo, el Dr. Bitter usa luz intensa pulsada durante tratamientos secuenciales para suavizar las arrugas finas. "En la actualidad, la cirugía (ya sea con láser o la cirugía plástica) sigue siendo la mejor opción para las arrugas más profundas y la piel holgada —dice el Dr. Bitter—. ¿Pero en el futuro? Yo creo que contaremos con opciones muy eficaces que no involucren cirugía ni rayos láser".

¿Necesita un *lift*?

Las arrugas causadas por la exposición al sol a menudo pueden ser minimizadas con soluciones tópicas, rellenos o cirugía láser y otros procedimientos similares. Las arrugas causadas por las líneas de expresión en la parte superior del rostro se pueden suavizar con inyecciones de *Botox*. Pero ninguna de estas opciones servirá para corregir los efectos de la gravedad en los músculos y la piel de la cara, que dan por resultado párpados caídos, bolsas debajo de los ojos, cachetes colgados y papadas de gallo.

Hoy en día, la mejor solución a estos problemas sigue siendo la cirugía estética, la cual a menudo puede hacerse endoscópicamente. Requiriendo de incisiones diminutas y ocultas, la inserción del ojo del endoscopio permite que el cirujano tenga la misma vista que tendría con una incisión larga. La cirugía estética reafirma y remueve la piel excedente por debajo o por encima de los ojos o de todo el rostro. Probablemente es el tratamiento para las arrugas más caro que hay, pero produce los resultados más dramáticos para las arrugas muy profundas.

ACNÉ

La sola palabra "acné" nos trae recuerdos de boletas de calificaciones (notas), quinces y otros aspectos de la vida adolescente que esperábamos haber enterrado en el pasado.

No siempre.

"El acné no sólo es un problema de la adolescencia", dice la Dra. Kathy Fields, instructora clínica de Dermatología de la Universidad de California en San Francisco. En algunos casos, el acné empieza a salir más o menos a los 34 años de edad y puede seguir saliendo cuando una mujer ya está entrada en la sesentena, ya para cuando ella hubiera esperado estar más preocupada por las arrugas que por los granos (barros).

La razón son las hormonas. Si bien el acné puede ser el resultado de un maquillaje que tapa los poros o incluso de la genética, la causa más común del acné —igual que cuando éramos adolescentes— son las hormonas. "Todo el acné es inducido por hormonas", dice la Dra. Fields.

Las oleadas hormonales tienen la culpa

El acné en las mujeres maduras difiere de maneras importantes de aquel que sale en la piel de los adolescentes. En la edad adulta, tendemos a presentar más erupciones en la barba, la parte inferior de los cachetes y la quijada, en lugar de la "zona T" de piel grasosa que incluye la nariz y la frente. Los granos en sí pueden ser más profundos y más duros que los que sufren los adolescentes. Por último, el acné en mujeres a menudo va y viene junto con los ciclos menstruales.

Al nivel más elemental, estas erupciones son el resultado de la grasa o sebo que liberan las glándulas sebáceas, las cuales se encuentran en el rostro, la parte superior de la espalda y el pecho. Todas producimos sebo. ("Nuestro cutis estaría increíblemente reseco sin él", dice la Dra. Elizabeth Vierra, una dermatóloga de Poway, California). Pero un exceso de sebo puede causar problemas. Los poros se tapan con las células muertas de la piel y la grasa excedente y entonces empiezan a crecer las bacterias. Alarmado, su cuerpo se apresura a combatir esta diminuta infección con glóbulos blancos, y de repente, usted ya tiene un grano rojo, hinchado y sensible al tacto.

Pero el acné en adultos va más allá de la piel, dice la Dra. Diane Berson, una dermatóloga de la ciudad de Nueva York. Estas erupciones pueden ser un síntoma de algún desequilibrio hormonal debido a su ciclo menstrual, al estrés o incluso a algún problema médico.

Pero independientemente de su origen, el problema generalmente consiste en una afluencia de testosterona demasiado grande como para que podamos manejarla. Este andrógeno u hormona masculina circula a lo largo del cuerpo, combinándose con una enzima llamada 5-alfa-reductasa. Esto genera un andrógeno aún más potente conocido como dihidrotestosterona (o *DHT* por sus siglas en inglés). Pese a su nombre complicado, el impacto que tiene sobre el acné es muy sencillo: la DHT es la hormona que les dice a nuestras glándulas sebáceas que produzcan más grasa, lo cual conduce a esas erupciones que tanto odiamos.

¿De dónde proviene esta testosterona adicional? Esto varía. En algunas mujeres, el acné puede indicar la presencia del síndrome de ovarios poliquísticos (o *PCOS* por sus siglas en inglés), una afección en que los quistes que se forman en los ovarios producen la testosterona excedente. (Vea el Capítulo 9).

En otras, proviene de las glándulas suprarrenales, las cuales se encuentran encima de los riñones. Puede que estén liberando cantidades excesivas de una hormona llamada sulfato de deshidroepiandrosterona (o *DHEAS* por sus siglas en inglés). En el cuerpo, este andrógeno se convierte rápidamente en testosterona, luego en DHT que provoca la producción de grasa y, finalmente, en acné. Pero si la testosterona adicional está proviniendo de las glándulas suprarrenales, entonces se debe a algo más serio que un simple problema de la piel, es decir, a una afección que requiere de atención médica que se conoce como hiperplasia adrenal congénita en adultos, la cual implica un bloqueo en la producción de cortisol por parte de las glándulas suprarrenales y conduce a la producción excesiva de andrógenos.

También es posible que las mujeres diabéticas tengan que batallar contra el acné. La resistencia a la insulina conduce a niveles menores de lo normal de una sustancia química (globulina que se liga a las hormonas sexuales) que se liga con la testosterona. Como resultado, las mujeres que padecen diabetes pueden tener más testosterona circulando en su cuerpo y, por lo tanto, más granos en la piel.

Pero no todo el acné relacionado con las hormonas es el resultado de problemas serios de salud.

Puede que sencillamente usted sea muy sensible a los andrógenos al nivel de la piel. Esto significa que cuando la testosterona libre se aparece cerca de sus glándulas sebáceas, sus receptores hormonales ansiosos la atrapan y la convierten rápidamente en DHT.

La 5-alfa-reductasa también podría ser la culpable, ya que esta es la enzima que ayuda a convertir la testosterona en DHT. Los investigadores sospechan que esta enzima es más activa, o bien, más abundante, en mujeres con acné.

Por último, tal vez podría ser un exceso de estrés. Si está haciendo malabarismos con su trabajo, su familia, la casa y sus padres mayores, es posible que empiece a notar los efectos de todo esto en su cutis, dice la Dra. Berson. Cuando está bajo tensión, su cuerpo responde liberando hormonas del estrés que la preparan para "luchar o huir". El problema es que sus glándulas suprarrenales no sólo liberan una hormona del estrés, como la adrenalina, sino que también liberan a su "amiguita" que se encarga de provocar el acné, la testosterona. En términos de las erupciones que resultan, "la reacción ante el estrés es similar a lo que ocurre antes de la menstruación", dice la Dra. Berson. (Para mayor información sobre erupciones premenstruales, vea "¿Por qué le salen granos antes de la menstruación?" en la página 392).

Aliados antiacné que se venden sin receta

Cuando una ha tenido que batallar con su cutis desde la adolescencia, es fácil perder la fe en los productos antiacné que se venden sin receta.

Quizá no usó los productos de la manera correcta, untándose un poco de medicamento aquí y acullá.

"Nunca trate sólo puntos específicos de su rostro —dice la Dra. Fields—. Esto puede ser recomendable para las mujeres a las que sólo les sale un grano al mes, pero si a usted regularmente le sale una linda colonia de tres a cinco granos, necesita un programa diferente. Déle tratamiento a todo su cutis, todos los días".

A continuación está lo que ella sugiere.

Peróxido de benzoilo. Este conocido "matagranos" sigue siendo la primera elección cuando se trata de matar al *Propionibacterium acnes*, que es la bacteria que infecta nuestros poros tapados, causando la aparición de granos. Para limpiar su cutis sin irritarlo, busque un producto que contenga un 2.5 por ciento de peróxido de benzoilo (*benzoyl peroxide*), recomienda la Dra. Fields. "A mayores concentraciones sólo logrará quemarse la cara".

Ácido salicílico. Bajo el nombre de beta-hidroxiácido (*beta hydroxy acid*), este tratamiento también combate las arrugas, pero los dermatólogos conocen mejor al ácido salicílico (*salicylic acid*) por su capacidad de prevenir los granos. Este ingrediente que adora a la grasa penetra hasta lo más profundo de nuestros poros, manteniéndolos limpios de los tapones que se convierten en granos. Para obtener el máximo beneficio con el mínimo de irritación, busque una loción o crema libre de aceite que contenga un 2 por ciento de beta-hidroxiácido, dice la Dra. Fields.

Por último, olvídese de los astringentes y lociones tonificantes hechos a base de alcohol. "Lo único que hacen es eliminar la capa superior de la piel", explica la Dra. Fields. Como no penetran lo suficiente como para destapar los poros, "sólo empeoran las cosas", dado que las glándulas sebáceas entonces producen más sebo en un intento por compensar la resequedad temporal de la piel recién tonificada.

Recursos de receta

Pero la eficacia de los productos que se venden sin receta tiene sus límites por el acné, especialmente si sus granos son el resultado de un problema hormonal como el síndrome de ovarios poliquísticos. "Si no hay un control hormonal, no vamos a poder aliviar el acné", dice la Dra. Fields. Lo mismo sucede en el caso de mujeres que presentan niveles normales de testosterona o DHEAS en sangre pero cuyo acné parece estar influenciado por las hormonas.

Para lograr esto, los doctores recurren a medicamentos como los anticonceptivos orales de dosis baja y los fármacos antiandrogénicos. A continuación están algunos de los más comunes.

Norgestimato/etinil estradiol (*Ortho Tri-Cyclen*). Aunque algunos doctores dicen que cualquier pastilla anticonceptiva ayuda a aliviar el acné al regular las hormonas, los dermatólogos dicen que esto no es cierto. Las mujeres con sensibilidad a los andrógenos y a quienes les salen granos a causa de las hormonas, necesitan un anticonceptivo oral como el *Ortho Tri-Cyclen*. El *Ortho Tri-Cyclen*, que es la única pastilla anticonceptiva que también ha sido aprobada por la Dirección de Alimentación y Fármacos para tratar el acné, contiene una progestina llamada norgestimato. A diferencia de las progestinas que contienen muchas otras pastillas, esta hormona sintética no alienta la secreción de andrógenos que causan acné. "Ayuda a disminuir la producción de hormonas en los ovarios —dice la Dra. Berson respecto de esta terapia—. También brinda los beneficios del estrógeno, el cual hace que disminuya el nivel de testosterona libre".

Desogestrel/etinil estradiol (*Ortho-Cept*). Aunque no ha sido explícitamente aprobado para tratar el acné, este anticonceptivo oral también contiene una concentración baja de una progestina androgénica llamada desogestrel, que puede ayudar a aliviar una erupción hormonal.

Otros anticonceptivos antiacné. Las pastillas anticonceptivas *Mircette* (desogestrel y etinil estradiol), *Desogen* (desogestrel y etinil estradiol) y *Alesse* (levonorgestrel y etinil estradiol) también pueden prevenir las erupciones con sus formulaciones de baja dosis, dice la Dra. Berson.

Espironolactona (*Aldactone*). Este fármaco antiandrogénico, que usualmente se reserva para aquellas mujeres cuyo acné no responde a los anticonceptivos orales, produce menos efectos sistémicos y más efectos específicos que la píldora anticonceptiva: bloquea la testosterona a nivel de los receptores hormonales. "Así pues, la hormona no puede interactuar con la piel para producir sebo adicional", explica la Dra. Berson. Esto la convierte en una buena alternativa para las mujeres cuyo acné pudiera ser causado no por la testosterona adicional producida en los ovarios o las glándulas suprarrenales, sino por problemas con los receptores hormonales o las enzimas que afectan a la piel.

Flutamida (*Eulexin*). Al igual que la espironolactona, este fármaco antiandrogénico no bloquea la producción de testosterona, sino su impacto. Pero debido a sus efectos secundarios en el hígado, la flutamida no es la primera elección entre las opciones de tratamiento para el acné, dice la Dra. Berson.

Métodos médicos para un cutis libre de imperfecciones

Por desgracia, la píldora anticonceptiva por sí sola no hará que desaparezcan los granos. "Aunque el acné sea provocado por las hormonas, también tiene mucho que ver con las bacterias y los poros tapados", dice la Dra. Vierra. Para matar las bacterias que causan el acné y destapar los poros tapados, los doctores generalmente recomiendan una mezcla de retinoides (derivados de la vitamina A que tratan y previenen los granos), antibióticos (tanto tópicos como orales) y otros medicamentos.

A continuación está lo que su dermatólogo podría llegar a recetarle. (Las dosis individuales pueden variar).

Tretinoína. Mejor conocida como *Retin-A* o *Renova*, la tretinoína es uno de los medicamentos tópicos para el acné más populares y eficaces. Fomenta el recambio acelerado de células de la piel, destapando los poros y evitando que se infecten. Pero también irrita el cutis de muchas mujeres. Para evitar eso, su doctor probablemente le indicará una formulación de potencia baja para empezar y luego le irá incrementando gradualmente la potencia. Si el *Retin-A* sigue resecándole demasiado la piel, quizá quiera considerar otras dos formas que prometen irritarla menos: *Retin-A Micro*, que libera la tretinoína activa (y secante) con mayor lentitud, o *Avita*, que no penetra tan profundo en la piel. Cualquiera que sea el retinoide que elija, sólo aplíqueselo sobre el cutis seco; el cutis húmedo absorbe el medicamento con demasiada rapidez, causando ardor, enrojecimiento y otras irritaciones.

Adapaleno (*Differin*). Este retinoide en gel previene las erupciones, al igual que la tretinoína, pero además disminuye la inflamación que generan los granos dolorosos. Tampoco parece producir la resequedad ni el ardor que causa la tretinoína.

Tazaroteno (*Tazorac*). Este retinoide (disponible en forma de gel) que a menudo se receta para la psoriasis, funciona como la tretinoína o el adapaleno.

Ácido azaléico (*Azelex*). El ácido azaléico, que ha sido empleado desde hace mucho tiempo para la rosácea (una afección en adultos que causa ruborización facial), ha sido redescubierto por los dermatólogos como un tratamiento para el acné, ya que sospechan que es capaz de destapar los poros y quizá actuar como un antibiótico leve. Es menos irritante que un retinoide y necesita ser usado junto con peróxido de benzoilo.

Eritromicina (*Ery-Tab* o *Ery-Sol*). Este antibiótico, que se puede administrar por la vía oral o como tratamiento tópico, mata a las bacterias que son responsables de las erupciones. Al combinarse con peróxido de benzoilo, se convierte en benzamicina.

Tetraciclina (*Achromycin* o *Acromycin V*). Administrado por la vía oral o usado como tratamiento tópico, este antibiótico (junto con sus parientes, la doxiciclina y la minociclina) llega a los poros para eliminar a las bacterias que causan los granos. Pero no es la mejor opción para las mujeres que están tomando anticonceptivos orales por razones hormonales y como método de control natal: la tetraciclina puede interactuar con la píldora anticonceptiva, reduciendo su eficacia anticonceptiva.

Clindamicina (*Cleocin T Topical Solution*). Este antibiótico también mata a las bacterias.

Isotretinoína (*Accutane*). Si su piel no responde a los tratamientos tópicos o a los antibióticos, el siguiente paso a menudo es la isotretinoína, un medicamento oral que disminuye significativamente la producción de sebo en la piel. No se deje engañar: es una medicina muy fuerte, con efectos secundarios potenciales como problemas siquiátricos y defectos congénitos. Las mujeres de edad fértil que toman *Accutane* deben usar dos métodos de control natal durante al menos un mes antes de empezar a tomar *Accutane*, durante el tratamiento y durante un mes después de suspender el tratamiento. Además, se debe realizar una prueba de embarazo en sangre una semana antes de iniciar el tratamiento y una vez al mes durante el tratamiento, y luego una última vez, un mes después de completar el tratamiento con *Accutane*.

Menos medicinas, más paciencia

Si tiene paciencia, los remedios naturales pueden ayudar a corregir los desequilibrios nutricionales u hormonales que contribuyen a las erupciones.

Es un método más holístico que el que emplean muchos doctores convencionales, dice Tori Hudson, N.D., una naturópata y profesora de la Universidad Nacional de Medicina Naturopática en Portland, Oregón. "A veces cuando las mujeres consultan a un dermatólogo por acné, el doctor sólo les da tratamiento para la piel e ignoran la salud de su cuerpo entero", dice.

Este no es el caso con los remedios naturales, aunque sí pueden ser de acción más lenta y menos confiables que los medicamentos tradicionales que se venden con receta para el acné. "Funcionan de maravilla en algunas personas —dice la Dra. Hudson—. En otras, sólo funciona la tetraciclina".

Sin embargo, para las mujeres que se muestran renuentes a tomar pastillas anticonceptivas o *Accutane*, puede valer la pena intentarlos. A continuación está lo que la Dra. Hudson recomienda.

Vitamina A. Esta vitamina modera el recambio de células de la piel y la producción de sebo, que es el lubricante grasoso que secretan las glándulas de la piel. No se automedique con vitamina A, ya que una sobredosis (más de 10,000 UI al día) puede causar problemas serios de salud, incluyendo pérdida de la vista. Para averiguar cuál es la dosis segura y eficaz para usted, consulte a un naturópata o médico.

Cinc. Este mineral, que a menudo se encuentra ausente en las personas que sufren de acné, ayuda a que la vitamina A funcione correctamente. La Dra. Hudson receta de 30 a 45 miligramos al día, pero hable primero con su propio médico antes de tomar dosis de más de 30 miligramos.

La conexión hormonal

¿Por qué le salen granos antes de su menstruación?

Desde hace mucho tiempo, las mujeres hemos sospechado que los granos (barros) —junto con el mal humor y un antojo innegable por comer chocolate— son una parte inevitable de la vida premenstrual.

Y tenemos razón... al menos en cuanto a los granos.

"Cualquier fluctuación hormonal puede exacerbar erupciones de acné en personas propensas al mismo", dice la Dra. Diane Berson, una dermatóloga que tiene su consulta privada en la ciudad de Nueva York. Dichas fluctuaciones hormonales ocurren, por ejemplo, cuando ya va a llegar la menstruación, cuando deja de tomar la píldora anticonceptiva, cuando entra a la perimenopausia o cuando lleva un embarazo, todos los cuales son eventos hormonales que pueden afectar su cutis de maneras negativas o positivas. "Cuando las mujeres están embarazadas, pueden tener erupciones severas —dice—. Por otra parte, otras mujeres que tienen antecedentes de acné pueden encontrarse con que su acné mejora cuando se embarazan".

El problema, explica la Dra. Berson, es el equilibrio hormonal, el cual se ve influenciado por el ciclo menstrual. Justo antes de que inicia su menstruación, descienden sus niveles tanto de estrógeno como de progesterona, pero luego la progesterona empieza a subir, lo que puede provocar un aumento en la actividad de las glándulas sebáceas. "Algunas mujeres dicen que su cuero cabelludo, cabello y cutis se sienten más grasosos una semana antes de su menstruación", dice la Dra. Berson. La progesterona en sí también puede desempeñar un papel en esto, ya que tiene efectos androgénicos similares a muchas de las progestinas sintéticas que se usaban para hacer las pastillas anticonceptivas más antiguas.

¿Y la solución? Si sólo está teniendo erupciones durante la premenstruación, probablemente la solución sea un anticonceptivo oral de baja dosis además de las terapias estándares para tratar el acné, dice la Dra. Berson.

Vitamina E. Tome 400 UI de esta vitamina, que el cuerpo necesitan para usar la vitamina A, explica la Dra. Hudson.

Selenio. Las mujeres que padecen acné a menudo tienen cantidades menores de este mineral. Para elevar al máximo la utilización de vitamina E en su cuerpo y prevenir la inflamación, procure obtener hasta 200 microgramos de selenio al día a partir de una combinación de alimentos y suplementos, dice la Dra. Hudson.

Vitamina B$_6$. Esta vitamina parece ser particularmente útil para las mujeres con acné premenstrual, dice la Dra. Hudson, quien recomienda 100 miligramos al día de B$_6$ o algún suplemento de vitaminas del complejo B.

Palmera enana. A menudo recomendada a los hombres para conservar la salud de la glándula prostática, esta hierba vigila la producción de 5-alfa-reductasa, que es la enzima que convierte la testosterona en DHT, el cual, a su vez, estimula producción de sebo. La Dra. Hudson recomienda tomar 160 miligramos de un extracto estandarizado de palmera enana (palmito de juncia, *saw palmetto*) que contenga de un 85 a 95 por ciento de ácidos grasos (*fatty acids*), dos veces al día.

Aceite de melaleuca. Si usted sufre de acné leve, quizá quiera probar el aceite de melaleuca (*tea tree oil*), ya que es un antiséptico natural. En caso de emergencia, coloque unas cuantas gotas en una almohadilla de algodón y aplíqueselo sobre el grano antes de irse a acostar.

VENAS VARICOSAS Y ARAÑAS VASCULARES

*V*estida con su ropa de tenis y luciendo delgada y bastante musculosa para una mujer que ya está en la cincuentena, Carole se quedó boquiabierta cuando su nieta amorosamente le acarició la pierna con su dedito y dijo, "¡Abuela, estás tan bonita! ¡Tienes dibujitos en las piernas!"

Esos "dibujitos" eran arañas vasculares, que son líneas retorcidas que pueden formar un patrón similar al de una telaraña por debajo de la piel, cada una de las cuales es más o menos del ancho de un cabello. Pueden ser rojas o moradas. Algunos médicos creen que las arañas vasculares se forman en respuesta a un traumatismo menor, por ejemplo, un encontrón con el cajón del archivero. Otros le echan la culpa a las calcetas y medias que llegan hasta la rodilla o a las cintas elásticas apretadas que se encuentran en la base de las fajas (para quienes todavía las usan). Hasta cierto punto, se hereda la tendencia a desarrollar arañas vasculares y los factores que pueden hacerla más susceptible a ellas son: tomar pastillas anticonceptivas, quedar embarazada o tomar alguna terapia de reposición hormonal. Las arañas vasculares son un problema cosmético y no un problema serio de salud.

Las venas varicosas (várices) son más grandes y más pronunciadas que las arañas vasculares. Estas venas anormalmente dilatadas podrían hacerle jurar que una tuza hiperactiva ha estado haciendo túneles debajo de su piel, dejando a su paso un camino en relieve con tintes morados. Los síntomas pueden incluir una sensación de pesadez o tensión en la pierna, así como hinchazón, dolor o comezón en los tobillos.

Para comprender cómo se forman las venas varicosas, imagine que sus vasos sanguíneos son un sistema de irrigación en la ladera de una montaña. Cuando la sangre que bombea su corazón fluye a través de las arterias hasta los dedos de sus pies, cuenta con la ayuda de la gravedad y de los músculos que están dentro de las paredes arteriales. Pero cuando la sangre necesita regresar colina arriba a través de las venas, necesita ayuda y la encuentra en la acción de bombeo que ejercen los músculos de su pantorrilla cuando camina, así como en una serie de válvulas que dirigen el flujo en la dirección apropiada, es decir, colina arriba. Las venas varicosas ocurren cuando se agrandan las paredes venosas debilitadas, separando entre sí las "compuertas" de las válvulas. Las venas se llenan con demasiada sangre, de modo que el sistema de bombeo deja de ser capaz de desplazar la sangre hacia el corazón de manera eficiente. En casos extremos, las válvulas dejan de funcionar por completo y toda la sangre fluye en sentido opuesto. Esta complicación, llamada reflujo, puede llegar a requerir cirugía.

¿Será por culpa de las hormonas femeninas?

Aunque a los hombres también les salen venas varicosas, a las mujeres les salen con mayor frecuencia. Es más, en un estudio de investigación, casi el 30 por ciento de las mujeres que nunca habían padecido venas varicosas las desarrollaron durante el embarazo, aunque en muchos casos se resolvieron después del parto. El siguiente aumento pronunciado en la incidencia de venas varicosas es alrededor de la menopausia, cuando están descendiendo los niveles de hormonas reproductoras.

Otras pistas que sugieren que las hormonas desempeñan un papel en la formación de las venas varicosas incluyen las siguientes: hay receptores de estrógeno y progesterona ubicados en las venas safenas, que son las venas principales de las piernas. Los receptores de estrógeno se encuentran en mayor abundancia en la porción varicosa de una vena que en los segmentos normales de la misma vena, mientras que los receptores de la hormona del embarazo, la progesterona, se encuentran en mayor número en los segmentos normales. Y muchas mujeres se quejan de que el dolor que les causan las venas varicosas empeora antes de su menstruación.

Los investigadores no están seguros de qué es lo que durante el embarazo parece crear las condiciones ideales para que aparezcan venas varicosas. Pero una cosa sí les queda muy clara: entre más bebés tenga una mujer, mayor es su probabilidad de desarrollar venas varicosas. Algunos expertos creen que el agrandamiento del útero (y la mayor presión dentro del abdomen) cambia el delicado mecanismo de bombeo y flujo que permite que la sangre fluya hacia el corazón, ejerciendo presión sobre las paredes de las venas. Otros creen que las mujeres que tienen una predisposición genética a formar venas varicosas las desarrollan en presencia de alteraciones hormonales. El Dr. Gabriel Goren, un cirujano del Vein Disorder Center en Encino, California, cree que las hormonas juegan un papel predominante. Él ha visto a mujeres formar venas varicosas nuevas durante etapas tan tempranas del embarazo que hacen que el peso y la presión del útero resulten ser factores poco significativos. Y también ha notado que cuando las mujeres jóvenes empiezan a tomar pastillas anticonceptivas, las cuales simulan el embarazo, a menudo desarrollan arañas vasculares dentro de un período de 2 a 3 meses. Dicho lo anterior, en la mayoría de los casos, las venas varicosas que se desarrollan durante el embarazo desaparecen sin tratamiento varios meses después del parto.

Además del embarazo y el uso de pastillas anticonceptivas o alguna terapia de reposición de estrógeno para la menopausia, otros factores de riesgo para las venas varicosas incluyen el envejecimiento, las ocupaciones como ser cajera de un supermercado, en las que se requiere que esté de pie durante períodos prolongados, antecedentes familiares de venas varicosas y obesidad.

Las arañas vasculares también pueden estar vinculadas a las hormonas, aunque no de manera tan clara. El Dr. David Duffy, un flebólogo y profesor clínico adjunto de Dermatología de la Universidad del Sur de California y profesor clínico auxiliar de Dermatología de la Universidad de California en Los Ángeles, sospecha que este vínculo podría ser el factor de crecimiento endotelial vascular (o *VEGF* por sus siglas en inglés) que promueve el crecimiento de los vasos sanguíneos en presencia de hormonas. Este podría resultar ser el interruptor que enciende el crecimiento vascular y podría ser uno de los principales participantes en el desarrollo de arañas vasculares.

"Una vez al mes, todas las mujeres forman vasos sanguíneos nuevos para revestir el útero y, en el cuerpo lúteo, para nutrir al óvulo —dice el Dr. Duffy—. El VEGF parece ser el responsable de iniciar este crecimiento de vasos sanguíneos nuevos. Puede que algunas mujeres sencillamente tengan una dosis demasiado alta de VEGF o que carezcan de los inhibidores que mantienen el proceso en regla, de modo que cuando se tropiezan con una silla (o se pegan en la pierna de otra manera), su cuerpo responde formando arañas vasculares". Esto no ocurre con tanta frecuencia en los hombres, posiblemente porque carecen del activador hormonal que ha sido programado para crear vasos sanguíneos nuevos una vez al mes.

Cómo ganarles a sus antecedentes familiares

Usted no se puede esconder de su árbol genealógico, y su decisión de tener hijos ciertamente no debe depender de que vaya o no a desarrollar venas varicosas como resultado del embarazo. Pero aquí le damos algunas medidas que puede tomar para prevenir las venas varicosas y minimizar su disfunción una vez que ya se hayan formado.

Fortalézcase. Cualquier cosa que pueda hacer por fortalecer los músculos que bombean sangre hacia su corazón le ayudará a conservar la salud de sus venas. "Caminar es absolutamente maravilloso", dice el Dr. Goren. Si está en una situación donde no pueda pararse a caminar, flexione repetidamente su pie, golpeando suavemente el piso con su talón. Esto definitivamente sucede en el caso de vuelos muy prolongados, recalca. Incluso en una persona con venas normales, la sangre se estancará en las venas superficiales y profundas durante viajes muy largos debido a la falta de movimiento y la presión.

Manténgase delgada. Aunque nadie sabe exactamente por qué, la obesidad se relaciona con venas varicosas en mujeres, pero no en hombres. Entonces manténgase en un peso saludable.

Use medias de compresión. Estas medias especiales de soporte hacen exactamente lo que dicen en los anuncios: comprimen las arañas vasculares o las venas varicosas, oprimiéndolas para que la sangre siga su curso. Las medias de compresión, que antes eran gruesas e incómodas, ahora se pueden conseguir sin receta en estilos translúcidos y colores de moda en las farmacias. Si está batallando con arañas vasculares, seleccione medias que digan que tienen de 15 a 20 mm Hg, una graduación que describe la fuerza de compresión en milímetros de mercurio. En el caso de venas varicosas, busque medias con un nivel mayor de compresión, de 20 a 30 mm Hg. Elija medias lo suficientemente largas como para que le lleguen a la rodilla, el muslo superior, la ingle o la cintura, dependiendo del lugar donde estén las venas que quiera comprimir, dice el Dr. Goren.

Mantenga sus piernas a nivel o por encima de su pecho con la mayor frecuencia posible. Una vez que se iguala la fuerza de la gravedad, la sangre puede fluir con mayor facilidad de regreso al corazón, independientemente del estado en que se encuentren sus venas o válvulas. Por ejemplo, puede colocar algunas almohadas debajo de sus piernas mientras ve la televisión o lee, y también puede considerar elevar el pie de su cama.

Pruebe el castaño de la India. Siete ensayos doble ciego, controlados con placebo y que incluyeron a más de 500 pacientes brindan pruebas sólidas que respaldan la enorme popularidad de este remedio herbario para las venas varicosas. El extracto estandarizado de semillas de castaño de la India (*horse chestnut, Aesculus hippocastanum*) funciona al fortalecer las paredes de los vasos sanguíneos, dice Varro E. Tyler, Ph.D., Sc.D., rector emérito de la Facultad de Farmacia y Ciencias Farmacéuticas de la Universidad Purdue en West Lafayette, Indiana, y profesor emérito distinguido de Farmacognosia. En Alemania, la dosis aprobada de 250 a 312.5 miligramos del extracto, tomada dos veces al día, se considera segura y eficaz para aliviar los síntomas. En un estudio de investigación se encontró que disminuía la hinchazón de pies y tobillos en viajeros que tomaban extracto de castaño de la India antes de abordar el avión para realizar un viaje largo.

Resuélvalas con rusco. Aunque no se ha estudiado tanto como el castaño de la India, el rizoma o tallo subterráneo del rusco (*butcher's broom, Ruscus aculeatus*) también puede funcionar. Cuando se usa junto con otras medidas, como medias de compresión y elevación de las piernas, un extracto que contiene de 7 a 11 miligramos de ruscogenina (*ruscogenin*) total, el principio activo principal, tomado diariamente, puede ayudar a estrechar los vasos sanguíneos. Usted obtendría esta cantidad de ruscogenina tomando alrededor de 300 miligramos de algún producto de rusco. Pero debido a que dichos productos varían entre sí, es mejor que siga la dosis recomendada en la etiqueta para que obtenga los mejores resultados, dice el Dr. Tyler.

Ocúltelas. Si nada le funciona, usted puede camuflajear las pequeñas arañas vasculares e incluso las venas varicosas moderadas con un maquillaje corrector especial que se vende en las farmacias o los mostradores de maquillaje de las tiendas departamentales. Una marca que puede probar es *Dermablend*, recomienda el Dr. Duffy. Un método que les funciona a las mujeres de piel muy clara es usar un producto natural para broncearse para que las venas no sean tan obvias.

Su doctor le puede ayudar

Uno de los tratamientos más eficaces para las venas varicosas (várices) y las arañas vasculares es la escleroterapia: en términos simples, un doctor que se ha entrenado para realizar este procedimiento inyecta una solución irritante en las venas que le están causando problemas. Esta técnica puede ser muy rápida, particularmente para las venas de mayor tamaño, sólo produce una molestia ligera y resuelve el problema en el 90 por ciento de las venas que han sido correctamente seleccionadas (aquellas que sean lo suficientemente grandes como para responder y que no presenten reflujo, es decir, el regreso de sangre a través de válvulas defectuosas). Puede que necesite varios tratamientos. A veces pueden salir pequeñas venas visibles donde estaban las venas más grandes que fueron tratadas. Esta complicación, que se conoce como manchas vasculares o *matting* telangiestásico, es difícil de tratar.

Diversos expertos en venas confiesan que tienen unidades láser especiales para tratar las venas de las piernas empolvándose en sus consultorios. Los primeros aparatos que prometían ser una alternativa indolora a la escleroterapia para las arañas vasculares o la cirugía para las venas varicosas no han cumplido con las expectativas. Los tratamientos con láser son costosos y a menudo ineficaces y pueden ocasionar quemaduras en la piel cuando se usan a la potencia suficiente como para que alcancen su objetivo, es decir, las venas que están en la parte profunda de las piernas. (Sin embargo, sí funcionan para las pequeñas arañas vasculares en el rostro). Por lo tanto, según el Dr. Goren, la mejor alternativa para las arañas vasculares en las piernas sigue siendo la escleroterapia.

Si su doctor ve señales de reflujo (el regreso de sangre que puede conducir a decoloración de la piel, hemorragia, úlceras en las piernas e incluso complicaciones más serias, como coágulos), es posible que le haga un examen más completo para asegurarse de que las válvulas que hacen que su sangre fluya en una sola dirección estén funcionando correctamente. La cirugía o ciertas técnicas nuevas que emplean el cierre térmico de venas mayores pueden ser empleadas para extirpar o cerrar las venas que no estén funcionando bien, redirigiendo el flujo de sangre hacia otras venas funcionales para aliviar los síntomas de las venas varicosas (fatiga, molestia e hinchazón).

En el pasado, la única opción para deshacerse de las venas varicosas era el "vaciado de venas", un procedimiento doloroso y cosméticamente insatisfactorio en que se hacían incisiones grandes en la ingle y/o detrás de la rodillas o por donde corrían las venas varicosas (dependiendo de la ubicación de las venas que no funcionaran bien). Este era un procedimiento que requería de hospitalización y que se llevaba a cabo en un quirófano bajo anestesia general. Sin embargo, en la actualidad, esto se realiza como un procedimiento quirúrgico que no requiere hospitalización. Y gracias a los mejores instrumentos con los que contamos hoy en día, es un procedimiento que prácticamente no deja cicatrices, dice el Dr. Duffy.

Hay otras dos alternativas médicas para vencer las venas varicosas:

Flebectomía ambulatoria. Este es un procedimiento mínimamente invasivo que se realiza con anestesia local y que nos ha llegado desde Europa. En esencia, consiste en hacer varias incisiones de $\frac{1}{16}$ a $\frac{1}{8}$ de pulgada (1.5 a 3 mm) en la piel a través de las cuales se retiran segmentos de venas con un instrumento especialmente diseñado que parece un gancho para tejer. Las venas largas del muslo o de la pantorrilla se extraen suavemente, en lugar de ser vaciadas. Este procedimiento se llama "ambulatorio" porque los pacientes salen caminando del consultorio, usando unas medias de compresión especiales. Pueden reanudar su trabajo o sus actividades recreativas casi de inmediato. Los resultados cosméticos y de largo plazo son excelentes, dice el Dr. Goren.

Cierre. Esta técnica más nueva usa la energía de radiofrecuencia para encoger las venas. Se hace una pequeña incisión detrás de la rodilla y se inserta un catéter hasta la ingle a través de la gran vena safena. Luego, este catéter se calienta. El colágeno que está dentro de la vena se encoge en respuesta al calor. Este procedimiento no puede realizarse en venas que estén por debajo de la rodilla ni en ramas "retorcidas y tortuosas" de la vena safena porque podría ocasionar daños neuronales. Por lo tanto, a menudo se realiza en combinación con la flebectomía ambulatoria, dice el Dr. Salvador Yunez, un especialista que trabaja en Vein Care Specialists en Chicago.

BIGOTE Y VELLO FACIAL

*L*a mayoría de las mujeres dan por hecho los simples actos de rasurarse, depilarse con cera o depilarse con pinzas el vello indeseable que les sale en las piernas, las axilas, las ingles, las cejas y el labio superior. Pero cuando el vello que crece es excesivo, estos métodos temporales pueden llevar mucho tiempo y llegar a ser fastidiosos. Además, el vello que crece en lugares donde es más visible a los demás —en el labio superior y en la cara— puede ser muy molesto para las mujeres que se preocupan por tener una apariencia femenina.

Estrictamente hablando, el hirsutismo es el exceso de vello facial y corporal que crece siguiendo un patrón masculino, dice la Dra. Wilma F. Bergfeld, jefa de investigación clínica de la Clínica Cleveland. La herencia y las hormonas —o ambas— pueden estar desempeñando un papel, provocando que el vello crezca en áreas donde los hombres generalmente tienen vello, como en el rostro, incluyendo el bigote y las patillas, el cuello, el pecho, la espalda, los brazos, las piernas y el interior de los muslos. El vello hirsuto, también llamado vello terminal, es más grueso y más oscuro que el vello fino que sale en otras partes del cuerpo.

El hirsutismo no es tan raro como podríamos imaginar: alrededor de una de cada 10 mujeres presentan crecimiento de vello con patrón masculino. Si el crecimiento excesivo de vello no le molesta, no necesariamente tiene que removerlo o buscar tratamiento, salvo que también presente acné, ciclos menstruales anormales, obesidad, caída de cabello del cuero cabelludo y agrandamiento del clítoris. Aunque son raras, las causas médicas del hirsutismo que no se detectan potencialmente pueden conducir a infertilidad, enfermedades cardíacas, niveles altos de grasas en la sangre, presión arterial alta, osteoporosis y cáncer endometrial, y por lo tanto, deben ser revisadas.

Pero en la mayoría de los casos, el hirsutismo es un problema cosmético más que un problema médico. De cualquier modo, el crecimiento excesivo de vello puede tratarse, dice el Dr. Stephen Schleicher, director del Derm Dx Center for Dermatology en Filadelfia.

El papel de las hormonas masculinas

El crecimiento de vello notoriamente grueso en las mujeres a menudo es una característica heredada. Asimismo, ciertos grupos étnicos presentan una predisposición al crecimiento de vello. Pero las causas más comunes incluyen una producción excesiva de andrógenos, que son hormonas masculinas, o una mayor sensibilidad a estas hormonas, dice el Dr. Schleicher.

Todas las mujeres presentan pequeñas cantidades de andrógenos circulando por su torrente sanguíneo. Pero cuando esos niveles aumentan, o si los folículos pilosos se vuelven más sensibles a estas hormonas, entonces las mujeres pueden volverse hirsutas.

"Cuando esto ocurre —dice la Dra. Bergfeld—, los folículos pilosos son estimulados y empieza a crecer vello terminal en el cuerpo, incluyendo el rostro". En otras palabras, muchas mujeres registran un nivel normal de andrógenos pero simplemente son más sensibles a estas hormonas.

"Por ejemplo, en el síndrome de ovarios poliquísticos (o *PCOS* por sus siglas en inglés), que es una de las causas más comunes de desequilibrio hormonal, los ovarios secretan demasiado andrógeno", dice la Dra. Mary Jane Minkin, profesora clínica de Obstetricia y Ginecología de la Facultad de Medicina de la Universidad Yale. Los síntomas del PCOS —una afección que ocurre con mayor frecuencia en mujeres premenopáusicas— incluyen los ciclos menstruales irregulares, la ausencia de menstruación, presión arterial alta, calvicie, acné, infertilidad, diabetes y aumento de peso. Cuando una mujer recibe tratamiento para el PCOS, también se normaliza el crecimiento de vello. (Para mayores detalles acerca del tratamiento del PCOS, vea la página 164).

El crecimiento de vello también puede volverse más notorio —aunque todavía normal— durante la menopausia, cuando los ovarios disminuyen su producción de la hormona femenina estrógeno. Los niveles de testosterona (una hormona "masculina" presente tanto en hombres como en mujeres en cantidades diferentes) puede permanecer al mismo nivel, creando un desequilibrio. "Cuando esto ocurre, el cuerpo de la mujer responde a la testosterona, y eso podría ocasionar que le empezara a crecer vello facial", dice la Dra. Minkin.

Asimismo, las mujeres que toman alguna terapia posmenopáusica de reposición hormonal que contiene cantidades pequeñas de testosterona pueden presentar un crecimiento de vello más notorio en el labio superior, el rostro u otras partes del cuerpo.

En casos raros, el exceso de andrógenos también puede encontrar su causa en tumores ováricos o tumores en las glándulas suprarrenales, dice el Dr. Schleicher. Estos tumores se pueden extirpar mediante una cirugía, lo cual hará que se detenga la producción excesiva de andrógenos.

Una abundancia de opciones

Si el crecimiento excesivo de vello le representa un problema, no tenga pena de buscar atención médica. Un médico familiar, un dermatólogo o un endocrinólogo puede trabajar con usted para recomendarle el mejor tratamiento.

Los medicamentos que comúnmente se recetan y que a menudo se usan combinados, incluyen los siguientes:

Anticonceptivos orales. Las pastillas anticonceptivas, que frecuentemente se recetan para el PCOS, y en especial aquellas con dosis bajas de progesterona, suprimen el nivel de andrógenos producidos por los ovarios.

Glucocorticoides. Los fármacos como la prednisona (*Orasone*) bloquean las cantidades excesivas de hormonas masculinas.

Antiandrógenos. Los antiandrógenos —como la espironolactona (*Aldactone*), la flutamida (*Eulexin*) y la finasterida (*Propecia*)— disminuyen la producción de andrógenos, o bien, bloquean la recaptación de andrógenos por parte de los folículos pilosos, reduciendo así el crecimiento de vello indeseable. (Es interesante notar que también se usan para tratar la caída del cabello, como se explica en la página siguiente).

Medicamentos tópicos. El tratamiento más reciente para el crecimiento excesivo de vello, la eflornitina (*Vaniqa*), bloquea a la enzima que estimula el crecimiento de vello. Se debe aplicar dos veces al día y puede dar resultado en un período de tan sólo 8 semanas, en comparación con los 6 meses que tardan otros medicamentos.

Independientemente del tratamiento que le indique su doctor, déle tiempo. Para que sea eficaz, el tratamiento debe administrarse con regularidad y debe considerarse como un tratamiento a largo plazo. Una vez que se suspenda el tratamiento, el vello crecerá de nuevo. Pero gradualmente, si el tratamiento tiene éxito, su vello se hará más fino y le crecerá menos, disminuyendo así su necesidad de emplear camuflajes cosméticos o métodos de depilación, y su autoestima se elevará, señala la Dra. Bergfeld.

Otros métodos de depilación

La manera en que lidie con el crecimiento excesivo de vello depende de usted. Si le está creciendo vello notoriamente grueso y no presenta otros síntomas, si no tolera el tratamiento farmacológico o si decide no tomarlo por otras razones, puede que sean suficientes las simples técnicas de depilación. O para obtener mejores resultados, quizá necesite combinar un tratamiento médico con algún método cosmético de depilación. A diferencia de los tratamientos médicos, la mayoría de los tratamientos cosméticos eliminan el vello que actualmente tiene en el rostro, en lugar de prevenir el crecimiento de vello en el futuro.

Rasurado. El rasurado le lleva segundos y es sencillo, siempre y cuando no le irrite la piel. Opte por cremas para rasurar sin fragancia y un rastrillo limpio de doble navaja. Primero rasúrese el labio superior y las patillas y luego las piernas y las axilas.

Depilación con pinzas. Es mejor que este método sólo lo use para depilarse las cejas, dice Vicki Morav, directora del balneario del Minardi Salon en la ciudad de Nueva York. De otro modo, la depilación con pinzas del vello facial puede volverse trabajosa y puede causarle irritación en la piel y vellos enterrados.

Depilación con cera. Aunque quizá presente molestia e irritación temporales, este tratamiento popular es uno de los mejores métodos para depilar el vello facial indeseable. Los resultados pueden durar varias semanas. Para obtener los mejores resultados, encuentre a un cosmetólogo con experiencia que pueda elegir el tipo correcto de cera para su rostro. (Pídale a su estilista que le recomiende alguien). También, revise la limpieza del salón. "No es una buena idea que su rostro esté expuesto a polvo y bacterias", dice Morav.

Cremas depilatorias. Las cremas depilatorias disuelven el vello pero pueden causar reacciones alérgicas o irritación de la piel, dice el Dr. Schleicher. Siga las instrucciones del fabricante, que generalmente indican que se deberá realizar una prueba con una cantidad de crema del tamaño de una moneda de 10 centavos de dólar en una parte no visible del cuerpo y esperar 24 horas antes de usarla en áreas más extensas.

Electrólisis. Con una aguja y corriente eléctrica, se destruyen los folículos pilosos, uno por uno. La electrólisis es el único método de depilación permanente, pero puede ser tardado y costoso y puede causar irritación en la piel, anormalidades en la pigmentación y, en casos raros, cicatrices, dice la Dra. Bergfeld. Sin embargo, es una opción eficaz, especialmente para aquellas mujeres que no responden bien a los medicamentos.

Rayo láser. El rayo láser sirve para tratar áreas más extensas con un mínimo de molestia. Este método destruye los folículos pilosos al calentar el vello. Aunque el láser rara vez sirve para lograr una depilación permanente, los resultados pueden durar hasta varios meses, lo que lo convierte en una opción útil para las mujeres que no toleran los tratamientos hormonales o farmacológicos muy bien.

CAÍDA DEL CABELLO Y CABELLO RALO

*L*os folículos del cuero cabelludo trabajan todos los días para producir pedacitos tan pequeños de cabello que cada cabello tarda de 1 a 2 meses en crecer tan sólo 1 pulgada (2.5 cm). O *casi* todos los días. Estos folículos se toman su descanso cada 2 a 8 años. Cuando el folículo descansa, el cabello se cae. Si usted tiene folículos adictos al trabajo, su cabello podría crecerle hasta llegar a medir 8 pies de largo (2.40 metros) —o incluso más— sin caerse. (Suponiendo que no vaya al salón a cortárselo, por supuesto).

La clave del cabello largo tipo Rapunzel es la hormona estrógeno, dice el Dr. Geoffrey Redmond, director del Hormone Center of New York en la ciudad de Nueva York. Cuando los niveles de estrógeno son óptimos, su cabello sigue creciendo. (De 2 a 4 años también es normal).

Cuando los niveles de estrógeno son bajos, los folículos se van de vacaciones más seguido. El resultado es un cabello más corto. Los hombres tienen menores niveles de estrógeno que las mujeres, entonces su cabello nunca llega a ser tan largo, aunque no se lo corten.

Normalmente, alrededor de 100 folículos se van de vacaciones cada día. El resultado son los cabellos que encuentra en su almohada, su peine o tapando la coladera del drenaje. Y dado que tiene alrededor de 100,000 folículos en su cuero cabelludo, no importa que unos cuantos descansen de vez en cuando.

Pero si los folículos se van de vacaciones más seguido o simplemente no regresan a trabajar, entonces su cabello se hará más ralo.

Para cuando cumplen los 50 años de edad, alrededor del 40 al 50 por ciento de las mujeres ya presentan cierta caída de cabello, dice la Dra. Mary Sawaya, Ph.D., dermatóloga y jefa de investigación clínica en Alopecia Research and Associated Technologies (o *ARATEC* por sus siglas en inglés) en Ocala, Florida. La caída puede ser repentina o gradual, dependiendo de la causa.

Una caída repentina en el nivel de estrógeno debida al parto puede provocar que los folículos renuncien en masa a su trabajo. El descenso gradual en el nivel de estrógeno que anuncia la menopausia conduce al enralecimiento gradual de la cabellera. Lo mismo ocurre en el caso de la alopecia androgénica, una predisposición genética a la caída de cabello que se relaciona con las hormonas.

Si parece que está perdiendo cabello, no entre en pánico. Hable con su médico. Probablemente no le hará pruebas hormonales a menos que esté presentando otros síntomas, como menstruaciones irregulares, crecimiento excesivo de vello corporal, acné severo u otras señales de desequilibrio hormonal.

Si sospecha que padece alopecia areata (caída del cabello en áreas bien definidas, usualmente el cuero cabelludo o la barba), es posible que su doctor tenga que hacerle una prueba de anticuerpos antitiroideos y anticuerpos antimicrosomales, dice la Dra. Sawaya. Los suplementos tiroideos y otros medicamentos a menudo son eficaces, junto con otros medicamentos que se aplican en el cuero cabelludo. (Vea el Capítulo 4).

El patrón que sigue la caída del cabello —dónde se le está cayendo, cuándo comenzó y demás— le ayudará al médico a identificar la causa. Su doctor también tendrá que descartar (o tratar) otras afecciones no hormonales como anemia, estrés intenso, dietas drásticas, cirugía y fiebre elevada, ya que todos estos pueden provocar la caída del cabello. Con el método de ensayo y error —y un poco de paciencia— podrá colaborar con su doctor para encontrar un tratamiento que le funcione a usted.

Y no espere más. Es más fácil lograr que los folículos conserven su trabajo que tratar de convencerlos de que regresen a trabajar una vez que han decidido retirarse.

¿Qué tiene que ver la testosterona?

La hormona masculina llamada testosterona es la culpable, al menos indirectamente, de lo que muchos expertos creen que es la forma más común de caída del cabello en hombres y mujeres: la alopecia androgénica (también llamada

---

¿Cuán ancha es su raya?

Normalmente se nos caen alrededor de 100 cabellos al día, más o menos. Por lo tanto, si se encuentra sacando más cabello de su cepillo o recogiéndolo del lavamanos o la almohada, esto no necesariamente significa que se le esté cayendo el cabello con mayor rapidez de lo normal. En vez, revise su raya.

Cuando hay menos folículos pilosos trabajando, la raya se ensancha, especialmente en la parte superior de la cabeza. Una raya normal es tan sólo una línea fina, como el borde de una regla. Si su raya es del ancho de un lápiz, quizá esté ya en las etapas tempranas de la caída de cabello. Si la raya es del ancho de su peine, entonces usted presenta una caída de cabello avanzada.

¿Recuerda lo gruesa que se sentía su cola de caballo cuando era adolescente? Una cola de caballo más fina también es otra señal que indica caída de cabello.

Si usted cree que su raya se está ensanchando o que su cola de caballo se está haciendo más fina, consulte a su médico. Para ayudar a diagnosticar la caída de cabello, es posible que examine su cabello más de cerca, con una lupa, para ver si algunos de sus cabellos se están convirtiendo en cabellos vellosos más finos y más cortos, con el fin de poderle indicar el tratamiento adecuado.

calvicie de patrón masculino en hombres y calvicie de patrón femenino en mujeres). La "alopecia" es el simple término científico que usan para referirse a la caída del cabello.

La presencia de alopecia androgénica no significa que tenga niveles de testosterona superiores a lo normal; sólo significa que sus folículos pilosos tienen una predisposición genética a sufrir daños a causa de un derivado de la testosterona llamado dihidrotestosterona (o *DHT* por sus siglas en inglés), que es una enzima que se sintetiza al interior de los folículos pilosos.

"La DHT hace daño de dos maneras distintas", dice Angela M. Christiano, Ph.D., profesora adjunta de Dermatología y Genética y Desarrollo de la Facul-

---

⌒ ESCAPE DEL INFIERNO HORMONAL ⌒

Su cabello se le está cayendo y ella está preocupada

P: *Tengo 32 años de edad, me siento de maravilla, hago ejercicio y me alimento bien. Pero realmente me preocupa mi cabello. Durante los últimos meses, he estado notando más y más cabello de lo normal en la coladera de la ducha (regadera) y en mi peine. Veo más de mi cuero cabelludo, especialmente cuando me peino con raya.*

Cuando hablé sobre esto con mi doctor, me dijo que mi cabellera lucía muy bien y que le parecía que yo estaba exagerando y preocupándome por nada. A mí me parecía que la situación estaba empeorando, entonces consulté a un dermatólogo, quien me hizo una biopsia del cuero cabelludo. Pero los resultados salieron normales.

Al paso que voy, tengo miedo de quedarme calva. ¿Qué debo hacer?

El Dr. Geoffrey Redmond, director de The Hormone Center of New York en la ciudad de Nueva York, responde: Primero, encuentra a un médico que muestre interés, tenga conocimientos y a quien le importe tu problema. La mayoría de los doctores tienen muy poca experiencia con la caída de cabello en mujeres.

Una pregunta clave es: ¿durante cuánto tiempo se te ha estado cayendo el cabello? Si hubiera ocurrido repentinamente, entonces quizá hubiera podido ser una señal de un problema médico más profundo. Pero en vista de que ha ido avanzando gradualmente, a lo largo de un año o más, me suena a que tienes alopecia androgénica, que es una forma de caída de cabello causada por la genética, la cual es común en mujeres y que puede empezar incluso desde que una mujer está en la veintena.

tad de Médicos y Cirujanos de la Universidad Columbia en la ciudad de Nueva York. Hace que los folículos pilosos se vayan de vacaciones con más frecuencia y también hace que algunos de los folículos se encojan un poquito cada vez que regresan a trabajar.

Los folículos siguen trabajando, pero a velocidad de tortuga, produciendo un cabello extremadamente fino e incoloro que puede llegar a crecer tan sólo ¼ de pulgada (6.2 mm) de largo, que se conoce como cabello velloso. (Es igual a la pelusilla que le crece en los brazos). La alopecia androgénica puede causar el enralecimiento del cabello desde la adolescencia o la veintena, aunque quizá no empiece a ser notorio sino hasta décadas después. Contrario a la creencia

No existe una prueba médica para diagnosticar la alopecia androgénica. Una biopsia del cuero cabelludo, en la que se saca una pequeña muestra de cuero cabelludo mediante una punción y luego se examina bajo el microscopio, no sirve de mucho en este caso.

El médico debe examinar cuidadosamente todas las áreas del cuero cabelludo. Si el cabello se ve más fino en la parte superior o "corona" y en el "vértice" que es un punto que se encuentra en la parte posterior de la cabeza, y se ve más grueso en los lados y la parte trasera de la cabeza, entonces esto indica la presencia de alopecia androgénica.

Sin embargo, el médico también debe descartar otras causas posibles, como regímenes alimenticios drásticos repentinos, cirugía reciente o fiebre elevada.

Es importante tratar oportunamente la alopecia androgénica porque es más fácil evitar que se siga cayendo el cabello que lograr que vuelva a crecer. Si no se trata, la alopecia androgénica tiende a empeorar.

Por tu edad y suponiendo que no hay contraindicaciones, yo te recetaría espironolactona a una dosis de 100 miligramos al día. Si no te funcionara, entonces te recomendaría que elevaras la dosis a 200 miligramos al día. Si eso tampoco funcionara, entonces te sugeriría que probaras el minoxidil (*Rogaine*).

Con el tratamiento apropiado, la mayoría de las mujeres pueden evitar que se les siga cayendo el cabello. En algunos casos, incluso es posible que el cabello vuelva a salir.

popular, la alopecia androgénica, ya sea de patrón masculino o femenino, puede ser heredada por cualquiera de ambos lados de la familia.

Si le diagnostican alopecia androgénica, no tome suplementos de deshidroepiandrosterona (o *DHEA* por sus siglas en inglés) que se vendan sin receta, los cuales se comercializan como un remedio contra el envejecimiento. Estos suplementos pueden causar una elevación en sus niveles de testosterona y acelerar la caída del cabello, dice el Dr. Redmond.

Si bien no existe fármaco alguno que le restaure todo su cabello, hay tres que sí vale la pena probar. Y al igual que con la mayoría de los fármacos que se usan para tratar afecciones que no ponen en peligro la vida, suspenda su uso si está planeando quedar embarazada.

Primera opción: minoxidil (Rogaine)

Este es el único fármaco que ha sido aprobado por la Dirección de Alimentación y Fármacos (o *FDA* por sus siglas en inglés) para tratar la caída de cabello en mujeres. Y parece que sí funciona.

"He logrado muy buenos resultados tratando a hombres y mujeres con minoxidil, incluso mujeres que ya están en la sesentena y principios de la setentena", dice la Dra. Sawaya.

La manera exacta en que el minoxidil promueve el crecimiento del cabello aún no ha quedado clara. La Dra. Sawaya cree que funciona al abrir los canales de potasio y al incrementar el crecimiento de los folículos pilosos.

Pero el minoxidil no es perfecto.

- En un estudio de investigación de mujeres de 18 a 45 años de edad, alrededor del 60 por ciento presentaron crecimiento de cabello nuevo después de usar una solución al 2 por ciento de *Rogaine* durante ocho 8 meses, pero la mayoría presentaron lo que se calificó como crecimiento "mínimo".
- Puede tardar hasta un año en funcionar. "Tarda 4 meses tan sólo en despertar a los folículos para que comiencen a producir cabello", dice la Dra. Sawaya.
- Una cantidad suficiente para un mes del medicamento de marca cuesta $29 dólares, lo que se traduce en más de $300 dólares al año.
- Las instrucciones indican que se debe aplicar dos veces al día, y aunque puede dejar residuos, dice la Dra. Sawaya, sí puede facilitar el estilizado del cabello.

Por otra parte, incluso aunque el minoxidil no restaure todo el cabello que ha perdido, sí parece prevenir la caída adicional de cabello (al menos según algunos estudios que se han hecho en hombres).

Aunque puede comprar versiones de minoxidil que se venden sin receta y tratarse usted misma, esta no es una buena idea. Necesita hablar con un médico para que le dé una idea realista de lo eficaz que podría ser minoxidil para su tipo particular de caída de cabello y para que evalúe cualesquiera problemas de salud subyacentes, aconseja la Dra. Sawaya. Además, con una receta médica, es posible que su seguro cubra el costo del medicamento.

Por si decide probar el minoxidil, aquí le damos algunos consejos de los expertos.

Déle tiempo. Úselo durante 6 a 12 meses para ver si da resultado.

Ahorre dinero. Considere comprar una marca genérica, la cual cuesta alrededor de $10 dólares por frasco.

Déjelo trabajando toda la noche. En vez de aplicarse dos dosis al día, la Dra. Sawaya sugiere usar casi dos dosis, pero sólo de noche. Déjeselo toda la noche y lávese el cabello con champú a la mañana siguiente. "Aun así, funcionará muy, pero muy bien", dice.

Rocíeselo. La aplicación de minoxidil, ya sea con gotero o rociador, en el área del cuero cabelludo donde hay caída de cabello, tarda menos de un minuto, dice la Dra. Sawaya. Ella recomienda usar un rociador. "Fróteselo para que se absorba y ya está", dice. Si accidentalmente se rocía la solución en los ojos, enjuágueselos con agua fría abundante de la llave (grifo, canilla, pila).

Si la solución al 2 por ciento no le funciona, pruebe la solución al 5 por ciento. El minoxidil está disponible sin receta en soluciones al 2 y 5 por ciento, aunque ya se ha probado la solución al 5 por ciento y se ha mostrado que brinda beneficios adicionales sólo en hombres. No obstante, la Dra. Sawaya recomienda la versión más concentrada para las mujeres, aunque sólo les represente una ventaja marginal.

Si presenta caída de cabello repentina o en parches, no use minoxidil sin antes consultar a un especialista. Y tampoco lo use si tiene enrojecimiento, inflamación, infección, irritación o dolor en el cuero cabelludo. Suspenda el uso de minoxidil y llame a su doctor si empieza a presentar dolor en el pecho, taquicardia, mareo o una sensación de que se va a desmayar. También suspenda su uso y llame a su médico si presenta aumento de peso repentino e inexplicable, hinchazón en las manos y los pies, o irritación del cuero cabelludo que continúa o empeora.

*Segunda opción: finasterida (*Propecia*)*

Si el minoxidil no funciona, pregúntele a su doctor acerca de la finasterida. Este fármaco, que se vende bajo el nombre de *Propecia*, bloquea la conversión de testosterona en DHT. Estrictamente hablando, la FDA no ha aprobado el uso de finasterida en mujeres, principalmente porque causa genitales subdesarrollados en animales *machos* de laboratorio, por lo que podría causar defectos congénitos si las mujeres toman este fármaco durante el embarazo. Pero si usted es una mujer posmenopáusica, le han ligado las trompas o simplemente no está planeando tener un bebé, la finasterida es segura, eficaz y legal. Por esto, los doctores en Europa —y algunos doctores en los Estados Unidos— sí les recetan finasterida a las mujeres.

La finasterida cuesta alrededor de $500 dólares al año y se toma en forma de pastilla. Probablemente tardará de 6 meses a 1 año antes de empezar a ver resultados. En un estudio de investigación, se encontró que la finasterida es ineficaz en mujeres de más de 60 años de edad. Esto podría ser porque, para entonces, la cantidad de andrógenos desciende a niveles insignificantes, dice el Dr. Redmond.

Si está planeando concebir y quiere probar la finasterida:

- Deje de tomar finasterida 3 semanas antes de que empiece a tener relaciones sexuales sin protección, de modo que su cuerpo tenga suficiente tiempo para eliminar el fármaco, dice la Dra. Sawaya.
- Use anticonceptivos orales, condones y espermicida u otro método de control natal mientras esté tomando finasterida.
- Si ya no planea embarazarse, considere ligarse las trompas, o bien, una vasectomía para su esposo.
- Un efecto secundario que puede causar este medicamento es la pérdida de deseo sexual. Si persiste o le resulta problemático, llame a su doctor. Si le sale un sarpullido en la piel o se le hinchan los labios, comuníquese con su médico de inmediato. Estas son señales de una reacción tóxica. Si está embarazada y ha manipulado tabletas rotas o molidas, llame a su doctor de inmediato.

Tercera opción: espironolactona

El fármaco que más recomienda el Dr. Redmond para las mujeres premenopáusicas con caída de cabello es la espironolactona, que es un medicamento que se vende con receta y que disminuye la producción de testosterona. Y menos testosterona significa menos DHT que mata a los folículos.

No obstante, este medicamento sí produce algunos efectos secundarios que se deben tomar en cuenta. La espironolactona parece tener un potencial similar al de la finasterida para causar defectos congénitos. Y también puede hacer que las menstruaciones lleguen más temprano, a veces hasta cada 14 días, lo cual probablemente no representa un problema si ocurre durante unos

LA CONEXIÓN HORMONAL

Canas prematuras: ¿estarán siendo atacadas sus glándulas endocrinas?

Si más del 50 por ciento de su cabello se vuelve canoso antes de que haya cumplido los 40 años de edad, lo más probable es que no tenga nada de qué preocuparse. Si la mayoría de sus familiares tienden a volverse canosos a una edad temprana y usted no tiene problemas de salud, sus canas prematuras son, sin duda, genéticas, como tener los ojos azules o los pómulos salidos.

Pero si tiene menos de 40 años de edad y su cabello repentinamente se vuelve canoso a lo largo de un par de meses, su doctor debería averiguar si padece la enfermedad de Hashimoto, que es un trastorno autoinmune en el que la glándula tiroides presenta una actividad baja.

"A veces, las canas prematuras pueden ser una característica evidente de la enfermedad", dice el Dr. Raphael Kellman, director del Kellman Center for Progressive Medicine en la ciudad de Nueva York. Pero la salida de canas en sí no es una señal de enfermedad. Otros trastornos autoinmunes relacionados con una

tiroides hiperfuncionante —a saber, la enfermedad de Graves— indirectamente pueden causar canas al atacar a las glándulas endocrinas. En la enfermedad de Graves, los anticuerpos a veces atacan a los melanocitos, que son las células que pigmentan el cabello y la piel. Así pues, el cabello puede volverse cano o incluso completamente blanco.

En ocasiones, también les salen canas prematuras a las personas que presentan un bajo funcionamiento de las glándulas suprarrenales, dice la Dra. Diana Bihova, una dermatóloga que tiene su consulta privada en la ciudad de Nueva York. Las glándulas suprarrenales en particular representan un papel crucial en la producción de melanina. Asimismo, la insuficiencia ovárica prematura también puede causar canas prematuras en algunos casos. Si su doctor llegara a encontrar un trastorno autoinmune o problema endocrino subyacente, el tratamiento puede revertir la pérdida de pigmento.

cuantos meses, pero sí cuando ya es una situación que se prolonga durante varios años, advierte el Dr. Redmond. Aun así, él considera que la espironolactona es segura en general. Una cantidad suficiente para un año cuesta alrededor de $375 dólares.

Algunos medicamentos o afecciones contraindican el uso de la espironolactona. Informe a su médico o farmacéutico de todos los medicamentos que esté tomando. No tome esta medicina si está consumiendo suplementos de potasio. Si está tomando inhibidores de la enzima convertidora de angiotensina (*ACE inhibitors*) u otros medicamentos para afecciones cardíacas, es probable que su doctor tenga que controlar la dosis y vigilarla para determinar si le está funcionando o no. Si está tomando espironolactona, no consuma sustitutos de sal.

Una alternativa herbaria: palmera enana

El herbolario James A. Duke, Ph.D., cree que la palmera enana (palmito de juncia, *saw palmetto*) puede ayudar a tratar la caída de cabello, citando los beneficios de esta hierba, que son similares a los de la finasterida en el tratamiento de la próstata agrandada en hombres, donde la principal culpable también es la enzima DHT.

Esta baya tropical ha sido empleada durante siglos y parece ser segura para las mujeres, dice el Dr. Duke, un etnobotánico retirado del Departamento de Agricultura de los Estados Unidos. Sin embargo, él no sabe de ningún estudio científico que demuestre que la palmera enana funcione para tratar la caída de cabello.

La Dra. Christiano está llevando a cabo experimentos en la Universidad de Columbia para ver si la palmera enana afecta el crecimiento del cabello. Con base en estudios previos, se ha demostrado que la palmera enana funciona mediante un mecanismo similar al de la *Propecia*.

"Yo conozco a bastantes mujeres que la están usando con éxito", dice la Dra. Christiano, a lo que agrega que algunas han visto mejorar su alopecia androgénica después de usar palmera enana durante tan sólo 2 meses.

Si decide probar la palmera enana:

Tómela en la forma correcta. El Dr. Duke recomienda tomar 320 miligramos al día de un extracto de palmera enana en cápsula, que contenga una concentración de un 80 por ciento de ácidos grasos y esteroles (en la etiqueta, busque las palabras "*fatty acids*" y "*sterols*").

Combínela. El Dr. Duke sugiere usar palmera enana en combinación con otros tratamientos, como minoxidil o finasterida.

Pastillas anticonceptivas: formulaciones nuevas que salvan la cabellera

Si está tomando píldoras anticonceptivas, el problema podría radicar en la formulación que le recetaron.

Las pastillas anticonceptivas pueden provocar la caída del cabello porque la progestina que contienen algunas formulaciones actúa un poco como las hormonas masculinas. Para muchas mujeres, esto no representa problema alguno. Pero si usted tiene los genes que codifican la alopecia androgénica, la DHT adicional producida podría hacer que dejaran de funcionar muchos de sus folículos, dice la Dra. Sawaya.

Si esto ocurre, y empieza a caérsele el cabello o se le cae con mayor rapidez, tiene unas cuantas opciones.

Hable con su médico acerca de cambiar sus pastillas actuales por otras que tengan una dosis más baja de andrógenos. Si está tomando pastillas con una dosis elevada de andrógenos —como *Lo/Ovral*, *Loestrin 1.5/30* o *Triphasil*— puede que, en vez de estas, su doctor le recete pastillas anticonceptivas de dosis baja, como *Ortho Tri-Cyclen*, *Ortho Cyclen*, *Ortho-Cept* o *Desogen*.

Considere los métodos de control natal no hormonales que están disponibles. Dependiendo de que quiera evitar temporal o permanentemente el embarazo, la ligadura de trompas u otros métodos de control natal podrían aliviar la caída de cabello.

En algunas ocasiones, cuando se suspenden las pastillas anticonceptivas, los niveles de estrógeno pueden descender y provocar la caída temporal de cabello. Pero el crecimiento de cabello debe regresar a la normalidad al cabo de más o menos 4 meses.

Después del parto, tenga paciencia

Una vez que decida embarazarse, su vientre no será la única parte de su cuerpo que se haga más gruesa. Su cabellera probablemente también se engrosará. Esto se debe a que los niveles más altos de estrógeno que hay durante el embarazo hacen que sean más los folículos pilosos que se quedan trabajando, dice el Dr. Redmond.

Pero cuando los niveles de estrógeno descienden después del parto, es posible que se le caiga algo de cabello.

"Definitivamente es notorio, pero en el caso de la mayoría de las mujeres, no es grave", dice el Dr. Redmond.

Y además, es temporal. Esta caída de cabello generalmente ocurre más o menos de 2 a 4 meses después del parto y dura alrededor de un mes, aunque puede continuar un poco más si amamanta a su bebé. El bienestar de su bebé debe venir antes que su cabello, dice el Dr. Redmond. Entonces, no suspenda la lactancia sólo para que mejore la apariencia de su cabellera.

Una vez que empiece a menstruar de nuevo, los niveles de estrógeno deberán volver a la normalidad y deberá parar la caída del cabello. Pero normalmente tardará alrededor de 4 meses más para que su cabellera se vea gruesa de nuevo.

Si su cabellera no regresa a la normalidad de 6 a 8 meses después del parto, consulte a un médico. Esto podría indicar un desequilibrio hormonal más fundamental o algún otro problema de salud, dice el Dr. Redmond.

La caída del cabello durante la menopausia no es inevitable

Debido a que cualquier descenso en la producción de estrógeno parece dar inicio a la caída de cabello y a que la menopausia (al igual que el posparto) se caracteriza por una disminución en la producción de estrógeno, es claro ver por qué muchas mujeres presentan una caída acelerada de cabello durante la menopausia. En casos extremos, las mujeres pueden perder casi el 80 por ciento de su cabello para cuando llegan a la setentena. Por otra parte, hay algunas que no pierden ni uno solo.

La caída de cabello no es inevitable. Esto es lo que debe hacer si su caída de cabello tiene que ver con la menopausia.

Considere la terapia de reposición hormonal. Si la pérdida de estrógeno provoca la caída de cabello, la terapia de reposición de estrógeno previene la caída de cabello. Suena sencillo. Pero la dosis de estrógeno que se necesita para ayudar al cabello es generalmente de 1.5 a 2 veces mayor que la que se usa para tratar los síntomas generales. "Esto sigue estando dentro del rango aceptable, sólo que en el límite superior del mismo", dice el Dr. Redmond.

El Dr. Redmond encuentra que una dosis de 1.25 miligramos al día de estrógenos conjugados —como *Premarin* o *Cenestin*— presenta una mayor probabilidad de ser eficaz que la dosis usual de 0.625 miligramos.

Hable con el médico indicado. Aunque la caída de cabello durante la posmenopausia es común, no todos los doctores tienen conocimiento o están de acuerdo con el hecho de que tenga algo que ver con el estrógeno, advierte el Dr. Redmond. Por lo tanto, si a su ginecólogo le parece una idea "descabellada", quizá tenga que consultar a un dermatólogo o endocrinólogo que tenga experiencia en la caída del cabello, dice.

Trabaje junto con su estilista. Si se le ha caído algo de cabello y no puede o prefiere no recibir la terapia de reposición hormonal o no puede tolerar la dosis más elevada, entonces alíese con su estilista. El corte correcto —más el tinte indicado, el crepé, los permanentes, la laca, los geles, los rocíos y las técnicas de secado de cabello— pueden ayudarle a sacarle el mayor provecho posible al cabello que sí tiene. O si se le ha caído una cantidad considerable de cabello, un postizo (peluquín) de apariencia natural puede ayudarla a lucir mejor que nunca.

ALERGIAS

Imagine a las células de su sistema inmunitario como si fueran un ejército listo y a la espera de que la invadan organismos peligrosos. Aunque normalmente es su aliado, en las personas que sufren de alergias, este ejército puede convertirse en su peor enemigo con una rapidez asombrosa.

Las reacciones alérgicas son los productos derivados de un sistema inmunitario que está tan ansioso por hacer bien su trabajo que termina formando anticuerpos llamados inmunoglobulinas E (o *IgE* por sus siglas en inglés) para combatir sustancias inofensivas. Estos anticuerpos se adhieren a los mastocitos, los cuales abundan en su nariz, ojos, pulmones y tracto gastrointestinal. Cuando usted entra en contacto con un alérgeno, los mastocitos liberan histaminas (las sustancias químicas responsables de las desagradables reacciones alérgicas) y toda una variedad de sustancias químicas distintas, y entonces usted termina con la nariz tapada, los ojos llorosos y la garganta rasposa u otros síntomas característicos de las alergias.

Los científicos no están seguros de la razón por la cual algunas personas reaccionan a cosas como la caspa de los animales, los ácaros del polvo y el polen, pero el 20 por ciento de la población sufre de algún tipo de alergia. Si usted es una de estas personas, entonces una de sus prioridades es mantener las reacciones alérgicas bajo control. Aquí es donde intervienen las hormonas.

El cortisol y la epinefrina —y, según creen algunos expertos, incluso el estrógeno— pueden influir en la respuesta de su cuerpo ante los alérgenos. De hecho, el Dr. Russell Roby, un alergólogo y director del Texas Allergy Center en Austin, sugiere que algunas mujeres pueden desarrollar alergias contra sus propias hormonas, incluyendo la progesterona, el estrógeno o las hormonas tiroideas.

Estrógeno: en las buenas y en las malas

Su vecina le comentó que sus alergias desaparecieron después de la menopausia. Pero por otra parte, usted descubrió que durante la perimenopausia, sus síntomas de la fiebre del heno en realidad *empeoraron*. Esta situación confusa es un ejemplo de la manera en que las hormonas sexuales femeninas podrían estar vinculadas con las alergias. Sin embargo, aún se desconoce el vínculo exacto. Una teoría dice que los niveles elevados de estrógeno pueden elevar la respuesta del cuerpo ante los alérgenos y que incluso podrían elevar la probabilidad de contraer alergias. Otra teoría sostiene que los niveles bajos de estrógeno pueden crear un desequilibrio hormonal que minimiza su capacidad de combatir las alergias.

"Todavía estamos en una etapa muy temprana en la comprensión de la relación que existe entre las hormonas y las alergias —dice Baizhuang Xu, Ph.D., un epidemiólogo de la Facultad de Medicina de la Universidad Imperial en Londres—. Aún tenemos mucho camino por recorrer antes de que poseamos un mejor conocimiento del mecanismo de desarrollo de alergias vinculado a las hormonas".

El Dr. Xu tiene la teoría de que los niveles elevados de estrógeno podrían ser un factor en el desarrollo de alergias. "Comúnmente se observa que las mujeres de edad fértil padecen más trastornos alérgicos. Esto podría estar vinculado con las hormonas sexuales", dice.

El Dr. Xu llevó a cabo un estudio de investigación en el que buscaba determinar si la edad a la que una mujer empieza a menstruar influye en el desarrollo de alergias en sus hijos. Fue interesante notar que del total de 5,188 personas (la mitad eran hombres y la otra mitad eran mujeres, todos finlandeses) a quienes se les hicieron pruebas, el 35 por ciento de aquellos cuyas madres habían comenzado a menstruar antes de los 12 años de edad padecían alergias. En contraste, las alergias afectaban sólo al 26.4 por ciento de aquellos cuyas madres empezaron a menstruar a los 16 años de edad o más. Debido a que se cree que las mujeres que empiezan a menstruar a una edad temprana tienen niveles más elevados de estrógeno en la edad adulta, el Dr. Xu dice que su estudio de investigación podría indicar un vínculo entre el estrógeno y el desarrollo de alergias.

En un estudio de investigación previo, se encontró que las mujeres eran más reactivas a las histaminas durante las pruebas por punción de la piel que se realizaban en los días 12 al 16 de su ciclo menstrual, cuando el estrógeno está a su nivel máximo. De tal modo, esto también parecería indicar que existe una correlación entre los niveles elevados de estrógeno y las alergias. Esta correlación encuentra aún más apoyo en la observación de que las mujeres posmenopáusicas en general presentan una probabilidad mucho menor de desarrollar alergias, dice el Dr. Xu.

Pero el Dr. Roby dice que él ve a muchas mujeres en las que empeoran las alergias durante la perimenopausia y la posmenopausia. Él le echa la culpa a los niveles bajos de estrógeno. El Dr. Roby tiene la teoría de que las mujeres que presentan niveles bajos de estrógeno tienen un desequilibrio hormonal que afecta a todas las demás hormonas de su cuerpo. Esto ocurre, dice, porque el cuerpo produce hormonas de acuerdo con ciertas prioridades. Debido a que el estrógeno es la hormona responsable de la reproducción, se le da la más alta prioridad sólo después de la adrenalina, la cual es necesaria para sobrevivir. Para compensar los niveles bajos de estrógeno que existen

---

LA CONEXIÓN HORMONAL

¿Será alérgica a sus propias hormonas?

Se ha encontrado que algunas personas que padecen urticaria (ronchas) crónica han formado anticuerpos de inmunoglobulina E (o *IgE* por sus siglas en inglés) contra sus hormonas tiroideas, dice el Dr. Ira Finegold, jefe de alergias e inmunología clínica del Hospital St. Luke's-Roosevelt en Nueva York. También se han descubierto sensibilidades a la progesterona y al estrógeno en mujeres cuya urticaria y sarpullidos reinciden durante la premenstruación.

Las alergias a la progesterona y el estrógeno son raras, pero no inusuales. De hecho, una sensibilidad hormonal podría ser responsable por los cambios cíclicos que se presentan en los síntomas de la fiebre del heno y el asma, dice la Dra. Marianne Frieri, Ph.D., profesora adjunta de Medicina y Patología de la Universidad Estatal de Nueva York en Stony Brook, y directora de alergias e inmunología del Centro Médico de la Universidad Nassau en Long Island, Nueva York. Los anticonceptivos orales pueden ayudar, ya que disminuyen las fluctuaciones hormonales, pero también pueden provocar goteo nasal, por lo que deberá hablar sobre su uso con su doctor.

durante la perimenopausia —y, en algunas mujeres, antes de la menstrua-ción— la deshidroepiandrosterona (o *DHEA* por sus siglas en inglés) que hay en el cuerpo (la unidad principal a partir de la cual se sintetizan las hor-monas) se deja de usar para producir otras hormonas. La consecuencia es un menor nivel de testosterona (que causa una disminución en el impulso sexual) y niveles considerablemente inferiores de cortisol, lo que ocasiona más alergias, menos energía y una menor capacidad de lidiar con el estrés.

Para la desgracia de las personas que sufren de alergias, la hormona a la que se le asigna la más baja prioridad es el cortisol, dice el Dr. Roby. Debido a que se está produciendo menos cortisol, pueden empeorar las alergias en las mujeres, debido a una mayor inflamación y una respuesta elevada del sistema inmunitario.

El Dr. Roby reconoce que algunas mujeres observan mejoras en sus alergias después de la menopausia. Esto puede deberse a que un desequilibrio entre las hormonas progesterona y estrógeno durante la perimenopausia puede estimu-lar la hinchazón. Una vez que las hormonas se vuelven a equilibrar en la meno-pausia, la hinchazón desaparece y las reacciones alérgicas se abaten, dice.

∾ ESCAPE DEL INFIERNO HORMONAL ∾

Sus alergias empeoran antes de su menstruación

P: *Tengo 41 años de edad y he sufrido de alergias desde que estaba en la prepara-toria (secundaria). Después de que cumplí los 35 años de edad, he notado que cada año se han ido tornando un poco más seve-ras mis alergias. ¡Este año ha sido el peor! Y sin falla, justo antes de que empiece mi menstruación, mis alergias se salen de con-trol. Mi nariz está tan congestionada y tengo tanta comezón en los ojos que se me dificulta concentrarme en lo que sea. Du-rante la temporada de alergias, ya hasta siento miedo cuando se empieza a acercar la fecha de mi menstruación. Pero cuando le comenté esto a mi doctor, él me dijo que no hay razón alguna por la cual deban em-peorar mis alergias antes de mi menstrua-ción. ¿Me estoy imaginando esta relación?*

El Dr. Russell Roby, un alergólogo y di-rector del Texas Allergy Center en Austin, responde: Lo que me describes me suena como una sensibilidad a la progesterona. Y no eres la única: la sensibilidad a la progesterona puede ser la responsable de diversos síntomas premenstruales, inclu-yendo la exacerbación de la fiebre del heno justo antes de que inicie la mens-

Si sus alergias empeoran antes de la menstruación o si parecen haber ido empeorando con el paso de los años, he aquí lo que puede probar.

Fortalézcase con fitoestrógenos. Algunas mujeres mejoran al tomar suplementos de isoflavonas y otros estrógenos de origen vegetal (que en su conjunto se conocen como fitoestrógenos), los cuales están disponibles en las tiendas de productos naturales. (Sin embargo, antes de probar los suplementos, debe intentar obtener la mayor cantidad posible de isoflavonas comiendo de una a dos raciones al día de alimentos que contengan soya). El Dr. Roby sugiere experimentar tomando una dosis justo antes de que le llegue la menstruación. La dosis que usualmente se recomienda para los suplementos de isoflavonas es de 30 a 50 miligramos al día. Quizá necesite ajustar la dosis varias veces antes de que empiece a notar mejoría. Pídale a su médico que le ayude a determinar si tomar estrógeno es seguro para usted o si le representa un riesgo.

Salga a caminar. De 30 minutos a 1 hora al día de ejercicio suave podría ser suficiente para mantenerla alejada del alergólogo, dice el Dr. Roby. Caminar es el mejor ejercicio porque no es demasiado extenuante y aparte, le ayudará

truación. Invariablemente, los síntomas empeoran cada mes cuando los niveles de estrógeno descienden alrededor de una semana antes de que inicie la menstruación. Quizá incluso hayas notado que tu fiebre del heno desapareció durante el embarazo, cuando todos tus niveles hormonales permanecieron elevados, especialmente de estrógeno. Otros trastornos comunes que se relacionan con reacciones a las hormonas son la piel seca o grasosa, el enralecimiento del cabello, el síndrome premenstrual, un mayor crecimiento de vello corporal, asma, migrañas y aumento de peso. Cada uno puede ser tratado por un especialista diferente, pero yo creo que

el primer paso para el tratamiento debe ser corregir el desequilibrio. Esto generalmente implica elevar el nivel de estrógeno.

Los anticonceptivos orales parecen ayudar a algunas mujeres, pero hay casos en que sólo hacen que empeoren los síntomas, especialmente si no se administran en la dosis adecuada. Por lo tanto, yo te recomendaría, en vez, que trataras de corregir el desequilibrio mejorando tu salud en general. Esto significa mantenerte en tu peso ideal y hacer al menos media hora de ejercicio cada día, así como evitar los carbohidratos y la cafeína, los cuales pueden agravar un desequilibrio hormonal.

a no aumentar tanto de peso, otro factor que influye en la consecución de un equilibrio hormonal óptimo, agrega.

Córteles a los carbohidratos. Según el Dr. Roby, los carbohidratos alientan la producción de grasa. Él dice que las mujeres que siguen una alimentación rica en carbohidratos pueden sufrir más reacciones alérgicas porque tienen más tejido blando (es decir, grasa). Si bien el comer más en general, y más carbohidratos en particular, conduce al sobrepeso —especialmente si no hace suficiente ejercicio— las personas que sienten urgencia por ingerir carbohidratos son especialmente propensas a comer en exceso y a aumentar de peso. Él sostiene que al disminuir la cantidad de azúcares simples que consume, o incluso al eliminarlos por completo, usted podría empezar a sentirse mejor durante la temporada de alergias. (Para mayor información acerca de una dieta reducida en carbohidratos, vea "Proteínas, grasas y carbohidratos: la clave está en el equilibrio" en la página 119).

Fármacos hormonales que alivian las alergias

Los corticosteroides son hormonas que se producen naturalmente en la corteza adrenal (la capa exterior de las glándulas suprarrenales). A menudo se recetan corticosteroides sintéticos para tratar las alergias y el asma porque suprimen la inflamación del tejido y acallan la respuesta inmunitaria. En el caso de las alergias, estos medicamentos le dicen a su sistema inmunitario que deje de exagerar en su respuesta ante las sustancias extrañas.

Si usted padece rinitis alérgica estacional (fiebre del heno), es posible que su doctor le recete un corticosteroide en forma de aerosol nasal. Estos fármacos se consideran seguros porque aunque la medicina entra en contacto directo con las vías nasales, a la dosis normal (baja), muy poca es absorbida por el organismo. Por lo tanto, estos medicamentos no suprimen la producción natural de hormonas adrenales. Los corticosteroides orales se pueden recetar para alergias graves relacionadas con el asma o la urticaria (ronchas).

El uso a largo plazo de los corticosteroides orales puede causar estragos en sus hormonas adrenales, dice el Dr. Ira Finegold, jefe de alergias e inmunología clínica del Hospital St. Luke's-Roosevelt en la ciudad de Nueva York. "Apagan sus esteroides naturales. Si se quedan apagados el tiempo suficiente —generalmente varios años— su cuerpo ya no puede producirlos naturalmente, incluso aunque suspenda el medicamento", explica. Por lo tanto, los corticosteroides orales se pueden tomar con seguridad sólo cuando se usan durante varios días a la vez, o si se usan a largo plazo, tomándolos en días alternados.

Alimentos que combaten
—o fomentan— las alergias

Sus alergias le están empezando a dar problemas y usted se siente fatal. Entonces, se acurruca con una taza de infusión de manzanilla (*chamomile*). ¿Suena bien, verdad? No si es alérgica a la ambrosía (*ragweed*), dice la Dra. Marianne Frieri, Ph.D., profesora adjunta de Medicina y Patología de la Universidad Estatal de Nueva York en Stony Brook, y directora de alergias e inmunología del Centro Médico de la Universidad Nassau en Long Island, Nueva York. La manzanilla puede presentar una reacción cruzada con la ambrosía (*ragweed*), agravando sus alergias. Del mismo modo, las personas que padecen una alergia al abedul (*birch*) deben evitar las manzanas y el kiwi cuando los abedules están polinizando, dado que estas frutas pueden estar relacionadas con la proteína del polen del abedul.

No siempre es fácil vincular los síntomas de las alergias —asma, estornudos, diarrea y demás— con alguna alergia alimentaria, dice el Dr. James Balch de Rancho Santa Fe, California. Por ejemplo, las proteínas que se encuentran en la leche de vaca son alérgenos comunes pero que a menudo pasan desapercibidos.

Los azúcares refinados, la cafeína y la mayoría de los alimentos procesados también pueden actuar en contra de su sistema inmunitario, provocando que reaccione de manera exagerada ante los alérgenos, dice el Dr. Balch. Lo mejor es servirse alimentos que apoyen al sistema inmunitario, los cuales están repletos de bioflavonoides, vitaminas y bacterias amigables. El yogur, por ejemplo, contiene lactobacilos, que son bacterias esenciales para el buen funcionamiento del sistema inmunitario.

Si sufre de alergias, el Dr. Balch sugiere que haga los siguientes cambios en su alimentación.

Alimentos que debe agregar	Alimentos que debe evitar
Plátanos amarillos o guineos (magnesio) y otras frutas (vitamina C, quercetina y otros nutrientes)	Leche y productos lácteos, cacahuates (maníes) y frutos secos de árboles, trigo, soya, pescado y mariscos de concha y huevo (estos alimentos son los responsables del 90 por ciento de todas las alergias alimentarias)
Yogur (lactobacilos)	Azúcares refinados
Verduras, cereales crudos y semillas	Chocolate; café y otras bebidas cafeinadas
	Alimentos que contengan el colorante amarillo Nº5 (*yellow dye #5*)

Si bien los aerosoles nasales son más seguros, pueden crear problemas similares si se excede la dosis recomendada, que generalmente es de dos chisguetes al día, dice el Dr. Finegold. No obstante, se ha demostrado que tanto los corticosteroides orales como los inhalados disminuyen la densidad ósea en las personas que usan dosis elevadas durante períodos prolongados.

Otra hormona adrenal, la epinefrina, es producida por la médula adrenal (la capa interna de la glándula). Debido a un mecanismo natural que la mantiene lista para la acción, la epinefrina eleva su presión arterial, constriñe sus vasos sanguíneos y acelera su frecuencia cardíaca. Una vez que se estimula, la epinefrina puede ayudar a su cuerpo a defenderse de una reacción alérgica, incluso en casos leves.

En casos graves, las alergias a los alimentos o a los fármacos pueden causar anafilaxia, es decir, una reacción que pone en peligro la vida, que cursa con falta de aliento, una caída en la presión arterial e incluso pérdida del conocimiento o choque (conmoción). Esto requiere de tratamiento urgente que normalmente consiste en una inyección de epinefrina sintética, la cual revierte la reacción alérgica.

Hay otros medicamentos diversos que se emplean para tratar los síntomas de las alergias, entre los cuales encontramos los antihistamínicos, que bloquean a las histaminas para disminuir los síntomas molestos, y los descongestionantes que se venden sin receta, como la pseudoefedrina (de marca *Sudafed*), que pueden ayudar a aliviar la congestión causada por las alergias y que tienen la ventaja de no causar soñolencia con tanta frecuencia. Los antihistamínicos que se venden sin receta sí causan efectos secundarios, principalmente soñolencia, pero también hay antihistamínicos no sedantes que se pueden conseguir con receta médica.

Tenga cuidado con la efedra. La efedra (belcho, *ephedra*), que también se conoce como *ma huang*, es una hierba china que a veces se usa para tratar alergias, dice la Dra. Marianne Frieri, Ph.D., profesora adjunta de Medicina y Patología de la Universidad Estatal de Nueva York en Stony Brook, y directora de alergias e inmunología del Centro Médico de la Universidad Nassau en Long Island, Nueva York. Aunque es natural, la efedra contiene efedrina, que es el mismo ingrediente que se encuentra en la pseudoefedrina (por ejemplo, *Sudafed*) y que puede causar insomnio u otros efectos secundarios potencialmente peligrosos, como la presión arterial elevada. Por lo tanto, la efedra sólo debe tomarse con gran precaución y bajo la supervisión de un profesional en el cuidado de la salud que tenga experiencia en su uso.

Y, al igual que con el *Sudafed*, si está tomando medicamentos para la tiroides o antihipertensivos, definitivamente debe evitar esta hierba, dice la Dra. Frieri, dado que puede causar palpitaciones cuando se combina con estos fármacos.

Acalle sus síntomas con quercetina. Un suplemento derivado de los bioflavonoides que se encuentran naturalmente en las frutas cítricas y el alforjón (trigo sarraceno), la quercetina (*quercetin*) puede sofocar la reacción de su cuerpo ante los alérgenos porque estabiliza a los mastocitos para que ya no liberen tantas histaminas, dice el Dr. James Balch de Rancho Santa Fe, California. El Dr. Balch recomienda tomar 500 miligramos dos veces al día. Para obtener los mejores resultados, combínela con 100 miligramos de bromelina (*bromelain*), una enzima natural.

Las hormonas del estrés empeoran las alergias

Debido al papel que desempeñan las hormonas del estrés en las reacciones alérgicas, una manera de sentirse mejor durante la temporada de alergias es disminuir el estrés, dice Chris Meletis, N.D., naturópata y rector de educación clínica y funcionario clínico en jefe de la Universidad Nacional de Medicina Naturopática en Portland, Oregón. El estrés hace que sus glándulas suprarrenales secreten cortisol, un corticosteroide natural que también es esencial para manejar las reacciones alérgicas.

El exceso de estrés puede hacer que su cuerpo agote su suministro diario limitado de cortisol, dice el Dr. Roby, causando que se liberen grandes cantidades de adrenalina (la hormona que le sirve de respaldo) en su organismo.

El problema es que la adrenalina, que supuestamente es una hormona que sólo se secreta en casos de emergencia, le da una "energía sobrehumana", dice el Dr. Roby, y esto acaba por agotarla. Si usted está llena de adrenalina a la hora de irse a acostar, no podrá entrar a la etapa de movimiento ocular rápido (o *REM* por sus siglas en inglés) del sueño que la hace levantarse al día siguiente sintiéndose descansada. De tal modo, a la mañana siguiente, seguirá funcionando con adrenalina hasta que su cuerpo pueda reabastecer su suministro diario de cortisol, generando un ciclo de cansancio creciente que hace que su cuerpo se vuelva menos resistente a los ataques de los alérgenos.

A continuación ofrecemos unas cuantas tácticas para mantener sus hormonas adrenales en equilibrio.

Dése tiempo para usted. Si nota que sus alergias empiezan a molestarla después de un día estresante, trate de eliminar cualquier factor estresante adicional. "El estrés generalmente es la culminación de diversos factores estresantes. Cada carga que se pueda quitar de la espalda, por pequeña que sea, le ayudará", dice el Dr. Meletis. Él recomienda que aparte unos 20 minutos al día para realizar alguna actividad relajante que le ayude a aliviar el estrés, por ejemplo, rezar o meditar. Para aprender acerca de otras técnicas para disminuir el estrés, vea la Segunda Fase del programa para el equilibrio hormonal que empieza en la página 324.

Sálvese con suplementos. La vitamina C y el ácido pantoténico son vitaminas antiestrés importantes porque apoyan al sistema adrenal, dice el Dr. Balch. "En el cuerpo, se usan de manera conjunta para producir hormonas adrenales", dice. Si tiene una deficiencia de cualquiera de estas vitaminas, su sistema no podrá sintetizar suficiente cortisol como para calmar sus reacciones alérgicas. El Dr. Balch recomienda tomar entre 100 y 300 miligramos de ácido pantoténico al día, junto con 100 miligramos de un suplemento de vitaminas del complejo B. También recomienda tomar entre 2,000 y 5,000 miligramos de vitamina C, en dosis divididas.

Evite las desveladas. La Fundación Nacional del Sueño ha encontrado que la mayoría de las mujeres de 30 a 60 años de edad duermen poco más de 6 horas cada noche durante la semana de trabajo y que las mujeres presentan una mayor probabilidad de reportar insomnio que los hombres. Si no duerme lo suficiente, no está dejando que su cuerpo descanse lo necesario para reabastecerse de las hormonas adrenales que pudo haber usado el día anterior. Lo ideal es que trate de dormir 8 horas cada noche.

Asma

*P*or alguna razón misteriosa, en esta generación hay más personas que padecen asma que en generaciones pasadas. Y los doctores están observando casi el doble de casos nuevos de asma en mujeres que en hombres. Por lo tanto, si bien no es una enfermedad exclusiva de las mujeres, sí está claro que las mujeres están presentando más que su justa proporción de jadeo, tos y falta de aliento, todos los cuales son síntomas característicos del asma.

La contaminación del aire, la obesidad y los cambios demográficos han sido señalados como los culpables de esta miniepidemia de asma. Pero la incidencia de asma en mujeres apunta hacia otro factor recientemente descubierto: las hormonas femeninas.

"Se necesita hacer hincapié en las hormonas como un cofactor del asma, junto con otros factores", dice el Dr. James Myers, profesor clínico adjunto de Medicina del departamento de medicina pulmonar de la Universidad Brown en Providence, Rhode Island.

Parte de las pruebas son circunstanciales: en niños, son los varones y no las hembras quienes parecen ser más propensos al asma. De hecho, el número de niños que se internan en el hospital por asma es dos veces mayor que el número de niñas que se internan por la misma razón. Curiosamente, esta tendencia empieza a revertirse alrededor de la pubertad, hasta que, para los 20 años de edad, una mujer adulta presenta una probabilidad casi tres veces mayor de padecer asma que un hombre de la misma edad. Las mujeres también presentan una mayor probabilidad de ser admitidas a una sala de urgencias por ataques agudos. Además, en las mujeres, los síntomas se pueden ver afectados por los ciclos menstruales, el embarazo o la terapia de reposición hormonal.

Asma premenstrual: ¿el nuevo "síndrome premenstrual"?

Durante un ataque de asma, los pulmones responden a algún alérgeno o irritante de una manera que dificulta la respiración. Las vías aéreas se inflaman, los músculos se ponen rígidos y las células de los conductos bronquiales producen mucosidad. De ahí que usted sienta apretado el pecho y empiece a jadear o toser.

El asma puede ser provocado por toda una diversidad de cosas, entre ellos alérgenos (como polen, polvo o caspa de gato), irritantes (como el humo del tabaco o los perfumes) o incluso cambios en el clima o el ejercicio. Sin embargo, a fechas recientes, los investigadores han descubierto que los ciclos menstruales agravan el asma en muchas mujeres.

De hecho, si ha notado que tiene que usar su inhalador con mayor frecuencia siempre que está menstruando, no es la única. Los estudios de investigación han mostrado que hasta el 40 por ciento de mujeres reportan episodios importantes de asma durante la fase perimenstrual (es decir, tres días antes de la menstruación y los primeros cuatro días de la menstruación).

¿Por qué? Nadie sabe. "No se comprende bien el mecanismo subyacente al asma perimenstrual", dice la Dra. Molly Zhongxin Gong, una investigadora sénior adjunta de la Universidad de Michigan en Ann Arbor, quien está llevando al cabo un estudio de investigación por intervención acerca de la educación en salud para mujeres con asma. Los niveles de progesterona podrían ser los culpables. Varios días antes de que se inicia la menstruación, disminuye la cantidad de progesterona en el cuerpo, explica la Dra. Gong. "Muchos investigadores piensan que el asma perimenstrual está relacionado con una caída en el nivel de progesterona porque la progesterona puede relajar el músculo liso y disminuir las contracciones, de manera similar a un fármaco broncodilatador que a menudo se receta para aliviar los síntomas del asma". Cuando hay menos progesterona disponible, los músculos de las vías aéreas son más propensos a tensarse, estimulando o agravando un ataque de asma, especula la Dra. Gong. La progesterona también puede tener un efecto antiinflamatorio, de modo que una disminución en el nivel de esta hormona podría aumentar la inflamación que produce el asma.

Otro factor podría ser la fluctuación en los niveles de estrógeno, la otra hormona reproductora que interviene en el ciclo menstrual, dice el Dr. Emil Skobeloff, profesor clínico adjunto de Medicina de Urgencia de la Universidad de Medicina MCP-Hahnemann en Filadelfia y presidente de Consortium Clinical Research en Upland, Pensilvania. El Dr. Skobeloff realizó un estudio de investigación en el que encontró un aumento del cuádruple en el número de mujeres asmáticas que acuden a una sala de urgencias durante la fase perimenstrual de su ciclo. Por lo tanto, él tiene motivos para creer que la caída repentina en el nivel de estrógeno, en vez de la progesterona, puede incrementar la probabilidad de sufrir un episodio asmático durante la perimenstruación.

"Cuando los niveles de estradiol en suero descienden drásticamente después de estar elevados durante la tercera semana, hay cambios en la forma en que el cuerpo y los pulmones responden a los retos asmáticos —explica—. Los estímulos que pueden no causar un problema durante el resto del mes, sí causan problemas (durante la perimenstruación) porque los receptores que están sobre y dentro de las células del pulmón cambian y el ambiente interno del cuerpo de una mujer también está cambiando".

Aunque el patrón no es tan claro, las hormonas también podrían ser las responsables de los cambios asmáticos relacionados con el embarazo. Durante el embarazo, los síntomas del asma mejoran en un tercio de las mujeres aproximadamente, empeoran en otro tercio y permanecen sin cambios en el tercio restante. Esto probablemente tiene algo que ver con algunas diferencias muy complejas en la conformación del cuerpo. "Algunas personas tienen receptores de estrógeno en los pulmones, a los cuales se une el estrógeno. Esto es variable. Algunas personas tienen más receptores que otras", dice el Dr. Myers.

Si padece asma y todavía está menstruando:

Hable con su médico. "Todas las mujeres deben decirles a sus obstetras/ginecólogos que sufren de asma —dice la Dra. Gong—. E informe a su neumólogo o al doctor que la atienda por el asma o las alergias de cualquier cambio que presente durante su ciclo". Él podrá ayudarle a decidir si necesita o no un tratamiento adicional durante la fase perimenstrual.

Preste atención a la etapa del ciclo en la que se encuentra. "Las mujeres necesitan estar más conscientes de que existe una probabilidad real de que presenten un episodio serio durante el período perimenstrual", dice el Dr. Skobeloff. Esto significa hacerle saber a su doctor que usted es susceptible a las influencias hormonales, y que sus ataques de asma posiblemente deberían ser tratados agresivamente antes y durante su menstruación. Consulte a su médico para que le elabore un tratamiento apropiado para usted. Si no ve mejoría al cabo de una hora, llame al servicio de emergencias de su localidad o vaya a la sala de urgencias más cercana donde puede recibir un tratamiento eficaz.

Debe evitar el uso exagerado de broncodilatadores. Informe a su médico si está usando más de un bote al mes. Quizá tenga que hacerle cambios a su plan de tratamiento.

Familiarícese con su flujo pico. Debido a que el asma, por su propia naturaleza, tiende a ir y venir, quizá usted tampoco esté muy segura de si en realidad sufre o no de asma perimenstrual. En un estudio de investigación piloto, la Dra. Gong entrevistó a 22 mujeres con asma y encontró que los ciclos menstruales empeoran los síntomas en un tercio de estas mujeres. Pero muchas de las mujeres entrevistadas nunca antes habían considerado la posibilidad de que existiera una conexión entre el asma y sus menstruaciones.

La Dra. Gong recomienda que todas las mujeres midan su pico máximo de flujo espiratorio dos veces al día durante un mes, usando un medidor de pico máximo de flujo espiratorio (*peak flow meter*). Su doctor le enseñará a usar correctamente este dispositivo, el cual mide la cantidad de aire que exhala al hacer su máximo esfuerzo. Al llevar un registro diario, usted podrá notar si hay cambios alrededor de las fechas de su menstruación.

Considere la píldora anticonceptiva. Si los síntomas del asma son graves, los anticonceptivos orales a veces pueden aliviar el asma perimenstrual. "Los anticonceptivos orales disminuyen las fluctuaciones en los niveles hormonales y, por lo tanto, también disminuyen las fluctuaciones en los síntomas", explica la Dra. Gong.

Corticosteroides: salvavidas 'rompehuesos'

Si usted toma corticosteroides orales —es decir, prednisona (*Sterapred*) o fármacos similares en forma de pastilla— su doctor probablemente ya le ha advertido que su uso a largo plazo eleva su riesgo de contraer osteoporosis.

Por lo tanto, los médicos casi siempre tratan de administrarlos lo menos posible.

Un nuevo estudio de investigación ha revelado que las dosis elevadas de corticosteroides *inhalados*, que durante mucho tiempo se consideraron seguros para los huesos, también pueden plantear un riesgo si se usan a largo plazo. En este estudio de investigación realizado por investigadores de la Universidad de Nottingham en Inglaterra, se hicieron pruebas en 196 personas (119 de las cuales eran mujeres) quienes habían estado usando corticosteroides inhalados. Ellos encontraron una correlación definitiva entre el uso de corticosteroides inhalados y una disminución en la densidad mineral ósea. Los investigadores advirtieron que las personas que toman dosis elevadas (más de 800 miligramos al día) llegarían "a la cincuentena y la sesentena con una densidad mineral ósea menor" que las personas que tomaban una dosis más baja.

Por esa razón, a las personas que toman más de 1,000 miligramos al día de algún corticosteroide inhalado se les debe vigilar la densidad ósea, dice el Dr. Gary Gross, del Dallas Allergy and Asthma Center. "Al igual que cualquier otro medicamento, se deben usar a la dosis eficaz más baja posible", dice. Si una prueba de densitometría ósea revela una pérdida ósea significativa, es posible que su doctor le recete algún bifosfonato para que le ayude a reconstruir los huesos. "Este es el tratamiento más eficaz para la osteoporosis inducida por esteroides", dice el Dr. Gross.

El Dr. Gross señala que incluso las dosis elevadas de esteroides inhalados son mejores que los corticosteroides orales, los cuales se absorben de manera más directa al organismo y, por lo tanto, tienen un mayor impacto en la formación de hueso. Pero, tanto con los medicamentos inhalados como con los medicamentos orales, el riesgo de contraer osteoporosis se magnifica cuando hay presencia de otros factores, como alcoholismo crónico y tabaquismo. Si es indispensable que utilice corticosteroides inhalados, al menos tome medidas, como no beber en exceso y no fumar, para minimizar la pérdida ósea causada por otros factores.

Otra buena razón para consumir suficiente calcio. "Si no está consumiendo suficiente calcio y está usando corticosteroides, entonces ya tiene dos fuerzas actuando en su contra", observa el Dr. Gross. Él recomienda tomar cada día entre 1,000 y 1,500 miligramos de calcio en forma de suplemento para conservar la salud de sus huesos.

Incluya 800 UI de vitamina D cada día. Esta vitamina es esencial para la absorción óptima de calcio.

Échese a andar. "La densidad ósea a veces es regulada por la presión que

ejerce sobre sus huesos", dice P. Brock Williams, Ph.D., director de investigación del IBT (ImmunoBioTech) Lab, un centro de pruebas para alergias y
otras enfermedades inmunitarias, y profesor clínico adjunto de la Facultad de
Medicina de la Universidad de Misuri, ambos en Kansas City. Los ejercicios en
los que tiene que soportar su propio peso —como caminar, correr y hacer ejercicios aeróbicos — pueden ayudarle a que sus huesos se mantengan saludables
a medida que vaya envejeciendo. El Dr. Williams sugiere hacer ejercicio durante al menos media hora cada día para asegurar que la pérdida ósea causada
por los corticosteroides no se vea incrementada por la falta de actividad.

Recursos para respirar tranquilo

El asma se puede controlar, pero no es posible curarlo: una vez que lo padece,
ya no se puede deshacer de él. Los fármacos como los corticosteroides y broncodilatadores pueden ayudar. Entonces, siempre siga las indicaciones de uso
al pie de la letra. Pero hay muchas cosas que son útiles para el manejo del asma
y que también ayudan a evitar que empeore.

Consuma su cuota de magnesio. "El magnesio es un mineral maravilloso",
dice Ann Louise Gittleman, C.N.S. (especialista certificada en nutrición), N.D.,
una nutrióloga clínica y naturópata de Bozeman, Montana. Es antiespasmódico, de manera que puede ayudar a relajar los conductos bronquiales,
además de que mejora la calidad de la respiración y permite disminuir la seve-
ridad de un ataque de asma, según la naturópata. Sin embargo, alrededor de
tres de cada cuatro mujeres (y hombres) tienen una deficiencia de magnesio.
Para estar segura, coma cantidades abundantes de verduras de hojas verdes,
legumbres y almendras, y además, tome una cantidad suficiente de suplementos de magnesio en dosis divididas a lo largo de día para asegurarse de que
esté consumiendo 350 miligramos cada día.

Fortalezca sus glándulas suprarrenales. Sus glándulas suprarrenales son
las responsables de producir corticosteroides naturales, que son hormonas
antiinflamatorias que evitan que los pulmones y conductos bronquiales se
hinchen. La vitamina C es esencial para el funcionamiento correcto de las
glándulas suprarrenales, dice el Dr. Gittleman. Además, los investigadores en
medicina alternativa han mostrado que puede disminuir los niveles de hista-
mina en la sangre, algo que es importante en el caso de las mujeres que
padecen de asma provocado por alergias. Para aprovechar estos beneficios,
tome hasta 1,000 miligramos de vitamina C al día si padece asma, sugiere el
Dr. Gittleman.

Combátalo con ácidos grasos. Los ácidos grasos omega-3 actúan como precursores en la producción de prostaglandinas antiinflamatorias, dice el Dr. Gittleman. Por lo tanto, pueden ayudar a controlar la hinchazón de los conductos bronquiales y mejorar así su respiración. Los ácidos grasos omega-3 se encuentran en los pescados grasosos como el salmón, la caballa (macarela, escombro) y las sardinas, y también en la semilla de lino (linaza, *flaxseed*), las nueces y las semillas de calabaza (pepitas). Puede obtener una buena cantidad

---

LA CONEXIÓN HORMONAL

¿Sirve la terapia de reposición hormonal para aliviar el asma?

Las mujeres que sufren de asma perimenstrual pueden llegar a notar una mejoría en sus síntomas después de la menopausia, según la Dra. Molly Zhongxin Gong, investigadora adjunta sénior de la Universidad de Michigan en Ann Arbor. Esto se debe a que después de la menopausia dejan de existir las fluctuaciones hormonales que provocaban el asma. Sin embargo, si está tomando alguna terapia de reposición hormonal (o *HRT* por sus siglas en inglés), podrían reaparecer sus fluctuaciones hormonales y los síntomas del asma podrían cambiar nuevamente.

Las mujeres que padecen asma aguda a veces ven una mejoría drástica al tomar una HRT. Por otra parte, hay mujeres que al tomar una terapia de reposición de estrógeno durante la menopausia, pueden presentar un aumento en los síntomas.

"Las mujeres varían enormemente en su manera de reaccionar al estrógeno —dice el Dr. James Myers, profesor clínico adjunto de Medicina del departamento de medicina pulmonar de la Universidad Brown en Providence, Rhode Island—. Por lo tanto, la HRT puede o no ser de ayuda".

El Dr. Myers ha atendido a pacientes que requieren altas dosis de corticosteroides para manejar su asma. Cuando se les indicó una terapia de estrógeno para protegerlas contra la pérdida ósea, el estrógeno mostró ser tan beneficioso para el asma que pudieron eliminar los tratamientos con dosis elevadas de esteroides.

Por este motivo, sólo las mujeres que padecen casos graves de asma deben considerar someterse a un tratamiento con hormonas para mejorar sus síntomas.

"Sigue siendo correcto dar estrógeno a las mujeres asmáticas —dice el Dr. Myers—. Lo único es que usted y sus doctores necesitan estar conscientes del hecho de que usted puede mejorar o puede empeorar".

de estos ácidos grasos al cenar algún pescado grasoso tres veces por semana. O bien, puede tomar un suplemento de aceite de pescado (*fish oil*) que contenga ácidos grasos esenciales. Obtendrá el máximo beneficio si toma una dosis de 1,000 a 2,000 miligramos al día, dice el Dr. Gittleman.

Deshágase de esos kilitos de más. Si usted anda cargando unos kilos de más, he aquí otra razón más para bajar de peso. En el estudio de investigación Nurses' Health Study (Estudio de la Salud de las Enfermeras) —un estudio de 85,911 enfermeras registradas que todavía sigue en marcha— se encontró que las mujeres que tenían sobrepeso presentaban una mayor probabilidad de contraer asma, particularmente aquellas mujeres que habían aumentado de peso desde los 18 años de edad. En otro estudio de investigación, realizado en el Hospital Central Universitario de Helsinki en Finlandia, se encontró que los síntomas y el funcionamiento pulmonar mejoraron significativamente en las personas obesas con asma que bajaron de peso.

"Existen un par de factores que actúan en su contra cuando tiene sobrepeso", dice el Dr. Gross. Por una parte, tiene peso adicional en las paredes del pecho y eso ejerce más presión sobre los pulmones. Además, el estómago y abdomen empujan el diafragma hacia arriba, dificultando la respiración a causa del peso abdominal excedente. ¿Cuánto debe bajar de peso? El estudio de investigación de Helsinki encontró mejorías en aquellos pacientes que perdieron entre el 5 y el 10 por ciento de su peso original.

Ejercítese también. Haga su mejor esfuerzo por hacer ejercicio con regularidad, dice el Dr. Williams. "Realmente ayuda a las personas asmáticas a respirar mejor", explica. El tipo de respiración fuerte que realiza mientras está haciendo ejercicio acondiciona a los músculos de sus vías aéreas y tórax, aumentando su capacidad de combatir los ataques de asma. Si, al igual que en el caso de muchas otras personas, su asma es provocado por el ejercicio, quizá tenga que comenzar lentamente, haciéndolo a su propio ritmo y posiblemente usando su inhalador de acuerdo con las indicaciones del médico, antes de realizar algún esfuerzo físico. "Muchas personas pueden tolerar el ejercicio si tan sólo se ejercitan más lento durante unos minutos —dice el Dr. Williams—. Ejercítese dentro de sus propios límites".

Frene el estrés. Un estilo de vida muy estresante cobra un precio alto en las personas asmáticas. "Cuando su cuerpo está bajo estrés, agota las reservas de vitaminas y minerales que necesita para mantener su cuerpo en equilibrio", dice el Dr. Gittleman. Por ejemplo, cuando una persona está estresada, elimina magnesio por la orina. Según la medicina naturopática, el estrés también influye en la respuesta a la inflamación. Esto se debe a que para poder manejar el estrés, el cuerpo depende del cortisol, que es un corticosteroide natural que le brinda los mismos beneficios antiinflamatorios que los corticosteroides sintéticos. Cuando usted usa todo su cortisol natural para combatir el estrés, entonces le quedará muy poco para reducir la inflamación en sus vías aéreas.

Si bien es posible que no pueda eliminar el estrés por completo de su vida, sí puede aliviar la tensión mediante técnicas de relajación como la meditación y la respiración profunda. (Vea la Primera y Segunda Fases del programa para el equilibrio hormonal). Esto puede ser especialmente importante si usted es una persona que regularmente se estresa durante el período premenstrual. Las mujeres que sufren del síndrome premenstrual presentan una mayor probabilidad de padecer otros problemas relacionados con la menstruación, como el asma perimenstrual, dice la Dra. Gong.

MIGRAÑAS

Algunas mujeres ni siquiera tienen que mirar un calendario o empezar a manchar su ropa interior para saber que su menstruación ha llegado: pueden contar con que un dolor de cabeza les anuncie el inicio de su período menstrual. Las fluctuaciones en los niveles de estrógeno —en especial la caída drástica en el nivel de estrógeno que ocurre justo antes de la menstruación— afectan no sólo a los ovarios y al útero sino al cuerpo entero, incluyendo el cerebro, causando migrañas en mujeres sensibles.

"Sólo el 7 u 8 por ciento de las mujeres tienen verdaderas migrañas, es decir, migrañas que sólo ocurren con la menstruación", dice el Dr. Merle L. Diamond, director adjunto de la Diamond Headache Clinic en Chicago.

Las fluctuaciones hormonales que ocurren a la mitad del ciclo o justo después de la menstruación también pueden producir una migraña. Debido a que las migrañas a menudo (pero no siempre) se relacionan con los cambios en los niveles de estrógeno, muchas mujeres presentan migrañas durante los primeros 3 meses de embarazo, cuando el nivel de estrógeno normalmente es más elevado. En otros casos, las migrañas se van de vacaciones durante el embarazo, y esto es una buena noticia, dado que no es seguro tomar analgésicos (ni tampoco remedios herbarios) durante el embarazo, especialmente durante el primer trimestre, cuando el embrión está en una etapa vulnerable de desarrollo.

"De todas las mujeres que padecen migrañas, un tercio mejora cuando están embarazadas, un tercio empeora y el tercio restante se queda igual", dice el Dr. Diamond.

Tomar —o suspender— anticonceptivos orales o alguna terapia de reposición hormonal (o *HRT* por sus siglas en inglés) también puede provocar migrañas.

"Los anticonceptivos orales más antiguos y de dosis más elevada hacían que empeoraran los dolores de cabeza en las mujeres —dice el Dr. Diamond—. Las nuevas pastillas anticonceptivas de baja dosis se toleran mejor. Pero es importante que lleve un registro de sus dolores de cabeza en un diario para asegurarse de que no se estén dando cambios en la frecuencia de los mismos". Las migrañas pueden empeorar (o desaparecer) durante el caos hormonal que conocemos como perimenopausia, que son los 7 a 10 años que transcurren antes de que su menstruación desaparezca para siempre. Las migrañas que ocurren con mayor frecuencia a la mitad de la noche pueden estar relacionadas con los sofocos (bochornos, calentones). Algunas mujeres sienten que les va a empezar una migraña cuando están sexualmente excitadas mientras están haciendo el amor, mientras que otras pueden disfrutar de los juegos eróticos que anteceden al coito, sólo para luego descubrir que el orgasmo les provoca una migraña, quitándole lo divertido al sexo, dice el Dr. Diamond.

Malditas migrañas

"No todos los dolores de cabeza son migrañas ni tienen una causa hormonal y necesitan ser tratados según el tipo de dolor de cabeza que sean", dice el Dr. Diamond.

Si usted llega a casa del trabajo sintiendo como si alguien le hubiera colocado una prensa de tornillo alrededor de la cabeza y la estuviera apretando cada vez más, es posible que su dolor de cabeza sea causado por tensión.

Si su estómago le está dando vueltas, ve luces centelleando y bailando frente a sus ojos, tiene un dolor punzante y severo (a menudo en un solo lado de la cabeza), le molesta la luz y el ruido, no quiere moverse ni un centímetro y lo único que quiere hacer es tambalearse hasta la cama, entonces tiene una migraña. Si su dolor de cabeza le dura la mayor parte del día o hasta tres días, entonces definitivamente tiene una migraña.

Los doctores solían creer que los dolores de cabeza causados por tensión y las migrañas eran dos entidades enteramente diferentes. Ahora, esta distinción no es tan tajante. Ambos tipos de dolor de cabeza parecen ser aspectos de un mismo trastorno, el cual puede ser causado por una anormalidad —tanto eléctrica como química— en un área profunda del cerebro llamada tallo cerebral.

Muchos expertos dicen que las migrañas se deben a una alteración en el nivel de serotonina, que es una sustancia química parecida a las hormonas que regula el dolor y transmite mensajes entre las células nerviosas de su cerebro. Si no se corrige esta alteración química en el cerebro, se activan los factores que producen las migrañas en el tallo cerebral. Esto, a su vez, genera una onda de actividad eléctrica que empieza en la parte trasera del cerebro y se mueve lentamente hacia adelante. En algunas personas, esta actividad eléctrica excita a las células nerviosas, creando un aura, que comúnmente se manifiesta en la forma de luces centelleantes o cosquilleo en la cara o las manos, dice el Dr. Roger Cady, director médico del Headache Care Center en Springfield, Missouri. Otros síntomas comunes de advertencia son fatiga, cambios de humor, antojo por comer ciertos alimentos (por ejemplo, chocolate) y dolor muscular en la cabeza y el cuello.

Si la migraña avanza, los nervios empiezan a perder el control de los vasos sanguíneos en las membranas que recubren el cerebro, llamadas meninges. Como resultado, estos vasos sanguíneos se empiezan a dilatar o hinchar. "En este proceso, los nervios pueden empezar a liberar péptidos en algún momento dado, y esta liberación va seguida de inflamación —dice el Dr. Cady—. Si los movimientos de la cabeza o los latidos del corazón hacen que se estiren esos vasos inflamados, entonces sentirá el dolor punzante de un ataque de migraña en su máxima expresión".

Fue apenas en la década pasada, en un avance que algunos han calificado de "revolucionario", cuando el Dr. K. M. A. Welch, vicecanciller de investigación del Centro Médico de la Universidad de Kansas en Kansas City, descubrió que las migrañas no son causadas en lo absoluto por anormalidades de los vasos sanguíneos, sino que pudieran ser causadas por un trastorno eléctrico en el cerebro. Este descubrimiento podría conducir a tratamientos para los dolores de cabeza que se resisten a lo mejor que ofrecen tanto la medicina moderna como la herbaria.

Las hormonas no son lo único que las disparan

"Si usted pudiera lograr que sus niveles de estrógeno se mantuvieran elevados todo el tiempo, probablemente no padecería migrañas menstruales", dice Kathleen Farmer, Psy.D., administradora del Headache Care Center en Springfield, Missouri. Según la teoría de la serotonina, los niveles estables de estrógeno pueden protegerla contra las migrañas al ayudar a la serotonina, dice el Dr. Cady.

Tanto en hombres como en mujeres, el estrógeno estabiliza a la serotonina, una sustancia química del cerebro que permite que las células nerviosas se comuniquen entre sí. Durante una migraña, los niveles de serotonina descienden y el sistema nervioso pierde la capacidad de regular algunas de sus actividades. Las mujeres que son propensas a las migrañas se vuelven más vulnerables a un ataque durante la menstruación, cuando baja el nivel de estrógeno, dice el Dr. Cady.

La vida de la mujer está marcada por los subibajas hormonales que ocurren durante el ciclo menstrual, el embarazo y la menopausia (lo que quizá explique en parte por qué las migrañas afligen a 23 millones de mujeres estadounidenses, pero sólo a 8 millones de hombres estadounidenses).

Todos estos cambios son registrados por los organismos supersensibles de las personas que padecen migrañas, dice el Dr. Seymour Diamond, presidente ejecutivo de la Fundación Nacional del Dolor de Cabeza en Chicago. Las mujeres (y los hombres) que sufren de migrañas reaccionan a factores no hormonales —por ejemplo, al clima, al ruido o a ciertos alimentos— que quizá no afecten a otras personas. Cuando las causas no hormonales convergen con cambios hormonales, usted llega a lo que los expertos llaman su "umbral de dolor de cabeza" y entonces le da una migraña, dice el Dr. Seymour Diamond.

Eliminar los factores que ya son conocidos por su capacidad de provocar migrañas, especialmente durante épocas de fluctuaciones hormonales, por ejemplo, la premenstruación o la perimenopausia, es la primera medida que se debe tomar en el manejo de las migrañas, dice la Dra. Farmer.

Si fuma, deshágase del vicio. En un estudio de investigación, se encontró que las mujeres con migrañas relacionadas con la menstruación presentaban una mayor probabilidad de ser fumadoras, de fumar más y de haber fumado durante más tiempo que aquellas que no padecían migrañas. Si usted padece migrañas con un aura, entonces presenta un riesgo ligeramente mayor de sufrir un derrame cerebral. Pero si fuma y tiene migrañas con aura, su riesgo de sufrir un derrame cerebral se eleva drásticamente, dice el Dr. Alan Rapoport, fundador y codirector del New England Center for Headache en Stamford, Connecticut.

Haga algo de ejercicio. Como se explicó en la Segunda Fase del programa para el equilibrio hormonal, el ejercicio ayuda a equilibrar la insulina y otras hormonas cruciales, como el cortisol, en toda una diversidad de maneras. Si usted sufre de migrañas, hacer ejercicio aeróbico con regularidad puede disminuir la frecuencia y la intensidad de sus dolores de cabeza, ya que el ejercicio contrarresta los efectos del estrés, libera endorfinas (neurotransmisores analgésicos en el cerebro) y mejora la circulación de la sangre en todo el cuerpo, incluyendo el cerebro. "Yo recomiendo de 20 a 30 minutos de ejer-

>) La zona hormonal

Evite los alimentos que dan dolor

Hay ciertos alimentos que se relacionan con las migrañas.

La tiramina, que es un compuesto que comúnmente se encuentra en los alimentos, parece causar una elevación inmediata en el nivel de serotonina, la cual es una sustancia química del cerebro que provoca o contribuye a los ataques de migraña. "Una alimentación libre de tiramina ha aliviado los síntomas de las migrañas en alrededor de un 30 a 35 por ciento de mis pacientes", dice el Dr. Seymour Diamond, presidente ejecutivo de la Fundación Nacional del Dolor de Cabeza en Chicago.

Una alimentación rica en soya y otros estrógenos de origen vegetal puede ayudar a estabilizar los niveles hormonales fluctuantes.

Ese maravilloso impulso que nos da la cafeína que contienen las bebidas cafeinadas se debe a la vasoconstricción o estrechamiento de las arterias pequeñas, pues la sangre se mueve con mayor rapidez a través de venas estrechas, llevando oxígeno y azúcares al cerebro con mayor eficiencia. La cafeína estimula las glándulas suprarrenales para que produzcan una cantidad adicional de noradrena-

lina, que es la hormona que le dice a su hígado que convierta el glucógeno almacenado en glucosa o azúcar en sangre. Por desgracia, puede que le empiece a doler la cabeza después de que se hayan agotado los efectos de la cafeína, a medida que se dilatan las venas y desciende su nivel de azúcar en sangre.

La cafeína también es diurética y hace que el cuerpo elimine magnesio. Los niveles bajos de magnesio se han relacionado con las migrañas. También somete al hígado —el órgano que descompone las hormonas reproductoras como el estrógeno— a un esfuerzo exagerado. Un hígado disfuncional provoca fluctuaciones hormonales adicionales que provocan migrañas.

Entre el 40 y 60 por ciento de las personas que sufren de migrañas reportan que beber cerveza, vino o un cóctel les precipita una migraña, dice el Dr. Diamond.

El azúcar refinada se absorbe y quema rápidamente, dice la Dra. Connie Catellani, directora médica y facilitadora de medicina familiar y medicina interna del Miro Center for Integrative Medicine en Evanston, Illinois. Después de que el azúcar se ha ago-

cicio, de cuatro a cinco veces a la semana", dice el Dr. Alexander Mauskop, director del New York Headache Center en la ciudad de Nueva York.

Siga una rutina. Las mujeres que padecen migrañas son especialmente sensibles a cualquier alteración en su *cronobiología*, o sea, el reloj rítmico interno

tado, usted se empezará a sentir cansada, por un déficit de energía precipitado por los niveles bajos de azúcar en la sangre. Esto sucederá después de la subida inicial en el nivel de energía (una afección que se conoce como *hipoglucemia reactiva*). Los subibajas en los niveles de azúcar en sangre pueden provocar migrañas. La hipoglucemia reactiva también coloca una carga excesiva sobre el hígado, el cual debe trabajar horas extras para convertir el glucógeno almacenado en azúcar utilizable. El dolor de cabeza a menudo es un síntoma de la hipoglucemia y hace que aumente la probabilidad de que una persona sufra una migraña, dice la Dra. Catellani.

Alimentos y aditivos que debe evitar

Vino tinto, cerveza, quesos añejados, extractos de levadura y chucrut (algunos alimentos comunes que contienen el aminoácido tiramina*)

Chocolate (contiene feniletilamina, un pariente de la tiramina)

Carnes procesadas y curadas (como los perritos calientes y el salami) y el pescado ahumado, como el salmón ahumado (contienen nitritos como conservantes)

La comida asiática, la salsa de soya, la proteína vegetal hidrolizada, el extracto de *glutavene kombu* y el caseinato de calcio (contienen glutamato monosódico o *MSG* por sus siglas en inglés, que es un potenciador de sabor ampliamente utilizado)

Refrescos de dieta (contienen aspartame, un edulcorante artificial que se ha relacionado con los dolores de cabeza en muchas personas, incluyendo aquellas que sufren de migrañas)

Café, té y refrescos que contengan cafeína

Bebidas alcohólicas

Azúcar refinada

*La cantidad de tiramina que contienen los alimentos varía dependiendo de los métodos de procesamiento y almacenamiento.

del cuerpo. Los hábitos alimenticios o de sueño irregulares pueden ser devastadores. No se salte comidas y resista la tentación de levantarse tarde los fines de semana. "Es mejor levantarse a la hora de siempre y dormir una siesta a medio día que permitirse dormir hasta tarde", dice la Dra. Farmer.

'Desestrésese'. Los científicos ya no creen que las migrañas sean una señal de alguna alteración sicológica. Sin embargo, reconocen que, bajo estrés, el cuerpo aumenta la producción de hormonas adrenales. Estas hormonas estrechan los vasos sanguíneos, los cuales se expanden una vez que pasa la oleada de adrenalina, provocando una migraña. (Para mayores detalles sobre cómo disminuir el estrés, vea la Segunda Fase del programa para el equilibrio hormonal, que empieza en la página 324). El Dr. Mauskop también recomienda el yoga, la meditación y la oración.

Benefíciese de la biorretroalimentación. La Dra. Farmer específicamente recomienda la biorretroalimentación térmica, la cual, según dice, es especialmente eficaz para las migrañas. Durante una sesión, se le conecta un termómetro especial que mide la temperatura en su dedo. La meta es calentar conscientemente su dedo. Se le enseñará a hacer esto a través de técnicas de relajación.

La temperatura del dedo es una medida de la cantidad global de estrés que está cargando su cuerpo. En mujeres que padecen migrañas, la temperatura del dedo se encuentra alrededor de los 70°F (21.1°C), en comparación con la temperatura de 85°F (29.4°C) que generalmente registran las demás personas.

LA CONEXIÓN HORMONAL

No deje que los dolores de cabeza arruinen su vida sexual

Si los dolores de cabeza empiezan a invadirla durante el sexo apasionado, la causa más probable de estos dolores es el cambio en los niveles de cortisol y oxitocina, que son hormonas cuyos niveles se elevan durante la excitación, llegando a su máximo nivel en el orgasmo y descendiendo después del mismo. Si esto le representa un problema, el Dr. Alexander Mauskop, director del New York Headache Center en la ciudad de Nueva York, recomienda tomar algún fármaco antiinflamatorio no esteroídico (o *NSAID* por sus siglas en inglés) una hora antes de tener relaciones sexuales. El que use un medicamento que se venda o no con receta dependerá de la gravedad de sus dolores de cabeza. Consulte a su médico antes de tomar cualquier medicamento.

Para sacarle provecho a la biorretroalimentación, las personas que padecen migrañas aprenden a elevar voluntariamente la temperatura del dedo a 96°F (35.5°C), lo cual es el primer paso en el proceso de relajación y manejo del dolor, dice la Dra. Farmer.

Acuda a la acupuntura. Esta técnica china ancestral es útil para el tratamiento y prevención de las migrañas. Una sola sesión puede brindar alivio, aunque es posible que algunas personas necesiten más de seis sesiones antes de empezar a ver resultados. También puede que unas cuantas personas necesiten tratamientos mensuales para controlar los dolores de cabeza.

Según la enseñanza tradicional china, los dolores de cabeza son causados por bloqueos en el flujo de energía. Las pruebas apoyan el uso de la acupuntura en el tratamiento de dolores de cabeza producidos por causas diversas. La acupuntura puede ayudar a aliviar el dolor de cabeza porque vuelve a equilibrar el organismo entero de una persona, permitiendo que la energía bloqueada fluya de nuevo, dice el Dr. Joseph Blustein, un acupunturista de Madison, Wisconsin.

Empiece por lo más sencillo

Si no le funciona evitar los factores que comúnmente le disparan un dolor de cabeza, están disponibles docenas de medicamentos que se venden tanto con receta como sin ella, además de algunas hierbas. Quizá tenga que hacer pruebas por ensayo y error hasta que encuentre uno que le funcione a usted, especialmente si sus dolores de cabeza tienen relación con las hormonas. Aunque este proceso puede llegar a ser desalentador, es importante que no se dé por vencida, ya que lo más probable es que sí encuentre algo que le funcione a usted.

"Si un producto no funciona, pruebe otro", dice el Dr. Merle Diamond.

"Yo siempre les digo a las personas que primero prueben las cosas más sencillas", dice el Dr. Seymour Diamond.

Mejórese con magnesio. Alrededor del 50 por ciento de las personas que padecen migrañas tienen un nivel bajo de magnesio, dice el Dr. Mauskop. Él recomienda tomar un suplemento de 400 miligramos de magnesio al día, ingerido una vez al día con alimentos.

Pruebe con matricaria. Las pruebas sugieren que la matricaria (margaza, *feverfew, Tanacetum parthenium*) puede tanto prevenir como aliviar las migrañas, dice el Dr. Mauskop. Para personas propensas a sufrir migrañas, él recomienda tomar 100 miligramos al día, con alimentos.

Tenga presente que unas cuantas personas —una de cada 10— que toman matricaria con regularidad experimentan síntomas de rebote (ansiedad, problemas para dormir y dolores musculares y en las articulaciones) después de suspender su uso. Estas pueden ser señales de abstinencia de la melatonina, que es una hormona sensible a la luz que se encuentra en la matricaria.

Pruebe la petasita. El Dr. Mauskop a menudo recomienda la petasita (*butterburr, Petasites hybridus*), la cual inicialmente se estudió en Alemania y ahora está disponible en los Estados Unidos. El Dr. Mauskop recomienda usar una preparación de petasita llamada *Petadolex*, que está

∾ ESCAPE DEL INFIERNO HORMONAL ∾

Ella quiere sentirse como persona otra vez

P: *Cada mes sin falla, me dan dolores insoportables de cabeza que duran hasta el primer día de mi menstruación. Siento como si mi cabeza fuera a estallar. Veo luces parpadeantes y grandes manchas negras. Mis brazos y piernas se entumen y a veces se ponen muy fríos. Me siento nauseabunda y a menudo vomito. No puedo trabajar, no puedo cocinar, no puedo hacer el amor ni cuidar a mis hijos. Los analgésicos solo parecen empeorar las cosas. Durante 23 días al mes, soy esposa, madre, empleada y un ser humano, pero los otros 5 días, no sirvo para nada. ¡Tengo que encontrar una solución!*

El Dr. Alexander Mauskop, director del New York Headache Center en la ciudad de Nueva York, responde: Comienza por hacer una cita con tu doctor. Si bien es cierto que los cambios hormonales relacionados con tu ciclo parecen ser el principal factor causante, podrían no ser el único. Diversos irritantes podrían estar atacando tu organismo sensible. La caída en el nivel de estrógeno que ocurre justo antes de tu menstruación podría ser tan sólo la proverbial gota que derrama el vaso.

¿Te gustan los alimentos ahumados? ¿Compras comida china para llevar cuando no te sientes con ganas de cocinar? ¿Eres adicta al chocolate? ¿Te levantas en la mañana con la urgencia de tomar una taza de café? Todos estos alimentos han sido vinculados con las migrañas. Elimínalos de tu alimentación, especialmente durante los días que seas más propensa a sufrir una migraña.

También debes comer todos los días a las mismas horas y evitar saltarte comidas. Tu cuerpo es inusualmente sensible a los cambios en tu rutina durante esta época del mes. Al igual que muchas mu-

disponible en cápsulas de 50 miligramos. Tome una cápsula de *Petadolex* dos veces al día.

Prepárese una infusión de jengibre. Algunas personas dicen que sus migrañas son menos dolorosas y frecuentes cuando están tomando una infusión de jengibre (*ginger*). El jengibre está disponible en bolsas de té o también puede usar la raíz fresca. Prepare la infusión con ½ a 2 cucharaditas de jengibre fresco rallado y viértala en un termo. Tendrá suficiente para sorber la infusión durante todo el día. Beba esta infusión para prevenir o aliviar el dolor de la migraña, dice la Dra. Connie Catellani, directora médica y facilitadora de medicina familiar e interna del Miro Center for Integrative Medicine en Evanston, Illinois.

jeres ocupadas con múltiples responsabilidades, ¿te acuestas a dormir a una hora diferente cada noche? En caso de que sí, tendrás que reorganizar tu vida para que puedas irte a dormir y despertarte más o menos a las mismas horas todos los días.

Luego, prueba algunos remedios holísticos, como el magnesio y un suplemento de vitaminas del complejo B, junto con hierbas como la matricaria (margaza, *feverfew*) o la valeriana (*valerian*), y el ejercicio aeróbico. Si los dolores de cabeza persisten, encuentra a un profesional que use la acupuntura o la biorretroalimentación.

Los tratamientos no farmacológicos generalmente tardan algo de tiempo en empezar a dar resultados. Quizá tengas que aguantar dos o tres ciclos antes de empezar a notar una mejoría. Si estás desesperada y quieres obtener cambios rápidos y dramáticos, prueba los fármacos antiinflamatorios no esteroídicos (o *NSAID* por sus siglas en inglés) como el naproxeno (*Naprosyn* o *Aleve*) o alguno de los medicamentos que se venden con receta que pertenecen a la familia de los triptanos. Si los tomas de manera preventiva durante unos cuantos días antes del día en que generalmente aparecen tus migrañas, uno de estos medicamentos puede brindarte un rápido alivio. En el caso de los medicamentos que se venden sin receta, asegúrate de seguir las instrucciones que aparezcan en la etiqueta. Si no, puedes tomar un medicamento que se venda con receta (como el sumatriptano) si empiezas a presentar síntomas.

Los medicamentos te pueden dar tiempo para que los cambios en tu alimentación y otras mejoras en tu estilo de vida corrijan cualquier desequilibrio en tu organismo que, para empezar, haya estado causando tus dolores de cabeza.

La forma correcta de usar analgésicos

Si ha estado tomando a la aspirina, el acetaminofén y el ibuprofén con singular alegría, frene. Estos pueden estar empeorando sus dolores de cabeza, a través de algo que se conoce como el efecto de rebote.

Sin embargo, si se usan correctamente, los medicamentos que se venden sin receta pueden ayudarla. Algunas mujeres con migrañas leves responden bien a los medicamentos que se venden sin receta, particularmente si los toman al primer indicio de un ataque inminente. Busque uno que contenga una combinación de acetaminofén, aspirina y cafeína (como _Excedrin Migraine_).

Siempre deberá consultar a su médico después de su primer dolor de cabeza fuerte, sea cual sea la época del mes en que le ocurra. También deberá consultar a su médico si está sufriendo de dolores de cabeza crónicos, para que su doctor pueda descartar (o tratar) cualquier enfermedad seria.

Informe a su doctor de lo que ya ha probado y de la manera en que los dolores de cabeza están afectando su vida, independientemente de que parezcan o no estar relacionados con las fluctuaciones hormonales. De esta forma, su médico podrá elegir un tratamiento que se adapte a sus necesidades particulares.

Puede que su doctor le recomiende ciertos fármacos que se venden con receta que abortan las migrañas que ya se han iniciado (aunque estos medicamentos también pueden causar el efecto de rebote si se usan demasiado).

Triptanos. Los triptanos —como el sumatriptano (_Imitrex_), naratriptano (_Amerge_), rizatriptano (_Maxalt_) y zolmitriptano (_Zomig_)— están disponibles en forma autoinyectable u oral y son de una familia más nueva de fármacos que parecen imitar algunas de las acciones beneficiosas de la serotonina y también bloquean la inflamación. Estos fármacos empiezan a funcionar en menos de una hora y pueden detener el dolor en dos a cuatro horas. Los triptanos han "revolucionado el tratamiento de las migrañas", dice el Dr. Rapoport.

Fármacos antiinflamatorios no esteroídicos que se venden con receta (o _NSAID_ por sus siglas en inglés). Los NSAID como el naproxeno sódico (_Anaprox_) y el rofecoxib (_Vioxx_) disminuyen la inflamación, elevan el umbral del dolor y parecen evitar la dilatación de los vasos sanguíneos.

Evítelas antes de que empiecen

Suena paradójico, pero tomar ciertos medicamentos que se venden con receta antes de que empiece a sentir dolor puede disminuir la frecuencia, duración o intensidad de los dolores de cabeza sin causar un efecto de rebote. Si sus ataques de migraña son frecuentes (tres veces a la semana o más), si sus migrañas no responden a los triptanos o si no puede tomar triptanos debido a alguna enfermedad cardíaca, es posible que su doctor le indique que tome diariamente algún medicamento a modo de prevención, dice el Dr. Rapoport. Sus opciones incluyen los siguientes.

Betabloqueadores. Originalmente desarrollados para el control de la presión arterial, estos medicamentos actúan en los vasos sanguíneos y el sistema nervioso para disminuir las migrañas. Logran esto al regular la producción de serotonina y noradrenalina, lo cual evita que se dilaten los vasos sanguíneos de la cabeza. Algunos de los betabloqueadores comúnmente usados son *Inderal, Corgard, Tenormin* y *Lopressor.*

Bloqueadores de los canales de calcio. Estos fármacos (como *Calan* y *Cardizem*) estabilizan los vasos sanguíneos del cerebro, pero no son tan eficaces como los betabloqueadores para aliviar las migrañas.

Antidepresivos. Estos incluyen los llamados antidepresivos tricíclicos (como *Elavil, Pamelor* y *Tofranil*), los inhibidores de la monoaminooxidasa (como *Nardil*) y los inhibidores selectivos de la recaptación de serotonina o *SSRI* por sus siglas en inglés (como *Prozac, Zoloft* y *Paxil*). Estos tres tipos de medicamentos pueden ser útiles, especialmente si sus dolores de cabeza van acompañados de depresión o trastornos del sueño. Sin embargo, con el advenimiento de los triptanos, ya no es tan frecuente que se receten sólo para tratar dolores de cabeza.

Antiepilépticos. Muchos fármacos antiepilépticos —como divalproex (*Depakote*), gabapentina (*Neurontin*) y topiramato (*Topamax*)— se usan para prevenir las migrañas.

Fármacos para el asma. La categoría más nueva de medicamentos que se están usando para la prevención de las migrañas incluye a los fármacos para el asma como el montelukast (*Singulair*) y el zafirlukast (*Accolate*). Estos medicamentos tratan el asma al disminuir la inflamación en los pulmones y probablemente tratan las migrañas al disminuir la inflamación en el cerebro.

Todos los medicamentos tienen efectos secundarios. Algunos presentan interacciones negativas con otros fármacos o deben ser evitados por mujeres que padecen ciertas afecciones particulares. Su doctor puede ayudarle a elegir el fármaco que mejor se adapte a su perfil único, el cual incluye su estado hormonal.

Alivio de los dolores de cabeza premenstruales y menstruales

La mayoría de los expertos recomiendan tratar estos dolores de cabeza sin fármacos siempre que sea posible. Comience por eliminar los factores que los provocan, y por probar el ejercicio aeróbico, la biorretroalimentación, la acupuntura, las hierbas y los suplementos de vitaminas y minerales. Si estas medidas no le dan resultado o si necesita conseguir alivio de inmediato, quizá tenga que recurrir a los medicamentos o a la terapia hormonal, al menos durante un tiempo.

"Yo receto una dosis elevada de algún fármaco antiinflamatorio no esteroídico potente, como *Naprelan*, el cual se debe tomar de manera preventiva durante tres a cuatro días antes de la menstruación, y luego suspenderse justo antes de que termine la menstruación", dice el Dr. Rapoport.

Si los NSAID no son eficaces, el Dr. Rapoport agrega una terapia de reposición de estrógeno al régimen justo antes de que inicie la menstruación para elevar y estabilizar los niveles decrecientes de estrógeno.

La Dra. Catellani recomienda probar la progesterona natural para aliviar los dolores de cabeza premenstruales. La progesterona contrarresta el impacto de la caída en los niveles de estrógeno, lo cual puede disminuir el umbral de dolores de cabeza en muchas mujeres.

Soluciones seguras durante el embarazo

"Los medicamentos que se deben evitar durante el embarazo se deben evitar desde *antes* de que quede embarazada —dice el Dr. Cady—. Adoptar un estilo de vida saludable y modificar su alimentación es lo mejor que puede hacer para aumentar las probabilidades de que tenga un embarazo libre de dolor".

"Aprenda la técnica de biorretroalimentación antes de concebir —sugiere la Dra. Farmer—. Así, si sufre una migraña, ya se habrá hecho toda una experta en una técnica no farmacológica para aliviar el dolor".

Es seguro tomar suplementos de vitaminas y minerales durante el embarazo, señala el Dr. Rapoport, quien recomienda magnesio y riboflavina a las mujeres embarazadas que son propensas a las migrañas. Mientras esté embarazada, pregúntele a su médico cuál es la dosis correcta de suplementos antes de que empiece a tomarlos. El magnesio está disponible en varias formas y algunas pueden causar diarrea. Si esto le ocurre, pruebe otros tipos de magnesio hasta que encuentre el más adecuado para usted.

Si las medidas naturales no le dan resultado, quizá sea necesario que tome fármacos porque los episodios repetidos de náusea, vómito y pérdida del apetito pueden conducir a la deshidratación, la cual puede ser peligrosa tanto para la madre como para el embrión. Consulte a su médico antes de tomar cualquier medicamento que se venda con o sin receta, dice el Dr. Cady.

La acupuntura es una técnica no farmacológica y segura, pero tiene un "pero" importante. Ciertos puntos de acupuntura que les brindan alivio a mujeres no embarazadas pueden ser peligrosos durante el embarazo. "La acupuntura puede ser empleada eficazmente para tratar los dolores de cabeza relacionados con el embarazo, siempre y cuando el profesional sepa lo que está haciendo", dice el Dr. Blustein. Por lo tanto, si está considerando la acupuntura, debe estar completamente segura de que su acupunturista tenga experiencia atendiendo a mujeres embarazadas.

"Algunos dolores de cabeza inducidos por el embarazo son causados no por las hormonas sino por las alteraciones en la marcha y el estrés al que el bebé en crecimiento somete a la espalda de la madre —dice la Dra. Catellani—. Con frecuencia, estos cambios estructurales ejercen presión sobre la base del cráneo y pueden conducir a dolores de cabeza". En este caso, la Dra. Catellani recomienda la quiropraxia o la terapia de masaje. Si decide probar alguna de estas, asegúrese de que el profesional que la atienda tenga experiencia tratando a mujeres embarazadas.

Las migrañas causadas por la píldora anticonceptiva

Algunos estudios de investigación parecen indicar la existencia de un vínculo entre los anticonceptivos orales y los derrames cerebrales en personas con migrañas. Estos estudios generalmente se refieren a los anticonceptivos orales más antiguos, lanzados al mercado durante los años 60 y 70, los cuales contienen niveles más altos de estrógeno. Si usted es propensa a las migrañas, pídale a su médico que verifique que esté tomando anticonceptivos orales con una dosis baja de estrógeno.

"Salvo que sus migrañas vayan acompañadas de complicaciones serias —por ejemplo, desorientación, parálisis parcial o pérdida de la visión— las mujeres que ya padecen migrañas probablemente pueden empezar a tomar las nuevas pastillas de baja dosis de estrógeno que existen en la actualidad", dice el Dr. Seymour Diamond. Pero si las migrañas sólo le empezaron *después* de comenzar a tomar anticonceptivos orales, entonces debe encontrar algún otro método de control natal, aconseja. Los métodos de barrera, como los diafragmas y los condones, le brindan protección sin meterle hormonas a su organismo.

"Asimismo, si fuma y toma pastillas anticonceptivas y padece migrañas, deje de fumar", dice el Dr. Merle Diamond. (Fumar contribuye significativamente a elevar su riesgo de sufrir un derrame cerebral).

Algunas mujeres presentan migrañas mientras están tomando anticonceptivos orales por la misma razón que las padecen durante el ciclo menstrual. El régimen anticonceptivo usual hace necesario que tome estrógeno durante 21 días, seguidos de un descanso de 7 días de duración, para luego volver a comenzar el ciclo. La menstruación ocurre durante el descanso.

Las migrañas se pueden prevenir si se elimina el descanso, dice el Dr. Rapoport. Las mujeres que están tomando estrógeno continuamente sin pausa deben tomar progesterona adicional si sus pastillas anticonceptivas no contienen esta hormona, agrega, porque así disminuirán su riesgo de contraer cáncer endometrial. Todo esto debe hacerse sólo bajo la supervisión de un médico.

Ayuda para las migrañas menopáusicas

Si usted ha padecido migrañas desde los 20, 30 ó 40 años de edad, podría sonreírle la suerte: las migrañas a menudo se abaten después de la menopausia debido a la ausencia de fluctuaciones cíclicas. Si no desaparecen, entonces la alimentación, el ejercicio, la biorretroalimentación y la acupuntura pueden aliviar los dolores de cabeza menopáusicos. Los NSAID tomados de manera preventiva pueden ayudar pero deben emplearse con cuidado. Los antidepresivos quizá sean una mejor opción, especialmente si presenta cambios repentinos de humor además de dolores de cabeza, dice el Dr. Merle Diamond.

La terapia de reposición hormonal puede ayudar a algunas mujeres pero no funciona en todos los casos. El estrógeno de reposición puede causar poco o ningún efecto en las migrañas menopáusicas. Y cuando sí ayuda, esto no se debe a que se haya reemplazado el estrógeno, sino a que se han estabilizado los niveles de estrógeno. "Cuando llega a mi consulta una mujer perimenopáusica con migrañas, a veces pruebo la terapia de reposición hormonal (o *HRT* por sus siglas en inglés) siempre en la forma de parche, ya que es la forma que brinda un consumo constante de estrógeno sin fluctuaciones", dice el Dr. Mauskop.

Deportistas, tomen nota: "Usar el parche durante el ejercicio puede incrementar la absorción de estrógeno y causar dolores de cabeza. La solución podría ser cambiar el parche por alguna forma oral", dice el Dr. Merle Diamond.

Si sus migrañas comenzaron después de que inició la HRT, entonces debe suspenderla, dice el Dr. Rapoport. Pruebe las alternativas que se mencionan en el Capítulo 11 y en los capítulos de Sofocos en la página 353, Sudoración nocturna en la página 361 y Sequedad e irritación vaginales en la página 362.

En la Internet — *y otros recursos*

↬ Para encontrar información acerca de los últimos estudios de investigación y tratamientos para las migrañas, póngase en contacto con el Consejo para la Educación en Dolores de Cabeza de los Estados Unidos (o *ACHE* por sus siglas en inglés), el cual también publica un boletín trimestral titulado *Headache* (Dolor de cabeza).

American Council for Headache Education (ACHE)
19 Mantua Road
Mount Royal, NJ 08061
www.achenet.org

↬ Para encontrar un profesional que le pueda enseñar cómo usar la biorretroalimentación para aliviar las migrañas, póngase en contacto con:

Association for Applied Psychophysiology and Biofeedback*
10200 West 44th Avenue
Suite 304
Wheat Ridge, CO 80033-2840
www.aapb.org

↬ Para encontrar un acupunturista médico que tenga experiencia en el uso de la acupuntura para aliviar las migrañas, póngase en contacto con:

American Academy of Medical Acupuncture*
5820 Wilshire Boulevard
Suite 428
Los Angeles, CA 90036

**Ofrece información en español.*

FIBROMIALGIA

Trate de recordar la última vez que tuvo gripe; no sólo un resfriado (catarro), sino una verdadera gripe, el tipo que hace que le duela cada centímetro de su cuerpo y que salirse de la cama le parezca una hazaña más difícil que escalar el Monte Everest.

Esto es más o menos lo que sienten los que padecen fibromialgia, sólo que no mejoran al cabo de una semana.

En la fibromialgia, los músculos están adoloridos y duelen más cuando se usan o cuando se les aplica cualquier tipo de presión. Es como si hasta las sensaciones más sutiles se amplificaran en una cámara de eco hasta que se volvieran insoportables, dice el Dr. David Nye, quien se ha especializado en tratar la fibromialgia durante más de 10 años en el departamento de neurología del Sistema de Salud Luther Midelfort–Mayo en Eau Claire, Wisconsin.

Cuando una persona padece fibromialgia, esta hipersensibilidad puede durar toda una vida; no hay cura. Pero existen muchas cosas que sí puede hacer para romper con el círculo vicioso de dolor, dificultades para dormir, agotamiento y estrés que causa la fibromialgia y así volver a llevar una vida productiva.

Muchas de las recomendaciones que se dan para el síndrome de fatiga crónica (o *CFS* por sus siglas en inglés) también son aplicables a la fibromialgia. (Vea la página 460). "Estas dos afecciones tienen muchos síntomas en común", dice el Dr. Nye. Alrededor de dos terceras partes de las personas que padecen el CFS también sufren de fibromialgia y viceversa.

No se están quejando por gusto

Para aquellas personas que no padecen fibromialgia, las quejas de dolor constante pueden sonar sospechosamente similares a las quejas de un hipocondriaco. Después de todo, esta afección no va acompañada de síntomas evidentes. Incluso las personas que la padecen aparentemente parecen ser saludables. Por esto, durante años, muchos doctores no dieron a estas quejas su debida consideración, lo que a menudo ocasionaba que dieran malos consejos, dice la Dra. Devin J. Starlanyl, quien vive con fibromialgia y dolor miofascial y ha escrito dos libros sobre el tema.

"Durante años me dijeron que hiciera ejercicio para deshacerme del dolor —dice la Dra. Starlanyl—. Mis doctores me sugerían que empezara a practicar algún deporte, entonces me metí a jugar hockey sobre hielo varias veces a la semana. No funcionó".

"O bien, los doctores a menudo recetan analgésicos para la fibromialgia y les dicen a las personas que regresen a su trabajo, porque en realidad 'no tienen nada; todo es producto de su imaginación'", dice la Dra. Starlanyl. Pero el ejercicio extremo y los analgésicos no son la solución.

Pruebe la prueba de los puntos

Aunque no saben exactamente qué la causa, los investigadores han acumulado un cuerpo creciente de pruebas que indican que la fibromialgia es algo muy real. Nadie puede sentir o ver su dolor, pero sí se pueden detectar anormalidades en el funcionamiento del cerebro y cambios en la química del cuerpo que se relacionan con el dolor de la fibromialgia. Y existe una prueba sencilla para detectar el dolor de la fibromialgia que un doctor puede hacer usando un solo dedo.

Las personas que padecen fibromialgia no sólo están adoloridas por todas partes; sienten dolor cuando se les aplica presión sobre puntos específicos en su cuerpo. Esta es la clave para diagnosticar esta enfermedad.

El doctor simplemente ejerce una presión de aproximadamente 2 libras/0.9 kg (lo suficiente para que se ponga blanca la base de la uña) sobre 18 de estos "puntos sensibles" —y, siempre y cuando también haya tenido dolor generalizado durante al menos 3 meses— si siente dolor y no sólo sensibilidad en al menos 11 de estos puntos, entonces usted padece fibromialgia.

En realidad, la prueba de los puntos sensibles fue originalmente diseñada como una herramienta para la investigación que se empleaba para decidir quiénes tenían suficientes síntomas para ser incluidos en estudios sobre la fibromialgia, y no para decidir quiénes necesitaban tratamiento, dice la Dra. Starlanyl. Por lo tanto, incluso aunque sienta dolor en menos de 11 puntos sensibles, es posible que tenga los síntomas de la fibromialgia —dolor generalizado e hipersensibilidad— y que se vea beneficiada de los tratamientos para la fibromialgia.

Por qué se despierta cansada y adolorida

Otro factor que distingue a las mujeres con fibromialgia de las demás es su nivel de sustancia P (inicial de la palabra inglesa *pain*, que significa "dolor"), que es un neurotransmisor químico clave que envía señales de dolor al cerebro. En las personas que padecen fibromialgia, los niveles de sustancia P en el líquido céfalorraquídeo son de tres a cuatro veces más altos de lo normal, lo cual constituye una prueba contundente de que el dolor no es imaginario. (Esta es la principal diferencia entre la fibromialgia y el CFS; las personas que padecen el CFS normalmente presentan niveles normales de sustancia P).

Estos niveles elevados de sustancia P parecen ser una de las causas clave de la amplificación del dolor que caracteriza a la fibromialgia. En términos técnicos, los doctores clasifican el dolor ya sea como "alodinia" (sensaciones no dolorosas que se transforman en sensaciones dolorosas) o "hiperalgesia" (amplificación de las sensaciones de dolor).

Si una persona con fibromialgia pudiera observar sus ondas cerebrales mientras duerme, notaría que presenta una cantidad menor a lo normal de

⮾ ESCAPE DEL INFIERNO HORMONAL ⮾

Los medicamentos empeoran su dolor crónico

P: *Durante 5 años he padecido de dolores del tipo de los que causa la fibromialgia. Comenzaron un día en que iba en mi coche y un automóvil me chocó por detrás. El dolor era soportable hasta que, hace 2 años, me caí muy duro en un piso resbaloso en mi trabajo y me torcí el cuello.*

Antes de eso, el dolor nunca había sido tan fuerte como lo es ahora. A veces me duele todo el cuerpo y simplemente no se me quita el dolor con nada. Me levanto en la mañana sintiendo como si no hubiera dormido en lo absoluto y no puedo mantener un empleo. Los doctores se han mostrado escépticos y me han dicho que simplemente tengo que hacer un esfuerzo

por dejar de sentirme así. Antes, tuve un trabajo de tiempo completo durante años y crié a mi hija; no estoy fingiendo.

Recientemente, he estado viendo a una reumatóloga, quién me diagnosticó fibromialgia. Ella me recetó venlafaxina (Effexor), un antidepresivo y un analgésico, pero mi presión arterial se elevó hasta el cielo y tuve que suspender el tratamiento al cabo de unos días. Probé otros medicamentos pero tampoco me ayudaron. ¿Qué puedo hacer para aliviar el dolor? ¡Estoy dispuesta a probar lo que sea!

El Dr. David Nye, quien se ha especializado en tratar la fibromialgia durante más de 10 años en el departamento de neurología del Sistema de Salud Luther Midelfort-Mayo en Eau Claire, Wisconsin, responde: Los analgésicos no resolverán tu problema. Los medicamentos antiin-

ondas delta lentas, que son indicativas del sueño profundo que es esencial para la reparación del cuerpo. Como resultado, es probable que las personas con fibromialgia se despierten frecuentemente durante la noche y sigan cansadas cuando amanece.

Pero esta falta de sueño profundo tiene implicaciones de mayor alcance.

"Durante el sueño delta se produce la hormona del crecimiento y se da lugar a la mayor parte de la reparación muscular —dice Laurence Bradley, Ph.D., profesor de Medicina de la Universidad de Alabama en Birmingham, quien se especializa en la investigación de la fibromialgia—. La hormona del crecimiento aparentemente facilita la reparación del tejido muscular".

La teoría es que las interrupciones en el sueño delta dan por resultado menores niveles de hormona del crecimiento, dice el Dr. Bradley, lo cual podría explicar el daño muscular y el dolor que manifiestan las personas que padecen fibromialgia.

flamatorios —como el *Vioxx*, el *Celebrex* y otros fármacos antiinflamatorios no esteroídicos (o *NSAID* por sus siglas en inglés)— no sirven para nada en pacientes que sufren de fibromialgia porque no hay inflamación. E interfieren ligeramente con el sueño profundo.

Aunque es posible que ayuden un poco durante un tiempo, también debes evitar los narcóticos y otros analgésicos que se venden con receta porque el dolor en realidad aumenta cuando va disminuyendo su efecto. Y estos medicamentos bloquean el sueño profundo que tanto necesitas.

En el caso de la fibromialgia, no funciona muy bien tratar los síntomas individuales, como el dolor. Necesitas tratar los problemas subyacentes a la fibromialgia y luego todos los síntomas mejorarán. En al menos la mitad de los casos, podemos lograr que los pacientes estén libres de dolor durante la mayor parte del tiempo.

Empieza por hacer ejercicio. Haciendo la cantidad correcta de ejercicio aeróbico, puedes provocar la producción de endorfinas. Estas sustancias son las propias hormonas analgésicas del cuerpo, te ayudan a dormir mejor y también te brindan otros beneficios.

El ejercicio diario te ayudará a dormir mejor y el sueño profundo te ayudará a restaurar el equilibrio hormonal. Asegúrate de irte a dormir a la misma hora cada noche para que así vuelvas a ajustar tus ritmos hormonales. Habla con tu médico, ya que hay algunos antidepresivos que se venden con receta, como la trazodona, que pueden ayudarte a dormir.

En las personas que no tienen fibromialgia, el ejercicio vigoroso no sólo hace crecer los músculos, sino que también provoca una elevación en el nivel de la hormona del crecimiento. Pero esto no ocurre en aquellas que padecen fibromialgia. Esto podría deberse a niveles anormalmente altos de otras hormonas que inhiben la producción de la hormona del crecimiento.

Lo que no dicen las pruebas hormonales

Los doctores no pueden diagnosticar la fibromialgia midiendo los niveles hormonales en sangre. Los niveles hormonales en las personas que padecen fibromialgia no son normales, pero tampoco son anormales.

"No hay una hormona que constantemente esté baja o alta como para que sirva de herramienta para el diagnóstico", dice el Dr. R. Paul St. Amand, endocrinólogo y profesor clínico auxiliar de la Facultad de Medicina de la Universidad de California en Los Ángeles en Marina Del Rey. A veces, los niveles tienden a estar cercanos a los límites superior o inferior del rango que se considera normal. Entonces, los investigadores se han centrado, en su lugar, en la producción de una hormona en respuesta al nivel de otra hormona y el momento en que ocurre esta respuesta. Al igual que en el caso de muchas otras afecciones relacionadas con las hormonas, los científicos dicen que esto es una anormalidad en el eje hipotálamico-pituitario-adrenal.

"La fibromialgia es más un síndrome —o sea, un conjunto de síntomas— que una enfermedad específica", dice el Dr. Robert McMurray, profesor adjunto de Medicina de la Universidad de Mississippi en Jackson, quien está investigando las terapias hormonales y neuroendocrinas para la fibromialgia.

Incluso puede ser que la fibromialgia no sea un solo síndrome, dice la Dra. Starlanyl. "Existen muchos ejes hormonales distintos que pueden estar fuera de equilibrio en cada paciente con fibromialgia. Los niveles hormonales pueden ser distintos en paciente diferentes". Pero en general, los patrones de hormonas y neurotransmisores parecen ser distintos de aquellos que presentan las personas que no padecen fibromialgia.

Si bien la fatiga incapacitante es el principal problema para las personas que padecen el CFS, el dolor y la sensibilidad son por mucho los principales agravantes para las personas que padecen fibromialgia, dice el Dr. Harvey Moldofsky, profesor emérito de Siquiatría y Medicina de la Universidad de Toronto, quien ha sido uno de las más destacados investigadores de la fibromialgia desde 1975.

O en palabras de la Dra. Starlanyl: "Las personas que padecen el CFS tienden a dormir mucho, mientras que las personas con fibromialgia no pueden dormir mucho".

Hasta que los científicos encuentren una cura, la buena alimentación, el ejercicio moderado, la reducción del estrés y mejores hábitos de sueño pueden trabajar en conjunto para ayudar a las personas que padecen fibromialgia.

La conexión entre estrés, alimentación y dolor

Como se discutió en la Segunda Fase del programa para el equilibrio hormonal, el estrés tiene un efecto muy importante en las hormonas. Activa la respuesta de luchar o huir, haciendo que sus glándulas produzcan epinefrina (adrenalina) y norepinefrina, que son hormonas que normalmente aceleran su organismo, dándole más energía. Pero en el caso de la fibromialgia, el cuerpo está batallando porque tiene una capacidad limitada para generar energía y la carga adicional de estrés sólo empeora las cosas.

"Independientemente que sea estrés físico o estrés mental, está tratando de sacar algo a partir de reservas que no tiene", dice el Dr. St. Amand.

Para llegar a la causa de cualquier afección en la que haya dolor crónico, se tienen que identificar los factores que están contribuyendo a la misma. El exceso de azúcar y otros carbohidratos refinados y los estimulantes, como la cafeína, pueden provocar que su cuerpo produzca un exceso de adrenalina y generalmente provocan desequilibrios hormonales, dice la Dra. Starlanyl." Por lo tanto, una de las mejores maneras de restaurar el equilibrio hormonal es alimentándose bien". Ella ha encontrado que una alimentación en la cual el 30 por ciento de las calorías totales provengan de la proteína y el 40 por ciento provengan de los carbohidratos es útil para equilibrar las hormonas, independientemente de que padezca o no fibromialgia. (Para mayores detalles sobre este tipo de alimentación, vea "Proteínas, grasas y carbohidratos: la clave está en el equilibrio" en la página 119).

Ejercicio: sí, pero con moderación, por favor

Si padece fibromialgia, es fácil caer en un ciclo de inactividad, mala condición física, actitudes negativas, desaliento y hábitos de sueño cada vez peores, dice el Dr. Moldofsky. Después de todo, usted tiene dolor. Y cuando hace demasiado ejercicio, puede quedarse adolorida durante días.

Puede que esto tenga una causa hormonal. Los investigadores de la Universidad de Ciencias de la Salud de Oregón en Portland pusieron a personas con fibromialgia a caminar sobre una estera mecánica (caminadora, *treadmill*) hasta que quedaron agotadas y luego midieron sus niveles de hormona del crecimiento. A diferencia de otras personas, las personas que padecían fibromialgia no presentaron una elevación en el nivel de hormona del crecimiento. Debido a que la hormona del crecimiento parece desempeñar un papel clave en la reparación muscular, esto podría explicar el motivo por el cual el ejercicio extenuante que hace crecer los músculos no les funciona a las personas que padecen fibromialgia.

Camine una cuadra. El Dr. Moldofsky les recomienda caminar a sus pacientes que están fuera de forma, y empieza por preguntarles la distancia que pueden caminar sin cansarse.

"Una mujer me dijo que podía caminar una cuadra, entonces le dije que comenzara por caminar una cuadra cada día. 'Pero doctor', me dijo, '¿cómo regresaré a casa?' Entonces tuvo que empezar por caminar media cuadra al día", dice el Dr. Moldofsky, riéndose.

Los fundamental es que usted tiene que empezar por algo y luego incrementar gradualmente la cantidad de ejercicio que haga, pero a un ritmo cómodo.

"No estamos hablando de fisiculturismo o levantamiento de pesas —dice el Dr. Moldofsky—. No se debe arriesgar a sufrir un desgarre. Lo que debe hacer es ejercicio aeróbico. Así mejorará la circulación de oxígeno y su metabolismo en general". Es más probable que la agoten los quehaceres del hogar y subir y bajar escaleras, pero no sirven de sustituto para una sesión de ejercicio aeróbico, dice el Dr. Nye. La clave es provocar la producción de endorfinas, que son los propios analgésicos hormonales del cuerpo, pero sin exagerar.

Además de caminar aprisa, pruebe nadar u otros ejercicios acuáticos, andar en bicicleta o montarse en una bicicleta fija, una estera mecánica o la danza aeróbica suave, dice el Dr. Nye. Correr, la danza aeróbica vigorosa y el levantamiento de pesas son demasiado extenuantes para la mayoría de los pacientes.

Es mejor a mediodía. Para las personas que padecen fibromialgia, la mejor hora para hacer ejercicio es a mediodía —entre las 10:00 A.M. y las 3:00 P.M.— cuando sienten menos fatiga y dolor, recomienda el Dr. Moldofsky.

Revise su pulso. El Dr. Nye recomienda comenzar con 3 a 5 minutos de ejercicio aeróbico suave al día, y luego aumentar gradualmente este período hasta que pueda hacer ejercicio durante 20 a 30 minutos al día. Tómese unos cuantos minutos primero para estirar sus músculos y empiece lentamente. Luego, haga que se eleve su frecuencia cardíaca por encima de su frecuencia normal en reposo y hacia el rango inferior de la frecuencia cardíaca que normalmente se registra durante el ejercicio aeróbico. Si no se esfuerza lo suficiente, entonces estará perdiendo el tiempo, pero si se esfuerza demasiado, entonces se lastimará.

Revise su pulso, usando un reloj o un monitor de frecuencia cardíaca, el cual está disponible en las tiendas de artículos deportivos. Mida su frecuencia cardíaca en reposo y luego calcule la frecuencia cardíaca aeróbica a la que tiene que llegar, usando la siguiente formula:

(220 − su edad − frecuencia cardíaca en reposo) × 0.6 + frecuencia cardíaca en reposo

Por ejemplo, para una mujer de 50 años de edad que tiene una frecuencia cardíaca en reposo de 70:

(220 − 50 − 70) = 100 × 0.6 + 70 = 130

Por lo tanto, la meta de esta mujer es que, al hacer ejercicio aeróbico, su frecuencia cardíaca se eleve a 130 latidos por minuto. Conforme vaya adquiriendo condición y vaya cambiando su frecuencia cardíaca en reposo, vuelva a calcular la fórmula.

Lo ideal es usar una estera mecánica que ajuste automáticamente la velocidad según su frecuencia cardíaca, dice el Dr. Nye. Pero con la práctica, usted puede aprender a detectar sus propios límites sin tener que usar un monitor cardíaco.

Haga ejercicio todos los días. El ejercicio aeróbico aparentemente provoca una cascada de respuestas hormonales favorables. Si usted descubre que el ejercicio aeróbico le da más energía y disminuye su dolor, trate de hacer ejercicio con mayor frecuencia durante el día. Y lo mejor de todo es que el ejercicio le ayuda a dormir más profundamente, lo cual es vital para volver a la normalidad. (Quizá tenga que aligerar su sesión de ejercicio en los días que se esté sintiendo peor).

Sueñe con los angelitos

Cualquiera que haya pasado la noche entera dando vueltas y vueltas ya sabe que no va a despertar a la mañana siguiente sintiéndose descansada. En personas que padecen fibromialgia, este es un problema crónico que parece desempeñar un papel crucial en el ciclo de dolor.

La primera vez que el Dr. Moldofsky observó las ondas cerebrales de pacientes con fibromialgia mientras dormían, él descubrió que cuando entraban a la fase de sueño profundo —que se caracteriza por las ondas cerebrales delta lentas— aparecían ondas cerebrales alfa más rápidas por encima de las ondas delta, aparentemente interrumpiendo el sueño profundo de los pacientes. Más tarde, él realizó un experimento clásico, interrumpiendo con ruido el sueño de sujetos saludables pero sedentarios siempre que entraban a la fase de sueño profundo. Al cabo de varios días de hacer eso, estas personas se sentían adoloridas por todas partes, como si padecieran fibromialgia. Sin embargo, cuando realizó este experimento en corredores de grandes distancias, estos sujetos todavía fueron capaces de dormir bien toda la noche.

Cuando una persona no puede dormir profundamente, no produce las hormonas del crecimiento que necesita para reparar sus músculos adoloridos, dice el Dr. Moldofsky. Otra consecuencia del sueño interrumpido es que su sistema inmunitario se vuelve hiperfuncionante, dice el Dr. Nye, haciendo que su cuerpo produzca un exceso de citoquinas, que son mensajeros químicos que provocan dolores, fatiga y debilidad, haciéndola sentirse como si tuviera gripe. Y esos dolores no facilitan el sueño. Usted tiene que romper con ese ciclo de algún modo.

Las pastillas para dormir generalmente no ayudan a las personas que padecen fibromialgia, dice el Dr. Moldofsky. Si bien es cierto que le harán conciliar el sueño, algunos de estos medicamentos (incluyendo las benzodiazepinas, como *Halcion* y *Restoril*) en realidad disminuyen la cantidad de sueño profundo caracterizado por ondas delta. Lo que cuenta no es la cantidad sino la calidad de sueño.

Pregúntele a su médico sobre los medicamentos que mejoran el sueño profundo. Algunos antidepresivos pueden ayudarle a dormir profundamente, dice el Dr. Nye. Él a menudo receta *Trazodone* a sus pacientes que padecen fibromialgia. Generalmente empieza por indicarles una dosis de 50 miligramos, y luego la aumenta gradualmente hasta que la persona esté durmiendo bien.

La amitriptilina (*Elavil*) también funciona pero no es tan popular debido a sus efectos secundarios. A veces, también receta relajantes musculares como la ciclobenzaprina (*Flexeril*). Todos estos medicamentos ayudan al fomentar el sueño profundo, dice el Dr. Nye.

Acuéstese siempre a la misma hora. "Seguir un horario ayuda al cuerpo a restaurar sus ritmos hormonales", dice el Dr. Nye.

Elimine los estimulantes. Eso significa nicotina y cafeína.

No exagere a lo largo del día. Conozca sus límites, dice el Dr. Nye.

Descarte otros trastornos del sueño. Las personas que padecen fibromialgia también pueden sufrir de otros trastornos del sueño que requieren tratamiento médico, como apnea del sueño o movimientos periódicos de las

En la Internet — *y otros recursos*

Para encontrar a un médico que sepa cómo realizar la prueba de los puntos sensibles para detectar la fibromialgia y que pueda guiarla hacia su recuperación, póngase en contacto con alguna organización nacional de fibromialgia para que la manden a alguien o encuentre un grupo de apoyo en su localidad donde puedan recomendarle a un médico en su área.

↪ Si desea conseguir materiales educativos o referencias de doctores, póngase en contacto con:

Fibromyalgia Network*
PO Box 31750
Tucson, AZ 85751
(800) 853-2929
www.fmnetnews.com

↪ Si desea conseguir información educativa y acerca del apoyo que se ofrece a los pacientes, póngase en contacto con:

The American Fibromyalgia Syndrome Association Inc.*
6380 East Tanque Verde
Suite D
Tucson, AZ 85715
www.afsafund.org

Otras fuentes

Si desea obtener apoyo, participar en discusiones y recibir noticias en línea acerca de la fibromialgia, póngase en contacto con la Comunidad Fibrom-L en:

www.fmscommunity.org

*Ofrece información en español.

piernas. Por lo tanto, si usted ronca, si sus piernas se mueven involuntariamente o si se siente excesivamente soñolienta durante el día a pesar de haber
dormido lo suficiente la noche anterior, consulte a su médico.

Evite los alimentos problemáticos. Muchas personas que padecen fibromialgia parecen sentirse mejor cuando tienen una alimentación sencilla, baja
en grasa, en la que se minimiza la cantidad de carnes grasosas y grasa láctea,
alimentos fritos, salsas y alimentos condimentados y azúcares simples.
Experimente eliminando los alimentos sospechosos de su dieta. Quizá esto
le ayude a dormir mejor, especialmente si sufre del síndrome del intestino
irritable (el cual parece presentarse hasta en un 50 por ciento de los pacientes). Para las personas que son sensibles a la lactosa, la eliminación de
productos lácteos puede ayudar a aliviar las alteraciones en el funcionamiento intestinal.

Y cuando combine todo esto, lo más probable es que duerma mejor, dice el
Dr. Nye. Y entonces mejorará su equilibrio hormonal, lo que dará por resultado menos dolor y más energía durante el día.

Medite para romper el ciclo de estrés

Cuando alguien padece fibromialgia, el sistema nervioso no se tranquiliza con
la rapidez usual cuando la persona se va a dormir, dice el Dr. Moldofsky. La
meditación —o cualquier actividad que distraiga la mente del dolor— puede
ayudar a romper con la respuesta estresante al dolor.

La Dra. Starlanyl concuerda: "La fibromialgia es como un sistema sensorial amplificado y no hay nada tan bueno para bajarle el 'volumen' como la
meditación".

La biorretroalimentación de ondas cerebrales y otras técnicas de relajación
también pueden ayudar a disminuir el estrés.

Los ejercicios lentos y meditativos del *tai chi* y el *chi gung* también pueden
ayudarla a relajarse, al mismo tiempo que le permiten ejercitarse suavemente. Pero para evitar lastimar sus músculos, necesita tener cuidado de
no hacer demasiadas repeticiones del mismo movimiento, aconseja la Dra.
Starlanyl.

Otras opciones que recomienda la Dra. Starlanyl son la acupuntura y el
masaje miofascial de puntos activadores.

El Dr. Nye dice que muchos individuos que padecen fibromialgia han notado que los masajes semanales son maravillosos para disminuir el dolor y la
rigidez. Por desgracia, la mayoría de los seguros de gastos médicos no cubren

este tratamiento. Sin embargo, los terapeutas de masaje a menudo dan descuentos por paquetes de 5 ó 10 masajes.

Cómo cuidarse

Como no hay una cura para la fibromialgia, debe prepararse para los episodios ocasionales, advierte el Dr. Nye. Las recaídas pueden ser causadas por un mayor estrés, por no hacer ejercicio un día, por quedarse despierta tan sólo una hora más tarde de lo habitual, por una alteración en su rutina diaria. . . o por ningún motivo aparente.

No luche contra ella; en vez de eso, trate de reposar más. Dése un baño con agua tibia o quizá pida que le den un masaje. Pero no deje de hacer ejercicio aeróbico diariamente, aunque tenga que bajarle un poco a la intensidad. Y sígase estirando.

Una vez que ya se esté sintiendo mejor, trate de averiguar qué fue lo que causó la recaída y corrija el problema.

"Con un poco de esfuerzo, la mayoría de los pacientes eventualmente pueden llegar a un punto en el que se sienten significativamente mejor la mayor parte del tiempo", dice el Dr. Nye.

Pero no sólo dependa de su doctor.

El Dr. Nye dice: "A los pacientes que averiguan lo más que pueden sobre la fibromialgia generalmente les va mejor que a aquellos que no lo hacen".

¿Sigue afectada? Considere una terapia

Naturalmente, sentir dolor puede ser bastante estresante. Pero desconocer la causa de su dolor puede ser realmente agobiante. Uno de los beneficios de que le diagnostiquen fibromialgia, aunque no exista una cura para esta afección, es que al menos ya sabe que no tiene una enfermedad más seria o incluso mortal.

Aun así, la fibromialgia puede ser deprimente y, en ocasiones, algunas personas necesitan acudir a una terapia cognitiva que les ayude a superar las actitudes negativas que han acumulado con respecto a sí mismas y sus capacidades.

"A menudo dicen, 'No puedo hacer nada'. La terapia les ayuda a manejar su vida de una manera más constructiva", dice el Dr. Moldofsky.

Quizá le pueda ayudar un sicólogo, un siquiatra o alguien que tenga experiencia en sicoterapia.

Síndrome de
fatiga crónica

enise Sasiain quiere recuperar su vida. Antes de que contrajera el síndrome de fatiga crónica y disfunción inmunitaria (o *CFIDS* por sus siglas en inglés), también conocido como el síndrome de fatiga crónica (o *CFS* por sus siglas en inglés), Denise destacaba en su trabajo como contadora pública certificada, orgullosa de su capacidad de analizar cantidades interminables de cifras durante 60 horas a la semana o más.

Fuera de la oficina, le gustaba tanto correr que corría 25 millas (40 km) a la semana. Y además jugaba en torneos de voleibol.

Pero hace 3 años, Denise se hernió algunos discos del cuello mientras estaba levantando cajas pesadas. Tuvo que quedarse en cama durante un par de semanas por el dolor tan fuerte que tenía. Y desde entonces, su vida nunca ha vuelto a ser la misma.

"A medida que iban pasando los meses, no podía concentrarme en el trabajo —recuerda Denise—. Un mes después de mi accidente, traté de salir a correr pero me dolió todo el cuerpo. Simplemente no pude hacerlo".

A sus 35 años de edad, Denise quería desesperadamente tener la energía para tener hijos y formar una familia. "Y quería poder disfrutar nuevamente de la vida", dice.

¿De qué se trata?

Denise es un ejemplo típico de las mujeres a quienes les diagnostican el síndrome de fatiga crónica: mujeres que alguna vez parecieron torbellinos de energía y que ahora tienen que luchar sólo para levantarse de la cama o caminar alrededor de la cuadra, dice el Dr. Charles W. Lapp, un médico de Charlotte, Carolina del Norte, quien se especializa en CFS y asesor médico de la Asociación del Síndrome de Fatiga Crónica y Disfunción Inmunitaria de los Estados Unidos.

Pero cuando alguien como Denise va con el médico, la serie normal de pruebas generalmente muestra que todo está bien, aparte de la enfermedad inicial que haya provocado la afección. No hay infecciones ni anormalidades hormonales como hipotiroidismo o diabetes que normalmente causan fatiga. En pocas palabras, no hay nada que pueda curarse con una pastilla o una inyección.

Entonces, es tentador suponer que lo que sí hay es una depresión, o quizá incluso hipocondría.

"Muchos doctores tratan el CFS como una forma de depresión o ansiedad, en lugar de tratarlo como una enfermedad física —dice la Dra. Nancy Klimas, profesora de Medicina de la Universidad de Miami y editora fundadora del *Journal of Chronic Fatigue Syndrome* (Revista del síndrome de fatiga crónica)—. Pero recetarles antidepresivos y ansiolíticos a los pacientes con CFS sin atender la causa verdadera de su afección sólo hace que disminuya todavía más su nivel de energía".

En términos estrictos, el CFS se define como una fatiga severa que dura al menos 6 meses, junto con al menos cuatro de un total de ocho síntomas distintos: alteraciones en la memoria de corto plazo o en la concentración; dolor de garganta; nódulos linfáticos sensibles; dolor muscular; dolor en múltiples articulaciones (pero sin hinchazón ni enrojecimiento); dolores de cabeza de tipo, patrón o gravedad nuevos; sueño que no la deja sintiéndose descansada y malestar durante más de 24 horas después de hacer ejercicio.

La *verdadera* conexión hormonal

Sí existe una causa física del CFS. Y aunque no todo es producto de su imaginación, sí puede provenir, en parte, de su cerebro. Específicamente, los investigadores tienen la teoría de que una tercia de glándulas productoras de hormonas —el hipotálamo, la glándula pituitaria y las glándulas suprarrenales— pueden estar funcionando mal en las personas que padecen el CFS. Esto crea un efecto dominó que acaba con su energía, le nubla el cerebro e interfiere con su capacidad para manejar el estrés.

Los investigadores le llaman a esto la "desregulación del eje hipotalámico-pituitario-adrenal (o *HPA* por sus siglas en inglés)". Básicamente, ocurren tres cosas.

El hipotálamo no produce cantidades suficientes de la hormona liberadora de corticotropina (o *CRH* por sus siglas en inglés). La CRH es el elemento común final que dirige la respuesta del cuerpo ante todos los tipos de estrés. Y la glándula pituitaria no produce cantidades suficientes de la hormona adrenocorticotrópica (*ACTH*) porque su producción no está siendo provocada por el CRH. Se necesita ACTH para que les indique a las glándulas suprarrenales que produzcan más cortisol. El cortisol desempeña un papel clave en la respuesta del cuerpo ante el estrés y las infecciones, además de que ayuda a regular el nivel de azúcar en sangre.

Los niveles bajos de cortisol pueden servir para explicar mucho. Los niveles normales son clave para disminuir la inflamación y mantener el siste-

En la Internet — *y otros recursos*

◦ Para mayores informes acerca del síndrome de fatiga crónica y disfunción inmunitaria (o *CFIDS* por sus siglas en inglés) —por ejemplo, dónde conseguir ayuda, los tratamientos nuevos que están disponibles y demás— póngase en contacto con:

The CFIDS Association of America*
PO Box 220398
Charlotte, NC 28222-0398
www.cfids.org

The American Association for Chronic Fatigue Syndrome
www.aacfs.org

◦ Los Centros para el Control y la Prevención de Enfermedades (o *CDC* por sus siglas en inglés) brindan información acerca de síntomas y tratamientos, así como estudios de investigación escritos tanto en lenguaje coloquial como en lenguaje médico. También podrá encontrar una lista de grupos de apoyo a lo largo de los Estados Unidos, así como en algunos otros países. Los CDC tienen un sistema de información grabada con el que se puede comunicar, sin costo, las 24 horas del día, llamando al número telefónico que aparece a continuación. En su página de Internet, haga clic en "*Health Topics A–Z*" (Temas sobre la salud de la A a la Z) y busque "*chronic fatigue syndrome*" (síndrome de fatiga crónica).

Centers for Disease Control and Prevention*
(888) 232-3228
www.cdc.gov

◦ El Instituto Nacional de Alergias y Enfermedades Infecciosas de los Institutos Nacionales de Salud (o *NIAID* por sus siglas en inglés) ofrece recursos para pacientes y médicos. Para ordenar las publicaciones del instituto por correo, escriba a la dirección que aparece más adelante.

También puede encontrar información en línea para pacientes (realice una búsqueda de las siglas "*CFS*") y para médicos (haga clic en el término "*Publications*", que en español significa "publicaciones", elija "*CFS*" y luego "*CFS: Info. For Physicians*", que en

ma inmunitario en alerta. Cuando los niveles de cortisol descienden, el sistema inmunitario se acelera, produciendo inflamación y achaques y dolores generalizados.

Pero debido a que los niveles hormonales varían mucho a lo largo del día y que los niveles hormonales globales en los pacientes con CFS caen dentro de los límites "normales", la medición de los niveles hormonales no sirve de mucho para diagnosticar esta afección.

español significa "Síndrome de Fatiga Crónica: Información para médicos") en el sitio *web* del instituto.

Office of Communications
NIAID
Building 31
Room 7A-50
31 Center Drive, MSC 2520
Bethesda, MD 20892-2520
www.niaid.nih.gov

- El Dr. Charles W. Lapp, médico de Charlotte, Carolina del Norte, quien se especializa en el síndrome de fatiga crónica (o *CFS* por sus siglas en inglés) y es el asesor médico de la Asociación del Síndrome de Fatiga Crónica y Disfunción Inmunitaria de los Estados Unidos, recomienda seguir un "método por pasos" para tratar el CFS. Para obtener más información, escriba a:

The Hunter-Hopkins Center P.A.
10344 Park Road
Suite 300
Charlotte, NC 28210
http://home.infi.net/~cfids

Otras fuentes

Puede realizar una búsqueda de los términos "*clinics and specialists*" (clínicas y especialistas) en About.com en la dirección de Internet siguiente:

http://chronicfatigue.about.com

El círculo informativo en el *web* de CFIDS/M.E./FMS proporciona enlaces con más de 50 sitios internacionales en los que se cubre un amplio rango de temas. En la siguiente página de Internet, baje hasta donde diga "*Go to the CFIDS/M.E./FMS Information Webring*" (Ir al círculo informativo en el *web* de CFIDS/M.E./FMS):

www.cfids-me.org

La Comisión Nacional de Certificación en Acupuntura y Medicina Oriental (en inglés, *National Certification Commission for Acupuncture and Oriental Medicine*) ofrece listas de acupunturistas calificados por estado en:

www.nccaom.org

*Ofrece información en español.

Sí se puede recuperar

¿Qué es lo que hace que no funcione bien esta tercia de glándulas reguladoras de la energía?

Normalmente, alguna forma de estrés físico, por ejemplo, una gripe grave.

"La mayoría de las mujeres que padecen CFS recuerdan la fecha y las circunstancias que marcaron el inicio de su enfermedad", dice la Dra. Klimas.

Algunos expertos creen que los eventos emocionalmente estresantes pueden provocar el CFS. Y a veces comienza de manera gradual, sin que exista un factor identificable que lo provoque. Y el CFS puede desaparecer tan misteriosamente como apareció. Los Centros para el Control y la Prevención de Enfermedades (o *CDC* por sus siglas en inglés) encontraron que alrededor de una tercera parte de las personas que padecen CFS se recuperan dentro de un lapso de 5 años y la mitad dentro de un lapso de 10 años.

En las palabras del Dr. Lapp: "La naturaleza es la mejor cura".

Pero esperar 5 ó 10 años no es nada fácil.

Por fortuna, al dividir el CFS en sus diversos componentes y al atacarlos paso a paso, muchas de las personas afectadas pueden volver a un estado de salud más pronto. "El secreto está en hacer uso de la energía y la fuerza de voluntad que todavía le quede y aplicarlas a un programa estructurado", dice el Dr. Lapp.

Primero, debe asegurarse de que lo que padece es CFS y no alguna otra enfermedad. Para lograr esto, necesita encontrar a un médico que tome el CFS en serio. El CFS es una afección relativamente nueva. De hecho, no fue oficialmente reconocida por los CDC sino hasta 1988. Para encontrar al doctor indicado, hable con personas que pertenezcan a un grupo de apoyo local para personas con CFS o pida informes en algún hospital de su localidad. (Vea "En la Internet y otros recursos" en la página anterior).

Con un tratamiento paso a paso, algunas personas empiezan a sentirse mejor incluso al cabo de tan sólo una o dos semanas. Estas personas a veces mejoran rápido, pero la mejoría usualmente es gradual, dice el Dr. Lapp. A veces conduce a una recuperación total y les permite regresar a su trabajo; otras logran tener menos síntomas o síntomas menos frecuentes.

"Las personas empiezan a sentirse cada vez mejor y, finalmente, si pasan un año entero sin síntomas, el CFS a menudo no regresa jamás", dice el Dr. Lapp.

Busque ayuda lo antes posible

El Dr. Lapp recomienda un amplio programa centrado en la educación, la actividad y el ejercicio, la nutrición y el tratamiento, síntoma por síntoma, de la fatiga, la falta de sueño, los dolores de cabeza y el dolor general. Las opciones incluyen todo un armamento de suplementos o fármacos. Por dónde empiece —y lo que podría funcionarle— dependerá del tipo y la gravedad de sus síntomas, dice.

Entre más pronto busque tratamiento, mejor. El Dr. Lapp ha encontrado que alrededor de un 80 por ciento de los pacientes mejoran con esta terapia paso a paso. Los que vienen pronto, con síntomas más leves, son los que mejor se recuperan.

"He visto a cientos de mujeres recuperarse por completo del CFS", dice el Dr. Lapp.

No trate de cambiar todo a la vez. Hacer esto no sólo requiere más energía de la que tiene sino que también le dificulta identificar qué es lo que está funcionando y lo que debe continuar y qué es lo que no está funcionando. En general, debe agregar otro paso cada mes más o menos, sugiere el Dr. Lapp.

Estírese, respire, camine

Una diferencia entre el agotamiento común y corriente y el síndrome de fatiga crónica es que en el caso del CFS, reposar más no sirve para nada. De hecho, quedarse en cama sólo la hará agotarse más conforme vaya perdiendo el tono muscular. Pero si exagera en un día que no se esté sintiendo tan mal, terminará enferma y en cama durante varios días.

La clave es empezar con una actividad ligera y constante, alternada con reposo, aconseja el Dr. Lapp. Y empiece poco a poco. A continuación están sus consejos para combatir el CFS.

Párese derecha, echando los hombros para atrás y con la cabeza erguida. Las personas que padecen CFS tienden a encorvarse hacia adelante porque tienen el pecho apretado, lo cual hace que se tensen los músculos del cuello y los hombros superiores, causándoles dolor de cuello y dolores de cabeza. Haga un esfuerzo por pararse derecha a lo largo del día.

Respire profundamente. La mayoría de las personas, incluyendo aquellas que padecen CFS, respiran desde el pecho haciendo "respiraciones cortas de bebé", lo que conduce a la falta de aliento y a una sensación casi asmática cuando, por decir, suben por unas escaleras. Aprenda a respirar desde su abdomen, y así obtendrá más aire sin hacer tanto esfuerzo. Practique la respiración profunda varias veces al día. (Para mayores detalles, vea "Otras tácticas personales que refrescan" en la página 359).

Trate de tocar el techo. Haga de cuenta que está tratando de recoger manzanas de una rama que cuelga desde su techo. Estire su brazo y mantenga la mano hacia arriba durante 6 segundos. Luego, trate de alcanzar el techo con su otra mano, respirando mientras se estira. También haga ejercicios para estirar su cuello y sus hombros. El *tai chi* (un arte marcial tradicional de la China que se distingue por movimientos suaves y fluidos) es una alternativa excelente. Para beneficiarse del *tai chi*, trate de informarse acerca de clases que ofrezcan en los clubes deportivos, escuelas de artes marciales, hospitales o universidades de su área.

Dése sus descansos. Aunque antes haya sido capaz de correr 6 millas (10 km) sin parar, ahora debe contentarse con caminar durante 2 a 5 minutos a la vez. Luego descanse durante al menos 5 minutos. Repita esto de tres a cuatro veces al día. En un estudio de investigación preliminar, se encontró que incluso las personas que padecen los casos más severos de CFS pudieron hacer esto sin recaer, dice el Dr. Lapp.

Puede usar una estera mecánica (caminadora, *treadmill*), una bicicleta fija o incluso entrenar con pesas o en un circuito. Simplemente hágalo al nivel que la haga sentir cómoda y no acelere demasiado su frecuencia cardíaca, lo que en la mayoría de los casos significa que no deberá subir a más del 60 por ciento de la frecuencia cardíaca máxima para personas de su edad. En términos prácticos, esto significa que debe poder hablar mientras hace ejercicio. Si no puede, entonces disminuya la intensidad del ejercicio.

Estrategias no farmacológicas para los achaques y dolores

Debido en parte a los efectos de las alteraciones hormonales, los dolores musculares y articulares parecidos a los que produce la artritis son típicos del CFS. Pero hay muchas cosas que puede hacer para aliviar esa sensación de que todo le duele.

Masajee sus músculos. El masaje es maravilloso para aliviar los dolores musculares. El Dr. Lapp recomienda la terapia craneosacra, la cual estira los músculos que recorren la columna y el cuello, para disminuir el dolor de

Alimentos que restauran
la energía y previenen el letargo

En personas que padecen el síndrome de fatiga crónica (o *CFS* por sus siglas en inglés), la alimentación puede hacer mucho por restaurar la energía, dice el Dr. Charles W. Lapp, un médico de Charlotte, Carolina del Norte, quien se especializa en el CFS y es el asesor médico de la Asociación del Síndrome de Fatiga Crónica y Disfunción Inmunitaria de los Estados Unidos. Procure seguir una alimentación que incluya cantidades abundantes de alimentos ricos en vitaminas, minerales y otros nutrientes, así como alimentos que contengan un mínimo de grasa y otras sustancias que acaban con su energía.

"Cualquier persona sabe que si sale a comer a un restaurante de carnes y cena el típico platillo de bistec con papas, va a llegar a casa sintiéndose letárgica —dice el Dr. Lapp—. A las personas que sufren del CFS no les conviene eso".

"En esencia, debe consumir muchos carbohidratos complejos y sólo carnes ligeras —dice el Dr. Lapp—. Esta dieta es buena, prudente y fácil de seguir".

Con respecto a lo que el Dr. Lapp clasifica como "lo prohibido" —azúcar, cafeína, alcohol, el edulcorante artificial llamado aspartame y tabaco—, él recomienda eliminarlos por completo.

Si este plan no le ayuda lo suficiente, trate de eliminar los productos lácteos durante una semana y luego elimine el trigo, especialmente si padece retención de líquidos o diarrea, que son dos síntomas comunes en las personas que sufren del CFS.

Alimentos que debe agregar	Alimentos que debe evitar
Frutas	Carne roja
Verduras	Alimentos grasosos o fritos
Pan y cereales integrales	Azúcar y alimentos dulces
Arroz	Aspartame
Pasta	Cafeína y bebidas cafeinadas
Pollo	Alcohol
Pavo	
Pescado	

cabeza y el dolor de espalda. (Para mayor información acerca de los masajes, vea la página 332).

Pruebe la acupuntura en vez de la aspirina. La acupuntura puede ser enormemente analgésica. También puede promover la relajación y aumentar el nivel de energía, siempre y cuando encuentre a un buen acupunturista. En su página de Internet, la Comisión Nacional de Certificación en Acupuntura y Medicina Oriental incluye una lista de los acupunturistas que han cumplido con los estándares de esta organización. El Dr. Lapp recomienda probar cinco o seis sesiones de acupuntura para determinar si le será útil. (Vea "En la Internet y otros recursos" en la página 462).

Pruebe las compresas frías y calientes. Comience por ponerse hielo sellado en una bolsa de plástico y envuelto en una toalla sobre los hombros y cuello hasta que se sientan fríos. Luego, cambie la compresa fría por una toalla caliente y húmeda, a una temperatura cómoda. Este cambio de frío a caliente hace que la sangre fluya hacia esos músculos y se siente maravilloso, dice el Dr. Lapp.

Opte por lo tibio y no por lo caliente. Si se sobrecalienta, puede acelerar aún más su sistema inmunitario supervigorizado, haciendo que se sienta enferma y adolorida. Por lo tanto, evite las duchas con agua caliente o sumergirse en un *jacuzzi*. Pero si se sumerge durante 15 a 30 minutos en una piscina (alberca) que tenga el agua a 85°F (29.5°C), o en una bañadera (bañera, tina) llena de agua a 95°F (35°C), disminuirá la producción de citoquinas, que son sustancias inmunitarias que producen síntomas similares a los de la gripe. Pasar un rato en una bañadera dos o tres veces a la semana también hace que mejore la circulación de la sangre. Use un termómetro para alberca o *jacuzzi* para asegurarse de que el agua esté a la temperatura correcta.

Si le sigue doliendo

Si las estrategias no farmacológicas no le funcionan, puede tratar los achaques y dolores con fármacos antiinflamatorios no esteroídicos (o *NSAID* por sus siglas en inglés) que se vendan con o sin receta, como ibuprofén y naproxeno (*Naprosyn*), dice el Dr. Lapp.

Pero no mezcle diferentes tipos de NSAID. Los NSAID pueden causar efectos secundarios peligrosos, en particular hemorragia estomacal, si excede la dosis recomendada o si los toma durante más tiempo del indicado. Los NSAID más nuevos que se venden con receta —los inhibidores de la ciclooxigenasa-2 (o *COX-2* por sus siglas en inglés), como *Vioxx* y *Celebrex*— son más seguros porque causan menos efectos secundarios, dice el Dr. Lapp. Pregúntele a su doctor o farmacéutico cuál es la dosis indicada.

Tal vez necesite más sal

Disminuir el consumo de sodio dietético es una medida estándar para algunas personas que sufren de presión arterial alta. Pero casi todas las que padecen el CFS tienen una forma de presión arterial baja llamada hipotensión neuralmente mediada, en la que el cerebro a veces les indica a las glándulas suprarrenales que produzcan demasiada adrenalina, haciendo que la presión arterial baje en lugar de elevarse.

Ponerse de pie repentinamente o quedarse parada durante mucho tiempo, o estar afuera en un clima caluroso, puede provocar esto. "La sangre se va a los pies en lugar de irse al cerebro", dice la Dra. Klimas. Esta falta de sangre en el cerebro puede hacerla sentirse mareada y fatigada e incluso puede hacer que el corazón le lata muy aprisa (taquicardia). Los doctores a veces confunden esto con un ataque de pánico y equivocadamente recetan fármacos ansiolíticos, dice la Dra. Klimas.

Tanto la Dra. Klimas como el Dr. Lapp generalmente recomiendan a las personas a quienes se les ha diagnosticado el CFS y que tienen presión arterial baja que consuman más sal y agua para elevar la presión.

Sin embargo, ellos advierten que no debe hacer esto sin antes conseguir la autorización de su médico. Incluso ya cuando se lo haya autorizado, revise su presión arterial antes de empezar a echarle sal a todo y sígasela revisando para asegurar que no se eleve demasiado.

Si el mayor consumo de sal no resulta suficiente, el Dr. Lapp receta fludrocortisona (*Florinef*), que hace que los riñones retengan más sal y agua. La fludrocortisona es un esteroide adrenal sintético similar a la hormona que producen las glándulas suprarrenales.

Suplementos que sí sirven

Hay varios suplementos que sirven para tratar el CFS, pero no se acabe sus ahorros para probar todos los suplementos que vendan en la tienda de productos naturales. Algunos funcionan durante un tiempo y en algunas personas, pero no hay un solo suplemento que le funcione a todo el mundo. Y hay otros que podrían ser peligrosos y que se deben evitar.

A continuación indicamos lo que el Dr. Lapp usa para tratar a las personas que padecen el CFS.

Un suplemento multivitamínico y de minerales. Los suplementos *Theragran-M* o *Centrum Silver*, por ejemplo, pueden ayudar a corregir las deficiencias menores que son comunes en las personas que padecen el CFS.

Vitamina B$_{12}$. Aunque las personas que padecen el CFS presenten niveles normales de vitamina B$_{12}$ (cianocobalamina) en la sangre, es posible que sus células tengan dificultades para absorberla hacia su interior. Por lo tanto, el Dr. Lapp recomienda dos tabletas de 500 microgramos de vitamina B$_{12}$ al día. Las inyecciones de 3,000 microgramos que se ponen dos veces a la semana son incluso mejores. Su doctor tendrá que hacerle una receta para las inyecciones, las cuales cuestan alrededor de $10 dólares al mes, y puede enseñarle a ponérselas usted misma.

Cuídese con coenzima Q$_{10}$. La coenzima Q$_{10}$ en realidad puede incrementar la producción de energía a nivel celular. Alrededor de la mitad de los pacientes del Dr. Lapp presentan una mejoría moderada con dosis de aproximadamente 100 miligramos al día: "Con este suplemento, todo parece mejorar un poco", dice.

Ataque la inflamación con ácidos grasos. Los ácidos grasos omega-3 que se encuentran en el aceite de prímula nocturna (aceite de primavera nocturna, *evening primrose oil*) y los ácidos grasos omega-6 que se encuentran en el aceite de pescado (*fish oil*) pueden aliviar el dolor muscular y el dolor artrítico. El aceite de semilla de lino (linaza, *flaxseed oil*) y el aceite de borraja (*borage*) también son buenas fuentes de ambos tipos de ácidos grasos. Estos ácidos grasos bloquean la producción de compuestos parecidos a las hormonas que provocan la inflamación. Aunque nunca se ha demostrado que sea dañino tomar cápsulas a una dosis diaria de hasta 1,000 miligramos de ácidos grasos omega-3, es importante que informe a su médico que esta tomando esto. (Para mayor información acerca del aceite de pescado, vea "Alimentos que disminuyen o aumentan la inflamación" en la página 24).

Duerma, pero bien

En personas que padecen el CFS, el simple hecho de dormir no es suficiente. La clave para despertar sintiéndose refrescada es lograr dormir profundamente. No tome los tres remedios siguientes al mismo tiempo. En vez de eso, vea cuál le funciona mejor a usted.

Auxiliares para dormir en la noche. El Dr. Lapp dice que ha tenido mucho éxito usando preparaciones que combinan el analgésico llamado acetaminofén con el antihistamínico llamado difenhidramina (como *Tylenol PM* y *Excedrin PM*). Sin embargo, estas fórmulas no se venden para su uso a largo plazo. Hable con su doctor antes de desviarse de las indicaciones que aparecen en la etiqueta.

Raíz de valeriana. Los principios activos de la valeriana —que es uno de los auxiliares naturales para dormir más usados en el mundo— incluyen un grupo de compuestos llamados valepotriatos (*valeopotriates*). Los estudios de investigación indican que los compuestos que contiene la valeriana se unen a los mismos receptores del cerebro a los que se unen los tranquilizantes como el diazepam (*Valium*), pero sin causar dependencia. La mayoría de las personas prefieren tomar la valeriana en tintura o tabletas, en vez de tomarla en infusión. Los herbolarios generalmente recomiendan 1 ó 2 goteros (de ½ a 1 cucharadita) de la tintura en un poco de agua, o 1 ó 2 cápsulas, 30 minutos antes de irse a la cama.

LA CONEXIÓN HORMONAL

Vigorícese con oxitocina

La hormona oxitocina ayuda a explicar el misterio de por qué las mujeres que sufren del síndrome de fatiga crónica (o *CFS* por sus siglas en inglés) pueden sentirse mucho mejor cuando están embarazadas, lo cual es bueno dado que son muy pocos los fármacos que pueden tomar con seguridad.

El nivel de oxitocina generalmente se eleva durante el embarazo y a veces se administra esta hormona para inducir el trabajo de parto y estimular la lactancia. El Dr. Charles W. Lapp, un médico de Charlotte, Carolina del Norte, quien se especializa en el CFS y es el asesor médico de la Asociación del Síndrome de Fatiga Crónica y Disfunción Inmunitaria de los Estados Unidos, ha visto mejorías dramáticas en mujeres no embarazadas que padecen el CFS cuando se les inyecta oxitocina. La hormona aumenta rápidamente el flujo sanguíneo, especialmente hacia los ojos, los músculos y el cerebro. El resultado puede ser menos dolor y una mayor claridad mental.

Pese a que esta observación es intrigante, no espere que su médico se la recete de manera rutinaria. La administración de suplementos de hormonas puede tener consecuencias inesperadas y el uso de oxitocina sigue siendo un tema controvertido.

(*Nota*: Una tintura o *tincture* es un líquido herbario muy concentrado. Se prepara al remojar hojas de una hierba en alcohol o glicerina —lo cual extrae sus propiedades medicinales— durante al menos 6 semanas. Puede conseguir tinturas en las tiendas de productos naturales, donde se venden en frascos pequeños con goteros para administrar las dosis. Asegúrese siempre de guardar las tinturas fuera del alcance de los niños).

Suplementos de melatonina. La melatonina, que es una hormona natural que ayuda a regular los ciclos del sueño, no la tumbará, sino que le ayudará a dormir más profundamente y a despertar sintiéndose descansada.

Si usted está conciliando el sueño a la 1 ó 2 de la mañana, la melatonina puede ayudarle a reajustar su ciclo de sueño de modo que pueda conciliar el sueño a las 10:00 u 11:00 P. M.. Combine la melatonina con la terapia de luz en la mañana para que vuelva a sincronizar su ritmo circadiano. Al despertar, abra las cortinas y deje prendidas todas las luces de su casa durante 4 horas.

A sus pacientes con CFS, el Dr. Lapp les receta 3 miligramos de melatonina a la hora de irse a acostar para las personas de menos de 50 años de edad y de 3 a 6 miligramos para personas mayores. Sin embargo, sólo debe tomar melatonina por indicación de un médico. Los niños y adolescentes no deben tomar melatonina.

Despierte a su cerebro

Si finalmente ya está durmiendo bien en la noche, pero se siente soñolienta durante el día, puede que tenga niveles inusualmente bajos de serotonina y dopamina, que son sustancias químicas clave del cerebro que se conocen como neurotransmisores.

"Al incrementar los niveles de esos dos neurotransmisores, pueden aumentar sus niveles de energía y motivación", dice el Dr. Lapp.

Para aumentar el nivel de serotonina, los doctores pueden recetar algún inhibidor selectivo de la recaptación de serotonina (o *SSRI* por sus siglas en inglés), por ejemplo, la fluoxetina (*Prozac*). Otras alternativas incluyen la sertralina (*Zoloft*), la paroxetina (*Paxil*), la venlafaxina (*Effexor*) y la fluvoxamina (*Luvox*), todas las cuales ayudan a mantener una mayor cantidad de serotonina circulando por el cerebro.

Cuando los SSRI no dan resultado, el Dr. Lapp busca otras maneras de aumentar el nivel de dopamina con el uso de medicamentos como el bupropión (*Wellbutrin*).

Algunos de los síntomas del CFS se asemejan mucho a los del trastorno por déficit de atención (o *ADD* por sus siglas en inglés): la mala concentración, ser olvidadizo, uso incorrecto de las palabras e inversión de palabras y letras. Y el metilfenidato (*Ritalin*), un fármaco leve de acción similar a las anfetaminas que normalmente se usa para tratar niños, funciona de maravilla en algunos adultos que padecen el CFS.

"El *Ritalin* llega a un cerebro durmiente y lo despierta. Le devuelve su antiguo nivel de energía", dice el Dr. Lapp.

Y esto ocurre a una dosis baja de *Ritalin*. El Dr. Lapp receta alrededor de un tercio de la dosis indicada para personas que padecen el ADD —es decir, de 5 a 10 miligramos dos veces al día— y ha encontrado que es un medicamento seguro que no causa hábito.

Otras alternativas incluyen la fentermina (*Fastin* e *Ionamin*), la dextroanfetamina (*Dexedrine*) y el modafinil (*Provigil*).

Un síntoma a la vez

Las mujeres que padecen CFS pueden tener problemas en todas y cada una de las zonas de su cuerpo, los cuales se agregan a la fatiga y el dolor que causa el CFS, dice el Dr. Lapp. Entre estos, encontramos los siguientes:

Dolores de cabeza. Los dolores de cabeza que se relacionan con el CFS generalmente son de dos tipos: dolores de cabeza por presión y dolores de cabeza similares a las migrañas. Para mayor información, vea la página 432.

Alergias y asma. Las alergias y el asma son comunes en personas que padecen el CFS, y ambos pueden acabar con su energía. Vea las páginas 415 y 424.

Infecciones por levaduras. Independientemente de que la tenga en la boca, en la vagina o debajo de los brazos, la candidiasis también pueden drenar su energía y necesita ser tratada con medicamentos orales como el fluconazol (*Diflucan*) o el cetoconazol (*Nizoral*).

Sensibilidad a compuestos químicos. En las personas que padecen el CFS, el humo del tabaco, los gases que expiden los escapes de los automóviles y las sustancias químicas (como las fragancias o los productos para la limpieza del hogar) pueden agravar los síntomas. Haga lo posible por evitarlos.

Estrés. Los conflictos familiares y las presiones financieras no ayudan en nada a las personas que padecen el CFS. Resuélvalos o encuentre a un terapeuta que le pueda dar consejos. Para informarse más acerca de las estrategias que sirven para disminuir el estrés, vea la Primera y Segunda Fases del programa para el equilibrio hormonal en las páginas 300 y 324.

Síndrome de las piernas inquietas. Un síntoma común del CFS, el síndrome de las piernas inquietas se caracteriza por calambres y movimientos involuntarios que interfieren con el sueño. Hable con su médico acerca del clonazepam (*Klonopin*) o la doxepina (*Sinequan*), que son fármacos que pueden ayudar a aliviar este síntoma.

Caries. Las personas que padecen el CFS son propensas a las caries porque tienden a tener la boca seca y ácida. Beba mucha agua, evite el azúcar y use una pasta de dientes que tenga bicarbonato de sodio porque es más alcalina y tiende a proteger los dientes. Y vaya con su dentista con regularidad.

INCONTINENCIA URINARIA

*P*ara muchas mujeres, la menopausia es una bendición disfrazada: ellas se alegran de ya no tener que lidiar con la menstruación y de poder disfrutar del sexo sin preocuparse por quedar embarazadas. Pero también empiezan a notar fugas de orina cuando se ríen, tosen o juegan tenis.

Pero las mujeres menopáusicas no están solas. Mujeres de todas edades sufren de incontinencia o salida involuntaria de orina. Algunas tienen problemas cuando apenas dejan de menstruar. Otras mujeres más jóvenes se encuentran con que no pueden retener la orina después de tener un bebé.

La mayoría de los problemas de control de la vejiga ocurren cuando los músculos están demasiado débiles o demasiado activos. También se pueden presentar problemas cuando se interrumpen o no funcionan correctamente las señales nerviosas que viajan desde la vejiga hasta el cerebro. Los dos tipos más comunes de incontinencia urinaria son la incontinencia de estrés y la incontinencia de urgencia.

En la incontinencia de estrés, los músculos que hacen que la vejiga se mantenga cerrada están débiles y los accidentes ocurren al estornudar, reír o levantar un objeto pesado. La incontinencia de estrés a menudo se presenta durante el embarazo o después del parto porque los músculos del piso pélvico se estiran y debilitan durante estas épocas. Después de que una mujer deja de menstruar y pasa a ser una mujer menopáusica, los mismos músculos se debilitan debido a los efectos acumulados del envejecimiento, la gravedad, los partos y los niveles menores de hormonas femeninas.

En la incontinencia de urgencia ocurre exactamente lo opuesto. La vejiga se vuelve *demasiado* activa. Puede llegar a sentir una urgencia fuerte y repentina por orinar, incluso aunque su vejiga contenga poca orina. Esto puede ocurrir como resultado de una infección de la vejiga, daños neuronales (a veces causados por el parto), beber alcohol y tomar ciertos medicamentos.

Aparte del sexo, existen otros factores diversos que determinarán quién presentará problemas de control de la vejiga y quién no los presentará.

Genética. Si su madre o abuela tuvieron problemas de la vejiga, lo más probable es que usted también llegue a tenerlos.

Cultura. Según un estudio de investigación, el 37 por ciento de los estadounidenses sufren de incontinencia urinaria, en comparación con el 26 por ciento de la población de Europa continental, el 29 por ciento de la población del Reino Unido y el 20 por ciento de la población de Japón.

Partos. La incidencia de incontinencia urinaria aumenta con el número de partos que ha tenido una mujer.

Problemas intestinales. Los problemas intestinales, como el estreñimiento y el síndrome del intestino irritable, pueden elevar su riesgo.

Alimentación. Se ha demostrado que la cafeína y el alcohol contribuyen a la incontinencia urinaria.

Medicamentos. Ciertos fármacos pueden elevar su riesgo, como los inhibidores de la enzima convertidora de angiotensina (en inglés, *ACE inhibitors*), los agonistas y antagonistas beta-adrenérgicos, los bloqueadores de los canales del calcio, los diuréticos y los sedantes.

Infecciones. Un historial de infecciones de las vías urinarias, como la cistitis, puede elevar su riesgo.

Cómo funciona la vejiga

La mayor parte del sistema de control de la vejiga radica en la pelvis, la cual tiene forma de tazón. Si usted se para y coloca las manos sobre sus caderas, los huesos que quedan debajo de sus manos son los huesos pélvicos.

Los músculos del piso pélvico se encuentran en el fondo de este "tazón". Estos músculos deben estar fuertes y tensos para sostener a la vejiga en su lugar. La vejiga es un órgano muscular con forma de globo que se encuentra dentro de la pelvis, justo por debajo del ombligo. Cuando la vejiga está llena, se mantiene relajada. Cuando orina, los músculos de la vejiga se tensan, exprimiendo la orina hacia afuera de la vejiga.

La uretra —o sea, el conducto por el que sale la orina del cuerpo— está rodeada de dos músculos que forman un esfínter, los cuales mantienen la uretra cerrada al apretarla como si fueran ligas de goma (hule) apretadas. Los músculos del piso pélvico también ayudan a mantener cerrada la uretra.

Identifique a los sospechosos comunes

Si a menudo tiene que correr para llegar al baño, preste atención a lo que ha estado comiendo y bebiendo. Los irritantes más comunes de la vejiga incluyen el café, el té, las bebidas alcohólicas, las bebidas carbonatadas, las frutas y jugos ácidos como el arándano agrio (*cranberry*), la naranja (china), la toronja (pomelo) y el limón, los tomates (jitomates) y los alimentos hechos a base de tomate, el chocolate, los edulcorantes artificiales y los alimentos picantes o muy condimentados. "Si la carbonatación no le produce molestias, algunas mujeres consiguen alivio al dejar de tomar refrescos de cola y tomando refrescos descafeinados en vez, como *Sprite* o *7UP*", dice la Dra. Nina S. Davis, profesora auxiliar de Urología de la Universidad de Ciencias de la Salud de Oregón en Portland. Sin embargo, lo mejor es evitar las bebidas carbonatadas en general.

Alimentos que debe agregar	Alimentos que debe evitar
Bebidas que no sean de cola	Café
Bebidas no carbonatadas	Té
Infusiones herbarias	Refrescos de cola
Agua	Bebidas alcohólicas (como cerveza y vino)
	Bebidas carbonatadas (incluyendo agua mineral)
	Frutas y jugos ácidos (como arándano agrio, naranja, toronja y limón)
	Tomate y alimentos hechos a base de tomate
	Chocolate
	Edulcorantes artificiales
	Alimentos picantes o condimentados

Cuando los músculos del piso pélvico y del esfínter están tensos y la vejiga está relajada, la orina se queda en su lugar.

Cuando la vejiga está llena, los nervios que llegan a la vejiga envían una señal al cerebro para que el cerebro le indique a usted que debe ir al baño. Una vez que ya está sentada en el inodoro, su cerebro envía otro mensaje a los músculos del esfínter y del piso pélvico para que se relajen. Esta señal del cerebro también les dice a los músculos de la vejiga que se tensen, para que "expriman" la orina hacia el exterior de la vejiga.

Es comprensible que las mujeres con problemas de control de la vejiga se sientan apenadas. No obstante, se trata de un problema médico y no hay por qué avergonzarse. Además, la incontinencia urinaria no es una parte normal ni habitual del proceso de envejecimiento, como creen algunos. En la mayoría de los casos, sí puede haber maneras de lograr mejorías.

El papel que desempeñan las hormonas

Con el advenimiento de la menopausia, los menores niveles de estrógeno disminuyen la presión muscular que se ejerce alrededor de la uretra, permitiendo que se escape la orina. Las mujeres menopáusicas también tienen una menor fuerza en el esfínter a causa de los menores niveles de estrógeno. Los bajos niveles hormonales también adelgazan la uretra, deteriorando su capacidad de retener la orina.

"A medida que descienden los niveles hormonales —y especialmente cuando disminuyen los niveles de estrógeno— ocurren cambios en las paredes de la vejiga que causan problemas como la micción frecuente e incontinencia urinaria —dice la Dra. Nina S. Davis, profesora auxiliar de Urología de la Universidad de Ciencias de la Salud de Oregón en Portland—. El tejido normalmente elástico de la vejiga se vuelve más rígido y menos elástico y no permite que la vejiga se contraiga o almacene orina con la misma eficacia que antes".

Al igual que casi cualquier otra parte de su cuerpo, la uretra y la vejiga tienen receptores de estrógeno que las hacen depender del estrógeno para su funcionamiento correcto. Por lo tanto, sería de esperarse que al reponer el estrógeno que se ha perdido —como parte de una terapia de reposición hormonal (o *HRT* por sus siglas en inglés) para la menopausia— se aliviarían los síntomas. Pero hasta el momento, los estudios de investigación no han demostrado un beneficio regular. Algunos estudios han mostrado que la HRT sí mejora los síntomas de la incontinencia urinaria, aunque otros han mostrado que no causa efecto alguno. Por ejemplo, en un estudio de investigación de 33 mujeres posmenopáusicas a quienes se les administró estrógeno y 34 que recibieron placebo (pastilla falsa) a lo largo de un período de 6 meses, el grupo que recibió estrógeno no mostró mejoría alguna en sus síntomas.

Alto a los accidentes

Por suerte, existen muchas maneras de recuperar el control. Comience con las estrategias de autocuidado. Si estas no le funcionan, entonces explore las alternativas médicas.

Beba mucha agua. Quizá esto le suene contrario a lo que le dice su intuición, pero beber más agua, y no menos, ayuda al diluir la orina. "La orina concentrada irrita más la vejiga —dice la Dra. Davis—. La vejiga se vuelve más sensible con la edad, por lo que mantener la orina diluida dará por resultado menos irritación". Procure tomar 8 vasos de agua al día. Si trabaja en un ambiente caluroso o hace ejercicio vigoroso, quizá necesite tomar aún más agua para que su orina se mantenga diluida.

Apague ese cigarrillo. La tos crónica no sólo causa fugas de orina sino también puede contribuir al debilitamiento de los músculos pélvicos. Además, la nicotina estrecha los vasos sanguíneos, disminuyendo el flujo de sangre hacia la región pélvica.

Dése su tiempo. "Las mujeres son personas especialmente ocupadas. Entre su trabajo, su familia y la casa, tienden a dejar sus propias necesidades al final y ni siquiera se dan tiempo para ir al baño cuando sienten la urgencia de ir —dice la Dra. Davis—. Pero entre más tiempo espere, más se concentra la orina, irritando la vejiga". Trate de orinar cada 3 a 4 horas.

Planee con anticipación. Es algo obvio, pero tiene sentido: "Vacíe su vejiga antes de partir para un viaje de una hora o más de duración —aconseja la Dra. Davis—. Y si está fuera de casa y le dan deseos de orinar, no trate de esperarse hasta que llegue a casa o hasta que sea más conveniente".

Use un baño público cuando sea necesario. "Las mujeres se preocupan de que van a contraer alguna enfermedad, aunque el riesgo en realidad es mínimo —dice la Dra. Davis—. Entonces no usan los baños públicos y cuando sí lo hacen, orinan en cuclillas en lugar de sentadas. Esa no es la manera anatómicamente correcta de orinar bien. Cuando está en cuclillas, la uretra no se puede abrir correctamente y la vejiga no se vacía por completo". Si aún le preocupa sentarse en los inodoros de los baños públicos de su oficina, pida que pongan cubiertas de papel para el inodoro. O siga el consejo de su mamá y ponga papel higiénico en el asiento. O bien, lleve consigo toallitas húmedas antibacterianas (que se consiguen en la sección de productos para la higiene personal de cualquier tienda) y limpie el asiento antes de sentarse. Después, tire las toallitas en el cesto de la basura y no en el inodoro, al igual que los tampones o las toallas sanitarias.

Vuelva a entrenar a su vejiga. "Si lo hace correctamente, el entrenamiento de la vejiga puede incrementar la capacidad de su vejiga y disminuir el número de veces que tiene que ir al baño a orinar", dice la Dra. Davis. Para volver a entrenar a su vejiga, cuando tenga urgencia por orinar, trate de retener la orina durante 5 minutos más antes de ir al baño. Cada semana, agregue de 5 a 10 minutos al tiempo que retiene la orina después de que le han dado deseos de orinar. La meta aquí es llegar a retener la orina durante 2 horas como mínimo y 4 horas como máximo. Si al cabo de 4 a 6 semanas no ve una mejora en la cantidad de tiempo que puede retener la orina, dice la Dra. Davis, consulte a su médico. Quizá la mande a un especialista para que le haga otros exámenes. La incapacidad de entrenar a la vejiga puede indicar un problema de los nervios. Por lo tanto, quizá se beneficie de las indicaciones que le dé otro médico más especializado.

Hierbas que puede probar

La Dra. Connie Catellani, directora médica del Miro Center for Integrative Medicine en Evanston, Illinois, ha descubierto que tres hierbas —la cola de caballo (*horsetail*), la raíz de malvavisco (altea, *marshmallow*) y la *kava kava*— o la infusión de cebada (*barley*) pueden promover la curación y tonificación de los tejidos de la vejiga y la uretra, así como de los músculos pélvicos.

Para obtener los mejores resultados, dice la Dra. Catellani, compre las hierbas en forma de tintura y usando un gotero graduado, disuelva de 1 a 4 centímetros cúbicos en un vaso de agua. Pruébelos uno a la vez para que pueda ver cuál le funciona mejor. "Cuando tome cola de caballo, asegúrese de tomar también un multivitamínico que contenga vitaminas de complejo B porque esta hierba acelera la descomposición de estas vitaminas importantes", agrega la Dra. Catellani.

"Para preparar la infusión de cebada, cueza la cebada en una olla grande con agua —dice—. Guarde el agua sobrante y bébala como té. Para tomar una dosis adicional, coma la cebada cocida como guarnición".

Como siempre, informe a su médico de cualesquiera hierbas que esté tomando, especialmente si está tomando otros medicamentos de cualquier tipo para el control de la vejiga u otras afecciones.

Ejercite sus músculos pélvicos. "Los ejercicios de los músculos pélvicos, llamados ejercicios de Kegel, fortalecen los músculos que apoyan a la vejiga y la uretra —dice la Dra. Davis—. Los músculos pélvicos fuertes les dan a las mujeres un mejor control en su capacidad de retener la orina". Los músculos del piso pélvico son iguales que cualquier otro músculo. El ejercicio los puede hacer más fuertes. Los dos músculos pélvicos que van de un lado al otro del piso pélvico son los que hacen la mayor parte del trabajo. El más grande se estira como si fuera una hamaca. El otro tiene forma de triángulo. Estos músculos previenen la salida de orina y heces.

Empiece por encontrar los músculos correctos. Su doctor, enfermera o fisioterapeuta le ayudarán a asegurarse de que esté haciendo los ejercicios de la manera correcta. Su meta es tensar el músculo que tiene forma de "hamaca" y el músculo "triangular". A continuación le damos tres métodos que recomiendan los expertos para asegurarse de que esté ejercitando los músculos correctos.

1. Trate de detener el flujo de orina cuando esté sentada en el inodoro. Si puede hacerlo, entonces está usando los músculos correctos. Imagine que está tratando de evitar que se le salga un gas. Apriete los músculos que usaría. Si siente como si estuviera "jalando" unos músculos hacia arriba, entonces ya identificó los músculos correctos para hacer los ejercicios pélvicos.

2. Recuéstese e inserte un dedo en su vagina. Apriete los músculos como si estuviera tratando de impedir que saliera orina. Si siente que aprieta el dedo, entonces está apretando los músculos pélvicos correctos.

3. No apriete otros músculos al mismo tiempo. Tenga cuidado de no apretar los músculos de su vientre, piernas u otros músculos. Apretar los músculos incorrectos puede ejercer más presión sobre los músculos que controlan su vejiga. Sólo apriete los músculos pélvicos. Tampoco aguante la respiración. Repita los ejercicios, pero sin exagerar. Al principio, encuentre un lugar tranquilo, como su baño o su dormitorio (recámara), para que se pueda concentrar.

Después de que haya encontrado los músculos correctos, siga estos pasos para ejercitar sus músculos pélvicos.

1. Recuéstese en el piso. Jale los músculos pélvicos y sostenga mientras cuenta hasta tres. Luego relájelos mientras cuenta hasta tres. Vaya

incrementando gradualmente el número de repeticiones hasta que llegue a hacer de 10 a 15 repeticiones cada vez que los ejercite. Haga sus ejercicios pélvicos por lo menos tres veces al día.

2. Hágalos todos los días en tres posiciones: recostada, sentada y parada. Puede ejercitarse mientras está recostada en el piso, sentada detrás de su escritorio, sentada en su carro o parada en la cocina. Hacer los ejercicios en estas tres posiciones es como más se fortalecen los músculos.

3. Tenga paciencia. No se dé por vencida. Sólo tiene que hacerlos durante 5 minutos, tres veces al día. Quizá no sienta que mejore el control de

⸙ ESCAPE DEL INFIERNO HORMONAL ⸙

Su vejiga ya no aguanta

P: *Tengo 53 años de edad y llegué a la menopausia hace 3 años. Últimamente, se me ha estado escapando la orina en momentos inoportunos. Esta situación se está volviendo crítica: un día esta semana, salí de compras y de regreso a casa, me dio una urgencia terrible por ir al baño. Llegué hasta la puerta de la entrada de mi casa, pero cuando puse un pie en el porche, fue como si alguien le hubiera abierto a las válvulas y me empapé, ahí parada frente a la puerta de mi casa.*

Los viajes en el carro también se han vuelto un problema. Recientemente, mi esposo y yo nos atoramos en el tráfico cuando salimos de vacaciones y no teníamos manera de salirnos de la carretera para encontrar un baño. Yo pensé que mi vejiga iba a estallar. Tuve que pasarme al asiento trasero y orinar en un frasco vacío. Mi esposo se moría del asco. ¿Voy

a tener que usar pañales para adulto el resto de mi vida?

La Dra. Nina S. Davis, profesora auxiliar de Urología de la Universidad de Ciencias de la Salud de Oregón en Portland, responde: Puedes estar tranquila, ya que no tendrás que usar pañales por un buen rato. Tu caso puede resolverse con facilidad. Es una situación por la que atraviesan muchas mujeres de tu edad. Tu doctor debe sacarte tu historia clínica completa para asegurarse de que no haya algún defecto serio en tu anatomía pélvica o para descartar algún daño neuronal. Luego, debes probar las intervenciones conductuales, como la biorretroalimentación enfocada en las técnicas de inhibición de la urgencia. Así puedes aprender a retener la orina el tiempo suficiente para que puedas llegar a un baño.

También pareces ser la candidata ideal para cualquier fármaco anticolinérgico.

su vejiga sino hasta después de 3 a 6 semanas. No obstante, la mayoría de las mujeres sí notan una mejoría al cabo de unas cuantas semanas.

Apriete antes de estornudar. Puede proteger sus músculos pélvicos de daños posteriores si se prepara con anticipación, justo antes de estornudar, levantar algo o brincar. La presión repentina que provocan dichas acciones puede lastimar los músculos pélvicos. Apriete fuertemente sus músculos pélvicos y sígalos apretando hasta después de que haya estornudado, levantado algo o brincado. Después, entrénese a apretar los músculos pélvicos en esos momentos y tendrá menos accidentes.

Lleve un diario de continencia. Compre un cuaderno pequeño y lleve un registro de la frecuencia con la que hace los ejercicios de Kegel, al igual que llevaría una bitácora de sus sesiones de ejercicio. Use una hoja nueva para cada día de la semana, y anote cuántas veces al día ha ejercitado sus músculos pélvicos, cuántos minutos pasó ejercitándolos y cuántas veces apretó sus músculos pélvicos durante cada sesión de ejercicio. Esto le ayudará a seguir haciendo los ejercicios y a llevar un control de su avance.

Ayúdese con tecnología

Si ha tratado todos los trucos que existen para controlar su vejiga pero sigue teniendo accidentes, no se desanime. Existen muchas otras opciones, dice la Dra. Davis.

Biorretroalimentación. Este procedimiento ayuda a las mujeres a encontrar sus músculos pélvicos. Un terapeuta certificado coloca un parche sobre los músculos. (Busque alguno que esté certificado por el Instituto de Certificación en Biorretroalimentación de los Estados Unidos). El parche se conecta mediante un cable a la pantalla de un televisor. Usted observa la pantalla para ver si está ejercitando los músculos correctos. Con la ayuda del terapeuta, puede aprender a controlar estos músculos sin el parche o sin la pantalla.

Pesarios. Estos son dispositivos de apoyo que un médico de cabecera o ginecólogo inserta en la vagina —a menudo para empujar la vejiga o útero caídos hasta que queden en su lugar— y que pueden ayudar a controlar mecánicamente las fugas de orina. En inglés se llaman *pessaries*.

Inserto uretral. Es un tubo largo lleno de aceite mineral que viene en diversos tamaños que se ajustan a la uretra de una mujer. Su doctor le dará un dispositivo que se ajuste al interior de la uretra y la cierre para que no haya salida de orina. Es como un tapón. Usted retira el dispositivo cuando es hora del ir al baño y vuelve a insertar un dispositivo nuevo hasta que sea hora de ir al baño otra vez. En inglés se llama *urethral insert*.

Estimulación magnética. El paciente se sienta en una silla con un imán debajo del asiento. Luego se envían fuerzas magnéticas de intensidad creciente a los músculos del piso pélvico para estimularlos y fortalecerlos. El paciente puede sentir las contracciones musculares inducidas por la estimulación magnética. Esto generalmente requiere más o menos 16 sesiones de 20 minutos con un urólogo o uroginecólogo para que se empiecen a notar los resultados. En inglés esta terapia se llama *magnetic stimulation*.

Estimulación eléctrica transvaginal. Un electrodo vaginal aplica una corriente eléctrica suave al piso pélvico para estimular la contracción muscular,

En la Internet — *y otros recursos*

↬ Para mayor información acerca de los problemas de control de la vejiga, póngase en contacto con las siguientes organizaciones:

National Association for Continence*

PO Box 8306

Spartanburg, SC 29305-8306

(800) BLADDER (252-3337)

www.nafc.org

National Kidney and Urologic Diseases Information Clearinghouse of the National Institute of Diabetes and Digestive and Kidney Diseases

3 Information Way

Bethesda, MD 20892-3580

(800) 891-5390

www.salud.nih.gov/showarticle.asp

↬ Para conseguir el nombre y número telefónico de un uroginecólogo (un obs-

tetra/ginecólogo que se especialice en el cuidado de mujeres con disfunción del piso pélvico) en su área, póngase en contacto con:

American Urogynecologic Society

2025 M Street NW

Suite 800

Washington, DC 20036

www.augs.org

↬ Para mayor información acerca de la incontinencia o una vejiga demasiado activa, póngase en contacto con:

National Women's Health Resource Center

120 Albany Street

Suite 820

New Brunswick, NJ 08901

(877) 986-9472

www.healthywomen.org

Ofrece información en español.

reducir la actividad exagerada del músculo de la vejiga y fortalecer los músculos del piso pélvico. Este procedimiento debe ser autorizado por un médico, pero el tratamiento y las instrucciones pueden ser dadas por un terapeuta certificado en biorretroalimentación o un fisioterapeuta. En inglés esta terapia se llama *transvaginal electrical stimulation*.

Medicamentos para el control de la vejiga. Los medicamentos más comunes, la oxibutinina (*Ditropan*) y la tolterodina (*Detrol*), funcionan al interrumpir las señales que se envían a la vejiga que hacen que se contraiga de manera inapropiada, provocando fugas de orina. Estos medicamentos funcionan mejor en mujeres que sufren de incontinencia de urgencia. Otro medicamento —el flavoxato (*Urispas*)— funciona muy bien en mujeres que padecen micción frecuente. También existen otros medicamentos que funcionan al estrechar la salida de la vejiga y aumentar la resistencia al flujo de orina.

Si no responde a alguno de estos medicamentos, consulte a un especialista en el piso pélvico, de preferencia un urólogo o uroginecólogo, aconseja la Dra. Davis. "Estos médicos tienen mucha experiencia en la evaluación y el tratamiento de trastornos urinarios".

Reparaciones quirúrgicas

Existen varios tipos de cirugía para mejorar el control de la vejiga. El tipo que su médico le recomiende dependerá de la causa de su problema particular. La meta de la cirugía es restaurar la anatomía normal, brindar el apoyo necesario al piso pélvico, prevenir las fugas de orina y reparar o reemplazar una vejiga gravemente disfuncional. La mayoría de las cirugías de este tipo son cirugías mayores y requieren hospitalización.

Inyecciones de material periuretral. Consiste en inyecciones de colágeno, que es una proteína natural, o de *Durasphere*, un hilo de diminutas pelotitas revestidas de carbono, al interior de los tejidos del cuello de la vejiga y la uretra. Esto recrea el cierre normal de las paredes del cuello de la vejiga y la uretra para que resistan las fugas de orina. La inyección generalmente se aplica en un quirófano bajo anestesia general.

Estimulación de la raíz del nervio sacro. Este procedimiento implica la inserción de alambres eléctricos junto a la médula espinal para interrumpir el exceso de señales que se envían a la vejiga. Los alambres (electrodos) se conectan a un dispositivo parecido a un marcapasos que se coloca debajo de la piel. El procedimiento de inserción se realiza en un quirófano bajo anestesia general.

HISTERECTOMÍA

*E*n las mujeres que atraviesan por la menopausia de manera natural, los cambios hormonales usualmente ocurren de manera gradual a lo largo de un período de unos 10 años, dándoles tiempo para que se ajusten tanto física como emocionalmente al cambio. Sin embargo, cuando a una mujer le hacen una histerectomía, puede pasar por una "menopausia instantánea", con cambios hormonales abruptos y a menudo graves.

Si además del útero le extirpan los ovarios, en un procedimiento que se conoce como "histerectomía con salpingo-ooforectomía bilateral", que se realiza en alrededor de la mitad de todos los casos, una mujer presentará una caída precipitada en los niveles de estrógeno, progesterona y andrógenos u hormonas masculinas, como la testosterona, que son producidos por los ovarios. Al cabo de 48 horas, comenzará a tener sofocos (bochornos, calentones), a menudo graves, más de 20 veces al día. Los sofocos también le provocarán trastornos del sueño, los cuales pueden conducir a la depresión.

"La falta de estrógeno también puede provocar cambios en el flujo sanguíneo, así como espasmos vasculares que inducen dolores en el pecho, dolores de cabeza o falta de aliento, lo cual hace que algunas mujeres piensen que están sufriendo un ataque al corazón o un derrame cerebral", dice el Dr. Philip Sarrel, profesor de Obstetricia, Ginecología y Siquiatría de la Facultad de Medicina de la Universidad Yale. "Muchas mujeres también experimentan un tipo agotador de fatiga y debilidad muscular después de la extirpación de los ovarios", dice. Esto se debe a una caída del 50 al 60 por ciento en el nivel de andrógenos. Muchas también dicen experimentar una disminución en el impulso sexual, que se debe al mismo motivo.

Aunque las mujeres que se someten a una histerectomía sepan lo que pueden esperar —algo que no ocurre muy a menudo— "se sienten asustadas, sienten mucho dolor y tienen que pasar por una experiencia bastante desagradable", dice el Dr. Sarrel.

Por esta razón, siempre que sea viable, la mayoría de los doctores consideran que lo mejor es que una mujer empiece a tomar estrógeno lo antes posible después de que le hayan extirpado los ovarios. El Dr. Sarrel recomienda colocarle un parche en el quirófano antes de extirparle los ovarios, para que no haya un descenso drástico en los niveles de esta hormona. O a veces también receta

Estratest, que es una combinación de estrógeno y el andrógeno testosterona: "En mi opinión, el andrógeno es tan importante como el estrógeno", dice.

Los estudios de investigación han demostrado que las mujeres a quienes les extirpan los ovarios y no toman estrógeno después de la cirugía pierden hueso dos veces más rápido que aquellas que pasan por la menopausia de manera natural. Esto se debe a que, incluso después de la menopausia, los ovarios normales producen todo un espectro de sustancias hormonales durante varios años, dice el Dr. Herbert Goldfarb, profesor auxiliar de Obstetricia y Ginecología Clínica de la Facultad de Medicina de la Universidad de Nueva York en la ciudad de Nueva York y director del Montclair Reproductive Center en Nueva Jersey. Incluso cuando no se extirpan los ovarios, las mujeres a quienes se les ha practicado una histerectomía presentan una densidad ósea significativamente inferior a la de las mujeres que tienen sus órganos reproductores intactos y, por lo tanto, presentan una mayor probabilidad de contraer osteoporosis, dice el Dr. Goldfarb.

Y el riesgo de sufrir un ataque al corazón es más del doble para las mujeres a quienes les hacen histerectomías completas y ooforectomías (extirpación de uno o ambos ovarios) que para las mujeres que atraviesan por la menopausia naturalmente. Esto se debe a una caída en el nivel de estrógeno y se puede aliviar hasta cierto punto con la terapia de reposición de estrógeno, dice el Dr. Goldfarb. "Pero también se debe, en parte, a la extirpación del útero —dice—. El útero produce sustancias llamadas prostaciclinas, que son cruciales para la circulación sanguínea porque algunas de estas sustancias inhiben la coagulación y dilatan los vasos sanguíneos. Una vez que el útero ya no está presente, disminuyen los niveles de prostaciclinas. Las enfermedades de las arterias coronarias pueden aparecer con mayor facilidad cuando hay sangre más espesa circulando a través de vasos sanguíneos más estrechos".

Salvar a los ovarios no le garantiza una vida sin problemas

Insistir en que no le extirpen los ovarios no siempre le garantizará que sigan produciendo hormonas, dice el Dr. Goldfarb. "En alrededor del 15 al 20 por ciento de las mujeres que han tenido una histerectomía simple, en la que sólo se extirpa el útero, los ovarios empiezan a fallar como resultado de la interrupción en el suministro de sangre que ocurre durante la cirugía", dice. Y esto puede ocurrir sin importar el tipo de histerectomía que le hagan, dice. "Actualmente no existe una buena técnica quirúrgica en la que se evite esta posibilidad". La insuficiencia ovárica puede ocurrir poco después de la cirugía, pero lo que ocurre con mayor frecuencia es que los ovarios tarden unos cuantos años en dejar de funcionar por completo.

También existen cada vez más pruebas que indican que, independientemente de que los ovarios sigan siendo funcionales o no, la histerectomía disminuye la respuesta sexual y la capacidad de lograr el orgasmo en algunas mujeres, dice el Dr. Irwin Goldstein, profesor de Urología del Centro Médico de la Universidad de Boston. "Nosotros atendemos a muchas mujeres que han dicho que tienen una disminución marcada en su capacidad de responder sexualmente y de lograr el orgasmo después de que les han practicado una histerectomía", dice. Él lo atribuye, en parte, a los daños que sufren los nervios de la vagina, el clítoris y los labios vaginales, particularmente los nervios autónomos, durante la cirugía. "Estos nervios son muy pequeños —del tamaño de un cabello— pero son los que permiten que exista una comunicación entre sus órganos sexuales y su cerebro. Por lo tanto, son indispensables para la excitación y el orgasmo", dice el Dr. Goldstein. Los doctores también descubrieron que esto ocurría en los hombres que se sometían a una cirugía de la próstata, la cual se ha diseñado actualmente para conservar esos nervios de modo que los hombres puedan conservar un funcionamiento sexual normal.

A la fecha en que se escribió este libro, el Dr. Goldstein y sus colegas ya habían comenzado a hacer un mapa de estos nervios y sus principales "referencias" anatómicas de modo que los doctores puedan realizar una histerectomía en la que se dejen intactos los nervios. Mientras tanto, dice, la mejor manera de evitar que le corten los nervios autónomos es que le hagan una histerectomía supracervical (*supracervical hysterectomy*), es decir, una en la que se deja el cérvix en su lugar. Esta no es una opción para todas las mujeres, pero sí lo es para muchas. Se puede hacer sólo a través de una incisión abdominal, y no por medio de una incisión vaginal. "No hay duda alguna de que este tipo de cirugía salva algunos de los nervios autónomos", dice el Dr. Goldstein.

Dejar el cérvix en su lugar también ayuda a prevenir otros problemas relacionados con la histerectomía: evita que se acorte la vagina; hace que sea menos probable que ocurra un prolapso (caída) de la vagina superior o que se forme granulación, que consiste en la aparición de gránulos dolorosos y duros en el tejido de la vagina superior. Y también puede ayudar a evitar la incontinencia urinaria que se deriva de la caída del cuello de la vejiga. Sin embargo, con este tipo de cirugía, sí es necesario que se siga haciendo la prueba de Papanicolau durante el resto de su vida.

Infórmese acerca de otras opciones

Salvo cuando se hace para extirpar un cáncer invasivo comprobado en el útero o los ovarios, casi todas las histerectomías son cirugías electivas que se realizan por una afección benigna. "Esto significa que depende de usted tomar la decisión de hacérsela, incluso aunque su doctor no le deje la decisión a usted", dice el Dr. Michael S. Broder, profesor auxiliar de Obstetricia y Ginecología de la Facultad de Medicina de la Universidad de California en Los Ángeles. Según el Departamento de Salud Pública del Departamento de Salud y Servicios Humanos de los Estados Unidos, alrededor del 90 por ciento de las histerectomías se hacen por afecciones que no son cancerosas o situaciones que no constituyen una emergencia médica. Lo que ocurre con mayor frecuencia es que esta cirugía se practique a causa de la presencia de fibromas uterinos, endometriosis y prolapso uterino. "Casi siempre tendrá la oportunidad de buscar una segunda opinión, considerarlo cuidadosamente, encontrar

En la Internet — *y otros recursos*

↠ La Fundación de Recursos Educativos y Servicios Relativos a la Histerectomía (en inglés, HERS Foundation) brinda información gratuita sobre tratamientos alternativos a la histerectomía, así como maneras de lidiar con la histerectomía. La fundación publica un boletín, patrocina conferencias y ofrece asesoramiento por teléfono (sólo mediante cita). También puede escribir para solicitar un paquete gratuito de información. Póngase en contacto con la fundación en la dirección siguiente:

The HERS (Hysterectomy Educa-
   tional Resources and Services)
   Foundation
   422 Bryn Mawr Avenue
   Bala Cynwyd, PA 19004
   www.hersfoundation.org

↠ Averigüe más acerca de un nuevo tratamiento alternativo para los fibromas llamado embolización de fibromas uterinos (*uterine fibroid embolization*), en la Sociedad de Radiología Cardiovascular y de Intervención. Contacte con esta sociedad en:

Society of Cardiovascular and
   Interventional Radiology
   10201 Lee Highway
   Suite 500
   Fairfax, VA 22030
   (877) 357-2847
   www.scvir.org

respuestas a sus preguntas y explorar otras opciones", dice el Dr. Broder. Por desgracia, él ha encontrado que muchos doctores siguen haciendo histerectomías sin antes explorar otras opciones en las mujeres que atienden.

En un estudio de investigación que se realizó en la Universidad de California en Los Ángeles de casi 500 histerectomías, un panel de expertos que revisaron los registros médicos y que hablaron con las pacientes después de la cirugía encontraron que el 14 por ciento de las cirugías probablemente no estaban justificadas. "En otras palabras, simplemente no parecía haber síntomas o indicaciones que justificaran el procedimiento —dice el Dr. Broder—. Era difícil imaginar cualquier cosa que hubiera hecho que estas histerectomías estuvieran indicadas".

Y en otro 56 por ciento de los casos, antes de recomendar una histerectomía, los doctores no habían realizado una evaluación diagnóstica adecuada ni habían probado todos los tratamientos alternativos recomendados en los lineamientos que establece el Colegio de Obstetras y Ginecólogos de los Estados Unidos (o *ACOG* por sus siglas en inglés).

Otras fuentes

Si su doctor le sugiere una histerectomía, no entre en pánico. Averigüe lo más que pueda antes de someterse a una cirugía electiva. A continuación le indicamos los lugares donde puede conseguir más información.

Para pedir una segunda opinión independiente con respecto a los problemas ginecológicos que pueden conducir a una histerectomía, visite el sitio *web* llamado *A Gynecologist's Second Opinion* (La segunda opinión de un ginecólogo), donde el Dr. William Parker describe los diferentes tipos de histerectomías y discute los cuidados preoperatorios y postoperatorios y las inquietudes de las mujeres. Encuentre este sitio en:

www.gynsecondopinion.com

Para intercambiar información y sugerencias con respecto a los cuidados anteriores y posteriores a una histerectomía, la terapia de reposición hormonal y las alternativas a la histerectomía, entre a Hystersisters, un sitio *web* de mujeres para mujeres, en:

www.hystersisters.com

Los investigadores que realizaron este estudio concluyeron que, en su conjunto, alrededor del 70 por ciento de estos casos presentaban problemas importantes con respecto a la calidad con la que se manejó la evaluación preoperatoria. En el 77 por ciento de las mujeres que presentaban dolor pélvico, no se les practicó una laparoscopía (*laparoscopy*) ni una laparotomía (*laparotomy*) antes de hacerles la histerectomía. (El panel creyó que dicha evaluación era necesaria en la mayoría de los casos para descartar otras causas del dolor antes de realizar una histerectomía). A alrededor del 45 por ciento de las mujeres con hemorragia anormal no se les había tomado una muestra del endometrio antes de hacerles la histerectomía, con lo cual quizá podría haber revelado algún problema que fuera tratable con hormonas. Aproximadamente el 21 por ciento de las mujeres que presentaban dolor o hemorragia no habían recibido (o no se les había ofrecido) un tratamiento médico de prueba para resolver el dolor o la hemorragia. "La tasa de histerectomías inadecuadas sí parece ser más elevada para este procedimiento que para otros tipos de cirugía", dice el Dr. Broder.

Averigüe lo más que pueda antes de tomar una decisión. Y no permita que nadie la apresure a tomar una decisión. Pregúntele a su médico acerca de otras opciones de tratamiento, incluyendo los riesgos y beneficios de las alternativas quirúrgicas y no quirúrgicas, como los medicamentos. Pregúntele a su doctor si está siguiendo los lineamientos que ha establecido el ACOG, en los que se evalúa la idoneidad de la histerectomía para una diversidad de afecciones, como hemorragia anormal, dolor pélvico crónico y endometriosis. Si él no sigue estos lineamientos, averigüe por qué. Quizá tenga una buena razón para no hacerlo.

"Las pacientes que se involucran en su cuidado tienden a recibir mejor atención médica —dice el Dr. Broder—. Si su doctor evade sus preguntas, entonces es hora de encontrar a otro doctor".

Pida una segunda opinión independiente. La histerectomía siempre amerita una segunda opinión, pero puede ser difícil encontrar a un médico que no piense exactamente igual que el doctor que generalmente la atiende, dice el Dr. William Parker, profesor clínico de Obstetricia y Ginecología de la Universidad de California en Los Ángeles, plantel de Santa Mónica. Para averiguar cómo pedir una segunda opinión, vea "En la Internet y otros recursos". La *peor* manera de pedir una segunda opinión es pidiéndole a su médico que la mande a otro doctor, porque él (o ella) la enviará con alguien que seguramente estará de acuerdo con él (o ella). Una alternativa que sugiere el Dr. Parker es preguntarles a las enfermeras del piso de ginecología de su hospital quiénes son los doctores cuyas pacientes presentan los mejores resultados postoperatorios y que parecen satisfechas con los resultados de su cirugía.

No es cuestión de que todos los doctores estén dispuestos a todo por quedarse con su dinero, dice el Dr. Broder. "Ellos han sido entrenados para minimizar los efectos secundarios de la histerectomía y elevar al máximo los efectos indeseables de las terapias menos invasivas —dice—. Por ejemplo, a menudo escuchará a los ginecólogos decir que si le hacen una miomectomía (extirpación de fibromas), los fibromas volverán a aparecer. Bueno, la verdad es que probablemente del 70 al 80 por ciento de las mujeres a quienes les hacen una miomectomía para extirparles fibromas quedan contentas y nunca llegan a necesitar otra cosa. Y el otro 20 al 30 por ciento podría necesitar un tratamiento adicional. La manera en que le presentan los hechos puede marcar una gran diferencia y muchos ginecólogos no presentan otras alternativas o las presentan como opciones menos adecuadas".

Cómo lidiar con las secuelas

Incluso aunque sienta que le ha ido mejor después de su histerectomía, hay ciertas cosas que simplemente no se pueden compensar. Puede tomar hormonas, pero estas no pueden compensar la pérdida de soporte estructural, los cambios en la colocación de la vejiga o el colon que pueden conducir a la incontinencia urinaria o al estreñimiento crónico, o los daños a los nervios y la pérdida de sensación en los órganos sexuales. "Estos problemas se pueden prevenir, pero no siempre es posible corregirlos", dice el Dr. Goldstein. A continuación está lo que *sí* puede hacer.

Dése bastante tiempo para recuperarse. "Los ginecólogos les dicen a las mujeres que se empezarán a sentir mejor al cabo de 6 semanas, y ese a menudo no es el caso —dice el Dr. Broder—. Los estudios de investigación han demostrado que las mujeres siguen teniendo problemas incluso 6 meses después de la cirugía". Los más comunes son dolor, debilidad, fatiga y malestar general. Estos problemas pueden resolverse por sí solos, si se les da tiempo, pero se resuelven muy lentamente. "Quizá necesite de 6 meses a 1 año para realmente empezar a sentirse mejor", dice.

Tome un laxante y consuma mucha fibra. No es bueno que tenga que esforzarse por lograr un funcionamiento intestinal normal. Los analgésicos pueden causar estreñimiento, dice el Dr. Goldfarb. Él sugiere que coma cantidades abundantes de cereales integrales, frutas y verduras por su contenido de fibra. Si es necesario, tome un laxante hasta que pueda evacuar normalmente. En cuanto a la dosis, siga las recomendaciones del fabricante y tome el laxante una vez al día con alimentos. Beba al menos 2 vasos de 8 onzas (240 ml) de agua con cada dosis, dice el Dr. Goldfarb. Use esta combinación para poder evacuar sin dolor.

Envuélvase con una venda. Las mujeres a quienes les han practicado una histerectomía dicen que las fajas les brindan el soporte abdominal necesario y

---

La conexión hormonal

La testosterona puede ayudar a aliviar los efectos de la extirpación de los ovarios

Tanto en hombres como en mujeres, la testosterona ayuda a mantener fuertes los huesos y los músculos, así como el impulso sexual, además de que mejora el estado de ánimo y el nivel de energía en general. Tal vez los doctores sigan debatiendo la conveniencia de administrar testosterona a mujeres que pasan naturalmente por la menopausia. Pero cada vez más doctores están de acuerdo —respaldados por estudios de investigación— en que las mujeres a quienes les han extirpado los ovarios sí se ven beneficiadas al tomar testosterona, dice el Dr. Glenn Braunstein, presidente del departamento de medicina del Centro Médico Cedars-Sinai en Los Ángeles.

Actualmente se está desarrollando un parche de testosterona para mujeres y algunos doctores creen que este parche es lo más indicado.

Mientras tanto, los doctores tienen sus propias maneras de administrar testosterona sintética a las mujeres que la necesitan. Está disponible en combinación con estrógeno en medicamentos que se venden con receta como *Estratest*. También se puede preparar en farmacias donde preparan medicamentos y se puede usar como crema vaginal o tópica. Y algunos doctores adaptan los productos para hombres —como los parches dérmicos o el gel— para que lo puedan usar las mujeres, aunque esto debe hacerse con mucho cuidado.

"Los doctores están desarrollando protocolos generales para el uso 'distinto de las instrucciones que aparecen en la etiqueta' de estos productos en las mujeres", dice el Dr. Braunstein.

les ayuda a disminuir la fatiga y el dolor en la espalda inferior. Pero en lugar de luchar con una faja, puede conseguir una venda abdominal para envolverse el abdomen (en inglés, *wraparound abdominal binder*) que se asegure con broches tipo *Velcro* de gancho y horquilla. Estas vendas están disponibles en las tiendas de artículos quirúrgicos, pero asegúrese de preguntarle primero a su médico si esto es correcto en su caso, dice el Dr. Goldfarb. Mejor aún, pídale a su doctor que le dé una receta porque así, puede que su seguro de gastos médicos cubra el costo.

Enfatice el estrógeno. Si le han extirpado los ovarios, entre más pronto empiece a tomar estrógeno después de la cirugía, mejor se sentirá, dice el Dr. Sarrel. (Puede que sane más rápido, duerma mejor y se sienta menos deprimida). Él también sugiere que le pida a su médico que también considere agregar un tratamiento con andrógenos, dado que la mayoría de las células que producen andrógenos se extirpan junto con los ovarios. La terapia de reposición de estrógeno (o *ERT* por sus siglas en inglés) también le ayudará a disminuir su riesgo de sufrir de incontinencia urinaria más adelante en su vida. Si no le han extirpado los ovarios y, estrictamente hablando, es una mujer "premenopáusica", quizá todavía necesite tomar una ERT en algún momento después de su cirugía. En este caso, no se suspenderán sus ciclos menstruales. Por lo tanto, si los sofocos la empiezan a volver loca, asegúrese de que su doctor le haga las pruebas para medir sus niveles hormonales y le indique una ERT aunque usted no haya llegado a la edad normal de la menopausia, dice el Dr. Goldstein. (Para mayores detalles acerca de la terapia de reposición hormonal, vea el Capítulo 11).

Si no puede o no quiere tomar una ERT, todavía tiene muchas alternativas para facilitarse la vida y tener una mejor salud.

Haga los ejercicios de Kegel. Después de una histerectomía, a menudo existe un desplazamiento y pérdida del soporte estructural que brindan los músculos del piso pélvico, que es la "hamaca" muscular que va desde su coxis hasta la parte frontal del hueso del pubis. Por lo tanto, lo mejor es que conserve el mayor tono muscular posible en esa área. Los ejercicios de Kegel hacen que se contraiga este grupo de músculos, ayudando a mantenerlo fuerte y haciendo que sea más fácil que contraiga su vagina y los músculos que detienen el flujo de orina. Mejor aún, insista en que no le extirpen el cérvix a menos que presente anormalidades en el mismo que hagan necesaria su extirpación quirúrgica, dice el Dr. Goldfarb. (Para mayores detalles acerca de cómo hacer los ejercicios de Kegel, vea la página 480).

BOLITAS
Y SENSIBILIDAD
EN LOS SENOS

Encontrarse una bolita en un seno puede ser una de las cosas más preocupantes para una mujer. Quizá ya le haya pasado a usted. Mientras sale de la ducha (regadera) para llamar a su doctor, una sola pregunta pasa por su mente: ¿Será cáncer?

A lo largo de toda su vida, a la mitad de todas las mujeres les inquieta lo suficiente algún cambio en un seno como para que acudan a la consulta de un doctor. Sin embargo, la mayoría de las bolitas en los senos y otros cambios resultan no ser cancerosos. Entre las afecciones de los senos para las cuales a menudo se realiza una biopsia, los resultados muestran que alrededor del 80 por ciento no son cancerosas.

Si usted llegara a sentirse una bolita, no entre en pánico, pero tampoco la ignore. Sólo un doctor le puede decir con certeza si la bolita es maligna (cancerosa) o benigna (no cancerosa).

Algunos cambios en los senos son normales

Para comprender cómo y por qué a veces salen bolitas en los senos o estos se vuelven muy sensibles, ayuda saber lo que hay debajo de la superficie. Cada seno tiene de 15 a 20 secciones, llamadas lóbulos, cada una de las cuales contiene lobulillos más pequeños. Los lobulillos desembocan en docenas de bulbos diminutos que pueden producir leche. Estos tubos delgados llamados conductos unen a todos los lóbulos, lobulillos y bulbos. Estos conductos van hacia el pezón, que se ubica en el centro de un área oscura de la piel llamada areola. Los espacios que se encuentran entre los lobulillos y los conductos están llenos de grasa. No hay músculos en los senos, sino que los músculos se encuentran debajo de los mismos, cubriendo las costillas.

Estas características normales a veces pueden hacer que se sientan bolitas en los senos, especialmente en mujeres que tienen senos delgados o pequeños. Y desde que una mujer empieza a menstruar, sus senos pasan por cambios periódicos cada mes. Muchas mujeres presentan hinchazón, sensibilidad y dolor antes y, a veces, durante su menstruación. Al mismo tiempo, puede desarrollarse una o más bolitas o una sensación de que los senos están llenos de bolitas debido al líquido adicional que se está recolectando en el tejido del seno. Estas bolitas normalmente desaparecen hacia fines de la menstruación de una mujer.

"Eventualmente, alrededor de la mitad de todas las mujeres presentarán síntomas como bolitas, malestar, dolor o secreción del pezón, pero estos síntomas

---

⤳ Escape del infierno hormonal ⤳

El tratamiento hormonal resolvió un problema, pero provocó otro

P: *Hace un par de años, empecé a presentar hemorragia uterina anormal debido a un desequilibrio hormonal y mi doctor me recetó estrógenos conjugados. La hemorragia ya está bajo control, pero desde entonces, mis senos están constantemente sensibles e hinchados. No soporto que me toquen e incluso me duelen al hacerme un autoexamen de los senos. La sola idea de hacerme una mamografía me pone a temblar de miedo. Ahora también se están hinchado mis dedos, mis manos y mis tobillos. Siento como que me estoy llenando de líquido. ¿Hay algo que pueda hacer?*

El Dr. Blake Cady, director del Breast Health Center del Hospital para Mujeres e Infantes en Providence, Rhode Island, responde: Parece que estás tomando demasiado estrógeno y que lo has estado tomando durante demasiado tiempo. Esta cantidad elevada de estrógeno está haciendo que se acumule líquido y eso es lo que está causando tus síntomas, especialmente la sensibilidad en los senos. Necesitas suspender las pastillas de estrógeno y regresar a un estado normal. Trata de no tomar estrógeno durante 6 meses y ve si los síntomas desaparecen.

Y no dejes de informar a tu médico de lo que está pasando. Las pacientes también necesitan ser proactivas y comunicarse con su médico de inmediato para decirle que están presentando otros cambios en su cuerpo. Son demasiadas las mujeres a quienes se les administra estrógeno y luego el médico no les da seguimiento ni se comunica con ellas periódicamente para verificar que la dosis que les recetó era la indicada. No a todas las mujeres les funciona la misma cantidad o el mismo tipo de estrógeno. (*Nota de las editoras:* Siempre es una buena idea informar a su doctor acerca de cualesquiera efectos secundarios de los medicamentos y que consiga la aprobación de su médico antes de suspender cualquier tipo de medicamento).

generalmente se desvanecen después de que llegan a la menopausia", dice el Dr. Blake Cady, director del Breast Health Center del Hospital para Mujeres e Infantes en Providence, Rhode Island.

Las bolitas benignas (no cancerosas) en los senos generalmente se encuentran en el tejido glandular del seno y son comunes en todas las mujeres de edad fértil.

No todas las bolitas son iguales

Los tipos más comunes de bolitas benignas son los quistes, los fibroadenomas y las masas adiposas necróticas. Todas estas bolitas pueden aparecer en cualquier momento, en uno o ambos senos, pueden ser grandes o pequeñas, suaves o elásticas, llenas de líquido o sólidas.

Quistes. Estos sacos llenos de líquido ocurren con mayor frecuencia en mujeres de 35 a 50 años de edad y a menudo crecen de tamaño y se tornan sensibles y dolorosos justo antes de la menstruación. Generalmente se encuentran en ambos senos. Algunos quistes son tan pequeños que ni siquiera se pueden sentir; en casos raros, los quistes pueden llegar a medir varias pulgadas de diámetro. Los quistes se detectan fácilmente con el ultrasonido, que es un examen que usa ondas sonoras para producir una imagen de los tejidos internos del seno. El diagnóstico de quistes generalmente se maneja por observación o sacando el líquido con una aguja, mediante un procedimiento que se conoce como aspiración con aguja fina (*fine-needle aspiration*).

Fibroadenomas. Estos son crecimientos sólidos, redondos y benignos que están hechos tanto de tejido estructural (fibroso) como glandular (adenoma). Estas masas generalmente no provocan dolor y son detectadas por la mujer misma. Se sienten elásticas y se pueden mover fácilmente de un lado a otro. Los fibroadenomas son el tipo de crecimiento más común en mujeres que están en los últimos años de la adolescencia y a principios de la veintena y ocurren con el doble de frecuencia en mujeres afroamericanas que en otras mujeres estadounidenses. Aunque los fibroadenomas no se vuelven malignos, pueden crecer de tamaño con el embarazo y la lactancia. La mayoría de los cirujanos creen que es una buena idea extirpar los fibroadenomas para asegurarse de que sean benignos.

Necrosis adiposa. El daño y la desintegración de los tejidos adiposos produce bolitas redondas, duras e indoloras. Esta afección normalmente ocurre en mujeres obesas con senos muy grandes. A menudo se desarrolla en respuesta a un moretón (cardenal) o golpe en el seno, aunque es posible que la mujer no recuerde la lesión específica. A veces la piel que rodea esta bolita luce roja o amoratada. La necrosis adiposa puede confundirse fácilmente con el cáncer, por lo que dichas bolitas se extirpan quirúrgicamente y luego se examinan.

Sensibilidad cíclica

Nadie sabe exactamente por qué algunas mujeres desarrollan bolitas benignas en los senos, pero los especialistas en el cuidado de los senos dicen que el ciclo menstrual tiene la culpa de que estas bolitas aparezcan y desaparezcan. "A lo largo del ciclo menstrual, los niveles de estrógeno y progesterona fluctúan, lo cual hace que respondan las células del tejido de los senos", dice la Dra. Ellen Yankauskas, directora del Women's Center for Family Health en Atascadero, California. "El tejido del seno está a la espera de la lactancia y a veces se engrosa y retiene líquido. Estos cambios premenstruales provocan la aparición de quistes diminutos llenos de líquido en las glándulas productoras de leche de los senos, que luego pueden disminuir de tamaño después de la menstruación", agrega. Los quistes y el engrosamiento pueden sentirse como si fueran bolitas. En términos médicos, esto se conoce como la enfermedad fibroquística del seno. (*fibro* significa "engrosamiento" y *quística* significa "sacos de líquido"). "Pero yo no lo considero una enfermedad, ya que estos diminutos sacos llenos de líquido en realidad son bastante normales; yo atribuyo esta afección a las variaciones normales que hay de una mujer a otra", dice la Dra. Yankauskas.

"La mayoría de las mujeres tendrán ciclos en los que sentirán más bolitas y más sensibilidad en los senos —dice el Dr. Cady—. Las mujeres parecen pasar por períodos prolongados de 2, 3 o hasta 6 meses en que sienten bolitas en los senos, las cuales luego desaparecen y se dejan de sentir —explica el Dr. Cady—. Luego, años más tarde, pasarán por otro período en que sientan bolitas o sensibilidad durante varias semanas o meses".

Según el Dr. Cady, la sensibilidad en los senos es causada por esta acumulación de líquido en el tejido del seno. "Algunas mujeres incluso aumentan de 2 a 3 libras (0.9 a 1.4 kg) de peso antes de que inicia su menstruación. Ellas notan que sus senos se hacen más grandes y que sus sostenes les quedan más apretados. Sus senos les empiezan a doler, sobre todo cuando los tocan".

Cuando hay muchas bolitas en los senos, a veces se sienten como "cuerdas" o "gránulos" y a menudo se pueden sentir en el área que rodea al pezón y la areola, así como en la parte superior externa del seno. Durante el embarazo,

(continúa en la página 500)

Un plan alimenticio bueno para sus senos

Los estudios de investigación han demostrado que las mujeres que viven en países donde se tiene una alimentación baja en grasa tienen menos problemas de los senos. "Las principales autoridades de salud dicen que se debe tener una alimentación que consista en menos de un 30 por ciento de grasa", dice la Dra. Ellen Yankauskas, directora del Women's Center for Family Health en Atascadero, California.

El Dr. Blake Cady, director del Breast Health Center del Hospital para Mujeres e Infantes en Providence, Rhode Island, concuerda. "Esto no sólo es bueno para la salud de los senos, sino que también se recomienda para la salud en general. Los estadounidenses comen demasiados alimentos grasosos e ingieren demasiadas calorías. En vez de tener una alimentación basada en alimentos de origen vegetal, tenemos una basada en alimentos que contienen colesterol, el cual estimula al sistema endócrino para que produzca más hormonas. Con cada nueva generación, las mujeres estadounidenses están aumentando peso y de estatura y están menstruando a una edad más temprana y llegando a la menopausia más tarde que sus antepasadas. El cuerpo convierte los alimentos de origen animal en compuestos parecidos a las hormonas".

Una alimentación amigable con los senos, dicen estos dos expertos, contiene menos carne, sal y cafeína y más soya, entre otros alimentos.

"Casi toda la carne de res que comemos hoy en día contiene hormonas del crecimiento, ya sea porque inyectan o alimentan a las vacas con estas sustancias —señala la Dra. Yankauskas—. Aunque no estemos completamente seguros de la posible conexión que exista entre las hormonas que estimulan el crecimiento y los problemas de los senos, no debe agregar más hormonas a su alimentación, dado que la mayoría de las bolitas en los senos tienen alguna relación con las hormonas.

"En las culturas en las que se consumen grandes cantidades de soya como parte de su alimentación, las mujeres presentan menos problemas de los senos", señala la Dra. Yankauskas. Los frijoles (habichuelas) de soya y los alimentos de soya contienen isoflavonas, sustancias naturales que se convierten en compuestos parecidos a las hormonas y que pueden ayudar a disminuir el nivel global de estrógeno en el cuerpo, reduciendo así las molestias en los senos. "Procure comer al menos dos raciones de soya al día", dice la Dra. Yankauskas.

"La sal y los alimentos con un alto contenido de sodio hacen que el cuerpo retenga líquidos, lo cual sólo aumenta las molestias en los senos", dice la Dra. Yankauskas. Cambie la sal de mesa por productos bajos en sodio y disminuya su consumo de alimentos enlatados y procesados, como la comida rápida.

Según la Dra. Yankauskas, muchas mujeres notan una mejoría casi de inmediato en cómo se sienten sus senos cuando disminuyen su consumo de café. "Algunas mujeres son muy sensibles a la cafeína y la tienen que eliminar por completo de su alimentación. Pero cuando la eliminan, consiguen aliviar sus molestias".

Los alimentos que contienen cafeína incluyen el café, el té, los refrescos, el chocolate y algunos calmantes que se venden sin receta. "Eliminar el café y empezar a tomar infusiones herbarias en vez puede ayudar a muchas mujeres con problemas de los senos porque algunas infusiones herbarias poseen propiedades diuréticas, por lo que eliminan el líquido adicional del tejido de los senos —dice la Dra. Yankauskas—. El líquido adicional causa hinchazón y molestia".

La Dra. Yankauskas también recomienda beber agua purificada. "Yo creo que, hoy en día, hay muchos pesticidas en el ambiente y en los sistemas de agua, los cuales se convierten en sustancias hormonales en el cuerpo". Estudios recientes en animales han mostrado que los pesticidas se pueden convertir en sustancias hormonales. Esta asociación justifica una investigación más profunda, agrega.

Puede comprar un purificador de agua de la llave (grifo, canilla, pila) en las grandes tiendas de artículos para hacer mejoras en su casa o en tiendas especializadas de productos para purificar el agua. Lleve una botella de agua purificada al trabajo para que pueda beberla a cualquier hora del día. También es una buena idea llevar su propia agua purificada cuando esté viajando. "Esto es algo que yo, en lo personal, sí hago", dice la Dra. Yankauskas.

Alimentos que debe agregar	Alimentos que debe evitar
Frutos secos y semillas (para obtener vitamina E)	Carne (salvo que esté libre de hormonas)
Leche de soya (con cereales para desayunar)	Alimentos enlatados o procesados (salvo que sean bajos en sodio)
Malteada de soya (leche de soya licuada con yogur natural sin grasa, germen de trigo y alguna fruta, por ejemplo, fresas)	Café y refrescos (salvo que sean descafeinados)
Hamburguesas de *tofu*	Comida rápida
Agua purificada	
Infusiones herbarias de diente de león (amargón, *dandelion*), ortiga (*nettle*), perejil, gayuba (*uva-ursi*), barba de maíz (pelusa de maíz, pelos de elote, *corn silk*) o *buchu*	

las glándulas que producen leche se hinchan y es posible que se sientan más bolitas de lo normal. Estas bolitas nuevas que se sienten pueden hacer difícil que una mujer se revise los senos mientras está embarazada. Sin embargo, si usted está embarazada, no deje de hacerse autoexámenes de los senos. Aunque sólo en casos raros, sí se ha llegado a diagnosticar cáncer durante el embarazo. Estas bolitas se pueden volver más evidentes a medida que una mujer se acerca a la edad madura y el tejido glandular productor de leche le va dejando lugar al tejido adiposo más suave. Salvo que esté tomando alguna terapia de reposición hormonal, este tipo de bolitas generalmente desaparecen después de la menopausia.

Pero puede estar tranquila, porque la mayoría de los cambios benignos en los senos no aumentan la probabilidad de que una mujer contraiga cáncer. Estudios recientes han demostrado que sólo ciertos tipos muy específicos de cambios microscópicos, en los que está presente un crecimiento celular excesivo o hiperplasia, elevan el riesgo de una mujer. Según el Instituto Nacional del Cáncer, alrededor del 25 por ciento de las biopsias benignas de los senos muestran señales de hiperplasia.

¿Exactamente cómo se sienten?

Si se encuentra una bolita en un seno, no trate de autodiagnosticarse. Aunque la mayoría de las bolitas son benignas, siempre es importante que consulte a un médico para que confirme que no sea nada grave. Si se detecta una bolita, siga la siguientes sugerencias de la Dra. Yankauskas para que pueda darle una descripción más precisa a su doctor:

¿Se ha vuelto más dura o más grande la bolita? Asegúrese de informar a su médico de la fecha en que encontró la bolita o el cambio y el momento de su ciclo menstrual en que la encontró. Describa el tamaño de la bolita: ¿es tan pequeña como un chícharo (guisante, arveja) o tan grande como una uva o una nuez?

¿La bolita se siente firme pero elástica? ¿Puede moverla de un lado a otro? ¿Le duele? Una bolita cancerosa típica se siente dura, arenosa, no provoca dolor y se queda en un solo lugar.

¿Hay una bolita o una sensación similar de tejido engrosado en el seno opuesto? Si tiene una sensación similar en el seno opuesto, lo más probable es que estos sean cambios benignos y normales.

¿Sigue sintiendo la bolita en el mismo lugar y del mismo tamaño después de que ha terminado su menstruación? Si el área que encontró se encoge o se siente más suave, lo más probable es que se trate de un cambio normal en el seno debido a influencias hormonales. "El momento ideal para hacerse un autoexamen de los senos es 2 semanas después de su período, es decir, siempre en la misma época del mes —dice la Dra. Yankauskas—. Muchos doctores tienen en su consultorio modelos sintéticos de los senos donde puede sentir el tamaño y la textura de una bolita en el seno", agrega.

El autocuidado sí ayuda

Si usted tiene bolitas en los senos y su doctor le ha asegurado que no es nada grave, he aquí lo que puede hacer para aliviar las molestias.

Manténgase en un buen peso. Las mujeres almacenan estrógeno en la grasa corporal, de modo que cuando se deshace de esos kilitos de más, hay menos grasa corporal donde se pueda almacenar estrógeno. Esta caída en la cantidad de estrógeno que hay en el cuerpo significa que habrá menos estrógeno disponible para que contribuya a las molestias en los senos. "Bajar de peso a menudo disminuye el tamaño y peso global del seno, lo cual también ayuda a aliviar las molestias", dice la Dra. Yankauskas.

Camine, no corra. "Los estudios de investigación han mostrado que las mujeres que hacen ejercicio dos o tres veces a la semana tienen menos problemas en los senos y una menor incidencia de cáncer de mama —señala la Dra. Yankauskas—. Caminar aprisa es tan beneficioso como correr y es más suave para el tejido del seno, así como para los huesos y las articulaciones". La Dra. Yankauskas también recomienda nadar y aconseja evitar los tipos de ejercicio que hacen que los senos reboten y se sacudan, como correr o tomar clases de ejercicios aeróbicos. Caminar aprisa y nadar son ejercicios que también le ayudan a mantenerse en un buen peso.

Cómprese el sostén correcto. Cuando esté haciendo ejercicio, asegúrese de usar un sostén deportivo diseñado para hacer ejercicio que les dé apoyo a los senos y que tenga tirantes anchos y moderadamente elásticos (o no elásticos). "Ciertos ligamentos dan soporte a los senos —explica la Dra. Yankauskas—. El peso de los senos, si no tienen el soporte adecuado, jalará los ligamentos, estirándolos, causando dolor y molestias. El sostén atlético adecuado le brindará un buen soporte a los senos y los mantendrá en su lugar y levantados, disminuyendo así las molestias". Revise que las copas no tengan costuras, las cuales pueden causarle irritación. Si necesita usar un sostén con varilla para mayor soporte, asegúrese de que esté muy acolchonada para que no haga más fricción.

Aplíquese calor. "Colóquese una compresa caliente, un cojín eléctrico o una toalla caliente sobre el seno que le duela durante 10 a 15 minutos, pero asegúrese de colocar otra toalla sobre la piel para protegerla contra quemaduras —dice la Dra. Yankauskas—. Algunas mujeres encuentran que el calor ayuda a aliviar la sensibilidad en los senos".

O elija algo frío. "Otras mujeres sienten alivio si se colocan una compresa fría sobre el seno afectado durante alrededor de 10 a 15 minutos o el tiempo que les sea cómodo —dice la Dra. Yankauskas—. El frío puede ayudar a disminuir la hinchazón que ocurre cuando los senos retienen líquido antes y durante el ciclo menstrual. Yo también recomiendo usar una bolsa de verduras congeladas como compresa fría. Los chícharos (guisantes) o el maíz (elote, choclo) congelados funcionan mejor porque la bolsa se puede moldear para adaptarse al contorno del seno. Es un método barato y se puede volver a utilizar, además de que las bolsas se mantienen frías mucho más tiempo que una compresa común. Al igual que en el caso de las compresas calientes, use una toalla para proteger la piel del frío". Experimente con compresas calientes o frías para ver cuál es la que mejor le funciona a usted.

Tome un analgésico. "Las mujeres con senos sensibles y adoloridos pueden conseguir alivio con la mayoría de los analgésicos antiinflamatorios que se venden sin receta, como el acetaminofén, la aspirina, el ibuprofén y el naproxeno —dice la Dra. Yankauskas—. Estos analgésicos generalmente funcionan mejor cuando se toman al primer indicio de molestia".

Pruebe la vitamina E. "Las pruebas sugieren que tomar vitamina E adicional puede ser eficaz para aliviar la sensibilidad y las molestias en los senos", dice la Dra. Yankauskas. Comience por tomar la Cantidad Diaria Recomendada de 30 UI. "Si esta dosis no le ayuda, increméntela a 200 y luego a 400 UI por día durante 2 a 4 semanas cuando menos. Sin embargo, no tome más de eso, ya que debido a que la vitamina E es una vitamina liposoluble, su cuerpo

En la Internet — *y otros recursos*

↪ Para mayor información acerca de las pruebas, la detección temprana, los síntomas, el diagnóstico y el tratamiento del cáncer de mama, póngase en contacto con:

National Cancer Institute*
National Institutes of Health

Public Inquiries Office
Building #31, Room #10A31
31 Center Drive, MSC 2580
Bethesda, MD 20892-2580
(800) 4-CANCER (422-6237)
www.cancernet.nci.nih.gov

*Ofrece información en español.

la almacena. No es bueno que se acumule una gran cantidad de vitamina E en el cuerpo porque puede interferir con la coagulación sanguínea". Además de suplementos, la vitamina E también se encuentra en los frutos secos, las semillas y los cereales para desayunar enriquecidos.

Considere un aceite esencial. Se puede aplicar aceite de prímula nocturna (aceite de primavera nocturna, *evening primrose oil*) en los senos y frotárselo como si fuera una loción, dice la Dra. Connie Catellani, directora médica del Miro Center for Integrative Medicine en Evanston, Illinois. Este aceite contiene una buena cantidad de ácidos grasos omega-3, los cuales pueden ayudar a aliviar las molestias, además de que darse un masaje en los senos con este aceite puede ayudar a mejorar la circulación y el drenaje linfático, agrega.

DOLOR CAUSADO POR LA MAMOGRAFÍA

Un chiste que anda circulando por el ciberespacio describe cómo las mujeres se pueden preparar para una mamografía. Dice así: meta dos sujetalibros en el congelador y déjelos ahí durante toda la noche. Desnúdese hasta la cintura. Invite a un extraño a pasar a la habitación. Pídale al extraño que coloque los sujetalibros a cada lado de uno de sus senos y luego que "aplaste los sujetalibros lo más fuerte que pueda". Haga una cita con el extraño para que le haga lo mismo el año que viene.

Queda claro el motivo por el cuál este examen incomodísimo pero valiosísimo ha dado lugar a un poco de humor negro.

Maryn McKenna se hizo su primera mamografía a los 35 años de edad, para tener una referencia basal de la salud de sus senos.

A su doctor se le olvidó mencionarle que tenía que programar la mamografía a principios de su ciclo menstrual y no justo antes de su menstruación, cuando sus senos estaban hinchados y sensibles.

El resultado: "Grité lo más fuerte que pude" cuando las placas bajaron para comprimir mis senos.

"El técnico trató de ser amable —dice McKenna—. Pero su trabajo era realizar el procedimiento y obtener imágenes claras, entonces había un límite en lo que podía hacer para disminuir mi dolor".

McKenna, de Atlanta, estuvo amoratada durante una semana después, con dos "lindos moretones (cardenales) de bordes delineados" —que medían alrededor de 3 pulgadas (7.5 cm) de largo— en el borde externo de sus senos.

Cuatro años más tarde, cuando otro doctor le recomendó que se hiciera una mamografía y un ultrasonido después de que descubrió una bolita en el seno izquierdo de McKenna, ella se sentía aterrorizada con el simple hecho de pensar que tendría que pasar por esa experiencia de nuevo.

"Llegué a mi cita con frío y temblando; incluso tenía náusea por la ansiedad —dice McKenna—. Aunque no fue tan doloroso la segunda vez, me estuve encogiendo y temblando durante todo el procedimiento". (La bolita de McKenna resultó ser un quiste benigno).

Hay otras pruebas peores

La experiencia de McKenna dista mucho de ser única. Existe tal temor a las mamografías que algunas mujeres alivian su ansiedad contando chistes sobre este examen.

"Este es un verdadero problema", dice Marie Lugano, fundadora de la Fundación de la Menopausia de los Estados Unidos en la ciudad de Nueva York. Casi el 91 por ciento de las mujeres de más de 50 años de edad han experimentado algún grado de dolor y el 15 por ciento ha reportado un dolor intenso, según un estudio de investigación de 116 mujeres realizado por el Comprehensive Cancer Center de la Universidad Duke en Durham, Carolina del Norte (uno de los pocos estudios que se ha hecho sobre este tema).

Pero si estas cifras reflejan la experiencia de la población en general, entonces también es probable que muchas mujeres digan "No, gracias" cuando les piden que se hagan una mamografía por segunda vez. Y esto podría tener implicaciones muy serias para la salud, dice la Dra. Emily Conant, jefa de imaginería mamaria y profesora adjunta de Radiología del Centro Médico de la Universidad de Pensilvania en Filadelfia.

Dolorosas o no, las mamografías siguen siendo la mejor manera de detectar el cáncer de mama a tiempo y tienen el mérito de haber salvado miles de vidas, dice la Dra. Conant. Según la Sociedad contra el Cáncer de los Estados Unidos, más de 182,000 mujeres reciben un primer diagnóstico de cáncer cada año y otras 40,800 mujeres mueren a causa de esta enfermedad cada año.

"Muchas otras pruebas diagnósticas son mucho más incómodas que la mamografía, por ejemplo, la colonoscopía —señala la Dra. Conant—. Así que desde mi punto de vista, es un precio relativamente bajo el que debemos pagar".

El Instituto Nacional del Cáncer recomienda que las mujeres que están en la cuarentena o mayores se hagan mamografías con regularidad, cada 1 a 2 años, dependiendo de los factores de riesgo que presenten. Casi el 70 por ciento de las mujeres de más de 40 años de edad han dicho haberse hecho una mamografía en los últimos 2 años, según el Centro Nacional de Estadísticas de Salud. Y aun así, hay pocos datos que nos permitan determinar si las mujeres están evitando las segundas mamografías o quiénes podrían ser más vulnerables a sentir dolor durante el procedimiento.

Ya se están desarrollando exámenes menos dolorosos

"Nosotros no diseñamos las máquinas para que provoquen dolor", dice Joel Gray, Ph.D., vicepresidente de negocios y desarrollo clínico de Lorad Corporation en Danbury, Connecticut, uno de los principales fabricantes de mamógrafos a nivel mundial.

No obstante, el mamógrafo debe hacer presión para que cumpla con su trabajo. La compresión —que generalmente dura alrededor de 30 segundos— es necesaria por tres razones principales. Primero, hace que el tejido mamario redondeado adopte un grosor más manejable de 1 a 2 pulgadas (2.5 a 5 cm) que permite que los doctores vean el seno con más claridad. Segundo, mantiene el seno en su lugar para que haya poco o nada de movimiento que disminuya la claridad de la radiografía. Finalmente, permite que los técnicos usen menos radiación —una dosis de alrededor de 0.2 a 0.3 rad por imagen— en el proceso.

Los investigadores están tratando de desarrollar técnicas nuevas de mamografía que impliquen menos dolor. Por ejemplo, la Universidad de Illinois es una de las varias instituciones que están desarrollando una técnica óptica para la mamografía —la cual se está probando actualmente en ensayos clínicos comerciales— que permite que una luz casi infrarroja sondee el tejido mamario para detectar masas ocultas.

Además de ser indolora, esta técnica también es más eficaz para detectar cáncer en mujeres que tienen entre 40 y 50 años de edad, cuyo tejido mamario es más denso y más difícil de examinar con los equipos convencionales actuales. Las mamografías actuales no detectan hasta una cuarta parte de los casos de cáncer de mama en mujeres que están en la cuarentena, en comparación con alrededor del 10 por ciento de los casos de cáncer en mujeres mayores, según el Instituto Nacional del Cáncer.

"Estamos emocionados con estas nuevas maneras de mirar a través de los huesos y los tejidos blandos —dice Enrico Gratton, Ph.D., un físico biomédico de la Universidad de Illinois en Urbana–Champaign—. Realmente estamos logrando avances importantes".

En otras partes del mundo, diversas empresas y círculos académicos están estudiando otras técnicas, como la imaginería térmica o la imaginería por impulsos eléctricos, como maneras posibles de incrementar la precisión y mejorar el proceso.

Ninguna de estas técnicas ha sido aprobada todavía por la Dirección de Alimentación y Fármacos, señala el Dr. Gray, pero en muchos casos, los resultados son alentadores.

Y esto significa que la época de las mamografías dolorosas podría estar llegando a su fin.

"No estamos tan lejos —dice el Dr. Gratton—. Ciertamente a menos de una década, aunque esperamos que sea en unos 5 años".

Busque el momento más adecuado

Hasta que llegue ese día, hay unas cuantas cosas que puede hacer para que su mamografía sea más tolerable.

- ◦ Trate de programar la cita para su mamografía durante la primera semana después de su menstruación para que sea menos probable que le duela. Al igual que McKenna, las mujeres que sufren del síndrome premenstrual (o *PMS* por sus siglas en inglés) —el cual se relaciona con niveles excesivos de estrógeno y niveles muy bajos de progesterona— sentirán menos dolor si programan la mamografía durante los primeros 10 días de su ciclo. Con el paso de los años y la caída en los niveles de estrógeno, este procedimiento debe irse tornando más fácil.
- ◦ Disminuya su consumo de cafeína durante al menos 4 a 6 semanas antes del examen y tome de 200 a 400 UI de vitamina E al día, para que sienta menos dolor, dice la Dra. Connie Catellani, directora médica del Miro Center for Integrative Medicine en Evanston, Illinois.
- ◦ Tome un analgésico que se venda sin receta más o menos una hora antes del examen, dice la Dra. Conant.
- ◦ Practique alguna forma de relajación antes y durante la mamografía. Respire profundamente e imagine algún lugar en el que se sienta cómoda y segura.

✧ Hable con el técnico. Los doctores dicen que el examen también depende de las habilidades del técnico, independientemente de su edad y del tamaño y la forma de sus senos. "Hemos atendido a mujeres que se disculpan por no tener senos grandes, ya que piensan que es más difícil colocar senos chicos en la posición adecuada para tomar la imagen. Pero hemos hecho mamografías en hombres, entonces el tamaño de los senos realmente no debería ser un factor", dice la Dra. Conant.

Pregúntele al técnico si tiene un cojín eléctrico para que las placas no estén tan frías. Asimismo, las placas nunca deben descansar sobre estructuras óseas, como la clavícula o el esternón. El técnico también debe alisar la piel una última vez antes de bajar las placas para asegurar que estas no pellizquen nada.

"Los técnicos deben hacerles preguntas a las pacientes, '¿Está bien?' '¿Puede tolerar eso?' mientras van realizando el procedimiento —dice la Dra. Conant—. Esto también hace que la paciente se sienta más 'en control' de la situación".

PREVENCIÓN Y TRATAMIENTO DEL CÁNCER

Después de la enfermedad de Alzheimer, el cáncer probablemente es la enfermedad que las mujeres más temen contraer. Sin embargo, el número de mujeres saludables que *anteriormente* fueron pacientes con cáncer da testimonio del hecho de que el cáncer ya no es la enfermedad terminal que era hace una generación. Además, sus causas tampoco siguen siendo ya un completo misterio. Aunque la genética sí influye en el riesgo de contraer cáncer, la herencia por sí sola sólo explica una fracción de todos los casos de cáncer. Según los expertos:

✧ Alrededor de una tercera parte de las muertes causadas por cáncer que ocurren en los Estados Unidos cada año se pueden atribuir a malos hábitos alimenticios y a la falta de actividad física.

❧ Otra tercera parte se debe al cigarro.

❧ El último tercio se debe a otros factores, como enfermedades infecciosas, incluyendo el papilomavirus humano, el cual está estrechamente vinculado con el cáncer cervical.

El cáncer no es sólo una enfermedad, sino una gama de más de 100 tipos diferentes de malignidad, es decir, el crecimiento descontrolado y la propagación de células anormales que atacan a diferentes órganos del cuerpo en toda una diversidad de formas. Por ejemplo, el cáncer de pulmón puede propagarse a otros tejidos de forma ligeramente diferente que el cáncer de mama. Si la propagación no se controla, puede poner en peligro la vida.

El cáncer es causado por una combinación de factores externos (sustancias químicas, radiación y virus) y factores internos (hormonas, afecciones inmunitarias y mutaciones heredadas). A menudo pasan 10 o más años entre el momento en que ocurre la exposición o la mutación y el momento en que se detecta un cáncer.

Los investigadores sospechan que del 5 al 10 por ciento de los cánceres pueden ser heredados. Pero en la gran mayoría de los casos, el cáncer se desarrolla a través de una serie compleja de pasos que incluyen la exposición prolongada a carcinógenos, o sea, sustancias cancerígenas como el tabaco y el asbesto. Estos carcinógenos generalmente afectan a las células de órganos específicos.

El papel de las hormonas

A veces, incluso la sobreexposición a una sustancia natural —como la luz solar— puede estar vinculada a una elevación en el riesgo de contraer cáncer. Este parece ser el caso con las hormonas.

"El cáncer de mama, ovárico y endometrial se consideran como cánceres relacionados con las hormonas porque están vinculados con una exposición prolongada a las hormonas estrógeno y progesterona", dice la Dra. Carmen Rodríguez, epidemióloga sénior de la Sociedad Estadounidense contra el Cáncer. El ciclo menstrual de una mujer se divide en dos fases. Los primeros 14 días del ciclo se conocen como la fase folicular y los 14 días siguientes se conocen como la fase lútea. "Alrededor del día 14 del ciclo menstrual, en la fase lútea, el ovario produce niveles elevados de estrógeno, y alrededor de 7 días después, produce niveles elevados de progesterona. Los investigadores sospechan que la acción de estas hormonas es la que a veces provoca, en algunas mujeres, que las células proliferen o se multipliquen, lo cual es uno de los principios del cáncer", dice la Dra. Rodríguez. Pero esto no significa que menstruar sea tan peligroso como fumar cigarrillos, agrega.

"Es la exposición acumulada al estrógeno —y quizá a la progesterona— como resultado de menstruaciones repetidas a lo largo de los años, lo que puede elevar el riesgo de una mujer de contraer algún cáncer hormonal", explica la Dra. Rodríguez.

"Estas hormonas ováricas afectan la tasa de división celular". Para explicar esto en mayor profundidad, veamos algunos detalles de los diversos tipos de cáncer que afectan al sistema reproductor.

Cáncer de mama

Los estudios de investigación han mostrado que las tasas de proliferación de células del tejido mamario son bajas durante la fase folicular del ciclo menstrual, cuando los niveles de estrógeno y progesterona son bajos. Las tasas de

El salvavidas de 60 segundos

Sólo le toma un minuto descolgar el teléfono y hacer una cita para que le hagan pruebas para detectar el cáncer. Estas pruebas, si son hechas con regularidad por un profesional de la salud, pueden detectar el cáncer en sus primeras etapas, aumentando así su probabilidad de supervivencia. Hacerse autoexámenes de los senos cada mes también puede ayudarle a detectar tumores en los senos en sus etapas tempranas. Según la Sociedad Estadounidense contra el Cáncer, si todas las personas se hicieran pruebas para detectar cáncer con regularidad, la tasa de supervivencia de 5 años para diversos tipos de cáncer podría aumentar del 80 al 95 por ciento. Por lo tanto, no deje pasar un día más y hágase las pruebas siguiendo estos lineamientos.

Cáncer de mama. Las mujeres de 40 años de edad y mayores: una mamografía anual y un examen clínico anual de los senos realizado por un profesional en el cuidado de la salud, además de autoexámenes mensuales de los senos.

Cáncer del colon. A partir de los 50 años de edad, una de las siguientes: una prueba de sangre oculta en heces (*fecal-occult blood test*) cada año y una sigmoidoscopía flexible cada 5 años, o una colonoscopía cada 10 años, o un enema de bario con doble contraste cada 5 a 10 años. Al mismo tiempo que se haga una sigmoidoscopía, una colonoscopía o un enema de bario (*double-contrast barium enema*) deberán hacerle una auscultación rectal digital.

Cánceres cervical y endometrial. A partir de los 18 años de edad: una prueba de Papanicolaou anual junto con un examen pélvico.

proliferación son más elevadas durante la fase lútea del ciclo, cuando los niveles de estas hormonas ováricas son más altos. "También sabemos que una menor exposición a los estrógenos, por ejemplo, durante el embarazo y la lactancia, disminuye el riesgo de una mujer de contraer cáncer de mama, y que, por el contrario, empezar a menstruar a una edad temprana (lo que prolonga la exposición a las hormonas producidas durante la vida de una mujer) eleva este riesgo", dice la Dra. Rodríguez.

La obesidad también contribuye al cáncer de mama, parcialmente debido a las hormonas. "Sabemos que las mujeres que están muy obesas en sus años premenopáusicos no ovulan con regularidad y que presentan un menor riesgo de contraer cáncer de mama. Pero tan pronto como estas mujeres obesas pasan por la menopausia, los ovarios dejan de funcionar y de producir estrógeno. Sin embargo, las mujeres obesas tienen una mayor cantidad de tejido adiposo que las mujeres delgadas, y el tejido adiposo sintetiza estrógeno. Por lo tanto, estas mujeres siguen estando expuestas a niveles elevados de estrógeno, y por lo tanto, corren un mayor riesgo de contraer cáncer de mama que las mujeres delgadas, incluso después de la menopausia".

Cánceres ovárico y endometrial

Cada mes durante la ovulación, el ovario produce un óvulo y lo libera, lo cual, según creen los investigadores, causa daños en la superficie (el epitelio) del ovario. Como resultado, el ovario trata de repararse. "A veces, durante este proceso de reparación, puede ocurrir una mutación que eventualmente produzca cáncer —explica la Dra. Rodríguez—. Alrededor del 90 por ciento de los cánceres ováricos son cánceres epiteliales. Entre mayor sea el número de veces que ocurra este daño y reparación, mayor será la posibilidad de que se desarrolle un cáncer ovárico. Por esto, las mujeres que tienen hijos presentan un menor riesgo, porque no ovulan cuando están embarazadas o amamantando".

El riesgo de una mujer de contraer cáncer ovárico también disminuye cuando toma anticonceptivos orales, porque estos impiden la ovulación. "La ligadura de trompas también reduce el riesgo de contraer cáncer ovárico porque disminuye la producción de hormonas", dice la Dra. Rodríguez.

La situación es prácticamente idéntica con el cáncer endometrial. En este caso, los factores de riesgo incluyen tomar una terapia de reposición de estrógeno; tomar tamoxifeno (*Nolvadex*), recetado para el cáncer de mama; empezar a menstruar a una edad temprana (antes de los 12 años de edad); pasar por la menopausia a una edad avanzada (después de los 50 años de edad) y nunca haber tenido hijos.

Cáncer del colon

Aunque el cáncer de mama siempre recibe toda la atención, los cánceres colorrectales son el tercer tipo de cáncer más común en mujeres. Los factores de riesgo incluyen antecedentes personales o familiares de cáncer colorrectal o pólipos y de la enfermedad inflamatoria del intestino. Otros factores de riesgo posibles incluyen la inactividad física, una alimentación rica en grasa y baja en fibra y un consumo bajo de frutas y verduras.

Estudios recientes han sugerido que la terapia de reposición de estrógeno y los fármacos antiinflamatorios no esteroídicos (como la aspirina y el ibuprofén) pueden *disminuir* el riesgo. "Hay receptores de estrógeno en todo el cuerpo —explica la Dra. Rodríguez—. La hormona actúa de manera diferente en las distintas partes del cuerpo. En el caso del colon, los estudios de investigación han demostrado que el estrógeno puede brindar protección contra el cáncer del colon. Los investigadores tienen la teoría de que el estrógeno disminuye la concentración de ácido biliar en el colon. Los ácidos biliares tienen la capacidad de promover el crecimiento de tumores en el colon".

La terapia de reposición hormonal y los anticonceptivos orales bajo la lupa

Si la producción natural de hormonas parece contribuir a elevar el riesgo de contraer cáncer a cierto nivel, ¿entonces qué pasa cuando *agregamos* hormonas como suplementos, ya sea en la forma de una terapia de reposición hormonal (o *HRT* por sus siglas en inglés) durante la menopausia, o antes, en la forma de anticonceptivos orales (o *OC* por sus siglas en inglés)?

Evidentemente, sí parece haber cierto vínculo, para algunas mujeres y bajo ciertas circunstancias.

Como se explicó anteriormente en el Capítulo 11, la HRT está disponible en muchas formas diversas. Algunas incluyen sólo estrógeno o una combinación de estrógeno más progesterona. "Las mujeres posmenopáusicas a quienes no les han hecho una histerectomía, es decir, que todavía tienen su útero, presentan un mayor riesgo de contraer cáncer endometrial si sólo toman estrógeno, sin progesterona", dice la Dra. Rodríguez.

En cuanto a los anticonceptivos orales, según un estudio de investigación muy publicitado que apareció en el *Journal of the American Medical Association* (Revista de la Asociación Médica de los Estados Unidos), las mujeres que tienen antecedentes familiares importantes de cáncer de mama y que habían tomado OC más antiguos tenían un mayor riesgo de contraer cáncer de mama. Los investigadores de la Clínica Mayo les dieron seguimiento a más de 400 familias de mujeres diagnosticadas con cáncer de mama entre 1944 y 1952. De 1991 a 1996, el equipo de investigadores entrevistó a las parientes de estas mujeres para averiguar sobre sus antecedentes de cáncer y sus factores de riesgo para el cáncer de mama. Entre las mujeres cuyas madres o hermanas habían padecido cáncer de mama, aquellas que alguna vez habían tomado OC formulados antes de 1975 presentaban un riesgo tres veces mayor de contraer cáncer de mama que aquellas que nunca habían tomado OC. El riesgo era incluso mayor en las familias en las que cinco o más parientes consanguíneas habían padecido cáncer de mama o cáncer ovárico.

Pero antes de que decida dejar de tomar la píldora anticonceptiva, considere que la Dra. Rodríguez exhorta a las mujeres a mirar este estudio de investigación desde la perspectiva adecuada. "Ese es sólo un estudio de investigación, y el número de casos de cáncer de mama entre mujeres que tomaron anticonceptivos orales fue muy bajo. Por lo tanto, están sacando conclusiones basándose en un grupo reducido de mujeres —dice la Dra. Rodríguez—. Los resultados de este estudio de investigación sugieren que las pastillas anticonceptivas que elevan el riesgo son las primeras pastillas que fueron formuladas,

---

La conexión hormonal

Cirugía para el cáncer de mama: la clave es cuándo

Según un estudio de investigación británico de 112 mujeres, aquellas que se sometieron a una cirugía por cáncer de mama en los días 1 ó 2 o en los días 13 al 32 de sus ciclos menstruales presentaron una mejor tasa de supervivencia que aquellas a quienes les realizaron el procedimiento en los días 3 al 12, cuando las hormonas están preparando al cuerpo para la ovulación.

Los investigadores tienen la teoría de que, durante la cirugía, algunas células cancerosas entran al torrente sanguíneo y pueden ser estimuladas por los mayores niveles de estrógeno que naturalmente están presentes antes de la ovulación. Si usted tiene ciclos regulares, quizá sea posible que programe la cirugía durante la segunda mitad de su ciclo, para que así obtenga los mejores beneficios y disminuya el riesgo de recurrencia. Discútalo con su médico.

las cuales contenían dosis muy elevadas de estrógeno y progestina. Las pastillas anticonceptivas actuales contienen dosis mucho menores. Además, según una revisión reciente de los estudios de investigación que se han realizado, los investigadores encontraron una elevación muy pequeña en el riesgo de contraer cáncer de mama en mujeres que habían tomado anticonceptivos orales durante mucho tiempo". Y aparte, los anticonceptivos orales disminuyen el riesgo de que una mujer contraiga cáncer ovárico, agrega.

No obstante, las mujeres que tienen antecedentes familiares de cáncer de mama y que tomaron algunos de los primeros anticonceptivos orales que salieron al mercado deben asegurarse de hacerse autoexámenes de los senos cada mes y de programar citas para hacerse mamografías y exámenes clínicos de los senos con regularidad.

Lo que puede hacer ahora

Aparte del papel que desempeñan las hormonas, hay muchas cosas que puede —y debe— hacer para disminuir su riesgo de contraer cualquier tipo de cáncer, empezando por su alimentación.

"Los estudios epidemiológicos muestran claramente que los malos hábitos alimenticios se encuentran vinculados con un mayor riesgo de contraer ciertos tipos de cáncer, por no mencionar enfermedades cardíacas", dice la Dra. Connie Catellani, directora médica del Miro Center for Integrative Medicine en Evanston, Illinois.

Y nunca es demasiado tarde.

"Yo he sabido de algunas pacientes a quienes les fue más fácil la quimioterapia porque hicieron cambios en su alimentación —dice la Dra. Catellani—. Empezaron a seguir una dieta baja en alimentos grasosos y carne roja, y rica en frutas y verduras. También disminuyeron su consumo de azúcares y carbohidratos refinados, como barras confitadas y pasteles (bizcochos, tortas, *cakes*). Ellas descubrieron que los alimentos que incluía su nuevo plan alimenticio eran más fáciles de digerir, hacían que se sintieran con más energía y les permitían tolerar mejor el tratamiento prolongado".

Para disminuir su riesgo de contraer cáncer:

Piense en las plantas. Procure que la mayoría de los alimentos que coma sean de origen vegetal, empezando por las frutas y las verduras. "La recomendación de que coma al menos cinco raciones al día de frutas y verduras es un buen consejo para personas que padecen cualquier tipo de cáncer", dice la Dra. Rodríguez.

Pero comer nueve raciones es incluso mejor. "Las frutas y las verduras están repletas de antioxidantes, que son nutrientes que protegen a las células de los daños que causan los radicales libres. Si no hay suficientes antioxidantes en los alimentos que ingiere, el cuerpo no puede seguirle el paso a los radicales libres y los daños aumentan con el tiempo", dice la Dra. Catellani.

"Cualquier cambio en la alimentación que tenga como propósito incrementar el consumo de verduras y frutas puede disminuir el riesgo que corre una mujer de contraer ciertos tipos de cáncer, como el cáncer de colon y el cáncer de estómago. También sirve para bajar su riesgo de contraer enfermedades cardíacas, que son la principal causa de muerte entre las mujeres que viven en los Estados Unidos", dice la Dra. Catellani. Su consejo: llene su refrigerador de verduras crucíferas, como brócoli, brotes (germinados) de brócoli, repollitos (coles) de Bruselas, repollo (col) y coliflor. También opte por las frutas y verduras rojas, las cuales contienen grandes cantidades de la sustancia química anticancerígena llamada licopeno, como los tomates (jitomates), la toronja (pomelo) roja, la sandía y la guayaba. Incluya también las verduras ricas en betacaroteno, como el cidrayote (*winter squash*), las zanahorias y las batatas dulces (camotes, *sweet potatoes*). Otras frutas y verduras que combaten el cáncer incluyen las frutas cítricas, como la naranja (china) y la toronja; las verduras de hojas color verde oscuro, como las espinacas, la lechuga romana (orejona), la col rizada, la berza (bretón, posarno) y las acelgas; y las bayas, como la fresa, la frambuesa, la zarzamora y el arándano.

Cuídese con cereales integrales. En vez de comer arroz blanco, prepárese sus platillos usando una variedad de cereales integrales, como el arroz integral, el *bulgur* y los embriones de trigo. Compre *bagels*, panes, cereales, galletas, tortillas y pastas integrales. Ambas estrategias elevan el consumo de fibra, lo cual puede ayudarle a combatir el cáncer de mama al disminuir los niveles de estrógeno en el cuerpo. Algunos estudios de investigación también han vinculado las dietas ricas en fibra con una menor incidencia de cáncer colorrectal.

Fortalézcase con frijoles. Los frijoles (habichuelas), que clasifican como legumbres, son ricos en nutrientes, como la fibra, que pueden ayudar a protegerla contra el cáncer. Compre latas de sopa de frijol y guárdelas en su despensa para que siempre las tenga a la mano y agréguele garbanzos a sus ensaladas. Para prepararse rápidamente una ensalada de frijoles, enjuague unos frijoles negros enlatados y revuélvalos con cebolla española picada, aceite de oliva, vinagre balsámico, perejil fresco, sal de mar y pimienta fresca molida.

Nútrase con lo natural. "Además de comer cereales integrales en vez de pan y productos hechos con cereales refinados, coma frutas y verduras frescas, en vez de comer alimentos enlatados y procesados elaborados con sustancias químicas artificiales que nuestro cuerpo no está diseñado para digerir y que no puede descomponer. Con el tiempo, estas sustancias se acumulan en nuestro cuerpo y más adelante pueden llegar a causar cáncer", dice la Dra. Catellani. Además, los alimentos en su estado natural contienen la mayor cantidad de antioxidantes.

Mejor elija la carne magra. Y procure que sus raciones de carne sean siempre pequeñas (más o menos del tamaño de un juego de barajas). "Para procesar la carne roja, usted requiere de una gran cantidad de antioxidantes. Por lo tanto, es mejor que mantenga su consumo a un mínimo —dice la Dra. Catellani—. La carne también ha sido inyectada con hormonas, antibióticos u otras sustancias químicas y tiene un alto contenido de grasa. El ganado a menudo se alimenta con cereales rociados con pesticidas. Todos estos componentes de la carne pueden ser muy dañinos para el cuerpo y posiblemente pueden elevar el riesgo de contraer cáncer. Cuando comemos carne, estamos ingiriendo y exponiendo a nuestro cuerpo a todas las sustancias químicas y pesticidas a los que ha estado expuesto el animal. Por ejemplo, los animales almacenan estas sustancias químicas y pesticidas en su grasa. Mientras más comamos, más nos estaremos exponiendo a estos factores nocivos". (Para mayor información acerca del papel que desempeña la carne en el equilibrio hormonal, vea la Primera Fase del programa para el equilibrio hormonal en la página 300).

Prefiera el pescado. "Sustituya las hamburguesas y la carne por pescado —aconseja la Dra. Catellani—. El ganado vacuno y el pollo se encuentran en un nivel superior de la cadena alimenticia que el pescado, en parte porque viven más tiempo. Los peces, que generalmente viven un año, no han tenido tanto tiempo para absorber y almacenar tantas sustancias químicas nocivas como el ganado vacuno, el cual puede vivir durante varios años. Con algunas excepciones, la mayoría de los peces viven en el océano bajo condiciones óptimas". Además, los ácidos grasos omega-3 que contiene el pescado pueden ayudar a combatir el cáncer de mama. Algunas buenas fuentes de ácidos grasos omega-3 incluyen el salmón, la caballa (macarela, escombro), el atún blanco (albacora), las sardinas y el arenque. La próxima vez que salga a cenar, ordene salmón al horno en vez de pedir un bistec.

Acuérdese de su tatarabuela. "Antes de que se lleve algo a la boca, pregúntese si su tatarabuela o tatarabuelo solían comerlo o beberlo —dice la Dra. Catellani—. ¿Hubieran podido reconocer lo que está en su plato? Lo más probable es que su tatarabuela no acompañara sus comidas con refresco dietético que contuviera aspartame, una sustancia química artificial". Esta es tan sólo una manera de pensar que puede ayudarle a eliminar todas las adiciones recientes de sustancias químicas y alimentos procesados que posiblemente podrían elevar su riesgo de contraer cáncer, agrega.

Sírvase soya. "Los productos de soya son ricos en fitoestrógenos, que son sustancias químicas de origen vegetal que parecen brindar protección contra el cáncer de mama porque son estrógenos débiles —dice la Dra. Catellani—. Los fitoestrógenos bloquean la actividad estrogénica dañina al ocupar los sitios receptores de estrógeno en el cuerpo. Nuestro cuerpo produce tres tipos distintos de estrógeno: estriol, estradiol y estrona. La mayor parte del estrógeno que hay en nuestro cuerpo es estriol, mientras que el estradiol y la estrona se encuentran en cantidades menores. El estradiol y la estrona estimulan a los senos y al útero y fomentan el crecimiento de estos tejidos. Para contrarrestar este efecto dañino, el estriol tiende a bloquear estas acciones, de modo que funciona como un sistema de regulación y equilibrio. Pero cuando obtenemos esta influencia hormonal de los alimentos que comemos, como los productos lácteos y la carne roja, y del medio ambiente, a través de muchos pesticidas y de bifenilos policlorados (o *PCB* por sus siglas en inglés), los cuales imitan la actividad del estrógeno, esto afecta el equilibrio y hace que haya una mayor cantidad del tipo de estrógeno dañino.

"Comer alimentos de soya hace que este proceso hormonal vuelva a entrar en equilibrio al controlar el estrógeno excedente —dice la Dra. Catellani—. En países donde se comen grandes cantidades de alimentos de soya cada día, como Japón y China, hay una menor incidencia de cáncer de mama y de problemas menopáusicos que en los Estados Unidos". Los frijoles (habichuelas) de soya contienen muchos otros compuestos potencialmente anticancerígenos, como las saponinas, los fitatos y los inhibidores de proteasas.

Las buenas fuentes alimenticias de soya incluyen los frijoles de soya, la leche de soya, el *tofu* y el *miso*. Asegúrese de que la etiqueta del producto diga "no modificado genéticamente" (o *"Non-GMO"* por sus siglas en inglés), y limite su consumo de alimentos de soya a una o dos raciones al día, dice la Dra. Catellani.

Saboree la semilla de lino. El lino contiene un antiestrógeno débil que puede ser útil en la prevención o tratamiento de tumores que responden al estrógeno en el seno, el útero o los ovarios. La semilla de lino (linaza, *flaxseed*) también proporciona una forma vegetal de ácidos grasos omega-3. Muela las semillas en una moledora de café o un procesador de alimentos durante unos cuantos segundos para que sean más fáciles de digerir. Luego, espolvoree las semillas molidas sobre su cereal o ensalada.

Beba leche semidescremada orgánica. La leche semidescremada, como la que contiene un 1 por ciento de grasa, contiene poca grasa y es una fuente maravillosa de una molécula llamada ácido linoleico conjugado (o *CLA* por sus siglas en inglés), el cual ha mostrado una actividad anticancerígena prometedora, dice la Dra. Catellani. El CLA se encuentra en grandes cantidades en la grasa láctea. De ser posible, compre productos lácteos orgánicos que provengan de vacas que no hayan sido tratadas con somatotropina bovina (o *BST* por sus siglas en inglés), la cual es una hormona del crecimiento. La leche de vacas que no han sido tratadas con BST contiene una menor cantidad de otra hormona del crecimiento conocida como factor de crecimiento insulínico tipo 1 (o *IGF-1* por sus siglas en inglés). Los niveles elevados de IGF-1 en sangre en humanos se han vinculado con diversos tipos de cáncer.

He aquí otro motivo para seguir hablando de los productos lácteos. Según un estudio de investigación, cuando las personas que presentaban un riesgo elevado de contraer cáncer del colon aumentaron su consumo diario de calcio a 1,200 miligramos al agregar productos lácteos bajos en grasa a su alimentación, las células del revestimiento de su colon que habían actuado como precursores del cáncer de colon empezaron a comportarse como células saludables. En otro estudio de investigación se encontró que una alimentación que incluía un promedio de 825 miligramos de calcio provenientes de productos lácteos bajos en grasa, disminuía significativamente el riesgo de contraer cáncer del colon.

Atención con el alcohol. "El alcohol eleva el riesgo que corre una mujer de contraer cáncer de mama —dice la Dra. Rodríguez—. Los estudios de investigación han demostrado que el riesgo de contraer cáncer de mama se eleva al tomar tan sólo unas cuantas copas a la semana. De nuevo, las hormonas incrementan este efecto. El alcohol hace que se eleven los niveles de estrógeno".

Tome té verde en vez. "En los países donde las mujeres beben té verde, hay una menor incidencia de cáncer —señala la Dra. Catellani—. El té verde es rico en antioxidantes". El té verde también contiene un compuesto que ha mostrado una actividad anticancerígena prometedora, llamado galato de epigalocatequina. El té verde se puede beber caliente o frío. En vez de tomar té helado normal, prepárese una jarra de té verde helado hoy mismo.

Considere la coenzima Q_{10}. La coenzima Q_{10} es un antioxidante que se encuentra naturalmente en el cuerpo y que ayuda a convertir los alimentos en energía. Aunque los estudios de investigación que se han realizado aún son preliminares, la coenzima Q_{10} puede ayudar a disminuir el riesgo que presenta una mujer de contraer cáncer de mama e incluso se puede usar para tratar este padecimiento. En un estudio de investigación danés, los investigadores trataron a un grupo de 32 pacientes con cáncer de mama con 90 miligramos de coenzima Q_{10}, otros antioxidantes y ácidos grasos. Seis de las 32 pacientes mostraron una regresión parcial del tumor. En uno de estos seis casos, se elevó la dosis coenzima Q_{10} a 390 miligramos. Un mes después de este aumento en la dosis, ya había dejado de ser palpable el tumor, y al cabo de un mes más, ya no se veían señales del tumor en su mamografía. En un estudio de investigación turco de 21 pacientes con cáncer de mama, también se encontró que la coenzima Q_{10} puede proteger el tejido mamario normal contra tumores malignos.

"Diversos estudios a pequeña escala han indicado que las mujeres que toman coenzima Q_{10} con regularidad parecen tener una menor incidencia de cáncer de mama —señala la Dra. Catellani—. No estamos exactamente seguros de cómo funciona, pero sospechamos que debido a que es un buen antioxidante, facilita la reparación de los daños celulares".

"Yo recomiendo de 30 a 60 miligramos al día de coenzima Q_{10} para mujeres que no padecen cáncer de mama y 120 miligramos al día para mujeres que sí padecen esta enfermedad. Las mujeres que están tomando la dosis más elevada de coenzima Q_{10} deben hacerlo sólo por indicación de un médico", dice.

Agregue alimentos ricos en selenio. "Se han realizado estudios de investigación que muestran que las personas que viven en áreas donde el suelo presenta un gran contenido de selenio —y que por lo tanto, las frutas y verduras cultivadas en su localidad también contienen un nivel elevado de este mineral— parecen tener una incidencia menor de cáncer que las personas que viven en áreas donde hay cantidades bajas de este mineral —señala la Dra. Catellani—. Los investigadores sospechan que el selenio posee propiedades antioxidantes". Las buenas fuentes alimenticias de selenio incluyen el pescado, los cereales, los hongos, el germen de trigo, el ajo, el pepino, los espárragos y las nueces del Brasil (nueces de Pará).

Haga ejercicio con regularidad. "Muchos estudios de investigación han demostrado que hacer ejercicio con regularidad disminuye el riesgo de contraer cáncer de mama, y sospechamos que esto se debe a que el ejercicio disminuye la producción de estrógeno", dice la Dra. Rodríguez. Por ejemplo, unos investigadores de Noruega llevaron un registro de la salud de más de 25,000 mujeres a lo largo de un período de 13 años. Encontraron que las mujeres que hacían ejercicio durante al menos 4 horas a la semana presentaban un riesgo un 37 por ciento menor de contraer cáncer de mama que las mujeres que no hacían ejercicio en lo absoluto. También encontraron que en comparación con trabajadoras sedentarias, las mujeres que presentaban un nivel elevado de actividad en su empleo, como aquellas cuyos trabajos les requerían levantar objetos y caminar mucho, corrían un riesgo un 25 por ciento menor. En un estudio de investigación a menor escala y más reciente, se encontró que las mujeres que realizaban un promedio de 7 horas o más de actividad física a la semana tenían una probabilidad un 18 por ciento menor de contraer cáncer de mama que las mujeres que realizaban menos de 1 hora a la semana de actividad física.

Si usted piensa que no puede ser como esas mujeres que sí hacen ejercicio porque "no tiene condición física" o porque "es demasiado tarde para empezar a hacer ejercicio", mejor piénselo dos veces. "Algunas mujeres creen que a menos que hayan hecho ejercicio cuando eran jóvenes, ya es demasiado tarde como para que les brinde algún efecto protector —dice la Dra. Rodríguez—. Eso no es cierto. Estamos encontrando que hacer ejercicio a lo largo de toda

En la Internet — *y otros recursos*

↪ Para averiguar más acerca de cómo puede prevenir el cáncer, además de informarse sobre los tratamientos y ensayos clínicos más recientes, póngase en contacto con las siguientes organizaciones:

American Cancer Society*
1599 Clifton Road NE
Atlanta, GA 30329-4251
(800) ACS-2345 (227-2345)
www.cancer.org

National Cancer Institute at the National Institutes of Health*
Public Inquiries Office
Building #31, Room #10A31
31 Center Drive, MSC 2580
Bethesda, MD 20892-2580
(800) 4-CANCER (422-6237)
www.cancernet.nci.nih.gov

National Library of Medicine
National Institutes of Health
8600 Rockville Pike
Bethesda, MD 20894
(888) FINDNLM (346-3656)
www.nlm.nih.gov/news/press_releases/spanishmedplus.htm

American Institute for Cancer Research*
1759 R Street NW
Washington, DC 20009
(800) 843-8114
www.aicr.org

CenterWatch Inc.
22 Thomson Place, 36T1
Boston, MA 02210-1212
(800) 765-9647
www.CenterWatch.com

**Ofrece información en español.*

la vida de una mujer, incluso en la edad avanzada, puede disminuir su riesgo de contraer cáncer de mama".

"Yo he dicho que el ejercicio es un antioxidante autoactivado —dice la Dra. Catellani—. Hace que la sangre fluya y potencia el proceso de antioxidación. Si quiere desintoxicar su cuerpo y disminuir su riesgo de contraer cáncer, camine cuatro o cinco veces a la semana durante 45 minutos a 1 hora. O inscríbase a una clase de danza o yoga. Lo que es importante es que elija algo que le interese, algo que pueda seguir haciendo durante mucho tiempo. Las mujeres que empiezan un programa de ejercicio yendo 2 horas diarias al gimnasio de su localidad generalmente abandonan el programa con relativa rapidez. Los episodios cortos de ejercicio intenso para nada son tan útiles como hacer ejercicio a un ritmo moderado, con regularidad y durante un período prolongado".

Tire el talco. Los estudios de investigación han mostrado una pequeña elevación en el riesgo de contraer cáncer ovárico por usar talco, dice la Dra. Rodríguez. El talco a veces contiene asbesto, el cual es un carcinógeno conocido. El talco que se aplica directamente sobre el área vaginal puede viajar hacia el interior de la vagina y llegar hasta los ovarios. Los estudios de investigación no encontraron una elevación en el riesgo en mujeres que usaban talco en otras áreas de su cuerpo. Revise la etiqueta del producto para ver si contiene fibras asbestiformes (*abestiform fibers*).

Sofoque los sofocos. A las mujeres que han padecido cáncer de mama a veces se les aconseja que eviten la terapia de reposición hormonal para aliviar los síntomas menopáusicos porque las hormonas adicionales pueden estimular a las células del cáncer de mama. En un estudio de investigación a pequeña escala que incluyó a 27 mujeres, el antidepresivo paroxetina (*Paxil*) disminuyó la frecuencia de los sofocos (bochornos, calentones) en un 67 por ciento en promedio y también redujo la gravedad de los sofocos en un 75 por ciento en promedio. La paroxetina sólo se vende con receta, por lo que debe hablar con su doctor si le interesa esta opción.

Encárguese de sus emociones. "Algunas mujeres que están a la mitad de su vida están lidiando con muchos asuntos en esta época, por ejemplo, con el hecho de que ya no podrán tener hijos —señala la Dra. Catellani—. Aunque los estudios de investigación que se han realizado son preliminares, la literatura sobre cuerpo y mente existente sugiere que las personas que tienen conflictos no resueltos y que se quedan con su enojo o reprimen sus emociones, están en riesgo de contraer cáncer. Y cuando se les diagnostica cáncer, no les va tan bien como a aquellas mujeres que están en paz consigo mismas. Ahora es el momento de confrontar a ese miembro de su familia y abrir la comunicación o de perseguir sus sueños más secretos, como viajar, bailar o pintar. Los estudios de investigación están demostrando que ir en pos de esos sueños podría ser bueno para su salud".

DESFASE HORARIO

Cualquier mujer que haya viajado en avión a algún lugar lejano conoce ya la sensación: aunque ya llegó a su destino, su cuerpo se siente como si literalmente se hubiera quedado en otra parte. Usted se despierta cuando toda la demás gente está lista para comer el almuerzo. Usted está lista para cenar cuando todos los demás se están yendo a acostar. Otros efectos posibles incluyen fatiga, dolor de cabeza, irritabilidad, mala concentración, indigestión, pérdida del apetito e irregularidades intestinales.

Esta interrupción de los ritmos naturales del cuerpo, conocida como desfase horario (*jet lag*), es un tanto proporcional al número de husos horarios que atraviese y es especialmente pronunciada si viaja hacia "adelante" en el tiempo (de oeste a este). Si vuelve de California a Nueva York, entre los que hay una diferencia de 3 horas, lo más probable es que su cuerpo se quede en su horario californiano para comer y dormir durante 3 ó 4 días. Si vuela de Bangkok a California —cuyos horarios tienen más de un día de diferencia— usted se va a sentir fuera de sintonía durante una semana o más.

Entre más husos horarios atraviese cuando viaja, más tendrá que ajustarse su cuerpo.

"La regla general es que su cuerpo se tarda un día para recuperarse por cada huso horario que haya atravesado al viajar de este a oeste (cuando gana tiempo) —dice Gary Zammit, Ph.D., director del Instituto de Trastornos del Sueño del Hospital St. Luke's–Roosevelt en la ciudad de Nueva York—. Cuando viaja de oeste a este (es decir, cuando pierde tiempo) su cuerpo tarda un día y medio por cada huso horario que haya atravesado".

Pero, ¿cómo es que su cuerpo sabe que usted ya está en un huso horario diferente?

"El nuevo ambiente reta a sus ritmos corporales —explica el Dr. Zammit—. Cuando usted viaja a Los Ángeles desde Nueva York, su cuerpo opera como si ya fuera medianoche, pero todas las demás personas están completamente despiertas, porque sólo son las 9:00 P.M. para ellos".

A un nivel más sutil, su glándula pineal, que es una glándula con forma de piña de pino que se ubica adentro del cerebro, "lee" los cambios en la luz, donde la luz brillante le indica al cuerpo que debe despertarse y la oscuridad le indica que debe dormir. Esto provoca que la glándula pineal libere melatonina, que es una hormona que le ayuda a inducir el sueño. Normalmente, a medida que el sol se va poniendo, la glándula pineal libera una cantidad creciente de melatonina hacia su torrente sanguíneo. Esto continúa hasta alrededor de las 2:00 a 4:00 A.M., momento en el que empieza a disminuir gradualmente la cantidad de melatonina que se libera.

Atravesar husos horarios confunde su horario de liberación de melatonina. Lo mismo pasa cuando trabaja rotando turnos. Las personas que trabajan durante el turno de la noche y salen de su trabajo para encontrarse con la luz de la mañana también sufren de desfase horario. Volar de norte a sur no causa desfase horario, dado que no atraviesa husos horarios y no hay cambio en su ritmo diurno-nocturno.

Es interesante notar que las aeromozas (azafatas) parecen verse más afectadas por el desfase horario durante ciertas fases de su ciclo menstrual, o bien, se puede ver alterado su ciclo, lo que sugiere que también intervienen otras hormonas aparte de la melatonina.

Maneras naturales para vencer el desfase horario

Muchos de los consejos que se dan con respecto al desfase horario implican tácticas elaboradas que deben aplicarse antes de viajar para preparar su cuerpo para las alteraciones que se relacionan con atravesar husos horarios y acelerar esta transición. Estas tácticas incluyen:

- Quedarse despierta hasta que sea la hora de irse a acostar en el nuevo huso horario y luego dormir lo más tarde que pueda a la mañana siguiente.
- Tomar un vuelo de noche cuando esté viajando de oeste a este —por ejemplo, de California a Nueva York— dormir en el avión e irse a la cama a la hora que desee irse a acostar en Nueva York.
- Llegar con unos cuantos días de anticipación cuando vaya a asistir a un evento importante.
- Planear una escala si va a cruzar varios husos horarios.

Estas tácticas podrían funcionar en un mundo ideal. Pero la realidad es que la mayoría de las mujeres traen el tiempo encima y no se pueden dar el lujo de manipular sus horarios y responsabilidades antes de viajar al grado que se recomienda. Si va a hacer un viaje de negocios, lo más probable es que vaya y vuelva en unos cuantos días, sin dejarle tiempo para prepararse para el regreso. Y por supuesto, el estrés del viaje mismo contribuye al desfase horario.

Esto es lo que el Dr. Zammit sugiere que haga en vez.

Adelante o atrase su reloj. Desde antes que parta para su viaje, cambie la hora en su reloj para que este indique la hora del huso horario al que estará viajando. "Esto ayuda a algunas personas a prepararse sicológicamente", dice el Dr. Zammit.

Evite tomar bebidas alcohólicas durante el vuelo. "El alcohol puede tener un efecto sedante y hacer que le dé sueño a una hora inapropiada", dice Dr. Zammit. Asimismo, las pastillas para dormir (las benzodiazepinas, como *Valium* o *Xanax*) pueden ser útiles después de que llegue a su destino, pero pueden dejarla sintiéndose atontada y desorientada al día siguiente.

Camine bajo los rayos del Sol. Los estudios de investigación han mostrado que la exposición a la luz de espectro completo durante 30 a 60 minutos puede ayudar a que su glándula pineal responda con más rapidez a su nuevo horario. Si está viajando de oeste a este, haga esto temprano por la mañana para que su cuerpo reciba luz a la hora en que esté acostumbrado a recibirla. Si está viajando de este a oeste, salga a caminar en la tarde o cuando ya vaya a anochecer. Esto ayudará a retardar la secreción de melatonina unas cuantas horas y le ayudará a ajustarse a su nuevo ritmo en el lugar que esté visitando.

Averigüe si en el hotel pueden prestarle una caja luminosa. Las cajas luminosas, que son dispositivos que han sido diseñados para los viajeros que cruzan frecuentemente por husos horarios, iluminan su rostro con una luz de espectro completo, simulando una caminata al aire libre. Sentarse frente a una caja luminosa durante al menos 30 minutos mientras esté trabajando le será de utilidad.

¿Sirven los suplementos de melatonina?

Algunas personas son más susceptibles al desfase horario que otras. Y quizá descubra que a mayor edad, más susceptible se volverá a los efectos de viajar a través de husos horarios, posiblemente debido al descenso natural en los niveles de melatonina que ocurre con la edad. Por lo tanto, si las tácticas anteriores no le funcionan tan bien como usted desearía, hable con su médico acerca de la posibilidad de tomar suplementos de melatonina.

Los suplementos de melatonina, que contienen una versión sintética de la hormona que se libera naturalmente cuando se va poniendo el sol para ayudarla a dormir, parecerían ser una solución "lógica" para el desfase horario. No obstante, los suplementos de melatonina no parecen ser la "pastilla curalotodo" que los investigadores hubieran esperado. En un estudio de investigación, las personas que viajaron de Nueva York a Oslo, Noruega, y que tomaron melatonina no sufrieron síntomas significativamente menores que aquellas personas que tomaron un placebo. Pero la melatonina sí puede ayudarle a conciliar el sueño, algo por lo cual se sentirá agradecida cuando esté recostada en la cama, sintiéndose agotada, pero con los ojos abiertos de par en par.

- ✦ Si está considerando tomar melatonina, pruébela en casa antes de salir de viaje para determinar cuál es la dosis que mejor le funciona y para ver si le produce efectos secundarios, como sueños muy vívidos o atontamiento al día siguiente.
- ✦ Si tolera bien la melatonina, el Dr. Zammit sugiere que la tome cuando empiece a anochecer —alrededor de las 8:00 P.M.— en su nuevo huso horario, sin importar hacia dónde haya viajado o cuántos husos horarios haya atravesado.

Para estar segura, no tome más de 10 miligramos de melatonina al día, dependiendo del grado en que se vea interrumpido su sueño.

PROBLEMAS DE LA VISTA

*E*s más probable que los diversos problemas comunes de los ojos, incluyendo resequedad y mal enfoque, afecten a las mujeres durante eventos provocados por las hormonas, como sus ciclos menstruales, el embarazo y la menopausia, que en otros momentos.

Pero de acuerdo con los doctores, hay muchas cosas que puede hacer al respecto.

Auxiliares para los ojos hormonalmente resecos

"En mi consulta, el problema más común que veo en mujeres menopáusicas es la resequedad de los ojos", dice la Dra. Eve Higginbotham, profesora y presidenta del departamento de oftalmología de la Facultad de Medicina de la Universidad de Maryland en Baltimore. La resequedad ocular puede causar visión borrosa, ojos rasposos, sensibilidad a la luz y al frío, una sensación de presión y una sensación molesta y constante de que algo se le metió al ojo.

Algunos doctores creen que con la pérdida de estrógeno, los ojos pierden su capacidad natural de mantenerse húmedos. "Evidentemente, necesitamos una cierta cantidad de estrógeno para que las glándulas lagrimales de los ojos produzcan una lubricación adecuada para los ojos, dado el gran número de mujeres posmenopáusicas que sufren de resequedad ocular", dice la Dra. Higginbotham.

ESCAPE DEL INFIERNO HORMONAL

Le dolía parpadear

P: *Tengo 60 años de edad y he tenido los ojos resecos desde que pasé por la menopausia. Solía usar lentes de contacto pero me di por vencida, pues sentía como si trajera hojuelas de maíz en los ojos. No me molesta usar anteojos (espejuelos), pero mis ojos ahora están tan resecos e irritados que incluso me duele parpadear. He probado las lágrimas artificiales, pero arruinan mi maquillaje. Una amiga me sugirió que tomara suplementos de cápsulas de aceite de pescado (fish oil), y a estas alturas, ya estoy desesperada. ¿Vale la pena probar este suplemento?*

El Dr. Kirk Wilhelmus, profesor de Oftalmología de la Universidad de Medicina Baylor en Houston, responde: Aunque a la fecha no hay estudios de investigación que sugieran que el aceite de pescado puede curar la resequedad ocular, sí tiene cierta lógica pensar que podría ser útil. Los aceites de pescado son ricos en los ácidos grasos omega-3 que se conocen como ácido eicosapentaenoico (o *EPA* por sus siglas en inglés) y ácido docosahexaenoico (o *DHA* por sus siglas en inglés), los cuales pueden aumentar la viscosidad de las grasas que produce su cuerpo, principalmente en la piel y en los ojos. ¿El resultado? Menos resequedad.

La mejor manera de consumir ácidos grasos omega-3 es a través de los alimentos, no de los suplementos. Procura comer al menos dos o tres raciones de pescado a la semana (algunas buenas opciones incluyen el atún blanco/albacora enlatado y todas las variedades de salmón excepto el ahumado). Aunque los suplementos brindan una mayor cantidad de ácidos grasos omega-3 que estas raciones, todavía es posible que note mejoría en sus ojos. Y también es probable que obtenga otros beneficios en cuanto a su salud, como un menor riesgo de contraer enfermedades cardíacas, depresión y artritis reumatoide.

El ciclo menstrual también puede afectar la vista. Si ha notado que sus lentes de contacto no se sienten cómodos antes o durante su menstruación, no es producto de su imaginación. Su córnea —la parte externa transparente del ojo que permite que llegue luz al interior— se hace más gruesa a medida que el nivel de estrógeno se eleva al máximo, cambiando así la forma de su ojo. La retención de líquido que se relaciona con la menstruación también puede hacer que su córnea se vuelva más sensible.

Si no se puede poner el lente de contacto al primero o segundo intento, no insista. Si usa sus lentes de contacto pese a las dificultades que esté teniendo, lo más probable es que termine el día con los ojos secos y que tenga dificultades para ver las cosas con claridad.

Durante el embarazo, es posible que tenga dificultades similares con los lentes de contacto debido a la elevación en el nivel de otra hormona femenina, la progesterona, que también produce cambios en sus córneas. Su visión puede cambiar a tal grado que quizá se llegue a preguntar si necesita cambiar la graduación de sus lentes. En vez, tenga paciencia y espérese, dice la Dra. Higginbotham. Lo más probable es que su vista regrese a la normalidad después de que nazca su bebé (aunque sea lo único que regrese a la normalidad).

Mientras tanto, a continuación nuestros expertos le ofrecen algunas sugerencias.

Use lágrimas artificiales. Unas cuantas gotas le ayudarán a darles a sus ojos el lubricante natural que la menopausia —y otras revueltas hormonales— les quitan. "Yo generalmente les digo a las mujeres que atiendo que las usen de cuatro a seis veces al día —dice la Dra. Higginbotham—. Si la resequedad sigue siendo un problema, puede usarlas hasta cada 2 horas o incluso cada hora, si es necesario". Las lágrimas artificiales pueden usarse a largo plazo con seguridad y están disponibles en las farmacias o donde sea que se vendan productos para la salud.

Si donde usted vive el ambiente está muy seco, afuera o adentro, use un humidificador. Así ayudará a mantener húmedo el aire de su casa y de paso también sus ojos.

Hable con su oftalmólogo acerca de usar lentes de contacto duros, especialmente durante el embarazo o después de la menopausia. "Los lentes de contacto blandos agravan los ojos porque compiten con su ojo por la humedad —dice la Dra. Higginbotham—. Yo personalmente uso lentes permeables al gas (*gas permeable lenses*) porque no requieren humedad".

Defiéndase contra las cataratas, el glaucoma y la degeneración macular

Con la llegada de la menopausia, se eleva el riesgo de contraer cataratas y glaucoma. Las cataratas hacen que se forme una película turbia sobre el lente del ojo, lo cual nubla la vista. La señal más frecuente que indica la presencia de glaucoma es una sensación de presión en los ojos. Sin embargo, el tipo más común de glaucoma, llamado glaucoma simple o de ángulo abierto, no produce síntomas, dice la Dra. Higginbotham. Si no se le da tratamiento, el glaucoma puede conducir a ceguera irreversible. Las cataratas a menudo se pueden remover quirúrgicamente.

Los investigadores no saben si estos problemas serios de la vista van en función de la edad o de las fluctuaciones hormonales de una mujer, dice la Dra. Higginbotham. Después de todo, también afectan a los hombres. Pero algunos estudios indican que es posible que el estrógeno también desempeñe un papel en estas enfermedades de los ojos.

Quizá el problema más serio de la vista que pudiera tener su raíz en los cambios hormonales de la menopausia es la degeneración macular. Esta afección, que comienza con el deterioro de la parte del ojo que distingue los detalles, es la principal causa de ceguera en personas de la tercera edad; y las mujeres presentan una probabilidad dos veces mayor de padecer degeneración macular que los hombres.

Para salvar su vista, los expertos recomiendan que:

Use un sombrero y lentes oscuros cuando esté bajo los rayos directos del Sol. Los intensos rayos ultravioleta pueden elevar su riesgo de contraer cataratas, degeneración macular y otros problemas de la vista.

Córtele al cigarro. "Fumar es un factor de riesgo para la degeneración macular y las cataratas", dice la Dra. Higginbotham. (Para informarse acerca de la manera en que el tabaquismo afecta sus hormonas, vea la Primera Fase del programa para el equilibrio hormonal en la página 300).

Coma ocho raciones de frutas y verduras al día, incluyendo dos verduras de hojas color verde oscuro, como espinacas y col rizada, y dos frutas cítricas ricas en vitamina C. La oxidación de las proteínas que se encuentran en el interior del lente ocular parece desempeñar un papel crucial en la formación de las cataratas. Por lo tanto, al comer alimentos ricos en vitamina C y otros nutrientes que actúan como antioxidantes, usted potencialmente puede reducir los efectos dañinos de la oxidación en sus ojos.

Comer espinacas también puede ayudarle a evitar las cataratas. En un estudio de investigación que aún sigue en marcha, llamado Nurses' Health Study (Estudio de la Salud de las Enfermeras), los investigadores encontraron que aquellas que comían la mayor cantidad de alimentos que contienen luteína y zeaxantina (nutrientes protectores relacionados con el betacaroteno) tenían una probabilidad 22 por ciento menor de presentar cataratas que las mujeres que comían menos. La espinaca y la col rizada parecen ofrecer la mayor protección.

Considere los suplementos. Los investigadores compararon cuánta vitamina C consumían las mujeres de 56 a 71 años de edad y encontraron que aquellas que habían tomado suplementos de vitamina C durante 10 años o más tenían un riesgo 77 por ciento menor de padecer cataratas. Si extrapolamos los resultados de este estudio, vemos que se necesitan más de 359 miligramos de vitamina C al día para prevenir las cataratas, o sea, la cantidad que contienen casi 6 vasos de 6 onzas (180 ml) de jugo de naranja (china) o 3 tazas de brócoli cocido.

LA CONEXIÓN HORMONAL

¿La terapia de reposición hormonal también humedece los ojos?

¿Será que el mismo tratamiento que ayuda a proteger sus huesos contra la osteoporosis puede ayudar también a sus ojos? Parece que sí.

Un estudio de investigación de casi 80 mujeres posmenopáusicas de 50 años de edad y mayores reveló que las mujeres que tomaron alguna terapia de reposición hormonal (o *HRT* por sus siglas en inglés) presentaban una cantidad significativamente menor de quejas de resequedad de ojos y también una menor cantidad de otras quejas diversas que aquellas que no reemplazaron la pérdida de estrógeno que ocurre con la menopausia.

Además, entre mayor fue el tiempo que las mujeres tomaron la HRT, menor era el número de quejas que presentaban, dice la Dra. Eve Higginbotham, profesora auxiliar y presidenta del departamento de oftalmología de la Facultad de Medicina de la Universidad de Maryland en Baltimore.

Aún no se comprende la razón precisa por la cual la HRT parece disminuir la probabilidad de que una mujer presente problemas de la vista, dice la Dra. Higginbotham. Pero parece que el estrógeno ayuda al ojo a producir lágrimas, que a su vez lubrican la córnea, la cual debe mantenerse transparente para que pueda transmitir la luz.

¿Es diabética? Proteja su vista

La retinopatía diabética, una distorsión de la visión causada por la disminución en el flujo de sangre hacia la retina, se vuelve más grave durante el embarazo. Esto se debe a que la elevación en el nivel de progesterona puede hacer que empeoren los cambios preexistentes en la retina relacionados con la diabetes.

La retinopatía diabética es una complicación a largo plazo de la diabetes —particularmente de la diabetes tipo I o diabetes juvenil— y las mujeres que han padecido diabetes gestacional generalmente no contraen esta enfermedad, dice la Dra. Mary Lake Polan, Ph.D., profesora y presidenta del departamento de ginecología y obstetricia de la Facultad de Medicina de la Universidad Stanford. Sin embargo, si padeció diabetes gestacional en un embarazo anterior, corre un mayor riesgo de padecerla en embarazos posteriores, dice la Dra. Polan, y a largo plazo, de contraer diabetes después del embarazo.

Si padece diabetes y tiene planeado embarazarse:

Tome medidas para controlar sus niveles de insulina. Vea el Capítulo 13 para obtener más detalles.

Consulte a su oftalmólogo y a su ginecólogo incluso antes de que empiece a tratar de concebir. Ambos médicos necesitan asegurarse de que su diabetes esté bien controlada. El ginecólogo revisará sus niveles de hemoglobina y el oftalmólogo le hará un examen de la retina para establecer una línea basal de referencia.

Nunca olvide su insulina. Esto es una buena idea, independientemente de que padezca problemas de la vista o no.

RECUPERACIÓN
DE UNA CIRUGÍA

Cualquier mujer que tiene programada una cirugía tenderá a empezar a preocuparse y a preguntarse: ¿Resultará bien? ¿Cuánto me dolerá? ¿Qué tan pronto podré hacer una vida normal?

Por supuesto, preocuparse no sirve de nada. De hecho, los estudios de investigación ahora han demostrado que la preocupación sólo dificulta la recuperación de una cirugía.

"Entre más angustiada esté, más difícil le será", dice la Dra. Leigh Neumayer, profesora adjunta de Cirugía de la Universidad de Utah en Salt Lake City. "De por sí, las hormonas del estrés se elevan a causa de una cirugía. Lo alto que se eleven depende del tipo de cirugía. En una biopsia de mama, por ejemplo, se elevan un poco. En una histerectomía, se elevan muchísimo. En una cirugía de derivación cardiaca (*bypass*), se elevan todavía más. Una paciente que mantiene una actitud positiva y a quien se le informa acerca de la cirugía tendrá una recuperación más fácil, en la mayoría de los casos".

Siempre que se siente ansiosa, su cuerpo libera dos hormonas del estrés, cortisol y adrenalina. A su vez, su corazón bombea más rápido y circula más oxígeno y sangre a través de su cuerpo. Las hormonas del estrés también suprimen al sistema inmunitario del cuerpo y esto definitivamente no es deseable cuando se va a someter a una cirugía. Por lo tanto, un número cada vez mayor de doctores está recomendado que se informe lo más posible sobre lo que puede esperar de una cirugía y que practique técnicas de relajación con antelación a la misma.

Estas dos cosas la harán sentirse mejor tanto física como sicológicamente, dice el Dr. Jack Rudick, profesor de Cirugía de la Escuela de Medicina Mount Sinai en la ciudad de Nueva York. Disminuir la ansiedad que le causa la cirugía puede reducir su riesgo de sufrir una infección, aminorar el dolor (y también la cantidad de calmantes que vaya a necesitar) y acelerar su período de recuperación.

Tácticas preoperatorias de relajación

Si puede, programe su cirugía con unas cuantas semanas de anticipación, dice el Dr. Rudick. Luego, tómese el tiempo suficiente para prepararse mentalmente para la cirugía; esto puede marcar un mundo de diferencia.

Pregunte lo más posible sobre lo que puede esperar de la cirugía. "Si su doctor no está dispuesto a responder a todas sus preguntas, encuentre a otro doctor", dice la Dra. Neumayer. Su cuerpo responderá mejor si su mente ya sabe qué esperar. De hecho, en un estudio de investigación se mostró que las pacientes que habían sido programadas para una cirugía de reemplazo de cadera artificial que vieron un video del procedimiento al que se iban a someter fueron capaces de lidiar con el nerviosismo preoperatorio de mejor forma que aquellas que no vieron el video. Las pacientes que vieron el video también lidiaron de mejor forma con el dolor postoperatorio.

Si está extremadamente nerviosa por su cirugía, hágaselo saber a su médico. "Si se siente muy asustada por la cirugía, asegúrese de que esto le quede perfectamente claro a su médico", dice la Dra. Neumayer. Luego, si es necesario, el personal médico podrá ayudarle recetándole fármacos ansiolíticos.

No **tome hierbas antiestrés como la** *kava kava.* Algunas hierbas interfieren con la anestesia o pueden causar otros problemas. La vitamina E, el ajo, el aceite de pescado, el selenio, las bayas de espino (*hawthorn berry*) y el *ginkgo*, por ejemplo, disminuyen la coagulación sanguínea, la cual es esencial para la curación. Informe de antemano a su anestesiólogo de todas las hierbas y suplementos que esté tomando. Y espere hasta que su herida haya sanado antes de empezar a tomar estos suplementos nuevamente.

Si padece diabetes, hable con su médico acerca de seguir con sus inyecciones de insulina después de la cirugía. Los niveles elevados de azúcar que se relacionan con la diabetes pueden hacer que crezcan bacterias y gérmenes y dificultar su recuperación. Esto se puede mantener bajo control si controla sus niveles de insulina.

Practique la respiración profunda dos veces al día. Simplemente siéntese o recuéstese cómodamente y cierre los ojos, dice el Dr. Rudick. Imagine que tiene que inflar un globo: inhale lentamente por la nariz hasta que cuente a cinco. Luego exhale lentamente por la boca. Siga haciendo esto de 5 a 10 minutos —una vez en la mañana y una vez en la noche— todos los días hasta el día de su cirugía.

Consiéntase con una cinta de imaginación guiada. La imaginación guiada, que es una técnica en la que emplea sus pensamientos para lidiar con el dolor,

---

LA CONEXIÓN HORMONAL

¿Está por llegarle la menstruación? Informe a su cirujano

Si tiene programada una cirugía, informe a su médico si cree que va a estar menstruando en la fecha de la operación. Algunos doctores creen que las mujeres pueden presentar una mayor hemorragia en la incisión cuando se les practica una cirugía durante su menstruación y, de ser posible, prefieren programar la cirugía para otra fecha.

le ayuda a utilizar todos sus sentidos para distraerse del dolor. Por ejemplo, podría imaginar que está en una playa tranquila, escuchando las olas, sintiendo la brisa y oliendo el aire salado. El Dr. David Sobel, director regional de educación de pacientes del departamento de educación en salud del Programa de Atención Médica de Kaiser Permanente en Oakland, California, recomienda una cinta que ofrezca música relajante y quizá una narración que la invite a imaginarse en un lugar seguro. Siga practicando la respiración profunda y escuche la cinta sin interrupciones, una vez en la mañana y una vez en la noche, durante varios días antes y después de su cirugía.

Estrategias que reducen el estrés en el quirófano

¿Tiene frío? Dígalo. Si siente frío en el quirófano, pida un tipo de frazada (cobija, manta, frisa) que se llama *"bear hugger"*, dice el Dr. Rudick. Estas frazadas ayudan a mantener calientes a los pacientes en el quirófano, los cuales generalmente se mantienen a una temperatura fría, y esto ayuda a mantener fuerte su sistema inmunitario.

Justo antes de que le pongan la anestesia, practique un poco de autohipnosis. Relaje su cuerpo, respire profundamente y visualícese en algún lugar seguro, como una habitación cómoda de su hogar o sentada junto al mar, dice el Dr. Sobel.

LESIONES DE LAS RODILLAS

Una adivinanza: ¿Por qué la capacidad de las mujeres de tener hijos las hace más susceptibles a lesionarse las rodillas en comparación con los hombres? Respuesta: Porque el estrógeno, que es la hormona que ayuda a suavizar la pelvis para darle cabida al embrión en crecimiento, también puede suavizar las rodillas y otros ligamentos, haciéndolas más vulnerables que los hombres a ciertas lesiones de las rodillas.

Lo más probable es que no se "truene" las rodillas cuando salga a caminar por su barrio (colonia) para hacer algo de ejercicio. Pero los deportes como el fútbol, el baloncesto, el voleibol, esquiar, o tomar clases de ejercicios aeróbicos o de aeróbicos con banca (*step*), son harina de otro costal. Estos deportes hacen necesario que se mueva rápido, luego se detenga y se voltee rápidamente, poniéndola en riesgo de desgarrarse los ligamentos cruciformes anteriores (o *ACL* por sus siglas en inglés) que mantienen a la rodilla en su lugar.

Los investigadores han encontrado que las mujeres presentan el mayor riesgo de sufrir desgarres de los ACL cuando hacen ejercicio a la mitad de su ciclo menstrual (días 10 al 14), alrededor de la ovulación, cuando los niveles de estrógeno se encuentran elevados. En contraste, presentan la menor probabilidad de desgarrarse los ACL si practican deportes al inicio de su ciclo, lo que se conoce como la fase folicular (días 1 al 9), cuando los niveles de estrógeno son menores. El estrógeno puede inhibir la producción de colágeno, que es la molécula básica que se emplea para construir los ligamentos, aunque los doctores no saben si el estrógeno puede afectar el ligamento con esa rapidez.

Por otra parte, los niveles extremadamente bajos de estrógeno pueden conducir a otra lesión de la rodilla que es más común en mujeres que en hombres: la osteoartritis de las rodillas, la cual puede causar hinchazón y dolor fuerte, incluso al realizar hasta las actividades más simples, como caminar o ponerse de pie. El riesgo de contraer osteoartritis parece elevarse durante o poco después de la menopausia, cuando desciende significativamente el nivel de estrógeno.

Tácticas personales

"Siempre que exista una diferencia en la incidencia de una enfermedad entre hombres y mujeres, se le echa la culpa al estrógeno", dice el Dr. Tim McAlindon, M.P.H., profesor adjunto de Medicina de la Facultad de Medicina de la Universidad de Boston. Pero aún se sigue investigando si el estrógeno es en realidad el culpable de las lesiones de la rodilla, dice.

Una manera de reducir su riesgo de desgarrarse los ACL es evitando los deportes como el fútbol soccer o el baloncesto o las clases de ejercicios aeróbicos o de aeróbicos con banca durante los 5 días del mes en que esté pasando por el ciclo de la ovulación. Pero haciendo honor a la verdad, ¿cuántas mujeres pueden programar una competencia o unas vacaciones para ir a esquiar alrededor de sus ciclos menstruales? Y dejar de hacer ejercicio cuando estamos ovulando sólo le agrega un obstáculo más a nuestra rutina de hacer ejercicio con regularidad. Entonces, es una buena idea, pero sólo en teoría.

Tomar una píldora anticonceptiva le puede ayudar. Los anticonceptivos orales pueden ayudar a equilibrar las fluctuaciones en sus hormonas y, al mantener fuertes los ligamentos de sus rodillas, pueden ayudar a prevenir las lesiones.

Y si toma suplementos de estrógeno durante la menopausia, automáticamente estará compensando las hormonas que está dejando de producir durante esta etapa de su vida, disminuyendo así su riesgo de sufrir osteoartritis o retardando su evolución si ya sufre de esta afección.

Si no está tomando pastillas anticonceptivas o alguna terapia de reposición hormonal, todavía puede disminuir el dolor y las lesiones de las rodillas.

"Los métodos tradicionales consisten en eliminar primero los factores de riesgo", dice el Dr. McAlindon. Específicamente, puede fortalecer y ayudar a sus rodillas de las siguientes maneras.

Si tiene sobrepeso, adelgace un poco. "El peso excedente ejerce más presión sobre sus rodillas. Pero una pérdida modesta —incluso de unos cuantos kilogramos— disminuirá la presión y reducirá su riesgo de sufrir osteoartritis", dice el Dr. McAlindon. Bajar de peso también puede evitar que la artritis avance, en caso de que ya padezca esta afección.

Fortalezca sus muslos, caderas y pantorrillas. Levante pesas dos o tres veces a la semana y preste especial atención a los músculos cuádriceps (los músculos grandes que están en la parte anterior de sus muslos). "La mayoría de las personas no ejercitan estos músculos, pero estos músculos estabilizan las articulaciones y se cree que ayudan a proteger las rodillas", dice el Dr. McAlindon. Un buen ejercicio para los cuádriceps que no empeorará la situación, especialmente si tiene sobrepeso, es nadar.

Alíviese con el "toque terapéutico". Se ha encontrado que este tipo específico de toque suave con las manos, que generalmente es realizado por un terapeuta de masaje u otro profesional en medicina alternativa, vuelve a equilibrar el sistema de energía del cuerpo y ayuda a disminuir el dolor en las rodillas causado por la osteoartritis.

Pruebe la glucosamina y la condroitina. Disponibles en cualquier tienda que venda suplementos nutricionales, estos dos suplementos parecen trabajar de manera concertada para retardar la degradación del cartílago e incluso reparar los daños a las articulaciones, ayudando así a disminuir la inflamación, la hinchazón y el dolor. El Dr. Woodson Merrell, director ejecutivo del Center for Health and Healing del Centro Médico Beth Israel en la ciudad de Nueva York, sugiere tomar 500 miligramos de glucosamina (*glucosamine*) tres veces al día para los episodios de dolor provocado por la osteoartritis hasta que el dolor desaparezca. En el caso de la condroitina (*chondroitin*), la dosis recomendada es de 1,200 miligramos al día.

Sin embargo, no dependa exclusivamente de los suplementos para prevenir o curar desgarres de los ligamentos. Una vez que se haya desgarrado los ACL, puede que sea necesaria la fisioterapia, la cirugía o ambas.

ENFERMEDADES DE LAS ENCÍAS

E n *Mujer bonita*, el personaje encarnado por Julia Roberts entra al baño de la habitación del hotel del personaje de Richard Gere y se queda ahí durante lo que parece ser un tiempo sospechosamente largo. Gere, quien desempeña el papel de un hombre de negocios muy serio, se pregunta si Roberts, quien desempeña el papel de una prostituta no tan seria, está tomando drogas. Él abre la puerta con nerviosismo. Roberts se da la vuelta y revela lo que había estado haciendo: se había estado limpiando los dientes con hilo dental.

Aparte de bonita, es una mujer inteligente.

Según la Asociación Dental de los Estados Unidos, las enfermedades de las encías afectan a tres de cada cuatro personas de más de 35 años de edad. Además, las mujeres corren un riesgo todavía más alto.

"Las mujeres son realmente susceptibles a las enfermedades de las encías en parte debido a los cambios hormonales que ocurren durante varias etapas de su vida", dice Barbara J. Steinberg, D.D.S., profesora de Cirugía y Medicina de la Escuela de Medicina Hahnemann en Filadelfia.

Hablando estrictamente, el riesgo de contraer enfermedades de las encías empieza con la placa dentobacteriana, una película pegajosa de bacterias que se forma constantemente sobre la superficie de los dientes. Si la placa dentobacteriana se queda sobre o entre sus dientes, se convierte en sarro: un residuo duro de alimentos, saliva y sales. Si este sarro permanece, crea, a su vez, un espacio o bolsa entre sus dientes y sus encías. Si no se trata esta afección, sus encías y los huesos que sostienen a los dientes en su lugar se desgastan y si esto no se trata, es posible que se le caigan algunos dientes.

"Durante la pubertad, la menstruación y el embarazo, y mientras está tomando anticonceptivos orales, los altos niveles de progesterona pueden hacer que sus encías se vuelvan más sensibles a la placa dentobacteriana —explica la Dra. Steinberg—. Se pueden hinchar, enrojecer y sangrar con facilidad, todos los cuales son síntomas de las enfermedades de las encías. Del 60 al 75 por ciento de todas las mujeres embarazadas presentarán algún grado de inflamación en las encías durante su embarazo". Esto se debe, en parte, a la presencia de progesterona en la saliva, la cual, a su vez, puede causar la proliferación de bacterias y que se le hinchen las encías.

"Las enfermedades de las encías parecen hacer que una mujer corra el riesgo de dar a luz a un bebé de bajo peso antes de término", es decir, un bebé que pesa menos de 5.8 libras (2.633 kg) y que nace antes de la semana 37 de embarazo, dice la Dra. Steinberg. "Por lo tanto, si está contemplando embarazarse, debe consultar no sólo a su médico, sino también a su dentista".

"La menopausia es otro asunto", agrega. Junto con la tendencia extraña y molesta de hacer que la leche le sepa salada, una caída en el nivel de la hormona estrógeno puede elevar su riesgo de perder dientes o hacer que las enfermedades de las encías sean más graves. Si padece diabetes, también presenta un mayor riesgo de sufrir enfermedades de las encías. Además, si padece tanto diabetes como enfermedades de las encías, las bacterias que se acumulan en sus encías dificultan la absorción de la insulina oral.

Lo básico para todas

Independientemente de la causa, hay mucho que puede —y debe— hacer para ayudar a prevenir e incluso revertir las enfermedades periodontales (de las encías) en sus etapas más tempranas (lo que se conoce como gingivitis). A continuación están los consejos de los expertos.

Use el hilo dental *antes* de cepillarse los dientes todos los días. Esto ayudará a llevar las bacterias a la superficie; así, podrá eliminarlas con el cepillado.

Sostenga su cepillo de dientes a un ángulo de 45 grados, en vez de colocarlo paralelo a sus dientes. Esto ayudará a que las cerdas del cepillo limpien a lo largo de la línea de las encías.

Cepíllese dos veces al día en este orden. Cubra las superficies de masticación primero, luego el lado interno de sus dientes y finalmente el lado externo. Esto hará que el cepillo esté más suave cuando lo use en las áreas externas, donde las encías corren el mayor peligro de separarse de los dientes.

Termine por cepillarse la lengua. La lengua alberga a cientos de miles de bacterias. Además, a menos que se limpie la lengua, esta atraerá a bacterias nuevas después de que se cepille los dientes.

Use un enjuague bucal contra la placa dentobacteriana antes o después de cepillarse y usar el hilo dental. Esto ayuda a eliminar cualesquiera de los alimentos o placa dentobacteriana que haya sacado durante el cepillado.

Si está pasando o ya pasó por la perimenopausia, use un cepillo suave en vez de uno duro. Debido a que los tejidos bucales son delgados durante esta etapa de la vida, un cepillo suave no maltratará tanto sus encías y disminuirá el riesgo de que pueda dañarlas al cepillarse.

Olvídese del cigarro. Fumar es, sin duda, un factor de riesgo importante para las enfermedades de las encías.

Combata los problemas de las encías relacionados con las hormonas

Las mujeres que están sopesando los pros y los contras de la terapia de reposición hormonal pueden agregar otro beneficio potencial a la lista: la protección de sus dientes y encías. Un estudio de investigación sugiere que las mujeres que toman suplementos de estrógeno dentro de los 5 años posteriores a la menopausia pueden retrasar el avance de las enfermedades de las encías.

"El estrógeno parece disminuir el nivel de inflamación en las encías —dice Richard Reinhardt, D.D.S., Ph.D., el investigador principal de este estudio y profesor de Especialidades Quirúrgicas de la Facultad de Odontología del Centro Médico de la Universidad de Nebraska en Lincoln—. También tiende a conservar mejor el hueso y el tejido blando que sirve de soporte a los dientes. Para las mujeres que están en riesgo de contraer osteoporosis —una afección que las hace más vulnerables a la pérdida progresiva de la encía periodontal y hueso— esta podría ser otra razón más para tomar estrógeno".

Por último, si padece diabetes, tenga particular cuidado de mantener sus niveles de glucosa bajo control, y si se la recetan, de tomar su insulina. "Las personas que no toman su insulina con regularidad o que tienen problemas para mantener sus niveles de glucosa bajo control presentan una mayor incidencia de enfermedades de las encías", dice el Dr. Reinhardt. Aparentemente, sufrir de más infecciones bucales hace que los diabéticos se resistan a la insulina. "Mientras mejor sea el control que lleve de su diabetes y mientras más limpios mantenga sus dientes, menores serán los problemas periodontales que probablemente tendrá". (Para mayores detalles acerca de cómo controlar las fluctuaciones hormonales que son responsables de la diabetes, vea el Capítulo 13).

RONQUIDOS

Las mujeres que nunca roncaron antes de la menopausia a menudo se sorprenden cuando escuchan quejas de que han empezado a roncar por primera vez a la mitad de su vida. O se empiezan a preguntar por qué se despiertan sintiéndose cansadas, sin sospechar que sus episodios guturales nocturnos podrían ser la causa.

El problema subyacente más común: la apnea obstructiva del sueño. En términos sencillos, se bloquea el flujo de aire desde o hacia su nariz o boca durante 10 segundos a 1 minuto.

"Hasta que llega la menopausia, la progesterona ayuda a estimular la respiración normal", dice Joan L. F. Shaver, R.N., Ph.D., investigadora del sueño y rectora de la Facultad de Enfermería de la Universidad de Illinois en Chicago. También parece proteger a la mujer contra la apnea del sueño antes de la menopausia. Pero la menopausia trae consigo una disminución en la producción de hormonas ováricas, incluyendo la progesterona, y en el caso de muchas mujeres, un aumento en los problemas del sueño. De hecho, las mujeres presentan una mayor probabilidad de roncar después de la menopausia que en cualquier otra época de su vida. Según la Dra. Shaver, alrededor del 10 al 12 por ciento de las mujeres entre los 40 y los 59 años de edad roncan. A partir de los 65 años de edad, esto aumenta al 19 ó 20 por ciento.

La manera precisa en que los cambios hormonales que ocurren alrededor de la menopausia pueden conducir a los ronquidos y otros problemas de la respiración que causan trastornos en el sueño es una interrogante que los científicos actualmente están explorando. La terapia de reposición hormonal no parece ayudar. Pero sí hay una cosa que ya parece ser clara: la falta de descanso no es lo único que aparentemente está en juego. Si no se le da tratamiento, la apnea del sueño puede poner en peligro la vida.

"Con el tiempo, los trastornos de respiración durante el sueño pueden contribuir a padecer presión arterial alta y problemas del corazón", posiblemente elevando el riesgo de sufrir derrames cerebrales y ataques al corazón, dice la Dra. Shaver. Esto se debe a que, mientras respiramos, tomamos oxígeno, el cual circula por el torrente sanguíneo. Pero si dejamos de respirar repetidamente, caen los niveles de oxígeno, sometiendo al corazón a un esfuerzo adicional.

Quizá usted ronque sin saberlo. "Los compañeros de cama no siempre lo notan —dice la Dra. Shaver—. Es posible que ellos también estén roncando".

Otras pistas más confiables: las mujeres que sufren de apnea a menudo se despiertan con dolor de cabeza y se sienten muy cansadas y se les dificulta funcionar bien durante el día, dice la Dra. Shaver.

Una molestia que no debe ignorar

Si padece apnea del sueño, es importante que trate el problema subyacente y no sólo los ronquidos, que son el síntoma más notorio. Por lo tanto, si sospecha que padece apnea del sueño, informe a su doctor o enfermera. Ellos podrán referirla con un neumólogo u otro médico que se especialice en tratar trastornos del sueño. Lo mejor es que se atienda en un centro acreditado que se dedique a tratar trastornos del sueño. Si el problema es grave, quizá le adapten una mascarilla conectada a un ventilador que sopla aire a través de su nariz y boca y mantiene abiertas las vías aéreas mientras duerme. A las personas que tienen una garganta, una laringe y una faringe pequeñas, quizá les recomienden una cirugía.

Para algunas otras personas, hay otras tácticas más sencillas que pueden ser de utilidad. Entre ellas, encontramos las siguientes que recomienda la Dra. Shaver.

En la Internet — *y otros recursos*

↦ Para averiguar más sobre los avances más recientes en la investigación de los trastornos del sueño o para encontrar a un especialista en trastornos del sueño de su área, póngase en contacto con:

National Center on Sleep Disorders Research
2 Rockledge Centre
Suite 10038
6701 Rockledge Drive, MSC 7920
Bethesda, MD 20892-7920
www.nhlbi.nih.gov/about/ncsdr/
   index.htm

↦ Para encontrar una clínica acreditada de trastornos del sueño en su localidad, póngase en contacto con:

American Academy of Sleep Medicine
6301 Bandel Road NW
Suite 101
Rochester, MN 55901
www.aasmnet.org

Si tiene sobrepeso, adelgace. "Las mujeres que tienen sobrepeso son más propensas a la apnea", dice la Dra. Shaver. El peso excedente puede crear tejidos más estorbosos en las vías aéreas, haciendo que estas se hagan más estrechas y dificultando la respiración. Perder tan sólo el 10 por ciento de su peso corporal le puede ayudar. Por ejemplo, si pesa 200 libras (91 kg), fíjese la meta de bajar 20 libras (9 kg) de peso.

Elimine el alcohol, los cigarros y las pastillas para dormir. Los tres pueden aumentar la probabilidad de que los músculos de la garganta y lengua se relajen a tal grado mientras duerme que lleguen a bloquear parte de sus vías aéreas.

Evite dormir boca arriba. "Cuando duerme, los tejidos se vuelven holgados, y debido a la gravedad, pueden bloquear sus vías aéreas", dice la Dra. Shaver. Esto se previene durmiendo de lado. Puede serle útil colocarse una almohada contra la espalda.

Alíese con su dentista. "Hay algunos dispositivos dentales que, cuando se usan durante la noche, ayudan a mantener la quijada hacia adelante y a mantener abiertas las vías aéreas", dice la Dra. Shaver.

Auxiliares hormonales

Guía de hierbas
y suplementos

Hierbas y sus compuestos

Aunque los remedios herbarios generalmente son seguros para el autocuidado y causan pocos o ningunos efectos secundarios, los herbolarios siempre advierten que las medicinas botánicas se deben usar con cuidado y con conocimiento.

Lo primero que debe considerar es que, si está bajo el cuidado de un médico a causa de cualquier desequilibrio hormonal u otra afección y está tomando algún medicamento, no ingiera hierba alguna ni altere su tratamiento sin antes consultar a su doctor. Si está embarazada, no se autotrate con remedio natural alguno sin el consentimiento de su obstetra o partera. Lo mismo sucede en el caso de mujeres que están amamantando y aquellas que están tratando de concebir.

Algunas hierbas pueden causar reacciones adversas en personas que son propensas a las alergias, las que sufren de algún padecimiento importante o las que están tomando medicamentos que se venden con receta, incluyendo hormonas como la insulina, hormonas tiroideas o estrógeno. Al igual que cualquier otra medicina, las hierbas también pueden tener efectos dañinos si se toman durante demasiado tiempo, en cantidades excesivas o de la manera incorrecta.

Las pautas de seguridad que se presentan en la tabla siguiente se basan en el *Botanical Safety Handbook* (Manual de seguridad botánica) de la Asociación de Productos Herbarios de los Estados Unidos —una fuente reconocida de información acerca de la seguridad de las hierbas— y en los consejos de herbolarios experimentados. Esta tabla cumple con el propósito de ayudarle a tomar decisiones con conocimiento de causa cuando esté incorporando hierbas a su programa para el equilibrio hormonal. Solamente incluye las hierbas o compuestos herbarios que se discuten en este libro para los cuales se hayan identificado efectos secundarios potenciales, interacciones o ambos.

Estas pautas son sólo para adultos y generalmente se refieren al uso interno de las hierbas. Tenga presente que algunas hierbas pueden causar reacciones en la piel cuando se aplican tópicamente. Si va a probar una hierba tópica por primera vez, es mejor que se haga una prueba de parche. Aplíquese una pequeña cantidad sobre la piel y vigile el área de aplicación durante 24 horas. Si nota cualquier tipo de enrojecimiento o un sarpullido, suspenda su uso. (*Nota*: g = gramos; mg = miligramos).

Hierba	Pautas para su uso seguro y efectos secundarios posibles
Aceite de ricino	No ingiera aceite de ricino si padece obstrucción intestinal o dolor abdominal. No lo tome durante más de 8 a 10 días.
Agnocasto	Puede contrarrestar la eficacia de las pastillas anticonceptivas.
Angélica china	Si sufre de alguna afección que involucre flujo menstrual abundante, como la endometriosis, tome esta hierba sólo por indicación de un profesional calificado.
Buchu	No lo tome si padece enfermedades renales.
Castaño de la India	Puede interferir con la acción de otros fármacos, especialmente los medicamentos anticoagulantes como la warfarina (*Coumadin*). Puede irritar el tracto gastrointestinal.
Cimifuga negra	No la tome durante más de 6 meses.
Cola de caballo	No tome la tintura de esta hierba si tiene problemas cardíacos o renales. Puede causar una deficiencia de tiamina. No tome más de 2 g al día del extracto en polvo ni durante períodos prolongados.
Corazoncillo	No tome esta hierba junto con antidepresivos u otros medicamentos que se vendan sin receta sin la autorización de su doctor. Puede causar fotosensibilidad. Evite la exposición excesiva a la luz directa del Sol.
Cúrcuma	No la use como remedio casero si padece de acidez o úlceras estomacales, cálculos biliares u obstrucción de los conductos biliares.
Diente de león	Si padece alguna enfermedad de la vesícula biliar, no tome preparaciones de raíz de diente de león sin la autorización de su médico.
Efedra	Tome esta hierba sólo bajo la supervisión de un profesional calificado.

Hierba	Pautas para su uso seguro y efectos secundarios posibles
Espino	Si padece alguna afección cardiovascular, no tome espino con regularidad durante más de unas cuantas semanas sin supervisión médica. Es posible que requiera dosis más bajas de otros medicamentos, por ejemplo, de fármacos antihipertensivos. Si sufre de presión arterial baja causada por problemas en las válvulas del corazón, no tome esta hierba sin supervisión médica.
Gayuba	No la tome durante más de 2 semanas sin la supervisión de un profesional calificado. No la ingiera si padece enfermedades renales, dado que la gayuba contiene taninos, los cuales pueden causar más daños a los riñones. Los taninos también pueden irritar el estómago.
Ginkgo	No lo ingiera junto con antidepresivos inhibidores de la monoaminooxidasa (*MAO inhibitors*) como el sulfato de fenelzina (*Nardil*) o la tranilcipromina (*Parnate*) ni junto con aspirina u otros fármacos antiinflamatorios no esteroídicos o medicamentos anticoagulantes como la warfarina (*Coumadin*). Puede causar dermatitis, diarrea y vómito en dosis mayores de 240 mg del extracto concentrado.
Jengibre	Puede aumentar la secreción de bilis, por lo que si padece cálculos biliares, no emplee cantidades terapéuticas de la raíz seca o en polvo al no ser que lo haga bajo la supervisión de un profesional de la salud.
Kava kava	No tome esta hierba con alcohol o barbitúricos. No ingiera más de la dosis recomendada en el empaque. Tenga precaución cuando esté conduciendo u operando maquinaria, dado que esta hierba es un relajante muscular.
Kelp	Si sufre de presión arterial alta o problemas del corazón, sólo tome esta hierba una vez al día o menos. No la ingiera si padece hipertiroidismo. Tómela con una cantidad adecuada de líquido. No se recomienda su uso a largo plazo.
Malvavisco	Puede retardar la absorción de otros medicamentos que se consuman al mismo tiempo.
Matricaria	Si las mastica, las hojas frescas pueden causar úlceras en la boca (aftas, boqueras, fuegos) en algunas personas.
Milenrama	En casos raros, la manipulación de las flores de esta hierba puede causar un sarpullido en la piel.
Ortiga	Si sufre de alergias, es posible que empeoren sus síntomas. Por lo tanto, sólo tome una dosis al día durante los primeros días.

Hierba	Pautas para su uso seguro y efectos secundarios posibles
Palmera enana	Antes de usar esta hierba para tratar el acné, consulte a su médico para que le haga un diagnóstico preciso y pueda llevar un control adecuado del tratamiento.
Perejil	No tome esta hierba si padece enfermedades renales porque incrementa el flujo de orina cuando se toma en cantidades terapéuticas. Es seguro para usarse como guarnición o ingrediente en los alimentos.
Petasita	Limítese a tomar preparaciones que estén libres de alcaloides de pirrolizidina (*pyrrolizidine alkaloid* o *PA* por sus siglas en inglés).
Regaliz	No tome esta hierba si sufre de diabetes, presión arterial alta, trastornos hepáticos o renales o niveles bajos de potasio. No la tome diariamente durante más de 4 a 6 semanas dado que el uso excesivo de regaliz puede conducir a la retención de líquidos, la presión arterial alta causada por la pérdida de potasio o las alteraciones en el funcionamiento cardíaco o renal.
Rehmannia	No ingiera esta hierba si tiene diarrea, falta de apetito o indigestión.
Valeriana	No la tome junto con medicamentos para dormir o para regular el humor dado que puede intensificar sus efectos. Puede causar palpitaciones y nerviosismo en personas sensibles. Si usted presenta dicha acción estimulante, suspenda su uso.
Viburno	No lo tome salvo bajo supervisión médica si tiene antecedentes de cálculos renales, dado que contiene oxalatos, los cuales pueden causar cálculos renales.

Suplementos de vitaminas y minerales

Aunque es raro que ocurran efectos secundarios e interacciones con el uso de suplementos de vitaminas y minerales, sí pueden llegar a ocurrir. Esta guía ha sido diseñada para ayudarle a tomar ciertos suplementos mencionados en este libro con seguridad y eficacia.

Asegúrese de hablar con su médico antes de ingerir cualquier suplemento si padece alguna enfermedad crónica que requiera de supervisión médica o medicamentos. De hecho, si padece cualquier tipo de problema de salud, su doctor o farmacéutico necesita saber cuáles suplementos está tomando antes de recetarle un tratamiento con medicinas que se vendan con o sin receta. Si está embarazada, amamantando o tratando de concebir, no tome suplementos salvo bajo la supervisión de su médico.

Nutriente	Cantidad Diaria Recomendada o *Ingestión Diaria Sugerida*	Límite máximo seguro
Ácido fólico	400 mcg	1,000 mcg
Ácido pantoténico	10 mg	1,000 mg
Calcio	1,000 mg; *1,200 mg para personas de más de 50 años de edad*	2,500 mg
Cinc	15 mg	40 mg
Cobre	2 mg	10 mg
Colina	*550 mg para hombres de más de 18 años de edad; 425 mg para mujeres de más de 18 años de edad*	3,500 mg
Cromo	120 mcg	1,000 mcg
Hierro	18 mg	45 mg

Las dosis de vitaminas y minerales que se indican a continuación corresponden a la Cantitad Diaria Recomendada o a la Ingestión Diaria Recomendada (indicada en letras *cursivas*). Más adelante también se indican los límites máximos seguros para adultos, por encima de los cuáles pueden presentarse efectos secundarios nocivos. Estas cantidades equivalen al total de los diversos nutrientes que consuma a partir tanto de los alimentos como de los suplementos. Algunas personas pueden presentar problemas a dosis significativamente más bajas. No tome dosis que rebasen el límite máximo seguro de vitaminas o minerales sin antes consultar a su médico. (*Nota*: mg = miligramos; mcg = microgramos; UI = unidades internacionales).

Advertencias y otra información

El exceso de ácido fólico en la forma de suplementos puede causar daños neuronales progresivos en las personas —generalmente las de mayor edad— junto con una deficiencia de vitamina B_{12}. Cuando esté seleccionando un suplemento de vitaminas del complejo B, revise la etiqueta para verificar la cantidad que contiene de cada ingrediente de modo que pueda determinar si es un suplemento seguro.

Una alimentación saludable y equilibrada le brinda una cantidad suficiente de este nutriente para satisfacer los requerimientos de su cuerpo.

Tomar más de 2,500 mg al día puede causar efectos secundarios serios, como daños renales. Para que se absorba mejor, evite tomar más de 500 mg de una sola vez. Si tiene más de 50 años de edad, busque una fórmula de vitamina D además de calcio, dado que necesita más vitamina D de la que le brinda un suplemento multivitamínico por sí solo. Algunas fuentes naturales de calcio, como la harina de hueso y la dolomita, pueden estar contaminadas con plomo y otros metales peligrosos o indeseables.

Tomar más de 40 mg al día puede causar náusea, mareo o vómito. A niveles elevados de cinc, se puede ver afectada la absorción de cobre.

Para que se absorba mejor, tome suplementos que contengan sulfato de cobre o sulfato cúprico en lugar de tomar suplementos que contengan óxido de cobre u óxido cúprico.

Tomar más de 3,500 mg al día puede causar presión arterial baja y un olor corporal a pescado. Una alimentación saludable y equilibrada le brinda una cantidad suficiente de este nutriente para satisfacer los requerimientos de su cuerpo.

Ninguna

Evite tomar más de 18 mg al día salvo que una prueba de sangre indique que padece anemia.

Nutriente	Cantidad Diaria Recomendada o *Ingestión Diaria Sugerida*	Límite máximo seguro
Magnesio	400 mg	350 mg sólo a partir de suplementos.
Manganeso	2 mg	11 mg
Niacina	20 mg	35 mg
Riboflavina	1.7 mg	200 mg
Selenio	70 mcg	400 mcg
Tiamina	1.5 mg	50 mg
Vitamina A	5,000 UI	10,000 UI (3,000 mcg)
Vitamina B$_6$	2 mg	100 mg
Vitamina B$_{12}$	6 mcg	3,000 mcg
Vitamina C	60 mg; *100 a 500 mg*	2,000 mg
Vitamina D	400 UI; *hasta 600 UI para personas de más de 70 años de edad*	2,000 UI
Vitamina E	30 UI; *100 a 400 UI*	1,500 UI (en su forma natural, llamada d-alfa-tocoferol) o 1,100 UI (en su forma sintética, llamada dl-alfa-tocoferol) sólo a partir de suplementos
Vitamina K	80 mcg	30,000 mcg
Yodo	150 mcg	1,100 mcg

Advertencias y otra información

Si tiene problemas cardíacos o renales, hable con su médico antes de empezar a tomar suplementos de magnesio a cualquier dosis. Las dosis de más de 350 mg al día pueden causar diarrea en algunas personas.

Una alimentación saludable y equilibrada le brinda una cantidad suficiente de este nutriente para satisfacer los requerimientos de su cuerpo.

Tomar más del límite máximo seguro de 35 mg al día puede causar ruborización y comezón. Debido a que las dosis superiores a 500 mg pueden causar efectos secundarios graves que incluyen daños hepáticos, las dosis elevadas de niacina sólo deben tomarse bajo la supervisión de un médico. Cuando esté seleccionando un suplemento de vitaminas del complejo B, revise la etiqueta para verificar la cantidad que contiene de cada ingrediente de modo que pueda determinar si es un suplemento seguro.

Ninguna

Tomar más de 400 mcg al día puede causar mareo, náusea, caída del cabello o de las uñas, u olor a ajo en el aliento o en la piel.

Ninguna

Tomar más de 10,000 UI al día puede causar dolor de cabeza, visión doble, somnolencia o fatiga, náusea o vómito.

Tomar más de 100 mg al día puede causar daños neuronales irreversibles. Cuando esté seleccionando un suplemento de vitaminas del complejo B, revise la etiqueta para verificar la cantidad que contiene de cada ingrediente de modo que pueda determinar si es un suplemento seguro.

Ninguna

Tomar más de 2,000 mg al día puede causar diarrea en algunas personas. Para ayudar a mantener un nivel estable de vitamina C a lo largo del día, tome la mitad de la dosis recomendada en la mañana y la otra mitad en la noche.

Tomar más de 2,000 UI al día puede causar dolor de cabeza, fatiga, náusea, diarrea o pérdida del apetito.

Debido a que actúa como anticoagulante, consulte a su médico antes de tomar vitamina E si ya está tomando aspirina o algún medicamento anticoagulante, como la warfarina (*Coumadin*).

Debido a que la vitamina K ayuda a coagular la sangre, consulte a su médico antes de comenzar a tomar cualquier dosis de suplementos de esta vitamina si ya está ingiriendo aspirina o algún medicamento anticoagulante, como la warfarina (*Coumadin*).

Ninguna

Suplementos nuevos

Sólo en casos raros se han comunicado efectos adversos por tomar los suplementos nuevos, especialmente si se les compara con los medicamentos que se venden con receta. Además, los fabricantes de suplementos están obligados por ley a brindar información en la etiqueta acerca de las dosis recomendadas razonablemente seguras para personas saludables. Tenga presente que la potencia y la estrategia de dosificación pueden variar significativamente de un producto a otro.

Sin embargo, es importante que advierta que se han hecho muy pocos estudios de investigación para evaluar la seguridad o los efectos a largo plazo de muchos de los suplementos nuevos y que algunos suplementos pueden complicar afecciones existentes o causar reacciones alérgicas en algunas personas. Por estas razones, es importante que siempre consulte a su médico antes de tomar cualquier suplemento.

Salvo que se indique lo contrario, se le recomienda ingerir suplementos junto con los alimentos para que se absorban mejor y también para evitar irritar el estómago. Nunca los tome como sustituto de una alimentación saludable, dado que los suplementos no le brindan todos los beneficios nutricionales de los alimentos nutritivos.

Y si está embarazada, amamantando o tratando de concebir, no tome suplementos sin la supervisión de un doctor. (*Nota*: g = gramos; mg = miligramos).

Suplemento	Pautas para su uso seguro y efectos secundarios posibles
Aceite de pescado	No tome este suplemento si padece algún trastorno hemorrágico o presión arterial alta no controlada, si toma medicamentos anticoagulantes o aspirina con regularidad o si sufre de alergias a cualquier tipo de pescado. Las personas que padecen diabetes no deben tomar aceite de pescado debido a su alto contenido de grasa. Este suplemento aumenta el tiempo de sangramiento, lo que posiblemente puede provocar sangramiento nasal y propensión al amoratamiento. Además, puede causar malestar estomacal. Tome aceite de pescado y no aceite de hígado de pescado, dado que este último es rico en vitaminas A y D, las cuales son tóxicas a dosis elevadas.

Suplemento	Pautas para su uso seguro y efectos secundarios posibles
Acetilcisteína	Si padece diabetes, consulte a su médico antes de tomar este suplemento, dado que puede desactivar la insulina. También puede agotar las reservas de cinc y cobre. Si va a tomar suplementos de acetilcisteína durante más de unas cuantas semanas, ingiera un suplemento multivitamínico y de minerales que le brinde la Cantidad Diaria Recomendada de cinc y cobre. Las dosis elevadas pueden causar cálculos renales en personas que padecen cistinuria.
Ácidos grasos omega-3	En algunas personas, las dosis incluso de tan sólo 2 g pueden disminuir la capacidad que tiene la sangre de coagularse, lo que quizá provoque sangramiento o, en casos extremos, hemorragias.
Bioflavonoides	Las dosis que exceden de la dosis recomendada en la etiqueta puede causar que la sangre se vuelva más diluida y un aumento en el tiempo de sangramiento.
Bromelina	Puede causar náusea, vómito, diarrea, sarpullido en la piel y hemorragia menstrual abundante. También puede aumentar el riesgo de sufrir una hemorragia en personas que toman aspirina o algún medicamento anticoagulante. No tome este suplemento si es alérgica a la piña (ananá).
Cisteína	Vea acetilcisteína.
Coenzima Q_{10}	Si está tomando el medicamento anticoagulante llamado warfarina (*Coumadin*), hable con su médico antes de ingerir este suplemento. En casos raros, puede disminuir la eficacia de la warfarina. Si va a tomar suplementos de coenzima Q_{10} a dosis de 120 mg/día o mayores durante más de 20 días, deberá estar bajo la vigilancia de un naturópata o doctor en medicina que sepa de su uso. Los efectos secundarios ocurren rara vez pero tienden a ser acidez (agruras, acedía), náusea o dolor de estómago, los cuales se pueden prevenir al tomar el suplemento con alimentos.
Crema de progesterona	Sólo para uso externo. Sólo debe ser usada por mujeres de 16 años de edad o mayores. Consulte a su médico si presenta irritación, cualquier cambio en los síntomas que presente en los senos o irregularidades menstruales con el uso continuado de esta crema.

Suplemento	Pautas para su uso seguro y efectos secundarios posibles
Deshidroepiandrosterona	Tome este suplemento sólo bajo la supervisión de un naturópata o doctor en medicina profesional que sepa de su uso. Puede causar daños hepáticos, acné, irritabilidad, frecuencia cardíaca irregular, crecimiento acelerado de tumores existentes, alteraciones en los perfiles hormonales, elevación en el riesgo de contraer cáncer (de próstata en hombres y de mama en mujeres), caída del cabello en hombres y mujeres y crecimiento de vello facial y engrosamiento de la voz en mujeres. Tanto hombres como mujeres de menos de 35 años de edad deben evitar esta sustancia porque suprime la producción de DHEA natural en el cuerpo.
Fenilalanina	Es un suplemento experimental. Se desconocen sus efectos a largo plazo. No la tome salvo por indicación de un médico. *Nota*: Los suplementos de fenilalanina pueden elevar la presión arterial alta a niveles peligrosos, especialmente en personas que toman inhibidores de la monoaminooxidasa (*MAO inhibitors*) como antidepresivos. No tome fenilalanina si padece fenilcetonuria. En grandes cantidades, causa una disminución en los niveles de antioxidantes, fomentando así la aparición de enfermedades.
Glucosamina	Puede causar malestar estomacal, acidez (agruras, acedía) o diarrea.
L-tirosina	No tome este suplemento si está tomando inhibidores de la monoaminooxidasa (o *MAOI* por sus siglas en inglés), ya que puede causar sudoración y presión arterial alta.
Melatonina	Causa somnolencia; tómela sólo a la hora de irse a acostar y nunca antes de conducir. Puede causar dolores de cabeza, náusea, mareos matutinos, soñolencia durante el día, depresión, aturdimiento, dificultad para concentrarse y malestar estomacal. Puede interactuar con medicamentos que se venden con receta. Causa efectos adversos en personas que sufren de afecciones cardiovasculares; presión arterial alta; cualquier enfermedad autoinmune como artritis reumatoide o lupus; diabetes; epilepsia; migraña; o que tenga antecedentes personales o familiares de algún cáncer dependiente de hormonas, como cáncer de mama, testicular, prostático o endometrial. Puede causar infertilidad, impulso sexual

Suplemento	Pautas para su uso seguro y efectos secundarios posibles
	reducido en hombres, hipotermia, daños a la retina e interferencia con la terapia de reposición hormonal. Se desconocen los efectos a largo plazo de los suplementos de melatonina.
Metionina	Es un suplemento experimental. Se desconocen sus efectos a largo plazo. No tome suplementos de metionina salvo por indicación de un médico. Las dosis elevadas de metionina pueden aumentar el riesgo de contraer enfermedades cardíacas en algunas personas, al elevar los niveles de homocisteína. Lo mejor es ingerirla junto con ácido fólico, vitamina B_6 y vitamina B_{12} para ayudar a controlar la elevación en el nivel de homocisteína.
Pregnenolona	Es un suplemento experimental. Se han realizado muy pocos, si es que algunos, estudios de investigación en humanos. Sólo tome este suplemento bajo la supervisión de un doctor en medicina que sepa de su uso. A dosis de más de 5 a 10 mg, las mujeres pueden presentar crecimiento de vello facial y los hombres pueden presentar crecimiento de los senos.
Quercetina	La quercetina es un bioflavonoide que, a dosis de más de 100 mg, puede dilatar los vasos sanguíneos y hacer que la sangre se vuelva más diluida en algunas personas. Las personas que están en riesgo de sufrir presión arterial baja o problemas de coagulación sanguínea deben evitar tomar quercetina.
Semilla de lino	Si está tomando algún medicamento, consulte a su médico antes de ingerir suplementos de semilla de lino (linaza, *flaxseed*), ya que pueden afectar la absorción de otros medicamentos. No tome suplementos de semilla de lino si padece obstrucción intestinal.

Aceites esenciales

Los aceites esenciales se inhalan o aplican tópicamente sobre la piel. Salvo pocas excepciones, nunca se deben ingerir.

Entre los aceites esenciales más comunes, los de lavanda (alhucema, espliego, *lavender*), melaleuca (*tea tree*), limón (*lemon*), jazmín (*jasmine*) y rosa pueden usarse sin diluir. Los demás deben diluirse en algún portador —que puede ser un aceite (como el de almendra), una crema o un gel— antes de aplicarse a la piel.

Muchos aceites esenciales pueden causar irritación o reacciones alérgicas en personas que tienen la piel sensible. Antes de aplicarse cualquier aceite nuevo en la piel, siempre realice una prueba de parche. Coloque unas cuantas gotas en la parte trasera de su muñeca. Espere una hora o más. Si presenta irritación o enrojecimiento, lávese el área con agua fría. En el futuro, utilice la mitad de la cantidad que haya usado del aceite o evite usar el aceite por completo.

No utilice aceites esenciales en casa para tratar de resolver problemas médicos serios. Durante el embarazo, no emplee aceites esenciales salvo que hayan sido aprobados por su doctor. Guarde los aceites esenciales en frascos oscuros, lejos de la luz y el calor y fuera del alcance de niños y mascotas.

Aceites esenciales	Pautas para su uso seguro y efectos secundarios posibles
Jengibre	No use más de 3 gotas en el baño. Evite exponerse a la luz directa del Sol dado que este aceite puede causar sensibilidad en la piel.
Lavanda	Se puede usar sin diluir, pero evite el contacto con los ojos.
Limón	No use más de 3 gotas en el baño. Evite exponerse a la luz directa del Sol dado que este aceite puede causar sensibilidad en la piel.
Menta	No utilice más de 3 gotas en el baño. No lo use si está tomando remedios homeopáticos. Evite el contacto con los ojos. No lo aplique en el rostro de bebés y niños pequeños. El aceite de menta se puede ingerir, pero con esta precaución: la ingestión del aceite esencial de menta puede causar malestar estomacal en personas sensibles. Si padece alguna enfermedad de la vesícula biliar o hepática, úselo sólo bajo supervisión médica. Puede emplearse sin diluir para aliviar el dolor dental.

Aceites esenciales	Pautas para su uso seguro y efectos secundarios posibles
Salvia	No la use con alcohol porque puede causar letargo y exagerar el estado de ebriedad.
Sándalo	Puede utilizarse sin diluir como perfume, pero evite el contacto con los ojos.
Ylang-ylang	Se puede usar sin diluir como perfume, pero evite el contacto con los ojos. Úselo con moderación dado que su fuerte aroma puede causar náusea o dolores de cabeza.

De mujer a mujer:
GUÍA DE RECURSOS

*I*ncluso hace sólo 10 años, cualquiera que quería investigar más sobre una afección tenía que ir a una biblioteca médica y hundirse en una pila interminable de revistas médicas. Si una persona quería ponerse en contacto con alguna asociación dedicada al cuidado de la salud, sólo tenía dos opciones: por teléfono o por carta.

Hoy en día, todo eso ha cambiado.

La tecnología de la Internet les ha dado acceso a casi todas las personas a los recursos profesionales científicos, permitiéndoles hacer su propia investigación, dice Jackie Wootton, M.Ed., presidenta de la Fundación de Medicina Alternativa en Bethesda, Maryland, y escritora de la columna *WebWatch* de la *Journal of Women's Health and Gender-Based Medicine* (Revista de salud de la mujer y de medicina basada en el sexo). Ella ofrece las siguientes sugerencias para realizar búsquedas de la información más actual acerca de la salud en los sitios *web*.

1. Puede tener acceso a la literatura más reciente sobre investigaciones médicas en la base de datos MEDLINE de la Biblioteca Nacional de Medicina, a través del sitio *web* PubMed Web en la dirección: www.ncbi.nlm.nih.gov/entrez.

2. Los sitios *web* del gobierno y médicos generalmente ofrecen recursos por separado para profesionales y consumidores. Es una buena idea consultar ambos.

3. Los sitios *web* se pueden registrar con las extensiones .gov (gobierno), .org (principalmente para organizaciones no lucrativas), .net (servicios de configuración de redes), .com (comercial) y así sucesivamente. La mayoría de la información objetiva y los recursos de investigación se encuentran en los sitios que incluyen la extensión .gov u .org.

4. Siempre busque información acerca de los antecedentes de la organización que desarrolló el sitio *web*, la cual casi siempre se encuentra en una sección titulada "*About Us*" (Acerca de nosotros). Pregúntese: ¿Quién es el responsable de proporcionar esta información? ¿La información ha sido compilada por diversas personas calificadas? ¿Cuentan con un consejo de asesores reconocidos y de confianza? ¿Quién financia la organización o el sitio *web*?

5. Los sitios bien organizados mostrarán una lista de recursos informativos clasificados en una barra lateral. El índice del sitio, que generalmente se encontrará en la parte superior o inferior de la página de inicio, puede ser más informativo y debe incluir una sección *"About Us"*, así como información de contactos y un mapa del sitio.

6. Cuando esté realizando una búsqueda en un sitio *web* que termine con la extensión .com, lo que indica que es un sitio *web* comercial, tenga presente que es posible que los recursos informativos que contenga no sean imparciales. Quizá haya intereses comerciales subyacentes. Lo mismo sucede en el caso de muchos sitios que contienen información médica, los cuales pueden ser patrocinados por empresas importantes.

7. Cuando esté seleccionando los términos que quiere buscar, la estrategia es ser lo más específica posible. Si busca un solo término, por ejemplo, "hormonas", le aparecerán miles de documentos en los que aparezca ese término. Lo que le está pidiendo al motor de búsqueda es que seleccione todos las páginas de Internet en las que se haga mención de cualesquiera hormonas. Haga una búsqueda más específica al agregar el término "autoinmune" (o cualquier palabra que describa su área de interés).

8. Los asteriscos son útiles para la estrategia de búsqueda. "Endocrin*" encontrará páginas que contengan trastornos endocrinos, endocrinología, sistema endocrino y así sucesivamente.

9. Además de los sitios *web* informativos/de investigación y los sitios comerciales, existen sitios en los que dan consejos o que contienen foros de discusión. Muchos expertos dirán que estos sitios son menos confiables. Por el contrario, pueden ser muy útiles siempre y cuando comprenda que contienen opiniones más que datos. Después de todo, a todas nos gusta escuchar diversas opiniones y hacerles preguntas a nuestras amistades y familiares. La Internet nos permite escuchar las opiniones de una comunidad global, agrega Wooten.

Nota: En la siguiente lista de organizaciones hemos señalado con una estrella las que ofrecen información en español.

DIRECTORIOS DE DOCTORES Y OTROS PROFESIONALES EN EL CUIDADO DE LA SALUD

Especialistas en medicina alternativa

American Association of Naturopathic Physicians

Cuenta con bases de datos de información y recursos sobre la curación natural desarrolladas por naturópatas con licencia y en las que se pueden realizar búsquedas.

3201 New Mexico Avenue NW
Suite 350
Washington, DC 20016
www.naturopathic.org

American Association of Oriental Medicine

Esta organización le puede ayudar a encontrar a un especialista en medicina oriental calificado en su área.

5530 Wisconsin Avenue
Suite 1210
Chevy Chase, MD 20815
(888) 500-7999
www.aaom.org

American Holistic Medical Association

Incluye un motor de búsqueda para "encontrar doctores", así como información para consumidores, publicaciones y una guía de recursos.

12101 Menual Boulevard BE
Suite C
Albuquerque, NM 87112
www.holisticmedicine.org

American Organization for Bodywork Therapies of Asia

Este recurso brinda información acerca de los 12 tipos reconocidos de terapia corporal asiática y le puede ayudar a encontrar a un profesional que sea miembro de la organización en su área.

1010 Haddonfield-Berlin Road
Suite 408
Voorhees, NJ 08043
www.aobta.org

National Commission for the Certification of Acupuncture and Oriental Medicine

Esta organización nacional para herbolarios de los Estados Unidos cuenta con un consejo que otorga certificación en herbología china.

www.nccaom.org

Yoga Research and Education Center

Esta organización le puede ayudar a localizar a un instructor de yoga o a identificar el tipo de yoga que sea mejor para usted.

PO Box 426
Manton, CA 96059
www.yrec.org

Especialistas en medicina convencional

American Academy of Sleep Medicine

Este recurso le puede ayudar a encontrar una clínica acreditada que se dedique a los trastornos del sueño en su localidad.

One Westbrook Corporate Center
Suite 920
Westchester, IL 60154
www.aasmnet.org

American Association of Diabetes Educators

Este sitio web cuenta con una base de datos de educadores calificados en diabetes en su área. Los educadores en diabetes tienen formación en nutrición, enfermería o farmacología, además de formación adicional en el cuidado de la diabetes. También deben certificarse a través del Consejo Nacional de Certificación para Educadores en Diabetes y llevan las iniciales C.D.E. (siglas en inglés de Educador en Diabetes Certificado) después de su nombre.

100 West Monroe Street
Suite 400
Chicago, IL 60603-1901
(800) 338-3633
www.diabeteseducator.org

American Board of Medical Specialties

Este servicio permite que el público verifique la certificación y especialización de cualquier médico certificado por el Consejo de Especialidades Médicas de los Estados Unidos.

1007 Church Street
Suite 404
Evanston, IL 60201-5913
www.abms.org

American Psychology Association*

Si está buscando a un sicólogo en su área, una operadora del Centro de Ayuda le pedirá su código postal y la conectará con la asociación sicológica de su estado o con algún servicio de su localidad donde puedan recomendarle alguien.

750 First Street NE
Washington, DC 20002-4242
(800) 374-2721
www.apa.org

American Urogynecologic Society

Proporciona los nombres y números telefónicos de uroginecólogos (obstetras/ ginecólogos que se especializan en el cuidado de mujeres con disfunción del piso pélvico) en su área.

2025 M Street NW
Suite 800
Washington, DC 20036
www.augs.org

The EMDR (Eye Movement Desensitization and Reprocessing) Institute

Brinda información sobre cómo encontrar a un profesional en desensibilización y reprocesamiento del movimiento ocular con licencia.

PO Box 51010
Pacific Grove, CA 93950-6010
www.emdr.com

International Academy of Compounding Pharmacists*

Esta organización no lucrativa que incluye a más de 1,500 farmacéuticos miembros le puede proporcionar el nombre y la ubicación de un farmacéutico que prepare medicamentos cerca de usted, quien pueda preparar compuestos especiales de testosterona u otras terapias de reposición hormonal que empleen hormonas naturales, recetadas por un profesional de la salud.

PO Box 1365
Sugar Land, TX 77487
(800) 927-4227
www.iacprx.org

ORGANIZACIONES

Generales

American Dietetic Association

Con un total de casi 70,000 miembros, la Asociación Dietética de los Estados Unidos es el grupo de profesionales en alimentos y nutrición más grande del país. Esta asociación patrocina publicaciones, eventos nacionales y programas de medios de comunicación y mercadotecnia para promover la difusión de información acerca de la buena nutrición al público en general.

120 South Riverside Plaza
Suite 2000
Chicago, IL 60606-6995
(800) 877-1600
www.eatright.org
e-mail: hotline@eatright.org

Centers for Disease Control and Prevention*

Brinda información acerca de los síntomas, tratamiento y estudios de investigación dirigida tanto a las personas comunes como a los doctores. También puede encontrar una lista de grupos de apoyo a lo largo de los Estados Unidos y en algunos otros países más.

(800) 311-3435
www.cdc.gov

CenterWatch

CenterWatch brinda servicios informativos usados por los pacientes y por las empresas farmacéuticas, biotecnológicas y de aparatos médicos que llevan a cabo investigaciones clínicas alrededor del mundo.

22 Thomson Place, 36T1
Boston, MA 02210-1212
(617) 856-5900
www.CenterWatch.com

Clinicaltrials.gov

Este sitio proporciona un acceso fácil a información relativa a los ensayos clínicos que se han realizado sobre una amplia gama de enfermedades. Actualmente, este sitio contiene más de 5,000 estudios clínicos patrocinados por los Institutos Nacionales de Salud y otros organismos federales.

National Library of Medicine at the National Institutes of Health
8600 Rockville Pike
Bethesda, MD 20894
(888) FINDNLM (346-3656)
www.nlm.nih.gov*
e-mail: custserv@nlm.nih.gov

National Women's Health Information Center*

Este sitio, el cual es patrocinado por la Oficina de Salud de las Mujeres del Departamento de Salud y Servicios Humanos de los Estados Unidos, brinda acceso a muchas publicaciones y organizaciones dedicadas a la salud de las mujeres.

8550 Arlington Boulevard
Suite 300
Fairfax, VA 22031
(800) 994-WOMAN (994-9662)
www.4women.gov

National Women's Health Resource Center

Brinda información completa acerca de toda una diversidad de temas relativos a la salud de las mujeres, los cuales van desde la nutrición hasta los trastornos de la tiroides.

120 Albany Street, Suite 820
New Brunswick, NJ 08901
(877) 986-9472
www.healthywomen.org

Nutrition.gov*

Este recurso brinda un acceso fácil a toda la información federal que está en línea acerca de la nutrición, una alimentación saludable, la actividad física y la seguridad de los alimentos.

United States Department of Agriculture
Office of Communications
1400 Independence Avenue SW
Washington, DC 20250-1300
www.nutrition.gov

U.S. Environmental Protection Agency Publications Clearinghouse*

Las publicaciones incluyen información acerca de la calidad del agua y el aire, los pesticidas, las sustancias contaminantes/toxinas, la prevención y el manejo ambiental.

Ariel Rios Building,
1200 Pennsylvania Avenue NW
Mail Code 3213
Washington, DC 20460
(202) 260-2090
www.epa.gov

Sobre enfermedades específicas

Artritis

The Arthritis Foundation*

Esta fundación apoya la investigación dirigida a encontrar la cura y prevenir la artritis y a mejorar la calidad de vida de las personas afectadas por esta afección.

(800) 283-7800
www.arthritis.org

The National Institute of Arthritis and Musculoskeletal and Skin Diseases*

Este instituto realiza y apoya investigaciones y brinda información acerca de las muchas formas de artritis y enfermedades del sistema musculoesquelético y la piel.

Information Clearinghouse
National Institutes of Health
1 AMS Circle
Bethesda, MD 20892-3675
(877) 22-NIAMS (226-4267)
www.nih.gov/niams

Asma y alergias

National Institute of Allergy and Infectious Diseases at the National Institutes of Health

El Instituto Nacional de Alergias y Enfermedades Infecciosas de los Institutos Nacionales de Salud ha creado una red de centros de investigación del asma, las alergias y las enfermedades inmunitarias para que los resultados de dichos estudios se transfieran con rapidez de los estudios fundamentales a la práctica clínica. Esta organización también mantiene publicaciones acerca de las alergias, el asma y las enfermedades infecciosas.

NIAID Office of Communications and Public Liaison
Building 31, Room 7A-50
31 Center Drive, MSC 2520
Bethesda, MD 20892-2520
www.niaid.nih.gov

Cáncer

American Cancer Society*

Publica las respuestas a las preguntas sobre la naturaleza del cáncer, sus causas, factores de riesgo, prevención, detección temprana y las opciones de tratamiento más recientes.

1599 Clifton Road NE
Atlanta, GA 30329-4251
(800) ACS-2345 (227-2345)
www.cancer.org

American Institute for Cancer Research*

Fomenta las investigaciones relativas a la alimentación, la nutrición y la prevención y el tratamiento del cáncer y patrocina programas educativos sobre la prevención del cáncer.

1759 R Street NW
Washington, DC 20009
(800) 843-8114
www.aicr.org

National Cancer Institute at the National Institutes of Health*

Proporciona información sobre las enfermedades benignas de los senos.

Public Inquiries Office
Suite 3036A
6116 Executive Boulevard MSC 8322
Bethesda, MD 20892-2580
(800) 4-CANCER (422-6237)
www.cancernet.gov/espanol

Depresión y ansiedad

Depression After Delivery

Ofrece materiales educativos y referencias de médicos para mujeres y familias que están lidiando con problemas de salud mental relacionados con el embarazo y el parto, tanto durante el embarazo como durante el posparto.

Depression After Delivery
91 East Somerset Street
Raritan, NJ 08869
(800) 944-4773
www.depressionafterdelivery.com

National Institute of Mental Health*

Proporciona información y hojas de datos en las que se interpretan los últimos hallazgos y ofrece información específica acerca de la depresión, los trastornos de ansiedad y los trastornos de pánico.

NIMH Public Inquiries
6001 Executive Boulevard
Room 8184, MSC 9663
Bethesda, MD 20892-9663
(800) 421-4211
(888) ANXIETY (269-4389)
www.nimh.nih.gov
e-mail: nimhinfo@nih.gov

National Mental Health Association*

La Asociación Nacional de Salud Mental trabaja para mejorar la salud mental de todas las personas que viven en los Estados Unidos, especialmente de los 54 millones de individuos que sufren de trastornos mentales, a través del apoyo, la educación, la investigación y el servicio.

2001 N. Beauregard Street,
12th Floor
Alexandria, VA 22314-2971
(800) 969-NMHA (969-6642)
www.nmha.org

Desequilibrios tiroideos

American Foundation of Thyroid Patients

Ofrece grupos de apoyo y referencias de médicos para ayudar a las personas que sufren de trastornos tiroideos.

18534 North Lyford
Katy, TX 77449
www.thyroidfoundation.org

American Thyroid Association

Una sociedad profesional de médicos y científicos dedicados a la investigación y tratamiento de las enfermedades de la tiroides. Esta sociedad también publica pautas para el tratamiento de pacientes que sufren de trastornos tiroideos.

6066 Leesburg Pike
Suite 650
Falls Church, VA 22041
www.thyroid.org
e-mail: admin@thyroid.org

Thyroid Foundation of America

Da respuestas a las preguntas acerca de los trastornos tiroideos y cómo recibir el tratamiento apropiado.

410 Stuart Street
Boston, MA 02116
(800) 832-8321
www.allthyroid.org
e-mail: info@allthyroid.org

The Thyroid Society for Education and Research

Sociedad dedicada a educar a los pacientes y al público en general acerca de los síntomas, el diagnóstico y el tratamiento de los trastornos tiroideos.

7515 South Main Street
Suite 545
Houston, TX 77030
(800) THYROID (849-7643)
www.the-thyroid-society.org
e-mail: help@the-thyroid-society.org

Diabetes

American Association of Clinical Endocrinologists (AACE)*

Para mayor información sobre el automanejo intensivo de la diabetes, esta asociación ofrece pautas completas de tratamiento, usando el manejo intensivo, y saca comunicados de prensa que informan a las personas que padecen diabetes de las nuevas herramientas y avances que se han hecho en este campo, incluyendo estudios que reafirman la importancia del manejo intensivo.

1000 Riverside Avenue
Suite 205
Jacksonville, FL 32204
www.aace.com

American Diabetes Association*

Brinda información acerca de todos los aspectos del manejo de la diabetes, incluyendo los avances que se han logrado en el tratamiento de esta afección. El sitio web de la asociación incluye enlaces a diversas revistas médicas profesionales de diabetes.

Attn.: Customer Service
1701 North Beauregard Street
Alexandria, VA 22311
(800) DIABETES (342-2383)
www.diabetes.org

Joslin Diabetes Center
Esta organización está afiliada a la Facultad de Medicina de Harvard. Su sitio web ofrece foros de discusión, así como una biblioteca en línea sobre la diabetes que incluye información sobre nutrición, tratamiento y prevención.

Communications Office
One Joslin Place
Boston, MA 02215
(617) 732-2400
www.joslin.org

National Diabetes Information Clearinghouse*
Proporciona datos estadísticos y materiales educativos para pacientes sobre la diabetes.

Office of Communications and Public Liason, NIDDK, NIH
Building 31, Room 9A04, Center Drive MSC 2560
Bethesda, MD 20892-3560
(800) 860-8747
www.niddk.nih.gov

Dolores de cabeza

National Headache Foundation*
Fundada en 1970 por un grupo de médicos, esta organización brinda información sobre las causas y el tratamiento de los dolores de cabeza, financia investigaciones y patrocina grupos de apoyo a nivel mundial.

(888) NHF-5552 (643-5552)
www.headaches.org

Enfermedades cardiovasculares y derrames cerebrales

American Heart Association*
Brinda información acerca de la evaluación de riesgos, las señales de advertencia de los ataques al corazón y los derrames cerebrales y la autoayuda.

7272 Greenville Avenue
Dallas, TX 75231-4596
(800) 242-8721
www.americanheart.org

National Institute of Neurological Disorders and Stroke at the National Institutes of Health
Lleva a cabo y guía investigaciones acerca de las causas, la prevención, el diagnóstico y el tratamiento de trastornos neurológicos y derrames cerebrales, además de que apoya la investigación básica en áreas científicas relativas. También compila y difunde información acerca de los estudios de investigación sobre trastornos neurológicos.

PO Box 5801
Bethesda, MD 20824
(800) 352-9424
www.ninds.nih.gov

Histerectomía

The HERS Foundation (Hysterectomy Educational Resources and Services)*
A fin de proporcionar información gratuita sobre tratamientos alternativos a la histerectomía, así como información sobre cómo lidiar con una histerectomía, la Fundación HERS publica un boletín, patrocina conferencias y ofrece asesoramiento telefónico mediante cita.

422 Bryn Mawr Avenue
Bala Cynwyd, PA 19004
www.hersfoundation.org

Society of Cardiovascular and
Interventional Radiology
Brinda información acerca de tratamientos alternativos nuevos para los fibromas y la embolización de fibromas uterinos.

10201 Lee Highway
Suite 500
Fairfax, VA 22030
(800) 488-7284
www.scvir.org

Infertilidad

American Society for Reproductive
Medicine
Proporciona información sobre infertilidad y otras áreas en el campo de la medicina de la reproducción.

1209 Montgomery Highway
Birmingham, AL 35216-2809
www.asrm.org

RESOLVE*
Esta organización nacional proporciona información acerca de la fertilidad.

1310 Broadway
Somerville, MA 02144
www.resolve.org

Menopausia

The Humor Potential*
Fundada por Loretta LaRoche, una consultora en manejo del estrés y el humor, esta organización brinda información acerca de cómo usar el humor para lidiar con la menopausia, el envejecimiento y el estrés de la vida.

50 Court Street
Plymouth, MA 02360
(800) 99-TADAH (998-2324)
www.lorettalaroche.com

Mind/Body Medical Institute*
Este programa ha sido diseñado para ayudar a las mujeres a lidiar con la menopausia y sus síntomas y se centra en conductas saludables que pueden ayudar a prevenir las enfermedades cardíacas y la osteoporosis.

824 Boyleston Street
Chestnut Hill, MA 02467
www.mbmi.org

North American Menopause Society
Brinda información actualizada acerca de todos los asuntos relativos a la menopausia, además de una lista de los grupos de apoyo, médicos, enfermeras, sicoterapeutas, trabajadores sociales y otros que se describen como "clínicos en menopausia" en su área geográfica.

PO Box 94527
Cleveland, OH 44101
(800) 774-5342
www.menopause.org

Osteoporosis

National Institutes of Health
Osteoporosis and Related Bone
Diseases-National Resource
Center*
Proporciona información y recursos acerca de las enfermedades metabólicas de los huesos, incluyendo la osteoporosis.

1232 22nd Street NW
Washington, DC 20037-1292
(800) 624-BONE (624-2663)
www.osteo.org

National Osteoporosis Foundation*
En el sitio web debe hacer clic en "NOF Store" y en la siguiente página, hacer clic en "Spanish-language materials".

1232 22nd Street NW
Washington, DC 20037-1292
www.nof.org

"Osteoporosis Prevention, Diagnosis, and Therapy Draft Consensus Statement" (Informe preliminar del consenso sobre la prevención, el diagnóstico y el tratamiento de la osteoporosis)
Este informe fue elaborado por un panel de expertos reunido en el 2000 por los Institutos Nacionales de Salud. Los temas que abarca responden preguntas acerca de la osteoporosis y sus consecuencias.

National Institute of Arthritis and Musculoskeletal and Skin Diseases
National Institutes of Health
Bethesda, MD 20892-2350
http://odp.od.nih.gov

Problemas de continencia urinaria
Brinda información acerca de los problemas de continencia urinaria.

National Association for Continence*
PO Box 1019
Charleston, SC 29402
(800) BLADDER (252-3337)
www.nafc.org

National Kidney and Urologic Diseases Information Clearinghouse of the National Institute of Diabetes and Digestive and Kidney Diseases

Realiza y apoya investigaciones básicas y clínicas acerca de la diabetes, las enfermedades digestivas, la urología y las enfermedades renales, además de que mantiene publicaciones relacionadas con estas enfermedades.

3 Information Way
Bethesda, MD 20892-3580
(800) 891-5390
http://salud.nih.gov/
showarticle.asp*

Problemas endocrinos

The Endocrine Society*
Dedicada a promover la excelencia en la investigación, la educación y la práctica clínica en el campo de la endocrinología.

8401 Connecticut Avenue
Suite 900
Chevy Chase, MD 20815-5817
www.endo-society.org

Síndrome de fatiga crónica y fibromialgia

The American Fibromyalgia Syndrome Association*
Proporciona información acerca de los estudios de investigación, la educación y el apoyo para pacientes que padecen fibromialgia.

6380 East Tanque Verde
Suite D
Tucson, AZ 85715
www.afsafund.org

The CFIDS Association of America*
Patrocina programas en educación, política pública e investigación para elevar el nivel de concienciación acerca del síndrome de fatiga crónica y disfunción inmunitaria.

PO Box 220398
Charlotte, NC 28222-0398
www.cfids.org

Fibromyalgia Network*
Proporciona materiales educativos y referencias de doctores para personas que padecen fibromialgia y publica un boletín trimestral que incluye información acerca de los estudios de investigación y los tratamientos nuevos.

PO Box 31750
Tucson, AZ 85751
(800) 853-2929
www.fmnetnews.com

Sobrepeso

American Obesity Association
Brinda información sobre los avances científicos, los acontecimientos legislativos y gubernamentales, los asuntos relativos al estilo de vida y otros temas legales y relativos a seguros relacionados con la obesidad.

1250 24th Street NW
Suite 300
Washington, DC 20037
(202) 776-7711
www.obesity.org

National Heart, Lung, and Blood Institute
NHLBI Obesity Education Initiative
NHLBI Health Information Network
Ofrece publicaciones en línea acerca de la presión arterial, el sobrepeso, el colesterol, las enfermedades cardíacas, los trastornos del sueño y el asma, incluyendo información acerca del índice de masa corporal y los riesgos para la salud que implica la obesidad.

PO Box 30105
Bethesda, MD 20824-0105
www.nhlbi.nih.gov

The Weight-Control Information Network
National Institute of Diabetes and Digestive and Kidney Diseases at the National Institutes of Health
La Red de Información sobre el Control del Peso es una fuente nacional de información sobre el control del peso, la obesidad y los trastornos alimenticios relacionados con el peso para profesionales de la salud y el público en general.

1 WIN Way
Bethesda, MD 20892-3665
(877) 946-4627
http://salud.nih.gov/
showarticle.asp*

Trastornos del sueño

National Center on Sleep Disorders Research
Proporciona información acerca de los avances más recientes en la investigación de los trastornos del sueño. Le puede ayudar a encontrar un especialista en trastornos del sueño en su área.

6705 Rockledge Drive
One Rockledge Centre, Suite 6022
Bethesda, MD 20892-7920
www.nhlbi.nih.gov/about/ncsdr/
index.htm

ORGANIZACIONES SÓLO EN INTERNET

Generales

About.com
Proporciona artículos, información general y enlaces a otros sitios sobre una variedad de temas que van desde la fatiga crónica hasta la pérdida de peso.

www.about.com

American College for the Advancement of Medicine
La mayoría de los médicos que son miembros de este grupo están abiertos a la posibilidad de usar hormonas naturales.

www.acam.org

Beliefnet
Un sitio con orientación a la espiritualidad, Beliefnet incluye información acerca de la meditación y proporciona un gran número de enlaces a sitios de yoga que se especializan en lecciones en línea.

www.beliefnet.com

Mayo Clinic HealthOasis Online
Operado por la Fundación Mayo para la Educación e Investigación Médica, este sitio ofrece información sobre educación en salud para pacientes y el público en general.

www.mayohealth.org

National Institutes of Health Women's Health Initiative
El estudio titulado "Women's Health Initiative" (Iniciativa de Salud para Mujeres o WHI por sus siglas en inglés) es el primer ensayo clínico aleatorio que estudia la relación que existe entre las hormonas y las enfermedades cardíacas y el cáncer de mama.

www.nih.gov/news/nf/womens health/5.html

The Yoga Site
Este sitio incluye un extenso directorio de instructores de yoga en los 50 estados del país y 17 países en el extranjero. Brinda información acerca de cada instructor, incluyendo su dirección postal, número telefónico y dirección de correo electrónico.

www.yogasite.com

Específicas de ciertas enfermedades

A Gynecologist's Second Opinion
Basado en el libro escrito por el Dr. William Parker, este sitio web describe los diferentes tipos de histerectomía y discute los cuidados preoperatorios y postoperatorios, así como las inquietudes de las mujeres. Puede ayudarle a conseguir una segunda opinión independiente con respecto a los problemas ginecológicos que pueden conducir a una histerectomía.

www.gynsecondopinion.com

The American Association for Chronic Fatigue Syndrome

Ofrece una extensa bibliografía en línea de las investigaciones que se han hecho del síndrome de fatiga crónica y disfunción inmunitaria, además de otros recursos.

www.aacfs.org

The American College of Cardiology*

Brinda información detallada sobre el vínculo polémico que existe entre la terapia de reposición hormonal y las enfermedades cardiovasculares. Desde la página de inicio del sitio, puede realizar una búsqueda del término "HRT" (siglas en inglés de "terapia de reposición hormonal").

www.acc.org

American College of Obstetricians and Gynecologists

Brinda información acerca de la terapia de reposición hormonal y las enfermedades cardíacas.

www.acog.org

American Menopause Foundation (AMF)

Ofrece apoyo y ayuda en todos los asuntos concernientes a la menopausia.

www.americanmenopause.org

Anxiety Disorders Association of America

Esta es una organización no lucrativa creada por los líderes en este campo que brinda información acerca de los trastornos de ansiedad.

www.adaa.org

CFIDS/M.E./FMS Information Webring

Contiene vínculos a más de 50 sitios internacionales que cubren una amplia gama de temas.

www.cfids-me.org

Doctors Guide to Menopause Information and Resources

Incluye noticias médicas, grupos de apoyo, grupos de noticias y vínculos relacionados con la menopausia.

www.pslgroup.com

The Jean Hailes Foundation in Australia

Contiene las investigaciones que se han realizado a nivel mundial en el área de la terapia de reposición de testosterona para mujeres.

www.jeanhailes.org.au

GRUPOS DE APOYO

American Infertility Association

Patrocina grupos de apoyo a lo largo del país para mujeres que padecen el síndrome de ovarios poliquísticos.

666 Fifth Avenue
Suite 278
New York, NY 10103
(888) 917-3777
www.americaninfertility.org

National Alliance for the Mentally Ill (NAMI)*

Esta organización de apoyo y promoción y de origen popular, fue fundada hace más de 20 años y cuenta con filiales en cada uno de los estados de los Estados Unidos. Es probable que esta organización patrocine algún grupo de apoyo a familiares y/o consumidores en su área o que su oficina estatal le pueda ayudar a iniciar uno de estos grupos.

(800) 950-NAMI (950-6264)
www.nami.org

National Self-Help Clearing House

Brinda información y referencias acerca de los grupos de apoyo de autoayuda y centros regionales de distribución de información sobre la autoayuda. También publica manuales, materiales de capacitación, monografías y documentos que contienen el plan de acción a seguir a lo largo del proceso de autoayuda.

Graduate School and University Center of the City University of New York
365 Fifth Avenue
Suite 3300
New York, NY 10016
www.selfhelpweb.org

GRUPOS DE APOYO SÓLO EN INTERNET

Fibrom-L Community

Este sitio es un foro que brinda apoyo, foros de discusión y noticias en línea acerca de la fibromialgia.

www.fibrom-l.org

Hystersisters

Quienes visitan este sitio intercambian experiencias y sugerencias personales con respecto a los cuidados anteriores y posteriores a una histerectomía.

www.hystersisters.com

Power Surge

Una comunidad maravillosa para las mujeres que están pasando por la menopausia, este sitio realiza discusiones en línea dirigidas por invitados especiales.

www.power-surge.com

PRODUCTOS ALIMENTICIOS NATURALES

Bell & Evans Poultry*

Suministra carne de aves alimentadas con una dieta natural, totalmente vegetariana que no contiene ningún tipo de antibiótico.

154 West Main Street
PO Box 39
Fredericksburg, PA 17026
www.bellandevans.com

Ben & Jerry's Homemade*

Con sede en South Burlington, Vermont, esta empresa distribuye su helado de primera calidad, productos novedosos hechos con helado, helado bajo en grasa, yogur bajo en grasa y sorbete a los supermercados, tiendas de conveniencia y heladerías alrededor del mundo.

www.benjerry.com

Cedar Grove Cheese

Suministra quesos especializados, incluyendo quesos Cheddar, Monterey Jack, Colby y tipo americano.

PO Box 185
Plain, WI 53577
(800) 200-6020
www.cedargrovecheese.com

Coleman Natural Products*

Suministra carne de res de ganado criado sin hormonas ni antibióticos.

5140 Race Court
Unit 4
Denver, CO 80216
(800) 442-8666
www.colemannatural.com

Homestead Healthy Foods

A través de ventas por correo, suministra carne de res y pollo de animales criados sin hormonas ni antibióticos.

1313 West Live Oak Street
Fredericksburg, TX 78624
(888) 861-5670
www.homesteadhealthyfoods.com

Lasater Grasslands Beef*

A través de ventas por correo, suministra carne de res de ganado criado sin hormonas del crecimiento, antibióticos ni pesticidas.

PO Box 38
Matheson, CO 80830
www.lgbeef.com

North Hollow Farm Vermont-Grown Natural Meats

A través de ventas por correo, suministra carne de res de ganado criado sin hormonas del crecimiento, estimulantes digestivos ni antibióticos.

2124 North Hollow Road
Rochester, VT 05767
(877) 304-2333 (toll-free)
www.naturalmeat.com

Shelburne Farms

Suministra quesos libres de hormona del crecimiento bovina recombinante y libres de somatotropina bovina recombinante. Estos productos tampoco contienen saborizantes, colorantes ni conservantes artificiales.

1611 Harbor Road
Shelburne, VT 05482
www.shelburnefarms.org

Glosario

Algunos de los productos recomendados en este libro no son muy comunes o se conocen bajo diferentes nombres en distintas partes de América Latina. Por lo tanto, hemos preparado este glosario para que le sea más fácil encontrarlos en las tiendas de productos naturales y en el supermercado. Para las hierbas, ofrecemos sus sinónimos en español y sus nombres en inglés. Les aconsejamos que lleve consigo el libro a la tienda, ya que los nombres de las hierbas pueden variar mucho. Además, muchas hierbas, aunque tengan un nombre en español, se venden sólo bajo su nombre en inglés o latín. Con el libro, tendrá más probabilidades que el vendedor pueda entender qué hierba le interesa y entonces ver si la tiene. Para los alimentos, ofrecemos breves descripciones más sus sinónimos en español y sus nombres en inglés. Por lo general, estos son más fáciles de conseguir en los supermercados o en las tiendas de productos naturales.

Aceite de *canola*. Este aceite viene de la semilla de colza, la cual es baja en grasas saturadas. Sinónimo: aceite de colza. En inglés: *canola oil*.

Agnocasto. Sinónimo: sauzgatillo. En inglés: *chasteberry*.

Agripalma. En inglés: *motherwort*.

Arándano. Una baya azul pariente del arándano agrio. En inglés: *blueberry*.

Arándano agrio. Una baya roja de sabor agrio usada para elaborar postres y bebidas. Su jugo puede servir de remedio para ciertas afecciones, como las infecciones de las vías urinarias. Sin embargo, hay que asegurarse de que se trate del jugo no endulzado (*unsweetened cranberry juice*), el cual se consigue en las tiendas de productos naturales. Sinónimo: arándano rojo. En inglés: *cranberry*.

Barba de maíz. En inglés: *cornsilk*.

Cacahuate. Un tipo de fruto seco que proviene de una hierba leguminosa. Se come en varias formas, entre ellas crudas, tostadas o en forma de una mantequilla. Sinónimos: cacahuete, maní. En inglés: *peanut*.

Cacerola. Una comida horneada en un recipiente hondo tipo cacerola. Sinónimo: guiso. En inglés: *casserole*. También puede ser un recipiente metálico de forma cilíndrica que se usa para cocinar. Por lo general, no es muy hondo y tiene un mango o unas asas. Sinónimo: cazuela. En inglés: *saucepan*.

Cantidad Diaria Recomendada. Se trata de la cantidad recomendada de un nutriente, trátese de un mineral, una vitamina u otro elemento dietético. Las Cantidades Diarias, conocidas en inglés como *Daily Values* o por las siglas *DV*, fueron fijadas por el Departamento de Agricultura de los Estados Unidos y la Dirección de Alimentación y Fármacos de los Estados Unidos. Se encuentran en las etiquetas de la mayoría de los productos alimenticios envasados en los Estados Unidos y corresponden a las necesidades nutritivas de los adultos a partir de los 18 años. Si usted desea averiguar las necesidades específicas de los niños, consulte a su pediatra o a un nutriólogo.

Cardo de leche. Sinónimo: cardo de Maria. En inglés: *milk thistle*.

Castaño de la India. Sinónimo: No hay. En inglés: *horse chestnut*.

Cebollín. Una variante de la familia de las cebollas. Tiene una base blanca que todavía no se ha convertido en bulbo y hojas verdes que son largas y rectas. Ambas partes con comestibles. Son parecidos a los chalotes, y la diferencia está en que los chalotes son más maduros y tienen el bulbo ya formado. En inglés: *scallion*.

Cebollino. Una hierba que es pariente de la cebolla cuyas hojas altas y delgadas dan un ligero sabor a cebolla a los alimentos. Uno de sus usos populares es como ingrediente de salsas cremosas. También se usa como guarnición para las sopas y ensaladas. Debido a las variaciones regionales entre hispanohablantes, a veces se confunde al cebollino por el cebollín. Vea las definiciones de estos en este glosario para evitar equivocaciones. Sinónimo: cebolleta. En inglés: *chives*.

Chalote. Hierba que es pariente de la cebolla y los puerros (poros). Sus bulbos están agrupados y sus tallos son huecos y de un color verde vívido. De sabor suave, se recomienda agregarlo al final del proceso de cocción. Es muy utilizado en la cocina francesa. Sinónimo: escalonia. En inglés: *shallot*.

Champiñon. *Vea* **Hongo.**

Chícharos. Semillas verdes de una planta leguminosa eurasiática. Sinónimos: alverjas, arvejas, guisantes, *petit pois*. En inglés: *peas*.

Chile. *Vea* **Pimiento.**

Cidarayote. *Vea Squash.*

Cimifuga negra. Sinónimos: *cohosh* negro, hierba de la chinche. En inglés: *black cohosh.*

Comelotodos. Chícharos (vea la definición de estos en la página anterior) que no están bien desarollados con vainas delgadas y planas; se cultivan para comerse enteras. Sinónimos: chícharos, guisantes o arvejas mollares. En inglés: *snow peas.*

Corazoncillo. Sinónimo: hipérico. En inglés: *St. John's wort.*

Cúrcuma. Sinónimo: azafrán de las Indias. En inglés: *turmeric.*

Cuscús. Un platillo del África del Norte que consiste en pasta de semolina (trigo sin germen ni salvado) que se cocina al vapor sobre la parte superior de una olla de dos partes.

Donut. Un pastelito en forma de rosca que se leuda con levadura o polvo de hornear. Se puede hornear pero normalmente se fríe. Hay muchas variedades de *donuts*; algunas se cubren con una capa de chocolate y otras se rellenan.

Ejotes. *Vea* **Habichuelas verdes.**

Equinacia. Sinónimos: equinácea, equiseto. En inglés: *echinacea.*

Espino. En inglés: *hawthorn.*

Feta. Un queso griego hecho de leche de cabra. Es blanco, salado y muy desmenuzable.

Frijoles. Una de las variedades de plantas con frutos en vaina del género *Phaselous.* Vienen en muchos colores: rojos, negros, blancos, etcétera. Sinónimos: alubia, arvejas, caraotas, fasoles, fríjoles, habas, habichuelas, judías, porotos, trijoles. En inglés: *beans.*

Frijoles de caritas. Frijoles pequeños de color beige con una "carita" negra. Sinónimos: guandúes, judías de caritas. En inglés: *black-eyed peas.*

Fruto seco. Alimento común que generalmente consiste en una almendra comestible encerrada en una cáscara. Entre los ejemplos más comunes de este alimento están las almendras, las avellanas, los cacahuates (maníes), los pistachos y las nueces. Aunque muchas personas utilizan el termino "nueces" para referirse a los frutos secos en general, en realidad "nuez" significa un tipo común de fruto seco en particular.

Galletas y galletitas. Tanto "galletas" como "galletitas" se usan en Latinoamérica para referirse a dos tipos de comidas. El primer tipo es un barquillo delgado no dulce (en muchos casos es salado) hecho de trigo que se come como merienda o que acompaña una sopa. El segundo tipo es un tipo de pastel (vea la definición de ésta en este glosario) plano y dulce que normalmente se come como postre o merienda. En este libro, usamos "galleta" para describir los barquillos salados y "galletita" para los pastelitos pequeños y dulces. En inglés, una galleta se llama "*cracker*" y una galletita se llama "*cookie*".

Gayuba. Sinónimos: uvaduz, aguavilla. En inglés: *uva ursi*, *bearberry*.

Germen de trigo. El embrión del grano del trigo que se utiliza como un suplemento alimenticio agregado al cereal. Se consigue en las tiendas de productos naturales. En inglés: *wheat germ*.

Ginseng. Esta hierba originaria de Asia se utiliza desde hace miles de años para combatir la fatiga y el estrés. En este libro se mencionan tres variedades distintas. La primera es el *ginseng* americano que los indios norteamericanos usaban para tratar dolores de cabeza y problemas menstruales. En inglés: *American ginseng*. La segunda variedad de esta planta es el *ginseng* asiático o coreano. En inglés: *Korean ginseng*. La tercera variedad —el *ginseng* siberiano— en realidad no es pariente de las dos primeras sino la raíz de una planta con propiedades medicinales parecidas. En inglés: *Siberian ginseng*.

Haba. Frijol plano de color oscuro (vea la definición de este en la página anterior) de origen mediterráneo que se consigue en las tiendas de productos naturales. En inglés: *fava beans*.

Habas blancas. Frijoles planos de color verde pálido originalmente cultivados en la ciudad de Lima en el Perú. Sinónimos: alubias, ejotes verdes chinos, frijoles de Lima, judías blancas, porotos blancos. En inglés: *lima beans*.

Habichuelas verdes. Frijoles verdes, largos y delgados. Sinónimos: habichuelas tiernas, ejotes. En inglés: *green beans* o *string beans*.

Hongo. Variedad del *fungi* de la clase *Basidiomycetes*. Hay muchas variedades, entre ellas *shiitake*, que es japonesa, y el *Italian brown* de Italia. La variedad pequeña blanca se conoce como champiñón o seta. En inglés los hongos en general se llaman *mushrooms* y los champiñones se llaman *button mushrooms*.

Integral. Este término se refiere a la preparación de cereales (granos) como el arroz, el maíz, la avena o el trigo. En su estado natural, los cereales cuentan con una capa exterior muy nutritiva que aporta fibra dietética, carbohidratos complejos, vitaminas del complejo B, vitamina E, hierro, cinc y otros minerales. No obstante, para mejorar su presentación muchos fabricantes les quitan las capas exteriores a los cereales. La mayoría de los nutriólogos y médicos recomiendan que comamos cereales integrales (excepto en el caso del alforjón o trigo sarraceno) para aprovechar los nutrientes que aportan. Estos productos se consiguen en algunos supermercados y en las tiendas de productos naturales. Entre los productos integrales más comunes están el arroz integral (*brown rice*), el pan integral (*whole-wheat bread* o *whole-grain bread*), la cebada integral (*whole-grain barley*) y la avena integral (*whole oats*).

Lavanda. Sinónimos: alhucema, espliego. En inglés: *lavender.*

Matricaria. Sinónimo: margaza. En inglés: *feverfew.*

Melocotón. Fruta originaria de la China que tiene un color amarillo rojizo y cuya piel es velluda. Sinónimo: durazno. En inglés: *peach.*

Merienda. En este libro, es una comida entre las comidas principales del día, sin importar ni lo que se come ni a la hora en que se come. Sinónimos: bocadillo, bocadito, botana, refrigerio, tentempié. En inglés: *snack.*

Milenrama. Sinónimos: real de oro, alcaina, alcanforina. En inglés: *yarrow.*

Mundillo. Sinónimos: sauquillo, geldre. En inglés: *cramp bark.*

Naturópata. Un doctor o doctora que ejerce la naturopatía, un sistema de tratamiento médico basado en la medicina natural. La naturopatía incorpora diversos tipos de tratamiento natural, entre ellos hierbas, alimentos, Ayurveda, homeopatía, hidroterapia, meditación y medicina china.

Palomitas de maíz. Granos de maíz cocinados en aceite o a presión hasta que formen bolas blancas. Sinónimos: rositas de maíz, rosetas de maíz, copos de maíz, cotufo, canguil.

Pastel. El significado de esta palabra varía según el país. En Puerto Rico, un pastel es un tipo de empanada servido durante las fiestas navideñas. En otros países, un pastel es una masa de hojaldre horneada que está rellena de frutas en conserva. No obstante, en este libro, un pastel es un postre horneado generalmente preparado con harina, mantequilla, edulcorante y huevos. Sinónimos: bizcocho, quey, cake, panqué, queque, tarta. En inglés: *cake.*

Pay. Una masa de hojaldre horneada que está rellena de frutas en conserva. Sinónimos: pai, pastel, tarta. En inglés: *pie.*

Petasita. En inglés: *butterburr*.

Pimiento. Fruto de las plantas *Capsicum*. Hay muchísimas variedades de esta hortaliza. Los que son picantes se conocen en México como chiles picantes, y en otros países como pimientos o ajíes picantes. Por lo general, en este libro nos referimos a los chiles picantes o a los pimientos rojos o verdes que tienen forma de campana, los cuales no son nada picantes. En muchas partes de México, estos se llaman pimientos morrones. En el Caribe, se conocen como ajíes rojos o verdes. En inglés, estos se llaman *bell peppers*.

Plátano amarillo. Fruta cuya cáscara es amarilla y que tiene un sabor dulce. Sinónimos: banana, banano, cambur y guineo. No lo confunda con el plátano verde (plátano macho), que si bien es su pariente, es una fruta distinta.

Queso azul. Un queso suave con vetas de moho comestible de color azul verdoso. En inglés: *blue cheese*.

Regaliz. Una hierba de origen chino cuya raíz dulce se usa para problems respiratorios y digestivos. Sinónimo: orozuz. En inglés: *licorice*.

Repollo. Una planta verde cuyas hojas se agrupan en forma compacta y que varía en cuanto a su color. Puede ser casi blanco, verde o rojo. Sinónimo: col. En inglés: *cabbage*.

Requesón. Un tipo de queso hecho de leche descremada. No es seco y tiene relativamente poca grasa y calorías. En inglés: *cottage cheese*.

Round. Un corte de carne de res estadounidense que abarca desde el trasero del animal hasta el tobillo. Es menos tierno que otros cortes, ya que la pierna del animal ha sido fortalecida por el ejercicio. El *top round* es un corte del *round* que se encuentra en el interior de la pierna y es el más tierno de todos los cortes de esta sección del animal. A los cortes gruesos del *top round* frecuentemente se les dice *London Broil* y a los cortes finos de esta zona se les dice *top round steak*. El *eye round* es el corte menos tierno de esta sección pero tiene un sabor excelente. Todos estos cortes requieren cocción lenta con calor húmedo.

Salsa *Worcestershire*. Nombre comercial de una salsa inglesa muy condimentada cuyos ingredientes incluyen salsa de soya, vinagre, melado, anchoas, cebolla, chiles y jugo de tamarindo. La salsa se cura antes de embotellarla.

Semilla de lino. Sinónimo: linaza. En inglés: *flaxseed*.

Shiitake. Un tipo de hongo japonés. Se consigue en las tiendas de productos naturales.

Sirloin. Un corte de carne de res que se encuentra en la carne del lomo corto, que suele ser muy tierna, y en la de los cuartos, que es dura. Es muy común y fácil de encontrar en los supermercados (colmados) de los EE. UU.

Soya. Un alimento derivado del frijol de soya. Es alto en minerales y proteínas y es una parte esencial de la alimentación asiática. Hoy en día se usa como una alternativa vegetariana a la carne de res y también como una terapia alimenticia para las mujeres menopáusicas. Se consigue en las tiendas de productos naturales y en algunos supermercados.

Squash. Nombre genérico de varios tipos de calabaza oriundos de América. Los squash se dividen en dos categorías: *summer squash* (el veraniego) y *winter squash* (el invernal). Los veraniegos tienen cáscaras finas y comestibles, una pulpa blanda, un sabor suave y requieren poca cocción. Entre los ejemplos de estos está el *zucchini*. Los invernales tienen cáscaras dulces y gruesas, su pulpa es de color entre amarillo y naranja y más dura que la de los veraniegos. Por lo tanto, requieren más tiempo de cocción. Entre las variedades comunes de los *squash* invernales están el *acorn squash*, el *spaghetti squash*, el cidarayote y el *butternut squash*. Aunque la mayoría de los *squash* se consiguen todo el año en los EE. UU., los invernales comprados en otoño e invierno tienen mejor sabor.

Tempeh. Un alimento parecido a un pastel (vea la definición de éste en la página 576) hecho de frijoles de soya. Tiene un sabor a nuez y a levadura. Es muy común en las dietas asiáticas y vegetarianas.

Terapia de reposición hormonal. Una terapia para mujeres menopáusicas en la que se les administra hormonas femeninas como estrógeno y progesterona con el fin de reponerles los niveles naturales de hormonas. Ayuda a prevenir los efectos negativos de la menopausia como los sofocos (bochornos, calentones) y la sequedad vaginal; ademas, hay indicios de que tal vez proteja a las mujeres contra la osteoporosis. Sin embargo, hay pruebas que indican que la terapia de reposicion hormonal puede incrementar el riesgo de padecer cálculos biliares y tal vez esta esté vinculada con el desarollo de cáncer de mama, aunque esto no ha sido comprobado. Sólo un médico puede recetar esta terapia. Las mujeres que están pensando en tomar la HRT deben consultar a su doctor primero para informarse acerca de todos los pros y las contras.

Tofu. Un alimento un poco parecido al queso que se hace de la leche de soya cuajada. Es soso pero cuando se cocina junto con otros alimentos, adquiere el sabor de estos.

Top round. *Vea* **Round.**

Toronja. Esta fruta tropical es de color amarillo y muy popular en los EE. UU. como comida en el desayuno. Sinónimos: pamplemusa, pomelo. En ingles: *grapefruit.*

Viburno. En inglés: *black haw.*

Zanahorias cambray. Zanahorias pequeñas, delgadas y tiernas que son 1½" (4 cm) de largo. En inglés: *baby carrots.*

Zucchini. Un tipo de calabaza con forma de cilindro un poco curvo y que es un poco más chico en la parte de abajo que en la parte de arriba. Su color varía entre un verde claro y un verde oscuro, y a veces tiene marcas amarillas. Su pulpa es color hueso y su sabor es ligero y delicado. Sinónimos: calabacín, calabacita, hoco, zambo, zapallo italiano. En inglés: *zucchini.*

Tiendas de productos naturales

Hemos creado la siguiente lista de tiendas de productos naturales en las que se habla español para ayudarle a conseguir las hierbas y productos mencionados en este libro. El hecho de que hayamos incluido un establecimiento específico no significa que lo estemos recomendando. Por supuesto que no hacemos mención de todas las tiendas que existen con empleados que hablan español; nuestra intención es que usted tenga un punto de partida para conseguir las hierbas y productos que se recomiendan en este libro. Si usted no encuentra en esta lista una tienda que le quede cerca, puede escribir a algunos de estos lugares (señalados con una estrella) para que le envíen los productos que desea por correo. También puede buscar una tienda en su zona consultando la guía telefónica local y buscar bajo el nombre de "productos naturales" o "*health food stores*".

ARIZONA

Yerbería San Francisco
6403 N. 59th Avenue
Glendale, AZ 85301

Yerbería San Franciso
5233 S. Central Avenue
Phoenix, AZ 85040

Yerbería San Francisco
961 W. Ray Road
Chandler, AZ 85224

CALIFORNIA

Capitol Drugs, Inc.*
8578 Santa Monica Boulevard
West Hollywood, CA 90069

Buena Salud Centro Naturista
12824 Victory Boulevard
North Hollywood, CA 91606

El Centro Naturista
114 S. D Street
Madera, CA 93638

Cuevas Health Foods
429 S. Atlantic Boulevard
Los Angeles, CA 90022

Centro Naturista Vita Herbs
2119 W. 6th Street
Los Angeles, CA 90022

La Fuente de la Salud
757 S. Fetterly Avenue #204
Los Angeles, CA 90022

La Yerba Buena*
4223 E. Tulare Avenue
Fresno, CA 93702

**Consejería de Salud Productos
Naturales**
2558 Mission Street
San Francisco, CA 94110

Centro Naturista Vida Sana
1403 E. 4th Street
Long Beach, CA 90802

Centro Naturista
7860 Paramount Boulevard
Pico Rivera, CA 90660

Hierbas Naturales*
420 E. 4th Street
Perris, CA 92570

Botánica y Yerbería
2027 Mission Avenue
Oceanside, CA 92054

Vida con Salud*
4348 Florence Avenue
Bell, CA 90201

Fuente de Salud
4441 Lennox Boulevard
Lennox, CA 90304

Franco's Naturista*
14925 S. Vermont Avenue
Gardenia, CA

Centro de Nutrición Naturista*
6111 Pacific Boulevard
Suite 201
Huntington Park, CA 90255

Casa Naturista
384 E. Orange Grove Boulevard
Pasadena, CA 91104

Centro de Salud Natural
111 W. Olive Drive #B
San Diego, CA 92173

COLORADO

Tienda Naturista
3158 W. Alameda Avenue
Denver, CO 80219

CONNECTICUT

**Centro de Nutrición y Terapias
Naturales***
1764 Park Street
Hartford, CT 06105

FLORIDA

Budget Pharmacy*
3001 NW. 7th Street
Miami, FL 33125

ILLINOIS

Vida Sana
4045 W. 26th Street
Chicago, IL 60623

Centro Naturista Nature's Herbs
2426 S. Laramie Avenue
Cicero, IL 60804

MARYLAND

**Washington Homeopathic
  Products**
494 del Rey Avenue
Bethesda, MD 20814

MASSACHUSETTS

Centro de Nutrición y Terapias*
107 Essex Street
Lawrence, MA 01841

Centro de Nutrición y Terapias*
1789 Washington Street
Boston, MA 02118

NUEVA JERSEY

Centro Naturista Sisana
28 B Broadway
Passaic, NJ 07055

Revé Health Food Store
839 Elizabeth Avenue
Elizabeth, NJ 07201

Be-Vi Natural Food Center
4005 Bergenline Avenue
Union City, NJ 07087

Centro de Salud Natural
92 Broadway
Newark, NJ 07104

NUEVA YORK

Vida Natural*
79 Clinton Street
New York, NY 10002

PENNSILVANIA

Botánica Pititi
242 W. King Street
Lancaster, PA 17603

Botánica San Martín
3244 N. Front Street
Philadelphia, PA 19140

PUERTO RICO

EL Lucero de Puerto Rico*
1160 Américo Miranda
San Juan, PR 00921

Natucentro
Av. Dos Palmas 2766
Levittown, PR 00949

Centro Naturista Las Américas
634 Andalucía
Puerto Nuevo, PR 00920

La Natura Health Food
Carretera 194
Fajardo Gardens
Fajardo, PR 00738

Natucentro
92 Calle Giralda
Marginal Residencial Sultana
Mayagüez, PR 00680

Nutricentro Health Food*
965 de Infantería
Lajas, PR 00667

Natural Center
Yauco Plaza Nº30
Yauco, PR 00698

Centro Natural Cayey*
54 Muñoz Rivera
Cayey, PR 00737

TEXAS

Héctor's Health Company
4500 N. 10th Street
Suite 10
McAllen, TX 78504

Naturaleza y Nutrición
123 N. Marlborough Avenue
Dallas, TX 75208

Botánica del Barrio
3018 Guadalupe Street
San Antonio, TX 78207

Hierba Salud Internacional
9119 S. Gessner Drive
Houston, TX 77074

La Fe Curio and Herb Shop
1229 S. Staples Street
Corpus Christi, TX 78404

El Paso Health Food Center
2700 Montana Avenue
El Paso, TX 79903

ÍNDICE DE TÉRMINOS

A

Abedul
    evitar con alergias, <u>421</u>
Ablación de la piel con láser, 383
Abuela, hipótesis de la, 190
Aceite de *canola*
    definición, 572
    para prevenir, inflamación, <u>25</u>
Aceite de malaleuca, para tratar, acné, 393
Aceite de nuez, para prevenir, inflamación, <u>25</u>
Aceite de oliva, para tratar, tiroides, <u>71</u>
Aceite de pescado
    para prevenir, inflamación, <u>25</u>
    para tratar
        estreñimiento, 370
        fatiga crónica, 470
    pautas y efectos secundarios, 550
Aceite de primavera nocturna. *Véase* Aceite
        de prímula nocturna
Aceite de prímula nocturna,
    para tratar molestias en los senos, 503
Aceite de ricino
    para tratar, fibromas, 144
    pautas y efectos secundarios, 543
Aceite de semilla de lino. *Véase* Semilla de lino
Aceites esenciales
    lista con pautas y efectos secundarios,
        554–55
    para mejor impulso sexual, 157
    para tratar
        sensibilidad en los senos, 502
        sofocos, 359–60
Aceites vegetales poliinsaturados, evitar para
    prevenir, inflamación, <u>25</u>
Acetilcisteína, pautas y efectos secundarios,
    551
Ácido alfa-lipoico, para arrugas, 379–80
Ácido fólico, dosis y pautas, <u>546–47</u>

Ácido patoténico
    dosis y pautas, <u>546–47</u>
    para tratar
        alergias, 424
        perimenopausia, <u>181</u>
Ácidos grasos omega-3, 343–44
    cómo tomarlos, <u>525</u>
    fuentes de, 343–44
    para prevenir, inflamación, <u>24–25</u>
    para tratar
        fatiga crónica, 470
        resequedad en los ojos, <u>525</u>
    pautas y efectos secundarios, 551
Acné, 385–93
    causas, 385–86
    exceso de sebo, 386
    métodos médicos, 389–91
    para prevenir, asma, 430–31
    productos sin receta, 387–88
    pubertad, 12
    recursos de receta, 388–89
    remedios naturales, 391–93
Acupuntura
    para tratar
        fatiga crónica, 468
        fibromialgia, 458
        migrañas, 439, 445
Adaptógenos, homeostasis, 346
Adrenalina, resumen, <u>103</u>
Agente cardiotónico, <u>206</u>
Agnocasto
    dosis recomendada, 367
    para tratar
        ciclos irregulares, <u>129</u>, 130
        infertilidad, 162–63
        perimenopausia, 179, <u>180–81</u>
        sequedad vaginal, 367
    pautas y efectos secundarios, 543
    precauciones, 179–80, <u>181</u>